# Provence
## Côte d'Azur

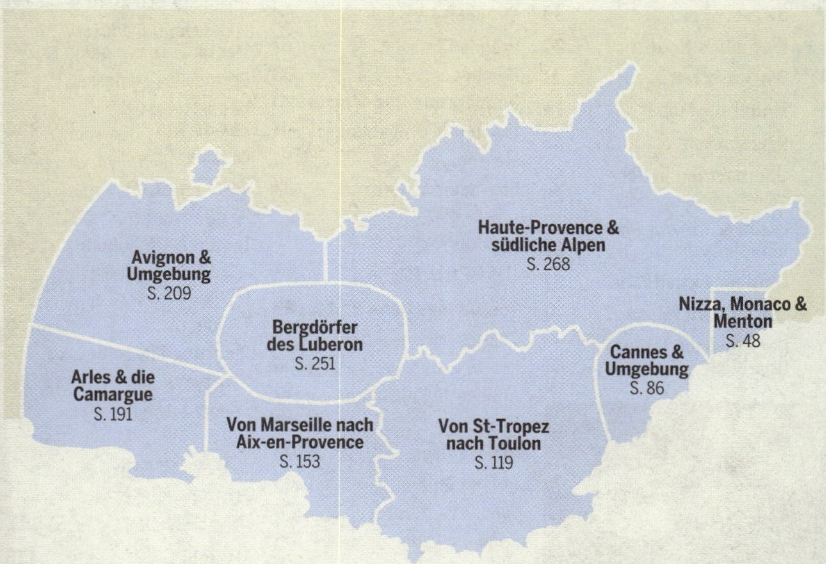


Alexis Averbuck, Oliver Berry, Nicola Williams

## REISEPLANUNG

LOTTIE DAVIES / LONELY PLANET ©

PROVENZALISCHER KÄSE S. 313

## REISEZIELE IN DER PROVENCE

# Inhalt

# Willkommen in der Provence & an der Côte d'Azur

*Ob Klippenstraßen, schöne Strände oder Wochenmärkte voller Leckereien – die Provence und die Côte d'Azur verkörpern Frankreich pur: sexy, sonnenverwöhnt und unwiderstehlich verführerisch.*

## Malerische Landschaften

Die Provence und die Côte d'Azur sind wie geschaffen für Entdecker. Wer durch diese Ecke Frankreichs reist, lernt herrliche Straßen durchs Hinterland und atemberaubend vielseitige Landschaften kennen: Lavendelfelder, uralte Olivenhaine, Klippenstraßen, mit Dickicht bewachsene Hügel und sogar schneebedeckte Gipfel. Hier befinden sich die tiefste Schlucht Europas, die älteste Straße und der höchste Pass – ein Traum für Autofahrer. Und dann ist da noch das hellblaue Mittelmeer, in dem sich schroffe Felsen, weiße Strände und der Himmel spiegeln. Die Anreise allein ist schon die Wucht!

## Künstlerisches Erbe

Es war nicht nur die Landschaft, die Künstler wie Renoir, Chagall, Cézanne und Picasso hierher gelockt hat – es war das Licht, das Matisse als „sanft und weich trotz aller Helligkeit" beschrieben hat. Ob man auf das glitzernde Meer blickt oder den Sonnenuntergang in den Bergen bewundert – wer in diese Ecke Frankreichs reist, kommt sich überall vor wie einem impressionistischen Gemälde entsprungen. Und bei einem solchen Erbe ist es kein Wunder, dass es überall Kunstausstellungen gibt – und nicht zu vergessen: die Studios, in denen van Gogh, Cézanne und Renoir gearbeitet haben.

## Jede Menge Geschichte

Vor 2000 Jahren gehörte die Provence zu Gallien. Die Römer haben tolle Monumente und Bauwerke hinterlassen, ganz zu schweigen von den ersten Weinbergen Frankreichs. Die Gegend ist voller römischer Überreste, darunter die Amphitheater in Nîmes, Arles und Orange, das prächtige Aquädukt des Pont du Gard und sogar ganze Städte in der Nähe von St-Rémy-de-Provence und Vaison-la-Romaine. Nimmt man jetzt noch die Ansammlung prähistorischer Stätten, mittelalterlicher Klöster, eleganter Kirchen und Art-déco-Gebäude hinzu, wirkt die Provence fast wie ein lebendiges Geschichtsbuch.

## Gourmetküche

Wohin es einen in der Provence auch verschlägt, man bleibt mit Sicherheit nicht hungrig. Essen gehört zu Frankreich wie die Butter aufs Brot, aber in der Provence grenzt es schon an eine fanatisch ausgelebte Leidenschaft. Die Küche dieser Region mit ihren mediterranen Zutaten wie Olivenöl, Wein, Tomaten und Knoblauch ist garantiert ein Highlight – egal ob es der Genuss einer einfachen *soupe au pistou* ist, die Verkostung von Olivenöl auf einer Farm oder eine gehaltvolle Bouillabaisse im Hafen von Marseille. *Bon appetit!*

## Warum ich die Provence & die Côte d'Azur liebe

Von Oliver Berry, Autor

Für mich liegt der Reiz der Provence in ihrer Vielseitigkeit. An einem Tag kann man Dinge erleben wie sonst in einem ganzen Urlaub: Frühstück am Strand, ein Morgenspaziergang durch die Altstadt von Nizza, Mittagessen in einer *auberge* (Gasthaus) auf dem Land, nachmittags eine Wanderung über die Hügel, Besuch eines Weinguts, am frühen Abend ein kleiner Pastis gefolgt von einer Runde *pétanque* und einem unvergesslichen Sonnenuntergang am Fuß der Alpen. Die Provence war die erste Region, die ich in Frankreich besucht habe (mit zwei Jahren), seitdem kehre ich immer wieder zurück. Irgendwie kann ich nie lange fernbleiben.

**Mehr über unsere Autoren gibt's auf S. 351**

Caféterrasse, Marseille (S. 156)

# Provence & Côte d'Azur

## ENTFERNUNGEN (km)

Achtung: Die Angaben sind gerundet!

| | Arles | Avignon | Digne-les-Bains | Forcalquier | Marseille | Nizza |
|---|---|---|---|---|---|---|
| Avignon | 37 | | | | | |
| Digne-les-Bains | 183 | 197 | | | | |
| Forcalquier | 154 | 94 | 50 | | | |
| Marseille | 94 | 104 | 138 | 110 | | |
| Nizza | 248 | 260 | 143 | 189 | 204 | |
| St-Tropez | 206 | 220 | 157 | 172 | 133 | 99 |

# Provence & Côte d'Azur Top 16

## Märkte in der Provence

**1** Mit Obst und Gemüse überladene Marktstände, Platten mit Käse und *saucisson* (Rohwurst), Verkäufer, die ihre Waren anpreisen – Märkte sind ein wesentliches Element des Lebens in der Provence. Praktisch in jedem Dorf findet mindestens einmal pro Woche ein Markt statt, auf dem sich die Einheimischen drängen, um zu shoppen und zu schwatzen. Dutzende Stände verkaufen alles Erdenkliche, von regionalen Produkten bis zu Gewürzen, Seifen und Kunsthandwerk. Besonders stimmungsvoll sind der Marché Forville (S. 95) in Cannes, der Cours Saleya (S. 49) in Nizza und der Markt am Freitagvormittag (S. 234) in Carpentras.

## Der Luberon

**2** Der Luberon (S. 251) mit seinen Bergdörfern, Lavendelfeldern, Gebirgszügen und der entspannten Lebensart ist der Stoff, aus dem provenzalische Träume entstehen. Das Sightseeing gestaltet sich hier gemächlich: Man kann durch idyllische Dörfer bummeln, auf Märkten herumstöbern, Weine verkosten und ein ausgedehntes Mittagessen auf einer Panoramaterrasse genießen. Es geht aber auch aktiver, denn hier kann man prima Rad fahren. Es gibt ein Dutzend Wanderwege und einige einmalige Orte, die sich erkunden lassen, z. B. den Ockersteinbruch bei Roussillon (S. 256). Rechts: Steinhäuser, Les Grands Cléments, Villars, Luberon

1

TONY BURNS / GETTY IMAGES ©

2

BARBARA VAN ZANTEN / GETTY IMAGES ©

## Nizzas Altstadt

**3** Die Altstadt von Nizza (S. 49) ist der spannendste Teil dieser tollen Stadt. Vormittags wimmelt es hier von Menschen, die an den Marktständen auf dem Cours Saleya und in den Feinkostläden einkaufen. Nachmittags bestimmen Touristen das Bild: Sie schlecken Eis, bummeln die stimmungsvollen Gassen entlang und bewundern das barocke Erbe der Stadt. Abends erwachen die Bars, Kneipen, Restaurants und Livemusikstätten zum Leben und locken Menschen jedes Alters in die Altstadt.

Oben: Menschenmassen auf dem Cours Saleya

## Pont du Gard

**4** Eines der großartigsten Beispiele römischer Ingenieurskunst, der Pont du Gard (S. 249) mit drei Ebenen, ist 50 m hoch und 275 m lang. Einst flossen täglich bis zu 20 000 m³ Wasser durch die Wasserleitung auf der obersten Ebene. Die 35 Bögen der Brücke überspannen majestätisch den Fluss Gard und bieten einen prächtigen Anblick, ob man nun über die Brücke geht oder mit dem Kanu darunter durch fährt. Ein Museum erklärt den historischen Kontext, und auf Wanderwegen kann man die Umgebung erkunden.

GLENN VAN DER KNIJFF / GETTY IMAGES ©

BRUNO DE HOGUES / GETTY IMAGES ©

RAINER & SIMONE HOFFMANN / GETTY IMAGES ©

JEAN-PIERRE LESCOURRET / GETTY IMAGES ©

BERNARD ROUSSEL/ GETTY IMAGES ©

## Gorges du Verdon

**5** Diese riesige Schlucht (S. 274), die 25 km lang ist und deren Klippen 900 m hoch sind, ist zweifellos eines der großen Naturwunder der Provence. Sie wurde im Lauf der Jahrtausende vom Fluss Verdon geformt und bietet ein majestätisches Bild. Genießen kann man sie auf viele Arten – man kann mit dem Fahrrad oder dem Auto oben am Rand entlangfahren, aber auch in einem Floß oder einem Kajak den Fluss hinunterdonnern. Um eine Vorstellung von der schieren Größe der Schlucht zu bekommen, lohnt es sich, sie sowohl von oben als auch von unten anzuschauen.

## Die drei Corniches

**6** Den schönsten Blick auf die Riviera hat man von drei Küstenstraßen aus (S. 63): Die Corniche Inférieure windet sich am Ufer entlang, wo sich viele Möglichkeiten zum Baden bieten. Das Kronjuwel der in den Hügeln verlaufenden Moyenne Corniche ist das mittelalterliche Èze, das spektakulär auf einem Felsvorsprung thront. Und dann gibt es noch die Grande Corniche, die sich mit spektakulären Ausblicken an jeder Kurve an 500 m hohen Klippen entlang schlängelt. Oben rechts: Ausblick von Roquebrune-Cap-Martin (S. 80)

## Marseille

**7** Nachdem Marseille (S. 156) 2013 Kulturhauptstadt Europas war, befindet sich die Stadt im Aufwind. Sie ist eine der ethnisch vielfältigsten Städte Frankreichs, und entsprechend lebendig ist die Atmosphäre. Ein paar neue Museen, darunter das fantastische MuCEM sind die jüngsten Aushängeschilder der Stadt. Das Herz Marseilles bildet der Vieux Port, der alte Hafen, den Fischrestaurants säumen – wer einmal eine authentische Bouillabaisse probieren will, ist hier richtig. Unten rechts: Terrasse, Musée des Civilisations de l'Europe et de la Méditerranée (MuCEM; S. 157)

## Les Alpilles

**8** Zwischen den Flüssen Durance und Rhone erstreckt sich diese zerklüftete Hügelkette (S. 241), die ein beliebtes Rückzugsgebiet der Schönen und Reichen ist. Doch der Besuch lohnt auch wegen der kulinarischen Genüsse: Die Gegend ist für ihr Olivenöl bekannt, das durch ein eigenes Siegel geschützt ist, die Appellation d'Origine Contrôlée (AOC; eine Art Schutzmarke). In den Dörfern der Region gibt's viele großartige Restaurants, besonders rund um Les Baux-de-Provence und St-Rémy-de-Provence. Oben: Les Baux-de-Provence (S. 245)

## Les Calanques

**9** Die Küste rund um Marseille prägen hohe, felsige Landzungen, die in der Region *calanques* genannt werden. 2013 wurde dieser 20 km lange Streifen zum jüngsten Nationalpark (S. 178) Frankreichs erklärt und die Wanderwege auf dem Klippen, die versteckten Buchten und die schneeweißen Strände schreien regelrecht nach einer Entdeckungstour. Viele Buchten erreicht man nur per Boot oder Kajak, und außerhalb der Hauptsaison ist es gut möglich, dass man sie für sich allein hat. Unten: Calanque de Port-Miou (S. 179)

8

GERARD GSELL / GETTY IMAGES ©

9

A DEMOTES / GETTY IMAGES ©

MARCO BRIVIO / GETTY IMAGES ©

DAVID TIPLING / GETTY IMAGES ©



## Mont Ventoux

**10** Der Mont Ventoux (S. 232), der den Norden der Provence beherrscht, steht wie ein Wächter über der hügeligen Landschaft der Region. Unter Radfahrern genießt er einen geradezu legendären Ruf, doch jeder spürt die Verlockung des *géant de Provence* (Gigant der Provence), ob nun, um zu wandern, Tiere zu beobachten, eine Rundfahrt zu unternehmen oder die Aussicht zu genießen. An klaren Tagen reicht der Blick von der Camargue bis zu den Alpen, im Winter bietet sein schneebedeckter Gipfel einen unvergesslichen Anblick. Oben links: Skigebiet, Mont Ventoux

## St-Tropez & die Halbinsel

**11** Die sommerliche Wahlheimat der Superstars und Partytiere ist den Rest des Jahres eine ruhige, hübsche Küstenstadt – St-Tropez (S. 122) und die umliegende Halbinsel haben etwas von einer gespaltenen Persönlichkeit. Scharen von Urlaubern genießen im Sommer die Clubs, die schönen Strände und das großartige Essen. Wer im Juni oder September kommt, kann die selbe Atmosphäre ohne die Menschenmengen erleben. Im Winter ist in St. Tropez fast alles geschlossen und man hat den Strand wahrscheinlich ganz für sich. Oben rechts: Hafen in St.-Tropez

## Die Camargue

**12** Die Camargue (S. 201), flach wie ein Brett und mit Lagunen und Salzmarschen gespickt, ist eine ganz eigene kleine Welt. In dem ausgedehnten Feuchtgebiet kann man dem Trubel der Küste entkommen – hier kann man entlang der Wege reiten, mit dem Kanu durch schilfgesäumte Kanäle gleiten und die berühmten Flamingos beobachten. Tradition und Kultur sind in der Camargue tief verwurzelt und werden von den *gardians* (Rinderhirten), die die wilden Pferde der Camargue reiten, hochgehalten. Jedes Jahr im Mai feiern sie in Arles ihr eigenes Festival. Unten rechts: Rosaflamingo

## Palais des Papes

**13** Avignons Papstpalast (S. 212), der Sitz der Päpste im größten Teil des 14. Jhs., ist das bei Weitem bekannteste Bauwerk der Stadt. Doch in der Stadt kann man noch viele andere historische Gebäude entdecken – einige davon sind heute prächtige Hotels. Die Päpste bauten aber nicht nur eine grandiose Stadt, sie legten auch einige ausgezeichnete Weinberge an. Der Châteauneuf-du-Pape ist zweifellos einer der großartigsten Rotweine der Welt, und eine Weinverkostungstour ist unverzichtbarer Bestandteil bei der Erkundung des Erbes der Päpste.

## Arles

**14** Arles (S. 194), berühmt wegen seiner römischen Architektur und als Heimatstadt Vincent Van Goghs, ist eine wahre Freude: Es ist klein genug, um alles zu Fuß zu besuchen, und an jeder Ecke gibt es etwas zu sehen. Gemälde von Van Gogh kann man zwar nicht bewundern, doch zu Ehren des Meisters gibt es Stadtspaziergänge und Galerien. Und dann ist da noch das Essen: In Arles befinden sich einige der besten Restaurants der Region, daher sollte sich jeder Besucher hier einen Abend lang kulinarisch verwöhnen lassen. Unten rechts: Cloître St-Trophime, Arles (S. 196)

JEAN-PIERRE LESCOURRET / GETTY IMAGES ©

## Aix-en-Provence

**15** Die Raffinesse des Südens findet man überall in den Straßen von Aix-en-Provence (S. 181), einer eleganten Stadt mit reichem künstlerischen Erbe. Viele Impressionisten und Postimpressionisten fanden hier Inspiration. Der bekannteste war Paul Cézanne, dessen Atelier seit seinem Tod fast unverändert bewahrt wurde. Das Musée Granet (S. 183) beherbergt eine der führenden Kunstsammlungen der Region, in der alle großen Namen mit Werken vertreten sind: Picasso, Matisse, Renoir, Gauguin und natürlich Cézanne. Oben rechts: Atelier Cézanne (S. 182), Aix-en-Provence

## Monaco

**16** Mit ihren Wolkenkratzern, Kasinos, Boutiquen und dem Hafen, in dem sich die Jachten drängen, ist die Hochhausstadt Monaco (S. 68) seit Jahrzehnten der beliebteste Tummelplatz der europäischen Elite. Wirklich schön ist die Stadt nicht, obwohl es in Monte Carlo einige hervorragende Bauwerke der Belle Èpoque gibt (an erster Stelle das berühmte Kasino) doch sie hat zweifellos eine gewisse Klasse. Zu den Hauptattraktionen gehören der Besuch des Musée Oceanographique und der tägliche Wachwechsel um 11.55 Uhr.

# Gut zu wissen

**Weitere Infos gibt's im Abschnitt „Praktische Informationen" (S. 319)**

### Währung
Euro (€)

### Sprache
Französisch

### Visa
EU-Bürger und Schweizer brauchen kein Visum; Reisepass oder Personalausweis reicht aus.

### Geld
Geldautomaten gibt es überall. In den meisten Hotels und Restaurants kann man mit Kreditkarte zahlen; Zahlung mit Amex ist nur in größeren Einrichtungen möglich.

### Handys
Die hiesigen SIM-Karten können mit europäischen Handys benutzt werden (sofern Letztere SIM-Lock-frei sind). Roaming ist eine weitere Möglichkeit.

## Reisezeit

### Hauptsaison
(Juli & Aug., in den Alpen Dez.–März)

- Hotels sind ausgebucht, oft Monate im Voraus, und am teuersten.
- Es ist heiß: 35 °C sind mittags keine Seltenheit.
- Zur Skisaison füllen sich die Alpen-Resorts mit Skifahrern und Snowboardern.

### Zwischensaison
(April–Juni, Sept. & Okt.)

- Beste Reisezeit: gutes Wetter, keine Ferienzeit.
- Frühlingsblumen und Herbstfarben.
- Im Vergleich zur Hauptsaison im Juli und August fallen die Preise in vielen Regionen.

### Nebensaison
(Nov.–März)

- Sehr ruhig, vor allem auf dem Land und in den Ferienorten an der Küste, wo viele Hotels schließen.
- Kürzere Öffnungszeiten bei Sehenswürdigkeiten.
- Kleine Preise: 20–30 % niedriger als im Sommer.

## Infos im Internet

**Provence–Alpes–Côte d'Azur Tourisme** (www.decouverte-paca.fr) Erste Anlaufstelle mit einer Vielzahl von Infos zu Aktivitäten, Zielen, Unterkünften und mehr.

**Côte d'Azur Tourisme** (www.cotedazur-tourisme.com) Allgemeine Infos zur Riviera.

**Visit Provence** (www.myprovence.fr) Deckt Marseille, Arles und die Camargue ab.

**Tourisme Alpes Haute-Provence** (www.tourism-alps-provence.com) Rund um die Berge.

**Lonely Planet** (www.lonelyplanet.de/reiseziele/frankreich) Sehenswertes, Aktivitäten und vieles mehr.

## Wichtige Telefonnummern

| | |
|---|---|
| **Landesvorwahl** | ☎33 |
| **Vorwahl für internationale Gespräche** | ☎00 |
| **Europaweiter Notruf** | ☎112 |
| **Krankenwagen (SAMU)** | ☎15 |
| **Polizei** | ☎17 |

## Wechselkurse

| | | |
|---|---|---|
| **Schweiz** | 1 € | 1,08 SFr |
| | 1 SFr | 0,92 € |

Aktuelle Wechselkurse sind unter www.xe.com abrufbar.

## Tagesbudget

### Günstig – weniger als 120 €

- B im Schlafsaal: 20–30 €
- DZ in einem Budgethotel: 60–90 €
- Mittagessen im Bistro: 10–15 €
- Bus- und Zugtickets: 5–10 €

### Mittelteuer – 120–220 €

- DZ in einem Hotel: 90–190 €
- Tagesmenü im Restaurant: 20–40 €
- Mietwagen: 25 €/Tag

### Teuer – mehr als 220 €

- DZ in einem Spitzenklassehotel: mehr als 190 €
- À-la-carte-Mahlzeit: 50–100 €
- Oberklassemietwagen: 40–50 €/Tag

## Öffnungszeiten

Die Öffnungszeiten können im Verlauf des Jahres variieren. Hier sind Öffnungszeiten in der Hauptsaison genannt; in der Nebensaison ist meist kürzer geöffnet. Im Allgemeinen gibt es eine Mittagspause von 12 bis 14 Uhr.

**Banken** Mo–Fr od. Di–Sa 9–12 & 14–17 Uhr

**Cafés** Mo–Sa 8–23 Uhr

**Läden** Mo od. Di–Sa 9–18.30 Uhr

**Post** Mo–Fr 8.30–17, Sa 8–12 Uhr

**Restaurants** Mittagessen 12–14.30 Uhr, Abendessen 19–23 Uhr

**Supermärkte** Mo–Sa 8.30–19, So 8.30–12.30 Uhr

## Ankunft am …

**Aéroport Nice Côte d'Azur** (S. 328) Busse fahren alle 20 Minuten ins Zentrum von Nizza, alle 30 Minuten nach Cannes, Antibes, Monaco und Menton. Für eine Taxifahrt nach Nizza sind 25 bis 30 € einzuplanen.

**Aéroport Marseille Provence** (S. 327) Busse nach Marseille und Aix-en-Provence fahren alle 20 Minuten. Es gibt direkte Zugverbindungen u. a. nach Marseille, Arles und Avignon. Eine Taxifahrt nach Marseille kostet 50 €.

## Unterwegs vor Ort

Der öffentliche Nahverkehr in Frankreich ist im Allgemeinen gut verfügbar und zuverlässig.

**Auto** Man hat die maximale Freiheit, besonders in ländlichen Gegenden. Autos mieten kann man in den meisten Städten. Es gibt aber nur wenige mit Automatikgetriebe. Auf *autoroutes* (Autobahnen) kommt man schnell voran, muss aber mitunter Maut bezahlen. Zu beachten ist die Regel *priorité à droite*: Fahrzeuge von rechts haben Vorfahrt.

**Zug** Frankreichs staatliche Züge sind schnell, praktisch und haben ein gutes Preis-Leistungs-Verhältnis. TGVs verbinden größere Städte; kleinere Städte werden von den langsameren TER-Zügen bedient, manchmal auch nur von Bussen. Nicht vergessen: Ticket beim Einsteigen abstempeln!

**Bus** Busse sind praktisch, wenn man zu abgelegenen Orten ohne Zuganbindung möchte. Oft orientieren sich die Fahrpläne aber an der Schulzeit; am Wochenende und in den Ferien fahren wenige Busse.

Mehr zu **Verkehrsmitteln & -wegen** gibt's auf S. 327.

# Zum ersten Mal in der Provence & an der Côte d'Azur

**Weitere Infos gibt's im Abschnitt „Praktische Informationen" (S. 319)**

## Checkliste

- Einreisebestimmungen prüfen
- Zimmer, Mietwagen und den Tisch im Top-Lokal buchen
- Reiseversicherung abschließen
- Über Gepäckbestimmungen der Fluggesellschaft und Zollvorschriften informieren
- Die Kreditkartenfirma sicherheitshalber über die Auslandsreise informieren

## Einpacken

- Personalausweis und Führerschein
- Sonnenbrille, Sonnenhut und Sonnencreme
- Handtuch, Badesachen und Sandalen für den Strand
- Robuste Schuhe zum Wandern und Laufen
- Korkenzieher mit Flaschenöffner
- Elegante Kleidung zum Essengehen
- Sprachführer
- Appetit auf ungewöhnliche Leckereien

## Top-Tipps für die Reise

- Autofahrer kommen auf den *autoroutes* (Autobahnen) schnell voran, doch die kleinen Regionalstraßen (auf Straßenkarten mit D und N gekennzeichnet) führen durch eine viel schönere Landschaft.
- Um provenzalisches Flair zu erleben, sollte man auf einem Markt einkaufen. In fast jeder Stadt und jedem Dorf findet mindestens einmal pro Woche einer statt. Die eigene Einkaufstasche mitnehmen!
- Die meisten Geschäfte, Firmen und Museen schließen über Mittag (meist zwischen 12 und 14 Uhr). Am besten tut man es den Einheimischen gleich und geht ins nächstgelegene Restaurant.
- Die Hitze nicht unterschätzen! Temperaturen von 35 °C sind im Sommer normal. Attraktionen besichtigt man besser morgens oder spätnachmittags und verbringt den Mittag irgendwo im Schatten.

## Kleidung

- Außer in Monaco, Cannes und St-Tropez geht es leger zu. Wer ausgeht, zieht sich besonders gut, nicht besonders lässig an (Jeans, Shorts und Sneakers sind in noblen Etablissements nicht drin).
- Zum Wandern sind robuste Schuhe unerlässlich, auch ein klein zusammenfaltbarer Regenmantel ist praktisch.
- An den Stränden der Côte d'Azur ist es üblich, sich oben ohne zu sonnen, aber nirgendwo sonst. Freie Oberkörper und Bikinis sollte man nur am Strand zeigen.

## Schlafen

Im Juli und August ist es unerlässlich, im Voraus zu buchen. Am einfachsten bucht man über das Internet.

- **Chambres d'hôte** B&Bs, meistens familiengeführt und mit dem Besitzer vor Ort. Das können kleine Bauernhäuser, aber auch üppige Boutiquerefugien sein; das Frühstück ist fast immer enthalten.
- **Hotels** Von schicken Hotels an der Riviera bis zu ländlichen *auberges* (Gasthäusern). Meist ist das Frühstück nicht im Preis enthalten.
- **Camping** Campingplätze gleichen oft eher Ferienparks und bieten meist einen Pool, Spielplätze, Aktivitäten usw. Auf dem Land gibt's einfachere Campingplätze. Wildcamping (auch am Strand) ist illegal.

## Die Kosten senken

➡ **Günstig essen** *Formules* (2 Gänge) und *menus* (3 Gänge) zu Mittag sind günstiger als Abendmenüs. Wer sich selbst versorgt und auf dem Markt einkauft, spart Geld. Im Lokal sollte man *une carafe d'eau* (einen Krug Wasser) statt Wasser in Flaschen bestellen.

➡ **Familienreisen** Viele Hotels haben Dreibett-, Vierbett- und Familienzimmer. Außerdem gibt es Familientickets und Transportpässe für Familien (meist für 2 Erw. & 2 Kinder).

➡ **Kostenlose Attraktionen** Bei den meisten Sehenswürdigkeiten zahlen Besucher über zwölf Jahren zwar Eintritt, doch öffentliche Parks, Grünanlagen, die Küste und die Nationalparks sind kostenlos.

➡ **Private Strände meiden** Einige Strände an der Côte d'Azur sind zahlenden Gästen vorbehalten, doch fast immer sind kostenlose (wenn auch überfüllte) Strände in der Nähe.

## Feilschen

➡ Außer auf Flohmärkten ist es nicht üblich zu feilschen.

## Trinkgeld

➡ **Restaurants** Wenn auf der Rechnung *service compris* steht, ist bereits ein Trinkgeld von 15 % enthalten; mehr gibt man nur, wenn der Service außergewöhnlich gut war.

➡ **Taxis** Die meisten Fahrgäste runden auf den vollen Euro auf.

➡ **Bars** Für Drinks an der Bar gibt man kein Trinkgeld. Werden die Getränke an den Tisch gebracht, sollte man Trinkgeld wie im Restaurant geben.

➡ **Hotels** Hier sind nur 1 oder 2 € für den Portier oder den Einparkservice erforderlich.

## Sprache

Es ist eine gute Idee, vor der Reise einige Phrasen zu lernen; Franzosen schätzen diese Mühe. Die meisten sprechen zumindest ein paar Worte Englisch oder Deutsch, auf dem Land wird's aber schwieriger.

### 1 Wann ist geöffnet?

**Quelles sont les heures d'ouverture?**

kel ßon leh sör du·wär·tür

Die Geschäftszeiten hängen in Frankreich von einer Menge Vorschriften ab, also besser erst nachfragen, dann planen.

### 2 Ich hätte gern das Tagesmenü, bitte.

**Je voudrais le menu, s'il vous plait.**

Schö wu·drä lö mö·nü ßil wu plä

Das beste Preis-Leistungs-Verhältnis hat das zwei- oder dreigängige Festpreismenü. Das gibt's in den meisten Lokalen.

### 3 Welchen Wein würden Sie empfehlen?

**Quel vin vous conseillez?**

kel wäng wu kon·ßäi·jäh

Wer ist in Sachen Wein firmer als die Franzosen?

### 4 Darf ich „du" sagen?

**Est-ce que je peux vous tutoyer?**

es kö schö pöh wu tü·to·jeh

Bevor man beginnt, jemanden mit der informellen Du-Form anzusprechen, sollte man nachfragen, ob das o. k. ist.

### 5 Heute Abend/morgen schon was vor?

**Vous avez prévu quelque chose ce soir/demain?**

wu sa·wä preh·wü kel·kö schohs ßö ßwoar/dö·mäng

Um ein Treffen zu arrangieren, ohne aufdringlich zu wirken, lieber fragen, ob derjenige schon was vorhat.

## Etikette

➡ **Begrüßung** Wenn man ein Geschäft betritt oder verlässt, ist es höflich, *bonjour* und *au revoir* zu sagen. Freunde küsst man auf beide Wangen und fragt *Comment ça va?* (Wie geht's?)

➡ **Anrede** *Vous* (Sie) benutzt man bei Personen, die man nicht gut kennt oder die älter sind als man selbst; *tu* (du) bei Freunden, Verwandten und Kindern.

➡ **Um Hilfe bitten** *Excusez-moi* (Entschuldigen Sie!) sagt man, um Aufmerksamkeit zu erregen, *pardon* (Entschuldigung), um sich zu entschuldigen.

➡ **Religiöse Gebäude** Dezent kleiden und respektvoll verhalten!

➡ **Essen und Trinken** Wer bei Franzosen zu Hause isst, wartet, bis der Gastgeber beginnt. Man isst den Teller immer leer. Wenn man fertig ist, legt man das Besteck von rechts auf den Teller.

➡ **Kellner** Kellner nie *garçon* rufen; man spricht sie mit *Monsieur* (Herr), *Mademoiselle* (Fräulein) oder *Madame* (Frau) an oder lenkt ihre Aufmerksamkeit mit den Worten *s'il vous plaît* (bitte) auf sich.

# Was gibt's Neues?

**Direkte Eurostar-Züge nach Südfrankreich**

Mit der Erweiterung der TGV-Linie nach Marseille gibt es nun eine direkte Hochgeschwindigkeitsverbindung von London in die Provence – die Fahrt vom Gare St-Charles in Marseille zum Londoner Bahnhof St. Pancras dauert nun nur noch sechseinhalb Stunden. (Wer will, kann unterwegs in Paris, Avignon und Aix-en-Provence einen Stopp einlegen.) Großartig!

**Promenade des Anglais soll auf die UNESCO-Welterbeliste**

Zum Zeitpunkt unserer Recherche hatte man für die berühmteste Strandpromenade der Côte d'Azur die Aufnahme auf die UNESCO-Welterbeliste beantragt. Damit würde diese auf einer Liste mit so bedeutenden Stätten der Region wie dem Palais des Papes, dem Pont du Gard und den römischen Denkmälern in Arles und Orange (S. 49) stehen.

**Plages Sans Tabac (rauchfreie Strände)**

Nach langem Ringen haben die zuständigen Behörden in Nizza und Cannes mehrere Stadtstrände zu rauchfreien Zonen erklärt – Zigarettenstummel unter den Fußsohlen gehören damit zum Glück der Vergangenheit an.

**Marseilles Museen**

Nach mehrjährigen umfangreichen Renovierungsarbeiten wurden das Musée Cantini und das Musée des Beaux Arts (S. 163) mit großem Trara wiedereröffnet. Das hoch gelobte Musée des Civilisations de l'Europe et la Mediterranée (S. 157) bringt nach wie vor neue Besucher in das neu belebte Hafengebiet der Stadt.

**Marché de la Condamine, Monaco**

Monacos fabelhafter neuer Food Court in der Place d'Armes ist symptomatisch für einen Trend in ganz Südfrankreich: Essen vom Hof frisch auf den Tisch. Regionale Erzeuger, saisonale Produkte, Nachhaltigkeit und kurze Transportwege sind die Faktoren, auf die es ankommt. (S. 76)

**Villa-Musée Jean-Honoré Fragonard**

Die seinerzeit gewagten Gemälde des in Grasse geborenen Künstlers Jean-Honoré Fragonard erregten im 18. Jh. Anstoß. Der Künstler lebte 1790 ein Jahr in diesem stattlichen Haus, das heute ein Museum mit seinen Werken birgt. Nach der Renovierung wurde es 2015 wiedereröffnet. (S. 109)

**Véloroute du Calavon**

Diese stillgelegte Bahnstrecke im Luberon wurde zu einer fantastischen Fahrradroute umgebaut. Der 28 km lange Radweg verläuft zwischen Beaumettes und La Paraire und ist landschaftlich reizvoll. Es gibt Pläne, die Route weiter Richtung Westen und Osten auszubauen. (S. 254)

**Ein neues Zuhause für Monacos Luxusgeschäfte**

Während Millionen für die Sanierung des prestigeträchtigen Hôtel de Paris ausgegeben werden, erhalten die Luxusboutiquen im Sporting d'Hiver ein neues Zuhause auf dem Rasen des Jardins des Boulingrins in Form riesiger schneeweißer „Kiesel". Die Bauarbeiten sollen 2018 beendet sein.

Weitere Empfehlungen und Kritiken gibt's unter lonelyplanet.com/provence (englisch)

# Wie wär's mit ...

## Essen & Wein

Gut – und oft – essen ist ein Eckpfeiler des provenzalischen Lebens. Von opulenten Meeresfrüchtegerichten zu Dorfmärkten – in dieser Region ist Essen von enormer Bedeutung.

**Meeresfrüchte** In Marseilles Hafenrestaurants Bouillabaisse und *fruits de mer* genießen. (S. 170)

**Nizzas Küche** Nizzas Altstadt quillt über von Restaurants, in denen man lokale Köstlichkeiten probieren kann, z. B. *pissaladière* (eine Art Zwiebelkuchen), *socca* (Kichererbsenpfannkuchen) und den klassischen *salade niçoise.* (S. 58)

**Märkte** Egal welcher Tag es ist oder in welchem Dorf man sich befindet – wahrscheinlich findet ganz in der Nähe ein Markt statt, z. B. der berühmte Freitagsmarkt in Carpentras. (S. 234)

**Pastis** Den provenzalischen Anisaperitif gibt's im La Maison du Pastis in Marseille in 90 Varianten. (S. 176)

**Wein** Weinberge überziehen die provenzalische Landschaft und überall kann man die Produkte probieren, z. B. den berühmten Châteauneuf-du-Pape. (S. 223)

**Muskat** In den Weinkellern um Beaumes-de-Venise können Weinliebhaber ihren bevorzugten Jahrgang finden. (S. 232)

## Geschichte

Die Provence und die Côte d'Azur gleichen einem offenen Buch – ihre Geschichte entfaltet sich in jeder Stadt und jedem Dorf.

**Vorgeschichte** Die Künstler der Bronzezeit hinterließen Schnitzereien an den Wänden des Vallée des Merveilles. (S. 288)

**Römische Geschichte** Als ehemals bedeutende Provinz des römischen Gallien ist die Provence übersät mit römischen Überresten, z. B. der dreistöckigen Pont du Gard. (S. 249)

**Mittelalterliche Abteien** Inneren Frieden findet man in vielen Abteien, z. B. der Abbaye Notre-Dame de Sénanque. (S. 254)

**Provence der Päpste** Für einige Zeit war Avignon – und nicht Rom – das Zentrum des Christentums. Das Vermächtnis dieser Zeit lebt im Palais des Papes weiter. (S. 212)

**Belle Époque** Das Goldene Zeitalter der Riviera wird in Nizzas Musée Masséna zum Leben erweckt. (S. 52)

## Strände

Die Côte d'Azur trägt ihren Namen zu Recht: Hier funkelt das Mittelmeer mit seinen spektakulären Buchten und Stränden azurblau.

**Calanque d'En-Vau** Diese Bucht ist die fotogenste der Calanques. (S. 179)

**Plage de Pampelonne** St. Tropez berühmtester Strand erstreckt sich über mehr als 9 km. (S. 130)

**Promenade des Anglais** O. k. – hier gibt es nur Kieselsteine, aber Nizzas berühmter Hafen ist noch immer *der* Ort zum Sehen und Gesehen werden. (S. 49)

**Plage du Layet** An diesem Strand in Cavalière lassen FKK-Fans ihre Hüllen fallen. (S. 141)

**Plage de Notre Dame** An diesem Strand auf der Île de Porquerolles lässt es sich der Welt am besten entkommen. (S. 146)

**Z Plage** Der von Stars übersäte Strand in Cannes ist nur wenige Schritte von der Croisette entfernt. Designer-Bademode und -Sonnenbrillen sowie Cocktails sind Pflicht. (S. 87)

**Plage de la Garoupe** Ein Küstenpfad führt zu dieser Bucht am Cap d'Antibes. (S. 99)

## Aktivitäten

Wandern, Schwimen, Radfahren, und Segeln: Diese Region ermöglicht zahllose Outdoor-Aktivitäten.

**Wandern** Die vielfältigen Wanderwege der Haute-Provence erkunden, z. B. im Vallée de la Vésubie. (S. 286)

**Rafting** Den Stromschnellen in der majestätischen Gorges du Verdon die Stirn bieten. (S. 275)

**Radfahren** Die Landstraßen im Luberon entlangradeln. (S. 254)

**Kanufahren** Im Kanallabyrinth der Camargue paddeln. (S. 202)

**Bungee-Jumping** An der Pont de l'Artuby beim höchsten Bungee-Jump Europas die Angst besiegen. (S. 275)

**Paragliding** An einem Schirm durch den Himmel schweben. (S. 275)

**Mountainbiken** Die Radwege auf dem Mont Ventoux in Angriff nehmen. (S. 233)

## Wilde Natur

Von schneebedeckten Bergen zu unberührten Feuchtgebieten – die Nationalparks der Region sind voller fotogener Landschaften.

**Alpha** In diesem faszinierenden Naturpark können Besucher wilde Wölfe erspähen. (S. 286)

**Gorges du Verdon** Frankreichs Antwort auf den Grand Canyon – wer nicht schwindelfrei ist, sollte aufpassen! (S. 274)

**Colorado Provençal** Eine unwirkliche ockerfarbene Landschaft aus rostroten Tälern, Pfeilern und Hügeln. (S. 256)

**Parc Naturel Régional de Camargue** In diesem Küstenfeuchtgebiet können Besucher Flamingos erspähen. (S. 201)

**Les Calanques** Einsame Buchten und türkisfarbenes Wasser zieren die Küste des jüngsten französischen Nationalparks. (S. 178)

## Panoramastraßen

Fahren in der Provence ist Nervenkitzel pur: Hier braust man über Klippen,

**Oben**: Sentier des Ocres (S. 257), Roussillon

**Unten**: Èze (S. 66), Moyenne Corniche

entlang an Stränden, und über Bergstraßen.

**Grande Corniche** Auf dieser Küstenstraße folgt man den Spuren von Cary Grant und Grace Kelly. (S. 67)

**Gorges de Daluis** An dieser Schlucht sollte man langsam entlangfahren – die steilen Wände sind unglaublich. (S. 284)

**Route des Crêtes** Zwischen Cassis und La Ciotat entfalten sich Panoramablicke auf die Calanques. (S. 180)

**Col de Restefond de la Bonette** Hier kann man den höchsten Straßenpass Europas (2715 m) überqueren. (S. 285)

**Routes de la Lavande** Eine Fahrt zwischen den Lavendelfeldern des Plateau de Valensole sorgt für ein duftendes Erlebnis. (S. 273)

## Feste & Events

Egal, wann man hierher kommt, die Menschen brauchen keine Entschuldigung zum Feiern.

**Fête du Citron** Während Mentons verrückten Zitronenfests füllen Festwagen und Paraden die Straßen. (S. 83)

**Carnaval de Nice** Viele Städte feiern Karneval, aber keine so stilvoll wie Nizza. (S. 53)

**Corso de la Lavande** Digne-les-Bains feiert jeden August die Lavendelernte. (S. 280)

**Fête des Gardians** Die Cowboys der Camargue galoppieren durch die Straßen von Arles. (S. 198)

**Chorégies d'Orange** Vor der Kulisse des römischen Theaters in Orange sollte man unbedingt eine Oper anhören. (S. 225)

**Férias de Nîmes** Die Stierkampffeste in Nîmes finden im Juni und September statt. (S. 248)

## Bergdörfer

Die schönen Bergdörfer der Provence zeugen von den Fähigkeiten mittelalterlicher Baumeister.

**Èze** Der Blick auf das Mittelmeer und die Kopfsteinpflastergassen ziehen zwar Besuchermassen an, aber Èze ist und bleibt dennoch ein Traum. (S. 66)

**Roussillon** Dieses Dorf ist berühmt für seine Rot- und Ockertöne. (S. 256)

**Gourdon** Das karge Adlernest über der Gorges du Loup hat etwas Magisches, wenn es im Winter unter einem Schneehäubchen schlummert. (S. 106)

**Ste-Agnès** Europas höchstgelegenes Küstendorf (780 m) wacht über Menton und Italien. (S. 85)

**Bonnieux** Dieses schöne Dorf ist eins der vielen Bergdörfer in und um den Luberon. (S. 262)

**Les Baux-de-Provence** Die Ruine des alten Château des Baux thront auf einem Kalksteinvorsprung. (S. 245)

## Kunst des 20. Jhs.

Viele Künstler des 20. Jhs. kamen in die Provence, um sich inspirieren zu lasse.

**Fondation Maeght** Die Sammlung in St. Paul de Vence gehört zu den besten der Welt. (S. 103)

**Atelier Cézanne** Hier kann man das Atelier und das ehemalige Wohnhaus des Meisters in Aix-en-Provence bewundern. (S. 182)

**Musée de l'Annonciade** Das Museum von St. Tropez hat Meisterwerke von Signac, Braque und Picasso. (S. 122)

**Musée d'Art Moderne et d'Art Contemporain, Nizza** Das Kunstmuseum würdigt einheimische Künstler des Nouveau Réalisme wie Yves Klein, Niki de Saint-Phalle und Arman. (S. 52)

**Musée Granet** Ein Pflichtstopp in Aix-en-Provence mit Werken von Matisse, Picasso, Cézanne, Van Gogh und Co. (S. 183)

**Musée Jean Cocteau Collection Séverin Wunderman** In Menton kommt man Jean Cocteau auf die Spur. (S. 81)

Kajakfahrer, Gorges du Verdon (S. 274)

# Monat für Monat

**TOP-EVENTS**

**Trüffel-Märkte**, Januar

**Großer Preis von Monaco**, Mai

**Festival d'Avignon**, Juli

**Tanzmusik in Cannes**, August

**Transhumance**, Oktober

## Januar

**Sogar im tiefsten Winter haben die Provence und die Côte d'Azur ihren Reiz. Die provenzalischen Voralpen sind schneebedeckt, und an der Riviera gibt's knackig-kalte Wintertage. Außerhalb der Skiorte und der Großstädte sind allerdings viele Hotels und Sehenswürdigkeiten geschlossen, was das Reisen ein wenig erschwert.**

### Festival International du Cirque de Monte-Carlo

Die weltbesten Zirkusartisten wetteifern jedes Jahr in Monte Carlo um den „Goldenen Clown". Die Preisträger hängen dann noch eine Woche lang Vorstellungen dran (www.montecarlofestival.mc).

### Auf die Bretter!

Die Skiorte in der Provence und an der Côte d'Azur sind ausgezeichnet: klein, familienfreundlich, mit Bäumen gesprenkelt, sonnig und mit öffentlichen Verkehrsmitteln leicht erreichbar (hin & zurück ab Nizza nur 2 €).

### Trüffeljagd

In der Provence geht man von November bis Februar auf die Suche nach den schwarzen Diamanten. Höhepunkte der Saison sind im Januar die Messe de la Truffe in Richerenches (S. 229) und die Journée de la Truffe in Aups (S. 137).

## Februar

**Der Februar an der Riviera kann göttlich sein: Die Tage sind hell, der Himmel ist blau und das Wetter oft mild. Die Schüler haben zwei Wochen Ferien und können sich auf den Skipisten austoben.**

### Karneval in Nizza

Der Karneval in Nizza wird seit 1293 mit einem bunten Straßenumzug (www.nicecarnaval.com) mit festlich geschmückten Motivwagen und vielen Menschen gefeiert. Den Blumenkorso sollte man nicht verpassen.

## April

**Das Aprilwetter ist in der Provence in etwa genauso wie im restlichen Europa: voller Überraschungen. Die Osterfeiertage könnte man am Strand, aber genauso gut auch auf den Skipisten verbringen. Viele Ortschaften feiern volkstümliche und farbenfrohe religiöse Feste.**

### Féria Pascale

Die *féria* in Arles findet immer zu Ostern zur Eröffnung der Stierkampfsaison statt (www.feriaarles.com). Vier ausgelassene Tage lang gibt es Tanz, Musik, Konzerte und Stierkämpfe.

## Mai

**Der Frühling ist da, aber das Meer ist noch immer kalt, und der Mistral (Nordwind) heult hin und wieder durch die Provence. Der Mai ist ziemlich feiertagslastig: Es gibt mindestens vier offizielle davon – also im Voraus planen und rechtzeitig reservieren!**

### Pèlerinage des Gitans

Roma aus ganz Europa strömen in das abgelegene

Städtchen Stes-Maries-de-la-Mer, um am 24. und 25. Mai (und im Okt.) mit Umzügen, Liedern und Tanz ihren Schutzheiligen zu würdigen.

### Großer Preis von Monaco

Dies ist das begehrteste Rennen der Formel 1 – gefahren wird im winzigen Fürstentum. Zu dem Rennen gehören viel Glamour, Sekt, Promis und Siegesfeiern (www.acm.mc).

### Blumengärten

Die Blumengärten in der Provence wirken zu jeder Jahreszeit üppig. Da liegt ein Besuch auf einer Blumenfarm (S. 110) oder ein Bummel durch den schönen Garten der Villa Ephrussi de Rothschild nahe (S. 66).

## Juli

**Der Juli lässt die Provence aufblühen: Grillen erfüllen die Luft mit Gezirp, die Lavendelfelder zeigen sich in ihrer ganzen lilafarbenen Pracht, es ist heiß, und zur Abkühlung stehen der Pool, das Meer und ein guter Rosé zur Wahl.**

### Festival d'Avignon & Festival Off

Bei dem renommierten Festival in Avignon (www.festival-avignon.com) kommen alle möglichen Stücke auf die Bühne. Parallel zum offiziellen Programm gibt's auch Off-Theater.

### Les Chorégies d'Orange

Bei Frankreichs ältestem Festival (www.choregies.asso.fr) kann man in dem unglaublichen römischen Theater in Orange Opernaufführungen erleben. Wer Karten erwischt, kann sich glücklich schätzen und erlebt einen tollen Abend.

### Jazz an der Riviera

Die Riviera swingt zur Musik zweier großartiger Jazzfestivals, dem Jazz à Juan in Antibes-Juan-les-Pins (www.jazzajuan.com) und dem Nice Jazz Festival (www.nicejazzfestival.fr). Karten im Voraus buchen!

### Festival d'Aix-en-Provence

Das prestigeträchtige Festival bietet einen Monat lang Weltklasse-Aufführungen von Oper, Klassik und Ballett (www.festival-aix.com).

## August

**Je nach Ansicht ist der August die schlimmste oder beste Zeit für einen Besuch. Es ist definitiv die turbulenteste Zeit – alle Hotels sind ausgebucht. Aber es ist auch am meisten los, und es gibt jede Menge Events, Abendmärkte und Partys.**

### Feuerwerk am Meer

Im Juli und August gibt's in Cannes und Monaco kostenlose internationale Feuerwerksfestivals, bei denen Pyrotechniker aus aller Welt um die größte Begeisterung unter den Zuschauermassen wetteifern.

### In Cannes die Nächte durchtanzen

Cannes ist *das* Partypflaster im August. Im Nachtclub Le Palais wird 50 Nächte lang unter den Sternen getanzt. Außerdem gibt's zwei tolle Tanzmusikfestivals: das Festival Pantiero (www.festivalpantiero.com) und das Les Plages Électroniques (www.plages-electroniques.com).

## Oktober

**Die Tage werden kürzer, sind aber im Glanz der Herbstsonne sehr angenehm. An warmen Tagen kann man immer noch baden und hat dabei den Strand für sich allein.**

### Maronen satt

In Collobrières im Massif des Maures kann man Maronen pflücken, futtern und alles über sie erfahren. Der Wald ist in dieser Jahreszeit für lange Spaziergänge besonders schön. Höhepunkt der Herbstfeste ist die Fête de la Châtaigne (S. 139).

### Almabtrieb

In der Haute-Provence, vom Verdon bis zum Col d'Allos, treiben die Hirten ihre Schafe von den Sommerweiden zu Tal und verstopfen die Straßen. Das gleiche passiert im Juni beim Almauftrieb, natürlich in umgekehrter Richtung.

## Dezember

**Familien feiern Weihnachten mit dem Besuch der Christmette, provenzalischen Liedern, 13 Desserts und Weihnachtskrippen voller Terrakottafigürchen. Abgesehen von Weihnachten und Silvester verläuft der Monat recht ruhig.**

# Reiserouten

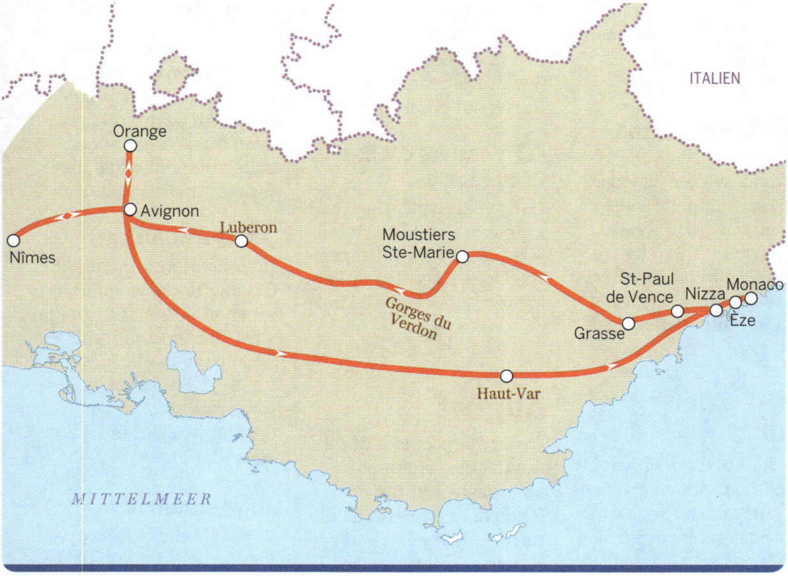


## 2 WOCHEN Provence & Côte d'Azur

Alle Highlights auf einer einfachen Reiseroute: entlang der Küste, in die Berge und zurück, vorbei an Schluchten, Dörfern, Weinbergen, römischen Ruinen und Lavendelfeldern.

Zuerst geht's nach **Nizza**. An Tag zwei steht ein Bummel durch die Altstadt und über die Promenade des Anglais an. Am dritten Tag fährt man nach **Èze** und genießt den fantastischen Ausblick. Zum Mittagessen geht's hinüber ins Fürstentum **Monaco**, wo man den restlichen Tag verbringt. Anschließend fährt man zurück nach Nizza. An Tag vier steht eine Tour zum mittelalterlichen Städtchen **St-Paul-de-Vence** an, wo viele Galerien auf Besucher warten. Am fünften Tag führt die Fahrt über die malerische N85 nach **Moustiers-Ste-Marie** mit Zwischenstopp in **Grasse**, wo man einen Einblick in die hiesige Parfümherstellung erhält. Der folgende Tag ist der **Gorges du Verdon** vorbehalten.

Am siebten Tag und achten Tag wird der **Luberon** erkundet und an Tag neun geht es weiter nach **Avignon**. Einen ganzen Tag lang kann man sich die Stadt anschauen, und am elften Tag ist Zeit für einen Ausflug nach **Orange** oder **Nîmes**. Die nächsten beiden Tage verbringt man im **Haut-Var** und besucht die Bergdörfer und Weinberge der Region, bevor es zurück nach Nizza geht.

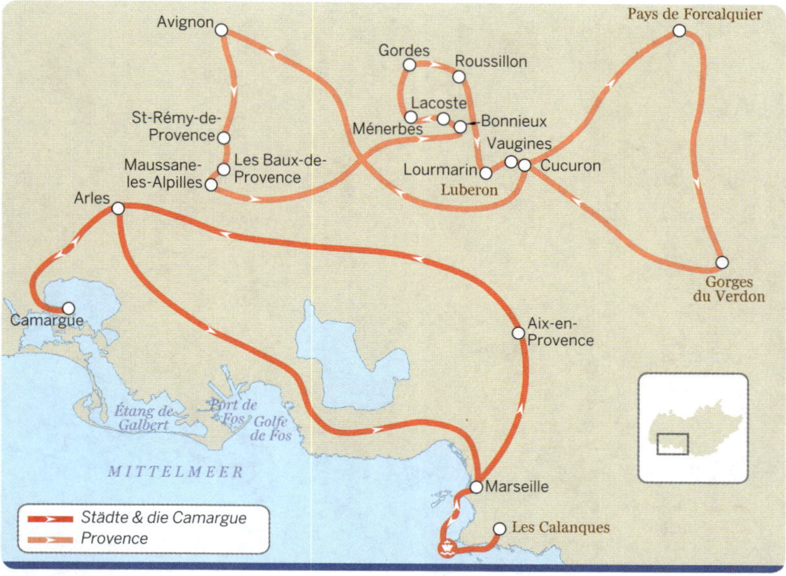


## 1 WOCHE Städte & die Camargue

Eine Mischung aus Stadt und Land, die in Marseille beginnt, gefolgt von Wanderungen auf den Klippen, Kunstausstellungen, römischer Geschichte und dem Beobachten von Flamingos. Die Route kann mit öffentlichen Verkehrsmitteln bewältigt werden.

Den ersten Tag verbringt man in **Marseille** und erkundet den Vieux Port, Le Panier und die Kunstszene. An Tag zwei schippert man zu den **Calanques** oder besucht das Château d'If und steigt zur Basilique Notre Dame de la Garde hinauf. Zum Abendessen geht's ins Vallon des Auffes. Am dritten Tag fährt man nach **Aix-en-Provence** und besucht Cézannes Atelier, sein Haus und den Steinbruch Bibémus, eines seiner Motive. Schließlich gönnt man sich ein Essen in einem der Restaurants in Aix.

Am vierten Tag geht's nach **Arles** und an die Orte, von denen sich Van Gogh inspirieren ließ. Für den Abend reserviert man einen Tisch in einem der Sternerestaurants. Tag fünf ist dem römischen Erbe der Stadt vorbehalten. Ein Ausflug in die **Camargue** steht am sechsten Tag an. Wer will, mietet ein Fahrrad. Ein Fernglas zur Vogelbeobachtung mitnehmen! Schließlich geht es wieder zurück nach Marseille.

## 1 WOCHE Provence

Diese Route umfasst das Wichtigste der Provence, startet im belebten Avignon und endet in der mächtigen Gorges du Verdon. Es geht vorbei an verschlafenen Dörfern und wunderschönen Aussichtspunkten.

Tag eins verbringt man in **Avignon**, wo man die Altstadt durchstreift und das Palais des Papes besucht. An Tag zwei fährt man nach **St-Rémy-de-Provence**. Man kann Glanum erkunden und das Sanatorium besuchen, in dem van Gogh das letzte Jahr seines Lebens verbrachte. Am dritten Tag macht man einen Ausflug nach **Les Baux-de-Provence**. Am Nachmittag geht's dann zum Olivenkosten in die Olivenhaine rund um **Maussane-les-Alpilles**.

Am vierten Tag geht es in den **Luberon**. Am Nachmittag erkundet man **Bonnieux**, **Lacoste** und **Ménerbes**. Am fünften Tag folgt der Besuch von **Gordes**, der Abbaye Notre-Dame de Sénanque und **Roussillon**. An Tag sechs erforscht man die Schluchten und Lavendelfelder um **Lourmarin**, **Vaugines** und **Cucuron**. Abends lässt man sich in der Auberge La Fenière kulinarisch verwöhnen. An Tag sieben geht's zurück nach Avignon oder weitere drei Tage ins **Pays de Forcalquier** und zur **Gorges du Verdon**.

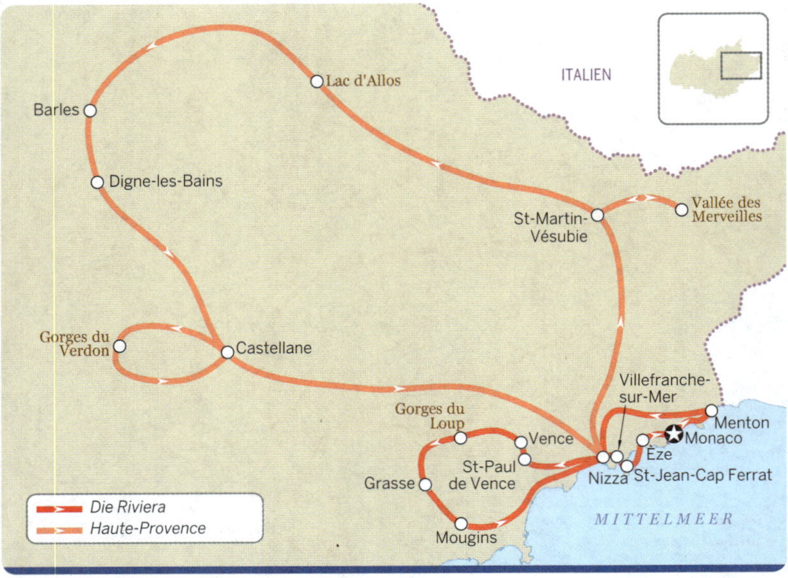


## 10 TAGE Haute-Provence

Es ist an der Zeit, die Küste hinter sich zu lassen und die Alpen zu erkunden. Nur eine Autostunde von Nizza entfernt ist man plötzlich umgeben von einer atemberaubenden Berglandschaft – ideal zum Wandern, Radfahren und Tiere beobachten.

Den ersten Tag sollte man in **Nizza** verbringen und durch die Altstadt bummeln, bevor es am zweiten Tag auf große Fahrt geht. Im Alpha-Tierschutzgebiet in **St-Martin-Vésubie** kann man halbwilde Wölfe beobachten. Am dritten Tag bietet sich eine geführte Wanderung zu den Felsmalereien im **Vallée des Merveilles** an, bevor es nach Westen geht, wo man rund um den **Lac d'Allos** am vierten und fünften Tag die Wanderwege erkunden kann.

Am sechsten Tag geht's weiter nach **Digne-les-Bains**. Unterwegs hält man in **Barles** und sucht im Réserve Géologique de Haute-Provence nach Fossilien. Am siebten Tag wandert man durch Lavendelfelder und am achten geht's nach **Castellane** und zur malerischen **Gorges du Verdon**. Der Schlucht widmet man sich auch am neunten Tag: beim Raften, Canyoning oder Wandern. An Tag zehn fährt man zurück nach Nizza oder weiter die Riviera entlang.

## 10 TAGE Die Riviera

Diese Route umfasst alle Sehenswürdigkeiten der Côte d'Azur, die man nicht verpassen sollte. Der erste Teil kann mit dem Bus und dem Zug bewältigt werden, aber wer die ganze Riviera erleben will, der sollte ein Auto haben – am besten ein Cabrio.

Die ersten zwei Tage sind **Nizza** gewidmet. Man bummelt durch die Altstadt und den Markt auf dem Cours Saleya, besucht das Musée National Marc Chagall und das Musée Matisse in Cimiez und feiert bis zum Morgen in den Bars der Altstadt.

An Tag drei steht ein Ausflug an: Man fährt die Corniche Inférieure entlang und hält in **Villefranche-sur-Mer** und **St-Jean-Cap-Ferrat**. Am vierten Tag geht's nach **Èze**. Den Rest des Tages verbringt man in **Monaco**. Den Folgetag kann man in **Menton** verbummeln.

Am sechsten Tag fährt man in die Berge nach **St-Paul-de-Vence** und **Vence**. An Tag sieben folgt die **Gorges du Loup**. Am achten Tag besucht man **Grasse** und am vorletzten Tag das hübsche **Mougins**. Am zehnten Tag geht es zurück nach Nizza, weiter in die Haute-Provence oder an der Küste entlang nach Westen.

Reiseplanung

# Übernachten in der Provence

In der Provence und an der Côte d'Azur gibt es eine vielfältige Unterkunftspalette, ob man nun ein gemütliches Cottage mieten oder sich in einem teuren Hotel verwöhnen lassen möchte. Im Sommer schnellen die Preise überall in die Höhe, daher sollte man sich überlegen, ob man nicht günstige Angebote in der Nebensaison ausnutzt.

## Wo übernachten?

Die Provence und die Côte d'Azur haben das vielleicht vielfältigste Unterkunftsangebot in ganz Frankreich. Die Palette reicht von superluxuriösen Hotels mit verträumtem Blick auf die Küste bis zu gemütlichen kleinen Landhäusern, die sich in Weinbergen und Lavendelfeldern verstecken. Für jeden Geschmack und Geldbeutel ist etwas dabei – leider ist der Reiz der Region schon lange kein Geheimnis mehr, und im Sommer schnellen die Preise in die Höhe und freie Zimmer sind knapp.

### Hotels

Französische Hotels sind mit einem bis fünf Sternen klassifiziert. Ein- und Zwei-Sterne-Hotels sind einfach, Vier- und Fünf-Sterne-Hotels bieten dagegen Luxusleistungen wie Pool, Zimmerservice und Concierge. In den größeren Hotels gibt es in der Regel Fahrstühle (*ascenseurs*). Drei- und Vierbettzimmer sind weit verbreitet und eignen sich gut für Familien. Das Frühstück wird fast immer extra berechnet und kann pro Person zwischen 7 und 30 € kosten. WLAN ist inzwischen fast überall erhältlich und in den meisten Fällen kostenlos.

**Logis de France** (www.logishotels.com) Eine Schirmorganisation für kleine, unabhängige Hotels, die oft gute Restaurants haben.

## Top-...

### ... Unterkünfte

La Cascade (S. 107)

L'Hostellerie Jérôme (S. 67)

Villa Gallici (S. 185)

Le Cloître (S. 199)

Maison Valvert (S. 263)

### ... besondere Hotels

Les Cabanes d'Orion (S. 103)

Le 2 (S. 105)

Moonlight Chalet (S. 287)

Le Couvent (S. 260)

Chambre avec Vue (S. 262)

### ... Budgetunterkünfte

Relais International de la Jeunesse Thalassa (S. 75)

Château de Grasse (S. 107)

Hôtel Solara (S. 56)

Vertigo Saint-Charles (S. 168)

Hôtel Boquier (S. 215)

**iGuide** (www.iguide-hotels.com) Charmante, ungewöhnliche Hotels und B&Bs.

**Relais & Châteaux** (www.relaischateaux.com) Luxushotels und historische Hotels.

## Chambres d'hôte (B&Bs)

Die *Chambres d'hôte* sind die französische Variante der B&Bs. Viele befinden sich auf Bauernhöfen, Weingütern und historischen Anwesen, und die führenden *chambres d'hôte* können es in puncto Luxus und Design mit Hotels aufnehmen. Das Frühstück ist im Preis enthalten, oft wird auch Abendessen (*das table d'hôte* genannt wird) serviert.

**Guide de Charme** (www.guidesdecharme.com) Hotels und B&Bs, die mit jeder Menge Charme aufwarten.

**Fleurs de Soleil** (www.fleursdesoleil.fr) Erstklassige *chambres d'hôte.*

**Bienvenue à la Ferme** (www.bienvenue-a-la-ferme.com) Unterkunft auf Bauernhöfen.

**Avignon & Provence** (www.avignon-et-provence.com) Hotels, B&Bs und Selbstversorgerunterkünfte.

## Selbstversorger

Wer hat nicht schon einmal davon geträumt, in einem alten Bauernhaus in der Provence oder in einer Villa mit herrlichem Swimmingpool an der Côte d'Azur zu wohnen? Unterkünfte für Selbstversorger sind eine hervorragende Option, insbesondere für Familien und auch für all jene, die einmal wie die Einheimischen leben wollen. Die meisten Unterkünfte haben komplett ausgestattete Küchen und viele bieten auch einen Pool (den man manchmal mit anderen Gästen teilen muss).

Bei den Touristeninformationen erhält man in der Regel Listen mit Studios, Apartments und Villen, die man mieten kann. Seiten wie **Airbnb** (www.airbnb.com), die Unterkünfte bei Privatpersonen anbieten, sind in der Provence und an der Côte d'Azur immer stärker vertreten.

**Gîtes de France** (S. 324) Authentische Selbstversorgerunterkunft.

**Gîtes Panda** (www.gites-panda.fr) Selbstversorgerunterkunft und B&Bs in der Nähe von Naturschutzgebieten.

**Sawdays** (www.sawdays.co.uk) Ausgewählte Unterkünfte für Selbstversorger und B&Bs.

**Joie de Vivre** (www.jdvholidays.com) Premium-Villen.

**One Off Places** (http://www.oneoffplaces.co.uk/destinations/Europe/France/Provence-Cote-dAzur) Ungewöhnliche und ländliche Unterkünfte, von Ökohäusern bis zu Windmühlen.

**Vintage Travel** (www.vintagetravel.co.uk) Villen mit Pool.

## Camping

Die Franzosen sind begeisterte Camper, allerdings bevorzugen sie Campingplätze im Stil von Ferienparks mit Swimmingpool, Spielplatz für die Kinder und (das ist am allerwichtigsten) einem guten Restaurant. In den meisten großen Städten gibt es einen *camping municipal* (städtischer Campingplatz) – einfach, aber preiswert.

Die meisten Campingplätze sind nur zwischen April und Oktober geöffnet. Die genannten Standardpreise gelten in der Regel für zwei Erwachsene mit einem Zelt und einem Auto. Viele Plätze sind mit Stromanschlüssen ausgestattet; auf einigen kann man auch Chalets oder Bungalows mieten. *Camping sauvage* (wildes Zelten) ist verboten.

**Camping en France** (www.camping.fr) Auflistung von Campingplätzen in ganz Frankreich.

**HPA Guide** (http://camping.hpaguide.com) Guter familienfreundlicher Campingplatzführer.

**Cabanes de France** (http://www.cabanes-de-france.com) Baumhäuser für Möchtegern-Tarzans und -Janes.

## Hostels

Der Standard von französischen Hostels reicht von hip bis supereinfach. Man muss nicht jung sein, um im Hostel zu übernachten, für Personen unter 26 Jahren gelten aber günstigere Preise.

Bettwäsche wird zur Verfügung gestellt, Schlafsäcke sind nicht erlaubt. In großen Städten sind Hostels manchmal ein ganzes Stück vom Zentrum entfernt. In den meisten Hostels gibt es Gästeküchen.

Zwei andere Typen von Hostels sind *gîtes d'étape* (einfache Hütten für Wanderer) und *gîtes de refuge* (Hütten im Hochgebirge).

Es gibt zwei offizielle Organisationen:

**Fédération Unie des Auberges de Jeunesse** (www.fuaj.org)

**Ligue Française pour les Auberges de la Jeunesse** (www.auberges-de-jeunesse.com)

## Preise

Die Preise variieren mit der Saison:

- Nebensaison (Okt./Nov.–Feb./März)
- Zwischensaison (März–Mai und Sept./Okt.)
- Hauptsaison (Juni–Sept.)

Die genannten Preise beinhalten nicht die tägliche *taxe de séjour* (Touristensteuer; 0,20 €–1,50 €).

## Reservierung

Außerhalb der Saison schließen viele Hotels und B&Bs (*congé annuel*; Schließzeit). Ab Ostern wird es schwieriger, ohne Vorbuchung ein Zimmer zu bekommen. Im Juli und August braucht man ohne Reservierung gar nicht erst an die Küste zu fahren, wenn man kein Vermögen ausgeben will.

In Touristeninformationen erfährt man, wo Zimmer vermietet werden; manche von ihnen bieten auch einen Reservierungsservice an.

Reiseplanung

# Essen & Trinken wie die Einheimischen

Egal, ob man sich an frischem Fisch in Marseille gütlich tut oder sich einen reichhaltigen Landeintopf in der Haute-Provence schmecken lässt – dies ist eine Region, in der Essen nicht nur ein wichtiger Bestandteil des Alltags, sondern oft das Hauptereignis ist.

## Das Jahr in Gerichten

### Frühling (März–Mai)

Lamm wird traditionell zu Ostern in der ganzen Provence gegessen. In der Camargue kommt häufig Stierfleisch (als Eintopf oder Würstchen) auf den Tisch.

### Sommer (Juni–Aug.)

Die Hochzeit des Essens in der Provence: Oliven und Trauben reifen, Tomaten und Paprika duften, und Pfirsiche, Kirschen und Nektarinen hängen von den Bäumen. Jetzt wird im Freien gegessen – und die Einheimischen genießen diesen Luxus in vollen Zügen.

### Herbst (Sept.–Nov.)

Erntezeit: Jetzt werden die Weine und Olivenöle abgefüllt. In Collobrières findet die Maronenernte statt, gerade rechtzeitig, um *marrons glacés* (glasierte Maronen) für Weihnachten zuzubereiten.

### Winter (Dez.–Feb.)

Trüffelsaison: Die Einheimischen strömen in Massen aus, um diesen wertvollen wilden Pilz zu suchen. In der Provence ist es Tradition, zu Weihnachten 13 Desserts zu servieren. Wer Glück im Neuen Jahr haben möchte, muss alle 13 probieren. Im Februar wird in Menton auf dem Zitronenfest die Zitrone in all ihrer Vielfalt gefeiert.

## Essenserlebnisse

### Unvergessliche Gerichte

Ein guter Rat, um Gourmetküche zu erleben, ohne das Bankkonto zu plündern, ist, mittags essen zu gehen. Mittagsmenüs sind immer wesentlich preiswerter als Abendmenüs, selbst in den teuersten Restaurants.

➡ **Restaurant Pierre Reboul, Aix-en-Provence** (S. 187) Dieses Restaurant in Aix-en-Provence wird von einem der renommiertesten Köche der Provence betrieben. Es gibt zwei Filialen: ein edles Restaurant und ein relaxtes Bistro.

➡ **Le Rhul, Marseille** (S. 171) Hier gibt es eine authentische Bouillabaisse sowie *bourride* (Fischeintopf).

➡ **La Colombe d'Or, St-Paul de Vence** (S. 104) Der Genuss, hier zu essen, ist nicht nur auf die Gerichte zurückzuführen, sondern auch auf die unglaubliche Sammlung von Kunstwerken, die von Künstlern wie Picasso, Chagall and Matisse gespendet wurden, die hier Essen gegen Bilder tauschten.

➡ **Le Mas Candille, Mougins** (S. 114) Ein Luxushotel mit einem passenden Restaurant mit Michelin-Stern, das von dem jungen David Chauvac aus Cannes betrieben wird.

➡ **Le Sanglier Paresseux, Caseneuve** (S. 262) Provenzalische Zutaten mit aufregenden, exotischen Aromen werden hier von einem brasilianischen Koch gezaubert. Die Terrasse

## KOCHKURSE

Viele Starköche in der Region geben ihre kulinarischen Geheimnisse gern an Kochinteressierte weiter.

**Le Marmiton, Avignon** (S. 217) Spitzenköche geben Kochkurse in einer Schlossküche aus dem 19. Jh.

**L'Atelier de Cuisine Gourmande, Bormes-les-Mimosas** (S. 144) Die einheimische Köchin Mireille Gedda ist spezialisiert auf Kochkurse, in denen regionale Gerichte zubereitet werden.

**Les Apprentis Gourmets, Cannes** (S. 94) Eine Boutique-Küche, in der Express-Kochkurse angeboten werden (30 Min.–2 Std.).

**Auberge La Fenière, Cadenet** (S. 266) In diesem Gourmet-Restaurant im Luberon können Hobbyköche ihre Fähigkeiten verbessern.

**Les Bacchanales, Vence** (S. 106) In seinem Stadthaus in Vence aus den 1930er-Jahren veranstaltet der Koch Christophe Dufau Kurse, in denen zu jedem Gericht der passende Wein ausgewählt wird.

**La Vigne, Villefranche-sur-Mer** (S. 64) Dieses hübsche B&B bietet entspannte Kochkurse an.

**École de Dégustation, Châteauneuf-du-Pape** (S. 223) Hier lernt man nicht kochen, sondern Weine probieren – eine ebenso wichtige Fähigkeit!

bietet einen umwerfenden Ausblick auf die Berge des Luberon.

➡ **La Bastide de Moustiers, Moustiers Ste-Marie** (S. 277) Die berühmte Adresse von Starkoch Alain Ducasse in spektakulärer Lage nahe der Gorges du Verdon.

➡ **Le Chantecler, Nice** (S. 60) Das Restaurant des Hotels Le Negresco ist ein pinkes Kunstwerk mit hervorragendem Service und Gerichten, die ihre zwei Michelin-Sterne wirklich verdienen.

➡ **Sea Sens, Cannes** (S. 94) Selbst wer kein Promi ist, wird sich in diesem Restaurant dank des herausragenden Essens wie ein VIP fühlen.

➡ **Chez Bruno, Lorgues** (S. 135) Trüffel, Trüffel und noch mehr Trüffel. Den schwarzen Diamanten findet man hier praktisch in jedem Gericht.

### Preiswerte Leckereien

➡ **Pissaladière** Die Nizza-Variante eines Zwiebelkuchens, mit karamellisierten Zwiebeln, Oliven, Knoblauch und Anchovis.

➡ **Socca** Ein weiterer Klassiker aus Nizza, ein salziger Pfannkuchen aus Kichererbsenmehl.

➡ **Petits farcis** Gemüse (Tomaten, Zwiebeln, Zucchini, Zucchiniblüten), gefüllt mit Hackfleisch, Käse, Paniermehl, Eigelb und Kräutern.

➡ **Tapenade** Ein Olivendip, der häufig zum Aperitif gereicht wird und auf getoastetem Brot gegessen wird.

➡ **Anchoïade** Wie Tapenade, aber aus salzigen Anchovis und Knoblauch.

➡ **Fromage de chèvre** Ziegenkäse ist *der* Käse der Provence. Der beste kommt aus Banon im Luberon.

➡ **Omelette aux truffes** Preiswerte Trüffelverköstigung – ein klassisches Omelett mit duftenden schwarzen Trüffeln.

➡ **Calissons d'Aix** Die berühmten Leckereien aus Aix-en-Provence sind süß und unwiderstehlich.

### Für Wagemutige

➡ **Oursin** Seeigel sind gewöhnungsbedürftig – sie werden roh aus der Schale mit einem Spritzer Zitrone gegessen. Der Geschmack ist stechend und sehr, sehr fischig.

➡ **Pieds paquets** Ein wirklich abenteurliches Essen: Lammfüße und -mägen, geschmort in Weißwein.

➡ **Saucisson de taureau** Stierwürstchen sind auf den Speisekarten in der Camargue oft zu finden: Fleischig und köstlich!

➡ **Saucisson de sanglier** Wildschweinwürstchen sind gepökelt und haben viel weniger Fett als Schweinswürstchen.

➡ **Escargots** Schnecken sind auf dem Land äußerst beliebt. In Knoblauchbutter sind sie sehr schmackhaft (und ähneln Herzmuscheln oder Strandschnecken).

## Lokale Spezialitäten

Wie es sich für eine ländliche Region gehört, wurzeln die kulinarischen Spezialitäten der Provence in der *cuisine paysanne* (Bauernküche). Verwendet wurden vorwiegend unerwünschter Fisch und billiges Fleisch, um sicherzustellen, dass nichts verschwendet wurde.

### Bouillabaisse

Dieser kräftige gelbe Fischeintopf wird von den Einwohnern von Marseille seit Jahrhunderten zubereitet. Benötigt werden dafür mindestens vier Sorten frischer Fisch (beliebt sind Skorpionfisch, weißer Skorpionfisch, Petermännchen, Meeraal und Roter Knurrhahn), die in einer Fischbrühe zusammen mit Zwiebeln, Tomaten, Knoblauch, *herbes de Provence* (einer Mischung aus Thymian, Rosmarin, Majoran, Oregano und einigen anderen Kräutern) und Safran (daher die Farbe) gekocht werden.

Der Name Bouillabaisse leitet sich von dem französischen Wort *bouillir* (kochen) und *baisser* (herunterdrehen – die Flamme, die Hitze) ab – also der Methode der Zubereitung. Der Sud wird zuerst aufgekocht, anschließend 15 Minuten lang sprudelnd gekocht, und dann bei schwacher Hitze geköchelt. Zuerst wird die *bouillon* (Brühe) als Suppe serviert, danach folgt das Fischfleisch, zusammen mit einem lokalen Wein, beispielsweise einem weißen Cassis oder einem trockenen Bandol Rosé.

Die echte Bouillabaisse muss einen Tag im Voraus bestellt werden und wird normalerweise für zwei oder mehrere Personen serviert.

#### L'APÉRO

Der *L'apéro* (kurz für *l'apéritif*, ein alkoholisches Getränk, das vor dem Abendessen serviert wird) ist ein nationaler Zeitvertreib in Frankreich, vor allem in der Provence und an der Côte d'Azur. Die Getränke werden in der Regel zusammen mit Snacks serviert. Ein Klassiker ist der Pastis oder ein Glas kalter Rosé, serviert mit eingelegten Oliven, knusprigem Brot und Tapenade.

### Soupe de Poissons

Eine reichhaltige, samtige Fischsuppe, die aus Fisch, Gräten und Beilagen gekocht wird. Sie wird normalerweise mit *rouille* (einer würzigen Tomatensauce), knusprigen Croutons und geriebenem Greyerzer Käse serviert.

### Soupe au Pistou

Diese Suppe ähnelt eher einem Eintopf. Das klassische Bauerngericht besteht aus einer üppigen Gemüsebrühe (Bohnen, Karotten, Kartoffeln, Zucchini, Tomaten und Zwiebeln), die mit einer großzügigen Menge Olivenöl, Knoblauch und Basilikum garniert wird. Manchmal werden dazu Croutons serviert, manchmal aber auch nicht.

### Daube

Ein reichhaltiger Fleischeintopf aus in Rotwein geschmortem Rind, Zwiebeln, Sellerie, Karotten, Knoblauch und Kräutern. Wie alle Eintöpfe muss er mehrere Stunden kochen, idealerweise wird er daher am Vortag zubereitet.

### Ratatouille

Die Provence ist die spirituelle Heimat dieses sättigenden vegetarischen Eintopfes, der normalerweise aus Tomaten, Zwiebeln, Zucchini, Auberginen und roten und grünen Paprikaschoten hergestellt wird, die mit den aromatischen *herbes de Provence* gekocht werden.

### Brouillade de Truffes

Ein bescheidenes Gericht (Rühreier) mit einem Gourmet-Twist: schwarzen Trüffelscheiben. Die einfachen Zutaten bietet eine ideale Plattform für den delikaten Geschmack des Pilzes. Das Gericht ist normaler Bestandteil vieler Trüffelmenüs.

### Stockfisch (oder Estocaficada)

Die Hauptzutat von Stockfisch – in Wasser eingeweichter getrockneter Kabeljau – schreckt viele Menschen ab, aber richtig zubereitet (und die meisten Restaurants, die Stockfisch anbieten, sind gut darin) kann diese Spezialität aus Nizza es mit jeder anderen örtlichen Spezialität aufnehmen.

Draußen essen, Nizza (S. 48)

Getrockneter Kabeljau wird mehrere Tage in immer wieder frischem Wasser eingeweicht und dann mit Zwiebeln, Knoblauch, Tomaten, Paprika, Kartoffeln und frischen Kräutern (Fenchel, Thymian und Petersilie) geschmort. Gegen Ende kommen noch Oliven dazu, und das Gericht wird normalerweise kochend heiß mit einem Schuss Olivenöl serviert. An einem kalten Wintertag gibt es nichts Besseres!

### Bourride

Dieser Fischeintopf ähnelt der bouillabaisse, wird aber aus weniger Zutaten, nach einem weniger strengen Rezept, und mit einer etwas cremigeren Konsistenz zubereitet. Er wird gewöhnlich mit aïoli (Knoblauchmayonnaise) serviert.

## Rund ums Essen & Trinken

### Wann wird gegessen?

➡ Das klassische französische Frühstück besteht aus einer Tasse Kaffee und einem Stück Baguette vom Vortag mit Marmelade. Croissants und *pains au chocolats* gibt es normalerweise nur am Wochenende – in Hotels werden sie jedoch zusammen mit verschiedenen Käsesorten, Joghurt und Früchten sowie Aufschnitt auch unter der Woche serviert. Frühstück gibt's normalerweise von 7.30 bis 9.30 Uhr.

➡ Das Mittagessen ist oft die Hauptmahlzeit des Tages. Fast alle machen zwischen 12 und 14 Uhr zwei Stunden Mittagspause, und essen eine *plat du jour* in einer lokalen Brasserie.

➡ Obwohl Restaurants meist gegen 19 Uhr öffnen, kommen die Gäste in der Regeln erst gegen 20 Uhr und bleiben oft bis 22.30 Uhr oder länger.

### Wohin zum Essen?

Essen *à la provençal* kann alles bedeuten, vom Mittagessen in einem Dorfbistro bis zum Abendessen in einem sternegekrönten Gastronomietempel. Unabhängig vom Preisniveau findet man draußen meist eine

#### SITTEN & ETIKETTE

➡ Das Brot muss nicht unbedingt auf dem Teller liegen; Krümel auf dem Tisch sind völlig in Ordnung.

➡ Das gleiche Messer und die gleiche Gabel für Vorspeise und Hauptgericht zu verwenden, ist in vielen familiären Restaurants üblich.

➡ *Santé* heißt der Toast, wenn man mit alkoholischen Getränken anstößt; *bon appétit* sagt man, bevor man zu essen beginnt.

➡ Die Franzosen beschließen ihre Mahlzeit im Allgemeinen gern mit einem starken Espresso.

➡ Getrennte Rechnungen zu verlangen, gilt als unfein – besonders unter jungen Leuten.

➡ Der Service ist im Allgemeinen inbegriffen, man kann, muss aber kein Trinkgeld geben.

*carte* (Speisekarte) oder ein *ardoise* (Speisetafel) hängen und kann sich anschauen was im Angebot ist bevor man reingeht.

Reservierungen sind im Sommer immer ratsam, besonders wenn man gern einen Tisch *en terrasse* (draußen) hätte.

➡ **Auberge** Gasthaus mit traditionellen ländlichen Gerichten auf der Karte, oft in ebensolchen Gegenden. Manche haben auch Gästezimmer.

➡ **Bistro** (auch *bistrot* geschrieben) Alles von einer zwanglosen Bar, die leichte Mahlzeiten serviert, bis zum ausgewachsenen Restaurant.

➡ **Brasserie** Einem Café sehr ähnlich, nur dass hier vollständige Mahlzeiten serviert werden (normalerweise Nonstop von 11–23 Uhr), ebenso Getränke und Kaffee.

➡ **Café** Serviert Kleinigkeiten (kalte und getoastete Sandwiches), Kaffee und Getränke.

➡ **Restaurant** Die meisten bieten Mittag- und Abendessen an fünf oder sechs Tagen die Woche an. Allgemeine Öffnungszeiten s. S. 319.

## Die Speisekarte

➡ **Plat du jour** Das Tagesgericht – normalerweise bietet es ein sehr gutes Preis-Leistungs-Verhältnis.

➡ **Formule** Ein zweigängiges Menü, das oft nur mittags serviert wird. Normalerweise kann man zwischen einer Vor- und einer Hauptspeise oder einer Haupt- und einer Nachspeise wählen.

➡ **Menu** Normalerweise zwei oder drei Gänge, mit einer etwas beschränkteren Auswahl im Vergleich zur Karte.

➡ **Entrées** Vorspeisen.

➡ **Plats** Hauptspeisen, oft aufgeteilt in *viandes* (Fleisch) und *poissons* (Fisch).

➡ **Desserts** Nachspeisen.

➡ **À la carte** Nach Karte – stets die teuerste Art zu essen.

Ein Glossar und Erläuterungen verschiedener Gerichte gibt's auf S. 316.

Reiseplanung

# Outdoor-Aktivitäten

Mit ihren vielseitigen Landschaften – Bergen und Schluchten, Sumpfgebieten und einer Küstenlinie mit strahlend weißem Sand und türkisfarbenem Wasser – bietet die Provence Outdoor-Aktivitäten für jede Stimmung und jedes Energielevel.

## Land

### Wandern & Trekken

Die Provence ist hervorragend dafür geeignet, die Wanderstiefel zu schnüren und aufzubrechen – vor allem, wenn man der sengenden Hitze der Küste entkommen ist und Richtung Norden in die Berge der Provence und den Parc National du Mercantour fährt. In der Region befinden sich einige *Grande Randonnée* (GR) (Fernwanderwege) und jede Menge *sentiers balisés* (markierte Wege).

Das kleine Städtchen St-Martin-Vésubie im Vallée de la Vésubie ist ein beliebter Ausgangspunkt für Wanderer im Nationalpark Mercantour. Von hier aus führen regelmäßig geführte Wanderungen in das entlegene Vallée des Merveilles, das für seine Felritzungen aus der Bronzezeit berühmt ist. In den benachbarten Tälern gibt es ebenfalls Hunderte von Wanderwegen zu erkunden; Karten, Bücher und Broschüren erhält man in den Touristeninformationen. Dies ist die beste Region für Wanderungen im Sommer – aufgrund der Höhe sind die Temperaturen hier niedriger als an der Küste, obwohl Schneefall das Wandern von Oktober bis März unmöglich macht.

Weiter südlich führen Wege entlang der Klippen und Buchten des Parc National des Calanques. Von hier aus bieten sich bei jedem Schritt glitzernde Blicke auf das

## Top ...

### ... Schnorcheln

Im Schnorchelpark der Domaine du Rayol kann man mit einigen Unterwasserbewohnern der Côte d'Azur Bekanntschaft machen (S. 141).

### ... Radfahren & Mountainbiken

Eine leichte Tagestour führt entlang der Véloroute du Calavon (S. 254), einer alten Eisenbahnstrecke durch den Luberon. Wer möchte, kann auch die Wege des höchsten Gipfels der Provence, des Mont Ventoux, hinuntersausen (S. 233).

### ... Kajakfahren

Unter den Klippen der Calanques (S. 181) entlangpaddeln und einige der schönsten – und unberührtesten – Buchten der Côte d'Azur erkunden.

### ... Reiten

Eines der kräftigen weißen Pferde der Camargue satteln (S. 203) und in das Marschland hinausreiten.

### ... Bungee-Jumping

Sich vom Pont de l'Artuby (S. 275) stürzen, 182 m über der Gorges du Verdon – der höchste Bungee-Jump Europas.

### ... Skifahren

Im Winter bedeckt Schnee die Berge des Nationalparks Mercantour, und Resorts wie Allos (S. 283) und Valberg (S. 284) füllen sich mit Skifahrern und Snowboardern.

Mittelmeer. Hierher kommt man am besten im Frühling oder Herbst – im Sommer gleicht das Wandern hier eher einer Strafe als einer Freude.

Zwischen 1. Juli und 15. September sind Waldgebiete aufgrund des hohen Waldbrandrisikos häufig gesperrt. Es lohnt sich, vor dem Aufbrechen Informationen bei der nächsten Touristeninformation einzuholen.

Unbedingt ausreichend Wasser und Essen mitführen und gute Stiefel tragen (auch an heißen Tagen). Man sollte sich nicht darauf verlassen, Handyempfang zu haben, vor allem in den Bergen.

Frankreichs nationaler Kartenherausgeber IGN hat die besten Karten für Wanderer, auf denen alle Wege und topografischen Besonderheiten deutlich gekennzeichnet sind.

➡ **Fédération Française de Randonnée Pédestre** (FFRP, französischer Wanderverband; www.ffrandonnee.fr) Bietet die umfassendsten Wanderführer, von denen einige mittlerweile als E-Book erhältlich sind.

➡ **Guides RandOxygène** (www.randoxygene.org) Vertreibt drei Wanderführer für die Region, die vor Ort in Touristeninformationen verkauft werden. E-Book-Versionen können auf der Website heruntergeladen werden.

➡ **Escapado** (www.escapado.fr) Gibt Informationen zu Touren für Radfahrer, Mountainbiker und Wanderer heraus, die auf der Website heruntergeladen werden können.

## Radfahren & Mountainbiken

Hier scheint die Sonne beinahe unablässig und, ganz ehrlich, den einen oder anderen Hügel wird man nicht vermeiden können.

### WETTER-CHECK

Egal welche Outdoor-Aktivität man plant, man sollte unbedingt den aktuellsten Wetterbericht auf **Météo France** (www.meteofrance.com) ansehen oder bei der lokalen Touristeninformation erfragen. Selbst an einem sonnigen Tag im Hochsommer können Stürme, Regenfälle und Mistralwinde wie aus dem Nichts auftauchen – es lohnt sich, vorbereitet zu sein.

Die besten Gebiete zum Radfahren liegen abseits der belebten Küstenstraßen: Die ruhigen Landstraßen des Luberon, die Dörfer des Var, und die Hügel der Haute-Provence eignet sich hervorragend für Erkundungstouren.

Normale Fahrräder (*vélo de route*) und Mountainbikes (*vélo tout-terrain*, VTT) können fast überall für etwa 15 € pro Tag gemietet werden, einschließlich Helm und Flickzeug. Kinderfahrräder (rund 12 €/Tag) und Kindersitze (rund 5 €/Tag) sind ebenfalls erhältlich. Einige Geschäfte liefern ihren Kunden die Fahrräder auch an die Unterkunft.

Die erste Anlaufstelle für Informationen zu Touren sollte immer die örtliche Touristeninformation sein. Sie bietet in der Regel eine Reihe von Broschüren und Führern zum Mitnehmen sowie Informationen zu Fahrradgeschäften und -vermietungen vor Ort.

➡ **Véloloisir Provence** (www.veloloisirprovence.com) Eine hervorragende Quelle für Radfahrer, mit Informationen zu farbcodierten Fahrrad- und Mountainbike-Touren im Luberon, dem Verdon und anderen Gebieten. Die Website bietet auch eine Version auf Deutsch und umfasst Vorschläge zu Unterkünften, Führern, Gepäcktransport und mehr.

➡ **Provence à Vélo** (www.provence-a-velo.fr) Eine weitere gute Internetquelle, mit Vorschlägen zu Touren, vor allem in der Gegend nördlich von Avignon Richtung Mont Ventoux.

## Reiten

Mit ihren berühmten „Cowboys“, den cremeweißen Pferden, und weitläufigen Sandstränden eignet sich die Camargue wunderbar für windgepeitschte Ausritte. Angehende Cowboys und Cowgirls können sich auf einem einwöchigen *stages de monte gardiane* (Camargue-Cowboykurs) in die Künste der Rinderhirten der Camargue einweisen lassen.

Ganz anders, aber genauso aufregend, sind die Esel- und Pferdetreks durch die lyrischen Kastanien- und Korkeichenwälder des Massif des Maures, die vom Conservatoire du Patrimoine du Freinet (S. 139) angeboten werden. Eseltreks und Pferdetouren werden auch im Parc National du Mercantour angeboten.

Die Touristeninformationen haben Listen von Ställen und Reitzentren in der Provence.

➡ **Terre Equestre** (www.terre-equestre.com) Eine nützliche französischsprachige Website mit Informationen zu Reitschulen in der Region.

### Naturbeobachtung

Die vielleicht faszinierendste Weise, die Tier- und Pflanzenwelt der Region zu erkunden, ist, sich Flossen, Schnorchel und Taucherbrille zu besorgen und Schwimmen zu gehen. Schwärme bunter Fische können praktisch an jedem Strand der Côte d'Azur erspäht werden. Wer exotischere Spezies betrachten möchte, sollte das ausgezeichnete Musée Océanographique in Monaco besuchen (S. 69).

Der beste Ort, um Tiere zu beobachten, ist definitiv der Parc National du Mercantour. Mit etwas Glück und einem guten Fernglas können Besucher hier alles, von einem Mufflon (Dickhornschaf) bis zu einem Steinadler, erspähen. Hier kann man außerdem ein Wolfsreservat besuchen.

Hobby-Ornithologen sammeln sich im geschützten Camargue-Delta, um Schwärme von Rosaflamingos zwischen den Salzpfannen der Presqu'île de Giens in der Nähe von Hyères zu bestaunen. Die Gorges du Verdon mit ihren unlängst wiedereingeführten Gänsegeiern lohnt ebenfalls einen Besuch. Seevögel können im Parc Naturel Départemental de la Grande Corniche und im Parc National des Calanques, beide an der Côte d'Azur, beobachtet werden.

➡ **LPO PACA** (☎04 94 12 79 52; http:paca.lpo.fr) Organisiert geführte Vogelbeobachtungsexpeditionen nahe Hyères.

## Wassersport

Bei einer derart schönen Küste überrascht es nicht, dass so viele Wasseraktivitäten angeboten werden. Aufgepasst: Für viele Wassersportarten gilt ein Mindestalter.

Im Sommer bieten viele Strände entlang der Côte d'Azur Jetski-, Wasserski- und Wakeboard-Touren an (30–50 €).

### Kajak- & Kanufahren

➡ Mit einem Kajak lassen sich die türkisfarbenen Felsbuchten der Calanques in der Nähe von Marseille am besten erkunden.

➡ Kanus eignen sich hervorragend, um in den Kanälen der Camargue und unter der Pont du Gard herumzupaddeln.

#### UNTERWEGS MIT DEM HEISSLUFTBALLON

In einem Heißluftballon über die vielfältige Landschaft der Provence zu schweben, ist eine verführerische Art, diese faszinierende Region zu genießen. Ballonflüge dauern eine bis eineinhalb Stunden (3–4 Std. inkl. Vorbereitungen, d. h. Anreise, Ballonaufblasen usw.) und kosten ab 230 € pro Person. Flüge finden das ganze Jahr über statt, abhängig von den jeweiligen Wetterbedingungen.

Veranstalter sind z. B. **Montgolfière Vol-Terre** (☎06 03 54 10 92; www.montgolfiere-luberon.com), nahe Roussillon, mit Flügen in der Gegend um Avignon und im Luberon, sowie **Les Montgolfières du Sud** (☎04 66 37 28 02; www.sudmontgolfiere.com; 64 rue Sigalon), westlich von Nîmes, mit fantastischen Flügen über die Pont du Gard.

### Schwimmen, Schnorcheln, Tauchen & Stehpaddeln

Man kann nicht an die Küste fahren und nicht nass werden – egal, ob während einer kurzen Paddeltour oder einer richtigen Schnorchelstunde.

➡ Zwischen Juni und Oktober ist das Meer warm genug, um auch ohne Neoprenanzug schwimmen zu können.

➡ Flossen, Tauchermasken und Schwimmbrillen gibt es in jedem Sport- und Tauchgeschäft an der Küste.

➡ Touren zu Naturpfaden unter Wasser und geführte Schnorcheltouren werden an vielen Stränden angeboten.

➡ Lokale Tauchschulen bieten Kurse (300–500 €) sowie einzelne Tauchgänge (50 €) an, um die vielen Schiffswracks zu erkunden, die auf dem Boden des Mittelmeeres liegen.

➡ Der letzte Schrei an der Côte d'Azur ist Stehpaddeln. Dabei steht man auf einem Surfbrett und bewegt sich mithilfe eines langen Paddels fort. Anbieter gibt es mittlerweile an vielen Stränden (10 €/30 Min., 15–18 €/Std.).

### Wildwasser-Rafting

Die Gorges du Verdon ist bekannt für ihr schäumendes Wildwasser. Dutzende

Veranstalter bieten Touren ab Castellane. Im Angebot sind auch noch eine Reihe anderer Flussaktivitäten, beispielsweise Floating und Canyoning (35/60 € pro halber/ganzer Tag).

## Wintersport

Die wenigen Skiresorts der Haute-Provence sind erfrischend schlicht. Die Hänge eignen sich am besten für Anfänger und Fortgeschrittene, und die Kosten sind niedriger als in den nördlichen Alpen.

Zu den Resorts gehören Pra Loup (1500–1600 m), Valberg (1600–1700 m), Foux d'Allos (1800 m) und die Betonblöcke von Isola 2000 (2450 m).

Die Skisaison dauert von Dezember bis März/April (je nach Schneelage). Wie immer ist der Kauf eines Pakets die günstigste Art Ski oder Snowboard zu fahren. Andernfalls zahlt man für einen Skipass 25 bis 30 € pro Tag und für die Skiausrüstung bezahlt man noch einmal so viel.

Reiseplanung

# Mit Kindern reisen

Die Provence und die Côte d'Azur sind ideal für Kinder. Baden und schnorcheln kann man überall, man kann durch Lavendelfelder radeln, in der Camargue Kajak fahren, römische Ruinen besuchen, an den Calanques entlangwandern und im Parc National du Mercantour Tiere beobachten – und das sind nur ein paar Beispiele.

## Provence & Côte d'Azur für Kinder

### Museen & Aktivitäten

Die Besichtigung vieler Museen und Denkmäler ist für Kinder kostenlos. Die Altersgrenze dafür variiert – manchmal gilt der freie Eintritt für Kinder unter 18 Jahren, manchmal nur für Kinder bis sechs oder zwölf Jahre. Vielerorts sind Familientickets für zwei Erwachsene und zwei Kinder erhältlich.

Für diverse Outdoor-Aktivitäten (Rafting, Kanu fahren, reiten etc.) ist ein Mindestalter erforderlich, meist liegt das bei sechs oder sieben Jahren. Am besten erkundigt man sich danach, bevor man Pläne schmiedet, um lange Gesichter zu vermeiden.

### Essen & Trinken

Es ist ganz normal, *en famille* (mit der Familie) essen zu gehen, doch die Franzosen erwarten im Allgemeinen, dass sich Kinder bei Tisch ordentlich benehmen, darum sollte man den Kindern hier nicht freien Lauf lassen. Die meisten Restaurants öffnen erst um 19.30 Uhr zum Abendessen, Brasserien (in denen es den ganzen Tag über Essen gibt) sind für Familien daher oft geeigneter.

Meistens gibt es ein *menu enfant* (Kindermenü) – typisch sind Pizza, Pasta und

## Die besten Regionen für Kinder

### Nizza, Monaco & Menton

Der Riviera-Glamour ist nicht nur was für Erwachsene: Kids können auf Nizzas Promenade des Anglais skaten oder Roller fahren, eine Bootsrundfahrt oder Delfin-Exkursion machen, in Monaco den Wachwechsel beobachten, die Jachten bewundern und bei Stars 'n' Bars einen Milchshake schlürfen.

### Von St-Tropez nach Toulon

Mit Eimer und Schaufel buddeln, Strandgut sammeln, schwimmen und schnorcheln – hier dreht sich alles um den Strand.

### Arles & die Camargue

Ruhige Straßen, herrliche Natur, lange Strände und zahlreiche Aktivitäten machen die Camargue zu einer der besten Regionen für Familienferien. Dazu kommen noch die stimmungsvollen römischen Ruinen von Arles – das ist der perfekte Urlaub.

### Haute-Provence & südliche Alpen

Wildwasserrafting im Verdon, Schneespaß in den Bergen, Dinosaurier in Digne und das Vallée des Merveilles – die Hauptattraktion der Haute-Provence ist ihre wunderschöne Natur.

*steak hâché-frites* (Hackfleischfrikadelle mit Pommes Frites). Man sollte sich nicht scheuen, eine Vorspeise oder eine halbe Portion als Kinderessen zu bestellen; die meisten Restaurants kommen diesem Wunsch gern nach.

Getränke können in Restaurants teuer sein (5 € für einen Softdrink sind nicht ungewöhnlich); um Geld zu sparen, bestellt man *une carafe d'eau* (einen Krug Leitungswasser) oder *un sirop* (Sirup; höchsten 2 €), den man mit Wasser verdünnt. Wer einen Strohhalm möchte, fragt nach *une paille*.

### Praktisch & Konkret

Öffentliche Toiletten sind in Kleinstädten und Dörfern eher spärlich gesät, in Städten sind Automatentoiletten aber weit verbreitet. An den meisten Sehenswürdigkeiten und an manchen Tankstellen sind auch spezielle Toiletten mit Wickeltischen vorhanden.

Stillen ist in der Regel kein Problem. Windeln, Babynahrung und andere Artikel sind normalerweise überall in Geschäften und Supermärkten erhältlich.

Gut zu wissen ist auch, dass Kinder unter vier Jahren kostenlos mit der Bahn fahren und für ältere Kinder ermäßigte Fahrpreise gelten.

## Highlights für Kinder

### Regentage

➡ Auf zu den Römern in Ludo, Pont du Gard (S. 249)!

➡ Haie und Fische lassen sich im Musée Océanographique de Monaco beobachten (S. 69).

➡ Wie gut die eigene Nase ist, testet man im Musée International de la Parfumerie (S. 109).

➡ Im Centre d'Astronomie kann man etwas über die Sterne lernen (S. 273).

### Tierbeobachtung

➡ In Alpha kann man Wölfe in der Wildnis sehen (S. 286).

➡ In der Camargue sind Reiten und Flamingobeobachtung angesagt (S. 203).

➡ Beim Schnorcheln vor Port-Cros (S. 147), der Domaine du Rayol (S. 141) oder der Corniche de l'Estérel können Kids Fische beobachten (S. 114).

➡ Auf dem Bauernhof La Ferme des Courmettes lernen Interessierte das Leben mit Ziegen kennen (S. 108).

### Outdoor-Aktivitäten

➡ Auf dem Sentier de Littoral in Cap d'Antibes kann man zwischen Felsen, Höhlen und Klippen umherklettern (S. 101).

➡ Wer gern läuft, kann einen der Wege durch das Naturschutzgebiet Domaine des Courmettes bei Vence abwandern (S. 108).

➡ Mit einem Kanu geht es unter dem Pont du Gard hindurch (S. 249).

➡ Mittelalterliche Kämpfe erlebt man im Château des Baux (S. 245).

➡ Der Abenteuerparcours von **Colorado Aventures** (☎06 78 26 68 91; www.colorado-aventures.com; Erw./Kind 18/14 €; ⏲Jan. geschl.; 👪) ist der Hit.

## Planung

### Reisezeit

Die beste Zeit, um zu baden und sich zu sonnen, ist von Mai bis September; die Skisaison in den Bergen dauert von Dezember bis März.

Vor der Hitze sollte man sich in Acht nehmen, besonders im Hochsommer, wenn die Sonne brennt! Man kann sich schnell einen Sonnenbrand holen, selbst bei wolkenverhangenem Himmel; darum immer die Haut bedecken und nicht an der Sonnencreme sparen!

### Übernachten

Die meisten Hotels haben Vierbettzimmer oder Familienzimmer mit zusätzlichen Betten für die Kinder. *Chambres d'hôte* (B&Bs) sind eine tolle Option für Familien – viele bieten sogar das Abendessen im Haus an, sodass man sich nicht um einen Babysitter kümmern muss, sondern einfach das Babyphone mitbringen und in aller Ruhe essen kann.

Wer länger an einem Ort bleibt, für den ist die Anmietung einer *gîte* (Ferienhaus) ideal – dann fühlt sich der Urlaub mehr wie zu Hause an, und man kann sich selbst versorgen.

Auch Camping ist sehr beliebt, allerdings sollte man rechtzeitig buchen, denn Zeltstellplätze und Wohnwagen sind schnell ausgebucht.

## Gepäck

Keine Panik, wenn man etwas vergessen hat: in den französischen Geschäften und Supermärkten gibt's alles, was man braucht!

### Babys & Kleinkinder

- Tragetuch: Buggys eignen sich nicht für die Kopfsteinpflasterstraßen.
- Tragbare Wickelunterlage (Wickelräume sind spärlich gesät)
- Reisesitz für Kleinkinder, den man an den Tisch klemmen kann (die Restaurants haben nicht immer Hochstühle)
- Aufblasbare Schwimmflügel fürs Meer oder den Pool
- Sonnencreme und Insektenschutz für Babys

### Kinder von sechs bis zwölf Jahren

- Beschäftigung für Autofahrten: Tablets, DVD-Player, Aktivitätsbücher, Notizblock (Ladegeräte und zusätzliche Stecker-Adapter nicht vergessen!)
- Badesachen, Schwimmbrille, Schnorchel und Badelatschen für den Strand
- Fernglas für die Tierbeobachtung
- Wasserflasche
- Kamera und Batterien

# Die Provence im Überblick

Die Provence und die Côte d'Azur haben unglaubliche Sehenswürdigkeiten, Landschaften und Aktivitäten zu bieten.

Die Küste ist ziemlich zugebaut, aber glücklicherweise gibt es auch Ausnahmen wie die Camargue, die Calanques und die unberührten Îles d'Hyères. Wer den Menschenmassen entfliehen will, sollte ins Landesinnere in die spärlich bevölkerte Haute-Provence, in die majestätischen Seealpen, in die Weinberge der Region Var oder in den schönen Luberon fahren.

Zurück zu den Städten: Nizza ist absolut bezaubernd. Die Altstadt ist voller Leben, und die Uferpromenade liegt direkt am Mittelmeer. In Marseille hingegen, der zweitgrößten Stadt Frankreichs, mischen sich Großstadtflair und Kultur-Boom.

Und dann gibt's da noch Monaco – eine ganz eigene Welt voller Wolkenkratzer, Steuerflüchtlinge und Hedonismus. Und mittendrin: die skandalumwitterte Fürstenfamilie.

## Nizza, Monaco & Menton

**Aussichtspunkte**
**Landschaft**
**Architektur**

### Panorama

Entlang der Riviera hebt sich die Küste steil vom Meer ab mit zum Teil 800 m hohen Klippen, von denen man eine tolle Aussicht hat. Die besten Aussichtspunkte liegen an der Grande Corniche oder in Ste-Agnès und Èze.

### Gärten

Durch ihr mildes, sonniges Klima war die Côte d'Azur schon immer ein Paradies für Gartenliebhaber. Die vielen Gärten der Region sind vor allem im Frühling einen Besuch wert.

### Belle Époque

Die französische Riviera war im 19. Jh. der letzte Schrei, und die überwinternden Royals und die Diven der High Society hinterließen prächtige Gebäude, Opernhäuser, Kasinos und Promenaden.

S. 48

## Cannes & Umgebung

**Kunst**
**Parfümerien**
**Wandern**

### Moderne Kunst

Nur wenige Regionen haben so viele bedeutende Künstler beherbergt: Chagall, Matisse, Picasso, Renoir und Léger verbrachten hier viel Zeit. Besucher können ihrem Erbe nachspüren.

### Grasse

In Grasse kann man die Parfümherstellung vom Blumenbeet bis in die Fabrik verfolgen. Die Stadt ist weltweit führend in Sachen Parfümproduktion und heißt Besucher herzlich willkommen.

### Malerische Wanderwege

Lange Küstenwege, uralte Maultierpfade im Hinterland und atemberaubende Aussichtspunkte: die Wanderstiefel nicht vergessen, denn nur so kann man die malerischsten Orte in der Gegend erkunden!

S. 86

## Von St-Tropez nach Toulon

**Wein**
**Strände**
**Nachtleben**

### Weinberge

Von hier stammen die bekannten Roséweine der Provence, der Besuch eines der Weingüter von Côtes de Provence, Bandol oder Correns lohnt sich also.

### Berühmte Strände

Wer beim Gedanken an die Côte d'Azur Bilder von azurblauem Meer mit goldenen Sandstränden vor Augen hat, der liegt richtig. Hier gibt es alles von abgelegenen Inselstränden, FKK-Paradiesen und traumhaften Flecken für die Reichen und Schönen.

### Nachtleben

Nirgendwo wird so viel gefeiert wie im Sommer in St-Tropez. Um in die Fußstapfen von Brigitte Bardot, Kate Moss oder Paris Hilton zu treten, muss man sich elegant kleiden und viel Geld mitbringen.

S. 119

## Von Marseille nach Aix-en-Provence

**Kultur**
**Essen**
**Natur**

### Museen & Galerien

Angespornt vom Status „Europäische Kulturhauptstadt 2013" ist Marseille bekannt für seine künstlerischen Aktivitäten und die fantastischen, faszinierenden Museen.

### Auswärts essen

Von gastronomisch bis traditionell, von kulinarischem Zauber bis zu einfachen Gerichten, frisch gefangener Fisch vom Boot direkt auf den Teller: in Marseille und Aix-en-Provence bleibt kein Wunsch offen.

### Outdoor-Aktivitäten

Die schroffe Schönheit des Massif de la Ste-Baume und der Calanques hat viele Maler und Schriftsteller begeistert. Mit einer Wanderung, einer Bootsfahrt oder einer Autotour kann man ihren Spuren folgen.

S. 153

## Arles & die Camargue

**Essen**
**Natur**
**Geschichte**

### Die Küche der Camarque

Die lokalen Spezialitäten – roter Reis, Rindfleisch und Seafood – erinnern an die Spaniens. Davon kann man sich in den Restaurants überzeugen, die auch moderne französische Gerichte anbieten.

### Vogelbeobachtung

Mehr als 500 Arten kommen in die Camargue, z. B. Rosaflamingos. Mücken scheint es genauso viele zu geben wie Vögel – außer dem Fernglas Mückenschutzmittel mitbringen!

### Römische Stätten

Arles erlebte unter Cäsar seine Blüte. Spuren des einstigen Reichtums sind noch präsent: das Amphitheater, das Theater, die Nekropole und das Zentrum für Mosaikrestaurierung.

S. 191

## Avignon & Umgebung

**Geschichte**
**Wein**
**Natur**

### Römer & Päpste

Die Römer und die Päpste gleichermaßen nannten diese Gegend ihr Zuhause. Warum das so war, kann man am prächtigen römischen Erbe von Nîmes, der Pont du Gard und Avignons Palais des Papes erkennen.

### Weinprobe

Aus der Gegend um Avignon kommen drei der berühmtesten Weinsorten der Provence: die Rotweine Gigondas und Châteauneuf-du-Pape sowie der Muscat de Beaumes-de-Venise!

### Outdoor-Aktivitäten

Den Mont Ventoux besteigen, durch die Dentelles de Montmirail wandern, unter der Pont du Gard hindurch oder auf dem glasklaren Sorgue entlang paddeln und die frische Luft der Provence einatmen …

S. 209

## Bergdörfer des Luberon

**Dörfer**
**Aktivitäten**
**Geschichte**

### Ländliches Leben

Gordes, Ménerbes, Lacoste, Bonnieux – diese Dörfer symbolisieren die Provence. Es gibt unzählige Arten, die Orte zu erkunden: zu Fuß, mit dem Rad, auf dem Wochenmarkt oder bei einem langen Mittagessen.

### Radfahren

Mit seinen Hügeln, der malerischen Landschaft und dem spärlichen Verkehr ist der Luberon beliebt bei Radlern. Es gibt Vieles, das die Reise erleichtert – von Straßenkarten bis zu Gepäckdiensten.

### Religionsgeschichte

Der Luberon, lang eine protestantische Hochburg in einem katholischen Land, war Schauplatz religiöser Geschichte von prächtigen Kirchen bis zu friedlichen Abteien.

S. 251

## Haute-Provence & südliche Alpen

**Aktivitäten**
**Landschaft**
**Natur**

### Extremsport

Die Haute-Provence ist ein Paradies für Adrenalinjunkies. Rafting, Canyoning, Bungee-Jumping, Mountainbiken, Radfahren, Gleitschirmfliegen und Klettern – und auch die Wanderwege der Region sind sehr anspruchsvoll.

### Berglandschaft

Von Europas tiefsten Schluchten bis hin zu den höchsten Gipfeln: Die Berglandschaft der Haute-Provence ist majestätisch und unverdorben.

### Tiere & Pflanzen

In den 1990er-Jahren wurde die Rückkehr des Wolfs in den Mercantour Nationalpark gefeiert. Aber abgesehen von Wölfen gibt es hier auch Geier, Adler, Alpensteinböcke und niedliche Murmeltiere zu sehen.

S. 268

# Reiseziele

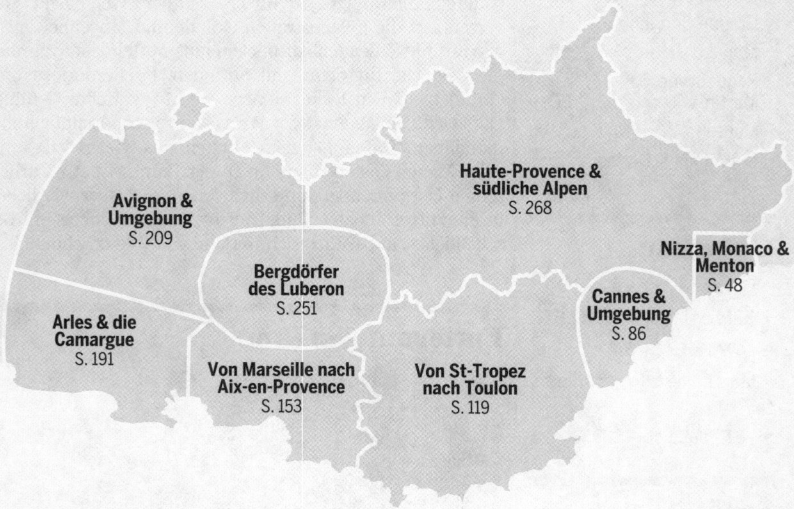
Haute-Provence & südliche Alpen
S. 268
Avignon & Umgebung
S. 209
Nizza, Monaco & Menton
S. 48
Bergdörfer des Luberon
S. 251
Cannes & Umgebung
S. 86
Arles & die Camargue
S. 191
Von Marseille nach Aix-en-Provence
S. 153
Von St-Tropez nach Toulon
S. 119

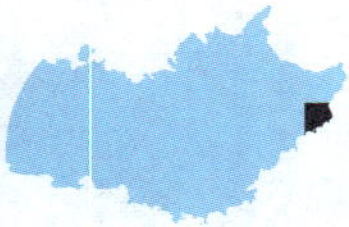

# Nizza, Monaco & Menton

**Inhalt ➡**



## Gut essen

- Olive et Artichaut (S. 59)
- Café de la Fontaine (S. 67)
- Le Mirazur (S. 84)
- Marché de la Condamine (S. 76)
- Le Beauséjour (S. 85)

## Schön übernachten

- Nice Garden Hôtel (S. 57)
- Hôtel Lemon (S. 83)
- Hôtel Victoria (S. 81)
- Hôtel Welcome (S. 65)
- L'Hostellerie Jérôme (S. 67)

## Auf nach Nizza, Monaco & Menton!

Nizza und Menton trennen zwar nur 30 km, aber dieser kurze Küstenabschnitt ist voller Attraktionen. Nizza mit seiner stimmungsvollen Altstadt, dem reichen architektonischen Erbe (aus Barock, Belle Époque und Moderne), einem spannenden Nachtleben und den Freiluftcafés ist ganz selbstverständlich die Königin der Riviera. Auf dem Weg nach Osten verzaubern die Küstenstraßen Grande und Moyenne Corniche mit hinreißenden Ausblicken aufs Mittelmeer, während die Corniche Inférieure mit Stränden, Fischerdörfern und Gründerzeitvillen lockt. Monaco weckt gemischte Gefühle: Der zweitkleinste Staat der Welt ist ein Betondschungel mit mondänem Hafen, eigenem Fürstenhaus, vielen VIPs und jeder Menge Casino-Glamour. Dieser Rummel hat natürlich seinen faszinierenden, unterhaltsamen Reiz, aber wer lieber in die Hügel flüchtet, findet im Arrière-Pays Niçois ein beschauliches, unberührtes Hinterland von wilder Schönheit.

## Entfernungen (km)

| | Beaulieu-sur-Mer | Èze | La Turbie | Menton | Monaco | Nizza |
|---|---|---|---|---|---|---|
| Èze | 5 | | | | | |
| La Turbie | 12 | 7 | | | | |
| Menton | 19 | 19 | 15 | | | |
| Monaco | 11 | 10 | 8 | 10 | | |
| Nizza | 10 | 15 | 20 | 30 | 21 | |
| Roquebrune-Cap-Martin | 18 | 16 | 11 | 4 | 9 | 25 |

# NIZZA

343 000 EW.

Mit seiner ungewöhnlichen Mischung aus echtem Stadtleben, europäischer Opulenz, ganzjährigem Sonnenschein und einer außerordentlichen Lage hat Nizza für alle seinen Reiz. Backpacker, romantisch gestimmte Paare und Familien sitzen gleichermaßen gern in einem der Cafés am Cours Saleya in Vieux Nice, auf einer Bank an der legendären Promenade des Anglais oder an einem Kieselstrand, um den Sonnenuntergang zu genießen. Die Auswahl an Restaurants ist gewaltig, das Nachtleben brummt, und die örtliche Kunstszene gedeiht. Man kann hier gut und gerne eine Woche verbringen, ohne von der Stadt genug zu haben.

## Sehenswertes

### ★ Vieux Nice — HISTORISCHES VIERTEL

Nizzas in Pastelltönen gehaltene Altstadt hat sich seit dem 18. Jh. kaum verändert; es ist eine Lust, sich in diesem stimmungsvollen Labyrinth zu verlieren. Auf dem **Cours Saleya** gibt es einen fröhlichen, quirligen Markt, bestehend aus dem berühmten **Blumenmarkt** (Cours Saleya; ⏲ Di–Sa 6–17.30, So bis 13.30 Uhr) und einem munteren **Obst- und Gemüsemarkt** (Cours Saleya; ⏲ Di–So 6–13.30 Uhr), wo man Lokalatmosphäre schnuppern kann. Montags findet auf dem Platz ein **Flohmarkt** (Cours Saleya; ⏲ Mo 8–17 Uhr) statt, und der Andrang in den Bars und Restaurants reißt nie ab.

Nördlich des Cours Saleya breitet sich der Rest der Altstadt aus. Die dunklen, engen Gassen sind vollgestopft mit kleinen Lebensmittel- bzw. Feinkostläden, Boutiquen und gut besuchten Bars. Auf der Place Saint-François gibt es einen **Fischmarkt** (Place St-François; ⏲ Di–So 6–13 Uhr).

Barockfans finden hier diverse architektonische Meisterwerke vor: die nach der Schutzheiligen der Stadt benannte **Cathédrale Sainte-Réparate** (Place Rossetti), die überschwängliche **Chapelle de la Miséricorde** (Cours Saleya) von 1740 und das aus dem 17. Jh. stammende **Palais Lascaris** (15 rue Droite; Führung 5 €; ⏲ Mi–Mo 10–18 Uhr, Führung Fr 15 Uhr) GRATIS, eine prächtige Anlage mit Fresken, flämischen Gobelins, Fayencen, düsteren religiösen Gemälden und einer Apotheke aus dem 18. Jh.

### ★ Promenade des Anglais — ARCHITEKTUR

Die palmengesäumte Promenade des Anglais, die 1822 von Nizzas englischer Kolonie finanziert wurde, bietet sich für einen schönen Spaziergang an. Ausruhen kann man auf den meerblauen Stühlen, die ein Wahrzeichen der Stadt sind und von der einheimischen Bildhauerin Sabine Géraudie mit ihrer riesigen, am Meer stehenden Skulptur **La Chaise de SAB** (2014) verewigt wurden. Zu den historischen Highlights zählen das prächtige **Hôtel Negresco** (☎ 04 93 16 64 00; www.hotel-negresco-nice.com; 37 promenade des Anglais) von 1912 und das 1920 im Art-déco-Stil erbaute **Palais de la Méditerranée** (☎ 04 92 14 77 30; www.lepalaisdelamediterranee.com; 13-15 promenade des Anglais; DZ 345 €; ❄ @ 📶 🏊 👪). Im Jahr 2015 hat die Stadt Nizza die Promenade des Anglais auf die Vorschlagsliste für das UNESCO-Welterbe gesetzt.

Die Promenade folgt der gesamten **Baie des Anges** (4 km) und besitzt einen Fahrrad- und Skaterweg. Für ein fantastisches Familienerlebnis leiht man sich Inlineskates, Skateboards, Roller oder Fahrräder bei der **Roller Station** (☎ 04 93 62 99 05; www.roller-station.fr; 49 quai des États-Unis; Inlineskates, Skateboards & Roller pro Std./Tag 5/8 €, Fahrräder 5/10 €; ⏲ Juli & Aug. 9–23 Uhr, April–Juni & Sept. 10–20 Uhr, Okt.–März 10–18 Uhr) und braust über die völlig ebene Promenade; die zusätzlichen 1/2 € pro Stunde/Tag für die Schutzausrüstung (Helm und Schützer) sollte man nicht scheuen. Als Kaution hinterlegt man einen Ausweis. Wer es bequemer malt, leiht einen Segway bei Mobilboard Nice (S. 53).

### ★ Parc du Château — GARTEN

(⏲ Juni–Aug. 9–20 Uhr, April, Mai & Sept. 9–19 Uhr, Okt.–März 10–18 Uhr) Dieser Park auf einem Felsvorsprung über der Altstadt lohnt den Besuch mit einem Panoramablick über Nizza, die Baie des Anges und den Hafen. Nur die aus dem 16. Jh. stammende **Tour Bellanda** ist von der Burg des 12. Jhs., die Ludwig XIV. 1706 schliefen ließ, erhalten geblieben. Wegen der **Cascade Donjon**, einem künstlichen Wasserfall mit einer Aussichtsplattform, der im 18. Jh. angelegt wurde, und dem Kinderspielplatz ist der Park ein beliebtes Picknickziel. Man marschiert vom Ufer hinauf oder nimmt den kostenlosen **Lift** (Ascenseur du Château; Rue des Ponchettes; ⏲ Juni–Aug. 9–20 Uhr, April, Mai & Sept. 9–19 Uhr, Okt.–März 10–18 Uhr) GRATIS unterhalb der Tour Bellanda.

### Musée Matisse — KUNSTMUSEUM

(☎ 04 93 81 08 08; www.musee-matisse-nice.org; 164 av des Arènes de Cimiez; ⏲ Mi–Mo 10–18 Uhr) GRATIS Das Museum liegt 2 km nördlich

## Highlights

1 Gut essen und trinken und die eindrucksvolle Promenade des Anglais in **Nizza** (S. 49), der Königin der Riviera, erkunden.

2 Bei einer Fahrt auf der aufregenden **Grande Corniche** (S. 67) den atemberaubenden, einfach hinreißenden Blick auf das Mittelmeer genießen.

3 Den altmodischen Charme der Gassen in **Villefranche-sur-Mer** (S. 64) bewundern und im Les Garçons frisch gefangene Meeresfrüchte zu Mittag essen.

4 In **Monaco** (S. 68) den Wachtwechsel der Palastgarde anschauen, das Musée Océanographique besuchen und in

Monte-Carlo Glanz und Glamour der Riviera aufsaugen.

5 Vom **Cap d'Ail bis Menton** (S. 81) längs der Gestade des leuchtend blauen Mittelmeers wandern.

6 Im **Musée Jean Cocteau Collection Séverin Wunderman** (S. 81) in Menton Cocteaus Genialität verfallen.

7 Im mittelalterlichen **Roquebrune** (S. 80) und an den schönen Ufern von **Cap Martin** (S. 80) die Spuren des berühmten Architekten Le Corbusier suchen.

vom Zentrum im grünen Viertel Cimiez und beherbergt eine faszinierende Sammlung von Werken des Meisters, darunter Ölgemälde, Zeichnungen, Skulpturen, Teppiche und seine berühmten Scherenschnitte. Die Dauerausstellung ist in einer rotbraunen genuesischen Villa aus dem 17. Jh. untergebracht, die in einem Olivenhain steht. Wechselausstellungen werden im futuristischen Kellergebäude gezeigt. Matisse liegt auf dem **Friedhof des Monastère de Cimiez** begraben, der sich gleich jenseits des Parks befindet.

In den 1940er-Jahren wohnte Matisse in der monumentalen Villa **Régina** (71 blvd de Cimiez). Der ehemalige Winterpalast von Königin Victoria war in eine Wohnanlage umgebaut worden, in der der Künstler zwei Apartments nutzte, eine als Atelier und die andere als seine Privatwohnung (in der er 1954 starb).

### Musée National Marc Chagall — KUNSTMUSEUM

(www.musee-chagall.fr; 4 av Dr Ménard; Erw./Kind 8/6 €; ⌚Mai–Okt. Mi–Mo 10–18 Uhr, Nov.–April bis 17 Uhr) Dieses kleine Museum beherbergt die größte öffentlich zugängliche Sammlung von Werken des aus Weißrussland stammenden Malers Marc Chagall (1887–1985). Die Haupthalle enthält zwölf riesige Interpretationen (1954–1967) von biblischen Geschichten (Schöpfungsgeschichte und Auszug aus Ägypten). In einem Vorraum befindet sich ein ungewöhnliches Mosaik, das den Propheten Elias in seinem feurigen Streitwagen, umgeben von den Sternzeichen, zeigt. Es ist durch ein Flachglasfenster geschützt und spiegelt sich in einem kleinen Teich. Es dauert etwa 20 Minuten, vom Zentrum zum Museum zu laufen (es ist ab der Av de l'Olivetto ausgeschildert).

#### GELD SPAREN

Der **French Riviera Pass** (www.frenchrivierapass.com; 1-/2-/3-Tagespass 26/38/56 €) bietet Zugang zu mehreren Sehenswürdigkeiten in Nizza: dem Musée Chagall, dem Musée Matisse und dem MAMAC, außerdem berechtigt er zur Fahrt mit dem L'OpenTour-Bus, und einer 30-minütigen Segway-Tour mit Mobilboard Nice. Längs der Küste gilt der Pass für das Musée Renoir in Cagnes, das Musée National Fernand Léger in Biot, den Jardin d'Èze sowie den Jardin Exotique und das Musée Océanographique in Monaco. Den Pass gibt's online oder bei der **Touristeninformation** (S. 62) in Nizza.

### ★ Musée Masséna — MUSEUM

(65 rue de France; Erw./Kind 6 €/frei ⌚Mi–Mo 10–18 Uhr) Diese fantastische italienische Neoklassik-Villa von 1898 widmet sich der Geschichte der Riviera vom späten 18. Jh. bis zum Zweiten Weltkrieg. Man geht auf eine faszinierende Reise, auf der man alle Monarchen kennenlernt und etwas über die Aufeinanderfolge der Nationalitäten (Briten, Russen, Amerikaner), den Beginn des Tourismus, den Karneval und mehr erfährt. Die Geschichte wird anhand einer Mischung aus Vintage-Postern, Fotografien und Bildern dokumentiert. Die Stadt Nizza nutzt das Erdgeschoss immer noch für offizielle Anlässe – daher kann das Museum manchmal kurzfristig schließen.

### ★ Musée d'Art Moderne et d'Art Contemporain — KUNSTMUSEUM

(MAMAC; www.mamac-nice.org; place Yves Klein; ⌚Di–So 10–18 Uhr) GRATIS Europäische und amerikanische Avantgarde-Werke aus den 1950er-Jahren stehen im Fokus dieses Museums. Zu den Highlights gehören zahlreiche Werke von Nizzas Neuen Realisten, wie Christo, Niki de Saint Phalle, César, Arman und Yves Klein. Auch das Dachgeschoss fungiert als Ausstellungsbereich (mit tollem Panoramablick über Nizza).

### Port Lympia — ARCHITEKTUR

Nizzas Port Lympia mit seinen wunderschönen in venezianischen Farben gehaltenen Gebäuden wird oft übersehen, aber ein Spaziergang entlang der Ufermauern ist zauberhaft. Aber auch bereits der Weg zum Hafen ist schön: Man geht durch den Parc du Château oder folgt dem Quai Rauba Capeu, wo ein massives, aus dem Felsen gehauenes **Kriegsdenkmal** an die 4000 Einwohner der Stadt erinnert, die im Ersten und Zweiten Weltkrieg ihr Leben verloren.

### Cathédrale Orthodoxe Russe Saint-Nicolas — KATHEDRALE

(www.cathedrale-russe-nice.fr; av Nicolas II; ⌚9–12 & 14–18 Uhr) Die Kathedrale mit ihren bunten Zwiebeltürmen und dem prächtig ausgeschmückten Innenraum wurde zwischen 1902 und 1912 als Gotteshaus für die große russische Gemeinde der Stadt errichtet und ist die größte russisch-orthodoxe Kirche außerhalb Russlands. Die Kathedrale besitzt

ABSEITS DER ÜBLICHEN PFADE

### DIE WEINE VON BELLET

Hoch in den Hügeln nordwestlich von Nizza liegt Bellet, eines der kleinsten französischen Weinbaugebiete. Das winzige, sonnenverwöhnte Gebiet hat seit 1941 den Status einer Appellation d'Origine Contrôlée. Die Weine sind sehr gesucht: Nur ein Dutzend Produzenten bestellen die 55 ha Land, darunter das **Château de Bellet** (☎ 04 93 37 81 57; www.chateaudebellet.com; 325 chemin de Saquier; ⌚ Mo–Fr 14–17.30 Uhr oder nach Vereinbarung) und die nahegelegene **Domaine de Toasc** (☎ 04 92 15 14 14; www.domainedetoasc.com; 213 chemin de Crémat; ⌚ Di–Sa 14.30–17.30 Uhr), die beide 20 Minuten nördlich von Nizza an der Rte de Grenoble (D6202) zu finden sind. Beide *domaines* (Weingüter) können besichtigt werden; für Führungen und Verkostungen vorher reservieren! Auf der Domaine de Toasc gibt es sogar ein paar Ferienhäuser für Selbstversorger inmitten der Weinberge.

Zu den wichtigsten hiesigen Rebsorten bei Weißweinen zählt Rolle, eine für Nizza typische Varietät. Bei Rosé- und Rotweinen stehen Folle Noire (der „verrückte Schwarze", so benannt wegen der schwer vorauszusagenden Erträge) und Grenache im Vordergrund. Die Weinstöcke wachsen in terrassierten Lagen, sogenannten *restanques*, und die Trauben werden von Hand geerntet. Zweimal im Jahr, im Juni und Ende November, veranstalten die Produzenten von Bellet ein Wochenende der Offenen Tür, bei dem man durch die Weinberge spazieren, mit Winzern ins Gespräch kommen und Weine aller *domaines* verkosten kann. Einzelheiten erfährt man in der Touristeninformation von Nizza (S. 62) sowie unter www.vinsdebellet.com.

Dutzende fein gemalter Ikonen, doch gibt es für Besucher leider kaum Erklärungen.

## Geführte Touren

**Trans Côte d'Azur** BOOTSTOUR

(www.trans-cote-azur.com; quai Lunel; ⌚ April–Okt.) Trans Côte d'Azur veranstaltet von April bis Oktober einstündige Bootsrundfahrten entlang der Baie des Anges und der Rade de Villefranche (Erw./Kind 17.50/12 €). Von Mitte Juni bis Mitte September gibt es auch regelmäßige Fahrten zur Île Sainte-Marguerite (39/29 €, 1 Std.), nach Saint-Tropez (64/49 €, 2½ Std.), Monaco (37/28,50 €, 45 Min.) und Cannes (39/29 €, 1 Std.).

**L'OpenTour** BUSTOUR

(www.nice.opentour.com; gegenüber 109 quai des Etats-Unis; 1Ticket für 1/2 Tage Erw. 22/25 €, Kind 8 €) Die Touren in einem Bus mit offenem Verdeck (1½ Std. ) und Kopfhörerkommentaren in mehreren Sprachen verschaffen einem einen guten Überblick über Nizza. Man kann an jeder der 14 Haltestellen beliebig oft ein- und aussteigen.

**Mobilboard Nice** TOUR

(☎ 04 93 80 21 27; www.mobilboard.com/nice-promenade; 2 rue Halévy; 30-min. Einführung 17 €, Tour 1/2 Std. 30/50 €) Mühelos die Promenade des Anglais hinunter geht's mit einem elektrischen Segway. Bei der Vermietung beginnt man mit einer 15-minütigen Einführung in die Bedienung des zweirädrigen, batteriegetriebenen Fahrzeugs, außerdem bekommt man einen Schutzhelm und einen Audioguide. Die 15 km lange Fahrt ins benachbarte Villefranche-sur-Mer ist ein toller Ausflug (75 €).

## Feste & Events

**Carnaval de Nice** KARNEVAL

(www.nicecarnaval.com; ⌚ Feb.) Der Karneval findet seit 1294 um den Faschingsdienstag herum statt. Zu den Highlights gehören die *batailles de fleurs* (Blumenschlachten) und die zeremonielle Verbrennung des Karnevalskönigs aus Pappmaché auf der Promenade des Anglais, gefolgt von einem großen Feuerwerk.

**Nice Jazz Festival** MUSIKFESTIVAL

(www.nicejazzfestival.fr; ⌚ Juli) Frankreichs Jazzfestival hat ein Eigenleben entwickelt – in allen Vierteln um die Promenade steigen Konzerte, z. B. in Vieux Nice, Massena und den Einkaufsstraßen rund um die Rue de France.

## Schlafen

Es gibt in Nizza viele hervorragende Unterkünfte für jedes Budget. Hotels berechnen während des Grand Prix allerdings weitaus höhere Preise. Wer im Sommer kommen will, sollte unbedingt weit im Voraus buchen.

# Nizza

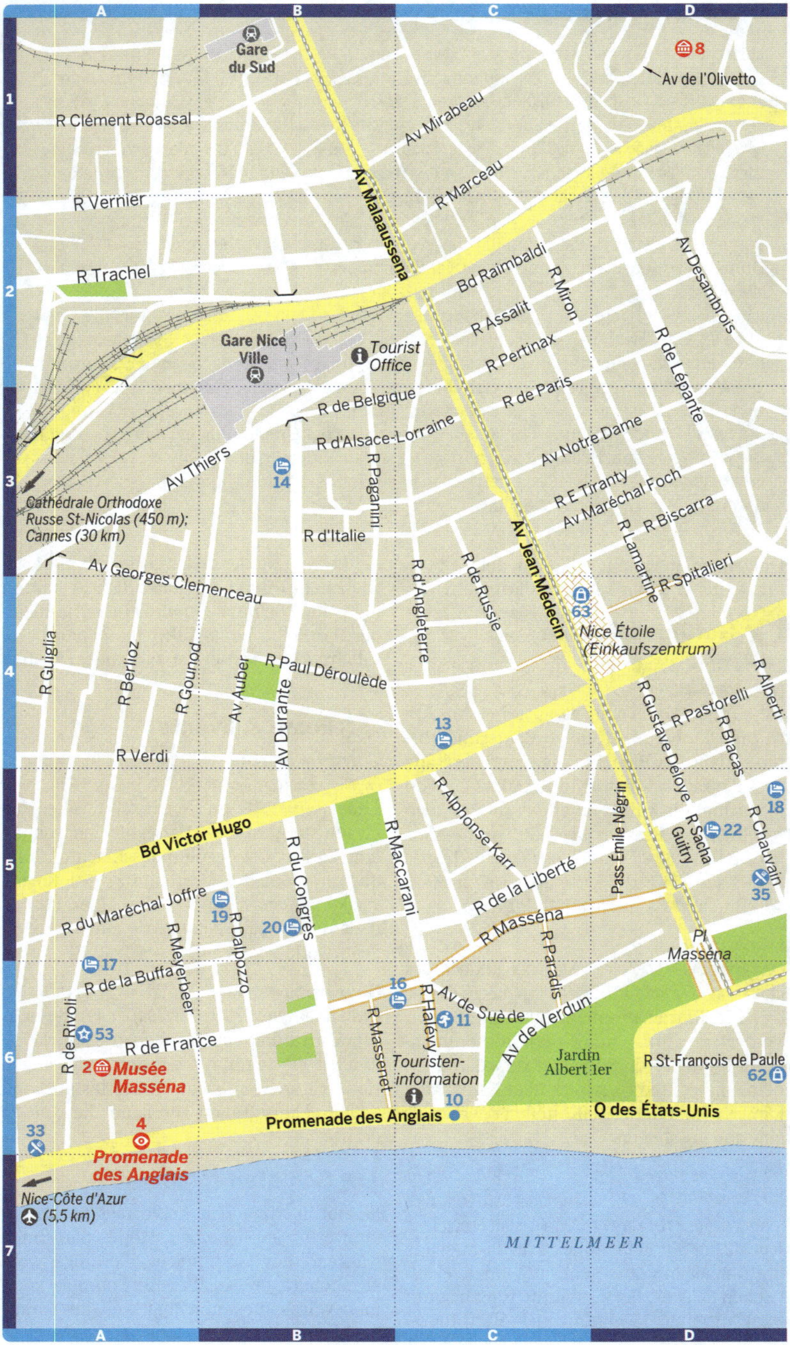

A
B
C
D
1
2
3
4
5
6
7
Gare du Sud
8
Av de l'Olivetto
R Clément Roassal
Av Mirabeau
R Vernier
R Marceau
Av Malaaussena
R Trachel
Bd Raimbaldi
R Miron
Av Desambrois
R Assalit
R de Lépante
Gare Nice Ville
Tourist Office
R Pertinax
R de Belgique
R de Paris
R d'Alsace-Lorraine
Av Notre Dame
Av Thiers
14
R Paganini
R E Tiranty
Av Maréchal Foch
Cathédrale Orthodoxe Russe St-Nicolas (450 m); Cannes (30 km)
R Biscarra
R d'Italie
R Lamartine
Av Jean Médecin
R Spitalieri
R d'Angleterre
R de Russie
Av Georges Clemenceau
63
Nice Étoile (Einkaufszentrum)
R Guiglia
R Berlioz
R Gounod
Av Auber
R Paul Déroulède
Av Durante
R Alberti
R Gustave Deloye
R Pastorelli
13
R Verdi
R Blacas
R Alphonse Karr
18
R Sacha Guitry
22
R Chauvain
Bd Victor Hugo
R Maccarani
R du Congrès
Pass Émile Négrin
35
R de la Liberté
R du Maréchal Joffre
19
R Dalpozzo
20
R Masséna
R Meyerbeer
R Paradis
Pl Masséna
17
R de la Buffa
16
R Halévy
Av de Suède
11
Av de Verdun
53
R de Rivoli
R de France
R Massenet
Jardin Albert 1er
R St-François de Paule
2 Musée Masséna
Touristen-information
62
10
Promenade des Anglais
Q des États-Unis
33
4
Promenade des Anglais
Nice-Côte d'Azur (5,5 km)
MITTELMEER

NIZZA, MONACO & MENTON NIZZA

## Nizza

**Highlights**
1 Musée d'Art Moderne et d'Art Contemporain ..... F4
2 Musée Masséna ..... A6
3 Parc du Château ..... G6
4 Promenade des Anglais ..... A6
5 Vieux Nice ..... H2

**Sehenswertes**
6 Cathédrale Ste-Réparate ..... H1
7 Chapelle de la Miséricorde ..... G2
8 Musée National Marc Chagall ..... D1
9 Palais Lascaris ..... H1

**Aktivitäten, Kurse & Touren**
10 L'OpenTour ..... C6
11 Mobilboard Nice ..... C6
12 Trans Côte d'Azur ..... H6

**Schlafen**
13 Exedra ..... C4
14 Hôtel Belle Meunière ..... B3
15 Hôtel La Pérouse ..... G7
16 Hôtel Solara ..... C6
17 Hôtel Villa Rivoli ..... A6
18 Hôtel Wilson ..... D5
19 Hôtel Windsor ..... B5
20 Nice Garden Hôtel ..... B5
21 Villa La Tour ..... F5
22 Villa Saint-Exupéry Beach Hostel ..... D5

**Essen**
23 Carré Llorca ..... F1
24 Chez Pipo ..... H4
25 Chez René Socca ..... G4
26 Déli Bo ..... G4
27 Fenocchio ..... H2
28 Fenocchio ..... H1
29 Jan ..... H5
30 La Merenda ..... F1
31 La Rossettisserie ..... H1
32 Le Bistrot d'Antoine ..... H2
33 Le Chantecler ..... A6
34 Le Comptoir du Marché ..... G1
35 Le Luna Rossa ..... D5
36 L'Escalinada ..... G5
37 Lou Pilha Leva ..... F5
38 L'Uzine ..... H5
39 Olive et Artichaut ..... H1
40 Vinivore ..... H5

**Ausgehen & Nachtleben**
41 Ark ..... H2
42 BaR'Oc ..... H4
43 Comptoir Central Électrique ..... H4
44 El Merkado ..... E6
45 La Shounga ..... G7
46 L'Abat-Jour ..... H1
47 Le Six ..... F2
48 Les Distilleries Idéales ..... H2
49 Les Trois Diables ..... G2
50 Little Rest'O ..... G4
51 Ma Nolan's ..... F2

**Unterhaltung**
52 Chez Wayne's ..... G1
53 Cinéma Rialto ..... A6
54 Le Volume ..... F4
55 Opéra de Nice ..... E6

**Shoppen**
56 Cave de la Tour ..... F4
57 Cours Saleya (Märkte) ..... H2
58 Fischmarkt ..... F5
59 Flohmarkt ..... G2
60 Blumenmarkt ..... G2
61 Markt ..... G2
62 Moulin à Huile d'Olive Alziari ..... D6
63 Nice Étoile ..... C4
64 Pâtisserie Henri Auer Confiserie ..... E6
65 Pâtisserie LAC ..... G2

**Hôtel Solara** HOTEL €
(04 93 88 09 96; www.hotelsolara.com; 7 rue de France; EZ/DZ/3BZ/4BZ 65/85/120/150 €, EZ/DZ mit Balkon 75/115 €; Rezeption 8–21 Uhr; ) Ohne die fantastische Lage an der verkehrsberuhigten Rue de France und den sensationellen Terrassen, über die die Hälfte aller Zimmer verfügen, wäre das Solara nur eine budgetfreundliche Wahl mit makellosen Zimmern. Aber mit all diesen Extras (zu denen noch kleine Kühlschränke in jedem Zimmer kommen, in denen man seinen Rosé kaltstellen kann), ist das Hotel ein echtes Budget-Schnäppchen. Das Frühstück kostet 8 €.

**Hôtel Wilson** HOTEL €
(04 93 85 47 79; www.hotel-wilson-nice.com; 39 rue de l'Hôtel des Postes; EZ/DZ 55/69 €, mit Gemeinschaftsbad 47/59 €; ) Mit viel Reiseerfahrung, einem aufgeschlossenen Wesen und einem ausgezeichneten Geschmack hat Jean-Marie seine große Wohnung im 3. Stock in eine ansprechende Unterkunft verwandelt. Die 16 Zimmer sind individuell mit viel Geschick gestaltet, die billigsten teilen sich ein Bad. In einigen Zimmern ist das Rauchen erlaubt – wenn einen das stört, sollte man sich ein paar anschauen. Das Frühstück kostet 6,50 €.

**Hôtel Belle Meunière** HOTEL, HOSTEL €
(04 93 88 66 15; www.bellemeuniere.com; 21 av Durante; B 25–30 €, DZ/3BZ/4BZ 84/99/132 €; ) Dieses Zwischending aus Hotel und Hostel residiert in einer Villa aus dem 19. Jh. am Bahnhof. Die Betreiber wissen, dass es

die kleinen Dinge sind, die zählen, z.B. kostenlos auszuleihende Strandmatten, kostenlose Gästeparkplätze und eine Gepäckaufbewahrung (5 €/Tag, auch für Nichtgäste). Die Zimmer sind schlicht und ein bisschen verschlissen, das einzige mit Balkon ist das Vierbettzimmer Nr. 9. Das Frühstück kostet 6 €.

**Villa Saint-Exupéry Beach Hostel** HOSTEL €
(☎ 04 93 16 13 45; www.villahostels.com; 6 rue Sacha Guitry; B 40–50 €, DZ/3BZ 120/150 €; ❄@📶) Das Hostel weiß, was unabhängige Traveller brauchen: jede Menge Einrichtungen (Bar, Küche, eine Lounge zum Entspannen, kostenlose Computernutzung, einen Fitnessraum, ein Spielezimmer etc.), freundliches, mehrsprachiges Personal, Tipps en masse zu Nizza und der Riviera und nicht zuletzt günstige Preise. Die Schlafsäle mit drei bis 14 Betten sind trist, aber wer wird sich schon lange darin aufhalten?

★ **Nice Pebbles** APARTMENTS €€
(☎ 04 97 20 27 30; www.nicepebbles.com; 1 Apt. mit 1/2/3 Schlafzi. ab 110/190/330 €; ❄📶) Das Konzept der Anlage ist einfach: Ferienwohnungen in Vier-Sterne-Boutiquehotel-Qualität. Die Apartments und Villen (mit 1 bis 5 Schlafzimmern) sind prachtvoll und hochwertig ausgestattet. Die meisten Apartments haben WLAN, Flachbild-TV, DVD-Player, voll ausgestattete Küchen und feine Bettwäsche, in manchen Fällen kommen noch ein Swimmingpool und ein Balkon oder eine Terrasse hinzu.

★ **Nice Garden Hôtel** BOUTIQUEHOTEL €€
(☎ 04 93 87 35 62; www.nicegardenhotel.com; 11 rue du Congrès; EZ/DZ/3BZ 75/90/138 €; ⏲ Rezeption 8–21Uhr; ❄📶) Dieses Hoteljuwel versteckt sich hinter schweren Stahltoren: In den neun von der zauberhaften Marion wunderschön eingerichteten Zimmern sind Alt und Neu gemixt; sie haben Fenster zum hübschen Garten mit einem herrlichen Orangenbaum. Erstaunlicherweise liegt das charmante, friedliche Hotel nur zwei Blöcke von der Promenade entfernt, Frühstück 9 €.

**Hôtel Villa Rivoli** BOUTIQUEHOTEL €€
(☎ 04 93 88 80 25; www.villa-rivoli.com; 10 rue de Rivoli; EZ/DZ/4BZ ab 95/175/198 €; ❄📶) 1890 erbaut, verbreitet diese stattliche Villa das Flair einer schicken Zweitwohnung mitten in Nizza. Eine Marmortreppe führt zu den makellos sauberen, charaktervollen Zimmern, die teilweise stoffbezogene Wände, verschnörkelte Spiegel und Kaminsimse aus Marmor haben. Frühstück 12€, Parken 18 €.

NICHT VERSÄUMEN

### EISCREME

Eiscreme gibt's in Nizza überall, aber das beste kommt vom *maître glacier* **Fenocchio** (www.fenocchio.fr; 2 place Rossetti; 1/2/3 Kugeln 2/3,50/5 €; ⏲ Feb.–Okt. 9–24 Uhr). Der Laden ist seit 1966 im Geschäft. Wer zu lange die mehr als 70 gebotenen Sorten Eiscreme und Sorbet bestaunt, wird es nie an die Spitze der Schlange schaffen. Am besten lässt man die bekannt-beliebten Sorten einmal aus und probiert neue Geschmackserlebnisse wie Schwarze Olive, Thymian, Rosmarin, Lavendel, Ingwer-Schokolade, Veilchen oder das für Nizza typische *tourte de blette* (eine süße Mangold-Tarte mit Rosinen, Pinienkernen und Parmesankäse). Es gibt auch noch eine **zweite Filiale** (☎ 04 93 62 88 80; www.fenocchio.fr; 6 rue de la Poissonerie; ⏲ Mi–Mo 9–24 Uhr).

**Villa La Tour** BOUTIQUEHOTEL €€
(☎ 04 93 80 08 15; www.villa-la-tour.com; 4 rue de la Tour; DZ 70–172 €; ❄📶) Das beliebte Hotel in der Altstadt bietet 17 hübsche Zimmer, die individuell nach verschiedenen Künstlern – Niki de Saint Phalle, Vaco, Klein usw. – dekoriert sind. Wer sich für die Geschichte der Riviera interessiert, wird das Queen-Victoria-Zimmer zu schätzen wissen. Es gibt eine winzige blumengeschmückte Dachterrasse und eine Straßenterrasse, von der aus man das Treiben in Vieux Nice prima beobachten kann. Das Frühstück kostet 12,50 €.

**Hôtel Windsor** BOUTIQUEHOTEL €€
(☎ 04 93 88 59 35; www.hotelwindsornice.com; 11 rue Dalpozzo; DZ 97–215 €; ❄@📶🏊) Angesehene Künstler haben mehrere Zimmer des Windsor kühn und manchmal etwas verstörend gestaltet. Die traditionellen Zimmer sind beruhigender, haben mit ihren Wandmalereien aber ebenfalls einen künstlerischen Anstrich. Das Frühstück kostet 14 €, ein Parkplatz zwischen 13 und 19 €.

★ **Hôtel La Pérouse** BOUTIQUEHOTEL €€€
(☎ 04 93 62 34 63; www.hotel-la-perouse.com; 11 quai Rauba Capeu; DZ ab 330 €; ❄@📶🏊) Das in die Felsklippe neben der Tour Bellanda hineingebaute La Pérouse erinnert an eine vornehme Villa. Die Zimmer im Untergeschoss blicken auf einen von Zitronenbäumen beschatteten Hof und den Pool, die im Obergeschoss haben einen prächtigen Aus-

blick aufs Meer. Smarte Farbakzente geben dem traditionellen Dekor ein schickes Flair. Die günstigsten Preise erhält man online, das Frühstück kostet 18 €.

**Exedra** DESIGNHOTEL €€€
(☎04 97 03 89 89; www.boscolohotels.com; 12 bd Victor Hugo; DZ ab 370 €; ❄@📶🏊) In dieser historischen Belle-Époque-Villa versteckt sich eine der schicksten und modernsten Unterkünfte der Stadt. Alles, von den Möbeln über die Stoffe bis hin zu den Bädern, den Kunstwerken und den Böden, ist leuchtend weiß mit ein paar Einsprengseln von Elfenbeinfarbe gehalten. Das Tüpfelchen auf dem i in diesem Fünf-Sterne-Hotel bilden das superschicke Spa und der Pool.

## Essen

Wer am Wochenende essen gehen will, sollte unbedingt vorab reservieren, vor allem in der geschäftigen Sommersaison. Will man mittags unter Einheimischen speisen, setzt man sich einfach in der Mittagssonne auf eine Bank in einer der vielen Caféterrassen an der Place Garibaldi.

★ **Chez Pipo** NIZZAER KÜCHE €
(☎04 93 55 88 82; 13 rue Bavastro; Socca 2,70 €; ⏲Di–So 11.30–14.30 & 17.30–23 Uhr) In diesem Bistro mit seiner einladenden rotbraunen Terrasse gibt's seit 1923 mit die besten *socca* (herzhafte Kichererbsen-Pfannkuchen) in Nizza. Für Gourmets, die etwas eleganter als an einem Stehimbiss speisen wollen, ist die Terrasse geradezu perfekt.

### SNACKS À LA NIZZA

Eine Nizzaer Spezialität, die jeder ernsthafte Feinschmecker probieren sollte, ist *socca*, ein herzhafter, auf dem Blech gebackener Pfannkuchen aus Kichererbsenmehl und Olivenöl mit einer kräftigen Dosis schwarzen Pfeffers. Weitere typische Snacks sind *petits farcis* (gefülltes Gemüse), *pissaladière* (eine traditionelle Zwiebeltarte mit schwarzen Oliven und Sardellen) sowie die vielen *beignets* (frittiertes Gemüse).

Am besten probiert man all dies bei **Chez René Socca** (2 rue Miralhéti; kleine Gerichte 3–6 €; ⏲Di–So 9–21 Uhr, Juli & Aug. bis 22.30 Uhr, Nov. geschl.; 🖉) oder **Lou Pilha Leva** (☎04 93 13 99 08; 10 rue du Collet; kleine Gerichte 2,80–4 €; ⏲9–24 Uhr; 🖉), zwei völlig zwanglosen Lokalen: Die fröhliche Schar der Gäste sitzt mit einem Glas Rosé in der Hand draußen auf den Gemeinschaftsbänken.

★ **La Rossettisserie** ROTISSERIE €
(☎04 93 76 18 80; www.larossettisserie.com; 8 rue Mascoïnat; Hauptgerichte 14,50–15,50 €; ⏲Mo–Sa 12–14 & 19.30–22 Uhr) Die Rossettisserie – ein hübsches Wortspiel aus Rotisserie (Bratküche) und Rossetti (der Name des nahegelegenen Platzes) – ist ein wie ein alter Lebensmittelladen aufgemachtes Restaurant, das für seine saftigen Braten bekannt ist. Zum Rind-, Hühnchen-, Kalb- oder Lammfleisch gibt's prima hausgemachten Kartoffelbrei oder sautierte Kartoffeln und Ratatouille oder Salat. Der gewölbte Speisesaal im Keller ist hinreißend.

**Déli Bo** CAFÉ, BISTRO €
(☎04 93 56 33 04; 5 rue Bonaparte; Hauptgerichte 12–20 €; ⏲7–20 Uhr) Diese Mischung aus Kaffeestube und Restaurant ist immer voller Einheimischer, die wissen, dass man hier alles richtig macht: Auf der kurzen Karte stehen perfekt zubereitete einfache Gerichte, darunter Salate von der Größe einer Hauptmahlzeit und ausgezeichnete Kuchen. Das Lokal hat eine entspannte urbane Atmosphäre und befindet sich an einer der muntersten Straßen der Stadt gleich nördlich vom Port Lympia.

**La Merenda** NIZZAER KÜCHE €
(www.lamerenda.net; 4 rue Raoul Bosio; Hauptgerichte 14–16 €; ⏲Mo–Fr 12–14 & 19–22 Uhr) Die schlichte, aber solide regionale Küche – es gibt Stockfisch, Kalbskutteln à la Niçoise mit *panisse* (gebratene Würfel aus Kichererbsenmehl) und dergleichen – des früher mit Michelin-Sternen ausgezeichneten Chefkochs Dominique Le Stanc locken die Massen in dieses winzige Bistro, in dem man dicht bei dicht sitzt. Die kleine offene Küche nimmt die Rückwand des Raumes ein, die kleine Karte steht auf der Kreidetafel. Nur Barzahlung.

**Le Comptoir du Marché** MODERN-FRANZÖSISCH €
(☎04 93 13 45 01; 8 rue du Marché; Hauptgerichte 13–18 €; ⏲Di–Sa 12–14.30 & 19–22.30 Uhr) Mit seinem altmodischen Küchendekor und den günstigen Preisen kann sich das Comptoir natürlich bestens behaupten. Täglich gibt es fünf oder sechs Hauptgerichte, die der Kreidetafel zu entnehmen sind. Die Speisen sind moderne Abwandlungen traditioneller französischer Rezepte mit einem Schwerge-

wicht auf Innereien, einfachen Rezepten wie Linseneintopf, Kaninchen-Confit und sogar *os à moelle* (Knochenmark).

**★ Olive et Artichaut** PROVENZALISCH €€
(☎ 04 89 14 97 51; www.oliveartichaut.com; 6 rue Ste-Réparate; Hauptgerichte 16–25 €; ⊙ Mi–So 12–14 & 19.30–22 Uhr) Inspiriert vom Markt und dem reichen kulinarischen Erbe der Stadt ist der junge Nizzaer Chefkoch Thomas Hubert dabei, sich einen großen Namen mit diesem Restaurant zu machen. Das Lokal hat eine offene Küche und ein zeitgenössisches Design mit ein paar altmodischen Elementen. Die Küche setzt auf örtliche Zutaten, die von kleinen Produzenten und Bauern aus der Region geliefert werden. Man muss reservieren oder darauf hoffen, dass *au comptoir* (an der Bar) ein Hocker frei wird.

**★ Vinivore** BISTRO €€
(☎ 04 93 14 68 09; www.vinivore.fr; 10 rue Lascaris; Hauptgerichte 16–23 €; ⊙ Di–Fr 12–14 & 19.30–22, Sa 19.30–22 Uhr) Der Name verrät alles: Das bemerkenswerte kleine Bistro ist das Richtige für Karnivoren mit einer Vorliebe für guten *vin* (Wein). Unter den 200 verschiedenen Weinen – viele aus Bio-Anbau oder von kleinen Produzenten – findet man immer den passenden Tropfen zu den zwei oder drei an der Kreidetafel stehenden Gerichte aus frischen Marktprodukten, die Chefkoch Chun Wong zubereitet. Der mittägliche *plat du jour* (Tagesgericht; 11,50 €) bietet immer ein ausgezeichnetes Preis-Leistungs-Verhältnis.

**L'Uzine** MEDITERRAN €€
(☎ 04 93 56 42 39; 18 rue François Guisol; Hauptgerichte 14–20 €; ⊙ Di–Sa 11–23 Uhr) Dank der großen Außenterrasse im trendigen Viertel Port Lympia und der erstklassigen mediterranen Küche lockt das entspannte Restaurant ein junges, munteres Publikum an. Das Lokal ist eine Adresse, die man nicht übersehen sollte, zumal es abends an den Wochenenden Livejazz gibt.

**Carré Llorca** BISTRO €€
(☎ 04 93 92 95 86; www.carrellorca.com; 3 rue de la Préfecture; Hauptgerichte 18–28 €; ⊙ Mo–Sa 12–22.30 Uhr) Für die Gerichte in diesem zeitgenössischen urbanen Bistro zeichnet der mit Michelin-Sternen ausgezeichnete Chefkoch Jean-Michel Llorca verantwortlich. Neutrale Farbtöne geben dem klar geschnittenen Raum eine zurückhaltende Eleganz; die Küche ist mediterran mit deutlichem Nizzaer Schwerpunkt. Es gibt Vieles *à la plancha* (vom Grill); der *poulpe* (Oktopus) mit neuen Kartoffeln und Nizzaer Saucen ist besonders delikat.

**L'Escalinada** NIZZAER KÜCHE €€
(☎ 04 93 62 11 71; 22 rue Pairolière; Hauptgerichte 20–25 €; ⊙ 12–14.30 & 19–23 Uhr) Das L'Escalinada steht seit einem halben Jahrhundert für typische Nizzaer Küche: *petits farcis* (gefülltes Gemüse), hausgemachte Gnocchi mit schmackhaftem *daube* (provenzalischem Rindfleischeintopf) und Marsala-Eintopf mit Kalbfleisch sorgen dafür, dass die Tische der kleinen Straßenterrasse in Vieux Nice immer voll besetzt sind. Der kostenlose Aperitif ist eine willkommene Aufmerksamkeit. Nur Barzahlung.

**Le Bistrot d'Antoine** MODERN-FRANZÖSISCH €€
(☎ 04 93 85 29 57; 27 rue de la Préfecture; Menüs 25 & 43 €, Hauptgerichte 14–25 €; ⊙ Di–Sa 12–14 & 19–22 Uhr) Was an dieser tollen Brasserie besonders überrascht, ist wie wenig sie sich von ihrem eigenen Erfolg beeindrucken lässt: Das Lokal ist jeden Abend voll (Reservierung erforderlich), aber die Gerichte im Bistro-Schick sind gleichmäßig gut, das Personal ist absolut gelassen, die Atmosphäre immer freundlich und das Preis-Leistungs-Verhältnis für diese Gegend unglaublich gut.

**Le Luna Rossa** ITALIENISCH €€
(☎ 04 93 85 55 66; 3 rue Chauvain; Hauptgerichte 15–30 €; ⊙ Di–Fr 12–15 & 19–23, Sa 19–23 Uhr; ✎) Das Essen im „Roten Mond" ist genau so, wie man sich mediterrane Küche vorstellt: frische Pasta, exquisit zubereitete Meeresfrüchte, sonnenverwöhntes Gemüse und herrliches Fleisch. Dazu gibt's ausgezeichnete Rotweine und Rosés.

**★ Jan** MODERN-FRANZÖSISCH €€€
(☎ 04 97 19 32 23; www.restaurantjan.com; 12 rue Lascaris; 2-/3-Gänge-Mittagsmenü 25/32 €, Abendmenü 52 & 72 €, Hauptgerichte 26–32 €; ⊙ Di–Do & Sa 18.30–22, Fr 12–14 & 18.30–22 Uhr) Eine Vorab-Reservierung (die am betreffenden Tag noch einmal telefonisch bestätigt werden muss) ist unbedingt erforderlich in diesem eleganten Restaurant, dem Gourmettempel des südafrikanischen Wunderkochs Jan Hendrik van der Westhuizen. Die Einflüsse von der Südhalbkugel sind bei den Gerichten zwar nicht so stak, aber bei der Weinkarte dafür deutlicher ausgeprägt. Es gibt hier keine Speisen à la carte, sondern nur ein Verkostungsmenü aus allem, was der Markt gerade an frischen Zutaten hergibt.

INSIDERWISSEN

### LE PETIT MARAIS

Pariser mögen bei der Vorstellung die Nase rümpfen, aber Le Petit Marais in Nizza trägt seinen Spitznamen, der auf das trendige Pariser Viertel gemünzt ist, ganz zu Recht. Im Nizzaer *quartier* – dem keilförmigen Gebiet zwischen der Place Garibaldi und Port Lympia – gibt's viele spannende Restaurants, Bars und Boutiquen, die zwar unter dem Touristenradar liegen, aber jedem trendbewussten Einheimischen vertraut sind. Wer wissen will, was aktuell eröffnet wurde und schwer angesagt ist, macht einfach einen Bummel auf der Rue Bonaparte, der Rue Bavestro, der Rue Lascaris und durch die umliegenden Straßen.

**Le Chantecler** SPITZENKÜCHE €€€
(☎ 04 93 16 64 00; www.hotel-negresco-nice.com; Hôtel Negresco, 37 promenade des Anglais; Menüs 110 & 230 €, Hauptgerichte 62–85 €; ⏲ Mi–So abends, So mittags) Das von dem vor Ort ausgebildeten Chefkoch Jean-Denis Rieubland geführte, mit zwei Michelin-Sternen ausgezeichnete Restaurant des Negresco ist etwas Besonderes. In dem prächtigen Regency-Speisesaal erwarten die Gäste exquisite kulinarische Schöpfungen und ein außergewöhnlich kundiger Sommelier, der zu jedem Gang den passenden Wein oder zum Menü die geeignete Flasche Wein empfiehlt.

## Ausgehen & Nachtleben

Die Caféterrassen am Cours Saleya sind ideal für einen Aperitif am frühen Abend. Die vielen Kneipen von Vieux Nice locken ein lärmendes, ausgelassenes Publikum an, man kann aber auch den Hipstern ins Petit Marais im Viertel Port Lympia folgen, wo einen angesagte Restaurants und Bars erwarten.

**★ Ark** LOUNGEBAR
(41 quai des États-Unis; ⏲ 11–1 Uhr) Mit der Eröffnung (2015) dieser superschicken Lolungebar zwischen dem Meer und dem Cours Saleya hat Nizzas Barszene deutlich an Glamour zugelegt. Man schnappt sich einen Sitz auf einem der wundervollen Balkone im 2. Stock, blickt aufs Mittelmeer und fühlt sich wie ein Jetsetter.

**El Merkado** BAR
(www.el-merkado.com; 12 rue St-François de Paule; ⏲ 10.30–1.30 Uhr) Nur ein paar Schritte vom Cours Saleya belegt diese hippe Tapasbar mit ihren alten Möbeln das Erdgeschoss eines rotbraunen und grünen Nizzaer Stadthauses. Hier kann man nach dem Strandbesuch prima bei einem Drink auf der Straßenterrasse oder auf einem Sofa entspannen. Frisch gepresste Säfte, kunstvolle Mixturen, jeden Tag ein anderer Cocktail des Hauses und Spitzen-Tapas sorgen dafür, dass der Laden brummt.

**La Shounga** COCKTAILBAR
(http://shounga.fr/; 12 place Guynemer; ⏲ 8.30–0.30 Uhr; 📶) Ganztägig Desserts, Eisbecher und Cocktails (8,50 €) sind ein guter Grund, diese echt dekadente, muntere Mojitobar und ihre Terrasse mit Meerblick aufzusuchen. Auch die weichen Sessel, das kostenlose WLAN und die 21 verschiedenen Mojito-Versionen (30 €) – mal klassisch, mal mit Früchten – sind nicht zu verachten. Das Lokal liegt an der Promenade zwischen Vieux Nice und dem Hafen.

**Comptoir Central Électrique** CAFÉ, BAR
(www.comptoircentralelectrique.fr; 10 rue Bonaparte; ⏲ Mo–Sa 8.30–0.30 Uhr) Eingetopfte Olivenbäume zieren die großzügige Straßenterrasse dieser munteren Bar, die eine von mehreren ist, die in dem zunehmend trendigen Viertel Port Lympia aus dem Boden schießen. Hier gibt's Wein, Bier, Spirituosen und einen sagenhaft aufgemöbelten Innenraum mit Sofas, einer Bibliothek und einer ins Auge fallenden Glühbirnensammlung, die von der früheren Existenz der Bar als Leuchtmittelfabrik kündet.

**Little Rest'O** CAFÉ
(www.ateliertsade.com; 15 rue Bonaparte; ⏲ Di & Mi 9–18, Do–Sa bis 23 Uhr) Für einen Tee aus der Porzellankanne, ein Mittagessen mit Freundinnen oder einen süßen Aperitif gibt es keine rüschigere, offener feminine Adresse als diese Mischung aus Teestube und Galerie mit Kunst an den Wänden und kleinen Häppchen zum Essen. Frische Blumen, altmodische Glasschalen mit Pralinen und Louis XVI-Armsessel sorgen für ein nahezu theatralisches Ambiente.

**BaR'Oc** WEINBAR
(10 rue Bavastro; ⏲ 19–0.30 Uhr) Diese muntere Bar ist ein geselliger Ort für einen guten Wein und leckere Tapas – Parmaschinken und Feigen-*tartines* (Toasts), gebratene Chorizo oder im Ofen gebackene *figatelli* (eine Art Salami aus Korsika) – sowie Probierteller mit Käse und Aufschnitt. Zwei

durchgesessene rote Sofas schmücken die Holzterrasse draußen, auf der sich die Gäste an kühleren Abenden mit schicken roten Tüchern einmummeln.

**Les Distilleries Idéales** CAFÉ
(www.lesdistilleriesideales.fr; 24 rue de la Préfecture; ⌚9–0.30 Uhr) Diese Bar ist ein stimmungsvoller Ort, gleichgültig ob man einen Kaffee oder einen Aperitif mit einem Käse- oder Wurstteller begehrt. Auf der schmalen Straßenterrasse sieht man die Welt an sich vorüberziehen, während drinnen die Kunden zur Happy Hour (18–20 Uhr) einen günstigen Cocktail schlürfen.

**Ma Nolan's** PUB
(www.ma-nolans.com; 2 rue St-François de Paule; ⌚Mo–Fr 12–2, Sa & So 11–2 Uhr; WLAN) Dieser irische Pub ist groß, laut und der angesagte Pub für alle Ausländer vor Ort (es gibt noch viel mehr davon). Der ziemlich raue Laden bietet Livemusik, ein Kneipenquiz, Sportfernsehen und typische Kneipenkost (Burger, Fish & Chips etc.). Happy Hour ist von 18 bis 20 Uhr.

**Le Six** SCHWULENBAR
(www.le6.fr; 6 rue Raoul Bosio; ⌚Di–Sa 10–5 Uhr) Aufgedonnerte, hübsche Jungs drängen sich in Nizzas kompakter, immer beliebten Schwulenbar, die einen gut bestückten Event- und Partykalender hat mit gastierenden DJs, Karaoke und Shower-Shows.

**L'Abat-Jour** BAR, CLUB
(25 rue Benoît Bunico; ⌚Di–Sa 18.30–2.30 Uhr) Mit seinen antiken Möbeln, DJ-Sessions und Alternativ-Rock im Untergeschoss ist das L'Abat-Jour schwer angesagt. Die anstehenden Events stehen auf der Facebook-Seite.

**Les Trois Diables** CLUB
(www.les3diables.com; 2 cours Saleya; ⌚17–2 Uhr) Der altbewährte Kämpe der Nizzaer Partyszene bleibt mit beliebten Events unter der Woche (Di Musikquiz, Mi Karaoke) und DJs am Wochenende gut im Geschäft. Die Happy Hour dauert täglich bis 21 Uhr.

## ☆ Unterhaltung

Nizza besitzt eine starke Tradition in Sachen Livemusik, von Pop-Rock bis zu Jazz und Cabaret. In vielen Bars treten regelmäßig Bands auf.

**Le Volume** LIVEMUSIK
(www.source001.com; 6 rue Defly; ⌚Mo 11–21, Di–Do bis 0.30, Fr & Sa bis 1, So 20.30–0.30 Uhr; WLAN) Diese dynamische Mischung aus Café, Kulturzentrum und Livemusiktreff ist der richtige Ort, um in die aktuelle Musikszene der Stadt einzutauchen. An den meisten Abenden gibt's ab 21 Uhr Livemusik und Jamsessions.

**Chez Wayne's** LIVEMUSIK
(www.waynes.fr; 15 rue de la Préfecture; ⌚10–2 Uhr) Diese raue Kneipe ist ein typischer englischer Pub, in dem an jedem Abend Livebands spielen. Auch Sportverrückte kommen auf ihre Kosten, denn hier sind alle erdenklichen Rugby-, Fußball-, Aussie-Rules-Football-, Tennis- und Cricket-Matches zu sehen.

**Opéra de Nice** OPER
(www.opera-nice.org; 4-6 rue St-François de Paule) In dem opulenten Gebäude von 1885 erwarten einen Opern- und Ballettvorstellungen sowie Orchesterkonzerte.

**Cinéma Rialto** KINO
(http://lerialto.cine.allocine.fr; 4 rue de Rivoli) Filme in Originalsprache mit französischen Untertiteln.

## Shoppen

In Nizza gibt's jede Menge Läden, von den touristischen Boutiquen in Vieux Nice bis hin zu den Designermodetempeln um die Rue de France und zu dem riesigen Einkaufszentrum **Nice Étoile** (www.nicetoile.com; av Jean Médecin). Second-Hand-Mode, Antiquitäten und zeitgenössische Kunst findet man im angesagten Petit Marais nördlich von Port Lympia. Mitbringsel für Gourmets halten u. a. folgende Läden parat:

**Moulin à Huile d'Olive Alziari** ESSEN
(www.alziari.com.fr; 14 rue St-François de Paule; ⌚Mo–Sa 8.30–12.30 & 14–19 Uhr) Erstklassiges Olivenöl, frisch aus der Mühle am Stadtrand von Nizza. Alziari produziert darüber hinaus eine umwerfende Vielfalt an Tapenaden, frischen Oliven und weiteren Snacks zum *apéro*.

**Cave de la Tour** WEIN
(www.cavedelatour.com; 3 rue de la Tour; ⌚Di–Sa 7–20 Uhr) Hier kauft man Weine von kundigen *cavistes* (Kellermeistern). Der Laden wird schon seit 1947 von der gleichen Familie geführt.

**Pâtisserie LAC** ESSEN
(www.patisseries-lac.com; Ecke rue de la Préfecture & rue St-Gaëtan; ⌚Di–So 9.30–13 & 14.30–19.30

ABSTECHER

## TRAIN DES PIGNES

Die Schmalspurbahn Train des Pignes (S. 332), die zwischen Bergen und Meer entlangtuckert, bietet eine der malerischsten Zugfahrten in der Provence. Auf der 151 km langen Strecke zwischen Nizza und Digne-les-Bains erreicht der Zug eine Höhe von bis zu 1000 m und ermöglicht atemberaubende Ausblicke in das kaum besiedelte Hinterland der Haute-Provence.

Der Zug fährt fünfmal täglich und bietet sich für einen perfekten Tagesausflug ins Inland an. Das schöne mittelalterliche Dorf **Entrevaux** ist nur 1½ Stunden von Nizza (hin & zurück 20,60 €) entfernt – der perfekte Ort für ein Picknick und einen Bummel durch das historische Zentrum und die Zitadelle.

Uhr) Macarons und Pralinen von Chef-*pâtissier* Pascal Lac.

**Pâtisserie Henri Auer Confiserie** ESSEN
(www.maison-auer.com; 7 rue St-François de Paule; ⌚Di–Sa 9–18 Uhr) Kandierte Früchte nach Rezepten von 1820.

## Praktische Informationen

**Hôpital St-Roch** (☎04 92 03 33 75; www.chu-nice.fr; 5 rue Pierre Dévoluy; ⌚24 Std.)

**Polizei** (☎04 92 17 22 22; 1 av Maréchal Foch; ⌚24 Std.) Unter ☎04 92 17 20 31 stehen Übersetzer für Anrufer bereit, die kein Französisch können.

**Touristeninformation** (☎08 92 70 74 07; www.nicetourisme.com; 5 promenade des Anglais; ⌚Mo–Sa 9–18 Uhr) Es gibt noch eine Zweigstelle vor dem Bahnhof (av Thiers; ⌚Mo–Sa 8–19, So 10–17 Uhr).

## An- & Weiterreise

### BUS

Es gibt ausgezeichnete Intercity-Busse ab Nizza; die Fahrkarten kosten nur 1,50 €.

- Bus 100 fährt über die Corniche Inférieure und Monaco (40 Min.) nach Menton (1½ Std.).
- Bus 200 fährt nach Cannes (1½ Std.).
- Bus 400 fährt über Saint-Paul de Vence (1 Std.) nach Vence (1¼ Std.).
- Bus 500 fährt nach Grasse (1½ Std.).

**Eurolines** (www.eurolines.com; 27 rue de l'Hôtel des Postes) betreibt Fernbusse zu diversen Zielen in Europa.

### FLUGZEUG

**Aéroport Nice-Côte d'Azur** (☎08 20 42 33 33; www.nice.aeroport.fr; 📶) Frankreichs zweitgrößter Flughafen besitzt zwei Terminals, die durch kostenlose Shuttles verbunden sind.

### SCHIFF/FÄHRE

Nizza ist der Haupthafen für die Fähren nach Korsika. **SNCM** (www.sncm.fr; Quai du Commerce) und **Corsica Ferries** (www.corsica ferries.com; quai du Commerce) sind zwei der Anbieter.

### ZUG

| ZIEL | PREIS | DAUER | HÄUFIGKEIT |
|---|---|---|---|
| Cannes | 5.90 € | 40 Min. | stündl. |
| Grasse | 9.30 € | 1¼ Std. | stündl. |
| Marseille | 35 € | 2½ Std. | stündl. |
| Menton | 4.60 € | 35 Min. | halbstündl. |
| Monaco | 3.30 € | 25 Min. | halbstündl. |
| Saint-Raphaël | 11.50 € | 1¼ Std. | stündl. |

## Unterwegs vor Ort

### AUTO & MOTORRAD

Große Autovermieter haben Büros am Bahnhof. Wer Land und Leute kennenlernen will, kann auch ein Motorrad mieten.

### BUS & STRASSENBAHN

Die städtischen Busse und Straßenbahnen betreibt **Ligne d'Azur** (www.lignesdazur.com), die Fahrkarten kosten 1,50 €. Eine zweite Straßenbahnlinie, die die Place Masséna längs der Promenade des Anglais mit dem Flughafen verbinden soll, ist für Ende 2017 geplant.

Busse sind praktisch, um nach Cimiez und zum Hafen zu gelangen. Nachtbusse fahren zwischen ca. 21 und 2 Uhr.

Die Straßenbahn (Betriebszeit 4.30–1.30 Uhr) ist praktisch, um durch die Stadt zu kommen, insbesondere vom Bahnhof nach Vieux Nice und zur Place Garibaldi.

### FAHRRAD

**Vélo Bleu** (☎04 93 72 06 06; www.velobleu.org) Nizzas Fahrradverleihsystem umfasst mehr als 100 Verleihstationen im gesamten Stadtgebiet: Man holt sich das Rad an der einen und gibt es an einer anderen wieder ab. Ein Tages-/Wochenabo kostet 1/5 €, hinzu kommt die Gebühr für die Nutzungszeit (1. halbe Std. frei, 2. halbe Std. 1 €, danach 2 €/Std.). Einige Stationen sind mit Terminals ausgerüstet, an denen man direkt mit Kreditkarte bezahlen kann, ansonsten benötigt man ein Handy. Die praktische App „Vélo Bleu" verrät den Standort der nächsten Station, gibt Echtzeit-Infos zur Zahl der verfügbaren Räder und berechnet Reiserouten.

**Holiday Bikes** (www.holiday-bikes.com; 23 rue de Belgique) Vermietet 50-cm³-Motorroller und 125-cm³-Motorräder für 30 bzw. 55 €.

### VOM/ZUM FLUGHAFEN

Der Aéroport Nice-Côte d'Azur liegt 6 km westlich von Nizza am Meer. Ein Taxi ins Zentrum von Nizza kostet vom Stand vor dem Terminal zwischen 23 und 31 € (18–7 Uhr 28–33 €).

- Die Busse 98 und 99 verbinden das Flughafenterminal mit der Promenade des Anglais bzw. dem Bahnhof von Nizza (6 €, 35 Min., alle 20 Min.).
- Der Bus 110 (20 €, stündl.) verbindet den Flughafen mit Monaco (40 Min.) und Menton (1 Std.).
- Der Bus 210 fährt nach Cannes (20 €, 50 Min., halbstündl.), der Bus 250 nach Antibes (10 €, 55 Min., halbstündl.).

### TAXI

**Taxi Riviera** (04 93 13 78 78; www.taxis-nice.fr)

# ARRIÈRE-PAYS NIÇOIS

In diese ruhige, wenig bekannte Ecke der Côte d'Azur, die rund 20 km landeinwärts von Nizza liegt, flüchten sich die Einwohner Nizzas, wenn sie am Wochenende dem städtischen Trubel entkommen wollen. Entspannung ist angesagt: eine Wanderung in den Hügeln (Routenvorschläge gibt's unter www.randoxygene.org), ein Bummel durch abgelegene Dörfer oder ein langes Mittagessen in einer ausgezeichneten *auberge* (Landgasthof) bieten sich an. Es gibt einen Bus nach Peille, am besten kommt man aber mit einem eigenen Fahrzeug.

## Peillon

1420 EW.

Die spektakuläre Lage des Bergdorfs wurde schon im 10. Jh. geschätzt, weil sich der Ort gut verteidigen ließ. Aber nicht das verschlafene Dorf lockt die Besucher aus Nah und Fern, sondern die **Auberge de la Madone** (04 93 79 91 17; www.auberge-madone-peillon.com; 3 place Auguste Arnulf; Menüs ab 30 €; Feb.–Okt. Do–Di mittags & abends; ), wo die Köche Christian Millo und sein Sohn Thomas typisch provenzalische Gerichte mit leicht modernem Einschlag servieren. Man genießt das hervorragende Essen winters in dem großartigen Speisesaal und sommers auf der Aussichtsterrasse. Wer sich nach der Schnittmangold-Tarte mit Kräutern, dem Kabeljaufilet mit Gewürzkruste und den gebratenen Muskat-Erdbeeren mit Sorbet und Mandelbiskuits nicht mehr rühren kann, nimmt eines der Hotelzimmer (ab 98 €) oben.

## Peille

2329 EW.

Peille ist vielleicht nicht so spektakulär wie Peillon, macht dies aber durch seine Geschichte wett. Der exzellente **Point Info Tourisme** (04 93 82 14 40; 15 rue centrale; Mi–So 10–12 & 13–18 Uhr) veranstaltet kostenlose, auf die zur Verfügung stehende Zeit der Teilnehmer abgestimmte Führungen (auch auf Englisch und Italienisch). Zu den Highlights zählen das mittelalterliche Zentrum, das Dorfmuseum, die Kirche und alte Fotografien des Dorfs.

Eine weitere Attraktion ist die **Via Ferrata** (04 93 79 95 75; http://peille.free.fr/index.php; Eintritt 3 €, Ausrüstungsverleih 16 €; 9–18 Uhr, Nebensaison Do nachmittags geschl.), ein halsbrecherischer Klettersteig mit Leitern, fest montierten Stahlseilen, Seilbrücken usw. Bergsteigerische Erfahrung braucht man nicht, muss aber trittsicher, relativ fit und vor allem schwindelfrei sein. Der gesamte Weg kann in vier Stunden absolviert werden; den Eintritt bezahlt man in der Touristeninformation oder in der **Bar l'Absinthe** (04 93 79 95 75; 6 rue Félix Faure; Mo–Fr 8–21, Sa & So 9–21 Uhr, Okt.–April kürzere Öffnungszeiten), wo man auch Ausrüstung (16 € für Schutzhelm, Gurte, Seile, Karabinerhaken etc.) mieten kann. Bergführer (45 €) müssen vorab gebucht werden.

Der Bus 116 (1,50 €) verbindet Peille dreimal täglich mit La Turbie (20 Min.) und Nizza (1 Std.).

# DIE DREI CORNICHES

Das Trio der *corniches* (Küstenstraßen) durchzieht die Klippen zwischen Nizza und Monaco; jede Straße liegt höher als die vorangegangene und alle bieten atemberaubende Ausblicke aufs Meer.

## Corniche Inférieure

Die Corniche Inférieure wurde in den 1860er-Jahren erbaut. Die Straße streift die von Villen gesäumte Küste zwischen Nizza und Monaco und passiert dabei die Orte Villefranche-sur-Mer, St-Jean-Cap Ferrat, Beaulieu-sur-Mer, Èze-sur-Mer und Cap d'Ail.

## Anreise & Unterwegs vor Ort

Bus 100 (1,50 €, alle 15 Min. zw. 6 & 20 Uhr) befährt die Corniche Inférieure zwischen Nizza und Menton und hält unterwegs in allen Dörfern, auch in Villefranche-sur-Mer (15 Min.), Beaulieu-sur-Mer (20 Min.) und Cap d'Ail (35 Min.). Bus 81 bedient Villefranche (20 Min.) und St-Jean-Cap Ferrat (30 Min.).

Ab Nizza starten Züge nach Ventimiglia (Italien) von 5 bis 23 Uhr alle 30 Minuten und halten in Villefranche-sur-Mer (1,60 €, 7 Min.), Beaulieu-sur-Mer (2 €, 10 Min.) und Cap d'Ail (2,80 €, 18 Min.).

# Villefranche-sur-Mer

5416 EW.

Das malerische Dorf mit seiner beeindruckenden Zitadelle mit Blick auf die Halbinsel Cap Ferrat ist mit seinem tiefen Hafen einer der wichtigsten Anlegeplätze für Kreuzfahrtschiffe. Der im 14. Jh. entstandene Ort mit seinen kleinen, klangvoll benannten Straßen, den Wendeltreppen und dem Meerblick ist super für einen Bummel (am schönsten ist das in Verbindung mit einem ausgedehnten, entspannten Mittagessen am Wasser oder auf einem scmucken Platz in der Altstadt).

## Sehenswertes & Aktivitäten

In der Vieille Ville (Altstadt) sollte man sich unbedingt die unheimliche, von Arkaden überwölbte **Rue Obscure** anschauen, ein historisches Denkmal, das einen Block vom Wasser entfernt ist.

**La Citadelle** FESTUNG

(☎ 04 93 76 33 27; place Emmanuel Philibert; ⌚ Juni–Sept. Mo–Sa 10–12 & 15–18.30, So 15–18.30 Uhr, Okt. & Dez.–Mai bis 17.30 Uhr) GRATIS Villefranches imposante Zitadelle, die auch **Fort Saint-Elme** genannt wird und wegen ihrer bemerkenswerten Architektur einen Besuch lohnt, wurde zwischen 1554 und 1559 von dem savoyischen Herzog Emanuel Philibert zur Verteidigung des Golfs angelegt. Hinter ihren Mauern finden sich heute das Rathaus, gepflegte Parkanlagen und mehrere Museen: die **Fondation Musée Volti** (☎ 04 93 76 33 27; ⌚ Juli & Aug. Mo & Mi–Sa 9–12 & 14.30–19, So 14.30–19 Uhr, Juni & Sept. Mo & Mi–Sa bis 18 Uhr) GRATIS zeigt sinnliche Bronzefiguren des aus dem Ort stammenden Bildhauers Antoniucci Volti (1915–89), das Musée Goetz-Boumeester in den früheren Wohnquartieren der Zitadelle moderne Kunst und die Collection Roux mehrere hundert Keramikfigürchen, die das Leben während des Mittelalters und in der Renaissance ausmalen.

**Chapelle St-Pierre** KIRCHE

(Eintritt 3 €; ⌚ April–Sept. Mi–Mo 10–12 & 15–19 Uhr, Okt.–März 10–12 & 14–18 Uhr, Mitte Nov.–Mitte Dez. geschl.) Villefranche war einer der Lieblingsorte von Jean Cocteau (1889–1963), der hier im Jahr 1942 nach dem Tod seines Kameraden Raymond Radiguet Trost suchte. Mehrere Jahre, Urlaube und Freunde später überzeugte Cocteau die Einheimischen, ihn die vernachlässigte Chapelle St-Pierre aus dem 14. Jh. bemalen zu lassen, die er in ein Wunderwerk aus mystischen Fresken verwandelte. Szenen aus dem Leben des Heiligen Petrus wechseln sich ab mit Referenzen auf Cocteaus kinetografische Werke (besonders die Fahrer von Orpheus) und Freunde (Francine Weisweiller, deren Villa Santo Sospir in St-Jean-Cap Ferrat Cocteau ebenfalls dekorierte, s. S. 65).

**Affrètement Maritime Villefranchois** BOOTSTOUR

(☎ 04 93 76 65 65; www.amv-sirenes.com; Port de la Santé; ⌚ Juni–Sept.) Seit im Jahr 1999 Frankreich, Monaco und Italien ein internationales Schutzgebiet für Meeressäugetiere schufen, lassen sich eine Reihe von Walarten in den Gewässern der Riviera erspähen. Delfine sind häufig zu sehen, Pott- und Finnwale seltener. Während der halbtägigen Tour zur Beobachtung von Delfinen und Walen (Erw./Kind 48/38 €) kann man nach ihnen Ausschau halten. Das Unternehmen veranstaltet auch zweistündige Bootsausflüge nach Monaco (Erw./Kind 20/17 €).

## Schlafen

**La Vigne** B&B €€

(☎ 06 18 85 75 95; www.lavigne-villefranche.com; 1387 av Léopold II; DZ 95–105 €; ) Das Vigne ist eine stilvolle *maison d'hôte* (B&B) mit drei schlichten Zimmern in einer Villa aus den 1930er-Jahren, die zu Fuß etwa 20 Minuten (1,2 km) von der Vieille Ville entfernt ist. Das Leben hier zeigt sich von seiner entspannten und luxuriösen Seite: Es gibt keinen Fernseher, sondern nur eine Bibliothek zum Stöbern, schattenspendende Oliven- und Obstbäume, ein Auto namens Caroline und ein Boot namens Anaïs, mit denen man die Gegend erkunden kann.

Picknickkörbe für zwei (20 €) und Abendessen (25–40 €/Pers.) gibt's auf Anfrage. Angeboten werden auch Kochkurse, Foto-Workshops und Französischunterricht.

★ **Hôtel Welcome** BOUTIQUEHOTEL €€€
(☎ 04 93 76 27 62; www.welcomehotel.com; 3 quai Amiral Courbet; DZ ab 235 €; ⏲ Jan.–Okt.; ❄ @ ☰) In diesem orangeroten Hotel am Meer haben alle 35 Zimmer einen Balkon und Meerblick, was außergewöhnlich ist. Jene im 6. Stock sind erwartungsgemäß die besten, aber den Fischern am frühen Morgen bei der Einfahrt in den Hafen zuzuschauen, wo sie dann ihre Fänge verkaufen, ist ein Vergnügen, das man von jedem Zimmer aus hat. Das Dekor ist maritim angehaucht, und das Hotel vermietet ein eigenes 12-Mann-Boot mit Skipper (und Badetüchern).

## Essen & Ausgehen

**Dolce Vita** CAFÉ €
(☎ 04 93 01 71 31; 17 quai de l'Amiral Courbet; ⏲ Mai–Sept. 8.30–24 Uhr, Okt.–April bis 17 Uhr) Unter den vielen Restaurantterrassen am Meeresufer ist dieses Café wegen seiner schäbig-schicken Loungebar-Stimmung und der internationalen Bistrogerichte beliebt. Man schnappt sich einen bequemen Sofaplatz an der Bar oder einen Tisch am Wasser.

**La Grignotière** BRASSERIE €
(3 rue Poilu; Pizza 10–13 €, Hauptgerichte 14–21 €, Menü 18 €; ⏲ 12–14 & 19.30–21.30 Uhr; 👪) Für ein günstiges und nettes Essen gibt es an der Küste keine bessere Adresse als das La Grignotière, das weit und breit für seine großzügigen Portionen an Grillfisch mit Gemüse, Lasagne, Pizza und anderen beliebten Gerichten bekannt ist. Das Dekor ist altmodisch und versetzt einen nicht in Begeisterung, dafür ist das Lokal aber charmant und unprätentiös. Ein paar Tische stehen draußen auf dem Bürgersteig.

★ **Les Garçons** MEDITERRAN €€
(☎ 04 93 76 62 40; 18 rue du Poilu; Hauptgerichte 20–26 €; ⏲ Do–Mo 12–14.30 & 19.30–22.30 Uhr) Gourmets, die sich auskennen, strömen zu diesem stilvollen Restaurant, das sich im Labyrinth von Villefranches Altstadtgassen versteckt. Im Sommer verteilen sich die Tische elegant über einen kleinen, mit Steinen gepflasterten Platz, der abends von funkelnden Lichtern erleuchtet ist. Die kreativen Gerichte stützen sich auf lokale Produkte, Lebensmittel frisch vom Markt und den Fang der örtlichen Fischer. Das Thunfischtatar mit Avocado ist das ganze Jahr über ein beliebter Happen.

**La Mère Germaine** MEERESFRÜCHTE €€€
(☎ 04 93 01 71 39; www.meregermaine.com; 7 quai Amiral Courbet; Menü 46 €, Hauptgerichte 31–51 €; ⏲ 12–14 & 19–22.30 Uhr) Das bereits im Jahr 1938 eröffnete Restaurant ist eine gehobene Adresse für Meeresfrüchte, Fisch und noch mehr Meeresfrüchte; zum Hinunterspülen steht eine köstliche Auswahl an Weinen parat.

## Praktische Informationen

**Touristeninformation** (☎ 04 93 01 73 68; www.villefranche-sur-mer.com; Port de la Santé, Jardin François Binon; ⏲ Mi–Mo 10–17 Uhr) Von April bis September bietet die Tourensteninfo am Freitagmorgen Führungen (5 €, 1½ Std.) durch die Altstadt und die Museen in der Zitadelle an. Es gibt auch Infos zu den Workshops für Familien (Erw./Kind 5/3 €), die in diesen Museen stattfinden.

# Beaulieu-sur-Mer & St-Jean-Cap Ferrat

Der am Meer gelegene Ferienort Beaulieu-sur-Mer (3796 Ew.) ist für seine gut erhaltene Belle-Époque-Architektur bekannt. Er liegt am Eingang des Cap Ferrat, einer bewaldeten Halbinsel mit Millionärsvillen und dem kleinen Dorf Saint-Jean-Cap Ferrat (1913 Ew.).

## Sehenswertes & Aktivitäten

★ **Villa Santo Sospir** HISTORISCHE VILLA
(☎ 04 93 76 00 16; www.villasantosospir.fr; 14 av Jean Cocteau, St-Jean-Cap Ferrat; Führung 12 €; ⏲ nur nach Vereinbarung) Diese Villa gehört früher der Familie Weisweiller, die einst Mäzene von Jean Cocteau waren. 1950 fragte Cocteau Francine Weisweiller (1916–2003), ob er das hiesige Wohnzimmer ausmalen dürfe. Schon bald aber war die gesamte Villa mit Wandmalereien bedeckt. Man kann sie bei den 45-minütigen Führungen bewundern, die von Eric Marteau, Francine Weisweillers ehemaligem Pfleger, durchgeführt werden, der heute die Villa hütet. Weisweiller war eine bekannte Pariser Salonlöwin, und Marteau kannte sie gut. Seine Führungen sind daher voller Anekdoten über Cocteau, Madame Weisweiller und andere bekannte Persönlichkeiten, so dass es viel Interessantes zu sehen und zu hören gibt. Die Führung muss mindestens einen Tag im Voraus gebucht werden.

**Villa Ephrussi de Rothschild** HISTORISCHE VILLA

(www.villa-ephrussi.com/en; St-Jean-Cap Ferrat; Erw./Kind 13/10 €; ⌚März–Okt. 10–18 Uhr, Nov.–Feb. 14–18 Uhr) Baronesse Béatrice Ephrussi de Rothschild ließ diese prunkvolle Belle-Époque-Villa im Jahr 1912 errichten. Sie war eine begeisterte Kunstsammlerin, weshalb die Villa mit Fragonard-Gemälden, Louis-XVI-Möbeln und Sèvres-Porzellan prunkt. Vom Balkon aus hat man die wie ein Schiffsdeck aufgemachte Gartenanlage mit neun thematisch gestalteten Abteilungen im Blick. Im Frühjahr ist ein Spaziergang durch den spanischen, japanischen und florentinischen Garten, den Stein-, den Kaktus-, den Rosen- und den französischen Garten ein herrliches Erlebnis: Der Ausblick aufs Meer ist fantastisch, und alle 20 Minuten „tanzen" die Springbrunnen zu klassischer Musik.

Der Bus 81, der Nizza mit Saint-Jean-Cap Ferrat verbindet, hält am Anfang der Zufahrt zur Villa (Haltestelle „Passable").

**Villa Grecque Kérylos** HISTORISCHE VILLA

(☎04 93 01 01 44; www.villa-kerylos.com; Impasse Gustave Eiffel, Beaulieu-sur-Mer; Erw./Kind 11,50/9 €; ⌚Juli & Aug. 10–19 Uhr, März–Okt. 10–18 Uhr, Nov.–Feb. Mo–Fr 14–18, Sa & So 10–18 Uhr) Das prächtige Gebäude ist der Nachbau einer Athener Villa des 1. Jhs. mit Bäderanlage, eindrucksvollen Mosaikböden und Möbeln, zu denen auch Sitzliegen zählen, auf denen die alten Griechen ihre Gelage feierten. Entworfen wurde das Gebäude von dem Gelehrten und Archäologen Théodore Reinach im Jahr 1902 – zu jener Zeit musste man als Mitglied der höheren Gesellschaft einfach eine exzentrische Villa an der Côte d'Azur besitzen.

**★Cap Ferrat** WANDERN

14 km nach Eukalyptus duftender Wanderwege mit herrlicher Aussicht und wunderschönen Küsten ziehen sich über die traumhafte Halbinsel. Es gibt verschiedene, allesamt leicht zu bewältigende Routen; Wanderkarten gibt's in den Touristeninformationen.

## Schlafen & Essen

**Hôtel Riviera** HOTEL €€

(☎04 93 01 04 92; www.hotel-riviera.fr; 6 rue Paul Doumer, Beaulieu-sur-Mer; DZ 79–130 €; ⌚Rezeption Jan.–Okt. 7.30–19 Uhr; ❄📶) Dem geschmackvollen, luftigen Zwei-Sterne-Hotel mit schmiedeeisernen Balkonen und einem Hof, in dem im Sommer inmitten von blühendem Hibiskus das Frühstück serviert wird, lässt sich schwerlich widerstehen. Die Zimmer sind makellos und komfortabel, die Eigentümer charmant. Dies ist wahrscheinlich das Hotel mit dem besten Preis-Leistungs-Verhältnis an der gesamten Küste.

**Le Sloop** MEERESFRÜCHTE €€

(☎04 93 01 48 63; www.restaurantsloop.com; Port de Plaisance, Saint-Jean-Cap Ferrat; Hauptgerichte 18–25 €; ⌚Do–Di 12–13.30 & 19–21.30 Uhr) Mit dem eleganten roten und blauen nautischen Dekor und der Terrasse am Hafen mit seinen schaukelnden Jachten übertrumpft dieses Lokal die übrigen an dieser beliebten Restaurantmeile. Die Meeresfrüchte sind superfrisch und günstig.

## Praktische Informationen

**Touristeninformation** (☎04 93 01 01 21; www.beaulieusurmer.fr; place Georges Clémenceau, Beaulieu-sur-Mer; ⌚Juli & Aug. Mo–Sa 9–18.30, So bis 12.30 Uhr, übrige Monate kürzere Öffnungszeiten)

**Tourist Office** (☎04 93 76 08 90; www.saintjeancapferrat.fr; 5 & 59 av Denis Séméria, Saint-Jean-Cap Ferrat; ⌚Mo–Fr 9–16 Uhr)

# Moyenne Corniche

Die in den 1920er-Jahren durch die Felsen geschlagene Moyenne Corniche führt von Nizza über den Col de Villefranche (149 m) nach Èze und Beausoleil, der französischen Kleinstadt an der Grenze zum monegassischen Monte-Carlo.

## Anreise & Unterwegs vor Ort

Der Bus 82 fährt über die Moyenne Corniche von Nizza bis Èze (20 Min.); Bus 112 fährt weiter nach Beausoleil (40 Min., Mo–Sa).

## Èze

2574 EW.

Das felsige kleine Dorf auf einem unglaublich steilen Berggipfel ist das Juwel in der Krone der Riviera. Die Hauptattraktion sind das **mittelalterliche Dorf** mit seinen kleinen, kunterbunt verteilten Steinhäusern und krummen Gassen (sowie vielen Galerien und Läden) selbst sowie der faszinierende Blick auf die Küste.

Den schönsten Panoramablick genießt man vom **Jardin Exotique d'Èze** (☎04 93 41 10 30; Erw./Kind 6/2,50 €; ⌚9 Uhr–Sonnenuntergang) aus, einem Kakteengarten ganz oben im Dorf. Hier finden sich auch die Ruinen

**INSIDERWISSEN**

### CHEMIN DE NIETZSCHE

Vom Hügeldorf Èze führt der steile Chemin de Nietzsche hinunter zum Küstenort Èze-sur-Mer. Der Weg, für den man 45 Minuten braucht, wurde nach dem deutschen Philosophen Friedrich Nietzsche benannt, der hier herumspazierte, als er bei seinem Aufenthalt in Èze mit der Niederschrift von *Also sprach Zarathustra* begann.

der alten Festung; man sollte sich die Zeit nehmen, hier oben oder im Zengarten eine Weile zu sitzen und die Aussicht zu genießen, denn nur wenige Ort auf Erden bieten ein so malerisches Panorama.

Tagsüber ist das Dorf sehr überlaufen; wer einen Rundgang in aller Ruhe machen will, sollte in den Morgenstunden oder am späten Nachmittag kommen oder noch besser im Dorf übernachten. Das Fünf-Sterne-Boutiquehotel **Château Eza** (☎ 04 93 41 12 24; www.chateaueza.com; rue de la Pise; DZ ab 360 €; ❄📶) bietet 12 üppig ausgestattete Zimmer und ein mit Michelin-Sternen ausgezeichnetes Feinschmeckerrestaurant mit einer traumhaften Panoramabar für einen unvergesslichen Aperitif.

## Grande Corniche

Napoleon ließ die sich an die Klippen schmiegende Grande Corniche anlegen, und Hitchcock war von dieser Straße so beeindruckt, dass er sie zum Schauplatz seines Films *Über den Dächern von Nizza* (1956) mit Cary Grant und Grace Kelly erkor. Tragischerweise starb die Schauspielerin und spätere Fürstin von Monaco 1982 bei einem Autounfall auf eben dieser Straße.

### Sehenswertes

Die Ausblicke von der spektakulären Grande Corniche sind atemberaubend, und wer selbst fährt, wird wahrscheinlich an jeder Kurve halten wollen, um die Aussicht zu genießen.

**Fort de la Revère** AUSSICHTSPUNKT

Das Fort liegt 675 m über dem Meer und ist der perfekte Ort, um einen wundervollen Rundumblick zu genießen. Eine Übersicht hilft bei der Orientierung. Das Fort wurde 1870 erbaut, um Nizza zu schützen (im Zweiten Weltkrieg diente es als Gefangenenlager der Alliierten). Unter den Bäumen stehen Picknicktische für ein Mittagessen im Freien, und im umliegenden **Parc Naturel Départemental de la Grande Corniche** gibt's Dutzende von Wanderwegen – das Schutzgebiet erstreckt sich entlang der D2564 von Col d'Èze nach La Turbie.

**Trophée des Alpes** RÖMISCHE STÄTTE

(04 93 41 20 84; http://la-turbie.monuments-nationaux.fr; 18 av Albert Ier, La Turbie; Erw./Kind 5,50 €/frei; ⏲ Mitte Mai–Mitte Sept. Di–So 9.30–13 & 14.30–16.30 Uhr, Rest des Jahres 10–13.30 & 14.30–17 Uhr) Das triumphale Monument (auch als Tropaeum Alpium bekannt) wurde im Jahr 6 v.Chr. unter Kaiser Augustus erbaut, um dessen Sieg über die keltisch-ligurischen Bergstämme zu feiern, die sich gegen die römische Oberherrschaft gewehrt hatten (die Namen der 44 Stämme sind in die Westseite des Monuments gemeißelt). Der Turm erhebt sich am höchsten Punkt der alten römischen Straße und bietet einen beeindruckenden Blick auf Monaco. Der letzte Einlass ist eine halbe Stunde vor Schließung.

### Schlafen & Essen

**★ Café de la Fontaine** MODERN-FRANZÖSISCH €€

(☎ 04 93 28 52 79; 4 av Général de Gaulle, La Turbie; Hauptgerichte 18–25 €; ⏲ 12–14.30 & 19–23 Uhr) Wer sich nicht auskennt, würde diesem unscheinbaren Dorf-Bistro keinen zweiten Blick gönnen. Tatsächlich aber handelt es sich um ein Restaurant des mit Michelin-Sternen ausgezeichneten Chefkochs Bruno Cirino, der hier mit einfachen, aber delikaten Gerichten, die *le terroir* (das Land) und die Jahreszeiten widerspiegeln, zu seinen kulinarischen Wurzeln zurückkehrt. Die *plats* (Gerichte), die auf der Kreidetafel angeschrieben stehen, sind aus marktfrischen Zutaten zubereitet.

**L'Hostellerie Jérôme** SPITZENKÜCHE €€€

(☎ 04 92 41 51 51; www.hostelleriejerome.com; 20 rue Comte de Cessole, La Turbie; Abendmenüs 78 & 138 €; ⏲ Juli & Aug. tgl. 19–22 Uhr, Sept., Okt. & März-Juni Mi–So) Will man das ganze kulinarische Verwöhnprogramm, reserviert man einen Tisch in Bruno Cirinos mit Michelin-Sternen ausgezeichneten Restaurant. Der italienisch beeinflusste Chefkoch erschafft mit den Produkten regionaler Bauern und Fischer eine einfallsreiche Küche, die fest im fruchtbaren *terroir* (Land) verwurzelt ist: Hier gibt's z.B. warme Feigen-Tarte mit Anis- und Pistaziensorbet, Scampi mit Mandelkruste und gebratene Taube in einer Reduktion aus schwarzen Oliven und Wein aus Bandol.

Die fünf Zimmer (DZ 135–150 €) oben im Haus sorgen für ein perfektes Ende des genussreichen Abends.



## Anreise & Unterwegs vor Ort

Der Bus 116 verkehrt täglich fünfmal zwischen La Turbie (3194 Ew.) und Nizza (1,50 €, 35 Min.), der Bus 114 fährt sechsmal täglich nach Monaco (1,50 €, 30 Min.).

# MONACO

37 800 EW. / ☎377

Das auf nur 200 ha (2 km2) eingezwängte winzige Fürstentum ist zwar der zweitkleinste Staat der Welt (nur der Staat Vatikanstadt ist kleiner), macht seine fehlende Größe durch sein Auftreten wieder wett. Mit Glanz, Glamour und grellem Hedonismus ist Monaco wahrhaft betörend.

Obschon das Fürstentum ein souveräner Staat (mit eigener Flagge und Nationalhymne) ist, hat es einen ungewöhnlichen Status. Das Land ist kein Mitglied der Europäischen Union, aber (durch ein Abkommen mit Frankreich) Teil der Europäischen Zollunion (deshalb gibt es keine Grenzkontrollen bei der Einreise von Frankreich nach Monaco) und benutzt den Euro als Währung. Die Bürger Monacos (Monégasques, Monegassen) zahlen keine direkten Steuern. Der traditionelle monegassische Dialekt gehört nicht zur provenzalischen, sondern zur ligurischen Sprache, den norditalienischen Dialekten rund um Genua, die eine Zwischenstellung zwischen Italienisch und Französisch einnimmt.

## Geschichte

Monacos Geschichte ist seit dem 13. Jh. mit der Familie Grimaldi verbunden, deren Herrschaft 1297 begann. Charles VIII., König von Frankreich, erkannte 1489 die monegassische Unabhängigkeit an. Aber während der Französischen Revolution riss Frankreich Monaco wieder an sich und nahm die königliche Familie in Gewahrsam. Als sie wieder freigelassen wurde, musste sie die wenigen Besitztümer, die sie noch besaß, verkaufen, und der Palast wurde in ein Kaufhaus umgewandelt.

Infolge des 1814 geschlossenen Friedensvertrags von Paris wurden die Grimaldis wieder auf den Thron gesetzt. Aber 1848 verloren sie Menton und Roquebrune an Frankreich, und Monaco wurde schnell zum ärmsten Land Europas. Im Jahr 1860 erkannte Frankreich zum zweiten Mal die Unabhängigkeit Monacos an, und ein Währungsabkommen besiegelte die Abmachung, dass beide Länder zukünftig miteinander kooperieren würden.

Rainier III. (reg. 1949–2005), der den Spitznamen *le prince bâtisseur* (der Bauprinz) trug, vergrößerte sein Fürstentum Ende der 1960er-Jahre um 20%, indem er dem Meer Land abtrotzen ließ, um das Industrieviertel Fontvieille zu erbauen. 2004 verdoppelte er die Größe des Hafens, indem er einen riesigen schwimmenden Pier errichten ließ und damit den Hafen von Monaco (Port Hercules) zu einem der weltweit führenden Häfen für Kreuzfahrtschiffe zu machen. Nach Rainiers Tod übernahm Albert II. die Macht.

> **GELD SPAREN**
>
> Mit dem Kauf eines Kombitickets (Erw./Kind 19/9 €), das den Eintritt zum Palais Princier de Monaco und dem Musée Océanographique de Monaco am gleichen Tag umfasst, kann man ein bisschen sparen ; das Ticket ist an beiden Orten erhältlich.

## Sehenswertes & Aktivitäten

Um Monaco thematisch zu erkunden, kann man sich in der Touristeninformation (S. 79) die Führungsbroschüren „Grazia Patricia" oder „Historische Bäume in Monaco" holen.

**★Casino von Monte-Carlo** CASINO

(www.montecarlocasinos.com; place du Casino; Eintritt 9–12 Uhr 10 €, Eintritt ab 14 Uhr Salons Ordinaires/Salons Privées 10/20 €; Besichtigung 9–12 Uhr, Glücksspiel 14–2 oder 4 Uhr oder Ende des letzten Spiels) Ein Blick in Monte-Carlos legendäres, in Marmor und Gold prunkendes Casino zu werfen, ist bei einem Monaco-Besuch unverzichtbar. Das Gebäude, das jeden Vormittag besichtigt werden kann, ist Europas üppigstes Beispiel der Belle-Époque-Architektur. Fürst Charles III. kam auf die Idee, hier ein Spielcasino zu errichten, und 1866, drei Jahre nach der Eröffnung, wurden das Viertel und das Casino zu Ehren des Fürsten in „Monte Carlo" – italienisch für „Karlsberg" umbenannt. Wer selber einmal spielen oder den Leuten mit Pokerface beim Glücksspiel zusehen will, kommt nach

14 Uhr (dann haben nur Personen über 18 Jahren Einlass).

Einarmige Banditen, Blackjack, Hoggenheimer, französisches Roulette und Trente et quarante werden im Hauptspielsalon, der **Salle Europe** und den übrigen **Salons Ordinaires** gespielt, in den **Salons Privés**, wo Profis im James-Bond-Stil spielen, stehen französisches Roulette, Blackjack und Baccarat auf dem Programm. Turnschuhe (Sneakers) sind streng verboten, für Männer sind abends in den Spielbereichen Jackett und Krawatte (oder eine andere entsprechend elegante Aufmachung) zwar nicht vorgeschrieben, werden aber gern gesehen.

### ★ Musée Océanographique de Monaco — AQUARIUM

(www.oceano.mc; av St-Martin; Erw./Kind 14/7 €; ⌚ Juli & Aug. 9.30–20 Uhr, April, Mai, Juni & Sept. 10–19 Uhr, Okt.–März bis 18 Uhr) Seit 1910 thront das von Fürst Albert I. (1848–1922) begründete weltberühmte Musée Océanographique de Monaco am Rand einer Klippe. Sein Zentrum bildet das **Aquarium** mit einer 6 m tiefen Lagune, in dem die Haie und anderen Raubfische durch ein Korallenriff von den bunten Tropenfischen getrennt sind. Oben widmen sich zwei riesige, säulenbestandene Säle mit Fotos, alten Geräten, zahlreichen Exponaten und interaktiven Vorrichtungen der Geschichte der Ozeanografie und Meeresbiologie (und dem, was Fürst Albert zu diesen Forschungsgebieten beitrug).

Insgesamt umfasst das Aquarium rund 90 Schaubecken mit 450 mediterranen und tropischen Arten, in die täglich 250 000 l frisches Meerwasser gepumpt wird. Während der Schulferien gibt es stündlich kostenlose Lightshows in der **Salle de la Baleine** (Saal der Walskelette) und Veranstaltungen am kinderfreundlichen **Streichelbecken** (45 Min., 5 €); die Tickets für letzteres werden am Eingang verkauft.

Nicht versäumen sollte man den weiten Blick vom Café auf der Dachterrasse auf Monaco und das Mittelmeer.

### ★ Le Rocher — HISTORISCHES VIERTEL

Monaco-Ville, auch Le Rocher genannt, ist der einzige Teil Monacos, in dem noch kleine, krumme mittelalterliche Gassen erhalten sind. Die Altstadt strebt auf einem pistolenförmigen Felsen himmelwärts, auf dem die Grimaldis wegen der strategischen Lage am Meer einst ihre Festung errichteten. Um Le Rocher von der Place aux Armes im Viertel La Condamine zu erreichen, geht man die im 16. Jh. aus roten Ziegeln erbaute Rampe Major hinauf. Auf dem Weg passiert man die Statue des niederländischen Bildhauers Kees Verkade, die den verstorbenen Fürsten Rainier zeigt, der auf sein geliebtes Monaco hinunterblickt.

INSIDERWISSEN

## ZUM GEHEIMEN STRAND

Eine friedliche, mit schöner Aussicht belohnte Alternative zum schweißtreibenden Marsch mit den Massen die Rampe Majeur hinauf nach Le Rocher ist der Weg über den **Digue de Monaco** (Deich von Monaco), der mit 28 m Breite und 352 m Länge der größte schwimmende Deich der Welt ist. Man nimmt die Treppe am Ende des Quai Antoine 1er und macht links einen Umweg längs dem glatten Betonweg des Deichs zu dem Aussichtspunkt neben dem Terminal der Kreuzfahrtschiffe. Die Sicht auf Monte-Carlo von hier aus kann man sich schöner nicht denken. Zurück geht's dann zur **Esplanade Stefano Casiraghi**, wo man sich auf der großen Designer-Sonnenterrasse ausruhen und über Leitern auch ins Wasser hinuntersteigen kann. Von dort bahnt man sich seinen Weg auf dem Küstenpfad und durch die schattigen **Jardins Saint-Martin** nach Le Rocher. Unterwegs sollte man nach alten Steinstufen Ausschau halten: Sie führen steil hinunter zum Wasser und einem geheimen Kieselstrand, von dem nur die Einheimischen wissen.

### Palais Princier de Monaco — PALAST

(www.palais.mc; place du Palais; Erw./Kind 8/4 €; ⌚ April–Okt. 10–18 Uhr, Juli & Aug. bis 19 Uhr) Der Palast, dessen Anfänge in einer Festung auf dem Le Rocher im 13. Jh. lagen, ist die Privatresidenz der Grimaldis (und heute der offizielle Wohnsitz von Fürst Albert II. und Fürstin Charlène). Er wird von den Carabiniers du Prince, die mit blauen Helmen und weißen Gamaschen angetan sind, bewacht; der **Wachwechsel** findet täglich um 11.55 Uhr statt.

Bei einer Führung durch die Staatsgemächer gewinnt man einen Einblick in das Fürstenleben. Die Räume sind mit üppigen Möbeln und teuren Kunstwerken des 18. und 19. Jhs. ausgestattet, wie sie für einen Fürstensitz typisch sind. Um die Zeit beim

# Das Casino von Monte Carlo

## ZEITLEISTE

**1863** Charles III. weiht das erste Casino auf dem Plateau des Spélugues ein. Das **Atrium** ❶ ist ein kleiner Raum mit Holzpodest, auf dem ein Orchester spielt, während Besucher ihre Eintrittskarten kaufen.

**1864** Das Hôtel de Paris öffnet und das Gebiet wird als „Goldener Platz" bekannt.

**1865** Die **Salle Europe** ❷ wird erbaut. Sie hat die Form einer Kathedrale, ist mit Onyxsäulen gesäumt und hat acht Kristallkronleuchter, die je 150 kg wiegen.

**1868** Das **Café de Paris** ❸ wird fertig.

**1878–1879** Während Charles Garnier ein neues Casino mit einer Miniatur-Version des Pariser Opernhauses, die **Salle Garnier** ❹, bauen soll, zieht das Casino ins Hôtel de Paris.

**1890** Dank der Erfindung der Elektrizität erstrahlen die neuen **Spielzimmer** ❺, die der Architekt Jules Touzet für die Glücksspieler entworfen hat, in hellem Licht.

**1903** Inspiriert von den Spielerinnen dekoriert Henri Schmit die **Salle Blanche** ❻ mit Karyatiden und dem Gemälde *Les Grâces Florentines*.

**1904** In den Spielräumen wird das Rauchen verboten, und ein Rauchersalon, der **Salon Rose** ❼, wird eingerichtet.

**1910** In der prächtigen **Salle Médecin** ❽ findet der Private Zirkel Unterschlupf.

**1966** Es werden 100 Jahre Spielbetrieb (trotz zweier Weltkriege) gefeiert.

### DIE BESTEN TIPPS

- Nach 14 Uhr beginnt das Spiel, Einlass ab 18 Jahren (nur mit Ausweis!)
- Keine Turnschuhe tragen. Ein Jackett für Männer ist gern gesehen.
- Im Hauptraum gelten für Roulette/Blackjack 5/25 € Mindesteinsatz.
- In den Salons Privés beträgt der Mindesteinsatz 15 € – ein Maximum gibt es dagegen nicht.

SLOW IMAGES/GETTY IMAGES ©

**Atrium**
Die „Lobby" des Casinos ist mit Marmor ausgelegt und wird von 28 ionischen Säulen gesäumt. Sie stützen eine Balustradengalerie mit einer Glasdecke.

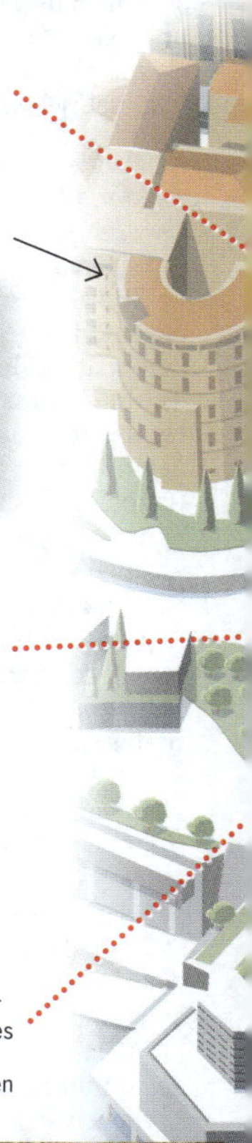

Hôtel de Paris

### HÔTEL DE PARIS

In der Lobby steht eine Statue von Louis XIV. zu Pferd. Laut Legende bringt es Glück, wenn man das glänzende Bein (und die Hoden) des Pferdes anfasst.

**Salon Rose**
Das Rauchen in den Spielräumen wurde verboten, nachdem es zu einem Zwischenfall kam, weil ein Croupier seine Asche auf den Boden fallen ließ. Deshalb wurde 1903 für die Raucher der Salon Rose (heute ein Restaurant) eröffnet. Die Blicke von Gallellis zigarillorauchenden Frauen folgen einem angeblich durch den Raum.

**Salle Garnier**
Es dauerte acht Monate, die Skulpturen in der Oper anzufertigen, und zwei Jahre (2004–2006), sie zu restaurieren. Sie wurden mithilfe der Originalgussformen, die der Enkel des Erbauers aufbewahrt hatte, wiederhergestellt. Unter den 525 Sitzplätzen wurden Klimaanlagen installiert.

DEA/G. DAGLI ORTI/GETTY IMAGES ©

## Salle Europe

Der älteste Teil des Casinos, in dem seit 1865 *trente-et-quarante* sowie europäisches Roulette gespielt wird. Sehenswert: Die Bullaugenfenster rund um den Raum dienten ursprünglich als Beobachtungsfenster der Sicherheitsleute.

## Café de Paris

Mit der Ernennung von Diaghile zum Direktor der Oper 1911 wurde das Café de Paris zur ersten Adresse für Künstler und Spieler. Es hat noch heute eine glamouröse Atmosphäre. Tipp: Von der Terrasse aus das Getümmel beobachten!

JEAN-PIERRE LESCOURRET/GETTY IMAGES ©

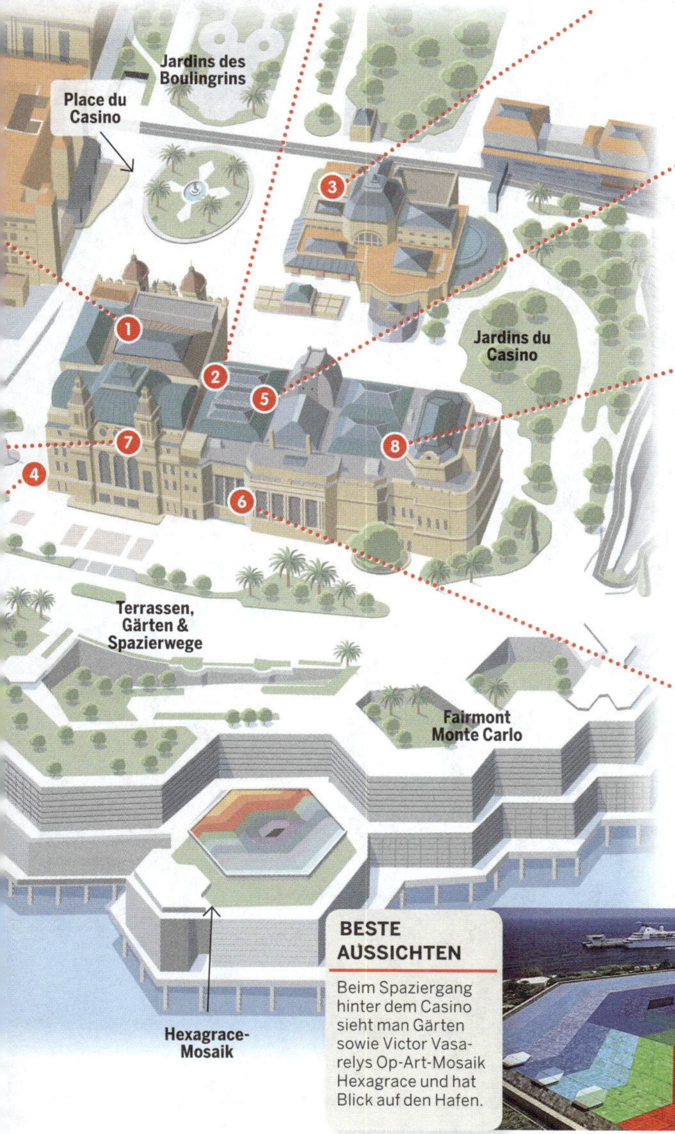


## Salles Touzet

Die weitläufige unterteilte Halle misst 21 x 24 m und üppig ist dekoriert: Sie ist mit Eichen-, Tonkinmahagoni- und Jasperholz getäfelt und mit Leinwänden, Bronzestatuen, italienischen Mosaiken, Skulpturreliefs und Buntglas ausgestattet.

## Salle Médecin

Wegen des extravaganten Dekors im Empire-Stil auch als Salle Empire bekannt. Der Spielraum des monegassischen Architekten François Médecin war für die Vielspieler bestimmt. Ein Teil ist als Super-Privé-Zimmer noch heute vor neugierigen Blicken geschützt.

## Salle Blanche

Die Salle Blanche ist heute eine schicke Lounge-Bar. Sie öffnet sich zu einer Spielterrasse – super für milde Abende! Die Karyatiden an der Decke wurden nach dem Vorbild von Kurtisanen wie La Belle Otéro modelliert, die hier mit 18 Jahren ihre erste Wette abschloss.

## BESTE AUSSICHTEN

Beim Spaziergang hinter dem Casino sieht man Gärten sowie Victor Vasarelys Op-Art-Mosaik Hexagrace und hat Blick auf den Hafen.

MARVIN E. NEWMAN/GETTY IMAGES ©

# Monaco

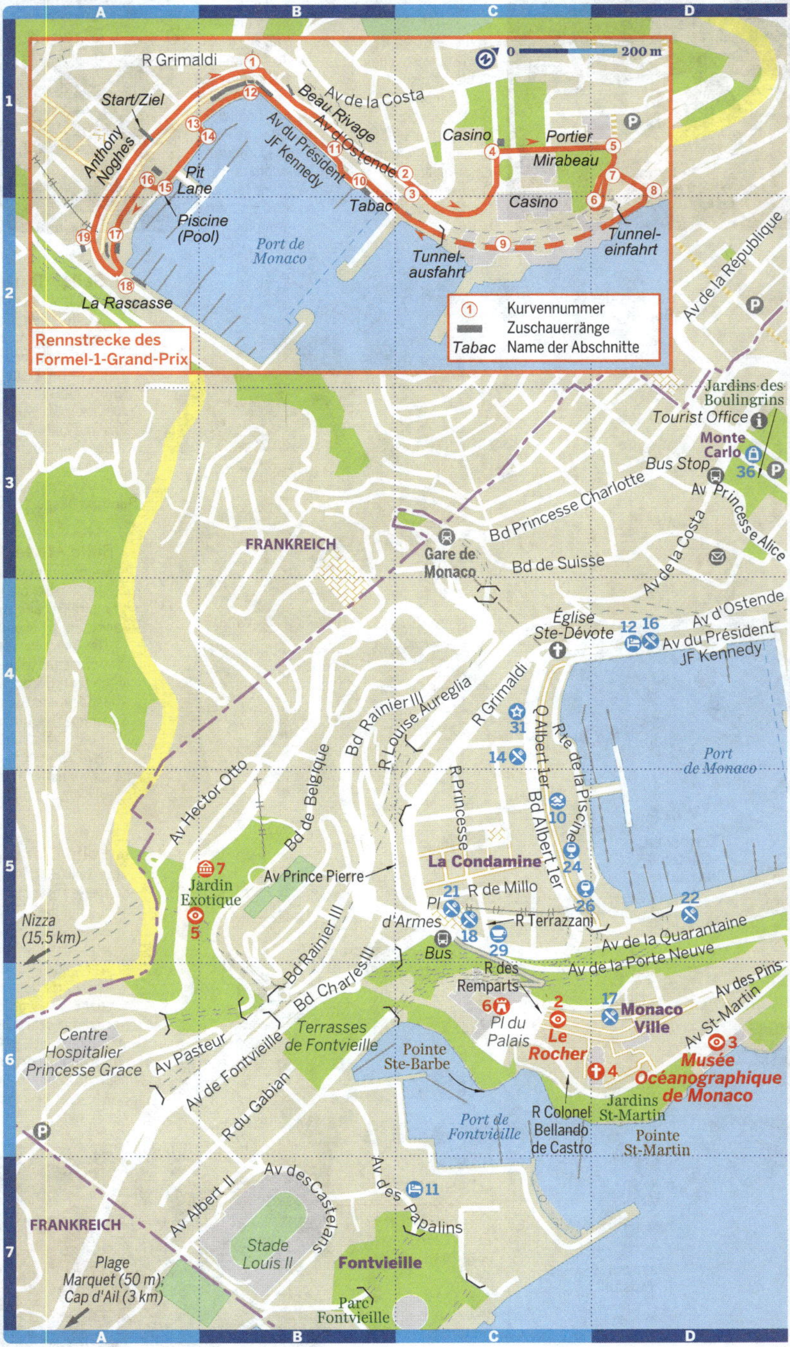

A
B
C
D
1
2
3
4
5
6
7
0
200 m
R Grimaldi
Start/Ziel
Anthony Noghes
Pit Lane
Piscine (Pool)
La Rascasse
Port de Monaco
Av de la Costa
Beau Rivage
Av d'Ostende
Av du President JF Kennedy
Tabac
Casino
Portier
Mirabeau
Tunnel-ausfahrt
Tunnel-einfahrt
Kurvennummer
Zuschauerränge
Tabac
Name der Abschnitte
Rennstrecke des Formel-1-Grand-Prix
Av de la République
Jardins des Boulingrins
Tourist Office
Monte Carlo
36
Bus Stop
Av Princesse Alice
Bd Princesse Charlotte
FRANKREICH
Gare de Monaco
Bd de Suisse
Av de la Costa
Av d'Ostende
Église Ste-Dévote
12
16
Av du Président JF Kennedy
R Grimaldi
31
14
Bd Rainier III
R Louise Aureglia
Q Albert 1er
Rte de la Piscine
Port de Monaco
R Princesse
10
Bd Albert 1er
Av Hector Otto
Bd de Belgique
La Condamine
24
7
Jardin Exotique
5
Av Prince Pierre
21
R de Millo
26
22
Pl d'Armes
18
R Terrazzani
29
Bus
Nizza (15,5 km)
Bd Rainier III
Bd Charles III
R des Remparts
Av de la Quarantaine
Av de la Porte Neuve
Av des Pins
6
2
Pl du Palais
Le Rocher
17
Monaco Ville
Av St-Martin
3
Musée Océanographique de Monaco
Centre Hospitalier Princesse Grace
Av Pasteur
Av de Fontvieille
Terrasses de Fontvieille
Pointe Ste-Barbe
4
R du Gabian
Port de Fontvieille
R Colonel Bellando de Castro
Jardins St-Martin
Pointe St-Martin
Av des Castelans
Av des Papalins
11
Av Albert II
FRANKREICH
Stade Louis II
Fontvieille
Plage Marquet (50 m); Cap d'Ail (3 km)
Parc Fontvieille

# Monaco

## Highlights

1 Casino de Monte Carlo ........ E3
2 Le Rocher ........ C6
3 Musée Océanographique de Monaco ........ D6

## Sehenswertes

4 Cathédrale de Monaco ........ D6
5 Jardin Exotique ........ A5
6 Palais Princier de Monaco ........ C6
7 Villa Paloma ........ B5
8 Villa Sauber ........ F1

## Aktivitäten, Kurse & Touren

9 Digue de Monaco ........ E4
10 Stade Nautique Rainier III ........ C5

## Schlafen

11 Columbus ........ C7
12 Hôtel Miramar ........ D4

## Essen

13 Bouchon ........ F2
Café Llorca ........ (siehe 32)
14 Casino ........ C4
15 Cosmopolitan ........ E2
16 La Marée ........ D4
17 La Montgolfière ........ D6
18 Marché de la Condamine ........ C5
19 Pierre Geronoli ........ F1
20 Ristorante Mozza ........ E2
21 Spa ........ C5
22 Stars 'n' Bars ........ D5
23 Tip Top ........ E3

## Ausgehen & Nachtleben

24 Brasserie de Monaco ........ C5
25 Café de Paris ........ E3
26 Joseph ........ C5
27 Le Teashop ........ E1
28 Sass Café ........ E2
29 Snowflake ........ C5
Zelo's ........ (siehe 32)

## Unterhaltung

30 Auditorium Rainier III ........ E4
31 Billetterie d'Automobile Club de Monaco ........ C4
32 Grimaldi Forum ........ F2
33 Monaco Open-Air Cinema ........ E6
34 Opéra de Monte Carlo ........ E3

## Shoppen

35 Le Métropole ........ E3
36 Les Pavillons de Monte Carlo ........ D3

### DER GROSSE PREIS VON MONACO

Wenn es eine Trophäe gibt, die ein Formel-1-Fahrer auf seinem Kaminsims stehen haben möchte, dann ist es mit Sicherheit der Preis des glamourösesten Rennens der Saison, des Grand Prix von Monaco. Das Rennen hier bietet einfach alles! Schon die Zuschauer sind sensationell: Die Reichen sehen sich das Spektakel vom Hôtel Hermitage aus an, die wirklich Reichen schauen von ihren Luxusjachten aus zu, die im Hafen ankern, und die Grimaldis beobachten Beginn und Ende des Rennens von ihrer Königsbox am Hafen aus. Und diese Lage! Die Rennwagen kreischen mitten durch das Zentrum: Von der Start-/Ziellinie rasen sie bergauf zur Place du Casino, dann folgen eine schwierige Haarnadel- und zwei scharfe Rechtskurven hinunter. Danach geht's durch einen Tunnel und anschließend am Hafen entlang zu einer Schikane und zurück zum Start- bzw. Zielpunkt.

Aber trotz seines Rufes gehört der Große Preis von Monaco nicht wirklich zu den ganz großen, schnellen Rennen. Die Strecke ist zu eng und zu kurvig für die modernen Formel-1-Wagen, und Überholen ist fast unmöglich. Der dreifache Weltmeister Nelson Piquet aus Brasilien beschrieb das Fahren in Monaco als „mit dem Rad durch das Wohnzimmer fahren". Piquet fährt natürlich ein viel schnelleres Rad als die meisten von uns; Monaco ist vielleicht das langsamste Rennen, aber der Rundenrekord liegt trotzdem bei über 160 km/h, und am schnellsten Punkt der Strecke erreichen die Autos 280 km/h. Selbst die dunkelste Ecke des Tunnels wird mit 250 km/h genommen.

Das 78 Runden umfassende Rennen findet an einem Sonntagnachmittag Ende Mai statt und bildet den Abschluss mehrtägiger Trainings- und Qualifikationsrunden und anderer Rennen. Tickets (40–480 €) erhält man online beim **Automobile Club de Monaco** (www.acm.mc) oder direkt in Monaco in seiner **Billetterie** (Kartenbüro; ☎ 93 15 26 24; www.formula1monaco.com; 44 rue Grimaldi; ⏲ Mo–Fr 9–12.30 & 14–17 Uhr).

*von Tony Wheeler*

Anstehen in der Schlange zu verkürzen, kauft man seine Tickets am besten bereits im Voraus online.

**Cathédrale de Monaco** KATHEDRALE

(4 rue Colonel Bellando de Castro; ⏲ 8.30–18.45 Uhr, Sept.–Mai 1. Do im Monat geschl.) GRATIS Eine bewundernde Menge zieht täglich an den blumengeschmückten Grabmälern von Fürst Rainier und Fürstin Grazia Patricia im Chor von Monacos 1875 im neoromanisch-byzantinischen Stil errichteten Kathedrale vorbei. Der Knabenchor **Les Petits Chanteurs de Monaco** singt von September bis Juni hier sonntags um 10.30 Uhr in der Messe.

**Jardin Exotique** GARTEN

(www.jardin-exotique.mc; 62 bd du Jardin Exotique; Erw./Kind 7,20/3,80 €; ⏲ Mai–Sept. 9–19 Uhr, Feb.–April & Okt. bis 18 Uhr, Nov.–Jan. bis 17 Uhr) Der Garten, der sich an den Hängen von Moneghetti in einem Labyrinth von Wegen, Treppen und Brücken hinunterzieht, beherbergt die größte Sukkulenten- und Kakteensammlung der Welt, von kleinen Echinocereen bis hin zu 10 m hohen afrikanischen Wolfsmilchgewächsen. Vom Garten hat man einen herrlichen Ausblick auf das Fürstentum. Im Eintritt inbegriffen sind das **Musée d'Anthropologie**, das prähistorische Funde aus Monaco zeigt, und eine 35-minütige Führung durch die **Grotte de l'observatoire**. Die prähistorische, von Stalaktiten und Stalagmiten gesäumte Höhle ist die einzige in Europa, in der die Temperatur ansteigt, je tiefer man kommt. Die Buslinie 2 verbindet den Jardin Exotique mit dem Stadtzentrum.

**Nouveau Musée National de Monaco** KUNSTMUSEUM

(www.nmnm.mc) Monacos Nationalmuseum verteilt sich auf zwei prächtige Villen. Die saisonalen Ausstellungen zeitgenössischer Kunst widmen sich jeweils einem eigenen Thema: etwa der darstellenden Kunst (z. B. Serge Diaghilev, Bühnenbildentwürfen) in der wunderschönen Belle-Époque-**Villa Sauber** (☎ 98 98 91 26; 17 av Princesse Grace; Erw./Kind 6 €/frei, So frei; ⏲ Juni–Sept. 11–19 Uhr, Okt.–Mai 10–18 Uhr), wo prächtige Palmen und Feigenbäume in dem üppigen Garten Schatten spenden, und der Umwelt (Ozeane, Apokalypse etc.) in der wunderbar perlweißen **Villa Paloma** (☎ 98 98 48 60; 56 bd du Jardin Exotique; Erw./Kind 6 €/frei, So frei; ⏲ Juni–Sept. 11–19 Uhr, Okt.–Mai 10–18 Uhr), die im Jahr 1913 für einen US-Amerikaner erbaut wurde.

**Stade Nautique Rainier III** SCHWIMMEN
(☎93 30 64 83; quai Albert 1er; vormittags/nachmittags/abends/ganzer Tag 3,20/3,80/2,30/5,60 €; ⌚Juni–Aug. 9–20 Uhr, Sept.–Mitte Okt. & Mai bis 18 Uhr) Der Meerwasserpool mit olympischen Maßen, Sprungbrettern und einer geschwungenen Wasserrutsche wird im Winter zu einer Eislaufbahn.

## Feste & Events

**Festival International du Cirque** DARSTELLENDE KUNST
(www.montecarlofestival.mc; ⌚Ende Jan.) Hier bestaunt man mit angehaltenem Atem die Spitzenleistungen der Akrobaten und lacht über die Späße der Clowns.

**Tennis Masters Series** SPORT
(www.montecarlotennismasters.com; ⌚April) Das Turnier ist schnell zu einem wichtigen Termin im Kalender der Profis geworden. Wer mit dem Zug kommt, steigt am Bahnhof Monaco Country Club aus.

**Formel 1 Grand Prix** SPORT
(www.formula1monaco.com; ⌚Ende Mai) Der Große Preis von Monaco ist eines der berühmtesten Formel-1-Rennen. Fans können die 3,2 km lange Strecke zu Fuß ablaufen; den Streckenplan bekommt man in der Touristeninformation.

**Internationales Feuerwerks-Festival** EVENT
(www.monaco-feuxdartifice.mc/en; ⌚Juli & Aug.) GRATIS Im Sommer bietet sich ein Showdown pyrotechnischen Könnens im Hafengebiet. Der Sieger organisiert das Feuerwerk am 18. November, dem Vorabend von Monacos Nationalfeiertag.

## Schlafen

Die Unterkünfte in Monaco sind teuer und während des Formel-1-Grand-Prix dann nahezu unbezahlbar, wenn nämlich jedes Hotel in Monaco und in einem Umkreis von 50 km rund um das Fürstentum schon Monate im Voraus ausgebucht ist.

Wer Hotels in Monaco von außerhalb des Fürstentums anrufen möchte, muss die Landesvorwahl +377 vorwählen.

### Monaco

**Hôtel Miramar** HOTEL €€€
(☎93 30 86 48; www.miramar.monaco-hotel.com; 1 av du Président JF Kennedy; DZ 225 €; ❄📶) Das moderne Hotel mit einem Restaurant auf der Dachterrasse ist ein zeitgemäß renoviertes Gebäude aus den 1950ern und eine prima Option am Hafen. Sieben der elf Zimmer haben Balkone, von denen aus man die Jachten sieht. Das Frühstück kostet 12 €.

**Columbus** BOUTIQUEHOTEL €€€
(☎92 05 90 00; www.columbushotels.com; 22 av des Papalins; DZ ab 230 €; ❄@📶🏊) Das große Boutiquehotel in Fontvieille lässt sich am besten mit „urbaner Hightech-Schick" umschreiben. Die Zimmer sind schön in designergrauen Tönen und mit eleganten, gestreiften Stoffen eingerichtet. In den Bädern gilt mit Handtuchhaltern aus Bambus und Holzmobiliar das Motto „zurück zur Natur". Alle Zimmer haben Balkone und Aussicht (die höher gelegenen haben die beste). Der Freiluftpool ist von Mai bis Oktober beheizt.

### Cap d'Ail

Budgetunterkünfte gibt es in Monaco nicht, aber ein paar Optionen finden sich in kurzer Gehentfernung vom Fürstentum im französischen Grenzort Cap d'Ail.

**Relais International de la Jeunesse Thalassa** HOSTEL €
(☎04 93 78 18 58; www.clajsud.fr; 2 av Gramaglia; B 20 €; ⌚April–Okt.) Das Hostel hat eine hervorragende Lage direkt am Strand und nahe dem Bahnhof. Die Schlafsäle sind schlicht, aber gepflegt. Der Nachteil ist, dass man täglich von 10 bis 17 Uhr ausgesperrt wird. Im Preis inbegriffen sind Bettwäsche und Früh-

INSIDERWISSEN

**DER LIEBLING JEDES KÜCHENCHEFS**

Wer die Hitze merkt, sollte sich von den Touristenströmen entfernen und den Einheimischen zur Boutique-Küche des korsischen *maître glacier* **Pierre Geronoli** (38 bd d'Italie; 1/2/3 Kugeln 3,80/7/10,10 €) folgen. Der Eiscreme-Meister, der bei allen Spitzenköchen rings umher beliebt ist, zaubert außergewöhnliche Geschmackskreationen: Rote Bete mit Himbeere, Pistazie mit Mandel, Kastaniencreme mit Honig, Tomate mit Basilikum und sogar Champagner. Man kauft das Eis einfach in der Tüte oder dem Becher oder schlürft es als Gourmet-Cocktail aus einer äußerst stilvollen *verrine* (Glasbecher).

stück; Abendessen/Picknickzutaten (12/9 €) sind erhältlich.

**Hôtel Normandy** HOTEL €

(04 93 78 77 77; www.hotelnormandy.no; 6 allée des Orangers; DZ 89–179 €; Mitte März–Okt.; ) Moderne Kunst schmückt die Wände dieses niedlichen, von einer mehrsprachigen Künstlerfamilie geführten Hotels. Die Zimmer haben Charme, schlichte, altmodische Möbel und einige auch einen Blick aufs Meer. Die Bäder sind betagt, aber wer wird sich darüber beklagen, wenn die Haltestelle der Buslinie 100 (nach Nizza, Menton und Monaco) nur 50 m und der prächtige Strand von La Mala gerade einmal 20 Gehminuten entfernt sind?

## Essen

**★ Marché de la Condamine** MARKT €

(www.facebook.com/marche.condamine; 15 place d'Armes; Mo–Sa 7–15, So bis 14 Uhr) Schmackhaftes, günstiges Essen an Gemeinschaftstischen bieten die fabelhaften Marktimbisse, die sich unter den Arkaden hinter den offenen Marktständen auf der Place d'Armes verbergen. Highlights sind die frische Pasta (5,50–9 €) des Maison des Pâtes, die Trüffelgerichte von Truffle Gourmet und die traditionelle Nizzaer *socca* (2,80 €/Stück) von Chez Roger. Was es sonst noch so alles gibt, erfährt man am unkompliziertesten über die Facebook-Seite.

**Spa** SUPERMARKT €

(7 place d'Armes; Sandwichs 3–5 €, Mittagsmenü 8 €; Mo–Sa 8–20, So 9–13 Uhr) Praktisch: In diesem kleinen, aber praktisch bestückten Supermarkt kann man sich Obst, Brote, Sandwichs, Pastateller und andere kleine Mittagsgerichte zum Mitnehmen holen und sich dann draußen an einem der Tische auf dem autofreien Marktplatz niederlassen.

**Casino** SUPERMARKT €

(17 bd Albert 1er; Pizzastücke & Sandwichs ab 3,20 €; Mo–Sa 8.30–24, So bis 21 Uhr; ) Nicht so sehr der Supermarkt, sondern viel mehr die zugehörige Bäckerei und Pizzeria, die frisch zubereitete Sachen bietet, ist hier interessant – eine gute Möglichkeit, sich günstig zu versorgen.

**Tip Top** INTERNATIONAL €

(93 50 69 13; www.facebook.com/TipTopMonaco; 11 av des Spélugues; Pizza 12,50–19 €, Pasta 14,50–16 €, Hauptgerichte 14,50–21 €; 9–5 Uhr; ) In diesem stimmungsvollen Bistro, das pro Tag gerade einmal vier Stunden geschlossen ist, versammeln sich die Monegassen draußen an den Tischen für zwei Personen die ganze Nacht, um günstig zu essen und ein ausgedehntes Schwätzchen zu halten. Die Stimmung hier ist ungezwungen und das Essen besteht aus herzhafter Bistrokost. Das *plat du jour* (Tagesgericht) steht auf der Kreidetafel und auf der Facebook-Seite.

**Bouchon** FRANZÖSISCH €

(97 77 08 80; www.bouchon.mc; 11 av Princesse Grace; Mittagsmenüs 18 & 20 €; 7.30–22.30 Uhr) Ein zeitloses Stück Paris in Monaco bietet dieses traditionelle französische Bistro mit altmodischer Zinktheke, gepolsterten Lederbänken und Keramikfliesen an der Wand. Auch die Gerichte sind ideal für ein Bistro: Es gibt Schnecken, Zwiebelsuppe und *steak-frîtes*, Frühstück bekommt man ab 7.30 Uhr, Austern um 18 Uhr und Cocktails nach Einbruch der Dunkelheit.

**Stars'n'Bars** AMERIKANISCH €€

(www.starsnbars.com; 6 quai Antoine 1er; Burger 15,50–24 €, Hauptgerichte 19,50–22 €; Mo–Fr 7.30–24, Sa & So 9.30–24 Uhr; ) Diese amerikanische Sportsbar mit Fernsehschirmen und Videospielen drinnen und einer herrlichen Terrasse am Wasser draußen ist ein Wahrzeichen von Monaco. Der Formel-1-Rennwagen, mit dem Mika Häkkinen 1998 und 1999 siegte, prangt an einer Wand, an einer anderen finden sich Schnappschüsse der vielen Stars, die hier irgendwann abhingen. Überall sieht man Renn-Andenken, und Burger, Rippchen, Sushi, Steaks und Salate gibt's den ganzen Tag.

**Café Llorca** MODERN-FRANZÖSISCH €€

(99 99 29 29; www.cafellorca.mc; Grimaldi Forum, 10 av Princesse Grace; 2-Gänge-Mittagsmenü 22 €, Hauptgerichte 16–19 €; Mo–Fr 11.30–15 Uhr) Das schicke Bistro im 1. Stock des Konferenzzentrums Grimadi Forum ist ein Geschenk des mit Michelin-Sternen ausgezeichneten Chefkochs Alain Llorca an die Mittagsgäste: fabelhafte modern-französische Küche mit Fusion-Einschlag zu erschwinglichen Preisen. Das Zwei-Gänge-Mittagsmenü mit einem Glas Wein ist ein echtes Schnäppchen. Im Frühling/Sommer marschiert man schnurstracks zu den Tischen (vorab reservieren) auf der Terrasse mit Blick aufs Meer.

**Ristorante Mozza** ITALIENISCH €€

(97 77 03 04; www.mozza.mc; 11 rue du Portier; Mittagsmenüs 18 & 20 €, Hauptgerichte 19–38 €;

⏲ Mo–Sa 12–15 & 19–23, So 10.30–16 Uhr; ✎) Die hiesige Spezialität ist Mozzarella – 10 verschiedene leckere Sorten gibt's hier an der Mozzarella-Theke. Darüber hinaus erhält man gute traditionelle italienische Gerichte neben unverkennbaren Markenzeichen italienischer Esskultur wie Feierabend-*aperitivi* (Aperitifs mit leckerer Salami, kaltem Aufschnitt und anderen schmackhaften Kleinigkeiten).

**Cosmopolitan** INTERNATIONAL €€
(www.cosmopolitan.mc; 7 rue du Portier; Mittagsmenüs 16, 19 & 22 €, Hauptgerichte 25–30 €; ⏲ 12.30–14.30 & 19.30–23 Uhr; ☎) Auf der Karte dieses hippen Restaurants stehen zeitlose Klassiker aus allen Ecken der Erde, z. B. Fish & Chips, grünes Thai-Curry, Gnocchi mit drei Sorten Käse oder Kalbskoteletts mit Sauce béarnaise, jeweils von den talentierten Köchen kreativ abgewandelt. Auch viele Weine stehen zur Auswahl.

★ **La Montgolfière** FUSION €€€
(☎ 97 98 61 59; www.lamontgolfiere.mc; 16 rue Basse; 3-/4-Gänge-Menü 45/52 €; ⏲ Mo–Di & Do–Sa 12–14 & 19.30–21.30 Uhr) Das winzige Restaurant ist ein Favorit der Einheimischen im touristischen Dschungel von Monacos historischem Viertel. Das Lokal ist die kulinarische Schöpfung von Henri und Fabienne Geraci, die ihre Zeit in Malaysia, wenn man nach Henris ausgezeichneter Fusionküche geht, offenbar sehr gut zu nutzen wussten. Im Winter kocht er täglich *bourride* (einen salzigen Thunfischeintopf, der für Monaco und Nizza typisch ist).

Vorab-Reservierung erforderlich.

**La Marée** MEERESFRÜCHTE €€€
(☎ 97 97 80 00; www.lamaree.mc; 7 av JF Kennedy; Mittagsmenü Mo–Fr 35 €, Brunch mit/ohne Wein 109/69 €; ⏲ Di–So 12–23 Uhr) Dieses eindrucksvolle Dachterrassenrestaurant mit schicken Tischen, von denen aus man direkt auf den Hafen hinunterblicken kann, ist ein echter Meeresfrüchtetempel. Die Auswahl an Fischen und Schalentieren ist wirklich außerordentlich, und der Sonntagsbrunch ist ein ziemlich angesagter Wochenend-Termin.

## Ausgehen & Nachtleben

Ein großer Teil von Monacos superschickem Nachtleben geht in den Designerrestaurants und Bars der Luxushotels vor sich. Das Stars'n' Bars ist ebenfalls eine angesagte Adresse.

### DRESSCODE

Es ist gesetzlich verboten, mit nacktem Oberkörper, barfuß oder im Bikini durch die Stadt zu laufen oder zu skaten. Abends fordern viele Restaurants, Bars und Unterhaltungsstätten elegante Kleidung (bei Männern Jackett und Krawatte).

★ **Le Teashop** TEESTUBE
(Place des Moulins; Kanne Tee 4,70–7,60 €; ⏲ Mo–Sa 9–19 Uhr) Die moderne Teestube und Boutique, die Sharon und ihr Vater Patrick führen, lockt Teeliebhaber mit 120 Tees von kleinen, familiengeführten Teeplantagen in China, Japan und Indien. Man wählt die Sorte, die Milch (Soja-, Mandel-, Kokosmilch) und die Zubereitungsart – in der Kanne, als heißer aufgeschäumter Latte oder kalt mit „Blasen" auf taiwanesische Art (mit Kügelchen aus Tapioca oder Sirup, der durch einen Strohhalm getrunken wird).

Hausgemachte Bio- und/oder glutenfreie Kuchen sind die ideale Begleitung.

**Snowflake** CAFÉ
(☎ 97 77 24 67; www.facebook.com/Snowflake Monaco; 3 av du Port; ⏲ Mo–Fr 10–13 & 14–19, Sa 10–13 & 15–19 Uhr) Die ruhige und stilvolle Mischung aus englischer Buchhandlung, Arbeitsstätte und Café bietet ein friedliches Refugium im Touristen-Pandämonium des Hafengebiets. Das skandinavische Dekor bietet bequeme Sessel und Schreibtische, auf denen man den Laptop auspacken kann. Infos zu den Kreativ-Workshops, Lesungen und Kulturveranstaltungen stehen auf der Facebook-Seite.

**Café de Paris** CAFÉ
(www.montecarloresort.com; place du Casino; ⏲ 7–2 Uhr) Monacos bekanntestes Café neben dem Casino ist schon seit 1882 im Geschäft und der richtige Ort, um Leute zu beobachten. Der Service hier ist zügig unterwegs und manchmal recht hochnäsig, aber diesen Preis muss man für einen Platz, von dem aus man den Rummel von Monte-Carlo aus der ersten Reihe beobachten kann, wohl bezahlen.

**Brasserie de Monaco** KLEINBRAUEREI
(www.brasseriedemonaco.com; 36 rte de la Piscine; ⏲ Mo–Fr 16–1, Sa 12–3, So 12–1 Uhr) Touristen und Einheimische drängen sich in Monacos einziger Kleinbrauerei, die vollmundige Bio-

## DIE FÜRSTENDYNASTIE

Monacos mit 56 Herrschaftsjahren am längsten regierende Fürst Rainier III. (1923–2005) gewann 1956 durch seine Traumhochzeit mit Grace Kelly die Herzen der Nation. Die legendäre, aus Philadelphia stammende Schauspielerin drehte in den 1950er-Jahren elf Filme, darunter auch, unter der Regie von Alfred Hitchcock; *Über den Dächern von Nizza* (1955). Für den Film kam Kelly zu einem Fotoshooting nach Cannes und Monaco, wo sie Rainier kennenlernte. Tragischerweise starb sie 1982 bei einem Autounfall.

Doch die Seifenoper war damit nicht zu Ende – sie geht mit den Kindern des Paars weiter: Fürst Albert (geboren 1958 und seit dem 19. November 2005 der regierende Fürst), Caroline und Stéphanie. Fürst Albert ist für seine sportlichen Leistungen (er hat den schwarzen Gürtel im Judo und spielte in der Fußballnationalmannschaft mit), aber auch für zwei uneheliche Kinder bekannt, die beide von der Thronfolge ausgeschlossen sind. Zur großen Freude des Landes heiratete Fürst Albert 2011 die 20 Jahre jüngere südafrikanische Schwimmerin Charlene Wittstock, die im Dezember 2014 ihm und Monaco gleich zwei Erben schenkte, Prinzessin Gabriella und Prinz Jacques (der zwar ein paar Sekunden jünger als seine Schwester, aber dennoch der erste Thronanwärter ist).

Ales und Lager kredenzt und dazu schmackhafte Mittagsgerichte und Snacks serviert. Gelegentlich gibt's auch Livemusik und Sport-Events im Fernsehen. Happy Hour ist von 18 bis 20 Uhr.

**Zelo's** LOUNGEBAR
(☎ 99 99 25 50; www.zelosworld.com; Grimaldi Forum, 10 av Princesse Grace; ⊙ So–Do 7.30–1, Fr & Sa bis 4 Uhr) Glitzernd, glamourös und durch und durch fabelhaft: Diese Bar mit ihren riesigen Kronleuchtern, den leuchtend blauen Wänden und einer Decke mit Hunderten sternförmiger Lichter ist ein Inbegriff des monegassischen Nachtlebens. An den Wochenenden legen DJs von 23.30 Uhr bis in den Morgen hinein auf, während die Hipster des Landes genüsslich Cocktails schlürfen. Zu der Loungebar gehört auch ein Restaurant mit einer zauberhaften Sommerterrasse mit Blick aufs Meer.

**Joseph** LOUNGEBAR
(☎ 97 98 49 70; www.josephmonaco.mc; 6 rte de la Piscine; ⊙ 11–14 Uhr) Die Designer-Loungebar am Hafen bietet eine gehörige Dosis monegassischen Schicks. Weißer Sand bedeckt den Boden des kahlen, an ein Aquarium erinnernden Innenraums, stilvolle Treibholzskulpturen schmücken die zum Hafen ausgerichtete Terrasse. Mittags präsentiert sich das Joseph eher als Restaurant, aber in der Abenddämmerung kommen die Pianobar, die Cocktails und Livemusik ins Spiel. Um hineinzukommen und ins Bild zu passen, sollte man sich am besten schick anziehen!

**Sass Café** BAR
(☎ 93 25 52 00; www.sasscafe.com; 11 av Princesse Grace; ⊙ 19–3 Uhr) Die beliebte Pianobar erinnert mit ihrer glänzenden Theke, dem lackierten Konzertflügel und den gepolsterten roten Wänden an ein Cabaret alter Schule. Livejazz gibt's jeden Abend.

## ☆ Unterhaltung

**Monaco Open-Air Cinéma** KINO
(www.cinema2monaco.com; Chemin des Pêcheurs; Erw./Kind 11/8 €; ⊙ Mitte Juni–Sept.) In diesem Freiluftkino werden beliebte Blockbuster, meist in englischer Sprache, gezeigt. Die Vorführungen beginnen im Juni und Juli jeden Abend um 22 Uhr und im August und September um 21 Uhr. Eine Reservierung ist nicht möglich, man sollte deshalb kommen, sobald sich die Tore öffnen (Juni & Juli 20.45 Uhr, Aug. & Sept. 20 Uhr).

**Opéra de Monte-Carlo** OPER
(☎ 92 16 22 99; www.opera.mc; Place du Casino) Die auch als Salle Garnier bekannte Oper neben dem Casino von Monte-Carlo wurde 1892 erbaut und ist eine prächtige neobarocke Schöpfung des Architekten Charles Garnier (der übrigens auch die Pariser Oper entwarf).

**Orchestre Philharmonique de Monte-Carlo** KLASSISCHE MUSIK
(www.opmc.mc) Schon seit 1856 hält das Orchester die Tradition der Sommerkonzerte im Cour d'Honneur (Ehrenhof) des Palais Princier aufrecht, aber Karten dafür sind rar. Ganzjährig gibt es Konzerte im **Grimaldi Forum** (☎ 99 99 30 00; www.grimaldiforum.mc; 10 av Princesse Grace) sowie im **Auditorium Rainier III** (☎ 93 10 85 00; blvd Louis II); Karten kauft man online oder im **Atrium** (☎ 98 06 28 28; Casino de Monte-Carlo, Place du

Casino; ⌚Di–Sa 10–17.30 Uhr) im Casino von Monte-Carlo.

**Les Ballets de Monte-Carlo** TANZ
(www.balletsdemontecarlo.com) Das Ballett von Monte-Carlo ist eine Institution von Weltrang. Die Kompanie tourt regelmäßig im Ausland, und Karten für Auftritte in Monaco sind meist schon Monate im Voraus ausverkauft. Karten buchen kann man über **Monaco Spectacle** (www.monaco-spectacle.com).

## Shoppen

Monacos Straßen quellen über vor Couture- und Designerläden; viele finden sich in Monte-Carlo an der Av des Beaux Arts und der Av de Monte-Carlo. Etwas gängigere, soll heißen: nicht ganz so teure, Modeboutiquen finden sich im Einkaufszentrum **Le Métropole** (www.metropoleshoppingcenter.com; 17 av des Spélugues; ⌚Mo–Sa 10–19.30 Uhr). Von Mitte Juli bis Mitte August sind die Boutiquen auch sonntags geöffnet.

**Les Pavillons de Monte-Carlo** MALL
(allées des Boulingrins, place du Casino) Nein, die Teletubbies haben nicht in Monte-Carlo Einzug gehalten. Die fünf riesigen, schneeweißen „Kiesel", die 2014 auf dem Rasen der **Jardins des Boulingrins** aufgestellt wurden, sind (bis 2018) das Übergangsheim der Luxusboutiquen aus dem inzwischen abgerissenen **Sporting d'Hiver** – der Neubau ist aber bereits voll im Gange. Ein Fußweg schlängelt sich um die auffälligen Aluminium-Bauwerke, in denen sich u.a. Läden von Chanel, McQueen, Sonia Rykiel und Dior befinden.

## Praktische Informationen

**Centre Hospitalier Princesse Grace** (Hospital; ☎97 98 99 00; www.chpg.mc; 1 av Pasteur)

**Polizei** (☎112; 3 rue Louis Notari)

**Touristeninformation** (www.visitmonaco.com; 2a bd des Moulins; ⌚Mo–Sa 9–19, So 11–13 Uhr) Saisonal betreibt die Touristeninformation auch einen Kiosk am Hafen, und zwar nahe der Anlegestelle der Kreuzfahrtschiffe an der Esplanade des Pêcheurs.

## An- & Weiterreise

### AUTO

Nur Autos, die in Monaco oder dem französischen Département Alpes-Maritimes (06) registriert sind, dürfen nach Monaco-Ville hineinfahren. Wer dennoch mit dem Auto kommt, sollte eine der zahlreichen Tiefgaragen nutzen (1. Std. frei, nächste 20 Min. 2,40 €, danach 1 €/20 Min.).

### BUS

Der Bus 100 (1,50 €, 6–21 Uhr alle 15 Min.) fährt nach Nizza (45 Min.) und Menton (40 Min.) über die Corniche Inférieure. Der Bus 110 (einfache Strecke/hin & zurück 20/30 €, stündl.) fährt zum Aéroport de Nice-Côte d'Azur (40 Min.). Beide Buslinien halten an der Place d'Armes und der Haltestelle am Bd des Moulins gegenüber den Jardins des Boulingrins. Nachtbusse fahren donnerstags bis samstags.

### FLUGZEUG

**Héli-Air Monaco** (☎92 05 00 50; www.heliairmonaco.com) bietet mehrmals täglich Helikopterflüge (138 €, 7 Min.) zwischen Nizza und Monacos **Héliport** (Av des Ligures).

### ZUG

Rund alle 20 Minuten fahren Züge Richtung Osten nach Menton (2,20 €, 15 Min.) und Richtung Westen nach Nizza (3,30 €, 25 Min.). Den Bahnhof erreicht man über Fußgängertreppen und Rolltreppen von den Eingängen 6 av Prince Pierre de Monaco, Pont Sainte-Dévote, Place Sainte-Dévote und Bd de la Belgique. Die letzten Züge fahren gegen 23 Uhr.

## Unterwegs vor Ort

### AUFZÜGE

Ein Netz von Rolltreppen und öffentlichen Aufzügen verbindet die steilen Straßen. Sie sind entweder rund um die Uhr oder von 6 bis 24 oder 1 Uhr in Betrieb.

### BUS

Monacos städtisches Busnetz wird von der **Compagnie des Autobus de Monaco** (www.cam.mc) betrieben und verfügt über sechs Linien. Die Linie 2 verbindet Monaco-Ville mit Monte-Carlo und kurvt dann zurück zum Jardin Exotique. Die Linie 4 verbindet den Bahnhof mit der Touristeninformation, dem Casino und dem Strand von Larvotto. Nach 21.20 Uhr dreht der Bus de Nuit (21.20–0.30 Uhr) eine große Schleife durch die Stadt, freitags und samstags ist der Bus bis 4 Uhr im Einsatz. Fahrkarten kosten 1,50 € (Tageskarte 5,50 €).

### SCHIFF/FÄHRE

Vom eingedeichten Ende des Quai Antoine 1er verbindet der solarbetriebene Bateau Bus über den Hafen hinweg den Quai Rainier III (Monaco-Ville) und den Quai des États-Unis (Monte-Carlo). Die Fähren fahren von 8 bis 19.50 Uhr alle 20 Minuten; die Tickets (2 €) gibt's an Bord.

### TAXI

**Taxi Monaco Prestige** (☎08 20 20 98 98; www.taximonacoprestige.com)

# ROQUEBRUNE-CAP-MARTIN

12 806 EW.

Das wunderschöne Cap Martin schmiegt sich zwischen Monaco und Menton an eine Küste mit kristallklarem Wasser. Das Dorf Roquebrune-Cap-Martin hat sein eigentliches Zentrum im mittelalterlichen Ort Roquebrune, der sich oberhalb des Kaps befindet (Dorf und Kap sind durch unzählige *sehr* steile Treppen verbunden). Das Faszinierende an diesem Ort ist, dass er trotz seiner Nähe zu Monaco unendlich weit von der Glitzerwelt des Fürstentums entfernt zu sein scheint: Die Küste rund um das Cap Martin ist noch relativ unberührt, und man hat das Gefühl, dass die Uhren in Roquebrune noch nach mittelalterlicher Zeit ticken.

## Sehenswertes

**★ Cabanon Le Corbusier** ARCHITEKTUR

(☎ 06 48 72 90 53; www.capmoderne.com; Promenade Le Corbusier; Führung Erw./Kind 15/10 €; ⏲ nur mit Führung Juli & Aug. Di–So 10 & 15 Uhr, Mai, Juni & Sept.–Mitte Okt. Di–So 10 & 14 Uhr) Das einzige Gebäude, das der Schweizer Architekt Le Corbusier (1887–1965) je für sich selber bauen ließ, ist diese eher schlichte, aber sehr durchdachte Strandhütte auf der Halbinsel Cap Martin. In dem *cabanon*, der 1952 fertiggestellten kleinen Hütte, verbrachte er bis zu seinem Lebensende in der Regel seine Ferien. Die Hütte kann im Rahmen ausgezeichneter 2½-stündiger Führungen besichtigt werden, die die Association Cap Moderne veranstaltet; los geht's zu Fuß am Bahnhof Roquebrune-Cap-Martin. Die Teilnahme muss telefonisch oder per E-Mail reserviert werden.

Le Corbusier kam erstmals in den 1930er-Jahren zum Cap Martin, um seine Freundin Eileen Gray zu besuchen, eine irische Designerin, die hier ein Haus gebaut hatte. Le Corbusier verliebte sich in die Region und kam sehr oft wieder. Während eines seiner Aufenthalte entschied sich Le Corbusier allerdings, das Innere der Villa von Gray zu bemalen – und zwar ohne ihre Erlaubnis. Gray tobte natürlich: Le Corbusiers Gemälde hatten ihr Design ruiniert, und sie fühlte sich von den Motiven angegriffen (sich küssende Frauen – Gray war lesbisch).

Nach allem nicht mehr als Gast willkommen, kehrte Le Corbusier 1949 dennoch in Grays Villa zurück. Bei diesem Aufenthalt traf er Robert Rebutato, den Besitzer von **L'Étoile de Mer**; in dem Café gleich nebenan pflegte er seine Mahlzeiten einzunehmen. Die beiden Männer freundeten sich an und beschlossen 1951, ein Strandhaus neben dem L'Étoile de Mer zu erbauen, damit Le Corbusier seine eigene Unterkunft bekäme.

Das *cabanon* wurde unter Verwendung des Modulor entworfen, eines mathematischen Proportionsschemas, das auf der Größe eines Mannes mit nach oben ausgestreckten Armen basiert.

**Roquebrune** HISTORISCHE STÄTTE

Roquebrune, der mittelalterliche Teil der Gemeinde, befindet sich auf einem 300 m hohen puddingförmigen Hügel, überragt von dem aus dem 10. Jh. stammenden **Château de Roquebrune** (www.roquebrune-cap-martin.com; Place William Ingram, Roquebrune; Erw./Kind 5/3 €; ⏲ Juni–Sept. 10–13 & 14.30–19 Uhr, übrige Monate kürzer). Der schlichte kleine Ort ist mit stimmungsvollen Requisiten mittelalterlichen Lebens ausstaffiert. Von all den steilen und krummen Gassen, die zur Burg hinaufführen, ist die **Rue Moncollet** mit ihren eingewölbten Passagen und den in den Fels gehauenen Treppen wahrscheinlich die eindrucksvollste. Der Architekt Le Corbusier liegt auf dem Dorffriedhof begraben (Section J – er hat im Übrigen seinen Grabstein selbst entworfen). Oben von der Place des Deux Frères aus hat man einen sensationellen Blick aufs Meer.

## Schlafen & Essen

**Fraise et Chocolat** CAFÉ €

(Place des Deux Frères; Sandwichs/Panini 4/5 €; ⏲ 8–18 Uhr; ✎) Das „Erdbeere und Schokolade" ist ein nettes Café mit der Anmutung eines altmodischen Feinkostladens am Hauptplatz von Roquebrune. Man kommt auf einen Drink, ein Eis oder einen schnellen Happen (Sandwichs und Quiches) auf der hinteren Terrasse und bewundert die herrliche Aussicht aufs Meer.

**Les Deux Frères** MODERN-FRANZÖSISCH €€

(☎ 04 93 28 99 00; www.lesdeuxfreres.com; Place des Deux Frères; Menü mittags/abends 28/48 €; ⏲ Mi–So 12–14.30, Di–Sa 19.30–22.30 Uhr; 📶) Dieses Hotel und Gourmetlokal mit Panoramaterrasse ist äußerst stilvoll. Oben gibt's acht schicke Boutiquezimmer (DZ 75–100 €) – zwei davon mit wundervollem Meerblick –, während unten schwarz gewandete Kellner opulente Gerichte (große Fleischportionen, ganze Fische für zwei Personen oder delikate Fischfilets in Sauce hollandaise oder mit

Spinat, Basilikum und Olivenöl) auf Tellern mit Silberhauben auftragen.

★ **Hôtel Victoria** DESIGNERHOTEL €€€
(☎ 04 93 35 65 90; www.hotel-victoria.fr; 7 promenade du Cap Martin; DZ ab 196 €; ❄@☜) Fans von Eileen Gray und Le Corbusier sollten zu diesem sensationellen Hotel an den Gestaden von Cap Martin eilen. Alles, von den Wandmalereien in den hinreißenden weißen und blauen Zimmern bis hin zu den Lithografien und den eigens angefertigten Möbeln, verrät die Inspiration durch diese Persönlichkeiten. Alle Zimmer liegen im 1. Stock, jene mit Blick Richtung Meer haben Balkone. Die billigsten Preise gibt's online.

Das Hotel liegt neben der Haltestelle des Busses 100 (nach Menton, Monaco und Nizza) und 500 m entfernt vom Bahnhof Carnolès (an der Strecke Nizza–Ventimiglia).

## Anreise & Unterwegs vor Ort

### BUS

Der Bus 100 (1,50 €) fährt nach Monaco (20 Min.), Nizza (1¼ Std.) und Menton (30 Min.); er hält an der Av de la Côte d'Azur unterhalb von Roquebrune und oberhalb von Cap Martin (in der Nähe der Haltestelle sieht man Stufen).

### WANDERN

Für die Wanderung vom Cap Martin nach Roquebrune braucht man, je nach Fitness, 30 bis 45 Minuten (in der Gegenrichtung geht's viel schneller, weil man bergab läuft). Mehrere Treppenfolgen verbinden die beiden Ortsteile.

### ZUG

Der Bahnhof Cap-Martin-Roquebrune liegt am Ortsende von Cap Martin. Züge fahren halbstündlich u. a. nach Monaco (1,60 €, 4 Min.), Nizza (4 €, 30 Min.), Menton (1,40 €, 6 Min.) und Ventimiglia (3,70 €, 20 Min.).

# MENTON & UMGEBUNG

Eine Kette von Bergdörfern blickt von den umliegenden Hügeln auf Menton. Der einsame **Parc National du Mercantour** (www.mercantour.eu), ein erstklassiges Wandergebiet, ist nur 20 km entfernt. Beginnen sollte man die Erkundungstour aber gleich vor Mentons Toren in Sainte-Agnès und Gorbio.

## Menton

29 670 EW.

Menton war schon immer für zwei Dinge berühmt: seine Zitronen und das außergewöhnlich sonnige Wetter. Der Belle-Époque-Glanz, von dem einst jedermann angezogen wurde, ist zwar verblichen, aber mit der Eröffnung des architektonisch auffälligen Musée Jean Cocteau Collection Séverin Wunderman und einem sensationellen, mit Michelin-Sternen ausgezeichneten Restaurant sowie weiteren feinen Bars und Restaurants erlebt Menton so etwas wie eine Renaissance.

## Sehenswertes

Das Zentrum der Stadt bildet die muntere Fußgängerzone der Rue Saint-Michel mit ihren Eisdielen und Souvenirläden.

★ **Musée Jean Cocteau Collection Séverin Wunderman** GALERIE
(☎ 04 89 81 52 50; www.museecocteaumenton.fr; 2 quai de Monléon; Erw./Kind 8 €/frei; ⏲ Mi–Mo 10–18 Uhr) Der Kunstsammler Séverin Wunderman spendete seine Sammlung von rund 1500 Werken Cocteaus der Gemeinde Menton im Jahr 2005 unter der Bedingung, dass die Stadt ein Museum für Cocteau errichtet. Und was für ein Museum hier entstanden ist: Das futuristische, niedrige Gebäude ist eine wunderbare Kulisse, um sich in Cocteaus vielfältiges Werk zu vertiefen. Zu der Sammlung gehören Zeichnungen, Keramiken, Gemälde und kinematografische Arbeiten. Im Eintritt inbegriffen ist das von Cocteau gestaltete Musée du Bastion.

**Musée du Bastion** KUNSTMUSEUM
(Quai Napoléon III; Kombi-Eintritt mit Musée Jean Cocteau Erw./Kind 8 €/frei; ⏲ Mi–Mo 10–18 Uhr) Cocteau liebte Menton. Bei einem langen Spaziergang am Meer kam ihm die Idee, die 1636 erbaute, leer stehende Bastion am Ufer in ein Monument seiner eigenen Arbeit zu verwandeln. Er restaurierte das Gebäude, dekorierte die Nischen, die Außenwände, den Empfangssaal und die Böden mit Kieselmosaiken. Die ausgestellten Werke werden regelmäßig ausgetauscht.

**Salle des Mariages** ARCHITEKTUR
(Trausaal; ☎ 04 92 10 50 00; Place Ardoïno; Erw./Kind 2 €/frei; ⏲ Mo–Fr 8.30–12 & 14–16.30 Uhr) Im Jahr 1957 gestaltete Jean Cocteau den Trausaal des Standesamts im Rathaus von Menton. Der auffällige, fensterlose Raum ist mit schwungvollen Zeichnungen geschmückt und hat einen Boden mit Leopardenmuster. Der Audioguide (nur auf Französisch) erläutert die Symbolik von Cocteaus Dekorationen.

## Menton

## Menton

**Highlights**

1 Musée Jean Cocteau Collection Séverin Wunderman ........ C3

**Sehenswertes**

2 Basilique St-Michel Archange ........ D2
3 Cimetière du Vieux Château ........ C2
4 Musée du Bastion ........ D3
5 Salle des Mariages ........ C2

**Schlafen**

6 Hôtel Lemon ........ A3
7 Hôtel Napoléon ........ D1

**Essen**

8 Au Baiser du Mitron ........ C2
9 Eric Kayser ........ B3
10 Halles Municipales ........ C2
11 Le Bistrot des Jardins ........ B2
12 Le Cirke ........ C2

**Ausgehen & Nachtleben**

13 Time's ........ C2

**Vieille Ville** HISTORISCHES VIERTEL

Die Altstadt präsentiert sich pastellfarben. Bei einem Bummel gelangt man bis zum **Cimetière du Vieux Château** (Montée du Souvenir; ⌚Mai–Sept. 7–20 Uhr, Okt.–April bis 18 Uhr) mit herrlicher Aussicht. Von der Place du Cap führt eine Rampe zur prächtigsten Barockkirche Südfrankreichs, der italienisch anmutenden **Basilique St-Michel Archange** (Place de l'Église St-Michel; ⌚Juli & Aug. Mo–Fr 10–12 & 16–18 Uhr, Sept.–Juni Mo–Fr 10–12 & 15–17 Uhr), deren cremefarbene Fassade von einem 35 m hohen Uhrenturm und einem 53 m hohen Kirchturm (1701–03) flankiert wird.

**Jardin de la Serre de la Madone** GARTEN

(☎04 93 57 73 90; www.serredelamadone.com; 74 rte de Gorbio; Erw./Kind 8/4 €; ⌚Di–So 10–18 Uhr,

Dez.–März bis 17 Uhr) Der schöne, wenn auch etwas verwilderte Garten wurde von dem US-amerikanischen Botaniker Lawrence Johnston angelegt. Er pflanzte Dutzende seltener Pflanzen, die er bei seinen Reisen in aller Welt sammelte. Der jahrzehntelang vernachlässigte Garten hat inzwischen seinen alten Glanz weitgehend wiedererlangt. Führungen (1½ Std.) finden täglich um 15 Uhr statt. Den Bus Nr. 7 nehmen und an der Haltestelle „Serre de la Madone" aussteigen.

**Jardin Botanique Exotique du Val Rahmeh** GARTEN

(☎ 04 93 35 86 72; http://jardinvalrahmeh.free.fr/; Av St-Jacques; Erw./Kind 6/5,50 €; ⌚ Mai–Aug. Mi–Mo 10–12.30 & 15.30–18.30 Uhr, Sept.–April Mi–Mo 10–12.30 & 14–17 Uhr) Die 1905 für Lord Radcliffe, den Gouverneur von Malta, angelegten Terrassen des Val Rahmeh quellen förmlich über vor exotischen Obstbäumen. Hier befindet sich das einzige in Europa erhaltene Exemplar des von der Osterinsel stammenden Baumes *Sophora toromiro,* der dort inzwischen ausgestorben ist.

## Feste & Events

**Fête du Citron** STRASSENFEST, UMZUG

(Zitronenfest; www.feteducitron.com; ⌚ Feb.) Bei Mentons skurriler, zweiwöchiger Fête du Citron fahren dekorative Wagen mit Skulpturen aus Tonnen von Zitronen am Meeresufer entlang. Anschließend werden die monumentalen Zitrusfiguren abgebaut und die Zitronen zu Schnäppchenpreisen vor dem Palais de l'Europe verkauft. Das Fest steht jedes Jahr unter einem anderen Motto.

## Schlafen

Zur Fête du Citron im Februar sind die Unterkünfte Monate im Voraus ausgebucht (und die Preise steigen), also unbedingt vorausplanen!

★ **Hôtel Lemon** HOTEL €

(☎ 04 93 28 63 63; www.hotel-lemon.com; 10 rue Albert 1er; EZ/DZ/3BZ/4BZ 59/69/85/125 €; 📶) Das Hôtel Lemon residiert einer Schule gegenüber in einer Villa aus dem 19. Jh. mit hübschem Garten. Die geräumigen, minimalistischen Zimmer sind in Weißtönen, die Bäder in leuchtendem Rot oder Zitronengelb gehalten. Das Frühstück kostet 6,50 €.

★ **Hôtel Napoléon** BOUTIQUEHOTEL €€

(☎ 04 93 35 89 50; www.napoleon-menton.com; 29 porte de France; DZ 95–260 €; ❄@📶🏊) Das hoch am Meeresufer aufragende Napoléon ist Mentons stilvollstes Hotel. Alle Details, vom Pool über die Restaurant-Bar bis hin zum Garten hinter dem Haus, der im Sommer zur Entspannung einlädt, wurden wundervoll gestaltet. Die Zimmer sind in Weiß und Blau gehalten, die Kopfenden der Betten sind mit Zeichnungen von Cocteau geschmückt. Die Zimmer mit Meerblick haben Balkone, bekommen aber etwas Verkehrslärm ab.

Die zwei Suiten im obersten Stock sind sensationell: Sie haben Meerblick, bodenhohe Fenster, größere Balkone und eine tolle Aussicht – sogar von der Badewanne aus!

## Essen & Ausgehen

Die verkehrsberuhigte Rue du Vieux Collège lohnt einen Bummel wegen der vielen Restaurants. Die Rue Saint-Michel ist gepflastert mit touristischen Läden, die Zitronenprodukte verkaufen, darunter Limoncello, Limonade, mit Zitrone aromatisiertes Olivenöl und Zitronenkonfitüre.

★ **Time's** WEINBAR

(☎ 04 89 14 44 15; 32 rue de la République; ⌚ 10–14.30 & 16–24 Uhr) Mit der Eröffnung

ABSTECHER

### EIN MARKTABSTECHER NACH ITALIEN

Menton liegt direkt an der Grenze zu Italien, und es gibt keinen besseren Grund für einen Abstecher hinüber zum *la dolce vita* als den ganztägigen Freitagsmarkt in Ventimiglia (auf Französisch Vintimille), der Grenzstadt auf italienischer Seite. Der Markt erstreckt sich über 1 km längs des Meeresufers und ist bei französischen Besuchern wegen des günstigen Obsts und Gemüses, leckeren Delikatessen (mit Mozzarella gefüllte Paprika, sonnengetrocknete Tomaten etc.), günstigen Lederwaren und billiger Mode beliebt. Vorsicht bei gefälschter Markenware: der französische Zoll kennt keinen Spaß. Wer solche Ware einführt, riskiert eine Geldstrafe und die Beschlagnahme seines Einkaufs!

Ventimiglia bildet das Ende des französischen SNCF-Bahnnetzes. Halbstündlich fahren Züge von/nach Menton (2,60 €, 9 Min.), Monaco (3,70 €, 20 Min.), Nizza (7,20 €, 45 Min.) und Cannes (12,80 €, 1½ Std.).

dieser schrillen Weinbar hat das Nachtleben in Menton Einzug gehalten. Mit Kaffee am Morgen, Cocktails mit Snacks zum Sonnenuntergang, Mittagsgerichten von der *ardoise* (Ardoise) und Tapas spät in der Nacht hat das Time's immer etwas zu bieten. DJs legen donnerstags House auf, und an den Wochenenden gibt's Themenabende und Happenings für coole Hipster.

**Eric Kayser** BOULANGERIE, CAFÉ €

(☎ 04 93 28 25 81; www.maison-kayser.com; 1 rue Partouneaux; ⌚ 7–19 Uhr) Dieser Pariser Bäcker hat seine Schwingen zum Flug ans Mittelmeer ausgebreitet und kitzelt nun glücklicherweise auch die Geschmacksnerven der Leute im Süden mit wundervollen Broten und Gebäck. Die halben Baguettes mit diversen Belägen, die großzügig belegten Focaccia-Stücke und das *pain citron* (Zitronenbrot) sorgen für ein perfektes Picknick. Die Speisen isst man vor Ort oder nimmt sie mit. Eine kleinere Filiale findet sich in den **Halles Municipales** (Quai de Monléon; ⌚ 7.15–13 Uhr), einer Lebensmittel-Markthalle am Meeresufer.

**Le Bistrot des Jardins** PROVENZALISCH €€

(☎ 04 93 28 28 09; www.lebistrotdesjardins.com; 14 av Boyer; 2-/3-Gänge-Menü 22/30 €, Hauptgerichte 19–38 €; ⌚ Di–Sa 12–14 & 19.30–21.30, So 12–14 Uhr) Eine Vorabreservierung ist in diesem hübschen Gartenhof-Restaurant unbedingt angeraten. Hier speist man unter freiem Himmel an Tischen mit fliederfarbenen Tischtüchern zwischen blühenden Magnolien und duftenden Töpfen voll Thymian, Salbei und anderen Kräutern der Provence. Die traditionelle, am Marktangebot orientierte Küche ist gleichfalls attraktiv: Im Frühling ist der grüne Spargel mit eingelegten roten Artischocken und Parmesan allein schon eine Reise wert.

**Le Cirke** MEERESFRÜCHTE €€

(☎ 04 89 74 20 54; www.restaurantlecirke.com; 1 square Victoria; Menüs mittags 26 & 29 €, abends 30 & 45 €, Hauptgerichte 18–35 €; ⌚ Mi–Mo 12–13.30 & 19.15–21.30 Uhr) Von Paella bis Bouillabaisse, von gegrilltem Fisch bis zu gebratenen Calamari ist dieses smarte, von Italienern geführte Restaurant eine prima Adresse für köstliche Meeresfrüchte. Auf der Weinkarte stehen französische und italienische Tropfen, und die Bedienung ist so sonnig wie die Stadt.

**★ Le Mirazur** SPITZENKÜCHE €€€

(☎ 04 92 41 86 86; www.mirazur.fr; 30 av Aristide Briand; Menüs mittags 47 €, abends 85 & 140 €; ⌚ März–Dez. Mi–So 12.15–14 & 19.30–22 Uhr) Das Design, die Cuisine und der Meerblick (der weit über der Stadt über das Mittelmeer reicht) sind gleichermaßen spektakulär in dieser von zwei Michelinsternen gekrönten Villa aus den 1930er-Jahren. Dies ist das kulinarische Reich des wagemutigen argentinischen Chefkochs Mauro Colagreco, der seine Gerichte nicht mit schweren Saucen, sondern mit Kräutern und Blumen aus dem eigenen prächtigen Garten würzt, zu dem auch noch ein Zitronenhain und ein Gemüsebeet gehören.

Das Restaurant liegt 3 km nordöstlich von Menton abseits der nach Italien führenden Küstenstraße D6007. Auch Kochkurse werden hier veranstaltet.

INSIDERWISSEN

## DER KUSS DES BÄCKERS

Das **Au Baiser du Mitron** (www.aubaiserdumitron.com; 8 rue Piéta; ⌚ Di–Sa 8–19, So bis 14 Uhr), der „Kuss des Bäckers", ist keine gewöhnliche *boulangerie* (Bäckerei). Die Borde quellen über von Broten von der Côte d'Azur, dem Hinterland der Provence und von allen möglichen anderen Orten, die der innovative Bäcker Kevin Le Meur bereist hat. Laibe von tintenschwarzem Brot aus Holzkohle, Quinoa und Kichererbsenmehl liegen auf den Holzbrettern neben dicken, runden, mit Schinken belegten *fougasses* (ein mit Oliven, Pancetta oder Sardellen gefülltes Fladenbrot), *grisses* aus Nizza, Brötchen mit Lavendelaroma und Früchtebroten mit Nüssen, Feigen, Aprikosen und Cranberrys. *Les Montagnards* (die Bergbrote) – geformt als *boules* (große Kugeln), *couronnes* (Kronen) und *baguettines* (Mini-Bageuttes) – sind nach einem alten Familienrezept gebacken. Alle Laibe – gleichgültig ob russische *borodinsky*, schwedische *limpa* oder italienische Ciabatta – werden in Kevin Le Meurs traditionellem *four à bois* (Holzbackofen) von 1906 aus 100 % natürlichen Zutaten und ohne Konservierungsmittel gebacken. Nicht verpassen sollte man auch sein Markenzeichen, die für Menton typische *tarte au citron* (Zitronentorte).

### EINE WANDERUNG VON CAP D'AIL NACH MENTON

Sieht man einmal von Monaco ab, kann man die 13 km zwischen Cap d'Ail und Menton zu Fuß zurücklegen, ohne einem Auto zu begegnen. Der **Sentier du Littoral** folgt der zerklüfteten Küstenlinie von der hedonistischen **Plage Mala** (einer winzigen Kiesbucht mit ein paar Restaurants, die über private Strandabschnitte und Cocktailbars verfügen) in Cap d'Ail bis zur **Plage Marquet** im Stadtteil Fontvieille von Monaco. Am anderen Ende Monacos, in **Larvotto**, setzt sich der Weg fort und führt an den Stränden und bewaldeten Ufern von Cap Martin, darunter auch der wunderschönen **Plage Buse**, weiter nach Menton.

Die Wanderung ist leicht zu bewältigen, man sollte aber wissen, dass der Küstenabschnitt zwischen Monaco und Cap d'Ail bei schlechtem Wetter nicht zugänglich ist. Der Weg ist gut ausgeschildert, und man kann sich problemlos auf kleinere Abschnitte beschränken oder aus der Wanderung einen Tagesausflug machen, indem man Strandaufenthalte und ein Mittagessen in Monaco einplant. Wer keine Lust hat, durch Monaco zu laufen, nimmt zwischen Larvotto und Fontvieille den Bus 6.

### Praktische Informationen

**Touristeninformation** (☎ 04 92 41 76 76; www.tourisme-menton.fr; 8 av Boyer; ⌚ Mo–Sa 9–12.30 & 14–18 Uhr)

### An- & Weiterreise

Der Bus Nr. 100 (1,50 €, alle 15 Min.) fährt über Monaco (40 Min.) und die Corniche Inférieure nach Nizza (1½ Std.). Der Bus Nr. 110 verbindet Menton mit dem Aéroport Nice-Côte d'Azur (einfache Strecke/hin & zurück 20/30 €, 1 Std., stündl.).

Es gibt regelmäßige Zugverbindungen (halbstündl.) nach Ventimiglia in Italien (2,60 €, 9 Min.), Monaco (2,20 €, 11 Min.) und Nizza (4,60 €, 35 Min.).

## Ste-Agnès & Gorbio

Ste-Agnès ist bekannt dafür, Europas höchstgelegenes Küstendorf zu sein, und das nicht zu Unrecht: Es liegt idyllisch auf einer Felsnase in 780 m Höhe, sieht spektakulär aus und bietet herrliche Ausblicke auf die Region. Um das großartigste Panorama genießen zu können, klettert man die etwa 200 Stufen zu den **Ruinen des Château** aus dem 12. Jh. hinauf; sie erheben sich aus einem Bett aus Blumen, die gemäß den allegorischen Gärten aus der mittelalterlichen französischen Poesie gepflanzt wurden.

Der Zugbrückenzugang zum riesigen, unterirdischen **Fort Ste-Agnès** (www.sainteagnes.fr; Ste-Agnès; Erw./Kind 5/2 €; ⌚ Juni–Sept. Di–So 10.30–12 & 15–19 Uhr, Okt.–Mai Sa & So 14.30–17.30 Uhr) liegt am Ende des Dorfes. Die 2500 m² große Verteidigungsfestung wurde zwischen 1932 und 1938 als Teil der 240 km langen Maginot-Linie erbaut, einer Reihe von Festungen, die Frankreich Zeit geben sollten, seine Armee zu mobilisieren, falls das Land angegriffen würde. Das Fort ist in einem guten Zustand: Es wurde während des Kalten Krieges als Atombunker instandgehalten, und die Armee wurde erst 1990 von hier abgezogen. Interessanterweise hat das Dorf sein malerisches Aussehen der aktiven Militärgeschichte zu verdanken; während der Armeepräsenz war der Bau neuer Gebäude verboten – eine Regel, die das Dorf bis heute einhält.

Ein gut ausgeschilderter Weg führt nach **Gorbio**, einem weiteren wunderhübschen Provence-Örtchen. Es ist nur 2 km Luftlinie von Ste-Agnès entfernt, aber viel schwerer mit dem Auto zu erreichen – daher lohnt sich eine Wanderung hierher. Der Weg hinunter ins Dorf dauert etwa eine Stunde; zurück läuft man eher 75 Minuten, besonders, wenn man im **Le Beauséjour** (☎ 04 93 41 46 15; Place de la République, Gorbio; Mittags-/Abendmenü 29/44 €, Hauptgerichte 17–25 €; ⌚ April–Okt. Do–Di 12–14.30 Uhr, Juli–Sept. 19.15–21.30 Uhr) zu Mittag gegessen hat. Der „Schöne Aufenthalt" liegt in einem buttermilchfarbenen Gebäude mit Blick auf den Dorfplatz und serviert köstliche lokale und provenzalische Gerichte. Der Speiseraum sieht aus wie einem Hochglanzmagazin entsprungen und bietet tolle Panoramablicke auf das Tal. Kreditkarten werden nicht akzeptiert.

# Cannes & Umgebung

**Inhalt ➡**



## Gut essen

- L'Atelier Jean-Luc Pelé (S. 100)
- Bobo Bistro (S. 93)
- Le Sot l'y Laisse (S. 113)
- Auberge de Courmes (S. 107)
- Bistrot Gourmand Clovis (S. 108)

## Moderne Kunst

- Musée Picasso (S. 97)
- Musée Renoir (S. 105)
- Chapelle du Rosaire (S. 104)
- Fondation Maeght (S. 103)

## Auf nach Cannes

Es gibt nur wenige Orte auf der Welt, wo man innerhalb von 45 Minuten Glamour und Glitzer genauso wie friedliches Landidyll erleben kann. Cannes ist einer davon. Im Mai richtet die Welt ihre Augen auf das glamouröse Städtchen, wenn beim Filmfestival die Stars in Smoking und Galakleid auf dem roten Teppich von La Croisette posieren. Schulter an Schulter diniert man mit den Reichen und Schönen, bevor man in einer der Nobelbars am Ufer einen Drink zu sich nimmt. Zu viel Trubel? Dann kann man immer noch aus der überfüllten Stadt fliehen, auf ruhigen Wegen spazieren gehen oder durch die Blumenfelder der Bauern schlendern und den Tag abends mit einem opulenten Mahl abrunden.

Gleichermaßen reizvoll ist das künstlerische Erbe der Gegend: Matisse, Picasso und Renoir haben hier nach Inspiration gesucht – und sie auch gefunden und dabei herrliche Werke hinterlassen. Und zu guter Letzt gibt es noch das Massif de l'Estérel mit seinen schroffen, flammend-roten Felsen und den ausgezeichneten Wanderwegen.

## Entfernungen (km)

| | Antibes | Biot | Cannes | Grasse | Mougins | St-Raphaël |
|---|---|---|---|---|---|---|
| Biot | 7 | | | | | |
| Cannes | 13 | 16 | | | | |
| Grasse | 28 | 16 | 21 | | | |
| Mougins | 14 | 13 | 6 | 11 | | |
| St-Raphaël | 53 | 50 | 37 | 55 | 38 | |
| Vence | 20 | 15 | 31 | 26 | 25 | 68 |

# VON CANNES NACH BIOT

## Cannes

74 626 EW.

Wer zwischen den Designerläden und Palästen von La Croisette entlangläuft, wird wohl oder übel vom Reichtum und Glamour des Ganzen beeindruckt sein: Hier kann man Ferraris und Porsches bestaunen und den ein oder anderen Promi auf der Sonnenliege sehen. Sich am Strand oder auf einer der riesigen Jachten im Hafen zu sonnen, gehört zu den Lieblingsbeschäftigungen in Cannes.

Auch wenn man sich nicht (nur) von Cannes protziger Atmosphäre einlullen lassen will, gibt es noch genug natürliche Schönheit, die einen Trip lohnen: der Hafen, die Bucht, die Inseln vor der Küste und das alte Viertel Le Suquet – all das erwacht an einem sonnigen Tag zum Leben.

### Sehenswertes

**★ La Croisette** ARCHITEKTUR

Die von all den Stars und Sternchen geschmückten Hotels und Designerläden auf dem berühmten Blvd de la Croisette (La Croisette) mögen vielleicht den Reichen und Berühmten vorbehalten sein, doch auf der von Palmen beschatteten Promenade kann jeder flanieren. Bei den Cannois, den Einwohnern von Cannes, ist sie besonders nach Einbruch der Dunkelheit beliebt, wenn sie von hellen Lichtern effektvoll in Szene gesetzt wird. Die Aussicht auf die Bucht von Cannes und das nahe gelegene Estérel-Gebirge ist zauberhaft, nicht minder beeindruckend die Art-déco-Architektur der Paläste am Meer. Eine Erwähnung verdienen etwa das Hôtel **Martinez** oder das legendäre **Carlton InterContinental**. Für dessen Kuppeln sollen übrigens die Brüste der berühmt-berüchtigten Kurtisane La Belle Otéro als Vorbild gedient haben, die unzählige Affären, u. a. mit Zar Nikolaus II. und dem britischen König Eduard VII., unterhielt.

**Palais des Festivals et des Congrès** WAHRZEICHEN

(Festival- & Kongresspalast; 1 bd de la Croisette; geführte Tour Erw./Kind 4 €/Eintritt) Cannes-Reisende müssen unbedingt auf den 22 Stufen, die zum Haupteingang des Kongresspalasts führen, ein Selfie schießen. Schließlich ist der Betonbunker am westlichen Ende von La Croisette die Heimat des vielleicht glamourösesten Filmfestivals der Welt. Danach bietet sich ein Spaziergang über die **Allée des Étoiles du Cinéma** an, auf der die Handabdrücke von zig Promis in Zement gegossen sind. Den Anfang machte Meryl Streep, deren Abdrücke vor der Touristeninformation zu sehen sind.

Nur im Rahmen einer geführten Tour können Besucher das Festivalgebäude betreten; dabei besichtigen sie das Auditorium und die Bühne und erfahren alles über das prachtvollste Event der Kinowelt. Die von der Touristeninformation (S. 102) veranstalteten Touren können dort auch gebucht werden. Termine stehen auf der Website.

**Vieux Port & Le Suquet** HISTORISCHES VIERTEL

Auf der westlichen Seite des Palais des Festivals liegt das wahre Cannes. Die Jachten im **Vieux Port** (Alter Hafen) scheinen die einheimischen Männer, die auf dem **Place Lord Brougham** (Allées de la Liberté) Pétanque spielen, nicht sonderlich zu beeindrucken. Wer die tolle Aussicht auf die Bucht genießen möchte, folgt einfach der Rue St-Antoine hinauf nach **Le Suquet** Cannes' ältestem Viertel.

### Aktivitäten

Cannes ist gesegnet mit Sandstränden, von denen allerdings der größte Abschnitt des Blvd de la Croisette aus Privatstränden besteht. Das gemeine Volk kann nur noch an einem kleinen Sandstreifen in der Nähe des Palais des Festivals baden.

**Plage du Midi** BADEN

(Blvd Jean Hibert) GRATIS Westlich des Vieux Port.

**Plage de la Bocca** BADEN

GRATIS Westlich des Vieux Port.

**Plage Vegaluna** BADEN

(☎ 04 93 43 67 05; www.vegaluna.com; La Croisette; Sonnenliegen 15–25 €; ⏲ 9.30–19 Uhr; 📶 👨‍👧) Familienfreundlicher Privatstrand.

**Z Plage** BADEN

(☎ 04 93 90 12 34; La Croisette; ⏲ Mai–Sept. 9.30–18 Uhr) Am Strand des Hôtel Martinez zahlt man 36/32/42 € für die blauen Liegen in der ersten Reihe/den sonstigen Reihen/am Pier. Es wird empfohlen, vorher zu reservieren.

### Geführte Touren

**Trans Côte d'Azur** BOOTSFAHRT

(☎ 04 92 98 71 30; www.trans-cote-azur.com; Quai Max Laubeuf) Von Juni bis September betreibt dieses Unternehmen Bootsfahrten nach

## Highlights

1 In der **Fondation Maeght** (S. 103) außergewöhnliche Kunst aus dem 20. Jh. bewundern und im beeindruckenden Bergdorf St-Paul de Vence Pétanque (Boule) spielen

2 Im **Musée Picasso** (S. 97) in Antibes und im **Musée National Picasso „La Guerre et la Paix"** (S. 102) in Vallauris auf den Spuren Picassos wandeln

3 Auf dem Küstenweg vom **Cap d'Antibes** (S. 101) sonnige Aussichten auf das Meer, die Alpen und die Villen der Milliardäre genießen

4 In **Grasse** (S. 108) drei Jahrtausende der Parfümherstellung erkunden und eine Blumenfarm besichtigen

5 In den spektakulären **Gorges du Loup** (S. 106) den Menschenmassen entfliehen und irgendwo zwischen den Haarnadelkurven ein leckeres Mittagessen zu sich nehmen

6 Sich in den leuchtenden Farben der **Corniche de l'Estérel** (S. 114) verlieren, wo der Sonnenuntergang alles scharlachrot färbt

7 Sich gemeinsam mit den Jachtbesitzern im hippen **Antibes** (S. 97) unters Volk mischen: auf dem morgendlichen Marché Provençal, in Fünf-Sterne-Restaurants, die ihre Zutaten frisch vom Bauernhof beziehen, und abends am Fuße der spektakulären Skulptur *Nomade*

0
10 km
Gréolières
Coursegoules
Loup
Cipières
D603
D2
Bramafan
Col de Vence
(963 m)
Baou des Blancs
(673 m)
N202
Cantaron
St-Jeannet
Courmes
Gorges du Loup
5
Courmettes
Tourrettes-sur-Loup
La Gaude
Gourdon
Vence
Var
Le Bar-sur-Loup
Le Pont du Loup
D2210
St-Isidore
D6
1
St-Paul de Vence
Nizza
La Colle Loubière
(337 m)
La Colle-sur-Loup
Châteauneuf de Grasse
St-Laurent-du-Var
N98
D2085
Roquefort-les-Pins
Opio
Cagnes-sur-Mer
nach Korsika
D3
Villeneuve-Loubet
Cros de Cagnes
Valbonne
D4
N85
Villeneuve-Loubet-Plage
Mouans-Sartoux
D103
Sophia Antipolis
Biot
A8
Mougins
Vallauris
2
Antibes
2
7
Le Cannet
N7
D109
Golfe-Juan
Pointe Bacon
Mandelieu-La Napoule
Juan-les-Pins
Cannes
Golfe Juan
Plage de la Garoupe
3
N98
Cap d'Antibes
Golfe de Napoule
La Napoule
Île Ste-Marguerite
Théoule-sur-Mer
Île St-Honorat
La Galère
Îles de Lérins
Miramar
MITTELMEER

## STARAUFGEBOT IN CANNES

Für zwölf Tage im Mai rückt Cannes ins Zentrum des Leinwanduniversums, sind alle Blicke auf die Stadt gerichtet. Dann kommen rund 33 000 Filmproduzenten, Filmverleiher, Regisseure, Pressesprecher, Stars und Trittbrettfahrer an die Côte d'Azur, um mehr als 2000 Filme zu kaufen, verkaufen oder zu promoten. Als eines der wichtigsten Filmereignisse des Jahres zieht das **Festival de Cannes** rund 4000 Journalisten aus aller Welt an.

Im Zentrum des Trubels steht das mächtige, 60 000 m² große Palais des Festivals, wo die offiziell ausgewählten Filme gezeigt werden. Das Palais wurde 1982 eröffnet und ersetzte den damals zerstörten Vorgängerbau. Das erste Festival fand am 1. September 1939 statt und war eine Antwort auf Mussolinis faschistisches Propagandafilmfestival in Venedig. Hitlers Einmarsch in Polen setzte dem Festival von Cannes ein abruptes Ende. Es wurde 1946 wiederbelebt – der Rest ist Geschichte.

Über die Jahre hinweg hat sich das Festival in die Bereiche „Wettbewerbsfilme" und „Filme außer Konkurrenz" aufgeteilt. Das Ziel der Wettbewerbsfilme ist die Goldene Palme, die von der Jury und ihrem Präsidenten an den Film verliehen wird, der der „Entwicklung der Leinwandkunst" am zuträglichsten ist. Namhafte Gewinner sind unter anderem Francis Ford Coppolas *Apocalypse Now* (1979), Quentin Tarantinos Kultfilm *Pulp Fiction* (1994) und die Anti-Bush-Doku des amerikanischen Aktivisten Michael Moore *Fahrenheit 9/11* (2004). Zu den jüngeren Gewinnern zählen *Die Klasse* (2008), ein Film von Laurent Cantet über das Unterrichten in den rauen Pariser Vororten, *Winterschlaf* (2014) des türkischen Regisseurs Nuri Bilge Ceylan und *Dämonen und Wunder* (2015) vom französischen Regisseur Jacques Audiard, der die Geschichte eines ehemaligen Kämpfers der Tamil Tigers in Sri Lanka erzählt, dem in Frankreich Asyl gewährt wird.

Die Mehrheit der Filme aber läuft „außer Konkurrenz". Hinter den Kulissen macht der **Marché du Film** (www.marchedufilm.com) mit Geschäftsverhandlungen rund um Filmvertriebe jährlich 1 Mrd. US$ Umsatz. Und genau diese Mischung aus unerbittlichem Kommerz und dem ganzen Hollywood-Glamour verleiht den Filmfestspielen ihren besonderen Zauber.

Normalsterbliche haben keine Chance, an Karten für die Filmfestspiele zu kommen. Ihnen bleiben nur die kostenlosen Tickets für ausgewählte, einzelne Filme, oftmals nach ihrer Erstaufführung. Die Karten sind limitiert und müssen am jeweiligen Tag beim **Espace Cannes Cinéphiles** (La Malmaison, 47 La Croisette; ⌚ während den Filmfestspielen tägl. 9–17.30 Uhr) abgeholt werden.

St-Tropez (Erw./Kind hin & zurück 48/38 €) und Monaco (52/38 €). Auf den zweistündigen Rundfahrten (27/17 €) erlebt man die krassen Farbkontraste zwischen den roten Klippen des Estérel, den grünen Wäldern und dem azurblauen Wasser.

## Feste & Events

Im Sommer sind Cannes und Musik quasi eins. Also nichts wie rein ins Vergnügen!

**Festival de Cannes** FILMFESTIVAL
(www.festival-cannes.com; ⌚ Mai) Rein ins Palais kommt man nicht, aber das Festival macht angesichts all der Prominenten trotzdem Spaß.

**Festival d'Art Pyrotechnique** FEUERWERK
(www.festival-pyrotechnique-cannes.com; ⌚ Juli–Aug.) Jeden Sommer drängen sich etwa 200 000 Menschen auf La Croisette und bestaunen atemberaubende Feuerwerkskunst über der Bucht von Cannes. Fantastisch! An sechs Abenden im Juli und August.

**Les Plages Électroniques** MUSIKFESTIVAL
(www.plages-electroniques.com; 1-Tages-Pass 16–21 €, 2-/3-Tages-Pass 31,10/41,10 €; ⌚ Juli–Aug.) Bei dem relaxten Festival stehen DJs an der Plage du Palais des Festivals am Plattenteller. Das Happening steigt auf fünf oder sechs Wochen verteilt einmal wöchentlich.

**Festival Pantiero** MUSIKFESTIVAL
(www.festivalpantiero.com; Tickets 25–30 €; ⌚ Anfang Aug.) Elektronische Musik und Indie-Rock auf der Terrasse des Palais des Festivals; sehr cool.

## Schlafen

Cannes ist ein wichtiges Konferenzzentrum, die Hotels sind zu allen Ereignissen schnell ausgebucht. Wer in der Stadt übernachten will, sollte also unbedingt im Voraus planen.

Unterkünfte buchen kann man online über die Touristeninformation bei **Cannes Hôtel Réservation** (www.cannes-hotel-reservation.fr); für Selbstversorger empfiehlt sich **Riviera Pebbles** (www.rivierapebbles.com).

**Hôtel Alnea** HOTEL €

(04 93 68 77 77; www.hotel-alnea.com; 20 rue Jean de Riouffe; EZ/DZ/3BZ 76/88/99 €; ) Noémi und Cédric haben frischen Wind in die Stadt der Stars gebracht und ihr Zwei-Sterne-Hotel mit Herz und Seele hell und farbenfroh eingerichtet. Originalgemälde und viele kleine Schmankerl wie Nachmittagskaffee, SB-Minibar sowie Fahrrad- und *boules*-Verleih (fürs Pétanque). Frühstück kostet 8,50 €.

**Hôtel de Provence** HOTEL €€

(04 93 38 44 35; www.hotel-de-provence.com; 9 rue Molière; EZ 118–139 €, DZ 161–189 €; ) Das traditionelle provenzalische Stadthaus mit buttergelben Wänden und lavendelblauen Fensterläden überrascht innen mit minimalistisch-schicker Einrichtung. Fast jedes Zimmer hat einen Balkon. Den Höhepunkt bildet jedoch die Suite im 7. Stock mit der atemberaubenden Dachterrasse. Das Hotel bietet ganz in der Nähe auch Studios für Selbstversorger an, in denen drei bis sechs Personen Platz haben. Frühstück kostet 9,80 €.

**Hôtel Le Mistral** BOUTIQUEHOTEL €€

(04 93 39 91 46; www.mistral-hotel.com; 13 rue des Belges; DZ 95–135 €; ) Die Goldene Palme für das beste Preis-Leistungs-Verhältnis in der Stadt geht an dieses Zwei-Sterne Hotel mit seinen zehn Zimmern. Diese sind zwar klein, aber hübsch in schmeichlerischen Rot- und Violetttönen gehalten und haben Bäder mit Designerarmaturen. Von der obersten Etage bietet sich eine schöne Aussicht. Das Hotel liegt nur 50 m von La Croisette entfernt. Frühstück kostet 9 €.

**Colette** BOUTIQUEHOTEL €€

(04 93 39 01 17; www.hotelcolette.com; 5 place de la Gare; DZ 125–330 €; @) Die lang ersehnte, abgeschlossene Renovierung des nun protzigen Bahnhofs kommt dem Vier-Sterne-Boutiquehotel auf der gegenüberliegenden Seite gerade recht. Helle, zeitgenössische Möbel verleihen dem Gebäude jugendliches Flair. Die (für Cannes) günstigen Last Minute-Angebote sind nicht übel. Frühstück kostet 15 €.

**Hôtel Splendid** HOTEL €€

(04 97 06 22 22; www.splendid-hotel-cannes.com; 4–6 rue Félix Faure; DZ ab 154 €; @) Das funkelnde, weiße Mittelschiff eines Palasts von 1871 verzaubert mit wunderschön eingerichteten Zimmern, antiken Möbeln, einer altmodischen Atmosphäre mit viel Annehmlichkeiten, einer fabelhaften Lage und atemberaubender Aussicht. Ein paar der Zimmer sind mit Küchenzeilen ausgestattet und eignen sich somit hervorragend für Langzeiturlauber und Familien.

**Hôtel 7e Art** BOUTIQUEHOTEL €€

(04 93 68 66 66; www.7arthotel.com; 23 rue du Maréchal Joffre; EZ/DZ ab 91/114 €; ) Das Hôtel 7e Art bietet auch Reisenden mit kleinerem Budget eine Boutique-Unterkunft. Die Besitzer haben das Wesentliche erkannt: große Betten, strahlend saubere Badezimmer, schwungvolles Design und schalldichte Isolierung (das ist leider nötig, da das Hotel an der Ecke einer großen, sehr, sehr lauten Straße liegt). Annehmlichkeiten wie Aufladestationen für iPods in jedem Zimmer übertreffen das, was man zu diesem Preis erwartet. Frühstück kostet 9,50 €.

**Hôtel Montaigne** BOUTIQUEHOTEL €€

(04 97 06 03 40; www.hotel-montaigne.eu; 4 rue Montaigne; DZ ab 169 €; @) Das Montaigne ist hell, leuchtend bunt und zeitgenössisch mit frischer, minimalistischer Ausstattung und in beruhigenden Beige- und Burgundertönen gehalten. Es gibt einen Wellnessbereich mit Whirlpool, Hammam und jeder Menge attraktiver Behandlungen. Für Familien gibt es Aufenthaltsräume mit Küchenzeilen.

**Villa Garbo** BOUTIQUEHOTEL €€€

(04 93 46 66 00; www.villagarbo-cannes.com; 62 bd d'Alsace; DZ ab 400 €; @) Außergewöhnlicher Stil und Service erwartet einen in der Villa Garbo. Die geräumigen Suiten, die alle mit einer Küche ausgestattet sind, sind in Grau- und Fuchsia- oder Braun- und Orangetönen gehalten und erfüllen höchste Standards (Bettbezüge aus ägyptischer Baumwolle, iPod-Ladestationen, Doppelbetten, täglich geöffnete Bar, etc.). Abzüge in der B-Note dieser ausgezeichneten Unterkunft gibt's für die Lage an einer sehr lauten Kreuzung.

**Hôtel Le Canberra** BOUTIQUEHOTEL €€€

(04 97 06 95 00; www.hotel-cannes-canberra.com; 120 rue d'Antibes; DZ ab 169 €; @) Dieses Boutiquehotel liegt nur ein paar Straßen von La Croisette entfernt und verkörpert perfekt den Glamour von Cannes: graue Designerzimmer mit knallrosa Akzenten, Badezimmer aus schwarzem Mar-

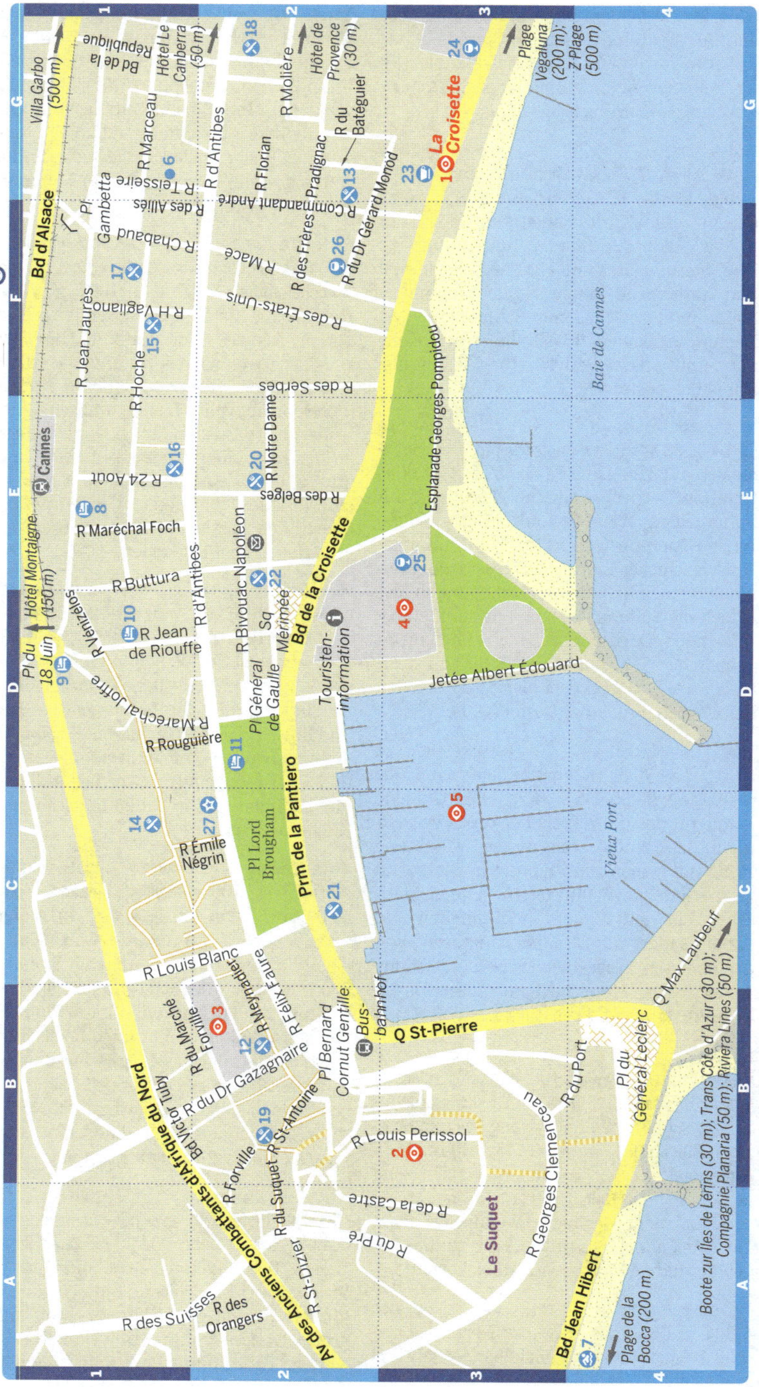
Cannes
0
200 m
Villa Garbo (500 m)
Bd de la République
Hôtel Le Canberra (50 m)
Hôtel de Provence (30 m)
R Molière
R du Batéguier
Plage Vegaluna (200 m); Z Plage (500 m)
La Croisette
R Marceau
R Teisseire
R d'Antibes
R Florian
R Commandant André
R Pradignac
R du Dr Gérard Monod
R des Frères
Bd d'Alsace
Pl Gambetta
R des Alliés
R Chabaud
R Macé
R Jean Jaurès
R H Vagliano
R Hoche
R des États-Unis
R des Serbes
Baie de Cannes
Esplanade Georges Pompidou
Cannes
R 24 Août
R Notre Dame
R des Belges
R Maréchal Foch
Hôtel Montaigne (150 m)
R Buttura
R Bivouac Napoléon
Bd de la Croisette
R Vénizelos
R Jean de Riouffe
Sq Mérimée
Touristen-information
Pl du 18 Juin
R Maréchal Joffre
Pl Général de Gaulle
Jetée Albert Édouard
R Rougière
R Émile Négrin
Pl Lord Brougham
Prm de la Pantiero
Vieux Port
R Louis Blanc
R Meynadier
R Félix Faure
R du Marché Forville
Bus-bahnhof
Q St-Pierre
Pl Bernard Cornut Gentille
R du Dr Gazagnaire
Bd Victor Tuby
Av des Anciens Combattants d'Afrique du Nord
Q Max Laubeuf
R du Port
Pl du Général Leclerc
R St-Antoine
R Louis Perissol
R Forville
R du Suquet
R de la Castre
R Georges Clemenceau
Le Suquet
R du Pré
R St-Dizier
R des Suisses
R des Orangers
Bd Jean Hibert
Plage de la Bocca (200 m)
Boote zur Îles de Lérins (30 m); Trans Côte d'Azur (30 m); Compagnie Planaria (50 m); Riviera Lines (50 m)

## Cannes

**Highlights**
1 La Croisette ..... G3

**Sehenswertes**
2 Le Suquet ..... B3
3 Marché Forville ..... B2
4 Palais des Festivals et des Congrès ..... D3
5 Vieux Port ..... C3

**Aktivitäten, Kurse & Touren**
6 Les Apprentis Gourmets ..... G1
7 Plage du Midi ..... A4

**Schlafen**
8 Colette ..... E1
9 Hôtel 7e Art ..... D1
10 Hôtel Alnea ..... D1
Hôtel Le Mistral ..... (siehe 20)
11 Hôtel Splendid ..... D2

**Essen**
12 Aux Bons Enfants ..... B2
13 Bobo Bistro ..... G2
14 Fromagerie Ceneri ..... C1
15 JP Paci ..... F1
16 La Boulangerie par Jean-Luc Pelé ..... E1
17 La Casa di Nonna ..... F1
18 L'Affable ..... G2
19 Mantel ..... B2
Marché Forville ..... (siehe 3)
New York, New York ..... (siehe 11)
20 Petit Paris ..... E2
21 PhilCat ..... C2
22 Sea Sens ..... E2

**Ausgehen & Nachtleben**
23 Armani Caffè ..... G3
24 JW Grill ..... G3
25 Les Marches ..... E3
26 Sun 7 Bar ..... F2

**Unterhaltung**
27 Cinéma Les Arcades ..... C2

mor mit bunten Lichtern, ein beheizter Pool (April–Okt.) in einem Bambusgarten, intime Atmosphäre (es gibt nur 35 Zimmer) und makelloser Service. Die Zimmer mit Blick auf die Rue d'Antibes sind die günstigsten.

## Essen

An den meisten Privatstränden befinden sich Restaurants, die besonders an warmen Sommertagen sehr beliebt sind. Freilich hat es seinen Preis, dass man *les pieds dans l'eau* (direkt am Meer) speisen kann: Hier zahlt man zwischen 25 und 30 € für ein Hauptgericht mit Fisch oder Fleisch oder einen Gourmetsalat.

**★ PhilCat** SANDWICHES €
(Promenade de la Pantiéro; Sandwiches & Salate 3,50–6 €; 7–19 Uhr; ) In dieser Fertighütte am Strand von Phillipe und Catherine gibt es mit das beste Mittagessen von Cannes. Auf der Terrasse mit Blick aufs Meer genießen die Einheimischen riesige Salate, Panini und das beste *pan bagnat* (ein gigantisches Brötchen gefüllt mit Thunfisch, Zwiebeln, roter Paprika, Salat und Tomaten, eingetaucht in etwas Olivenöl; 5 €) an der Riviera. Bei der „Super"-Variante (5,30 €) sind noch Anchovis dabei.

**La Boulangerie par Jean-Luc Pelé** BOULANGERIE €
(www.jeanlucpele.com; 3 rue du 24 août; Mittagsmenü 6–9,50 €; Mo–Sa 7.30–19.30 Uhr) Diese todschicke Bäckerei des einheimischen Chocolatier und Pâtissier Jean-Luc Pelé wirft ein ganz neues Licht auf günstiges Essen in Cannes. Kreative Salate, Sandwiches, Wraps und Bagels – zum hier Essen oder Mitnehmen – bestechen mit regionalen Geschmacksrichtungen und sind der perfekte Auftakt für die sensationellen Kuchen und Nachspeisen, für die Pelé bekannt ist.

Noch ein Tipp für Feinschmecker: Macarons gibt es sowohl süß als auch herzhaft. Lust auf Foie Gras und Feige?

**★ Bobo Bistro** MEDITERRAN €
(04 93 99 97 33; 21 rue du Commandant André; Pizzas 12–16 €, Hauptgerichte 15–20 €; Mo–Sa mittags & abends, So mittags) Wie der Name schon verrät, tummelt sich in diesem unglaublich coolen Bistro in Cannes angesagtem Viertel Carré d'Or (Goldenes Viertel) ein „bo-bo"-Klientel: Bourgeois und Bohemiens. Die Einrichtung ist auf Retro getrimmt und macht mit *objets d'art* wie einem Gemälde aus Dutzenden bunten Garnfäden auf sich aufmerksam. Die Küche ist regional, saisonal und ausnahmslos aus Bio-Produkten: Artischockensalat, Thunfischcarpaccio mit Passionsfrucht, gebratener Kabeljau mit Kartoffelbrei *fait masion* (hausgemacht).

**La Casa di Nonna** ITALIENISCH €
(04 97 06 33 51; 41 rue Hoche; Hauptgerichte 10–15 €; 8.30–19 Uhr) Blumen auf den Tischen, frische Dekoration, italienisches Essen wie von einer italienischen *nonna* und hausgemachte Kuchen machen diese

NICHT VERSÄUMEN

## SCHNELLKOCHKURSE

Halb Restaurant, halb Kochschule: So lässt sich diese Boutiqueküche **Les Apprentis Gourmets** (☎ 04 93 38 78 76; www.lesapprentisgourmets.fr; 6 rue Teisseire) im Herzen von Cannes wohl am besten beschreiben. Die ein- bis zweistündigen Kochkurse (32–74 €) konzentrieren sich auf bestimmte Themen oder Menüs, die am Ende des Kurses mitgenommen werden können. Highlight ist ein Expresskurs am Mittag (17 €, 30 Min.), während dessen jeder Teilnehmer ein Gericht kocht, dass dann zusammen mit den anderen Köchen auf dem Hochparterre über der Küche gegessen wird. Selbst Kochkurse für Kinder zwischen sechs und zwölf Jahren werden angeboten (32 €).

Mischung aus Restaurant und Teestube zu einem wahren Geheimtipp. Egal ob Frühstück, Vormittagskaffee, Mittagessen oder ein Feierabend-Drink: La Casa di Nonna ist ein Paradies für Gourmets.

**New York, New York** BRASSERIE €

(☎ 04 93 06 78 27; www.nynycannes.com; 1 allée de la Liberté; Pizzas 12–18 €, Hauptgerichte 15–32 €; ⌚ 8–2 Uhr; 📶 🌿) Dieses angesagte Grillhouse bekommt nur die besten Noten für seine große Terrasse unter der schillernd weißen Fassade des Hôtel Splendid, von der aus man prima Leute beobachten kann. Die riesigen Burger, die zarten Steaks, die Holzofenpizzas und die schicke und moderne Einrichtung sind bei der Bevölkerung Cannes überaus beliebt. Essen wird den ganzen Tag serviert.

**Aux Bons Enfants** FRANZÖSISCH €€

(www.aux-bons-enfants.com; 80 rue Meynadier; Menüs 29 €, Hauptgerichte 16 €; ⌚ Di–Sa 12–14 & 19–22 Uhr) Das entspannte und sehr beliebte Restaurant serviert seit 1935 in provenzalischer Atmosphäre regionale Gerichte wie *aïoli garni* (Knoblauch- und Safran-Mayonnaise, die zu Fisch und Gemüse gereicht wird), *daube* (provenzalischer Rindereintopf) und *rascasse meunière* (in der Pfanne gebratener Drachenkopf) . Keine Kreditkarten oder Reservierungen.

**Petit Paris** BRASSERIE €€

(www.le-petitparis.fr; 13 rue des Belges; Hauptgerichte 22–36 €; ⌚ 8–24 Uhr; 🌿 📋) Das „Kleine Paris" ahmt mit seinem Dekor eine Brasserie aus der Hauptstadt nach. Wie jede Brasserie, die ihre Pommes Frites wert ist, wird auch hier den ganzen Tag ab 8 Uhr Essen serviert. Beim ausgezeichneten Frühstück hat man die Wahl zwischen Französisch, Englisch, Amerikanisch oder Skandinavisch.

**Sea Sens** FUSION €€€

(☎ 04 63 36 05 06; www.five-hotel-cannes.com; 1 rue Notre Dame; Menü mittags 29 € & 39 €, abends 65–115 €, Hauptgerichte 23–68 €; ⌚ Di–Sa 19.30–23 Uhr; 📶) Das Restaurant mit einem Michelin-Stern liegt im 4. Stock des Five Seas Hotel und verbindet französische Gastronomie und asiatische Eleganz mit einem Panoramablick über Le Suquet und die Dächer von Cannes. Die großartigen Desserts von Konditor Jerôme De Oliveira sind das süße Highlight. Das Mittagessen hat ein sehr gutes Preis-Leistungs-Verhältnis.

**Mantel** MODERN EUROPÄISCH €€€

(☎ 04 93 39 13 10; www.restaurantmantel.com; 22 rue St-Antoine; Menüs 35–60 €, Hauptgerichte 34–45 €; ⌚ Fr–Mo 12–14, Do–Di 19.30–22 Uhr) In dem edlen Altstadtrestaurant erkennt man schnell, warum Noël Mantel der Star unter Cannes' Köchen ist. Der Service ist ausgezeichnet, die saisonale Küche einfach himmlisch. Unbedingt die wunderbar zarte, glasierte Kalbshaxe in Balsamico-Essig oder den pochierten Tintenfisch à la *bourride* probieren.

**L'Affable** MODERN FRANZÖSISCH €€€

(☎ 04 93 68 02 09; www.restaurant-laffable.fr; 5 rue Lafontaine; Menüs mittags/abends 28/44 €, Hauptgerichte 26–43 €; ⌚ Mo–Fr 12–14.30 & 19–22.30, Sa 19–22.30 Uhr) Im L'Affable wird moderne französische Küche großgeschrieben. Hier wird alles von den Zutaten über das Kochen bis hin zur Präsentation der Gerichte perfektioniert: egal ob gebratenes Kalb mit Gemüse, sautierte Dorade an *beurre blanc* (weißer Butter) mit Spargel oder die Spezialität des Hauses, das Grand Marnier Soufflé, das förmlich an den Tisch geflogen kommt. Unbedingt reservieren!

## 🍷 Ausgehen & Nachtleben

Die Bars im Carré d'Or (Goldenes Viertel) zwischen Rue Commandant André, Rue des Frères Pradignac, Rue du Batéguier und Rue du Dr Gérard Monod sind jung, angesagt und jeden Abend gut besucht. Wer es etwas gediegener mag, der sollte die Bars am Strand oder in den Spitzenhotels ansteuern. Einen kompletten Veranstaltungskalender findet man in dem kostenlosen Monatsmagazin *Le Mois à Cannes*, das in der Touristeninformation erhältlich ist.

Das Nachtleben in Cannes folgt seinen speziellen Regeln: Wer in die angesagtesten Clubs und auf die aktuellsten Veranstaltungen gehen möchte, der sollte sich richtig in Schale werfen.

**Armani Caffè** CAFÉ
(☎04 93 99 44 05; 42 bd de la Croisette; ⏲8.30–20 Uhr) Das Freiluftcafé des italienischen Modehauses Armani ist wie zu erwarten chic, modern und voller Elan. Bei einem Glas gut gekühlten Prosecco (10 €) kann man unter taupéfarbenen Sonnenschirmen in einem gepflegten Garten das Treiben von La Croisette beobachten. Hier gibt's auch Salate, Pasta und Panini.

**Sun 7 Bar** COCKTAILBAR
(www.sun7cannes.com; 5 rue du Dr Gérard Monod; ⏲17–5 Uhr; 📶) Das schlichte Sun 7 zieht vor allem junge Leute an, die sich am Wochenende ein paar Drinks genehmigen und tanzen wollen. Unter der Woche geht es entspannter zu. Die aktuellen Events werden draußen auf einer Tafel angekündigt.

**JW Grill** LOUNGE-BAR
(☎04 92 99 70 92; 50 bd de la Croisette; ⏲11–23 Uhr) Die umwerfende weiße Lounge-Bar mit Designersofas und Blick aufs Meer ist das schönste Lokal von La Croisette. In der schicken Fünf-Sterne-Bar kann man bei Dämmerung an einem Glas Champagner für 16 € nippen und ins Träumen geraten. Es gibt auch Essen (Hauptgerichte 28–46 €). Das Lokal befindet sich im Erdgeschoss des JW Marriott Hotels.

**Le Bâoli** CLUB
(☎04 93 43 03 43; www.lebaoli.com; Port Pierre Canto, bd de la Croisette; ⏲Do–Sa 20–6 Uhr) Der coolste, angesagteste und wählerischste Club von Cannes ist in der Tat so wählerisch, dass es sein kann, dass die gesamte Clique draußen bleiben muss, wenn nicht alle aufgedonnert sind wie ein Pfau. Zum Club gehört auch ein Restaurant; wer dort einen Tisch reserviert, erhöht seine Chance, auch in den Club zu kommen. Am westlichen Ende von La Croisette.

**Les Marches** CLUB
(☎04 93 39 77 21; www.lesmarches-club.com; Palais des Festivals, 1 bd de la Croisette; ⏲Mai–Sept. 20–6 Uhr, Okt.–April Fr & Sa 23.30–6 Uhr) Nur wenige Treffpunkte in Cannes sind so schnuckelig wie die Dachterrasse des schicken Clubs im Palais des Festivals.

**Gotha Club** CLUB
(☎04 93 45 11 11; Casino Palm Beach; place Franklin Roosvelt; Eintritt 25–50 €; ⏲Mai bis 24 Uhr, Juli & Aug. bis Sonnenaufgang) Der Club mit den besten DJs hat nur im Mai während des Filmfestivals und dann nochmal im Juli und August geöffnet. Das Gotha bietet die angesagtesten

INSIDERWISSEN

## SHOPPEN MIT GESCHMACK

Wenn es ums Shoppen geht, kann man Chanel, Gucci und die ganzen anderen Designer-Labels, die die laufstegartigen Straßen von Cannes säumen, getrost vergessen.

Ein absoluter Insidertipp ist die **Fromagerie Ceneri** (☎04 93 39 63 68; www.fromagerie-ceneri.com; 22 rue Meynadier; ⏲Mo 10–18, Di–Sa 8–19.30, So 8.30–12.30 Uhr) – *der* Ort in Cannes, an dem man Käse und andere Milchprodukte kaufen sollte. In dem Laden hängen Kuhglocken von der Holzdecke, und es gibt eine beeindruckende Auswahl an Käse. Der *fromager-affineur* (Käsehändler) ist schon seit 1968 im Geschäft und eine seltene und wertvolle Spezies an der Riviera. Seine Auswahl an *chèvre* (Ziegenkäse) aus der Provence ist einzigartig, ebenso wie seine Käseplatte mit Sorten aus ganz Frankreich.

Regionale Lebensmittel gibt es auf dem **Marché Forville** (Rue du Marché Forville; ⏲Di–So 7–13, Mo 8–18 Uhr), dem belebten Markt von Cannes, der nur ein paar Straßen vom Hafen entfernt liegt. Er öffnete erstmals 1934 und ist immer noch einer der Hauptmärkte der Region. Montags wird das frische Obst, Gemüse und Fleisch durch einen ganztägigen *brocante* (Flohmarkt) abgelöst.

Wer gleichzeitig etwas für sein Modebewusstsein und die Geschmacksnerven tun will, der sollte sich ein Paar Stilettos aus Schokolade bei **JP Paci** (www.chocolaterie-paci.fr; 28 rue Hoche; ⏲Mo–Sa 9.30–19 Uhr) kaufen. Der Chocolatier Jean-Patrice stellt in guter alter Handarbeit auch perfekt geformte Camemberts, Raviolis, rote Rosen, Werkzeugkästen und Blumenvasen aus Schokolade her – alles in süßester Perfektion.

Namen der Musikszene auf, liegt spektakulär an der Meerseite von La Croisette und ist besonders bei Promis sehr beliebt. Die Türsteher sind streng und weisen konsequent Männer ohne weibliche Begleitung und all diejenigen ab, die nicht fabelhaft aussehen.

## ✪ Unterhaltung

**Cinéma Les Arcades** KINO
(http://arcadescannes.cine.allocine.fr; 77 rue Félix Faure; Karten 9,50 €) Auch Filme auf Englisch.

## ℹ Praktische Informationen

**Touristeninformation** (☎ 04 92 99 84 22; www.cannes-destination.fr; 1 bd de la Croisette; ⏲ Juni–Aug. 9–20 Uhr, Sept.–Mai 10–19 Uhr)

## ℹ Anreise & Unterwegs vor Ort

### AUTO

Am Bahnhof haben alle großen Autovermietungen ihre Filialen.

Im Zentrum ist das Parken auf zwei Stunden begrenzt. In Parkhäusern wie **Parking Croisette** (Port Canto, 1 bd de la Croisette), **Parking Forville-Suquet** (7 rue Pastour) oder **Parking Gare SNCF** am Bahnhof (1 rue Jean Jaurès) gibt es keine zeitlichen Einschränkungen, sie verlangen jedoch Parkgebühren (1. Stunde frei, jede weitere Stunde 2,70 €).

### BUS

Transport Alpes-Maritimes (TAM) betreibt Expressbusse nach Nizza (Bus 200, 1,50 €, 1½ Std., alle 15 Min.), zum Flughafen Nice-Côte d'Azur (Bus 210, 20 €, 50 Min., alle 30 Min.), nach Mougins (Bus 600, 1,50 €, 20 Min, alle 20 Min.) und nach Grasse (Bus 600, 1,50 €, 45 Min.). Der Stadtbus **Navette City Palm** (www.palmbus.fr; 1,50 €) macht die Runde über den **Busbahnhof** (Place Cornut Gentille), La Croisette, die Rue d'Antibes und den Bahnhof. Es gibt keine Haltestellen; einfach winken, wenn er vorbeifährt.

### FAHRRAD

**Mistral Location** (☎ 04 93 39 33 60; www.mistral-location.com; 4 rue Georges Clémenceau) Verleiht Fahrräder/Motorroller/Autos ab 18/30/74 € pro Tag.

### ZUG

Vom leuchtend weißen Bahnhof von Cannes aus gibt es Verbindungen zu vielen anderen Städten an der Küste.

**Nizza** 5,90 €, 40 Min., alle 15 Min.

**Antibes** 3 €, 12 Min., min. 2-mal stündl.

**Monaco** 9,60 €, 1 Std., min. 2-mal stündl.

**St-Raphaël** 7,40 €, 30 Min., alle 20 Min.

**Marseille** 31,30 €, 2 Std., alle 30 Min.

# Îles de Lérins

Die beiden winzigen, autofreien Inselchen Île Ste-Marguerite und Île St-Honorat erreicht man von Cannes aus in nur 20 Minuten mit dem Boot. Sie sind wahre Oasen der Ruhe und Beschaulichkeit, eine Welt weitab des Rummels an der Riviera.

Campen ist verboten, es gibt keine Hotels und nur wenige Lokale. Ein Picknickkorb und Trinkwasser leisten wertvolle Dienste.

Die Boote zu den Inseln legen in Cannes am Ende des Quai Laubeuf an der Westseite des Hafens ab. **Riviera Lines** (☎ 04 92 98 71 31; www.riviera-lines.com; quai Laubeuf) schippert zur Île Ste-Marguerite (Erw./Kind hin & zurück 13,50/9€), die **Compagnie Planaria** (www.cannes-ilesdelerins.com; quai Laubeuf) zur Île St-Honorat (Erw./Kind hin & zurück 16,50/8 €).

In St-Raphaël bietet der Veranstalter Les Bateaux de St-Raphaël (S. 115) Ausflüge zur Île Ste-Marguerite (Erw./Kind hin & zurück 22/12 €) an.

## Île Ste-Marguerite

Die von Eukalyptusbäumen und Pinien bedeckte Insel Ste-Marguerite eignet sich perfekt für einen Tagesausflug ab Cannes. Das Ufer ist eine endlose Reihe einsamer Strände, die für ein Picknick wie geschaffen sind. Außerdem gibt's zahlreiche **Wanderwege**.

Die Insel diente über Jahrhunderte als Verteidigungsposten. Das **Fort Royal** (☎ 04 93 38 55 26; Erw./Kind 6/3 €; ⏲ Di–So 10.30–13.15 & 14.15–17.45 Uhr), das im 17. Jh. von Richelieu gebaut und später von Vauban befestigt wurde, beherbergt heute das **Musée de la Mer**. Hier kann man sich über die griechisch-römische Geschichte der Insel informieren und Artefakte bewundern, die aus vor der Küste liegenden Schiffswracks stammen. Es gibt auch ein kleines Aquarium, das die Flora und Fauna des Mittelmeers zeigt.

Wer will, kann die Zellen des ehemaligen **Staatsgefängnisses** besichtigen, in dem der berühmte Mann mit der eisernen Maske einsaß. Der Spaziergang über die Anlage bietet schöne **Ausblicke** auf die Küste.

## Île St-Honorat

Auf der bewaldeten Île St-Honorat, einst Sitz eines mächtigen Klosters (5. Jh.), leben bis heute rund 25 Zisterziensermönche. Ihnen gehört die Insel; Besucher sind ihnen willkommen. Mit einer Länge von 1,5 km und

### DER MANN MIT DER EISERNEN MASKE

Bevor der Mann mit der eisernen Maske nach Paris in die Bastille kam, wurde er von ca. 1687 bis 1698 von Ludwig XIV. (reg. 1661–1715) in der Festung auf der Île Ste-Marguerite gefangen gehalten. Nur der König kannte die Identität des Mannes hinter der Maske. Um den unglückseligen Insassen spann sich ein dichtes Netz von Mythen und Legenden.

Mehr als 60 Identitäten waren im Gespräch. Es wurde u. a. vermutet, dass es sich bei dem Mann hinter der Maske um den Herzog von Monmouth (der in Wirklichkeit unter Jakob II. enthauptet wurde), den Grafen von Vermandois (Sohn Ludwigs XIV., der 1683 an Pocken gestorben sein soll) oder den Bruder des Königs (einen Zwillingsbruder oder älteren, unehelichen Bruder) handelte. Für einige Gelehrte war der Mann mit der eisernen Maske gar eine Frau.

einer Breite von 400 m ist das Eiland die kleinere (und südlichere) der Lérins-Inseln.

Das **Monastère Fortifié** am Südufer der Insel ist alles, was von dem ursprünglichen Kloster übrig ist. Es wurde 1073 gebaut, um die Mönche vor Piraten zu schützen. Der Eingang lag 4 m über der Erde und war nur über eine Leiter zugänglich, die später durch die noch sichtbare Steintreppe ersetzt wurde. Die Gewölbe des Gebetsraums im 1. Stock datieren aus dem 15. Jh. Von dem Hauptturm hat man einen wunderbaren Rundumblick auf Küste und Meer.

Vor dem Hauptturm steht die von einer Mauer umgebene **Abbaye Notre Dame de Lérins**, die im 19. Jh. um das mittelalterliche Kloster herumgebaut wurde. In dem Andenkenladen kann man sich eine Flasche **Lérina** kaufen; der 50%ige rubinrote, zitronengelbe oder erbsengrüne Likör wird aus 44 Kräutern hergestellt. Außerdem bauen die Mönche **Wein** an.

## Antibes-Juan-les-Pins

76 580 EW.

Mit seinem übervollen Jachthafen, den Befestigungsmauern aus dem 16. Jh. und den schmalen, blumengeschmückten Kopfsteinpflasterstraßen ist das liebliche Antibes der Inbegriff einer mediterranen Stadt. Picasso, Max Ernst und Nicolas de Staël waren von Antibes ebenso verzaubert wie Graham Greene (1904–1991), der hier zusammen mit seiner Geliebten, Yvonne Cloetta, von 1966 bis ein Jahr vor seinem Tod lebte.

Zu Antibes gehören auch das Cap d'Antibes, ein exklusives, grünes Kap mit Luxusvillen (S. 101), und Juan-les-Pins, ein moderner Badeort mit einem 2 km langen Sandstrand und einem aufregenden Nachtleben – ein Erbe aus den Wilden Zwanzigern, als die Amerikaner mit ihrem Jazz und der ach so knappen Badebekleidung Einzug hielten.

### Sehenswertes & Aktivitäten

Wer zwischen den ganzen Sehenswürdigkeiten eine Abkühlung braucht, kann sich diese bei den kunstvollen Brunnen an der Place du Général de Gaulle holen.

**Musée Picasso** MUSEUM
(www.antibes-juanlespins.com; Château Grimaldi, 4 rue des Cordiers; Erw./erm. 6/3 €; Di–So 10–12 & 14–18 Uhr, Juli & Aug. Mi & Fr bis 20 Uhr) Picasso selbst hat einmal gesagt: „Wer die Picassos aus Antibes sehen will, der muss sie in Antibes sehen." Das aus dem 14. Jh. stammende Château Grimaldi diente Picasso von Juli bis Dezember 1946 als Studio und beherbergt heute eine ausgezeichnete Sammlung seiner Werke und faszinierende Fotos von ihm. Die Bandbreite der Lithografien, Gemälde, Zeichnungen und Keramiken zeigt die Vielseitigkeit und Wissbegier Picassos. In dem Museum ist ein Zimmer Nicolas de Staël gewidmet, einem weiteren Künstler, der Antibes seine Heimat genannt hat.

★ **Bastion St-Jaume** MONUMENT
(quai Henri Rambaud; Juni–Aug. 10–23 Uhr, Sept.–Mai bis 18 Uhr) GRATIS Ein Spaziergang über die Befestigungsmauer, die **Promenade des Arts**, führt zum Hafen, wo Luxusjachten mit dem *Nomade* (2010), einer 8 m hohen Statue eines aufs Meer hinausschauenden Mannes, um Aufmerksamkeit buhlen. Das illusionistische Kunstwerk des Katalanen Jaume Plensa ist aus tausenden weißen Buchstaben gefertigt und leuchtet bei Nacht – ein atemberaubender Anblick. Es steht auf der Terrasse der Bastion St-Jaume an der Stelle eines ehemaligen römischen Tempels, der im 17. Jh. ein Befestigungsturm und bis 1985 eine Schiffswerft war.

**Vieil Antibes** HISTORISCHES VIERTEL
Vieil Antibes ist eine bunte Mischung aus Boutiquen und Restaurants an bezaubern-

## Antibes

## Antibes

**Sehenswertes**
1 Cathédrale d'Antibes .................. D3
2 Musée Peynet et du Dessin Humoristique .................. C3
3 Musée Picasso .................. D3

**Aktivitäten, Kurse & Touren**
4 Plage de la Gravette .................. D2

**Schlafen**
5 Hôtel La Place .................. B4
6 Le Relais du Postillon .................. B3

**Essen**
7 Big Moustache .................. B4
8 Fromagerie L'Etable .................. C3
9 La Badiane .................. B4
10 La Ferme au Foie Gras .................. D2
11 L'Atelier Jean-Luc Pelé .................. C3
12 Le Broc en Bouche .................. D3
13 Nacionale .................. C3

**Ausgehen & Nachtleben**
14 Balade en Provence .................. D3
15 Brasserie Le Clémenceau .................. C3
16 Drinkers Club .................. D3

**Shoppen**
17 Marché Provençal .................. D3

den alten Plätzen und in Gassen innerhalb der wuchtigen Stadtmauern. Die **Cathédrale d'Antibes** (Rue de la Paroisse) mit ihrer ockerfarbenen neoklassizistischen Fassade ist an der Stelle eines griechischen Tempels errichtet; der große, viereckige romanische Glockenturm stammt aus dem 12. Jh. Auf dem Marché Provençal (S. 100) lässt sich prima ein ganzer Vormittag verbringen. Und die Aussicht von der Stadtmauer auf Nizza – man sieht u. a. den Flughafen – und die schneebedeckten Berggipfel dahinter ist traumhaft.

**Fort Carré** MONUMENT
(rte du Bord de Mer; geführte Tour Erw./Kind 3 €/ Eintritt frei; ⏲ Juli & Aug. Di–So 10–18 Uhr, Sept.–Juni Di–So bis 16.30 Uhr) Auf der Fahrt von Antibes nach Nizza fällt vor allem das uneinnehmbare Fort Carré aus dem 16. Jh. auf, das im 17. Jh. von Vauban erweitert wurde. Sein Dasein als Grenzposten endete erst 1859/60, als das bis dahin italienische Nizza französisch wurde. Die geführten Touren starten alle 30 Minuten; manche Reiseleiter sprechen auch Englisch.

**Musée Peynet et du Dessin Humoristique** MUSEUM
(place Nationale; Erw./erm. 3/1,50 €; ⏲ Di–So 10–12 & 14–18 Uhr) Hier sind über 300 humoristische Bilder, Karikaturen und Kostüme des in Antibes geborenen Karikaturisten Raymond Peynet ausgestellt. Außerdem werden fantastische Sonderausstellungen gezeigt.

**Plage de la Gravette** BADEN
(quai Henri Rambaud) Mitten im Zentrum von Antibes befindet sich die Plage de la Gravette, ein kleiner Sandstreifen an der Stadtmauer.

**Plage de la Salis** BADEN
Der Strand mit unschlagbarer Aussicht auf die Altstadt von Antibes und die Seealpen liegt nur 20 Minuten von Antibes entfernt.

**Pointe Bacon** SCHNORCHELN, BADEN
Der Küstenstreifen zwischen der Plage de la Salis und dem Cap d'Antibes, vor allem der Abschnitt rund um den Pointe Bacon, ist von felsigen Buchten gesäumt, die ein Paradies für Schnorchler darstellen.

**Plage de la Garoupe** BADEN
Diesen Streifen am Cap d'Antibes befreiten erstmals 1922 Cole Porter und der amerikanische Künstler Gerald Murphy von Algen und Seegras, um so einen goldenen Sandstrand freizulegen. Hier befinden sich heute ein öffentlicher Strand unterhalb der Terrasse des ausgezeichneten **Le Rocher** (☎ 04 93 67 51 36; 925 chemin de la Garoupe, Plage de la Garoupe; Hauptgerichte 17–22 €) und ein Privatstrand, der **Plage Keller** (mit weiß gedeckten Restauranttischen und Sonnenliegen auf einem Steg).

## Feste & Events

Juli ist der Partymonat schlechthin in Antibes und Juan-les-Pins. Das größte Event bildet das Jazzfestival von Juan, es finden aber auch verschiedene andere Musikfestivals statt.

**Jazz à Juan** MUSIK
(www.jazzajuan.com; ⏲ Mitte Juli) Das größte Festival von Juan-les-Pins findet Mitte Juli statt und wird schon seit über 50 Jahren veranstaltet. Nahezu jede Größe aus der Jazzszene ist hier aufgetreten – und nach wie vor zieht der Event große Namen aus der Branche an.

## Schlafen

**Relais International de la Jeunesse** HOSTEL €
(☎ 04 93 61 34 40; www.clajsud.fr; 272 bd de la Garoupe; B 20 €; ⏲ April–Okt.; ) Dank eines Meerblicks, der die Millionäre in der Nachbarschaft neidisch macht, ist dieses einfache, aber freundliche Hostel besonders bei Jachtarbeitern beliebt, die auf der Suche nach ihrem nächsten Job im Hafen von Antibes sind. Bettzeug und Frühstück sind im Preis inbegriffen. Zwischen 11 und 17 Uhr muss das Zimmer täglich geräumt werden.

★ **Hôtel La Place** HOTEL €€
(☎ 04 97 21 03 11; www.la-place-hotel.com; 1 av du 24 août; DZ 155–175 €; @) Neben einem Busbahnhof findet man eher selten ein zeitgemäß schick eingerichtetes Hotel. Dieses hier ist eine Ausnahme. Die 14 Zimmer sind geräumig, modern und in den beruhigenden Farben Braungrau, Aubergine und Anisgrün gestaltet. Drei der Zimmer haben einen kleinen Balkon. Frühstück wird in der luftigen Lounge serviert (13 €). Kein Aufzug.

**Hôtel La Jabotte** B&B €€
(☎ 04 93 61 45 89; www.jabotte.com; 13 av Max Maurey; DZ 120–170 €; @) Dieses Hotel mit B & B-Flair liegt nur 50 m vom Meer entfernt. Die zehn provenzalisch eingerichteten Zimmer sind auf einen hübschen Innenhof ausgerichtet, in dem an warmen Tagen auch das Frühstück serviert wird. Von Vieil Antibes ist es ein 1,5 km (20 Min.) langer Spaziergang an der Uferpromenade zur Plage de la Salis.

**Le Relais du Postillon** HOTEL €€
(☎ 04 93 34 20 77; www.relaisdupostillon.com; 8 rue Championnet; DZ 83–149 €; ⏲ Rezeption 7.30–23 Uhr; ) Das charmante Postillon ist in einer Remise aus dem 17. Jh. untergebracht und bietet moderne, chic eingerichtete Zimmer mit fantastischem Preis-Leistungs-Verhältnis. Im Erdgeschoss wartet eine Café-Bar, in der im Winter der Kamin knistert und im Sommer eine Terrasse zugänglich ist. Frühstück kostet 9 €.

## Essen

Irish und British Pubs, die englisches Frühstück und amerikanische Burger servieren, säumen den Blvd Aguillon. Am Quai des Pêcheurs am Ufer verkaufen die Fischer jeden Morgen zwischen 9 und 12.30 Uhr ihren Fang. Wer für ein Picknick einkaufen will, der bekommt in der **Fromagerie l'Etable** (1 rue Sade; Di–Sa 8–13 & 16–19, So 8–13 Uhr) Käse und Delikatessen und alles andere auf dem **Marché Provençal** (Cours Masséna; Sept.–Juni Di–So 7–13 Uhr, Juli & Aug. tgl.).

**★ L'Atelier Jean-Luc Pelé** SANDWICHES €
(04 92 95 78 21; 27 rue de la République; Mo–Sa 9–19.30, So bis 19 Uhr) Der in der Normandie geborene, aber von Cannes adoptierte Patissier Jean-Luc Pelé weiß, wie man Herzen höher schlagen lässt. Seine kreativ gefüllten Bagels und Wraps (5 €), Salate und Quiches (9,50 € inkl. Getränk & Nachtisch) zum Mitnehmen eignen sich perfekt für ein Gourmet-Picknick. Nicht weniger köstlich sind Pelés Nuss- und Olivenbrote, riesige Macarons, Kuchen und Schokoladen (an einer Wand steht ein Schokobrunnen!).

**La Ferme au Foie Gras** DELIKATESSEN €
(www.vente-foie-gras.net; 35 rue Aubernon; Sandwiches 4–7 €; Di–So 8–19 Uhr) So sollte ein gutes Sandwich aussehen: gefüllt mit geräucherter Entenbrust, Zwiebel-Chutney oder Feigenmarmelade, Trüffelkäse und frischem Salat. Viele Leute sehen das wohl genauso – vor dem winzigen Tresen bildet sich jeden Tag zur Mittagszeit eine lange Schlange.

**La Badiane** FUSION €
(04 93 34 45 41; 3 traverse du 24 août; Menü mittags 17–18,50 €, Hauptgerichte 13–15 €; Mo–Fr mittags) Rohes und mariniertes Lachstartar, frische Pestolasagne und üppige Quiches gehören zu den saisonalen Gerichten, die in diesem angesagten Mittagslokal mit Liebe und Leidenschaft zubereitet werden. Das Lokal liegt in einer Fußgängerzone hinter dem Busbahnhof. In der Straße finden sich weitere nette Restaurants fürs Mittagessen.

**Big Moustache** BURGER €
(04 93 34 31 20; 30 rue Fourmillière; Burger 15 €; Di–Sa 8.30–17 Uhr) Frisch gebackenes Brot, selbst gemachte Saucen, Gemüse aus dem eigenen Anbau und das ein oder andere Stück Gourmetkäse sind die Bestandteile der köstlichen Burger im Big Moustache. Auf der schwarzen Tafel mit der Tageskarte stehen normalerweise immer vier oder fünf Burger mit Fleisch und zwei vegetarische. Dazu gibt es jede Menge Rucola, Spinatblätter und anderes frisch geerntetes Gemüse der Saison. Ein Kindermenü kostet 6 €.

**★ Nacionale** INTERNATIONAL €€
(04 93 61 77 30; www.restaurant-nacional-antibes.com; 61 place Nationale; Tapas 9–26 €, Hauptgerichte 19–29 €; Di–Sa 12–14 & 19–22, So 12–14 Uhr) Rindfleisch und Wein werden in dieser zeitgenössischen Bar im Stil eines Weinkellers großgeschrieben. Sie ist sehr beliebt für ihre Gourmet-Burger mit Foie Gras, die Rindersteaks mit Pfeffer- oder Portweinsauce und andere Fleischgerichte vom Grill. Die Schickeria kommt aber vor allem wegen der Aperitifs und Tapas her. Man sollte sich nicht von der Lage des Lokals an der belebten Place Nationale abschrecken lassen; auf der Rückseite befindet sich ein wunderschöner, ummauerter Innenhof.

**Le Broc en Bouche** MODERN FRANZÖSISCH €€
(04 93 34 75 60; 8 rue des Palmiers; Hauptgerichte 22–28 €; Do–Mo 12–14 & 19–22 Uhr) In dem netten Bistro gleicht kein Stuhl, Tisch oder Licht dem anderen. Jedes Möbelstück wurde in Antiquitätenläden oder auf Flohmärkten erworben, was dem Lokal ein niveauvolles, aber zugleich auch gemütlich altmodisches Flair verleiht. Die zauberhaften Inhaber Flo und Fred gehen auch in ihrer Küche mit der gleichen Sorgfalt und Kreativität ans Werk und bereiten kunstvolle provenzalische und moderne französische Gerichte zu.

## Ausgehen & Nachtleben

Die Fußgängerzone Blvd d'Aguillon ist voll mit glückseligen englischsprechenden Leuten, die hier aus den beliebten British und Irish Pubs stolpern.

**★ Balade en Provence** ABSINTH-BAR
(25 cours Masséna; 18–2 Uhr) An der originalen Zinkbar aus dem Jahre 1860, den wenigen runden Tischen und inmitten der ganzen Accessoires (Wasserbrunnen, Zuckerwürfel etc.) kann man sich wunderbar von der „grünen Fee" verführen lassen.

**Drinkers Club** BAR
(12 rue Aubernon; Mo–Fr 16.30–2.30, Sa & So ab 13 Uhr; ) Jeder, der etwas auf sich hält, kommt direkt vom Strand (oder von der Jacht, auf der er sich gerade tummelt) auf die Terrasse dieser belebten Lounge-Bar, um einen After-Work-Cocktail, Wein und Bruschetta (10 €) zu sich zu nehmen. Hier werden auch Sportevents im TV gezeigt, DJs legen auf und es gibt Livemusik.

NICHT VERSÄUMEN

## CAP D'ANTIBES: IN DER BUCHT DER MILLIONÄRE

Auf dieser exklusiven Halbinsel fühlt man sich wie eine geschrumpfte Alice im Wunderland: Riesgengroße Villen und schattenspendende Pinienbäume thronen hinter jeder Kurve über einem auf. Und der immerwährende Klang der Zikaden bietet im Sommer eine unheimliche Hintergrundmusik. Ein Spaziergang an der Bucht der Millionäre – natürlich majestätisch und voller Millionärsvillen – ist ein echtes Highlight an der Riviera.

Am einfachsten kommt man zu diesem üppig grünen Kap mit dem Bus Nr. 2, der vom Busbahnhof in Antibes zur Haltestelle Phare fährt. Von dort aus überquert man die Straße und folgt der Ave Malespine (an der Straßengabelung links halten) und der Route du Phare bergauf zur Chapelle de la Garoupe (zur Zeit der Recherche wegen Renovierungsarbeiten geschl.). Diese winzige Kapelle am höchsten Punkt des Kaps ist voll mit rührenden Opfergaben von Fischerfamilien. Die weitläufige Aussicht über die Küste von St-Tropez bis nach Italien ist umwerfend. Der benachbarte **Phare de la Garoupe**, ein viereckiger Leuchtturm aus Backstein mit scharlachroter Warnleuchte, kann nicht besichtigt werden.

Anschließend geht man wieder bergab zum Bd du Cap und biegt dort in den Chemin de la Garoupe ein. Nach zehn Gehminuten vorbei an ummauerten Anwesen und aufragenden Pinienbäumen gelangt man ans hell-türkise, kristallklare Wasser der hübschen und beliebten **Plage de la Garoupe**. Am Ende des Sandstrands kann man den ausgeschilderten **Sentier Littoral** (Küstenwanderweg) nehmen, der sich an der Küste bis nach Eilenroc (1¼ Std., 3,2 km) an der Südspitze des Kaps entlangschlängelt. Der Weg ist nur zum Teil befestigt, stellenweise sehr felsig und mit steilen Stufen gespickt, auf denen man leicht ausrutschen kann (festes Schuhwerk erforderl.!). Dafür ist die Aussicht über die schroffe Küste grandios; auch die vielen winzigen Sonnenterrassen und Picknickplätze, die in den Stein gemeißelt wurden, sind nicht zu verachten. Es lohnt sich also, diese Runde übers Kap zu drehen, vorbei an einsamen Anglern auf den Felsen und eingeweihten Einheimischen, die zu dieser erstklassigen Aussicht ihr Mittagessen einnehmen. Anschließend gelangt man zum Beginn des Chemin des Douaniers, ein ins Landesinnere führender Fußweg, der von den hohen Steinmauern der Villa Eilenroc und dem benachbarten **Château de la Croë** eingefasst wird. Das leuchtend weiße Schloss im viktorianischen Stil war Ende der 1930er-Jahre das Domizil des Duke of Windsor und seiner Gemahlin Wallis Simpson. Ursprünglich wurde es 1927 für einen englischen Aristokraten erbaut und erst kürzlich von seinem jetzigen Besitzer, dem russischen Milliardär Roman Abramovitsch, renoviert.

Am Fuße des Chemin des Douaniers muss man sich durch einen Torbogen zwängen und weitere 800 m dem ausgeschilderten Fußweg zur **Villa Eilenroc** (☎ 04 93 67 74 33; av Mrs Beaumont, Cap d'Antibes; Erw./Kind 2 €/Eintritt frei; ⏰ Mi, 1. & 3. Sa des Monats 14–17.30 Uhr) folgen. Die Villa wurde 1867 von Charles Garnier für einen Holländer entworfen, der sie nach dem rückwärts ausgesprochenen Namen seiner Frau Cornélie benannte, und hat mit Sicherheit schon bessere Tage gesehen. Den spärlich möblierten Innenräumen fehlt der Glanz der Geschichte. Jedoch lässt ein Spaziergang durch den 11 ha großen Park mit Rosengarten, Olivenhainen und duftenden Gärten die einstige Schönheit der Villa wieder aufleben. Unterhalb der Villa liegt die **Plage de Galets**, eine kleine, hübsche Kiesbucht, in der man für ein (Sonnen-)Bad pausieren sollte. Von Eilenroc sind es noch fünf Gehminuten entlang der Av Mrs Beaumont zur Bushaltestelle Fontaine am Bd JF Kennedy.

Die Südwestspitze des Cap d'Antibes, die auch mit dem Bus Nr. 2 von Antibes aus erreicht werden kann, wird gekrönt von dem legendären **Hôtel du Cap Eden Roc**. Das Gebäude von 1870 hatte seine Blütezeit direkt nach dem Ersten Weltkrieg, als es im Sommer einen literarischen Salon veranstaltete, der u. a. von Hemingway und Picasso besucht wurde (zuvor waren die Gäste nur im Winter gekommen). F. Scott Fitzgerald setzte 1934 dem Hotel, als Hôtel des Étrangers getarnt, in seinem Roman *Zärtlich ist die Nacht* ein literarisches Denkmal.

Im Zentrum der Halbinsel liegt der ruhige **Jardin Botanique de la Villa Thuret** (☎ 04 97 21 25 00; www6.sophia.inra.fr/jardin_thuret; 90 chemin Raymond; ⏰ Juni–Sept. Mo–Fr 8–18 Uhr, Okt.–Mai Mo–Fr 8.30–17.30 Uhr) GRATIS, ein 3,5 ha großer botanischer Garten von 1856, der 2500 Arten beheimatet. Hier lässt sich wunderbar die üppige und ausnahmslos exotische Flora des sonnenverwöhnten Kaps aus der Nähe betrachten.

ABSTECHER

## VALLAURIS

1947 entdeckte Picasso (1881–1973) in dem kleinen Töpferort Vallauris Keramiken. Angezogen von der künstlerischen Atmosphäre des Dorfes ließ er sich zwischen 1948 und 1955 hier nieder und fertigte in der Zeit etwa 4000 Keramiken. Und hier beendete er auch sein letztes, großartiges politisches Statement, die *Chapelle La Guerre et La Paix* (Kapelle des Kriegs und Friedens): Spektakuläre Gemälde auf Sperrholztafeln bedecken das Gewölbe einer nicht mehr genutzten Kapelle aus dem 12. Jh., heute das **Musée National Picasso „La Guerre et la Paix"** (☎ 04 93 64 71 83; www.musee-picasso-vallauris.fr; place de la Libération; Erw./Kind 4 €/Eintritt frei; ⌚ Juli & Aug. 10–19 Uhr, Sept.–Juni Mi–Mo 10–12.15 & 14–17 Uhr).

Picasso hinterließ Vallauris ein weiteres Geschenk: *L'Homme au Mouton*, eine mürrisch dreinschauende Bronzestatue, die ein Schaf umklammert; heute steht sie auf der Place Paul Isnard (neben der Place de la Libération). Picassos größtes Vermächtnis im Ort war jedoch die Wiederbelebung der hiesigen Keramikindustrie, die ohne das Zutun des Universalkünstlers in Vallauris wohl endgültig in Vergessenheit geraten wäre.



**Brasserie Le Clémenceau** CAFÉ
(24 rue Georges Clémenceau; ⌚ 7.30–20 Uhr) Das bei Einheimischen beliebte Café mit Terrasse zur Straße hin hat einen uralten Steinbrunnen in der Mitte und eignet sich perfekt für *un café* in der Morgensonne. Es werden auch Obst-Milchshakes, Smoothies und ein anständiges Mittagsmenü (13,50 €) serviert.

**La Siesta Club** CLUB
(☎ 04 93 33 31 31; 2000 rte du Bord de Mer; Eintritt 20 €; ⌚ Mitte Juni–Anfang Sept. Do–Sa 19–5 Uhr) Der legendäre Club ist an der ganzen Küste berühmt für seine sommerlichen Strandparty unterm Sternenhimmel. Er liegt 6 km nördlich von Vieil Antibes an der D6098.

## ℹ Praktische Informationen

**Touristeninformation** (☎ 04 22 10 60 10; www.antibesjuanlespins.com; 42 av Robert Soleau; ⌚ Juli & Aug. Mo–Sa 9–19 Uhr, Sept.–Mai Mo–Fr 9–12.30 & 13.30–18, Sa 9–12 & 14–18, So 9–13 Uhr) Am Bahnhof von Antibes. Gute Touristeninformation und geführte Touren durch Vieil Antibes. Ferner bietet es die Führung „Maler an der französischen Riviera" (Erw./Kind 7/3,50 €) an.

**Accueil Touristique du Vieil Antibes** (☎ 04 93 34 65 65; 32 bd d'Aguillon; ⌚ Juli & Aug. Mo–Sa 10–12 & 13–18 Uhr, Sept.–Juni Di–Sa bis 17 Uhr) Touristeninformation in der Altstadt, nur ein paar Schritte vom Wasser entfernt.

## ℹ An- & Weiterreise

### AUTO

Der Großteil von Vieil Antibes besteht aus Fußgängerzonen. Am besten parkt man also außerhalb des Zentrums und erkundet den Ort zu Fuß. Am Hafen entlang der Av de Verdun befinden sich mehrere Parkplätze.

### BUS

Der zwischen Nizza und Cannes verkehrende Bus (www.envibus.fr; Bus 200, 1,50 €) hält an der Touristeninformation. Regionalbusse (1 €) nach Opio, Vence und St-Paul de Vence starten am Busbahnhof (☎ 04 89 87 72 01; place Guynemer; ⌚ Fahrkartenschalter Mo–Sa 9–12.30 & 14–17 Uhr).

### ZUG

Der Bahnhof von Antibes liegt auf der Hauptstrecke zwischen Nizza (3,70 €, 30 Min., alle 5 Std.) und Cannes (3 €, 10 Min., alle 5 Std.).

# Biot

9750 EW.

Das Bergdorf aus dem 15. Jh. war einst ein bedeutendes Töpfereizentrum, das sich auf die Herstellung von Öl- und Weinbehältern spezialisiert hatte. Mit der Einführung von Metallgefäßen verschwanden die Tontöpfe, dennoch aber ist man in Biot bis heute kunsthandwerklich sehr aktiv – besonders in Sachen Glasbläserei. Das engagierte Personal der **Touristeninformation** (☎ 04 93 65 78 00; www.biot.fr; 46 rue St-Sébastien; ⌚ Mo–Fr 9–12 & 14–18, Sa & So 14–18 Uhr) bietet verschiedene Routen an, auf denen man das künstlerische Erbe des Orts entdecken kann (als Smartphone-App Visit Biot).

Der Ort war außerdem der einstige Hauptsitz (1209–1387) der Tempel- und später der Malteserritter: Die malerische **Place des Arcades** aus dem 13. und 14. Jh. erinnert an diese glorreiche Vergangenheit.

Am Fuße des Dorfes liegt die berühmte **Verrerie de Biot** (www.verreriebiot.com; chemin des Combes; ⌚ Mo–Sa 9.30–18, So 10.30–13.30 & 14.30–18.30 Uhr) GRATIS. Das hier hergestellte Ornamentglas entsteht durch Wälzen des geschmolzenen Glases in Natron; die durch die chemische Reaktion entstehenden Bläschen werden durch eine zweite Glasschicht eingeschlossen. Man kann den Glasbläsern bei der Arbeit über die Schulter schauen und ihre Werke anschließend in den benachbarten Kunstgalerien und Geschäften bewundern.

Im 1,5 km südlich gelegenen **Musée National Fernand Léger** (www.musee-fernandleger.fr; Chemin du Val de Pome; Erw./Kind 5,50 €/frei; ⏲Mai–Okt. Di–So 10–18 Uhr, Nov.–April 10–17 Uhr) bekommt man einen umfassenden Einblick in die Werke und das Leben von Fernand Léger, seine Begegnung mit dem Kubismus und sein permanentes Interesse an Architektur, Gesellschaft und Film. Man erfährt ebenfalls, welchen Einfluss seine Amerikaaufenthalte auf ihn hatten. Bus 10, der zwischen Antibes und Biot verkehrt, hält in der Nähe (Haltestelle Musée Fernand Léger).

## ARRIÈRE-PAYS

Zweifelsohne lockt die Côte d'Azur die meisten Urlauber in die Region, doch auch das abwechslungsreiche und lang nicht so stark frequentierte *arrière-pays* (Hinterland) hat einen ganz besonderen Reiz. Es bietet für jeden etwas, für begeisterte Wanderer ebenso wie für Kulturfreaks und Feinschmecker.

## St-Paul de Vence

3600 EW.

Es war einmal ein kleines, mittelalterliches Dorf auf einem Hügel mit Blick aufs Meer: St-Paul de Vence. Aber dann kamen in den Nachkriegsjahren Größen wie Chagall und Picasso, gefolgt von Leinwandstars wie Yves Montand und Roger Moore, und schon war St-Paul in aller Munde. In dem Dorf gibt es heute Dutzende Kunstgalerien, allen voran die Fondation Maeght.

Die schmalen Kopfsteinpflasterstraßen sind in der Hauptsaison völlig überfüllt. Wer den Massen entkommen will, sollte seinen Besuch auf den Morgen oder den späten Nachmittag legen.

### Sehenswertes & Aktivitäten

**Dorf** HISTORISCHES VIERTEL

Die meisten Besucher verbringen ihre Zeit damit, durch die schmalen Gassen von St-Paul zu schlendern. Das Dorf ist wunderbar erhalten, der Blick von den Befestigungsmauern grandios. Die Rue Grande ist die von **Galerien** gesäumte Hauptstraße. Am höchsten Punkt des Ortes steht die **Église Collégiale**; die angrenzende **Chapelle des Pénitents Blancs** wurde vom belgischen Künstler Folon renoviert.

Zahlreiche Künstler lebten hier oder schauten zumindest mal vorbei, u. a. Soutine, Léger, Cocteau, Matisse und Chagall, der zusammen mit seiner Frau Vava auf dem **Friedhof** am Südrand des Dorfes begraben liegt (hinter dem Eingang gleich rechts). Die engagierte **Touristeninformation** veranstaltet eine Reihe von informativen **geführten Thementouren** (1½ Std., Erw./Kind 5 €/frei), auf denen man alles über die glanzvolle Vergangenheit erfährt.

Die **Pétanque-Bahn** gegenüber dem Eingang ins Dorf hat schon viele Stars gesehen. Hier findet das Dorfleben statt. Die Touristeninformation verleiht Kugeln (2 €) und organisiert **Pétanque-Kurse** (5 €/Pers., Reservierung erforderl.).

**Fondation Maeght** MUSEUM

(www.fondation-maeght.com; 623 chemin des Gardettes; Erw./Kind 15/10 €; ⏲Juli–Sept. 10–19 Uhr, Okt.–Juni bis 18 Uhr) Das fabelhafte Museum, das 1964 von Aimé und Marguerite Maeght gegründet wurde, beherbergt eine der größten Sammlungen Europas mit Kunstwerken des 20. Jhs. Die Arbeiten werden im Wechsel ausgestellt; auch aufgrund der vielen Sonderausstellungen wird man kaum ein Werk zweimal sehen. Das Museum liegt 500 m unterhalb des Dorfes in einem von Josep Lluís Sert entworfenen Gebäude, das bereits ein Kunstwerk für sich ist. Zu sehen sind u. a. ein Innenhof mit Figuren von Giacometti, Skulpturen von Miró in terrassierten Gärten, Buntglasfenster von Braque und Mosaiken von Chagall und Tal-Coat.

### Schlafen & Essen

**Les Vergers de Saint-Paul** BOUTIQUE-HOTEL €€

(☎04 93 32 94 24; www.vergersdesaintpaul.com; 940 rte de la Colle; DZ/3BZ 160/190 €; ❄📶🏊) Das elegante Hotel verströmt mit Art-déco-Stoffen, Parkettböden, einer leuchtend weißen Fassade und gusseisernen Balkonen Belle-Époque-Flair. Pluspunkte gibt's auch für den wundervollen Pool mit diversen Liegen. Wenn möglich sollte man lieber ein Zimmer im Hauptgebäude und nicht im Anbau buchen. Frühstück kostet 14 €.

★ **Les Cabanes d'Orion** B&B €€€

(☎06 75 45 18 64; www.orionbb.com; Impasse des Peupliers, 2436 chemin du Malvan; DZ ab 260 €; 📶🏊👪) Bezauberndes, nachhaltig betriebenes B&B mit einem smaragdgrünen Swimmingpool mit Naturfilter und Seerosen, über denen Libellen schwirren. Gäste werden in luxuriösen Baumhäusern aus Zedernholz vom Chor der Frösche und Zikaden in den Schlaf gesungen. Zwei der Baumhäuser sind mit Mini-*cabanes* (Hütten) für Kids ausgestattet. Von April bis Oktober gilt ein Mindestaufenthalt von drei Nächten.

Im Winter bietet das Orion spezielle Cocooning-Pakete mit Saunasitzungen, Feinkostkörben, warmen Bio-Gerichten und Champagner für einen gemütlichen Abend im Baumhaus an.



**La Colombe d'Or** HOTEL €€€

(☎ 04 93 32 80 02; www.la-colombe-dor.com; place de Gaulle; DZ 250–430 €, Hauptgerichte 19–55 €; ⏲ Restaurant Ende Dez.–Okt. 12–14.30 & 19.30–22.30 Uhr; ) Das weltbekannte Gasthaus ist das Nebengebäude der Fondation Maeght. Es galt als Lieblingstreff Dutzender Künstler aus dem 20. Jh. (Chagall, Braque, Matisse, Picasso, etc.), die Kost und Logis mit Sachleistungen bezahlten, was zu einer außergewöhnlichen Privatkunstsammlung führte. Die Zimmer, der Speisesaal und auch der Garten sind voller einzigartiger Werke.

Hotelgäste erhalten Zugang zum schönen Pool, über dem ein Calder-Mobile hängt.

★ **Le Tilleul** MODERN FRANZÖSISCH €€

(☎ 04 93 32 80 36; www.restaurant-letilleul.com; place du Tilleul; Menü mittags 25 & €29 €, Hauptgerichte 18–25 €; ⏲ 8.30–22.30 Uhr; ) Aufgrund der Lage auf der Stadtmauer könnte dieses Restaurant sehr gut eine typische Touristenfalle sein. Stattdessen aber serviert es köstliche und wunderschön zubereitete Gerichte und bietet eine umfangreiche Auswahl an französischen Weinen, die auch glasweise ausgeschenkt werden. Die Gäste sitzen im Schatten eines großen Lindenblütenbaums. Es gibt auch Frühstück und Nachmittagstee.

## Anreise & Unterwegs vor Ort

St-Paul wird vom Bus 400 der **Lignes d'Azur** (www.lignesdazur.com) angefahren, der zwischen Nizza (1,50 €, 1 Std., min. 1-mal stündl.) und Vence (1,50 €, 15 Min.) verkehrt. Im Dorf sind Autos verboten, rundherum stehen jedoch mehrere Parkplätze (2.70 €/Std.) zur Auswahl.

# Vence

19 180 EW.

Trotz seines gut erhaltenen mittelalterlichen Zentrums lassen viele Besucher Vieux Vence oft links liegen und machen sich schnurstracks auf den Weg zur jenseitigen Chapelle du Rosaire von Matisse. Dabei hat Vence mehr verdient als nur eine kurze Stippvisite. Wer dem Ort etwas mehr Zeit schenkt, kann durch die vergleichsweise ruhigen mittelalterlichen Straßen schlendern oder die hiesige Gastronomie genießen. Auf der Place du Jardin findet an mehreren Vormittagen ein Obst- und Gemüsemarkt statt; mittwochs werden Antiquitäten verkauft.

## Sehenswertes

★ **Chapelle du Rosaire** ARCHITEKTUR

(Chapelle du Rosaire; ☎ 04 93 58 03 26; 466 av Henri Matisse; Erw./Kind 6/3 €; ⏲ Mitte Dez.–Mitte Nov. Mo, Mi & Sa 14–17.30, Di & Do 10–11.30 & 14–17.30 Uhr) 1943 zog der kränkliche Henri Matisse nach Vence, wo er auf die ehemalige Krankenschwester Monique Bourgeois traf, die ihm einst auch Modell gestanden hatte und inzwischen in den Dominikanerorden eingetreten war. Sie überredete ihn dazu, diese außergewöhnliche Kapelle für ihre Gemeinde zu entwerfen. Der Künstler gestaltete alles von der Verzierung über den Altar bis hin zu den Priestergewändern. Von der Straße aus sieht man die blau-weißen Keramikdachziegel, das gusseiserne Kreuz und den Glockenturm. Der Innenraum wird von Licht durchflutet, das durch die blauen, grünen und gelben Buntglasfenster strahlt.

Die Farben stehen für das Wasser und den Himmel, die Pflanzen und das Leben sowie die Sonne und die Allgegenwart Gottes. Auf dem Fenster an der Rückseite ist das berühmte Algenmotiv von Matisse abgebildet, die Seitenfenster haben die geometrische Form von Blättern.

Auf den weißen Keramikfliesen an der nördlichen Innenwand befindet sich ein Gemälde der Jungfrau Maria mit Christuskind. Die Westseite wird vom **Chemin de Croix** (Kreuzweg) dominiert. Über dem Altar hängt der Heilige Dominikus. Matisse hat auch den Steinaltar, die Kerzenhalter und das Kreuz entworfen. Die wunderschönen Priestergewänder sind in einem angrenzenden Saal ausgestellt.

**Vieux Vence** HISTORISCHES VIERTEL

Der Großteil des historischen Zentrums datiert aus dem 13. Jh. Die **romanische Kathedrale** an der Ostseite des Platzes wurde im 11. Jh. an der Stelle errichtet, an der einst ein römischer Tempel stand. In der Kathedrale befindet sich Chagalls **Mosaik** von Moses (1979), der über das Taufbecken wacht.

ABSTECHER

## EIN KULTIVIERTES TRIO

Den weit ausgedehnten Künstenorten wie Villeneuve-Loubet, Cagnes-sur-Mer und Le Cannet mag vielleicht Ruhe und Charme fehlen, jedoch sind sie dank eines kulturellen Trios allemal einen Abstecher wert. Le Domaine des Collettes, heute das wohlklingende **Musée Renoir** (www.cagnes-tourisme.com; chemin des Colettes, Cagnes-sur-Mer; Erw./Kind 6 €/frei; ⌚ Juni–Sept. 10–13 & 14–18 Uhr, Okt.–März 10–12 & 14–17 Uhr, April & Mai bis 18 Uhr), war einst das Zuhause und das Atelier des durch Arthritis an den Rollstuhl gefesselten Pierre-Auguste Renoir (1841–1919), der hier von 1907 bis zu seinem Tod mit seiner Frau und seinen drei Söhnen lebte. Zu seinen ausgestellten Werken zählt u. a. *Die großen Badenden* (1892), eine Nacharbeit des Originals von 1887. Die Zimmer sind voll mit Fotografien und persönlichen Besitztümern. Nicht minder sehenswert sind die bezaubernden Oliven- und Zitrushaine, in denen Besucher ihre eigene Leinwand aufstellen, um zu malen.

Gleichfalls wunderbar ist das **Musée Escoffier de l'Art Culinaire** (Escoffier-Museum der Kulinarischen Künste; fondation-escoffier.org; 3 rue Auguste Escoffier, Villeneuve-Loubet; Erw./Kind 5 €/frei; ⌚ Juli & Aug. Mi & Sa 10–12 & 14–19, So–Di, Do & Fr 14–19 Uhr, Sept., Okt. & Dez.–Juni 14–18 Uhr), das auf den Spuren der modernen Gastronomie wandelt. Escoffier (1846–1935), der u. a. den *Pfirsich Melba* kreierte, war der erste gefeierte Koch Frankreichs und eine Berühmtheit unter den Betuchten Europas.

Der Dritte im Bunde ist das **Musée Bonnard** (☎ 04 93 94 06 06; www.museebonnard.fr; 16 bd Sadi Carnot, Le Cannet; Erw./erm. 5/3,50 €; ⌚ Juli & Aug. Fr–So, Di & Mi 10–20, Do bis 21 Uhr, Sept.–Juni Di–So bis 18 Uhr) in Le Cannet, das in einer restaurierten Belle-Époque-Villa mit beeindruckendem zeitgenössischem Anbau untergebracht ist. Die Werke des Neo-Impressionisten Pierre Bonnard (1867–1947) erkennt man sofort an ihren leuchtenden Farben. Sie sind das Rückgrat der Dauerausstellung des Museums. Bonnard zog 1910 von Paris nach Le Cannet und lebte bis zu seinem Tod mit seiner Frau Martha in einer Villa am Meer. In Le Cannet schuf Bonnard seine besten Gemälde, darunter auch verschiedene Landschaftsbilder von St-Tropez, Antibes und anderen Badeorten an der Riviera.

Die unkonventionelle **Fondation Émile Hugues** (www.museedevence.com; 2 place du Frêne; Erw./Kind 8 €/frei; ⌚ Di–So 11–18 Uhr) im imposanten Château de Villeneuve zeigt tolle Ausstellungen zur Kunst des 20. Jhs. und bildet einen netten Kontrast zum historischen Zentrum von Vence.

## Schlafen

**★ Le 2** B&B €€

(☎ 04 93 24 42 58; www.le2avence.fr; 2 rue des Portiques; DZ mit Frühstück 105–165 €; ❄ 📶) Dieses „Bed & Bistro", als das es sich selbst beschreibt, ist eine willkommene Abwechslung im sonst so gesetzten Vence. Nicolas und seine Familie haben das mittelalterliche Stadthaus in ein angesagtes Gasthaus mit vier sehr modernen Zimmern und einem winzigen Keller umgewandelt, in dem einmal die Woche einheimische Musiker spielen. Das Preis-Leistungs-Verhältnis ist gut und Stimmung garantiert.

**★ La Maison du Frêne** B&B €€€

(☎ 04 93 24 37 83; www.lamaisondufrene.com; 1 place du Frêne; DZ 185 €; ⌚ Feb.–Dez.; ❄ 📶) Das kunstvoll designte B&B ist wirklich umwerfend. Ja, das ist ein Original von Niki de Saint Phalle. Ja, der César ist auch echt. Diese Unterkunft ist für echte Kunstliebhaber ein Muss, allein schon wegen der tollen Zimmer im klassischen oder modernen Design und der Originalwerke. Die Betreiber Thierry und Guy sind begeisterte Kunstsammler und wissen alles über die hiesige Kunstszene.

## Essen

**L'en Champs Thé** CAFÉ €

(☎ 09 83 31 77 33; www.lenchampsthe.fr; 1 place du Peyra; Hauptgerichte 10–15 €; ⌚ Di–Sa 8.30–17, So bis 15 Uhr) Richtig, der Name ist ein Wortspiel mit dem französischen Wort *enchanté* (erfreut, entzückt). Das L'en Champs Thé ist ein Teehaus im Familienbetrieb und zugleich eine Bio-*épicerie* (Feinkostgeschäft) mit Terrasse auf einem autofreien Platz in der Altstadt. Die Küche ist saisonal, von der Sonne inspiriert und *fait maison* (hausgemacht) – was Richard, die beschürzte *fée maison* (Fee des Hauses) stolz berichtet, während er zwischen den Tischen hin- und herläuft.

**Le Michel Ange** MEDITERRAN €
(☎04 93 58 32 56; 1 place Godeau; 2-/3-Gänge-Menü 17/22 €, Hauptgerichte 14 €; ⏲Di–Sa 12–14.30 & 18.30–21.30, So 12–14.30 Uhr) Das unter Einheimischen sehr beliebte, gemütliche Lokal hat Tische unter einem Laubbaum, der auf einem Platz mit Springbrunnen hinter der Kathedrale steht. Am Wochenende wird es besonders gern von kinderreichen Familien besucht, da man die Kinder hier unbesorgt draußen spielen lassen kann. Die einfache, preiswerte Küche, die von Pizza bis hin zu Stockfisch alles bietet, spricht für sich. Am besten reservieren. Auf der Facebook-Seite stehen die Menüs der Woche.

**Restaurant La Litote** MODERN FRANZÖSISCH €€
(☎04 93 24 27 82; http://lalitote.fr; 5 rue de l'Évêché; 2-/3-Gänge-Menü 25/30 €, Hauptgerichte 18 €; ⏲Di–Sa 12–14.30 & 19–22 Uhr) Der Koch Stéphane Furlan erfreut seine Gäste mit einer regelmäßig wechselnden Speisekarte, auf der saisonale Köstlichkeiten wie die knoblauchlastigen *escargots à la Niçoise* (Schnecken) mit Anchovis und einheimischem Pflücksalat oder gefüllter Tintenfisch mit Gemüse in Petersiliensauce stehen. Im Sommer kann man draußen auf einem Platz im Schatten der Bäume essen, im Winter wird im Speisesaal mit Steinmauern ein offenes Feuer gemacht.

**Les Bacchanales** KULINARISCH €€€
(☎04 93 24 19 19; www.lesbacchanales.com; 247 av de Provence; 2-/3-/5-Gänge-Menü mittags 32/40/60 €, 4-/5-/7-Gänge-Menü abends 65/75/95 €; ⏲Do–Mo 12.30–14 & 19.30–22 Uhr) In einem Stadthaus aus den 1930er-Jahren vereint Christophe Dufau kulinarische Raffinesse mit schöner Kunst (gewagte Originalwerke an den Wänden). Die kreative Küche ist saisonal ausgerichtet, zu jedem Gericht gibt's den passenden Wein. Auf den Tisch kommt z. B. Fisch mit Artischocken und Lakritze, gefolgt von frischem Ziegenkäse aus der Gorges de Loup.

Wem das Essen schmeckt, der kann sich gleich für einen Kochkurs anmelden.

### ℹ Praktische Informationen

**Touristeninformation** (☎04 93 58 06 38; www.ville-vence.fr; 8 place du Grand Jardin; ⏲Juli & Aug. Mo–Sa 9–19, So 10–18 Uhr, Sept., Okt. & März–Juni Mo–Sa 9–18 Uhr, Nov.–März Mo–Sa 9–17 Uhr) Mehrere gute Broschüren über Touren in und um Vence herum.

### ℹ Anreise & Unterwegs vor Ort

Der Bus 400 der **Lignes d'Azur** (www.lignesdazur.com) aus Nizza (1,50 €, 1¼ Std., mind. 1-mal stündl.) hält an der Place du Grand Jardin. Das mittelalterliche Zentrum von Vence ist Fußgängerzone. Parken kann man an der Place du Grand Jardin oder in den Straßen, die ins historische Zentrum führen.

## Rund um Vence

Die Pays Vençois bieten einen attraktiven Mix aus fruchtbarem Land, Felserhebungen und schrägen Attraktionen. Wer die Gegend besuchen will, braucht ein Auto.

### Les Gorges du Loup

An steilen Hängen kühn klebende Dörfer, abfallende Klippen, Wasserfälle, dichte Wälder und tosende Flüssen – die Gorges du Loup präsentieren sich als einen wunderschönen wie unberührten Flecken Erde, der bekannt ist für seine spektakulären Straßen und Wanderwege.

Highlight auf der Westseite der Schluchten (an der D3) ist das befestigte, auf einem Felsvorsprung thronende Dorf **Gourdon** (Höhe 760 m, 421 Ew.), von dem aus man einen atemberaubenden Blick auf die Küste hat, die sich über 80 km von Nizza nach Théoule-sur-Mer erstreckt. Die Aussicht von den elegant angelegten Gärten des **Château de Gourdon** (☎04 93 09 68 02; www.chateau-gourdon.com; Gourdon; Erw./erm. 7/5 €; ⏲Gärten April–Sept. nur nach Absprache) aus dem 12.–17. Jh. und der Rundblick von der **Place Victoria** am oberen Ende des mit Souvenirläden übersäten Dorfes stehen eindeutig an erster Stelle. Zu toppen ist dies nur noch, wenn man die Touristenmassen hinter sich lässt und der Paragliding-Schule **Ascendance** (☎06 13 50 44 64, 06 61 42 08 64; www.ascendance06.com; Auberge de Gourdon, rte de Caussol, Gourdon) einen Besuch abstattet. Sie bietet unvergessliche 15-/30-minütige Tandemflüge (80/110 €), eintägige Schnupper- (140 €) und ausführlichere Kurse an.

Auf der Ostseite, abseits der D2210, liegt der abgeschiedene Weiler **Courmes**, zu dem nur eine einzige, kurvenreiche Straße führt. Weiter südlich liegt **Le Pont du Loup**. Oberhalb des Flusses Loup und unterhalb der Überreste der alten **Eisenbahnbrücke**, die im Zweiten Weltkrieg zerbombt wurde, pflanzten die Dorfbewohner von Gourdon einst Blumen und Obstbäume an. Sie kamen zu Fuß über den **Chemin du Paradis**, einen Eselpfad, der heute bei Wanderern sehr beliebt ist. Von Gourdon nach Le Pont du

Loup benötigt man etwa 80 Minuten, nach Le Bar-sur-Loup etwa 90 Minuten.

Von einer fruchtbaren Vergangenheit zeugt die Süßwarenfabrik **Confiserie Florian** (☎04 93 59 32 91; www.confiserieflorian.com; Chemin de la Confiserie, Le Pont du Loup; ⏱Mo–Fr 8–12 & 14–17.30, Sa & So 9–18.30 Uhr), in der seit 1921 in einer Mühle aus dem 19. Jh. Marmeladen, kandierte Früchte und kristallisierte Veilchen-, Rosen- und Eisenkrautblätter hergestellt werden. Bei einer kostenlosen 20-minütigen Führung wird gezeigt, wie Klementinen und andere Früchte kandiert werden, indem sie über einen Zeitraum von 45 Tagen jeden zweiten Tag für drei Minuten lang in Sirup gekocht werden. Wer unter der Woche kommt, kann die Küche in Aktion sehen. Die Führungen enden in der Boutique, in der man kosten und kaufen kann. Den Hügel weiter aufwärts liegt die benachbarte **La Boutique du Chocolat** (16 chemin de la Confiserie, Le Pont du Loup), wo Eis mit Rosenblätter-, Jasmin- oder Veilchenaroma oder das leckere Mohn-Sorbet (1/2 Kugeln 2/3,50 €) für eine Erfrischung sorgen.

Folgt man von Le Pont du Loup aus der D2210 bergab, sieht man am Horizont das Dorf **Le Bar-sur-Loup** (2990 Ew.) aufblitzen. Das wunderschön erhaltene mittelalterliche Dorf wird von Feldern mit Klementinenbäumen eingerahmt.

## Schlafen & Essen

### ★ La Cascade — B&B €

(☎04 93 09 65 85; www.gitedelacascade.com; 635 Chemin de la Cascade, Courmes; DZ/3BZ/4BZ 75/100/140 €; ) „Der Wasserfall" ist ein ländliches Idyll. Der alte Schafstall liegt inmitten eines 4 ha großen Landstrichs mit Wäldern, Teichen, Swimmingpool, Pétanque-Feld und einer grandiosen Aussicht auf die Gorges du Loup. Im Sommer fühlt man sich hier wie am Ende der Welt, im Winter herrscht Kaminromantik pur. Ein weiteres Highlight ist das Abendessen (3 Gänge inkl. Getränke 25 € ).

### Château de Grasse — HOTEL €

(☎04 93 42 06 29; www.chateaudegrasse.com; 6 place Francis Paulet, Le Bar-sur-Loup; DZ/4BZ 100/120 €; ) Es ist schwer vorstellbar, dass das majestätische Schloss von Le Bar-sur-Loup aus dem 13. Jh., das über dem Dorf thront, einst in Trümmern lag. Heute ist es ein ansprechendes Hotel mit unwiderstehlicher Holzterrasse vor dem Haus und dem deutschen Besitzer Heinrich am Ruder. Sechs riesige Zimmer verbreiten eine ländlich-schicke Eleganz und punkten mit Stoffen in sanften Farbtönen und einer Panoramaaussicht auf das Tal. Einfaches Frühstück/Buffet kostet 6/12 €.

### ★ Auberge de Courmes — MODERN FRANZÖSISCH €€

(☎04 93 77 64 70; www.aubergedecourmes.com; 3 rue des Platanes, Courmes; Menü 24 €, So mittags 27 €; ⏱Sept.–Juni Mi–Mo 12–14 Uhr, Juli & Aug. Do–Mo 12–14 Uhr, abends nur mit Reservierung, Jan. & Feb. geschl.; ) Im Weiler Courmes am Fuße der Berge, 10 km nördlich von Le Pont du Loup, eignet sich dieses blumige Gasthaus perfekt für ein ausgedehntes Mittagessen im Freien. Der talentierte junge Koch Richard Auray bereitet aus saisonalen Produkten vom Markt in Nizza zwei Vorspeisen und zwei Hauptgerichte zu. Sonntags ist das Mittagessen besonders bei Einheimischen sehr beliebt, man sollte also reservieren, bevor man den kurvigen Weg auf sich nimmt.

Die *auberge* (Landgasthof) bietet fünf kleine, einfache Zimmer (DZ mit Frühstück/HP 65/110 €) ohne TV oder WLAN – aber wen juckt das schon, wenn abends die Rehe durchs Dorf streifen und Glühwürmchen (im Juni) ihre Show abziehen?

### L'École des Filles — MODERN-FRANZÖSISCH €€

(☎04 93 09 40 20; www.restaurantecoledesfilles.fr; 380 av Amiral de Grasse, Le Bar-sur-Loup; Mittagstisch 24 €, 2-/3-/4-Gänge-Menüs 35/39/45 €; ⏱Di, Mi, Fr & Sa 12–14 & 19–21 Uhr, So 12–14 Uhr) Wie der Name schon vermuten lässt, handelt es sich hier um die ehemalige Mädchenschule des Ortes. Das Besondere daran ist aber, dass sich dieses Restaurant den Charme einer alten Dorfschule bewahrt hat. Im Winter wird das Essen in den „Klassenzimmern" serviert, in denen unverputzte Steinwände, bunte Kissen und farbenfrohe Teller rustikales Flair schaffen. Im Sommer wird der ehemalige Spielplatz zu einer anschaulichen Terrasse. Jede Woche steht ein anderes kreatives Menü auf der Speisekarte.

## Tourrettes-sur-Loup

4082 EW.

Das kleine Bergdorf Tourrettes stammt aus dem 15. Jh. und wird auch „Stadt der Veilchen" genannt, weil in diesem Postkartenidyll so viele davon wachsen. Zu Fuß kann man den Ort in einer guten halben Stunde umrunden. In der Umgebung befinden sich weitere Sehenswürdigkeiten.

## Sehenswertes & Aktivitäten

Rund um den Ort verlaufen ein paar großartige Wanderwege, die herrliche Aussichten verheißen. Die **Touristeninformation** (☎04 93 24 18 93; www.tourrettessurloup.com; 2 place de la Libération; ⏲Mo–Fr 8.30–13 & 14–18, Sa 9–13 & 14–18 Uhr) auf dem Hauptplatz von Tourrettes hält eine Menge Informationen dazu bereit.

**La Ferme des Courmettes** BAUERNHOF
(☎04 93 59 31 93; www.chevredescourmettes.com; rte des Courmettes; ⏲März–Dez. 9–12.30 & 16–18 Uhr) Auf dem öffentlich zugänglichen Bauernhof wird biologischer Ziegenkäse hergestellt. Wer dabei zusehen möchte, wie die 70 Ziegen gemolken werden, sollte Punkt acht Uhr vor Ort sein. Teil der geführten Touren über den Bauernhof (1 Std., 63 € für bis zu 10 Pers., auch in anderen Sprachen) ist auch das Verkosten des köstlichen und unglaublich vielfältigen Käses. Zum Hof gelangt man über die 4,4 km lange, gefährlich steile und kurvenreiche Rte des Courmettes, die an der D2210 nach Tourrettes ausgeschildert ist.

**Bastide aux Violettes** BAUERNHOF, MUSEUM
(☎04 93 59 06 97; Quartier de la Ferrage; ⏲Juli & Aug. Di–Sa 10–12 & 14–17.45, So 14–18 Uhr, Sept.–Juni Di–Sa 10–12 & 14–17.45 Uhr) GRATIS Wer mehr über die berühmten Veilchen von Tourrettes erfahren will, besucht am besten die Bastide aux Violettes, die zehn Gehminuten vom Ortszentrum entfernt liegt. Die moderne Einrichtung führt Besucher durch die Geschichte der Nutzung und Kultivierung der Blume (man kann auch Blumenfelder sehen).

**Domaine des Courmettes** WANDERN
(☎04 92 11 02 32; www.courmettes.com; rte des Courmettes; ⏲März–Dez. 8–20 Uhr) GRATIS Das Naturschutzgebiet auf dem erhabenen Plateau des Courmettes ist die Heimat von jahrtausendealten Steineichen und seltenen Vögeln. Drei *sentiers de randonée* (Rundwanderwege) erschließen das Gebiet: vom einfachen 1,2 km langen Spaziergang bis hin zu einer steilen, 5,5 km langen Wanderung zum Gipfel des **Pic des Courmettes** (1280 m). Bei der Touristeninformation gibt es Wanderkarten und Infos zu den Ausgangspunkten.

Die Touristeninformation befindet sich in einem wunderschönen Bauernhaus aus dem 19. Jh., das auch Übernachtungsmöglichkeiten bereit hält (B 35 €, Frühstück 7,50 €).

## Schlafen & Essen

★ **Le Mas des Cigales** B&B €€
(☎04 93 59 25 73; www.lemasdescigales.com; 1673 rte des Quenières; DZ 135 €; ❄📶🏊) Diese *chambre d'hôtes* (Frühstückspension) mit fünf Zimmern ist in einem hübschen provenzalischen Bauernhaus untergebracht und bietet einen weitläufigen Garten, einen schönen Pool, atemberaubende Aussichten und ein üppiges Frühstück. Die Unterkunft, die man am liebsten nie mehr verlassen würde, wird von dem belgischen Pärchen Stefaan und Véronique mit Liebe und Sorgfalt betrieben. Für Aktivurlauber stehen Tennisplätze, ein Pétanque-Feld und Fahrräder zur Verfügung. Zweimal in der Woche wird hier auch Abendessen gekocht (30–35 €).

★ **Bistrot Gourmand Clovis** MODERN FRANZÖSISCH €€
(☎04 93 58 87 04; www.clovisgourmand.fr; 21 Grand Rue; 2-/3-/4-Gänge-Menü 38/45/52 €; ⏲Mi–So 12.30–14 & 19.30–22 Uhr; 🍷) Dieses unheimlich coole Bistro inmitten der Kopfsteinpflasterstraßen von Tourrettes ist eine Wucht. Eine moderne, zeitgenössische Einrichtung setzt die kreative, mit einem Michelin-Stern geadelte Küche perfekt in Szene. Der Koch Julien Bousseau verarbeitet nur die besten saisonalen Produkte der Region zu einem bemerkenswerten Ergebnis. Die Weinkarte hält sich überwiegend an Tropfen aus der Provence und weiß ebenfalls zu überzeugen. Unbedingt reservieren.

# Col de Vence

Die D2 von Vence in Richtung Norden führt über den Col de Vence (963 m), einen Gebirgspass mit schönem Blick auf die für diese Region typischen *baous* (Felsspitzen), ins fotogene **Coursegoules**, ein Bergdorf mit einer Schlossruine und Befestigungsanlagen aus dem 11. Jh.

Die Landschaft mit den erhabenen Plateaus ist sehr trocken – ein Riesenunterschied zu den Obstgärten und grünen Tälern am Fluss Loup! Wanderer sollten sich die zahlreichen Routen vornehmen, die kreuz und quer durch diese Gegend führen.

# Grasse

52 212 EW.

Der Wasserreichtum in den Bergen verhalf Grasse zu seinem Ruf als Parfümzentrum. Gerber, die eine zuverlässige Wasserzufuhr zur Reinigung der Häute benötigten, ließen sich bereits im Mittelalter hier nieder. Mit dem Aufkommen parfümierter Handschuhe in den 1500er-Jahren entwickelte sich die Kunst der Parfümherstellung. Die Handschuhhersteller trennten sich von den Gerbern und gründeten lukrative Parfümerien. Neue Bewässerungstechniken ermöglichten die Blumenzucht, sodass Grasse seinen Ruf als Parfüm-Welthauptstadt festigen konnte.

Auch heute ist Grasse umgeben von Jasmin-, Provence-Rosen-, Mimosen-, Orangeblüten- und Veilchenfeldern. Die mehr als 30 Parfümerien sind um Unauffälligkeit bemüht, nur wenige kann man besichtigen.

## Sehenswertes & Aktivitäten

Die Attraktionen in Grasse konzentrieren sich auf die berühmte Parfümindustrie der Stadt, was eine willkommene Abwechslung vom sonst üblichen Urlaubsprogramm darstellt.

### ★ Musée International de la Parfumerie — MUSEUM

(MIP; www.museesdegrasse.com; 2 bd du Jeu de Ballon; Erw./Kind 4 €/Eintritt frei; April–Sept. Mi–Mo 10–19 Uhr, Okt.–März Mi–Mo 10.30–17.30 Uhr; ) Dieses brillante Museum ist an sich schon ein Kunstwerk: In einem Herrenhaus aus dem 18. Jh. untergebracht, wurde es durch einen gewagten, modernen Glasanbau erweitert. Anhand wunderschön präsentierter Artefakte, Flaschen, Videos, alter Poster, Geruchsstationen und Erklärungstafeln führt das Museum durch die jahrhundertealte Geschichte der Parfümherstellung. Es bietet interessante Einblicke in die Entwicklung dieser Industrie in Grasse. Auch für den Nachwuchs ist mit kindgerechten Multimedia-Stationen, einem duftenden Garten, einem Film, der den Geruchssinn auf die Probe stellt, und der Nachbildung eines Parfümgeschäftes aus dem 19. Jh. einiges geboten.

**Geführte Touren** durch das Museum (auf Englisch und Französisch) werden von September bis Juni samstags und sonntags um 15 Uhr und im Juli und August täglich um 11 und 15 Uhr angeboten.

### Villa-Musée Fragonard — KUNSTMUSEUM

(23 bd Fragonard; Mai–Sept. 10–19 Uhr, Okt.–April Mi–Mo 10.30–17.30 Uhr) GRATIS Mit ihren ausschweifenden Liebesszenen schockierten und erregten seine Gemälde das Frankreich des 18. Jhs. Warum, kann man im Innern dieser zauberhaften Villa sehen, in der der kontrovers beurteilten und in Grasse geborene Künstler Jean-Honoré Fragonard (1732–1806) 1790 ein Jahr lang mit seinem Cousin, dem Parfümhändler Alexandre Maubert (1743–1827), gelebt hat. Die prächtige, wunderschön renovierte Villa ist voll von Gemälden (Originale und Kopien) Fragonards und seiner Nachkommen: Das beeindruckende Fresko *trompe l'œil* im Treppenhaus stammt von seinem Sohn, der damals 13 Jahre alt war, und ist ein absolutes Highlight.

### Musée d'Art et d'Histoire de Provence — GESCHICHTSMUSEUM

(04 93 36 80 20; 2 rue Mirabeau; Mai–Sept. Mi–Mo 10–19 Uhr, Okt.–April 11–18 Uhr) GRATIS Dieses Museum zur Geschichte der Region ist seit 1921 in einem aristokratischen *hôtel particulier* (Herrenhaus) untergebracht und bietet einen wunderbaren Einblick in das Leben des 18. Jhs. Die Zimmer sehen noch fast genauso aus wie damals, als der Marquise de Clapiers-Cabris hier lebte. Er verabscheute seine gegenüber wohnende Mutter so sehr, dass er den Kopf einer Gorgone in seinen Türrahmen schnitzen ließ, die durch ihr Fenster blickte. Auf keinen Fall auslassen sollte man die Küche im Erdgeschoss, die schmuckvolle Kunstsammlung und die Gärten, in denen im Frühjahr hübsche Glyzinien erblühen.

Bevor man das Museum betritt, sollte man sich einen Moment Zeit nehmen, um die weiter unten an der Straße gelegene, herrliche vielseitige Fassade dessen zu bewundern, was im 19. Jh. die **Parfümerie Hugues-Ainé** war. Das Gebäude wurde längst den Tauben überlassen, die regelmäßig aus den mit Brettern zugenagelten Balkon- und Erkerfenstern flattern.

### Musée Jean-Honoré Fragonard — KUNSTMUSEUM

(www.fragonard.com; 14 rue Jean Ossola; 10–18.30 Uhr) GRATIS In der Hauptfußgängerzone von Grasse zeigt dieses kleine Museum in einem schönen Stadthaus aus dem 18. Jh. die zehn wichtigsten Werke des aus Grasse stammenden Malers Jean-Honoré Fragonard. Vor allem das grandiose Deckenfresko im Erdgeschoss ist einen Blick wert. In zwei weiteren kleinen Zimmern im ersten Stock sind Gemälde von Marguerite Gérard (1761–1837), Fragonards Schwägerin und Protegé, sowie Jean-Baptiste Mallet (1759–1835), einem weiteren Künstler aus Grasse, ausgestellt.

## Grasse

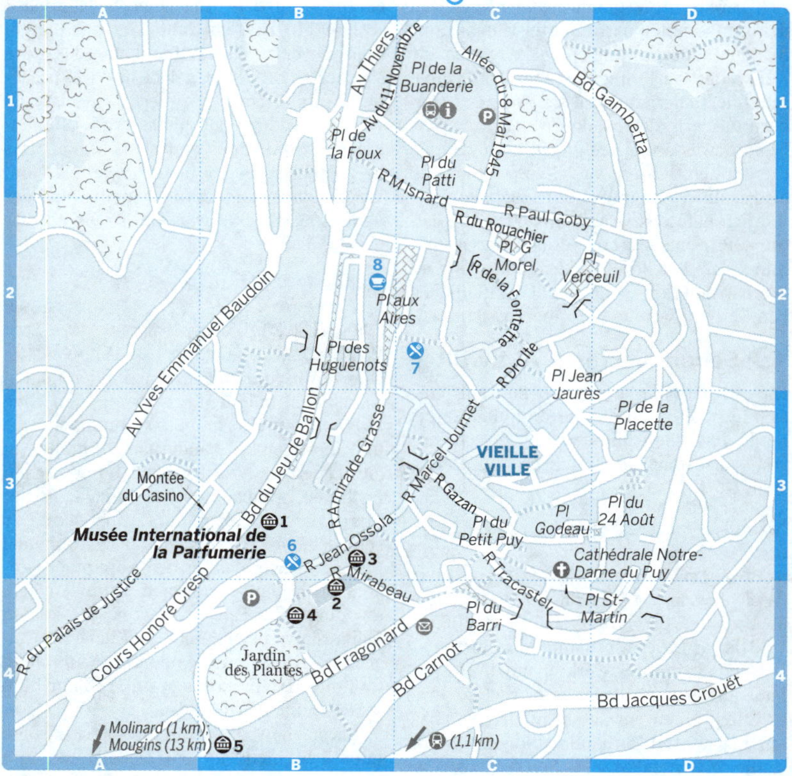


### Usine Historique & Musée du Parfum - Fragonard

MUSEUM

(☎ 04 93 36 44 65; www.fragonard.com; 20 bd Fragonard; ⏲ Juli & Aug. 9–19 Uhr, Sept.–Juni 9–12.30 & 14–18.30 Uhr) GRATIS Am Eingang zur Altstadt befindet sich neben dem Jardin des Plantes das ockerfarbene Herrenhaus, in dem die Parfümerie Fragonard 1926 ihren Anfang nahm – die ersten Parfümeure arbeiteten hier ab 1782. Zu sehen sind Apparaturen, die zur Extraktion und zum Destillieren verwendet werden, und das kleine Musée du Parfum (Parfümmuseum) im ersten Stock. Die Düfte von Fragonard können im angeschlossenen Laden gekauft werden.

Der Parfümhersteller betreibt noch weitere Boutiquen in der Altstadt, die sich auf Damen- und Kindermode und Haushaltswaren spezialisiert haben.

### Grasse

**Highlights**



**Sehenswertes**



**Essen**



**Ausgehen & Nachtleben**



### Domaine de Manon

BAUERNHOF

(☎ 06 12 18 02 69; www.le-domaine-de-manon.com; 36 chemin du Servan, Plascassier; Erw./Kind 6 €/frei) Neugierige Nasen genießen den Parfümgeruch beim Besuch dieser wunderschönen *domaine*, auf der seit drei Generationen Provence-Rosen und Jasmin gezüchtet werden. Carole Biancalana, die derzeitige Züchterin, führt die Besucher über ihre Felder und erklärt, wie Blumen gezüchtet und verarbeitet werden. Die Produkte dieser *domaine* werden ausschließlich an die Haute-Couture-Marke Dior verkauft.

Geführte Touren finden nur während der Blütezeit statt, d.h.: Von Mai bis Mitte Juni kann man dienstags um 10 Uhr Rosen und von August bis Mitte Oktober dienstags um 9 Uhr Jasmin bewundern. Unbedingt vorher anrufen, denn die Termine ändern sich je nach Blütezeit!

Die *domaine* liegt 7 km südöstlich des Zentrums von Grasse in dem kleinen Ort Plascassier (der offiziell zu Grasse gehört). Man verlässt Grasse auf der D4 in Richtung Valbonne und folgt in Plascassier den Schildern „Vieux Village". Die *domaine* befindet sich auf der linken Seite gegenüber einem Friseur.

## Geführte Touren

**Parfümtouren** GEFÜHRTE TOUREN

Drei bekannte Parfümerien bieten kostenlose geführte Touren in ihren modernen, außerhalb der Stadt gelegenen Fabriken an: **Molinard** (☎04 93 36 01 62; www.molinard.com; 60 bd Victor Hugo; ⏲9.30–18.30 Uhr), 1 km außerhalb der Stadt mit großer Ausstellungsfläche (und eigener Boutique an der Place aux Aires in der Stadt); **Galimard** (☎04 93 09 20 00; www.galimard.com; 73 rte de Cannes; ⏲9–12.30 & 14–18 Uhr), an der nach Süden verlaufenden N85, 3 km vom Zentrum von Grasse entfernt; und **Fragonard** (La Fabrique des Fleurs; ☎04 93 77 94 30; www.fragonard.com; Les 4 Chemins, rte de Cannes; ⏲Feb.–Okt. 9–18 Uhr, Nov.–Jan. 9–12.30 & 14–18 Uhr).

Im Rahmen der geführten Touren werden die Besucher durch alle Schritte der Parfümherstellung geleitet, von der Extraktion und Destillation bis hin zur Feinjustierung mithilfe der Nase. Die Führungen starten alle 15 bis 30 Minuten und werden in verschiedenen Sprachen angeboten. Die Besuche enden in den Läden der Fabriken, wo man die Parfüms kaufen kann (und zwar zu weitaus günstigeren Preisen als von Couture-Parfüms, bei denen man bis zu 60 % für den Namen auf der Verpackung zahlt).

## Schlafen & Essen

Leider herrscht in Grasse ein schlimmer Mangel an ordentlichen Unterkünften. Gut übernachten kann man also nur außerhalb



NICHT VERSÄUMEN

### DEN EIGENEN DUFT KREIEREN

Zehn Jahre dauert die Ausbildung zum *nez* (wörtl. „Nase"; Parfümeur), der bis zu 3000 Düfte erkennen kann, mehrere Monate benötigt es, bis dieser ein Parfüm kreiert hat. Warum das so ist, versteht man in dem Moment, in dem man selbst vor der verwirrenden Auswahl an Düften steht und riecht: In 127 kleinen, rotbraunen Fläschchen verstecken sich Gerüche wie Grüner Amber, Sandelholz, Vanille, Hyazinthe, Maiglöckchen, Zibet (ein unangenehmer tierischer Geruch, der wohl aus dem Sekret einer Katzenniere hergestellt wird), Rosenblätter (sehr süß) und Holz. Die Tatsache, dass in vielen Fläschchen gleich mehrere Essenzen vorgemischt wurden, trägt zu der olfaktorischen Verwirrung nur noch mehr bei. Die Anzahl der Kombinationen ist schwindelerregend.

Parfüm-Workshops können einen nicht über Nacht zum Parfümeur machen. Dennoch ist die olfaktorische Weiterbildung faszinierend und macht Erwachsenen und Kindern gleichermaßen Spaß. Im 90-minütigen Workshop Atelier des Parfums (69 €) von Molinard, der in der Fabrik außerhalb von Grasse stattfindet, können die Teilnehmer ihren eigenen Duft kreieren. Der *nez* befragt sie nach Düften, die sie mögen und bei denen sie die Nase rümpfen, erklärt den Aufbau des Parfüms (Basis-, Herz-, Kopfnote) und führt sie zu raffinierten Kreationen. Die „Absolventen" verlassen den Kurs mit einer 130-ml-Flasche ihres eigenen Parfüms. Wer weniger abenteuerlustig ist, kann sich für den 30-minütigen Workshop Bar des Fragrances (30 €) entscheiden, bei dem eine 30-ml-Flasche kreiert wird und die Auswahl der Essenzen nicht so überwältigend ist.

In seinen Studios des Fragrances bietet Hersteller Galimard ähnliche Workshops an (45 €). Am Ende der 90- bis 120-minütigen Kurse erhalten die Teilnehmer eine 100-ml-Flasche ihres selbst hergestellten Duftwässerchens. Die zweieinhalbstündigen Kurse Ateliers Apprenti Parfumeur (Parfümlehrling-Workshops; 65 € mit 100-ml-Flasche Eau de Toilette) von Fragonard finden in der Stadt in der Usine Historique (S. 110) statt.

der Stadt. Die autofreie Place aux Aires – der lang gezogene Hauptplatz in der Altstadt von Grasse – ist übersät von den Terrassen der Cafés und Restaurants. Grandiosen Kaffee und Schokolade gibt es bei **Les Comptoirs NamasThé** (27 place aux Aires) in den Arkaden. Nach dem Schild mit der Aufschrift „Torréfacteur de Cafés" Ausschau halten.

**Café des Musées** MODERN FRANZÖSISCH €
(1 rue Jean Ossola; Menü mittags 12 & €16 €, Hauptgerichte 10–23 €; ⏲9–18 Uhr) Das stilvolle Café ist eine hervorragende Adresse fürs Mittagessen (einfallsreiche Salate, sorgfältig zubereitete Tagesgerichte, -suppen oder -pastas). Nachmittags lässt sich gut eine Feinschmecker-Kaffeepause einlegen (Gebäck mit Kaffee oder Tee 7,50 €). Und wischen zwei Sehenswürdigkeiten versorgt man sich hier mit Eis oder Crêpes.

**Restaurant Lou Candeloun** MODERN FRANZÖSISCH €€
(☎04 93 60 04 49; www.loucandeloun.eresto.net; 5 rue des Fabreries; Menü mittags 15 €, abends 29 & 40 €, Hauptgerichte 25 €; ⏲Mo 12.30–14.30, Di–Sa 12.30–14.30 & 19.30–22 Uhr) In einer finsteren, unauffälligen Gasse befindet sich das beste Restaurant von Grasse. Der Koch Alexis Mayroux passt die Speisekarte täglich den hiesigen Marktständen an. Seine *menus autour d'un produit* – Menüs, die ein Produkt wie Frühjahrsartischocken oder Spargel in den Vordergrund stellen – sind eine wahre Gaumenfreunde. Drinnen speist man unter eleganten, alten Steinbögen.

**Le Mas du Naoc** B&B €€
(☎04 93 60 63 13; www.lemasdunaoc.com; 580 chemin du Migranié, Cabris; DZ/3BZ 160/230 €; ) Diese mit Wein bewachsene *chambre d'hôtes* aus dem 18. Jh. liegt 4 km südwestlich von Grasse im Schatten von jahrhundertealten Oliven-, Jasmin-, Feigen- und Orangenbäumen. Die vier bezaubernden Zimmer von Sandra und Jérôme Maingret sind in warmen Naturtönen gehalten, der Ausblick vom Pool auf die Küste ist inspirierend. Die Unterkunft ist an der D4 nach Cabris ausgeschildert. Keine Kinder unter sieben Jahren, zwischen April und Oktober zwei Nächte Mindestaufenthalt.

## ℹ Praktische Informationen

**Touristeninformation** (☎04 93 36 66 66; www.grasse.fr; place de la Buanderie; ⏲Mo–Fr 9–18, Di ab 10, Sa 9–13 & 14–18 Uhr; ) Die Touristeninformation am Busbahnhof von Grasse bietet Karten und Infos über die Stadt.

## ℹ Anreise & Unterwegs vor Ort

### AUTO

Die Einbahnstraßen von Grasse sind zum Haare raufen und oft verstopft. Man sollte also so schnell wie möglich parken und zu Fuß weitergehen. Wer aus Nizza kommt, parkt am besten bei Parking Notre Dame des Fleurs, wer von Cannes kommt, bei Parking Honoré Cresp. Die Stunde kostet 1,70 €.

### BUS

Bus 600 fährt über Mouans-Sartoux (25 Min.) und Mougins (30 Min.) nach Cannes (50 Min., alle 20 Min.), Bus 500 nach Nizza (1½ Std., stündl.). Alle Busse starten am Busbahnhof (Place de la Buanderie); Fahrkarten kosten 1,50 €.

### ZUG

Der Bahnhof liegt unterhalb des Zentrums; Shuttlebusse (1,50 €) ins Zentrum fahren vor dem Bahnhof ab. Regelmäßig verkehren Züge über Cannes (4,40 €, 30 Min.) nach Nizza (9,30 €, 1¼ Std., stündl.).

# Mougins

18 200 EW

Das winzige Vieux Mougins wirkt schon fast zu perfekt, um real zu sein. Picasso entdeckte dieses mittelalterliche Dorf 1935 zusammen mit seiner Geliebten Dora Marr und lebte dann hier mit seiner letzten Liebe, Jacqueline Roque, von 1961 bis zu seinem Tod. Heute hat Mougins einen leicht elitären Anstrich: Renommierte Hotel-Restaurants und die angesehenste internationale Schule Frankreichs befinden sich hier und ganz in der Nähe liegt auch Sophia Antipolis, Frankreichs Silicon Valley.

## Sehenswertes

★**Musée d'Art Classique de Mougins** KUNSTMUSEUM
(www.mouginsmusee.com; 32 rue Commandeur; Erw./Kind 12/5 €; ⏲10–18 Uhr) Dieses herausragende Museum war die Erfindung des zwanghaften britischen Kunstsammlers und Unternehmers Christian Levett und beher-

> **ℹ KOMBITICKET**
>
> Wer sowohl das Musée International de la Parfumerie und Les Jardins du MIP in Mougins besichtigen will, sollte das 5 € teure Kombiticket kaufen, in dem auch die Busfahrkarte von Grasse zu den Gärten enthalten ist (Bus 20 od. 21).

ABSTECHER

### MITTAGESSEN & KUNST IN MOUANS-SARTOUX

Auf der Fahrt von Cannes oder Mougins nach Grasse bietet sich das kleine Mouans-Sartoux (10 490 Ew.) für einen netten Zwischenstopp an, der sich mit einem köstlichen Mittagessen und einem außergewöhnlichen Kunstnachmittag verbinden lässt.

**Le Sot l'y Laisse** (☎ 04 93 75 54 50; place Suzanne de Villeneuve; Menü 29 €, Hauptgerichte 14–18,50 €; ⏲ Mi–So 12–14 & 20–22 Uhr) am Hauptplatz der Altstadt hat ein bezauberndes Ambiente: weiß getünchte Wände und meerblaue Balken im Innern, Tische unter Sonnenschirmen und den typischen Platanen der Provence im Außenbereich. Man kann entweder den Fisch des Tages mit *citrons confits* (eingelegten Zitronen) und saisonalem Gemüse in einer Noilly-Prat-Sauce bestellen oder is(s)t etwas mutiger und probiert die gebratenen Entenherzen. Sicher nichts falsch macht man auch mit der Spezialität des Hauses: den Hühncheneintopf *Fricassée de Sot l'y Laisse* (was so viel heißt, wie „Dummköpfe haben es zurückgelassen", weil das Gericht aus dem Fleisch vom Hähnchenrücken zubereitet wird). Den süßen Abschluss bildet die Aprikosen-Butterkeks-Torte mit Pistazieneis.

Anschließend geht es über den begrünten Platz durch das aus dem 16. Jh. stammende Steintor des **Château de Mouans**, des geschichtsträchtigen Zuhauses des Zentrums für zeitgenössische Kunst, **Espace de l'Art Concret** (www.espacedelartconcret.fr; place Suzanne de Villeneuve; Erw./Kind 7 €/frei; ⏲ Juli & Aug. 11–19 Uhr, Sept.–Juni 13–18 Uhr). Im Schloss sind nicht nur die Wechselausstellungen zeitgenössischer Kunst ein Hingucker, sondern auch die hübschen Gärten und der zweckmäßig errichtete Anbau der Donation Albers-Honegger – ein lindgrüner Betonklotz, der im krassen Gegensatz zu seinem historischen Nachbarn steht. Hier trifft man auf alte Bekannte: Eduardo Chillida, Yves Klein, Andy Warhol, César, Philippe Starck etc., aber auch auf weniger bekannte Künstler. Wer mit Kindern da ist, sollte sich die Schatzsuche mit den Betonplatten nicht entgehen lassen: Auf denen stehen Wörter, die man dann im Wald finden muss.

bergt 600 Werke aus einer Zeitspanne von 500 Jahren. Die Sammlung will zeigen, wie alte Zivilisationen den Neoklassizismus, die Moderne und die zeitgenössische Kunst inspiriert haben. Daher ist sie auch in die Zivilisationen des alten Roms, Griechenlands und Ägyptens unterteilt und zeigt Antiquitäten neben bahnbrechenden modernen Werken. Im oberen Stockwerk befindet sich eine Waffensammlung mit ausgezeichneten interaktiven Exponaten, die den Helmen, Speeren und Schilden Leben einhauchen.

**Musée de la Photographie André Villers** FOTOGRAFIEMUSEUM
(Porte Sarrazine; ⏲ Di–Fr 10–12 & 14–18, Sa & So 11–19 Uhr) GRATIS Das kleine, aber perfekt angeordnete Musée de la Photographie zeigt ein paar faszinierende Schwarz-Weiß-Fotos von Picasso, die von berühmten Fotografen wie André Villers und Jacques Henri Lartigue aufgenommen wurden. Es finden auch regelmäßig Ausstellungen zu Themen von der Mode bis hin zur Kriegsfotografie statt.

★ **Les Jardins du MIP** GARTEN
(www.museesdegrasse.com; 979 chemin des Gourettes, Mouans-Sartoux; Erw./Kind 3 €/frei; ⏲ April–Okt. Di–So 10–18 Uhr) In den zum Musée International de la Parfumerie (S. 109) von Grasse gehörenden Gärten wachsen Pflanzen, die für die Parfümherstellung verwendet werden. Die Hälfte der Gärten besteht aus Feldern, die aufzeigen, wie einheimische Blumen wie Rosen, Jasmin und Lavendel kommerziell angepflanzt werden. Die andere Hälfte wird in die Düfte der Pflanzenfamilien unterteilt (holzig, blumig, vergilbt, etc.) – die Besucher dürfen an den Blumen reiben und riechen und sie auch pflücken. Die Gärten liegen etwa 3 km nordwestlich des historischen Kerns von Mougins entfernt Richtung Mouans-Sartoux. Vom Busbahnhof in Grasse fahren die Busse 20 und 21 hierher.

## Schlafen & Essen

Der mit Brunnen verzierte Hauptplatz von Mougins, die Place du Commandmant Lamy, und die umliegenden, autofreien Straßen sind gesäumt von Restaurants, die auf ihren Terrassen mit Altstadtblick die unterschiedlichsten Gerichte servieren.

**Les Rosées** B&B €€€
(☎ 04 92 92 29 64; www.lesrosees.com; 238 chemin de Font Neuve; DZ 245–318 €; )

Das schicke und authentische, 400 Jahre alte Herrenhaus aus Stein wartet mit fünf romantischen Suiten, Pool, Sauna, Jacuzzi und jahrhundertealten Olivenbäumen auf und ist wahrlich ein Paradies der Ruhe. Die Einrichtung ist ein gelungener Mix aus modern und altmodisch – kein Wunder, sind doch die Inhaber zugleich Raumdesigner. Das Frühstück besteht aus zahlreichen Bioprodukten. 1,4 km nördlich von Mougins gelegen.

**Le Mas Candille** KULINARISCH €€€
(☎04 92 28 43 43; www.lemascandille.com; bd Clément Rebuffel; Menü mittags 49 €, Menü abends 95 & 135 €; ⏲Mai–Sept. Mi–So 12.30–14.30 & 19.30–22 Uhr) Das wohl luxuriöseste Fünf-Sterne-Hotel von Mougins mit Wellnesscenter und Restaurant hat alles, was das Herz begehrt. Die Zimmer sind paradiesisch, der Wellnessbereich ist eine Wohltat. Und im Hotelrestaurant, das auch für Nicht-Gäste geöffnet ist, kocht der junge, in Cannes geborene Koch David Chauvac seine mit Michelin-Sternen ausgezeichneten provenzalischen Gerichte, die von früheren Besuchen mit seiner Mutter auf dem Marché Forville in Cannes inspiriert sind.

Die spektakuläre Aussicht auf Grasse und die Alpen von dem prächtigen Speisesaal und der Sommerterrasse aus sind das Tüpfelchen auf dem I.

## Ausgehen & Nachtleben

**La Cave de Mougins** WEINBAR
(www.lacavedemougins.com; 50 av Charles Mallet; ⏲Di–Sa 11–23 Uhr) Der Keller dieser Weinbar lohnt den Umweg allemal, und das nicht nur wegen der Riesenauswahl, sondern auch wegen der umwerfenden Gewölbedecke, der stimmungsvollen Terrasse und der vielen Events (Weinproben, Gast-trifft-Weinproduzent, kleine Konzerte etc.) . Tagsüber genießt man hier Pâté- und Käseplatte und einem Schlückchen Wein.

## Praktische Informationen

**Touristeninformation** (☎04 92 92 14 00; www.mougins-tourisme.com; 39 place des Patriotes; ⏲Juli & Aug. Mo–Sa 9.30–18 od. 19, So 10–14 Uhr, Juni & Sept. Mo–Sa 9.30–18 Uhr, Okt.–Mai Mo–Fr 9–17, Sa 9.30–17 Uhr)

## Anreise & Unterwegs vor Ort

Bus 600 (1,50 €, alle 20 Min.) verkehrt zwischen Cannes und Grasse und hält in Mougins und Mouans-Sartoux.

# MASSIF DE L'ESTÉREL

## Corniche de l'Estérel

Eine Fahrt oder eine Wanderung entlang der kurvigen Corniche de l'Estérel (auch bekannt als Corniche d'Or, „Goldene Küstenstraße"; N98), die 1903 vom Touring Club de France eingeweiht wurde, ist ein echtes Erlebnis. Es eröffnen sich immer wieder spektakuläre Aussichten entlang der 30 km langen Strecke, an der kleine Urlaubsorte und traumhafte Buchten mit tollen Badeplätzen liegen. Diese können mit dem Bus oder Zug angefahren werden. Der dramatischste Abschnitt erstreckt sich zwischen Anthéor und Théoule-sur-Mer, wo sich die gewundene, enge N98 durch spärlich bebaute Gegenden schlängelt.

### Aktivitäten

Das Massif de l'Estérel ist mit seinen sattgrünen, mediterranen Wäldern, den tiefroten Gipfeln und den grandiosen Ausblicken über das Meer ein Paradies für Wanderer. In den Touristeninformationen sind Broschüren mit detaillierten Beschreibungen der beliebtesten Routen erhältlich, z. B. zum Pic de l'Ours (496 m) und zum Pic du Cap Roux (452 m). Wer ausgiebig wandern will, sollte sich die Carte de Randonnée (1:25 000) von IGN, Nr. 3544ET, Fréjus, Saint-Raphaël & Corniche de l'Estérel zulegen.

Wer nicht ohne Erklärungen durch die Gegend stapfen will, kann an einer dreistündigen geführten Tour unter der Leitung eines Försters des Office National des Forêts (Nationales Forstamt) oder an einem Spaziergang mit Naturführer der Touristeninformation (S. 114) teilnehmen. An windigen oder besonders heißen Tagen ist der Zugang zu den Wanderwegen oft wegen Waldbrandgefahr gesperrt – also zuerst bei der Touristeninformation nachfragen!

An dem 36 km langen Küstenabschnitt der Corniche verteilen sich über 30 Strände in allen Varianten: Sandstrand, Kiesstrand, FKK-Strand, Buchten, etc. Aber wo man auch hinkommt, das Meer ist überall kristallklar, türkis oder tiefblau und lädt zum Schwimmen ein.

Der Estérel ist ein Paradies für Taucher, überall in dem unberührten Gewässer liegen Schiffswracks aus dem Zweiten Weltkrieg. An der größtenteils unter Naturschutz stehenden Küste wartet eine bezaubernde Flora und Fauna.

**Sentier du Littoral** WANDERN & TREKKEN
Der 11 km lange Küstenwanderweg zwischen Port Santa Lucia (Startpunkt hinter den Hafenanlagen) und Agay (gelbe Markierungen) gehört zu den schönsten der ganzen Gegend. Die komplette Wanderung dauert etwa viereinhalb Stunden, zwischen Mai und Oktober kann man sie aber gut auf einen ganzen Tag ausdehnen, indem man an den idyllischen Stränden an der Strecke einen Badestopp einlegt.

Man kann auch nur kleine Abschnitte in Angriff nehmen. Am malerischsten ist es am **Cap du Dramont** mit der Signalstelle, das man auf einem Rundgang von der **Plage du Débarquement** aus erreicht. An diesem langen Sandstrand landete am 15. August 1944 die 36. US-Infanteriedivision, als Teil der Operation Dragoon (Landung in der Provence). Den großen Gedenkpark mit Parkplatz erreicht man problemlos von der N98 aus.

**Plage d'Agay** BADEN
Einer der besten Strände an der Corniche de l'Estérel für diverse Aktivitäten (Beach-Volleyball, Kinderclubs, Wassersport, etc.).

**Plage Beaurivage.** BADEN
Vergleichbar mit der Plage d'Agay.

**Rade d'Agay** BADEN
Die Sandstrände an diesem Abschnitt der Corniche de l'Estérel eignen sich hervorragend zum Schwimmen.

**Anthéor–Le Trayas Coast** SCHNORCHELN, BADEN
Der Abschnitt der Corniche de l'Estérel zwischen Anthéor und Le Trayas ist bekannt für seine juwelenartigen *calanques* (winzige Buchten) und die fantastischen Schnorchelspots. Die Landschaft ist viel rauer und zahlreiche Buchten sind nur mit dem Boot zu erreichen.

**Centre de Plongée Île d'Or** TAUCHEN
(☎ 04 94 82 73 67; www.dive.fr; 986 bd 36ème Division du Texas, Agay) Mehrsprachiger, von der CMAS ausgezeichneter Tauchclub, der einzelne Tauchgänge und Kurse anbietet.

**Euro Plongée** TAUCHEN, SCHNORCHELN
(☎ 04 94 19 03 26; www.europlongee.fr; Port de Boulouris) Ein namhafter, familienfreundlicher Tauchclub der CMAS, der individuelle Tauchgänge und Kurse sowie großartige zweistündige Schnorchelausflüge (30 €) anbietet, die sich besonders gut für Familien eignen – die Kinder werden begeistert sein von den Seesternen, Seeanemonen, Seeigeln und den anderen farbenfrohen Meeresbewohnern.

## Schlafen & Essen

**Villa Matuzia** PROVENZALISCH €€
(☎ 04 94 82 79 95; www.matuzia.com; 15 bd Ste Guitte, Agay; Hauptgerichte 21–30 €, Menü mittags 22 €, Menü abends 43 & 65 €; ⏲ Mi–So mittags & abends, Okt.–Mai So abends geschl.; ❄ 📶) In diesem provenzalischen Haus, 200 m vom Meer entfernt, lässt es sich hervorragend dinieren. Auf den Tisch kommt gehobene, mediterrane Küche (sehr guter Fang des Tages) in bezauberndem Rahmen: ein gemütlicher Speisesaal im Winter und eine begrünte Terrasse im Sommer. Außerdem gibt es zwei Gästezimmer (DZ mit Frühstück 75 €) mit kleiner Veranda, die das beste Preis-Leistungs-Verhältnis an der ganzen Küste haben.

## Anreise & Unterwegs vor Ort

### AUTO
Im Sommer herrscht auf der Küstenstraße Hochbetrieb: Wer's eilig hat und auf eine landschaftlich reizvolle Autofahrt verzichten kann, sollte die durchs Landesinnere führende N7 oder A8 nehmen.

### BUS
Bus 8 verkehrt zwischen St-Raphaël und Agay und hält unterwegs in Le Dramont; drei Busse täglich fahren bis nach Le Trayas. Fahrkarten kosten 1,10 €.

### ZUG
Die Bahnhöfe von Mandelieu-La Napoule, Le Trayas, Agay, Le Dramont und Boulouris liegen alle auf der Strecke zwischen St-Raphaël und Nizza; täglich halten hier aber nur ein paar Züge.

# St-Raphaël

34 716 EW.

St-Raphaël ist eine gute Basis für Ausflüge in das Massif de l'Estérel, hat aber selbst nicht allzu viel zu bieten. Das sehr engagierte Personal der **Touristeninformation** (☎ 04 94 19 52 52; www.saint-raphael.com; 99 Quai Albert 1er; ⏲ Juli & Aug. 9–19 Uhr, Sept.–Juni Mo–Sa 9–12.30 & 14–18.30 Uhr) ist bei der Buchung von Aktivitäten in der Region gern behilflich.

Die Corniche de l'Estérel erkundet man am besten im Rahmen einer der malerischen Bootsfahrten an Bord eines der Schiffe von **Les Bateaux de St-Raphaël** (www.bateauxsaintraphael.com; Quai Nomy; Erw./Kind 16/10 €; ⏲ Mai–Sept.). Dieser Veranstalter schippert auch nach St-Tropez (Erw./Kind 25/15 €, Überfahrt 1 Std.) und zur Île Ste-Marguerite (Erw./Kind 22/12 €).

Die beste Unterkunft des Ortes ist **L'Hirondelle Blanche** (☎ 04 94 11 84 03; www.hirondelle-blanche.fr; 533 av des Chèvrefeuilles; DZ 89–169 €; ⏲ Mai–Mitte Okt.), eine elegante Villa aus dem frühen 20. Jh. mit sechs romantischen Zimmern in der Nähe des Hafens Santa Lucia; die charmante, vom onkelhaften Künstler George betriebene „Weiße Schwalbe" ist mit Gemälden und Büchern vollgestopft. Abendessen kann man gut im **Les Charavins** (☎ 04 94 95 03 76; 36 rue Charabois; Hauptgerichte 18–26 €; ⏲ Do–Di abends, Do, Fr, Mo & Di mittags), einer Weinbar mit französischen Spezialitäten wie Froschschenkel, Zwiebelsuppe und Steaks, oder im feinschmeckerischen **Elly's** (☎ 04 94 83 63 39; www.elly-s.com; 54 rue de la Liberté; Menü mittags Di–Fr 24 €, Menü abends 35–70 €, Hauptgerichte 32 €; ⏲ Di–Sa 12–13.30 & 19–21.30 Uhr), in dem moderne Kunst eine fantastische Kulisse für eine moderne französische Küche bietet.

Von St-Raphaël fahren regelmäßig Züge nach Nizza (15 €, 1 ¼ Std., alle 30 Min.), Cannes (10,20 €, 30 Min. alle 30 Min.) und Marseille (27,30 €, 1 ½ Std., stündl.). Bus 4 fährt vom Busbahnhof von St-Raphaël in die Altstadt von Fréjus (1,10 €).

## Fréjus

53 298 EW.

Der ruhige Ort Fréjus wurde von den Massalioten besiedelt, den griechischen Kolonisten, die auch Marseille gegründet hatten, und um 49 v. Chr. von Julius Caesar als Forum Julii romanisiert. Die ansprechende Altstadt ist ein Labyrinth aus pastellfarbenen Gebäuden, schattigen Plätzen und verwinkelten Gassen, die zu einem zwischen drei Marktplätzen eingezwängten Kathedralbezirk mit außergewöhnlichen mittelalterlichen Gemälden führen.

### Sehenswertes

Die römischen Ruinen von Fréjus sind zwar nicht sonderlich gut erhalten, aber angesichts ihrer strategischen Lage an der Via Aurelia und dem Hafen zeugen sie von der damaligen großen Bedeutung von Forum Julii.

**★ Cloître de la Cathédrale de Fréjus** KATHEDRALE
(http://cathedrale-frejus.monuments-nationaux.fr; 58 rue de Fleury; Erw./Kind 5,50 €/frei; ⏲ Juni–Sept. 10–12.30 & 13.45–18.30 Uhr, Okt.–Mai Di–Sa 10–13 & 14–17 Uhr) Die Hauptattraktion von Fréjus ist die aus dem 11. und 12. Jh. stammende **Kathedrale**, eines der ersten gotischen Gotteshäuser der Region. Der **Kreuzgang** ist mit seltenen bemalten Holzdeckenplatten aus dem 14. und 15. Jh. ausgeschmückt, auf denen Engel und Teufel, Jäger, Akrobaten und Monster in einem lebhaften, comicartigen Stil abgebildet sind. Unbekannt sind Bedeutung und Ursprung der einst 1200 Bilder, von denen nur 500 die Jahrhunderte überdauert haben. Anschließend sollte man sich das außergewöhnlich gut erhaltene, achteckige **Taufbecken** aus dem 5. Jh. anschauen, das auf acht römischen Säulen errichtet wurde und eines der ältesten christlichen Bauten Frankreich ist.

**Musée Archéologique** ARCHÄOLOGIEMUSEUM
(place Calvini; Erw./Kind 2 €/frei; ⏲ April–Sept. Di–So 9.30–12.30 & 14–18 Uhr, Okt.–März Di & Do–Sa 9.30–12 & 14–16.30 Uhr) Das kleine, aber faszinierende Musée Archéologique beherbergt Schätze, die in und rund um Fréjus ausgegraben wurden: Alltagsgegenstände, aber auch seltene Funde wie eine Hermes-Statue aus Marmor mit zwei Gesichtern, eine Jupiter-Büste und ein beeindruckendes Leopardenmosaik aus dem 3. Jh.

**Porte d'Orée** RÖMISCHE STÄTTEN
(rue des Moulins; ⏲ April–Sept. Di–So 9.30–12.30 & 14–18 Uhr, Okt.–März Di–Sa 9.30–12 & 14–16.30 Uhr) Am südöstlichen Ende der Altstadt befindet sich die Porte d'Orée aus dem 3. Jh., der einzige verbliebene Bogen der einst riesigen römischen Thermen.

**Théâtre Romain** RÖMISCHE STÄTTEN
(Römisches Theater; rue du Théâtre Romain; Erw./Kind 2 €/frei; ⏲ April–Sept. Di–So 9.30–12.30 & 14–18 Uhr, Okt.–März Di–Sa 9.30–12 & 14–16.30 Uhr) Nördlich der Altstadt befinden sich die Ru-

> **FÜR SPARFÜCHSE**
>
> Der sieben Tage gültige **Fréjus Pass** (4,60 €) beinhaltet den Eintritt zum römischen Amphitheater und Theater, zum archäologischen Museum und der Kapelle von Cocteau. Wer auch den Kreuzgang der Kathedrale und das Taufbecken besichtigen möchte, sollte den ebenfalls sieben Tage gültigen **Fréjus Pass Intégral** (6,60 €) nehmen. Erhältlich sind sie bei allen teilnehmenden Attraktionen außer der Kathedrale.

## Fréjus

inen des Römischen Theaters. Ein Teil der Bühne und die Außenwände sind alles, was davon übrig geblieben ist.

**Les Arènes** RÖMISCHE STÄTTEN

(Amphitheater; ☎ 04 94 51 34 31; rue Henri Vadon; Erw./Kind 2 €/Eintritt frei; ⏲ April–Sept. Di–So 9.30–12.30 & 14–18 Uhr, Okt.–März Di–Sa 9.30–12 & 14–16.30 Uhr) Westlich der Altstadt, vorbei an der antiken **Porte des Gaules**, liegt die Arena, die noch aus dem 1. und 2. Jh. stammt und in ihrem heutigen Erscheinungsbild überwiegend ein Nachbau ist. Es war eines der größten Amphitheater des antiken Galliens und bot 10 000 Zuschauern Platz. Die Stätte wurde durch archäologische Ausgrabungen in Mitleidenschaft gezogen, ein umfangreiches Renovierungsprojekt will ihr jedoch wieder neues Leben einhauchen.

**Chapelle Cocteau** KUNSTMUSEUM

(Chapelle Notre Dame de Jérusalem; ☎ 04 94 53 27 06; rte de Cannes; Erw./Kind 2€/frei; April–Sept. Di–So 9.30–12.30 & 14–18 Uhr, Okt.–März Di–Sa 9.30–12 & 14–16.30 Uhr) Diese Kapelle gehört zusammen mit der berühmten verzierten Fischerkapelle in Villefranche-sur-Mer zu den letzten Werken, die Jean Cocteau (1889–1963) in Angriff nahm. Cocteau begann

### Fréjus

**Highlights**
1 Cloître de la Cathédrale de Fréjus ......C3

**Sehenswertes**
2 Les Arènes ......A2
3 Musée Archéologique ......C2
4 Porte d'Orée ......C3
5 Théâtre Romain ......C1

**Schlafen**
6 Hôtel L'Aréna......B3

**Essen**
7 Maison de la Tarte ......B3
8 Mon Fromager......C3

1961 mit der Arbeit an der Chapelle Notre Dame in Fréjus, die allerdings unvollendet blieb und schließlich erst 1988 von Cocteaus rechtmäßigem Erben und früherem Weggefährten Édouard Dermit beendet wurde. Die Kapelle befindet sich ca. 5 km nordöstlich der Altstadt im Viertel La Tour de Mare (Bus 13) an der N7 Richtung Cannes.

## Schlafen

**Auberge de Jeunesse Fréjus-St-Raphaël** HOSTEL €
(☎ 04 94 53 18 75; www.fuaj.org; chemin du Counillier; B 19,78 €; ⌚ März–Okt.; 📶) Die weitläufige, recht einfache HI-Jugendherberge liegt inmitten eines 10 ha großen Pinienwaldes, wo man auch sein Zelt aufstellen kann. Man fährt mit Bus 7 vom Bahnhof in St-Raphaël oder Fréjus bis nach Les Chênes, wo man dann den Kreisverkehr überquert und linker Hand den Chemin du Counillier (600 m) nimmt. Die Zimmer müssen täglich zwischen 12 und 17.30 Uhr geräumt werden; Frühstück und Bettzeug sind im Preis inbegriffen.

**Hôtel L'Aréna** HOTEL €€
(☎ 04 94 17 09 40; www.hotel-frejus-arena.com; 145 rue du Général de Gaulle; DZ/3BZ 154/204 €; ❄📶🏊👪) Mit seinen ockerfarbenen Wänden und dem grünen Garten ist das L'Aréna eine sehr nette Unterkunft. Der provenzalische Dekor beginnt langsam zu blättern, was jedoch der Gemütlichkeit in den Zimmer keinen Abbruch tut. Diejenigen im Jasmin-Anbau sind geräumiger, allerdings gibt es in diesem Gebäude keinen Lift. Die beiden Maisonettewohnungen sind ideal für Familien (mit zwei Einzelbetten im Zwischengeschoss). Frühstück kostet 17 €.

## Essen

Mittwoch- und samstagvormittags füllt der Markt fast jede Straße in der Altstadt aus. Die Händler verkaufen saisonale Früchte, Gemüse und viele andere kulinarische Köstlichkeiten.

**★ Mon Fromager** DELIKATESSEN €
(☎ 04 94 40 67 99; www.mon-fromager.fr; 38 rue Sieyès; Tagesgericht 13,90 €, Platte mit 5 Käsesorten 10,90 €; ⌚ Shop Di–Sa 9–19 Uhr, Mittagessen Di–Sa 12–14 Uhr; ✎) Der geschäftstüchtige Käsehändler Philippe Daujam verkauft nicht nur Käse, sondern kocht in seinem kleinen Deli mit Tischen vor der Käsetheke und auf der Straße (mit Tischuntersetzern aus gefakter Kuhhaut) auch noch leckeres Mittagessen. Die Einheimischen lieben den ausgezeichneten und preiswerten *plat du jour* (Tagesgericht) und die vorzüglichen Käseplatten mit Salat.

**Maison de la Tarte** BOULANGERIE €
(33 rue Jean Jaurès; Kuchen & Sandwiches ab 2,80 €; ⌚ Aug.–Juni Mo–Sa 7–19 Uhr; ✎) Wer ein Picknick plant, der sollte in dieser ausgezeichneten Bäckerei Halt machen. Die unterschiedlichsten Kuchen (Zitronenbaiser, Birne und Schokolade, Himbeere und Mandel etc.), die stückweise verkauft werden, füllen das Schaufenster und die Regale aus. Die Sandwiches und Quiches sind ebenfalls äußerst lecker.

## Praktische Informationen

**Touristeninformation** (☎ 04 94 51 83 83; www.frejus.fr; 249 rue Jean Jaurès; ⌚ Juli & Aug. 9.30–19 Uhr, Juni & Sept. Mo–Sa 9.30–12.30 & 14–18.30 Uhr, Okt.–März Mo–Sa 9–12 & 14–18 Uhr)

## An- & Weiterreise

### AUTO

Parking du Clos de la Tour am Rande der Altstadt ist kostenlos.

### BUS

Bus 4 verkehrt zwischen Fréjus und St-Raphaël (1,10 €).

### ZUG

Vom kleinen Bahnhof in Fréjus fahren stündlich Züge ab/nach Cannes (7,90 €, 40 Min.), St-Raphaël (1,40 €, 3 Min.) und Nizza (12 €, 70 Min.).

# Von St-Tropez nach Toulon

**Inhalt ➡**



## Gut essen

- Chez Bruno (S. 135)
- Le Clos des Vignes (S. 138)
- La Pescalune (S. 134)
- Domaine de la Maurette (S. 134)
- La Vague d'Or (S. 126)

## Schön übernachten

- Le Mas du Langoustier (S. 147)
- Hôtel des Deux Rocs (S. 135)
- Hôtel Byblos (S. 126)
- Hôtel de la Tour (S. 152)
- Château de Valmer (S. 132)

## Auf nach St-Tropez & Umgebung!

Das brodelnde St-Tropez wird seinem legendären Ruf als Fischereihafen mit jeder Menge Sex-Appeal absolut gerecht. Man kann Tage damit verbringen, durch den Ort zu schlendern, auf der Place des Lices die Leute zu beobachten oder an dem von Jachten gesäumten Kai Cappuccino zu trinken. Anschließend kann man die berückenden Küstenwege auf der Halbinsel, die schicken Strandclubs und die mit Weinreben überzogenen Kaps erkunden. Tritt man aus dem Scheinwerferlicht heraus, umfängt einen die Natur des Massif des Maures, wo inmitten dichter Kastanienwälder kleine Dörfer und wunderbare Aussichtspunkte liegen. Die drei Hauptinseln der Îles d'Hyères versprechen eine tolle, ruhige Zeit am Meer; im Binnenland des Haut-Var dagegen durchstreift man steinerne Dörfer, die alle ihren ganz eigenen Charakter und ihre individuelle Geschichte besitzen und deren Bewohner ein einfaches, aber beneidenswert ruhiges Leben führen. Vor allem aber sollten Traveller sich die Zeit nehmen, hier gut zu essen!

## Entfernungen (km)

| | Bandol | Collobrierès | Draguignan | Hyéres | St-Tropez |
|---|---|---|---|---|---|
| Collobrières | 72 | | | | |
| Draguignan | 103 | 56 | | | |
| Hyéres | 39 | 30 | 82 | | |
| St-Tropez | 97 | 30 | 52 | 50 | |
| Toulon | 20 | 38 | 83 | 18 | 68 |

## Highlights

1. Sich in **St-Tropez** (S. 122) in der Hauptsaison unter die Promis mischen und im Winter das goldfarbene Licht genießen
2. Durch das Massif des Maures zum friedlichen **Monastère de la Verne** (S. 139) fahren
3. Die ruhigen Nebenstraßen des **Haut-Var** (S. 133) und seine winzigen auf Hügeln gelegenen Dörfer erkunden
4. Auf der **Halbinsel St-Tropez** (S. 122) eine dramatische Wanderung von Kap zu Kap unternehmen
5. Einen Tag in den üppigen mediterranen Gärten der **Domaine du Rayol** (S. 141) umherwandern (oder schnorcheln)
6. Das Inselparadies der **Île de Porquerolles** (S. 144) erleben
7. Sich in **Collobrières** (S. 139) an Esskastanien satt essen
8. In **Sanary-sur-Mer** (S. 151) auf dem Kai flanieren und Weine aus **Bandol** (S. 152) probieren

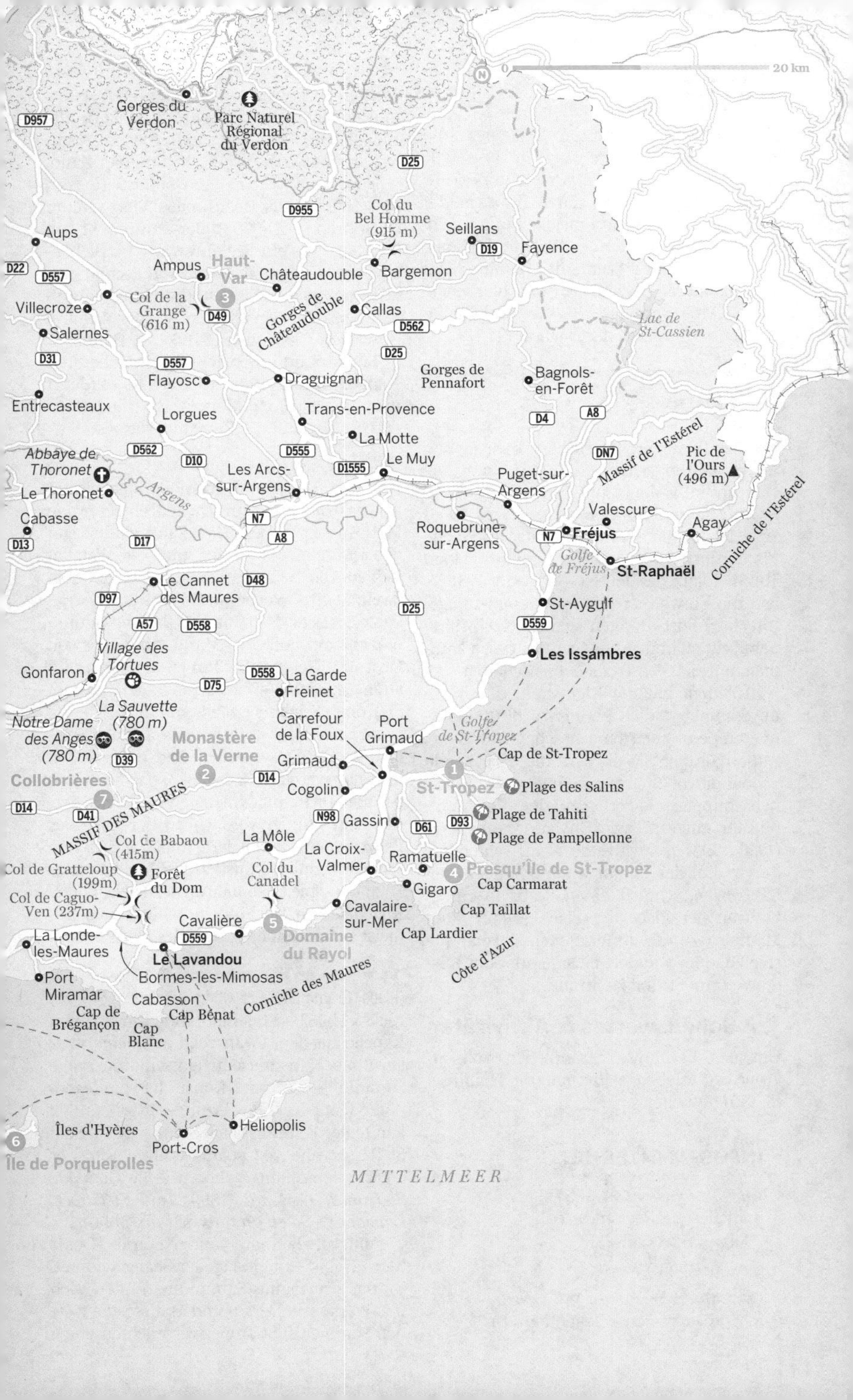

0
20 km
N
Gorges du Verdon
Parc Naturel Régional du Verdon
D957
D25
D955
Col du Bel Homme (915 m)
Seillans
D19
Fayence
Aups
D22
D557
Ampus
Haut-Var
3
Châteaudouble
Bargemon
Col de la Grange (616 m)
D49
Villecroze
Gorges de Châteaudouble
Callas
D562
Lac de St-Cassien
Salernes
D31
D557
D25
Gorges de Pennafort
Bagnols-en-Forêt
Flayosc
Draguignan
Entrecasteaux
Trans-en-Provence
A8
D4
Lorgues
La Motte
D562
D10
D555
D1555
Le Muy
Massif de l'Estérel
DN7
Pic de l'Ours (496 m)
Abbaye de Thoronet
Les Arcs-sur-Argens
Puget-sur-Argens
Le Thoronet
Argens
Corniche de l'Estérel
Valescure
Cabasse
N7
Roquebrune-sur-Argens
N7
Fréjus
Agay
D13
D17
A8
Golfe de Fréjus
St-Raphaël
Le Cannet des Maures
D48
D97
D25
St-Aygulf
A57
D558
D559
Village des Tortues
Les Issambres
Gonfaron
D558
La Garde Freinet
D75
La Sauvette (780 m)
Carrefour de la Foux
Port Grimaud
Golfe de St-Tropez
Notre Dame des Anges (780 m)
Monastère de la Verne
Cap de St-Tropez
D39
Grimaud
1
Collobrières
2
D14
Cogolin
St-Tropez
Plage des Salins
D14
7
D41
MASSIF DES MAURES
N98
Gassin
D61
D93
Plage de Tahiti
Col de Babaou (415m)
La Môle
Plage de Pampellonne
La Croix-Valmer
Ramatuelle
Col de Gratteloup (199m)
Forêt du Dom
Col du Canadel
4
Presqu'Île de St-Tropez
Cap Carmarat
Gigaro
Col de Caguo-Ven (237m)
Cavalaire-sur-Mer
Cap Taillat
Cavalière
5
Domaine du Rayol
Cap Lardier
La Londe-les-Maures
D559
Le Lavandou
Côte d'Azur
Bormes-les-Mimosas
Port Miramar
Corniche des Maures
Cabasson
Cap de Brégançon
Cap Bénat
Cap Blanc
Heliopolis
Îles d'Hyères
Port-Cros
6
Île de Porquerolles
MITTELMEER

# PRESQU'ÎLE DE ST-TROPEZ

Zwischen dem Golfe de St.-Tropez und der Baie de Cavalaire ragt die Presqu'île de St-Tropez (Halbinsel von St-Tropez) ins Meer hinaus. Vom schicken St-Tropez an der Nordküste ausgehend umringen buttergelbgoldene Sandstrände – die wohl schönsten an der Côte d'Azur – die Halbinsel. Im Landesinneren bezaubern die blumengeschmückten Bergdörfer Gassin und Ramatuelle ihre unzähligen Besucher.

## St-Tropez

4903 E.W.

Die Sex-Ikone Brigitte Bardot kam in den 1950er-Jahren nach St-Tropez, um die Hauptrolle in dem Film *Et Dieu… créa la Femme* (*… und immer lockt das Weib*; 1956) zu spielen, und verwandelte das friedliche Fischerdorf über Nacht in einen wilden Tummelplatz des Jet-Set. Seit jener Zeit leben die Einwohner gut von diesem Image: Im Vieux Port drängen sich spacige Millionärsjachten, und Unmengen Touristen kommen, um sich das Treiben anzuschauen.

Trotzdem hat die Kleinstadt, durch die im Sommer täglich bis bis zu 60 000 Gäste trampeln, auch eine beschauliche Seite. Außerhalb der Saison wird die berückende Schönheit von St-Tropez offenbar, wo „Sardinenschuppen wie Perlen auf dem Kopfsteinpflaster glitzern", wie Guy de Maupassant (1850–1893) schwärmte. Man schlendert durch die Gassen im alten Fischerviertel La Ponche, schlürft einen Pastis in einem Café an der Place des Lices, schaut alten Männern zu, die unter Platanen Pétanque spielen, oder wandert einsam auf dem Küstenweg von Strand zu Strand.

### Sehenswertes & Aktivitäten

Um das berühmte Strandleben von St-Tropez zu erleben, sollte man die Halbinsel (S. 130) besuchen.

**INFOS IM INTERNET**

**Visit Var** (www.visitvar.fr) Informationen zur Region Var.

**Vins de Provence** (www.vinsdeprovence.com) Wein.

**Maisons d'Hôtes du Var** (www.mhvprovence.com) Elegante B&Bs.

**★ Vieux Port** HAFEN

Jachten liegen Seite an Seite im Alten Hafen, und aufgetakelte Flaneure bevölkern die Kaianlagen. Vor den sandfarbenen Stadthäusern blickt die im 19. Jh. aus einer Kanone gegossene **Statue des Bailli de Suffren** (Quai Suffren) aufs Meer hinaus. Pierre André de Suffren (1729–1788), der „Amtmann von Suffren", war ein Seefahrer, der im Siebenjährigen Krieg mit einer Mannschaft aus St-Tropez gegen Briten und Preußen kämpfte. Ebenso eine Institution wie der Admiral ist das Café Sénéquier (S. 127) am Hafen.

Taucht man unter dem Bogen neben der Touristeninformation ins Gewühl, entdeckt man den jeden Morgen stattfindenden **Fischmarkt** auf der Place aux Herbes.

**★ Place des Lices** PLATZ

Platanen, Cafés und Pétanque-Spieler prägen das Bild auf dem legendären zentralen Platz von St-Tropez. Man kann einfach auf einer Caféterrasse sitzen und die Welt an sich vorüberziehen lassen oder sich auf dem zweimal pro Woche stattfindenden **Markt** (Place des Lices; ⌚ Di & Sa 8–13 Uhr) ins Getümmel stürzen. Auf dem Markt gibt's alles von Obst und Gemüse bis hin zu Sandalen und alten Spiegeln – ein Besuch gehört zum St-Tropez-Erlebnis einfach mit dazu.

Im berühmten Café des Arts, das heute einfach **Le Café** (www.lecafe.fr; Place des Lices; Mittags-/Abendmenü 18/32 €; ⌚ 8–23 Uhr) heißt und das man nicht mit dem neueren Café des Arts mit dem grünen Vordach an der Ecke des Platzes verwechseln darf, treffen sich schon seit Jahrzehnten Künstler und Intellektuelle. Pétanque-Spieler können an der Theke Boule-Kugeln leihen. Die Einheimischen halten sich meist auf der anderen Seite des Platzes auf.

**★ Musée de l'Annonciade** KUNSTMUSEUM

(Place Grammont; Erw./Kind 6 €/frei; ⌚ Mi–Mo 10–13 & 14–18 Uhr) In einer schön umgebauten Kapelle aus dem 16. Jh. zeigt das kleine, aber berühmte Kunstmuseum eine eindrucksvolle Sammlung moderner Kunst, die vom legendären Licht der Côte d'Azur gesättigt ist. 1892 kaufte der Pointillist Paul Signac ein Haus in St-Tropez und zog später weitere Künstler an. Zur Sammlung gehören seine Gemälde *St-Tropez, Le Quai* (1899) und *St-Tropez, Coucher de Soleil au Bois de Pins* (1896).

Vuillard, Bonnard und Maurice Denis (den „Nabis") ist ein eigener Saal gewidmet. In der Fauvismus-Sammlung finden sich u. a. Werke von Derain und Matisse, die 1904 den Sommer in St-Tropez verbrachten. Auch

Bilder der Kubisten Georges Braque und Pablo Picasso finden sich hier.

★ **La Ponche** HISTORISCHES VIERTEL
In St-Tropez' historischem Fischerviertel La Ponche, nordöstlich vom Vieux Port, kann man sich vom Hafengetümmel erholen. Vom südlichen Ende des Quai Frédéric Mistral breitet sich östlich des aus dem 10. Jh. stammenden **Tour Suffren** die Place Garrezio bis zur Place de l'Hôtel de Ville aus. Von dort aus führt die Rue Guichard in südöstlicher Richtung zur **Église de St-Tropez** (Place de l'Ormeau), einem Wahrzeichen der Stadt, das 1785 im italienischen Barockstil errichtet wurde. Drinnen befindet sich die Büste des hl. Torpes, dem beim Umzug Les Bravades im Mai die Ehre erwiesen wird.

Folgt man der Rue du Portail Neuf nach Süden, gelangt man zur **Chapelle de la Miséricorde** (Rue de la Miséricorde). Die 1645 erbaute Kapelle hat einen hübschen Glockenturm und eine bunt geflieste Kuppel.

★ **Citadelle de St-Tropez** MUSEUM
(☎ 04 94 54 84 14; Eintritt 3 €; ⏲ April–Sept. 10–18.30 Uhr, Okt.–März 10–12.30 & 13.30–17.30 Uhr) Die Zitadelle wurde 1602 erbaut, um die Küste gegen die Spanier zu verteidigen. Sie dominiert die Hügel, die sich östlich der Stadt erheben. Die Aussicht ist fantastisch. In den Verliesen der Zitadelle befindet sich das hervorragende **Musée de l'Histoire Maritime**, ein interaktives Museum, das im Juli 2013 eröffnet wurde und die Geschichte der Menschheit auf dem Wasser erzählt, von Fischfang, Handel und Seereisen bis hin zur Marine.

**Sentier du Littoral** WANDERN & TREKKEN
Ein toller Küstenweg vorbei an Felsvorsprüngen und Buchten windet sich von St-Tropez 35 km nach Süden um die Halbinsel herum bis zum Strand bei Cavalaire-sur-Mer. In St-Tropez beginnt der gelb markierte Weg in **La Ponche**, gleich östlich vom Tour du Portalet, und beschreibt hinter der Zitadelle eine Kurve um den Port des Pêcheurs. Von dort führt er am **Cimitière Marin** (Marinefriedhof) vorbei zur winzigen **Plage des Graniers** und von dort aus weiter.

In der Touristeninformation gibt's Karten mit Entfernungs- und Zeitangaben (z. B. zur Plage des Salins 8,5 km, 2½ Std.).

## Geführte Touren

**Les Bateaux Verts** BOOTSFAHRT
(☎ 04 94 49 29 39; www.bateauxverts.com; Quai Jean Jaurès) Les Bateaux Verts bietet von April bis September (Erw./Kind 10,50/6 €) Bootstouren rund um die Baie des Canebiers (nach den vielen Promivillen an ihrem Ufer auch „Bucht der Stars" genannt). Saisonal fahren auch Boote nach Cannes (37,80/24,40 €) und Porquerolles (42,30/27,80 €) sowie Shuttleboote zu den Marines de Cogolin, nach Port Grimaud, Ste-Maxime und Les Issambres.

### KOPFLOSER HELD

Seinen Namen verdankt St-Tropez einer gruseligen Legende. Kaiser Nero soll im Jahr 68 n. Chr. einen römischen Offizier namens Torpes enthauptet haben lassen, weil dieser Christ geworden war. Danach packte er den kopflosen Leichnam zusammen mit einem Hund und einem Hahn, die die Überreste fressen sollten, in ein Boot. Wundersamerweise trieb der unversehrte Leichnam bei St-Tropez an Land, und das Dorf erhob Torpes zu seinem Schutzheiligen.

## Feste & Events

**Les Bravades** RELIGIÖSES FEST
Seit 1558 strömen alljährlich die Einwohner in traditionellen Kostümen herbei, um dem Umzug der 140 mit Musketen bewaffneten *bravadeurs* (Schützen) zuzuschauen, die die Büste des hl. Torpes herumtragen. Das Fest findet immer vom 16. bis 18. Mai statt.

**Les Bravades des Espagnols** KARNEVAL
Mit Gewehrdonner und Umzügen wird am 15. Juni der Sieg über 21 spanische Galeonen gefeiert, die die Stadt 1637 angriffen.

## Schlafen

St-Tropez ist nicht gerade ein Eldorado für Budgettraveller, aber an der Plage de Pampelonne südöstlich der Stadt gibt es Campingplätze. Die meisten Hotels schließen im Winter; die Touristeninformation hat eine Liste der geöffneten Hotels und B&Bs. Wer mit dem Auto anreist, sollte sich vorab nach den Parkmöglichkeiten erkundigen.

★ **Hôtel Lou Cagnard** HOTEL €€
(☎ 04 94 97 04 24; www.hotel-lou-cagnard.com; 18 av Paul Roussel; DZ 81–171 €; ⏲ März–Okt.; ❄ 📶) Diese Pension mit tollem Preis-Leistungs-Verhältnis, deren Inhaber gelernte Hoteliers sind, muss man weit im Voraus buchen. Zitronen- und Feigenbäume spenden im Hof des hübschen provenzalischen

## St-Tropez

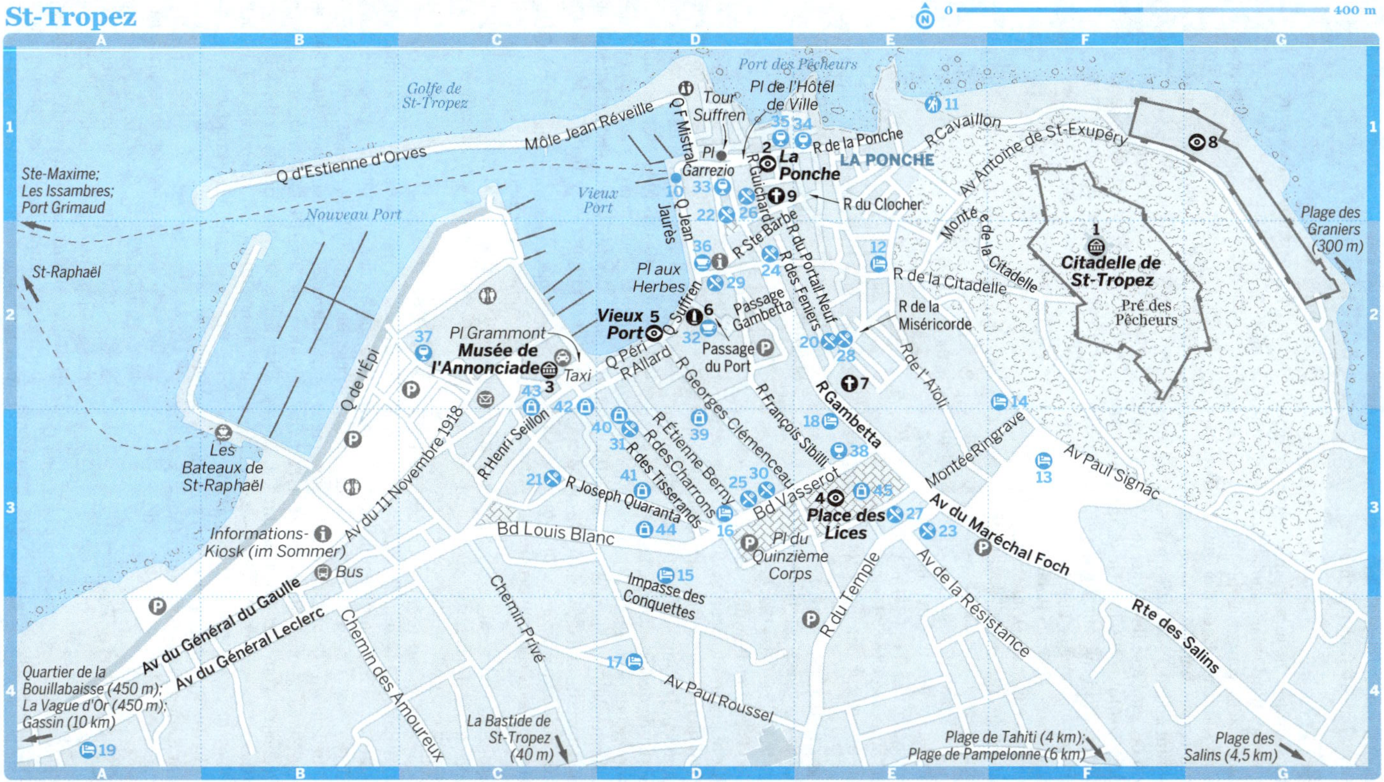
0 — 400 m
Golfe de St-Tropez
Port des Pêcheurs
Nouveau Port
Vieux Port
Ste-Maxime; Les Issambres; Port Grimaud
St-Raphaël
Les Bateaux de St-Raphaël
Q d'Estienne d'Orves
Môle Jean Réveille
Q F Mistral
Tour Suffren
Pl de l'Hôtel de Ville
Pl Garrezio
Q Jean Jaurès
2 La Ponche
LA PONCHE
R de la Ponche
R Cavaillon
Av Antoine de St-Exupéry
R Guichard
9
R du Clocher
R Ste Barbe
R du Portail Neuf
R des Feniers
Montée de la Citadelle
R de la Citadelle
R de la Miséricorde
1 Citadelle de St-Tropez
Pré des Pêcheurs
8
Plage des Graniers (300 m)
Pl aux Herbes
Q Suffren
6
Vieux Port 5
Passage Gambetta
Passage du Port
Q Péri
R Allard
Pl Grammont
Musée de l'Annonciade 3
Taxi
Q de l'Épi
R Henri Seillon
R Georges Clémenceau
R François Sibilli
R Gambetta
7
R de l'Aïoli
Montée Ringrave
Av Paul Signac
R Étienne Berny
R des Charrons
R des Tisserands
R Joseph Quaranta
Bd Vasserot
4 Place des Lices
Pl du Quinzième Corps
Av du 11 Novembre 1918
Bd Louis Blanc
Informations-Kiosk (im Sommer)
Bus
Av du Maréchal Foch
Av de la Résistance
R du Temple
Rte des Salins
Impasse des Conquettes
Chemin Privé
Av Paul Roussel
Chemin des Amoureux
Av du Général du Gaulle
Av du Général Leclerc
Quartier de la Bouillabaisse (450 m); La Vague d'Or (450 m); Gassin (10 km)
La Bastide de St-Tropez (40 m)
Plage de Tahiti (4 km); Plage de Pampelonne (6 km)
Plage des Salins (4,5 km)
10
11
12
13
14
15
16
17
18
19
20
21
22
23
24
25
26
27
28
29
30
31
32
33
34
35
36
37
38
39
40
41
42
43
44
45
A
B
C
D
E
F
G
1
2
3
4

## St-Tropez

**Highlights**

1 Citadelle de St-Tropez ... F2
2 La Ponche ... D1
3 Musée de l'Annonciade ... C2
4 Place des Lices ... E3
5 Vieux Port ... D2

**Sehenswertes**

6 Bailli de Suffren Statue ... D2
7 Chapelle de la Miséricorde ... E2
8 Cimitière Marin ... G1
9 Église de St-Tropez ... D1

**Aktivitäten, Kurse & Touren**

10 Les Bateaux Verts ... D1
11 Sentier du Littoral ... E1

**Schlafen**

12 B Lodge Hôtel ... E2
13 Hôtel Byblos ... F3
14 Hôtel Ermitage ... F2
15 Hôtel Le Colombier ... D3
16 Hôtel Les Palmiers ... D3
17 Hôtel Lou Cagnard ... D4
18 Pan Deï Palais ... E3
19 Pastis ... A4

**Essen**

20 Au Caprice des Deux ... E2
21 Auberge des Maures ... C3
22 Chez les Garçons ... D1
23 La Ramade ... E3
24 La Table du Marché ... D2
25 La Tarte Tropézienne ... D3
26 Le Bistrot à la Truffe ... D1
27 Le Café ... E3
28 Le G' ... E2
29 Le Gorille ... D2
30 Le Sporting ... D3
31 Salama ... D3

**Ausgehen & Nachtleben**

Bar at l'Ermitage ... (siehe 14)
Bar du Port ... (siehe 29)
32 Café de Paris ... D2
33 Le Petit Bar ... D1
34 Le Pigeonnier ... E1
Les Caves du Roy ... (siehe 13)
35 L'Esquinade ... D1
36 Sénéquier ... D2
37 VIP Room ... C2
38 White 1921 ... E3

**Shoppen**

39 Atelier Rondini ... D3
40 Benoît Gourmet & Co ... D3
41 De l'Une à l'Autre ... D3
42 K Jacques ... C2
43 K Jacques ... C2
44 Le Dépôt ... D3
45 Markt ... E3

Hauses Schatten. In den nach Jasmin duftenden Gärten leuchten Lichterketten. Die hellen, sauberen Zimmer sind mit bemalten Möbeln eingerichtet, fünf haben Terrassen. Die billigsten Zimmer haben ein eigenes Waschbecken und eine Stehwanne, aber nur Gemeinschaftstoiletten. Die meisten Zimmer besitzen eine Klimaanlage.

**Hôtel Le Colombier** HOTEL €€

(☎ 04 94 97 05 31; http://lecolombierhotel.free.fr; Impasse des Conquettes; DZ/3BZ ab 105/235 €; ⏲ Mitte April–Mitte Nov.; ❄ 📶) Ein makellos sauberes, umgebautes Haus, fünf Gehminuten von der Place des Lices. Die frische, sommerliche Gestaltung des Colombier ist feminin und aufgeräumt: Die Zimmer erstrahlen in Weißtönen und sind mit Antiquitäten eingerichtet.

**Hôtel Les Palmiers** HOTEL €€

(☎ 04 94 97 01 61; www.hotel-les-palmiers.com; 26 bd Vasserot; DZ 140–275 €; ❄ 📶) In einer alten Villa gegenüber der Place des Lices hat das Les Palmiers einfache, helle Zimmer, die um einen stilvollen Hof liegen. Die Zimmer im Hauptgebäude sind besser als die im Anbau.

**Pastis** DESIGNHOTEL €€€

(☎ 04 98 12 56 50; www.pastis-st-tropez.com; 61 av du Général Leclerc; DZ ab 375 €; ❄ 📶 🏊) Dieses hinreißende Hotel in einem umgebauten Stadthaus ist das Projekt eines englischen Paares, das in die Provence vernarrt ist und sich leidenschaftlich für moderne Kunst interessiert. Die von Pop-Art inspirierte Inneneinrichtung ist zum Sterben schön, und der smaragdgrüne Pool lädt zum ausgiebigen Schwimmen ein. Alle Zimmer sind schön, die mit Blick auf die Av Leclerc sind allerdings recht laut.

**Hôtel Ermitage** BOUTIQUEHOTEL €€€

(☎ 04 94 81 08 10; www.ermitagehotel.fr; Av Paul Signac; Zi. 180–850 €; ❄ 📶) Kate Moss und Lenny Kravitz bevorzugen die jüngste Rockstar-Absteige der Stadt, die vom St-Tropez der 1950er- bis 70er-Jahre inspiriert ist: Hier findet man Discostil gepaart mit der Moderne der Jahrhundertmitte. Die Zimmer sind in kräftigen, glossigen Farben dekoriert; in den kleinsten befindet sich die Dusche im Zimmer selbst. Von der Terrasse der Bar bietet sich ein grandioser Blick auf die Stadt.

## GLAMOUR-LEBEN

Neben dem Pastis und dem Hôtel Ermitage gibt es in St-Tropez noch andere bei Promis beliebte Treffpunkte – dementsprechend heftig sind auch die Preise.

**Hôtel Byblos** (☎ 04 94 56 68 00; www.byblos.com; Av Paul Signac; Zi./Suite ab 340/875 €; ⏲ Mitte April–Sept.; @ ᯤ ≋) Das Hôtel Byblos ist bei den Topstars aus Hollywood der ewige Favorit. Sie lieben die exklusive Atmosphäre mitten im Zentrum von St-Tropez. Das berühmte Restaurant Rivea von Alain Ducasse und die Clubszene im Les Caves du Roy des Hotels machen das Vergnügen perfekt.

**Pan Deï Palais** (☎ 04 94 17 71 71; www.pandei.com; 52 rue Gambetta; DZ ab 690 €) Das elegante Stadthaus mit einem üppigen zentralen Innenhof ist glamourös im indischen Stil gestaltet. Hier kann man wie ein Maharadscha im Luxus schwelgen.

**La Bastide de Saint-Tropez** (☎ 04 94 55 82 55; www.bastidesaint-tropez.com; Rte des Carles; Zi./Apt. ab 550/1120 €; ⏲ Feb.–Dez.; ❄ ᯤ ≋) Wer im La Bastide de Saint-Tropez am Rand der Stadt übernachtet, fühlt sich wie in seinem eigenen weitläufigen Landhaus.

**La Vague d'Or** (☎ 04 94 55 91 00; www.residencepinede.com; Résidence de la Pinède, Plage de la Bouillabaisse; Menüs ab 275 €; ⏲ Mitte April–Mitte Okt. 19.30–22 Uhr) Das Wunderkind Arnaud Donckele hat in der Résidence de la Pinède einen kulinarischen Tempel mit drei Michelin-Sternen geschaffen; hier locken mediterrane Zutaten und Aromen mit einer einzigartigen Note.

**Le Bistrot à la Truffe** (☎ 04 94 43 95 18; www.bistrot-la-truffe.com; 2 rue de l'Eglise; Menüs ab 69 €; ⏲ April–Sept. 11.30–22 Uhr) Bruno Clément, der wohl berühmteste Trüffel-Koch Frankreichs, der auch ein gefeiertes Restaurant in Lorgues im Norden besitzt, hat Le Bistrot à la Truffe eröffnet, um extravagante Kreationen mit Trüffeln auf den Tisch zu bringen.



**B Lodge Hôtel** HOTEL €€€
(☎ 04 94 97 58 72; www.hotel-b-lodge.com; 23 rue de l'Aïoli; DZ ab 170 €; ⏲ Dez.–Okt.; ❄ ᯤ) Hinter der traditionellen Fassade des Gebäudes verbergen sich ein paar erstaunlich moderne Zimmer im minimalistischen Stil mit dunklen, weichen Möbeln und Steinwänden. In den billigsten Zimmern gibt es keine Klimaanlage, was bei diesen Preisen recht kleinlich wirkt. Doch die Zimmer mit Balkon und Blick auf die Zitadelle sind großartig. Im Winter fallen die Preise beträchtlich.

### Essen

Die Preise sind hoch: Der Glamour, der hier sogar auf Fisch mit Pommes abfärbt, hat seinen Preis! Viele Restaurants schließen im Winter. In der Hochsaison sind Reservierungen ein Muss.

Ehe man die Stadt verlässt, sollte man unbedingt die *tarte Tropézienne* probieren, einen mit Orangenblüten aromatisierten Biskuitkuchen, der mit dicker Creme gefüllt ist – sie wurde in den 50er-Jahren von einem polnischen Bäcker kreiert und von Brigitte Bardot getauft.

Den Quai Jean Jaurès säumen mittelmäßige Restaurants mit tollem Hafenblick. Günstige Lokale konzentrieren sich in der Nähe des Quai de l'Épi und des neuen Hafens.

★ **La Tarte Tropézienne** CAFÉ, BOULANGERIE €
(www.latartetropezienne.fr; Place des Lices; Hauptgerichte 13–15 €; ⏲ 6.30–19.30 Uhr, Mittagessen 12–15 Uhr) In diesem Café mit Bäckerei wurde der gleichnamige Kuchen erfunden, darum ist dies der beste Ort, um die Spezialität zu kaufen. Zuerst sollte man sich jedoch etwas aus den Tagesgerichten, Salaten und Sandwichs aussuchen. Essen kann man drinnen oder draußen auf der kleinen Terrasse.

In St-Tropez verteilt liegen mehrere Filialen und auch anderswo an der Côte d'Azur sind welche zu finden – ideal, um die Lust auf Süßes zu stillen.

**Le Gorille** CAFÉ €
(☎ 04 94 97 03 93; www.legorille.com; 1 quai Suffren; Sandwichs/Hauptgerichte 7/17 €; ⏲ April–Okt. Do–Di 7–19 Uhr) Dieser Treff am Hafen ist nach seinem früheren Besitzer benannt, dem kleinen, muskulösen und anscheinend sehr behaarten Henri Guérin! Hier kann man frühstücken oder sich nach einer Clubnacht ein *croque-monsieur* (gegrilltes Schinken- und Käsesandwich, manchmal mit Béchamel) und Pommes schmecken lassen.

**La Ramade** BISTRO €
(☎ 04 94 81 58 67; 3 rue du Temple; Menüs 16 €; ⏲ Feb.–Mitte Nov. 12–14 & 19–22.30 Uhr) Schlicht,

unprätentiös und billig – eine Rarität in St-Tropez. Im Winter gibt es die herzhaften Gerichte in der Nähe der Feuerstelle, im Sommer auf der Terrasse, nur einen Block von der Place des Lices entfernt.

★ **Le Sporting** BRASSERIE €€
(Place des Lices; Hauptgerichte 16–30 €; ⏲8–1 Uhr) Auf der Karte des immer brechend vollen Le Sporting steht von allem etwas, doch die Spezialität des Hauses ist der Hamburger mit Gänsestopfleber und Morchelcremesoße. Der aus der Bretagne stammende Besitzer serviert perfekte Buchweizen-Crêpes, gute Mittagsangebote (13 €) und einen einfachen Salat mit *croque-monsieur.*

**La Table du Marché** BISTRO €€
(☎04 94 97 01 25; www.christophe-leroy.com; 11 rue des Commerçants; Mittags-/Abendmenü 21/32 €; ⏲April–Okt. 12–14 & 19–22 Uhr; 🅿) Das komfortable Bistro des gewieftesten Kochs von St-Tropez ist eine Erfolgsgeschichte. Das Hummergratin und die mit Trüffeln und Sellerie gefüllten Ravioli sind unvergesslich, und auch für Vegetarier ist gesorgt. Im Erdgeschoss des renovierten historischen Stadthauses offeriert ein *salon de thé* (Teestube) den ganzen Tag lang Gebäck und Leckereien.

**Le G'** BISTRO €€
(☎07 86 31 11 22; 67 rue du Portail Neuf; Mittags-/Abendmenüs 16/35 €; ⏲Di–So 12–14 & 19.30–23 Uhr) Das legere, winzige Le G versteckt sich in der Altstadt von St-Tropez, wo die Gassen zur Zitadelle hinaufsteigen. Der geschäftige Koch arbeitet in einer kleinen offenen Küche und man sollte Zeit mitbringen. Mit seinen großzügigen Portionen, den köstlichen Tagesmenüs und dem fröhlichen Service ist es aber ein super Laden. Sonnenhungrige finden einige Tische auf dem Bürgersteig.

**Chez les Garçons** MODERN-FRANZÖSISCH €€
(☎04 94 49 42 67; www.chezlesgarcons.com; 11/13 rue du Cépoun; Menüs 32 €; ⏲März, April & Okt. Do–So 9–23 Uhr, Mai–Sept. tgl.) Die superfreundlichen Mitarbeiter servieren unter den Augen von Marilyn, Brigitte und Audrey (als Kunst an den Wänden) delikate Spezialitäten wie pochierte Eier mit Gänsestopfleber. Nebenan befindet sich eine lebhafte Schwulenbar.

**Au Caprice des Deux** TRADITIONELL-FRANZÖSISCH €€€
(☎04 94 97 76 78; www.aucapricedesdeux.com; 40 rue du Portail Neuf; Hauptgerichte 25–36 €; ⏲Juli & Aug. tgl. 19–22.30 Uhr, April–Juni & Sept. nur Mi–Mo, Okt.–März nur Do–Sa) Diese traditionelle *maison de village* (ein altes Steinhaus mit Terrasse) mit kaffeebraunen Fensterläden ist bei den Einheimischen beliebt, um abends mal schick auszugehen. Die intime Inneneinrichtung ist so traditionell wie die französische Küche, etwa das Rinderfilet mit Trüffeln oder die Ente.

**Salama** MAROKKANISCH €€€
(☎04 94 97 59 62; http://formastec.free.fr/salama; 1 rue des Tisserands; Hauptgerichte 22–35 €; ⏲April–Okt. 19–23 Uhr) Man sitzt auf mit Kissen bedeckten exotischen Möbeln, trinkt zu kräftig-aromatischem Couscous und Tajines frischen Pfefferminztee und krönt das Ganze mit einem Zitronensorbet.

**Auberge des Maures** PROVENZALISCH €€€
(☎04 94 97 01 50; www.aubergedesmaures.fr; 4 rue du Docteur Boutin; Hauptgerichte 35–45 €; ⏲April–Okt 19.30–22 Uhr) Das älteste Restaurant der Stadt ist noch immer die erste Wahl der Einheimischen, dafür sorgen die stets guten, großzügig bemessenen bodenständigen Gerichte wie *daube* (geschmortes Rindfleischragout) oder die mit Tapenade gefüllte Lammschulter. Tische auf der grünen Terrasse sollte man unbedingt reservieren.

## Ausgehen & Nachtleben

Hier sollte man sich schick anziehen – und mehr Geld einstecken als man glaubt zu benötigen. Viele Lokale sind im Winter zu, doch im Sommer steigen jeden Tag Partys.

Wer in die Schwulenszene eintauchen will, besucht am besten das Chez les Garçons oder das L'Esquinade.

★ **Sénéquier** CAFÈ
(www.senequier.com; Quai Jean Jaurès; ⏲ganzjährig 8–1 Uhr) In diesem Café, das seit 1887 im Geschäft ist, schrieb Sartre Teile von *Les Chemins de la Liberté* (Die Wege der Freiheit). Besonders beliebt ist es bei Bootsleuten, Motorradfahrern und Touristen. Auf der Terrasse stehen dicht gedrängt leuchtend rote Tische mit Regiestühlen. Aber Vorsicht: Schon ein einfacher Kaffee kostet 8 €!

★ **Les Caves du Roy** CLUB
(www.lescavesduroy.com; Hôtel Byblos, Av Paul Signac; ⏲April–Okt 19–5 Uhr, Juli & Aug. tgl.) Dieser Promiclub im legendären Hôtel Byblos ist bis heute der unangefochtene Champion der Nachtclubszene in St-Tropez, wenn nicht sogar der gesamten Riviera. Wer hinein will, um sich unter die Sternchen und Rennwagenfahrer zu mischen, sollte sich ordentlich aufmotzen.

**Bar du Port** CAFÉ, BAR
(www.barduport.com; Quai Suffren; ganzjährig 7–3 Uhr) Jugendliche, angesagte Bar am Hafen für die Schönen und Reichen, mit kitschiger Einrichtung in Weiß- und Silbertönen.

**Bar at l'Ermitage** BAR
(www.ermitagehotel.fr; Hôtel Ermitage, Av Paul Signac; April–Okt. 17–24 Uhr) Den Massen entfliehen kann man im entspannten Ermitage, das mit abgewetzten, seinerzeit modernen 50er-Jahre-Möbeln eingerichtet ist und bezaubernde Aussichten auf die Dächer des alten St-Tropez und das Meer bietet.

**L'Esquinade** CLUB
(2 rue du Four; Juli–Sept. tgl. 24–7 Uhr, Okt.–Mai nur Do–Sa) Hier steigt die Party für alle, die bis in den Morgen tanzen wollen. Ganzjährig geöffnet und die erste Wahl der Einheimischen; der Club ist außerdem absolut schwulenfreundlich.

**White 1921** BAR
(www.white1921.com; Place des Lices; Mitte Mai–Sept. 20 Uhr–open end) Das White 1921, einer der neuesten Clubs der Szene von St-Tropez, gehört Louis Vuitton. Es handelt sich um eine elegante Champagner-Lounge unter freiem Himmel in einem renovierten, ganz in Weiß gehaltenen Stadthaus an der Place des Lices. Wer es nicht mehr nach Hause schafft, kann in einem der noblen Zimmer absteigen (ab 345 €).

**Café de Paris** CAFE
(www.cafedeparis.fr; 15 quai Suffren; ganzjähri 8–2 Uhr) Die Terrasse ist ideal, um beim Aperitif die neuen Riemchensandalen auszuführen; freundlichster Service am Hafen.

**Le Petit Bar** BAR
(2 rue Sibille; 19 Uhr–open end) Diese winzige, helle und zentral gelegene Lounge mixt das ganze Jahr über Cocktails.

## STRANDCLUBS IN ST-TROPEZ

Die Strandszene von St-Tropez wird von den Strandrestaurants und -clubs geprägt, die sich am Ufer aufreihen. Und sie sind unglaublich unterschiedlich! Matten (15–20 €) und Parken (5–6 €) kosten extra. Die meisten sind von Mai bis September geöffnet (vorher anrufen!) und alle sind auf der Karte der Touristeninformation eingezeichnet. Zum Mittagessen (rechtzeitig im Voraus reservieren) kann man in alle folgenden Clubs gehen.

**Aqua Club** (04 94 79 84 35; www.aqua-club-plage.fr; Rte de l'Épi, Plage de Pampelonne; Hauptgerichte 22–29 €; Feb.–Okt.) Der mit Abstand gemischteste Club am Pampelonne mit sowohl homosexuellem als auch heterosexuellem Publikum. Hier kann man sich zu einem entspannten Drink oder einem Steak niederlassen. Die Saison dauert hier länger als bei den meisten anderen Clubs.

**La Plage des Jumeaux** (04 94 58 21 80; www.plagedesjumeaux.com; Rte de l'Épi, Plage de Pampelonne; Hauptgerichte 25–40 €; 12–15 Uhr; ) Das in weiß-türkis gehaltene Jumeaux, die beste Adresse unter den Strandrestaurants in St-Tropez, serviert wunderbare Meeresfrüchte (darunter fabelhaften ganzen Fisch – ideal für mehrere Personen), und mediterrane Salate. Familien sind hier sehr gut aufgehoben, denn es gibt Spielgeräte für Kinder, Strandspielzeug und eine Kinderkarte.

**Moorea Plage** (04 94 97 18 17; www.mooreaplage.fr; Rte des Plages, Plage de Tahiti; Hauptgerichte 23–44 €) Der recht legere Club mit Restaurant ist ideal, um sich zu unterhalten oder Backgammon zu spielen und es kommen erstklassige Steaks auf den Tisch.

**Pearl Beach** (04 98 12 70 70; www.thepearlbeach.com; Quartier de la Bouillabaisse; Hauptgerichte 23–35 €; Mitte Feb.–Dez.) Das Pearl Beach liegt an der Rte de St-Tropez auf dem Weg in die Stadt und bietet familienfreundliche Mahlzeiten direkt am Strand.

**Club 55** (04 94 55 55 55; www.leclub55.fr; 43 bd Patch, Plage de Pampelonne; April–Sept. 10 Uhr–open end) Der älteste Strandclub am Ort wurde in den 1950er-Jahren eröffnet und war ursprünglich die Kantine der Filmcrew während der Dreharbeiten für *... und immer lockt das Weib*. Heute versorgt er Promis, die einmal nicht im Rampenlicht stehen wollen. Das Essen ist erstaunlicherweise nichts Besonderes.

**Nikki Beach** (04 94 79 82 04; www.nikkibeach.com/sttropez; Rte de l'Épi, Plage de Pampelonne; April–Sept. 10–24 Uhr) Ist bei feierfreudigen Promis beliebt, die die Blicke auf sich ziehen wollen. Die ohrenbetäubenden Partys enden um Mitternacht.

**VIP Room** CLUB
(☎ 04 94 97 14 70; www.viproom.fr; Av du 11 Novembre 1918; ⌚ April–Aug.) Den Club im New Yorker Loft-Stil am Nouveau Port gibt's schon ewig, und noch immer frequentieren ihn gelegentlich Promis.

**Le Pigeonnier** CLUB
(☎ 04 94 97 84 26; 13 rue de la Ponche; ⌚ Mai–Aug.) Der am wenigsten aufgemotzte Club, die Kleiderordnung ist *tenue intelligemment négligée* (trendy casual).

## Shoppen

In St-Tropez wimmelt es nur so von erlesenen Modeboutiquen, Feinschmeckerläden und Kunstgalerien.

**Le Dépôt** BEKLEIDUNG
(www.ledepot-saint-tropez.com; 6 bd Louis Blanc; ⌚ Di–Sa 10–12 & 14–18.30 Uhr) Eine schicke Boutique für Designerklamotten und Accessoires, überwiegend Secondhand und Vintage.

**De l'Uneà l'Autre** BEKLEIDUNG
(6 rue Joseph Quaranta; ⌚ Mo–Sa 10–12.30 & 14.30–18.30 Uhr) Secondhand-Designerkleidung zu bezahlbaren Preisen.

**Atelier Rondini** SCHUHE
(www.rondini.fr; 16 rue Georges Clémenceau; ⌚ Di–Sa 9.30–18.30, So 10.30–13.30 & 15.30–18.30 Uhr) Colette brachte einst ein Paar Sandalen aus Griechenland zum Atelier Rondini (das seit 1927 besteht), um sie hier nachmachen zu lassen. Die berühmten Sandalen werden noch heute für ca. 135 € hergestellt.

**K Jacques** SCHUHE
(☎ 04 94 97 41 50; www.kjacques.com; 39bis rue Allard; ⌚ Mo–Sa 10–13 & 15–19, So 10.30–13 & 15.30–19 Uhr) Verkauft seit 1933 handgefertigte Sandalen (145–220 €) an Kunden wie Picasso oder Brigitte Bardot. In der Nähe (16 rue Seillon) befindet sich eine weitere **Filiale**.

**Benoît Gourmet & Co** ESSEN, WEIN
(☎ 04 94 97 73 78; 6 rue des Charrons; ⌚ Mo–Sa 10–& 14–17 Uhr) Alles für Gourmets (inklusive Kaviar, Champagner und Gänsestopfleber).

## Praktische Informationen

In örtlichen Touristeninformationen gibt's die englischsprachige Broschüre *Out and About*, nützlich ist auch die Seite www.golfe-saint-tropez-information.com.

**Pôle de Santé** (☎ 04 98 12 53 08; www.ch-saint-tropez.fr; D559, Gassin) Das nächstgelegene Krankenhaus, es liegt 11 km von St-Tropez entfernt.

### ANREISE NACH ST-TROPEZ

St-Tropez-Experten vermeiden in der Hauptsaison den schrecklichen, etwa vierstündigen Verkehrsstau auf der einzigen Straße nach St-Tropez (und die 40 € Parkgebühren für die schwer zu findenden Parkplätze), indem sie in Port Grimaud oder Ste-Maxime parken und das Shuttleboot von Les Bateaux Verts nehmen (S. 123).

Der günstigste Bahnhof ist St-Raphaël; von dort aus fahren in der Hochsaison Boote von Les Bateaux de St-Raphaël sowie langsamere Busse. Taxis vom Bahnhof kosten 100 bis 130 €.

Achtung: Weder am Bahnhof noch an irgendeinem anderen öffentlichen Ort im Var gibt es eine Gepäckaufbewahrung.

**Polizei** (☎ 04 94 12 70 00; Rue François Sibilli)

**Touristeninformation** (☎ 08 92 68 48 28; www.sainttropeztourisme.com; Quai Jean Jaurès; ⌚ Juli & Aug. 9.30–13.30 & 15–19.30 Uhr, April–Juni & Sept.–Okt. 9.30–12.30 & 14–19 Uhr, Nov.–März Mo–Sa 9–18 Uhr) Organisiert von April bis Oktober gelegentlich Stadtspaziergänge. Öffnet im Juli und August auch einen Kiosk am Parkplatz am Hafen.

## Anreise & Unterwegs vor Ort

### BUS

Tickets von **VarLib** (☎ 04 94 24 60 00; www.varlib.fr) kosten am **Busbahnhof** von St-Tropez (☎ 04 94 56 25 74; Av du Général de Gaulle) 3 € für alle Ziele im *Département Var*, darunter Ramatuelle (35 Min.), St-Raphaël (1¼–3 Std., je nach Verkehrslage) über Grimaud und Port Grimaud, und Fréjus (1 Std.). Busse nach Toulon (2 Std., 7-mal tgl., im Sommer seltener) halten unterwegs in Le Lavandou (1 Std.) und Hyères (1½ Std.).

Zum Flughafen Toulon-Hyères (1½–2 Std.) fahren ebenfalls Busse, manchmal mit Umsteigen.

### FAHRRAD & MOTORROLLER

**Rolling Bikes** (☎ 04 94 97 09 39; www.rolling-bikes.com; 14 av du Général Leclerc; Fahrrad/Roller/Motorrad 17/46/120 € pro Tag, zzgl. Kaution) Am besten macht man es wie die Einheimischen und steigt auf ein Zweirad.

### SCHIFF/FÄHRE

Im Winter werden viele Verbindungen eingestellt oder verkehren eingeschränkt; Einzelheiten erfährt man im Internet.

Shuttleboote von Les Bateaux Verts (S. 123) fahren zwischen St-Tropez und Ste-Maxime (einfach/hin & zurück 7,50/13,50 €, 15 Min.), Les Issambres (8,50/15 €, 25 Min.), Marines de Cogolin (6,70/12 €, 15 Min.) und Port Grimaud (6,70/12 €, 20 Min.).

**Les Bateaux de St-Raphaël** (☎ 04 94 95 17 46; www.bateauxsaintraphael.com) verbindet von Mitte April bis Oktober St-Tropez (Nouveau Port) und St-Raphaël (Erw./Kind 15/10 €, 1 Std.). Der Bahnhof von St-Raphaël liegt 200 m von der Anlegestelle entfernt.

**Meerestaxi** (☎ 06 12 40 28 05; www.taxi-boat-saint-tropez.com) Taxiboote zu allen Zielen rund um St-Tropez.

### TAXI

**Taxi** (☎ 04 94 97 05 27) Ein Stand befindet sich am Vieux Port vor dem Musée de l'Annonciade.

## Die Halbinsel

Südlich von St-Tropez erstrecken sich gepflegte Rebflächen und ruhige, schmale Straßen, an denen Châteauxs, einsame steinerne *bastides* (Landhäuser) und private Villen stehen. Der Sentier du Littoral (S. 123) windet sich die gesamte Küste entlang und führt über einige dramatische Kaps. Die Ostseite der Halbinsel säumt der goldene Sand des schicksten Strands Frankreichs, der Plage de Pampelonne, an der sich die legendäre Beachclub-Szene von St-Tropez trifft.

Die Erzeugnisse regionaler **Weingüter** – die Weine der Côtes de Provence – kann man in Châteauxs an der D61 und der D93 und überall auf der Halbinsel verkosten. Die Touristeninformationen haben Listen. Infos bekommt man auch auf www.routedesvinsdeprovence.com sowie bei **Les Maîtres Vignerons de la Presqu'île de St-Tropez** (☎ 04 94 56 40 17; www.vignerons-saint-tropez.com; D98, La Foux; ⏲ Mo–Sa 8.30–19 Uhr), wo man auch einkaufen kann. Der **Mas de Pampelonne** (☎ 04 94 97 75 86; Chemin des Moulins; ⏲ Mitte April–Okt. Mo–Di & Do–Sa 10–13 & 15–18 Uhr, sonst kürzer) ist für seinen Rosé bekannt.

## Plage de Pampelonne & Umgebung

### Sehenswertes & Aktivitäten

**★ Plage de Pampelonne** STRAND

Die ca. 5 km lange, mit Promis gespickte Plage de Pampelonne wartet im Sommer mit diversen exklusiven Strandrestaurants und Clubs auf. Öffentlichen Strandzugang (und Parkplätze für 5,50 €) findet man in der Nähe der Moorea Plage. Man kann sich aber auch an einem der Strandclubs unters Volk mischen. Im Norden beginnt der Strand 4 km südöstlich von St-Tropez mit der **Plage de Tahiti.**

**Plage des Salins** STRAND

(Rte des Salins) Die Plage des Salins gleich östlich von St-Tropez ist ein langer, breiter Sandstrand am südlichen Fuß des Cap des Salins.

An einem ins Meer hinausragenden Felsen am Nordende des Strandes befindet sich das **Grab** von Émile Olivier (1825–1913), der unter Napoléon bis zu dessen Exil im Jahr 1870 als erster Minister diente. Das Grab schaut hinaus auf den **La Tête de Chien** (Hundekopf), benannt nach dem legendären Hund, der sich weigerte, die sterblichen Überreste des hl. Torpes zu fressen.

**Sémaphore de Camarat** LEUCHTTURM

(⏲ Führungen nur Juni–Sept.) GRATIS Der Pampelonne erstreckt sich 9 km vom **Cap du Pinet** bis zum **Cap Camarat**, einem felsigen Kap, das vom zweithöchsten Leuchtturm (110 m) Frankreichs dominiert wird. Er ist seit 1861 in Betrieb, wurde 1946 elektrifiziert und 1977 automatisiert. Wer ihn besteigt, wird mit einem schwindelerregenden Blick auf St-Tropez und die Halbinsel belohnt. Führungen kann man in der Touristeninformation von Ramatuelle buchen.

**Pointe du Capon** WANDERN

Das schöne Kap 1 km südlich der Plage des Salins ist von Wanderwegen durchzogen.

### Schlafen

**La Vigneraie 1860** CAMPING €

(☎ 04 94 97 17 03; www.la-vigneraie-1860.fr; Chemin des Moulins; Stellplatz/Erw. 12,50/10 €;

**DIE BESTEN STRÄNDE**

- Plage de Pampelonne (S. 130) – der göttliche, 5 km lange goldene Strand ist der berühmteste von St-Tropez, inklusive einiger fabelhafter Adressen.
- Plage du Layet, Cavalière – FKK-Strand mit einem legendären, schäbig-schicken Strandrestaurant, dem Chez Jo (S. 141).
- Port-Cros und Porquerolles – zwei Inseln mit unberührtem goldenen Sand, auf dem man sich austoben kann.
- Plage d'Hyères – ist wegen seiner fabelhaften Restaurants mit Tischen über dem Wasser beliebt.

Rezeption 8–12 & 17–20 Uhr) Dieser einfache Campingplatz hinter der Plage de Pampelonne bietet eine von wenigen Möglichkeiten, billig zu wohnen und doch in einer der exklusivsten Gegenden der Region Ferien zu machen. Er ist von Weinbergen umgeben, hat einfache Duschen und vermietet auch Apartments (ab 90 €). Nur Barzahlung.

## Ramatuelle

Hoch oben auf einem Hügel liegt dieses von einer Mauer umgebene, labyrinthartige Dorf mit einem von Bäumen gesäumten Platz. Der Name stammt vom Wort *Rahmatu'llah* („Geschenk Gottes") und ist ein Erbe der sarazenischen Besatzung im 10. Jh. Während des **Festival de Ramatuelle** (www.festivalderamatuelle.com) und des **Jazz Fest** (www.jazzfestivalramatuelle.com) im August finden in den von Touristen bevölkerten Straßen, in denen man wunderbar spazierengehen kann, Theateraufführungen und Jazzkonzerte statt.

Folgt man der Straße (Rte des Moulins de Paillas) über die Hügelkuppe 2,5 km Richtung Grassin, kommt man in den Genuss grandioser Aussichten und alter **Windmühlen**.

### Schlafen

**Ferme Ladouceur** B&B €€
(04 94 79 24 95; www.fermeladouceur.com; D61, Quartier Les Roullière; DZ inkl. Frühstück 125–140 €; April–Sept.) In diesem hübschen *chambre d'hôte* in einer *bastide* aus dem 19. Jh. frühstückt man unter einem Feigenbaum. Das rustikale Restaurant (Menü inkl. Wein 45 €) steht allen offen, die gute, altmodische Bauernküche lieben. Es liegt nördlich von Ramatuelle und ist an der D61 nach St-Tropez ausgeschildert.

**Auberge de l'Oumède** B&B €€€
(04 94 44 11 11; www.aubergedeloumede.com; Chemin de l'Oumède; DZ ab 200 €; Mai–Sept.; ) Die abgelegene *bastide* an einer einspurigen Straße, 3,5 km westlich von Ramatuelle, ist ein echtes Juwel. Sie hat sieben makellose Zimmer und einen Pool – perfekt, um zu verweilen.

### Essen & Ausgehen

Wie in St-Tropez sind Reservierungen auch auf der Halbinsel ein Muss.

**Chez Camille** SEAFOOD €€€
(04 98 12 68 98; www.chezcamille.fr; Rte de Bonne Terrasse, Pampelonne-Ramatuelle; Menü 44–79 €; April–Sept. Mi–Mo 12.30–14 & 20–21.30 Uhr) Das Fischerhaus aus dem Jahr 1913 versteckt sich hinter dicken Terrakottawänden. Das Strandrestaurant, das inzwischen in vierter Generation betrieben wird, bereitet auf dem Holzofengrill genau ein Gericht zu: Fisch. Man folgt den Schildern von der D93 nach Bonne Terrasse; es befindet sich 6 km östlich von Ramatuelle und gleich südlich der Plage de Pampelonne.

**Café de l'Ormeau** CAFÉ
(04 94 79 20 20; Place de l'Ormeau; April–Okt. 7–19 Uhr, sonst kürzer) Auf der hübschen, weinumrankten Terrasse gibt's Kaffee und leichte Mahlzeiten (Hauptgerichte 15–18 €).

### Praktische Informationen

**Touristeninformation Ramatuelle** (04 98 12 64 00; www.ramatuelle-tourisme.com; Place de l'Ormeau; Mo–Fr 9–13.30 & 14–19, Sa & So 9.30–13.30 & 15.30–18.30 Uhr, sonst kürzer) Regionale Karten und Infos zu Weingütern.

## Gassin

Im mittelalterlichen Gassin, das 11 km südwestlich von St-Tropez auf einer felsigen Landspitze liegt, führen enge Straßen zur Kirche hinauf. Die größte Attraktion hier ist der perfekte Blick auf die Halbinsel, die Bucht von St-Tropez und den Wald der Maures.

### Schlafen & Essen

**Hôtel Bellovisto** PENSION €
(04 94 56 17 30; www.bellovisto.eu; Place des Barrys; DZ/3BZ ab 70/110 €; April–Sept.; ) Den Großteil seines Charmes verdankt dieses Hotel auf einem Hügel dem mit Cafés besetzten Platz mit Panoramaaussicht, an dem es liegt. Das Hotel selbst ist sehr schlicht: In der Kneipe im Erdgeschoss sind Pétanque-Trophäen ausgestellt, oben befinden sich neun Zimmer und ein gutes Restaurant (Hauptgerichte 28 €).

**Au Vieux Gassin** PROVENZALISCH €€
(04 94 56 14 26; www.auvieuxgassin-restaurant.com; Place des Barrys; Menü 32 €; März–Okt. 11.30–14 & 18.30–21.30 Uhr) An den Wochenenden drängen sich in diesem beliebten Restaurant die Einheimischen und genießen die regionalen Spezialitäten. Im Sommer kann man auch auf der großen Terrasse essen.

## Gigaro & Cap Lardier

An der Südostküste der Presqu'île de St-Tropez, am **Cap Taillat**, das unter dem Schutz des Conservatoire du Littoral steht, leben einige der seltensten Pflanzenarten Frankreichs sowie eine Population von Griechischen Landschildkröten. Das **Cap Lardier**, das südlichste Kap der Halbinsel, ist Teil des Parc National de Port-Cros (S. 147).

Das Küstenörtchen **Gigaro** wartet mit einem Sandstrand, einigen schönen Restaurants und Unterkünften sowie einer Wassersportschule auf. Am hinteren Ende des Strandes befindet sich eine Tafel mit einer Karte des Sentier du Littoral (S. 123), der immer an der Küste entlang bis zum **Cap Lardier** (4,7 km, 1½ Std.) und vorbei am Cap Taillat nach L'Escalet (9 km, 2¾ Std.) führt. Von Gigaro windet sich die schmale, aber traumhaft schöne D93 durchs Hinterland über den **Col de Collebasse** (129 m) nach Ramatuelle – eine gute Strecke für Mountainbiker. **L'Escalet**, erreichbar über eine 2,5 km lange Straße, die von der D93 ausgeschildert ist, ist eine hübsche kleine Felsbucht.

## Schlafen & Essen

**Le Refuge** PENSION €€
(☎04 94 79 67 38, 06 17 95 65 38; www.lerefuge-cotedazur.fr; Plage de Gigaro, Gigaro; Zi./Studio inkl. Frühstück 80/110 €; ⊙April–Sept.; ) Das rustikale Haus am Meer liegt ein Stück hinter dem Strand. Die zehn Zimmer und fünf Studios mit Miniküche sind schlicht eingerichtet und haben kleine private, möblierte Terrassen. Die Besitzer bereiten im gleichnamigen Restaurant am Anfang des Küstenpfades leckere Grillgerichte zu. WLAN gibt es im Erdgeschoss.

★ **Château de Valmer** HOTEL €€€
(☎04 94 55 15 15; www.chateauvalmer.com; 81 blvd de Gigaro; DZ ab 332 €, Baumhäuser 505 €; ⊙Mai–Sept.; ) Diese im 19. Jh. erbaute fabelhafte Villa eines Weinproduzenten ist ideal für Naturfreunde mit einem Hang zum Luxus. Man kann über den Weinranken in einem *cabane perchée* (Baumhaus) schlafen, durch duftende Gemüse- und Kräutergärten spazieren und zwischen 100 Jahre alten Palmen und Olivenbäumen Verstecken spielen. Sie liegt zwischen La Croix-Valmer und Gigaro.

**Les 3 Îles** B&B €€€
(☎04 94 49 03 73; www.3iles.com; 1779 blvd du Littoral, Quartier du Vergeron; DZ/Suite inkl. Frühstück 245/315 €; ⊙Mitte März–Mitte Okt.; ) Von jedem der fünf sorgfältig durchdachten Zimmer und vom Überlaufpool aus genießt man den selben verführerischen Blick aufs Meer und die goldenen Îles d'Hyères, die am Horizont glitzern. Catherine, die aus St-Tropez stammt, und ihr Mann Jean-Paul sind die kreativen Köpfe hinter diesem makellosen und sehr schicken *maison d'hôte*. Es liegt zwischen La Croix-Valmer und Gigaro.

**Couleurs Jardin** SEAFOOD €€
(☎04 94 79 59 12; www.restaurantcouleursjardin.com; Plage de Gigaro, Gigaro; Hauptgerichte 25–35 €; ⊙April–Sept. 12–14.30 & 19–22 Uhr) Das hippe, fantasievolle Strandrestaurant ist *der* Ort zum Essen oder für einen Drink. Man sitzt auf gepolsterten Stühlen unter Bäumen oder an Tischen auf der Terrasse direkt am Meer. Die Küche bietet viel Fisch und frische Zutaten vom Markt.

### MARKTTAGE IN DER NÄHE VON ST-TROPEZ

**Montag** Bormes-les-Mimosas, Port Grimaud.

**Dienstag** Bandol, Callas, Cotignac, Fayence, Hyères, Lorgues, St-Tropez.

**Mittwoch** Bormes-les-Mimosas, La Garde Freinet, Salernes, Sanary-sur-Mer, Tourtour.

**Donnerstag** Aups (Nov.–März mit Trüffeln), Bargemon, Callas, Collobrières (Juli und August), Fayence, Grimaud, Hyères, Port Grimaud, Ramatuelle.

**Freitag** Entrecasteaux, La Motte, Port Grimaud.

**Samstag** Carcès, Claviers, Cogolin, Draguignan, Fayence, Hyères, St-Tropez, Tourtour.

**Sonntag** Ampus, Cavalière (ganztägiger Flohmarkt), Collobrières, Gassin (April–Okt.), La Garde Freinet, Port Grimaud, Ramatuelle, Salernes, Vidauban.

## Golfe de St-Tropez

**Port Grimaud** liegt am Rand des Golfe de St-Tropez. Noch in den 1960er-Jahren ein von Mücken geplagter Sumpf, ist dieser moderne Freizeithafen heute mit hohen Schutzwänden gegen die verkehrsreiche N98 abgeschirmt. 12 km lange Kais säumen die mit Jachtliegeplätzen gefüllten Kanäle. Besonders eignet sich die Stadt aber als Ausgangspunkt für die Shuttleboote (S. 123) nach St-Tropez oder für eine Fahrt mit dem **Le Petit Train de Grimaud** (☎06 62 07 65

09; www.petit-train-de-grimaud.com; Erw./Kind hin & zurück 7/4 €; ⏲ April–Sept.), der eine Runde vom Hafen zum historischen Dorf Grimaud im Inland dreht (tgl. 5- bis 7-mal, 50 Min.).

## Grimaud

Das malerische mittelalterliche Dorf liegt 3 km landeinwärts vom Golfe de St-Tropez auf einem Hügel. Es wird von der dramatischen Ruine des **Château du Grimaud** gekrönt, das im 11. Jh. gebaut, im 15. Jh. befestigt, während der Religionskriege (1562–1598) zerstört, im 17. Jh. wieder aufgebaut und während der Französischen Revolution erneut zerstört wurde. Im Juli und August finden im Rahmen des Musikfestivals **Les Grimaldines** magische abendliche Konzerte inmitten der Ruinen statt.

Wer einen Happen essen möchte, bekommt im **Fleur de Sel** (☎ 04 94 43 21 54; 4 place du Cros; Mittagsmenü ab 17 €, Hauptgerichte 20–40 €; ⏲ März–Nov. Di–Sa 12–14.30 & 19–21 Uhr) im Ortskern hervorragende regionale Küche.

Grimauds **Touristeninformation** (☎ 04 94 55 43 83; www.grimaud-provence.com; 1 bd des Aliziers; ⏲ Sept.–Juni Mo–Sa 9–12.30 & 14–18 Uhr, Juli & Aug. tgl.) am unteren Ende des Dorfes an der der D558 hat Infos zu Wanderungen, auch solchen mit Guide.

Südlich von Grimaud an der nach St-Tropez führenden D61 kann man die **Caves des Vignerons de Grimaud** (☎ 04 94 43 20 14; 36 av des Oliviers, D61, Grimaud; ⏲ Di–Sa 9–12 & 14–17 Uhr) besuchen, eine Genossenschaft, bei der man sich mit Vin de Pays du Var für wenig mehr als 2,50€ pro Liter eindecken kann.

# HAUT-VAR

Die nördliche Hälfte des *Département* Var (nördlich der Autobahn A8), auch Nördliches oder Oberes Var genannt, unterscheidet sich dramatisch vom südlichen Teil an der Küste. Friedliche Bergdörfer dösen in der Mittagssonne und liegen gar nicht weit von den wilden Gorges du Verdon entfernt. Draguignan, den nüchternen Hauptort, in dem die französische Armee eine große Militärbasis unterhält, kann man sich schenken und sich stattdessen gleich in die Berge aufmachen. Dort locken grüne Weinberge, erdige schwarze Trüffel und jede Menge kulinarischer Köstlichkeiten. Am besten kommt man hier mit einem eigenem Fahrzeug voran.

### ℹ Praktische Informationen

Die meisten Dörfer haben ihre eigenen Websites und ausgezeichnete Touristeninformationen. Infos zur gesamten Region bietet die Seite www.visitvar.fr. Haut-Var ist in Bezirke unterteilt, die jeweils ihre eigene Verwaltung und Tourismusbehörde haben. Von Draguignan aus gegen den Uhrzeigersinn:

- Dracénie (www.tourisme-dracenie.com)
- Haut Var-Verdon (www.haut-var.com)
- Provence Verte (www.provenceverte.fr)
- Coeur du Var (www.coeurduvar.com)

Näheres zu den Weinproduzenten erfährt man auf der Seite www.vinsdeprovence.com. Broschüren zu Campingplätzen in Le Var bekommt man bei den Touristeninformationen, Ferienhäuser findet man bei **Gîtes de France** (www.gites-de-france-var.fr).

Le Pass Sites Var ist ein kostenloser Pass mit Discount-Coupons, die ermäßigten Eintritt zu 28 Abteien, Kapellen, Gärten und Museen gewähren. Auf www.visitvar.fr kann man sich die gewünschten Coupons besorgen.

## Östlich von Draguignan

Die Hügel und Dörfer südlich und östlich von Draguignan gehören zur Region Dracénie. Wenn man die städtischen Siedlungen entlang der Autobahn hinter sich gelassen hat, erreicht man eine malerische Landschaft mit Weinbergen und Bergdörfern.

## Les Arcs-sur-Argens & La Motte

Das zersiedelte Umland rund um Les Arcs und La Motte ist nichts Besonderes, doch in der Umgebung (z. B. am Abschnitt entlang der D25) findet man viele Weingüter und Gelegenheiten zur Weinverkostung. Hier gibt's zudem tolle Restaurants, und im mittelalterlichen Viertel von Les Arcs kann man schön spazierengehen. Die hl. Roseline wurde 1263 in dem **Château** aus dem 12. Jh. geboren, in dem sie später das „Rosenwunder" vollbrachte: Sie verwandelte Brot in Rosen.

### Sehenswertes & Aktivitäten

★ **Chapelle de Sainte-Roseline** KIRCHE
(☎ 04 94 73 37 30; Chemin de Sainte-Roseline, D91, Les Arcs-sur-Argens; ⏲ Feb.–Dez. Di–So 14.30–18 Uhr) GRATIS Ein 1975 von Marc Chagall geschaffenes Mosaik schmückt die aus dem 13. Jh. stammende romanische Kapelle, die 4,5 km östlich von Les Arcs-sur-Argens an der Straße nach La Motte steht. In der Kirche befinden sich die sterblichen Über-

reste der hl. Roseline (1263–1329), die im Schloss von Les Arcs geboren wurde, in den Kartäuserorden eintrat und die Priorin des hiesigen Klosters wurde. Sie hatte während ihres Lebens zahlreiche Visionen und soll die Fähigkeit besessen haben, Dämonen zu vertreiben. Im Juli und August gibt es in der Kapelle Klavier- und Orchesterkonzerte.

**★ Maison des Vins Côtes de Provence** WEINGUT
(☎ 04 94 99 50 20; www.caveaucp.fr; N7, Les Arcs-sur-Argens; ⌚ Mo–Sa 10–18, So bis 17 Uhr) Im „Haus der Weine“, 2,5 km südwestlich von Les Arcs-sur-Argens an der N7, erfährt man alles über die Weine der Côtes de Provence, kann sie probieren und (zum Herstellerpreis) kaufen. Jede Woche werden 16 von 800 Weinen aus 250 Weingütern zum Probieren ausgewählt. Das kundige mehrsprachige Personal berät einen, welches wunderbare Gericht zum jeweiligen Wein passt.

**Château Sainte-Roseline** WEINGUT
(☎ 04 94 99 50 30; www.sainte-roseline.com; D91, Les Arcs-sur-Argens; ⌚ Mo–Fr 9–12.30 & 14–18.30, Sa & So 10–12 & 14–18 Uhr) Hier kann man den berühmten Wein *cru classé* (Spitzenlage) probieren und kaufen, der hier schon seit dem 14. Jh. produziert wird. Neben der Chapelle de Sainte-Roseline.

## Schlafen & Essen

**Le Mas du Péré** B&B €€
(☎ 04 94 84 33 52; www.lemasdupere.com; 280 chemin du Péré, La Motte; DZ inkl. Frühstück ab 94 €, Studios ab 535 €/Woche; ❄@≋♿) Die vom Dorfzentrum von La Motte aus ausgeschilderte Herberge hat eine gute Lage, wenn man sich auf eine Weintour durch die Region begeben will. Die sauberen, gut eingerichteten Zimmer in gedämpften Tönen haben Fenster zu einem Pool. Einige haben scheckig gemusterte Terrassen, die Studiowohnungen sind mit Einbauküchen ausgestattet.

**★ Logis du Guetteur** FRANZÖSISCH-TRADITIONELL €€
(☎ 04 94 99 51 10; www.logisduguetteur.com; Place du Château, Les Arcs-sur-Argens; Menü ab 35 €; ⌚ Feb.–Dez. 12–14 & 19.15–21.30 Uhr; ❄📶) Dieses tolle Restaurant residiert in einer Burg aus dem 12. Jh. hoch oben in Les Arcs. Im Winter speist man im Kellergewölbe unter Ölgemälden, die weiße Pfauen und Füllhörner zeigen, im Sommer auf der Terrasse mit Rundblick. Das Essen ist super, der Service aufmerksam und das Ambiente toll. Man kann in schlichten Zimmern (130–185 €) übernachten.

**★ Domaine de la Maurette** BISTRO €€
(☎ 04 94 45 92 82; www.vins-maurette.fr; Rte de Callas, D25, La Motte; Mittagmenü 13 €, 3-Gänge-Menüs ab 26€; ⌚ tgl. 12–14 Uhr, Di–So 7.30–21.30 Uhr) Ein authentisches provenzalisches Mahl genießt man östlich von La Motte im rustikalen Weingut an der Kreuzung der D47 mit der D25. Hier kann man Wein probieren und kaufen und auf der mit Weinranken bedeckten Terrasse im angeschlossenen Gasthof essen. Die muntere Atmosphäre der plaudernden Gäste, die die gesunden, frischen Speisen genießen, wirkt ansteckend.

## Callas

Vom Dorfplatz in Callas (1400 Ew.) bietet sich ein grandioser Blick auf die roten Felsen des **Massif de l'Estérel**. Die Dorfstraßen winden sich in unzähligen Kurven den Hügel hinauf. Am südlichen Ende von Callas befindet sich die **Moulin de Callas** (☎ 04 94 39 03 20; www.moulindecallas.com; Quartier les Ferrages, D25, Callas; ⌚ Juni–Sept. Mo–Sa 10–12 & 15–19 Uhr, sonst kürzer), wo die Familie von Nicole und Serge seit 1928 Olivenöl herstellt. Hier kann man alles über Olivenöl lernen (Führungen nach Vereinbarung) und im Laden Öl und andere Produkte aus der Provence kaufen. Die **Touristeninformation Callas** (☎ 04 94 39 06 77; callastourisme@dracenie.com; Place du 18 Juin 1940) hat Infos zur Region.

## Bargemon

Das mittelalterliche Dorf Bargemon (1100 Ew.) thront auf einem Felsvorsprung, der einen guten Blick über das Tal bis nach Claviers bietet. Donnerstag ist **Markttag**.

Nicht verpassen sollte man **La Pescalune** (☎ 06 29 94 66 64; www.la-pescalune.fr; 13 rue de la Résistance; Hauptgerichte 15–25 €; ⌚ Do & So 12–14, Di–So 19–21.30 Uhr), ein Bistro neben der Kirche, wo die beliebte Köchin Virginie Martinetti saisonale Gerichte mit Zutaten vom Markt und einer besonderen Note kreiert.

Wer Lust auf eine Fahrradtour hat, kann in der **Touristeninformation** (☎ 04 94 47 81 73; www.ot-bargemon.fr; Av Pasteur; ⌚ Mo–Fr 9.15–12.15 & 14.15–18 Uhr) Räder ausleihen.

## Seillans

Neben der Touristeninformation von Seillans befindet sich eine **Galerie** (www.

seillans.fr; Erw./Kind 3 €/frei; ⌚Mo–Sa 14.30–17.30 Uhr) mit Werken von Dorothea Tanning und Max Ernst, die hier in den 1960er- und 1970er-Jahren lebten.

Das **Hôtel des Deux Rocs** (☎04 94 76 87 32; www.hoteldeuxrocs.com; 1 place Font d'Amont; DZ 75–130 €; ⌚Feb.–Dez. Mi–So 12–14, Di–So 19–21.30 Uhr), ein Boutiquehotel mit Feigenblüten-Fragonard-Seife in den Bädern, einer schönen Sammlung von schwarz-weißen Familienfotos und einem Gourmetrestaurant (Hauptgerichte 17–20 €), gewinnt mühelos den Preis für den stimmungsvollsten Dorfgasthof. Im 17. Jh. lebte hier der Adlige Scipion Flotte d'Agout. Heute wohnt in der beseelten *bastide* die Familie Malzac, die das Hotel mit 13 Zimmern mit außerordentlicher Verve führt. Im Sommer kann man im Freien rund um einen Brunnen speisen.

## Westlich von Draguignan

Die idyllischen Dörfer und sanften Hügel westlich von Draguignan fallen nach Norden zu den Gorges du Verdon (S. 274) ab, die eine eigene Tour wert sind. Die Region, zu der auch das Gebiet namens Provence Verte und Teile des Coeur du Var gehören, ist für ihren Wein und ihre Trüffeln bekannt, daher kann man sich auf ausgezeichnete Mahlzeiten und Märkte freuen.

### Lorgues & Around

Im lebhaften Lorgues (9340 Ew.), 13 km westlich von Draguignan, gibt's viele Brunnen und eine schöne Kirche. Die Touristeninformationen hat eine Karte mit Wanderwegen und eine Liste der zahlreichen Dorfhotels. Der große **Wochenmarkt** beherrscht dienstagmorgens das Zentrum.

#### Sehenswertes

★ **Abbaye de Thoronet** HISTORISCHE STÄTTE
(☎04 94 60 43 90; http://thoronet.monuments-nationaux.fr; Le Thoronet; Erw./Kind 7,50 €/frei; ⌚April–Sept. Mo–Sa 10–18.30, So 10–12 & 14–18.30 Uhr, Mai–Okt. verkürzte Öffnungszeiten) Die schlichteste von drei bedeutenden Zisterzienserabteilen (die anderen beiden sind die Abbaye de Silvacane und die Notre-Dame de Sénanque), die unbewohnte Abbaye de Thoronet, wurde zwischen 1160 und 1190 erbaut. Sie liegt 12 km südwestlich von Lorgues. Das Besondere an ihr ist die extrem strenge Architektur: Klare Proportionen, perfekt bearbeiteter Stein und das subtile Spiel von Licht und Schatten machen ihre Schönheit aus.

**Domaine de l'Abbaye** WEINGUT
(☎04 94 73 87 36; Rte de Carcès, D84, Le Thoronet; ⌚Mo–Sa 9–12 & 13–18 Uhr, So nach Vereinbarung) In den Rebgärten, die im 12. Jh. von Mönchen angelegt wurden, werden hervorragende Weine produziert.

#### Schlafen & Essen

★ **Chez Bruno** GOURMETKÜCHE €€€
(☎04 94 85 93 93; www.restaurantbruno.com; Rte des Arcs, D10; Menüs 73–160 €; ⌚Mitte Juni–Mitte Sept. 12.30–14.30 & 19.30–21.30 Uhr, Mitte Sept.–Mitte Juni Mo & So abends geschl.) Frankreichs berühmtestes Trüffelrestaurant befindet sich 2,5 km südöstlich von Lorgues in einem Landhaus. Der Küchenchef Bruno Clément kocht in seinem mit Michelin-Sternen ausgezeichneten Restaurant mit der knolligen, intensiv duftenden Delikatesse und verarbeitet im Jahr unglaubliche 1000 kg des teuersten Lebensmittels der Welt. Wer es nach dem Festmahl mit den „schwarzen Diamanten" nicht mehr weiter schafft, kann in einem der hübschen Zimmer (160–320 €) übernachten.

#### Praktische Informationen

**Touristeninformation Lorgues** (☎04 94 73 92 37; www.lorgues-tourisme.fr; 12 rue du 8 Mai; ⌚Mo–Sa 9–12.15 & 14.30–18 Uhr, Juli & Aug. auch So 9–12.15 Uhr) In der Nähe des südlichen Eingangs zur Stadt; hat Karten mit Wanderungen und eine Liste der Hotels.

### Tourtour

Tourtour (536 Ew.) ist ein schönes Dorf mit bernsteinfarbenen Häusern und einem Kirchhof auf einem Felsvorsprung, von dem aus sich ein tolles Panorama bietet. Der Ort eignet sich gut für eine kleine Pause, um durch die Kopfsteinpflastergassen mit ihren Galerien und Geschäften zu schlendern oder den Appetit auf Trüffel zu befriedigen. **Markt** ist am Mittwoch und am Samstagvormittag.

#### Schlafen & Essen

Die Restaurants konzentrieren sich an der schattigen Place des Ormeaux am oberen Ende der Stadt.

**Maison de la Treille** B&B €€
(☎04 89 53 02 37; www.tourtour.fr; Rue Grande 22; DZ inkl. Frühstück 100 €; ⌚Mar-Nov; 📶) Der massive Messingtürklopfer an der olivengrünen Tür, der üppige Lavendelbusch

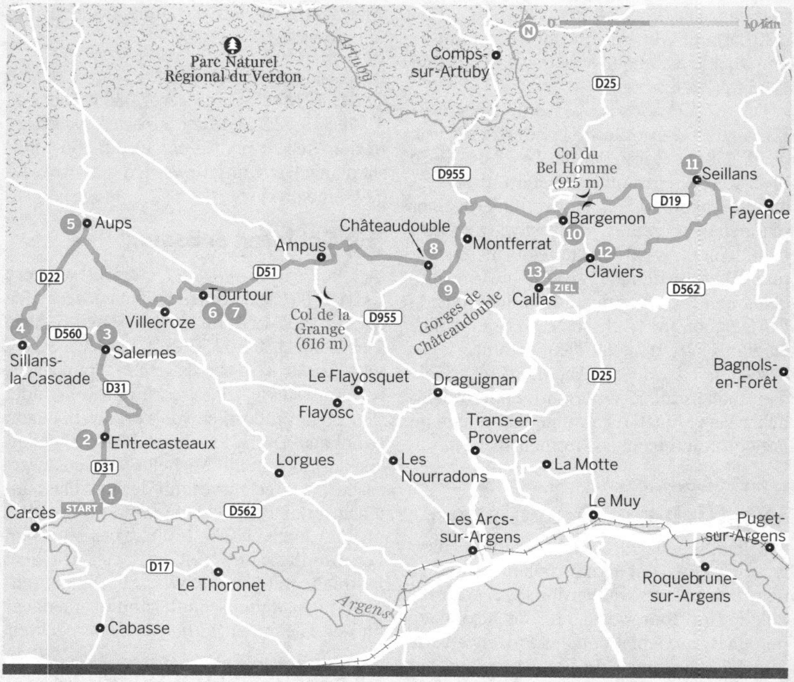


# Ausflug
# Bergdörfer im Haut-Var

**START** DOMAINE DE ROUCAS
**ZIEL** CALLAS
**LÄNGE/DAUER** 95 KM; EIN TAG

Um von der D562 zu den verschlafenen Bergdörfern zu kommen, die auf den Hügeln thronen, fährt man auf der D31 nordwärts gen Entrecasteaux und Salernes. Es geht vorbei an Trockenmauern, Olivenbäumen und Landstrichen in kräftigen Orangetönen. Nach 1,5 km kehrt man in der 1 **Domaine de Roucas** zur Weinprobe ein. 4 km weiter liegt 2 **Entrecasteaux** dramatisch am Fluss, ein Schloss aus dem 17. Jh. mit formellen Gärten.

Auf der D31 geht es auf kurvenreichen 6 km bis nach 3 **Salernes**, wo seit dem 18. Jh. Terrakottafliesen (*terres cuites*, wörtlich: „gebackene Erde") hergestellt werden. Die Touristeninfo hat eine Liste mit Werkstätten.

Ab Salernes fährt man auf der D2560 nach Westen und danach auf der D560 nach 4 **Sillans-la-Cascade**, einem befestigten Dorf mit einem Wasserfall am Ufer des Flusses Bresque. Von dort geht es 9 km nordwärts auf der D22 nach 5 **Aups** und weitere 10 km Richtung Südosten, vorbei an Oliven und Lavendel, nach 6 **Tourtour** mit seinen goldgelben Häusern auf dem Hügel. Im Dorf kann man Olivenöl kaufen und Mitte Dezember zuschauen, wie in der 7 **Moulin à huile** aus dem 17. Jh. Oliven gepresst werden; die Touristeninfo bietet Führungen an.

Nach 6 km auf der D51 kommt man nach Ampus, von hier fährt man 9 km gen Osten nach 8 **Châteaudouble**, das an den Felsen der 9 **Gorges de Châteaudouble** klebt.

Nur 7 km weiter östlich liegt 10 **Bargemon**, ein Dorf mit einem Gewirr mittelalterlicher Straßen und begehbarer Mauern, und einem ausgezeichneten Bistro, La Pescalune.

Nach weiteren 12 km ostwärts durch reizvolle Landschaft erreicht man das hübsche, typisch provenzalische Dorf 11 **Seillans**, dessen Gassen sich den Berg hinauf winden. Dem Dorfgasthof Hôtel des Deux Rocs kann man nur schwer wiederstehen.

Wer Lust hat, fährt in einer Schleife zurück nach Süden (Fayence wirkt aus der Ferne am schönsten) und besucht zwei weitere malerische Dörfer, 12 **Claviers** und 13 **Callas**.

und die überdachte Frühstücksterrasse fallen bei diesem charmanten *maison d'hôte* in einem der schönsten Bergdörfer im Nördlichen Var sofort ins Auge.

**L'Alechou** BISTRO €
(☎ 04 94 70 54 76; 16 rue Grande; Hauptgerichte 9–15 €; ⏲ tgl. Mittag- & Abendessen) Das superfreundliche L'Alechou an der fast kitschighübschen Hauptstraße ist der perfekte Ort für ein Mittagessen zwischen Blumentrögen.

**Les Chênes Verts** GOURMETKÜCHE €€€
(☎ 04 94 70 55 06; Rte de Villecroze, D51; Menüs 60–160 €; ⏲ Aug.–Mai Do–Mo 12–13.45 & 19.30–21 Uhr) Es mag überraschen, dass dieses ummauerte Anwesen im Juni und Juli geschlossen ist. Doch dafür gibt es einen Grund: Die „Grünen Eichen" sind für luxuriöse Trüffelküche berühmt – und Trüffel sind Winterprodukte! Die steifen Kellner und die uneinheitliche Einrichtung sind nicht gerade einladend, doch die Küche ist perfekt und wurde mit einem Michelin-Stern ausgezeichnet.

### ℹ Praktische Informationen

**Touristeninformation** (☎ 04 94 70 59 47; www.tourisme-tourtour.com; Montée de St-Dénis; ⏲ Juni–Aug. 10–12.30 & 15–18 Uhr, sonst kürzer) Viele Infomaterialien zu Aktivitäten sowie Unterkunftslisten.

## Aups

Aups (2170 Ew.), das in Bernsteintönen leuchtet, ist das Tor zu den Gorges du Verdon im Norden. Doch von November bis Februar steht hier alles im Zeichen der merkwürdig aussehenden schwarzen Pilze namens *Tuber melanosporum*. Sehen (und kaufen, wenn man das nötige Kleingeld hat) kann man sie donnerstagmorgens auf dem **Trüffelmarkt** auf dem baumbestandenen zentralen Platz. Trüffeljagden und Vorführungen der Trüffelschweine bringen beim **Journée de la Truffe** (Trüffeltag) am vierten Sonntag im Januar viele Besucher in die Stadt.

Die **Touristeninformation** (☎ 04 94 84 00 69; www.aups-tourisme.com; Place Frédéric Mistral; ⏲ Sept.–Juni Mo–Sa 9–12.15 & 14.30–17.30 Uhr, Juli & Aug. Mo–Sa bis 19 Uhr & So 9–12.30 Uhr) am zentralen Platz hat Infos zu anderen Festivitäten und eine Liste von Trüffeljägern.

## Entrecasteaux

Entrecasteaux (1100 Ew.) liegt mit seinem gigantischen **Château** aus dem 17. Jh., den alten Steinhäusern, die in der Sonne golden leuchten, und dem von einem Brunnen geschmückten Platz dramatisch über einem Fluss. Unter dem grünen Vordach der **Bar Central** (☎ 04 94 04 43 53; ⏲ 8–22 Uhr) kann man einen Kaffee mit Blick auf die gepflegten Gärten des Châteas trinken – mehr Lokalkolorit geht nicht. Das Dorf ist für seinen Honig bekannt. Kaufen kann man ihn bei Honigherstellern wie **Les Ruchers d'Entrecasteaux** (☎ 06 87 43 88 94; Chemin des Plantades, St-Antonin du Var), gleich südöstlich des Ortes. Zu den umliegenden Weingütern gehört das gelbe Bauernhaus der **Domaine de Roucas** (☎ 04 94 04 48 14; Rte de Carcès, D31; ⏲ 9–18 Uhr), wo man Wein verkosten kann.

## Cotignac

Das winzige steinerne Dorf Cotignac (2000 Ew.) ist teilweise in eine Tuffsteinwand hineingebaut. In der Mitte zerschneidet es der Fluss Cassole, und die Dorfbewohner gehen gern auf der von Bäumen gesäumten Promenade Cours Gambetta spazieren. Auf dem Markt am Dienstagvormittag herrscht viel Betrieb. Die Touristeninformation hat eine Karte mit Spaziergängen zu den Kapellen und Brunnen des Dorfes. Im **Les Vignerons de Cotignac** (☎ 04 94 04 60 04; http://vignerons.cotignac-info.com; 1 rue Arnoux Borghino; ⏲ Juli & Aug. Mo–Sa 9–12.30 & 14.30–19 Uhr, sonst kürzer) am oberen Ende des Dorfes kann man den lokalen Rosé kaufen.

### Schlafen

**Hostellerie de Cotignac** HOTEL €€
(☎ 04 94 04 27 04; www.hostellerie-decotignac.fr; 2 cours Gambetta; DZ ab 100 €; ❄ 📶) Dieses gut geführte Hotel mit perfekter Lage im Zentrum von Cotignac bietet tadellos gepflegte, moderne Zimmer mit Luxusbädern und ein hauseigenes Restaurant. Wenn man hinausgeht, steht man schon auf dem zentralen Dorfplatz, wo der Wochenmarkt stattfindet und wo die Einwohner gern Kaffee trinken.

**Mas de l'Olivette** B&B €€
(☎ 04 94 80 28 73; www.masdelolivette.com; Rte d'Entrecasteaux, D50; DZ 100 €, Studios 800 €/Woche; ❄ 📶 🏊 👪) Die freundlichen Besitzer Jean-Claude und Yannick begrüßen Gäste in ihrem winzigen B&B so warmherzig, dass man sich gleich wie zu Hause fühlt. Die zwei makellosen, schön eingerichteten Zimmer lassen sich für Familien verbinden. Das blitzsaubere Studio hat eine Küche und eine Terrasse. Der Blick fällt auf die Olivenhaine,

und die Badezimmer sind mit Produkten von L'Occitane ausgestattet.

## Essen

**★Le Clos des Vignes** TRADITIONELL-FRANZÖSISCH €€
(☎04 94 04 72 19; www.restaurant-le-clos-des-vignes.fr; Rte de Monfort, D22; Mittags-/Abendmenü ab 18/24 €; ⌚Di–Sa 12–14 & 19.30–21.30 Uhr) Wegen der Hausmannskost (gekocht von Jean-Luc) und der herzlichen Begrüßung (durch seine Frau Dany) lohnt es sich, dieses Bauernhaus anzusteuern. Gegessen wird auf der Terrasse, die im Winter mit Dach und Wänden versehen wird, und der Rhythmus ist gemächlich und entspannt – französisches Landleben in Bestform. Auch ein unterschriebener Gruß der Nachbarn und Gäste Brad und Angelina ist zu bewundern.

**La Table des Coquelicots** TRADITIONELL-FRANZÖSISCH €€
(☎04 94 69 46 07; 10 cours Gambetta; Mittags-/Abendmenü 14/27 €; ⌚tgl. 12–14.30 & 19.30–21.30 Uhr, Sept.–Mai Di abends & Mi geschl.) Gäste können im eleganten, in dezenten Tönen gestalteten Speiseraum Platz nehmen oder auf der Terrasse unter Platanen sitzen und das Leben und Treiben beobachten. Das ganzjährig geöffnete La Table serviert klassische Gerichte und gewaltige Windbeutel.

## Praktische Informationen

**Touristeninformation** (☎04 94 04 61 87; http://ot-cotignac.provenceverte.fr; Pont de la Cassole, 475 rte de Carcès; ⌚Juli & Aug. Mo–Sa 9–12.30 & 14–19, So 9–13 Uhr, sonst kürzer) Bei der Brücke am südlichen Dorfrand.

# Correns

1997 entschied der Bürgermeister des am Ufer des Flusses Argens gelegenen Correns (889 Ew.), die 200 ha Weinberge, die Weine der Güteklasse AOC Côtes de Provence produzieren, auf biologischen Anbau umzustellen. So sind die Bauern des Dorfes dazu übergangen, auch Honig, Hühner, Eier, Olivenöl und Ziegenkäse in Bio-Qualität herzustellen.

Das renommierteste Weingut, das **Château de Miraval** (www.miraval-provence.com), war im 13. Jh. ein Kloster und beherbergte später das legendäre Aufnahmestudio, in dem Pink Floyd 1979 Teile von *The Wall* aufnahm. Als 2008 Brad Pitt, Angelina Jolie und ihre Kinder in das verträumte gelbe Haus auf dem 400 ha große Anwesen zogen, schlossen sich die Türen für Besucher, doch Wein wird hier nach wie vor produziert. Das Paar heiratete 2014 in Miraval.

## Aktivitäten

**★Vallon Sourn** OUTDOORAKTIVITÄTEN
(D45, westlich von Correns) Das wunderbar kühle Vallon Sourn, durch das friedlich das grüne Wasser des Argens fießt, eignet sich bestens zum Wandern, Radfahren und im Sommer sogar zum Baden. Ab Correns kommt man per Rad oder Auto auf der D45 nach Norden in Richtung Châteauvert her.

**Vignerons de Correns** WEINGUT
(☎04 94 59 59 46; www.vigneronsdecorrens.fr; Chemin de l'Église, Correns; ⌚Mo–Fr 14.30–19, Sa 9.30–12.30 & 14.30–19 Uhr) Bei der Winzergenossenschaft kann man Château de Miraval und andere berühmte Weine aus Correns wie den Domaine de la Grande Pallière kosten und kaufen. Filialen in Le Val und Aups.

**Les Caves du Commandeur** WEINGUT
(☎04 94 59 54 46; 18 rue des Moulins, D22, Montfortsur-Argens; ⌚Mo–Sa 9–12.30 & 14.30–18.30 Uhr) Diese *domaine*, die mit den Schutzsiegeln AOC Côtes de Provence und IGP Var ausgezeichnete Weine produziert, hat in Montfort-sur-Argens, 6 km östlich von Correns, ein riesiges, modernes Zentrum, das der Weinverkostung gewidmet ist.

## Schlafen & Essen

**Auberge de Correns** TRADITIONELL-FRANZÖSISCH €€
(☎04 94 59 53 52; www.aubergedecorrens.fr; 34 Place du Général de Gaulle; Hauptgerichte 11-18 €; ⌚Do–Mo 12–13.45 & 19–20.45 Uhr, Juli & Aug. tgl.) Gut essen kann man in der Auberge de Correns, die hauptsächlich Biogerichte anbietet. Die Küche ist innovativ und nutzt viele frische Marktzutaten, auf der Weinkarte stehen regionale Sorten, und die Hauptgerichte sind so riesig wie die fünf eleganten Gästezimmer (Doppelzimmer 85 €).

## Praktische Informationen

**Touristeninformation Correns** (☎04 94 37 21 31; www.correns.fr; 2 rue Cabassonne; ⌚Juli & Aug. Mo–Do 9–12.30 & 14–18 Uhr, sonst Di–Sa) Hat Listen der Weingüter, in denen man Wein verkosten und kaufen kann.

# La Celle

Wenn man sich seinen Weg durch die zersiedelte Umgebung von Brignoles gebahnt hat, erreicht man schließlich die vor Kurzem restaurierte romanische **Ancienne Abbaye de la Celle** (☎04 94 59 19 05; ⊙nur mit Führung Di–Sa 11, 14.30, 15.30 & 16.30 Uhr) GRATIS aus dem 12. Jh. Wer sich etwas Besonderes gönnen möchte, sollte in der sagenhaften **Hostellerie de l'Abbaye de la Celle** (☎04 98 05 14 14; www.abbaye-celle.com; 19 place du Général de Gaulle; Mittags-/Abendmenüs ab 38/70 €; ⊙tgl. mittags & abends, im Winter Di & Mi geschl.) essen oder übernachten. Der Koch Alain Ducasse, ein Megastar, ist der kreative Kopf hinter diesem raffinierten Vier-Sterne-Restaurant. Danach kann man im **La Maison des Vins des Coteaux Varois en Provence** (☎04 94 69 33 18; Abbaye de La Celle; ⊙Mo–Sa 10–12 & 14–18 Uhr) einen von 88 lokalen Weinen genießen.

# MASSIF DES MAURES

Das von einem Wald aus Kiefern, Kastanien und Korkeichen bedeckte Massif des Maures erstreckt sich zwischen Hyères und Fréjus in einem Bogen im Landesinneren. Seinen Namen, der vom provenzalischen Wort *mauro* (dunkles Kiefernholz) herrührt, verdankt es der fast schwarzen Vegetation. Hier streifen Wildschweine umher, und die wirtschaftliche Grundlage bilden traditionelle Industrien (Esskastanien, Kork, Pfeifen).

## La Garde Freinet

**Conservatoire du Patrimoine du Freinet** WANDERN, WORKSHOPS

(☎04 94 43 08 57; www.conservatoiredufreinet.org; Chapelle St-Jean, Place de la Mairie; ⊙Mo–Sa 9–12.30 & 14.30–17.30 Uhr) Im Dorf La Garde Freinet, das die **Ruinen der Festung Freinet** aus dem 13. Jh. überragen, kann man lokale Traditionen erleben, denn dieses umweltbewusste Zentrum veranstaltet Ausstellungen (Pflanzen- & Tierwelt, Korkernte) und organisiert Themenwanderungen (Erw./Kind 9/4,50 €) und Workshops (kostenlos bis 90 €) wie Kunst in der Natur, Trockenmauern, Honigherstellung oder Waldfotografie.

## Village des Tortues

**Village des Tortues** TIERSCHUTZGEBIET

(☎04 94 78 26 41; www.villagetortues.com; Gonfaron; Erw./Kind 12/8 €; ⊙März–Nov, 9–19 Uhr, Dez.–Feb. 9–18 Uhr) Dieses Tierschutzgebiet, das etwa 20 km nördlich von Collobrières liegt, schützt die am stärksten gefährdete Art Frankreichs, die Griechische Landschildkröte *(Testudo hermanni)*. Einst war sie an der Mittelmeerküste weit verbreitet, heute kommt sie nur noch im Massif des Maures und auf Korsika vor. Die beste Zeit, um Schildkröten zu sehen, ist im Sommer am Morgen sowie am späten Nachmittag. Von Mitte Mai bis Ende Juni kann man sie bei der Eiablage beobachten. Auf einem tollen paläontologischen Pfad schauen gefährlich aussehende Modelle der Vorfahren der Schildkröte zwischen den Büschen hervor.

Auf dem Gelände führt ein gut beschilderter Weg von der Klinik, in der verletzte Schildkröten behandelt werden, bis zu den Brut- und Aufzuchtstationen, wo die jungen Schildkröten (die bei Elstern, Ratten, Füchsen und Wildschweinen als Delikatesse gelten) die ersten drei ihrer meist 60 bis 100 Lebensjahre verbringen.

## Collobrières & Umgebung

Das versteckt im Wald liegende, grüne Dorf Collobrières (1950 Ew.) ist *der* Ort, um Esskastanien zu probieren. Die Touristeninformation auf der anderen Seite der Brücke aus dem 11. Jh. kann die Teilnahme an der Esskastanienernte im Oktober arrangieren, die mit der **Fête de la Châtaigne** gefeiert wird, und organisiert auch geführte Waldwanderungen.

### Sehenswertes & Aktivitäten

★ **Monastère de la Verne** KLOSTER

(☎04 94 43 45 51; http://la.verne.free.fr; bei D14; Erw./Kind 6/3 €; ⊙Juni–Aug. Mi–Mo 11–18 Uhr, Feb–Mai & April–Dez. bis 17 Uhr) Die majestätische, auf das 12. und 13. Jh. zurückgehende Chartreuse de la Verne thront auf einem Hang – sehr tief im Wald und doch mit Blick aufs Meer. Das Kartäuserkloster wurde 1170 gegründet, möglicherweise an der Stelle eines Tempels für die Göttin Laverna, die Schutzgöttin der Banditen, die sich im Massif des Maures versteckten. Das ursprüngliche Kapitelhaus wurde 1577 von den Hugenotten weitgehend zerstört. Seit 1982 leben 24 Nonnen der Schwestern von Bethlehem in dem Komplex.

Das Kloster wird liebevoll restauriert; ein 20-minütiges Video informiert. Zu den Highlights der Anlage gehören die nüchterne romanische Kirche, das Quartier des Abts mit kleinem Ziergarten und Werkstatt, die Bäckerei und die Ölmühle. Im Laden (So. geschl.) gibt es ausgezeichnete Lebensmittelspezialitäten, Seifen und von den Nonnen hergestelltes Kunsthandwerk. Wanderwege führen in die umliegenden Wälder.

Von Collobrières die Rte de Grimaud (D14) 6 km Richtung Osten nehmen, dann rechts (Richtung Süden) auf die D214 wechseln! Nach weiteren 6 km ist das Kloster erreicht. Man stellt sein Auto ab und läuft das letzte unbefestigte Stück bis zum Kloster.

**Waldwanderungen** WANDERN
Bei der Touristeninformation in Collobrières erhält man die Wegbeschreibung zum **Châtaignier de Madame**, dem größten Esskastanienbaum der Provence, dessen Umfang gewaltige 10,4 m beträgt, und zu den beiden größten **Menhiren** (je über 3 m groß) der Region Var, die zwischen 3000 und 2000 v.Chr. errichtet wurden und denkmalgeschützt sind. Auf einer Infotafel draußen befindet sich eine Karte für drei **kurze Wanderungen**.

## Schlafen

Auf der Internetseite der Touristeninformation sind lokale *gîtes* (Landhäuser) und B&Bs aufgelistet.

**Hôtel Les Maures** HOTEL €
(☎ 04 94 48 07 10; www.hoteldesmaures.fr; 19 blvd Lazare Carnot, Collobrières; DZ 40 €; ) Dieses schnörkellose, zentral gelegene Hotel ist einfach, aber sauber und hat eine beliebte Brasserie.

**Hôtel Notre Dame** HOTEL €€
(☎ 04 94 48 07 13; www.hotel-notre-dame.eu; 15 av de la Libération, Collobrières; DZ ab 98 €; ) Das nobelste Hotel der Stadt hat sehr farbenfroh gestaltete Zimmer.

## Essen

**Les Olivades** BISTRO €
(Place de la Libération, Collobrières; Menü ab 13,50 €; ⏲ tgl. 12–14 Uhr, Juni–Aug. auch 19–21 Uhr) Das erfrischend bodenständige kleine Bistro am Hauptplatz tischt einfache, preiswerte regionale Küche auf.

**★ La Petite Fontaine** TRADITIONELL-FRANZÖSISCH €€
(☎ 04 94 48 00 12; Place de la République, Collobrières; 3-/5-Gänge-Menü 27/33 €; ⏲ April–Sept. Di–So 12–1.30 & 19–22 Uhr, Okt.–März Di–Sa 12–14.30, Fr & Sa 19–22 Uhr) Die Einheimischen fahren kilometerweit hierher, um in einem der charmantesten und entspanntesten Dorfgasthäuser Südfrankreichs im Schatten der Bäume zu sitzen und saisonale Waldpilze oder Esskastanien zu schlemmen. Die Innenwände sind unverputzte Mauern, und die Obsttorten zum Dessert sind überirdisch… Reservierungen sind ein Muss. Kreditkartenzahlung ist nicht möglich.

Wer sich traut, probiert das *broussain*: Käsereste gemischt mit Marc-de-Provence-Likör, Olivenöl und Knoblauch – ausgesprochen würzig!

**Ferme de Peïgros** REGIONAL CUISINE €€
(☎ 04 94 48 03 83; http://fermedepeigros.pagesperso-orange.fr; Col de Babaou; Menü 22 €; ⏲ tgl. 12–14 Uhr, Juli & Aug. auch 19–21.30 Uhr) Auf dieser Ziegenfarm, zu der eine 1,8 km lange Schotterpiste vom Gipfel des Col de Babaou (8 km von Collobrières) führt, kann man seinen Gaumen mit Wildschwein und auf der Farm hergestelltem Maroneneis verwöhnen und dabei den tollen Blick aufs Massif des Maures genießen. Keine Kreditkartenzahlung möglich.

## Shoppen

**Confiserie Azuréenne** ESSEN
(☎ 04 94 48 07 20; www.confiserieazureenne.com; ⏲ 9.30–12.30 & 13.30–18.15 Uhr) Dieser lokale Esskastanienproduzent betreibt einen gut sortierten Laden mit *marrons glacés* (kandierten Maronen), Maroneneis, *crème de marrons* (Maronencreme), Maronenlikör

NICHT VERSÄUMEN

### WUNDERBARE ROUTEN

Die D14 führt durch Collobrières, den größten Ort im Massif und die Esskastanienmetropole der Welt. Entlang der Straße, die besonders bei Radfahrern beliebt ist, bieten sich großartige Panoramablicke. Die ähnlich spektakuläre D39 steigt von Collobrières Richtung Norden auf nach **Notre Dame des Anges** (780 m) und führt dann nach Gonfaron hinunter. Die N98, die parallel zur D14 verläuft, führt von St-Tropez durch Rebflächen und Korkeichenplantagen nach Bormes-les-Mimosas.

Von La Môle – wo man in der **Auberge de la Môle** (☎ 04 94 49 57 01; Place de l'Église, La Môle; Mittags-/Abendmenü 23/55 €; ⏲ Di–Sa 12–14 & 19–21, So 12–14 Uhr) lecker essen kann– führt die atemberaubend schmale **Col du Canadel** (D27) dramatisch zur Küste hinunter und gewährt unterwegs grandiose Blicke auf das Massif des Maures, die Küste und die vorgelagerten Inseln.

etc. sowie ein kleines Museum, das die Verarbeitung von Esskastanien zeigt.

### Praktische Informationen

**Touristeninformation** (☎ 04 94 48 08 00; www.collobrieres-tourisme.com; Bd Charles Caminat; ⏲ Di–Sa 9–12.30 & 14–17.30 Uhr, Sept.–Juni So & Mo geschl.) Hat Karten für Wanderungen in der Umgebung.

## CORNICHE DES MAURES

Die schöne Küstenstraße Corniche des Maures (D559) führt von La Croix-Valmer südwestwärts nach Le Lavandou, vorbei an Stränden, die sich perfekt zum Schwimmen, Sonnenbaden und Windsurfen eignen.

Auf der D559 fahren auch sämtliche Busse von VarLib (www.varlib.fr), die zwischen St-Tropez und Toulon unterwegs sind.

## Von Rayol-Canadel-sur-Mer nach Le Lavandou

Besonders reizvoll sind die winzigen, von Kiefern gesäumten Strände **Plage du Rayol** und **Plage de l'Escale**, an denen es Strandrestaurants gibt. Fährt man auf der Küstenstraße D559 weiter Richtung Westen, erreicht man die **Plage du Layet**, den schönen Strand von **Cavalière** (nicht zu verwechseln mit Cavalaire-sur-Mer).

Das einstige Fischerdorf Le Lavandou ist heute ein auf Familien ausgerichteter Urlaubsort mit einer kleinen, aber intakten Altstadt und 12 km langen Sandstränden. Das unechte Schloss am Ufer ist der Sitz der **Touristeninformation** (☎ 04 94 00 40 50; www.ot-lelavandou.fr; Quai Gabriel Péri; ⏲ Mo–Sa 9–12 & 14.20–18 Uhr). Gegenüber legen die Boote zu den Îles des Hyères ab.

### Sehenswertes

★ **Domaine du Rayol** GARTEN
(☎ 04 98 04 44 00; www.domainedurayol.org; Av des Belges, Rayol-Canadel-sur-Mer; Erw./Kind 10,50/7,50 €; ⏲ Juli & Aug. 9.30–19.30 Uhr, April–Juni, Sept. & Okt. bis 18.30 Uhr, Nov.–März bis 17.30 Uhr) Dieser umwerfende, üppige Garten mit Pflanzen aus allen mediterranen Klimazonen der Welt ist ein wundervolles Fleckchen für einen Spaziergang oder eine thematische Tour. Die dichte Vegetation erstreckt sich von einer Villa den Hang hinunter bis zum Meer. Am schönsten blühen die Blumen im April und Mai, doch ein Besuch lohnt zu jeder Jahreszeit. Im Sommer kann man an dem herrlichen Strand, der zur Anlage gehört, mit einem erfahrenen Führer zwischen der Meeresflora- und fauna schnorcheln; Reservierung erforderlich.

Auch für die Open-Air-Konzerte und die informativen Workshops sollte man vorher reservieren. Das Café des Jardiniers in der Anlage serviert leichte Mittagsgerichte und erfrischenden Hibiskus-Pfirsich-Saft.

### Schlafen & Essen

**Le Relais des Maures** GASTHOF €€
(☎ 04 94 05 61 27; www.lerelaisdesmaures.fr; Av Charles Koeklin, Rayol-Canadel-sur-Mer; Zi. 105 €) In diesem Gasthof fast unmittelbar an der Südseite der D559 gibt es gemütliche Gästezimmer, manche davon mit schöner Aussicht, und ein ausgezeichnetes Restaurant (Menüs ab 32 €), dessen saisonale Karte mit regional produzierten Speisen den Besuch lohnt.

**Chez Jo** SEAFOOD €€
(☎ 04 94 05 85 06; Plage du Layet, Cavalière; Hauptgerichte 20–30 €; ⏲ Mai–Sept. 12–14 Uhr) Das Strandrestaurant, in dem sich barfüßige, sonnenverbrannte Strandgäste mit ungewöhnlichen Piercings und einer Vorliebe für FKK tummeln, grillt meeresfrische Zutaten. Es ist sehr schlicht und hat kein Schild, das darauf aufmerksam macht; man isst an ein paar Tischen im Sand oder auf einer Holzterrasse über dem Meer. Kreditkarten werden nicht akzeptiert.

## Bormes-les-Mimosas

7845 EW. / 180 M

Im Winter stehen in diesem Dorf aus dem 12. Jh. die Mimosen spektakulär in voller Blüte, im Sommer die fuchsienroten Bougainvilleen. In der Touristeninformation kann man botanische Spaziergänge (9 €) und Wanderungen (7 €) mit einem Forstmitarbeiter im nahen **Forêt du Dom** buchen.

Die alten, gepflasterten Straßen säumen Galerien und Boutiquen, die traditionelle provenzalische Produkte verkaufen.

### Schlafen

★ **Hôtel Bellevue** HOTEL €
(☎ 04 94 71 15 15; www.bellevuebormes.com; Place Gambetta; DZ/4BZ ab 65/90 €; ⏲ Jan.–Sept.; ❄ 📶 👪) Das absolut charmante, hübsche Hotel bietet sensationelle Aussichten, blitzsaubere, schöne Zimmer und freundlichen Service. Zwei Zimmer sind rollstuhlgerecht.

1

2

4

P. EOCHE / GETTY IMAGES ©

**1. Tauchen (S. 39)**
Im azurblauen Wasser kann man das bunte Unterwasserleben des Mittelmeeres beobachten. Den leicht violetten Quallen sollte man aber nicht zu nahe kommen!

**2. Île de Port-Cros (S. 147)**
Frankreichs kleinster Nationalpark, der Parc National de Port Cros, wurde 1963 gegründet, um die 7 km² große Insel zu schützen. Der oben abgebildete Hafen hat von April bis Oktober Unterkünfte und Bistros zu bieten.

**3. Calanque d'En-Vau (S. 179)**
Die fotogenste Bucht der Calanques enttäuscht nicht. Der Kieselstrand und das von Klippen umgebene smaragdgrüne Wasser laden zum Schwimmen oder Kajakfahren ein.

**4. Île de Porquerolles (S. 144)**
Trotz des großen Zustroms von Tagestouristen ist das wunderschöne Porquerolles noch immer unverdorben.

DAVID C TOMLINSON / GETTY IMAGES ©

**Hostellerie du Cigalou** HOTEL €€€
(☎04 94 41 51 27; www.hostellerieducigalou.com; Place Gambetta; DZ 189–245 €; ❄📶🏊) Schickes Hotel mit fantastischer Aussicht und einem verträumten Pool.

## Essen

★ **La Rastègue** GOURMETKÜCHE €€
(☎04 94 15 19 41; www.larastegue.com; 48 bd du Levant; Menüs 35–49 €; ⏱April–Nov. Di–Sa 19–21, Do & So 12–13.45 Uhr) Jérôme Masson herrscht über die Küche, seine Frau Patricia über den Speiseraum, und beide tun es hervorragend. Für ihre wechselnden Menüs mit großartiger provenzalischer Küche, den einladenden Speiseraum und die Terrasse mit Meerblick wurden sie mit einem Michelin-Stern ausgezeichnet. In der offenen Küche kann man dem Koch bei der Arbeit zuschauen.

★ **L'Atelier de Cuisine Gourmande** PROVENZALISCH €€
(☎04 94 71 27 80; 4 place Gambetta; Hauptgerichte 18–20 €; ⏱Sept.–Juni 12–14 Uhr, nur mit Reservierung) Mireille Gedda offeriert die authentischste regionale Küche mit Aromen vom *terroir* (Land). Ihr Mann serviert. Sie veranstaltet auch Kochkurse.

## Praktische Information

**Touristeninformation** (☎04 94 01 38 38; www.bormeslesmimosas.com; 1 place Gambetta; ⏱April–Sept. tgl. 9–12.30 & 14.30–18 Uhr, Okt.–März nur Mo–Sa; 📶) Organisiert Wanderungen in der Umgebung.

# ÎLES D'HYÈRES & ÎLES DU FUN

Einer Legende zufolge haben die Götter schwimmende Prinzessinnen in die Îles d'Hyères verwandelt – und es ist wahr: Diese Inseln sind zauberhaft. Das reich mit Glimmer durchzogene Gestein glitzert und funkelt in der Sonne: Dieser Tatsache verdanken sie ihren zweiten Namen, die Îles d'Or (Inseln des Goldes). Am besten den Juli und August, wenn es hier überfüllt ist, meiden.

Porquerolles ist mit 7 km Länge und 3 km Breite die größte der Inseln; die mittlere, die Île de Port-Cros, ist ein Nationalpark; auf ihrer östlichen Schwester, der Île du Levant, befinden sich Militäreinrichtungen und ein Nudistendorf. Wildes Campen und Autos sind auf dem Archipel verboten.

Die Île de Bendor und der Archipel des Embiez, die man scherzhaft als Îles du Fun bezeichnet, liegen westlich der Îles d'Hyères vor der Küste von Toulon. Sie sind weniger sagenhaft als eher disneymäßig.

Die Inselbewohner bezeichnen das übrige Frankreich schlicht als „Kontinent".

## An- & Weiterreise

### ÎLES DE PORQUEROLLES, DE PORT-CROS & DU LEVANT

➡ Die Inseln werden von den Häfen La Tour Fondue, Port d'Hyères und Le Lavandou aus angefahren. Von Juni bis September gibt's auch Bootsverbindungen ab/nach Toulon, St-Tropez, Port Miramar, La Croix-Valmer und Cavalaire-sur-Mer.

➡ Île du Levant: Die Insel ist per Boot in zehn Minuten von Port-Cros aus zu erreichen. Das ganze Jahr über fahren Boote ab Le Lavandou und dem Hafen Hyères und im Juli und August auch ab Port Miramar, La Croix-Valmer und Cavalaire-sur-Mer.

**Transport Littoral Varois** (☎04 94 58 21 81; www.tlv-tvm.com) Ganzjährig Bootsverbindungen von La Tour Fondue zur Île de Porquerolles (hin & zurück 19,50 €, 20 Min.) sowie vom Port d'Hyères zur Île de Port-Cros (hin & zurück 28,10 €, 1 Std.) und zur Île du Levant (hin & zurück 28,10 €, 90 Min.); die Fahrt zu beiden Inseln kostet 31,50 €.

**Vedettes Îles d'Or et Le Corsaire** (☎04 94 71 01 02; www.vedettesilesdor.fr; 15 quai Gabriel Péri) In der Saison fahren Boote von Le Lavandou, Cavalaire-sur-Mer und La Croix Valmer zur Île du Levant (hin & zurück 28–33 €, 35–55 Min.), zur Île de Port-Cros (28–33 €, 35–55 Min.) und zur Île de Porquerolles (30–41 €, 50 Min.). Tickets für die Tour „La Croisière Bleue" (zu allen drei Inseln) und für die Boote nach St-Tropez (43–54 €, 2 Std.), die nur im Sommer dreimal wöchentlich fahren, muss man reservieren.

### ÎLE DE BENDOR

Boote (Erw./Kind hin & zurück 12/9, 10 Min.) fahren ganzjährig ab Bandol. Siehe www.bendor.com.

### ÎLES DES EMBIEZ

Boote (Erw./Kind hin & zurück 14/9, 15 Min.) fahren ganzjährig ab Le Brusc, das 5 km südlich von Sanary-sur-Mer liegt. Siehe www.les-embiez.com.

# Île de Porquerolles

250 EW.

Trotz der hohen Zahl von Tagesbesuchern (im Juli & Aug. bis zu 6000/Tag) ist das schöne Eiland nicht verschandelt, denn zwei Drittel der weißen Sandstrände, der

ABSTECHER

### ROUTE DES CRÊTES

Atemberaubende Blicke auf die Inseln bieten sich bei der Fahrt auf der Route des Crêtes, die sich etwa 400 m über dem Meer durch die mit Macchia bedeckten Hügel schlängelt. Von Bormes-les-Mimosas folgt man der D41 bergauf (in Richtung Collobrières), vorbei an der Chapelle St-François, und biegt 1,5 km nördlich vom Dorfzentrum direkt hinter dem Schild zum Col de Caguo-Ven (237 m) rechts ab.

Das **Relais du Vieux Sauvaire** (04 94 05 84 22; Rte des Crêtes; Hauptgerichte 17–32 €; Juni–Sept. 12–14.30 & 19–21.30 Uhr;) ist das versteckte Juwel dieser Hügel. Das Restaurant mit traumhafter Aussicht und Pool (die meisten Gäste kommen zum Mittagessen und bleiben dann den ganzen Nachmittag) ist einzigartig. Das Essen ist so sonnig wie die Aussicht: Pizza, Melone und Parmaschinken oder Wolfsbarsch in Salzkruste. Hinter dem Restaurant stößt die Route des Crêtes auf den letzten Abschnitt der Panoramastraße Col du Canadel. Auf dem *col* (Bergpass) biegt man links ab ins Herz des bewaldeten Massif des Maures oder fährt nach rechts zum Meer und auf die Küstenstraße Corniche des Maures (D559).

Pinienwälder, des Maquis und der Eukalyptussträucher gehören zum Parc National de Port-Cros. Hier gedeiht eine große Vielfalt heimischer und tropischer Pflanzen, darunter eine Ritterspornart, die nirgendwo sonst auf der Welt wächst. April und Mai sind die besten Monate zur Beobachtung der 114 vorkommenden Vogelarten. Es ist ein Vergnügen, zu Fuß oder mit dem Rad über die rauen, unbefestigten Pfade der Insel zu streifen, mittags am Strand ein Picknick zu machen und ein Bad im kristallklaren, türkisblauen Wasser zu nehmen.

Besser nicht kommen sollte man im Juli und August, wenn wegen der Brandgefahr das Innere der Insel abgesperrt ist und einige Wege unzugänglich sind. Außerhalb des Dorfes ist das Rauchen generell verboten.

## Sehenswertes

Porquerolles Rebflächen erstrecken sich über einen Quadratkilometer im westlichen Teil der Insel und werden von drei Weinproduzenten bewirtschaftet. Alle offerieren die *dégustation* (Verkostung) ihrer Weine, hauptsächlich Rosés.

### Place d'Armes — PLATZ

Eine von Bäumen beschattete *Pétanque*-Bahn bildet das Herz der Place d'Armes im Zentrum. An der Südseite der **Église Ste-Anne** finden im Sommer Konzerte statt. Tagein, tagaus herrscht am zentralen Treffpunkt von Porquerolles Leben: Straßencafés und Eisstände sind geöffnet und Radfahrer legen hier eine Pause ein. Wenn das letzte Boot mit Tagesausflüglern wieder abgelegt hat, kehrt auf dem Platz buddhistische Ruhe ein.

### Fort Ste-Agathe — FESTUNG

(04 94 58 07 24; www.portcrosparcnational.fr; Erw./Kind 4/2 €; nur mit Führung, April–Mitte Sept.) In dieser Festung aus dem 16. Jh. sind Ausstellungen zur Geschichte und Naturgeschichte zu sehen, und vom Turm aus hat man eine schöne Aussicht über die Insel. Viele Gebäude stammen aus den Jahren 1812 bis 1814, als Napoleon die Festung wieder aufbauen ließ, nachdem die Briten sie 1793 zerstört hatten. Von der Place d'Armes geht es den Chemin Ste-Agathe (zwischen der Villa Ste-Anne und der Auberge des Glycines) hinauf zur Festung. Hinein kommt man nur zu bestimmten Zeiten im Rahmen von Nationalpark-Führungen. Führungen in der nahe gelegenen Windmühle **Moulin du Bonheur** kosten 2 €.

### Jardin Emanuel Lopez & Conservatoire Botanique National Méditerranéen — GARTEN

(04 94 58 07 24; Chemin du Phare; April–Okt. 9.30–12.30& 14–18 Uhr) GRATIS Dieser wunderbar ornamentale Garten ist mit verschiedenen Palmenarten, Zypressen, Vanille, Granatapfelbäumen, Kakteen und Bambus, duftendem Jasmin und so ziemlich allen Kräutern der Provence bepflanzt. Hier befindet sich auch das Maison du Parc des Parc National de Port-Cros.

### Domaine Perzinsky — WEINGUT

(04 94 58 34 32; www.perzinsky.com; Chemin de la Pépinière; April–Mitte Sept. 10–12 & 15–18 Uhr) Die von einer herrlichen Gruppe Pinien umrahmte Domaine Perzinsky liegt günstig auf dem Weg zur Plage d'Argent. Ungewöhnlicherweise ist für die Weinverkostung keine Anmeldung notwendig.

**Domaine de la Courtade** WEINGUT
(04 94 58 31 44; www.lacourtade.com; ganzjährig nach Vereinbarung) Die Domaine de la Courtade bietet Verkostungen ihrer Weine, überwiegend Rosés.

**Domaine de l'Île** WEINGUT
(04 98 04 62 30; www.domainedelile.com; ganzjährig Mo–Fr nach Vereinbarung) Auch dieser Winzer, der vorwiegend Rosés produziert, bietet Verkostungen an.

## Aktivitäten

An der Nordküste von Porquerolles liegen herrliche **Sandstrände**. Die gefährlichere Südküste ist von Klippen gesäumt, dort darf man nur in der Calanque du Brégançonnet im Osten und in der Calanque de l'Oustaou de Diou im Westen tauchen und schnorcheln. Eine Karte bekommt man bei der Touristeninformation.

Auf der in der Touristeninformation verkauften Karte sind vier **Radrouten** eingezeichnet, die zwischen 6,5 und 13,8 km lang sind. Noch genauere Informationen enthält ein Radführer (6 €) auf Französisch, der im Maison du Parc des Parc National de Port-Cros erhältlich ist. Am Hafen und an der Place d'Armes gibt's viele Läden, die Fahrräder verleihen.

**Plage de la Courtade** SCHWIMMEN
Nur 800 m vom Hafen (man folgt dem Weg hinter der Touristeninformation bergauf) findet man diesen schönen Sandstrand.

**Plage de Notre Dame** SCHWIMMEN
Porquerolles größter und schönster Strand, die Plage de Notre Dame, liegt etwa 3,5 km östlich vom Hafen (man folgt dem Weg hinter der Touristeninformation).

**Plage d'Argent** SCHWIMMEN
Zur Plage d'Argent imWesten des Dorfes geht es an Weingütern auf einer gut 2 km langen, von Schlaglöchern übersäten Piste. Sie ist bei Familien beliebt, weil es dort im Sommer Strandcafés und -restaurants, Rettungsschwimmer und Toiletten gibt.

**Plage du Langoustier** SCHWIMMEN
Die abgeschiedene Plage du Langoustier befindet sich bei einer ehemaligen Langustenfarm, 4,5 km vom Dorf entfernt am Nordufer der Presqu'île du Langoustier.

**Locamarine 75** BOOTFAHREN, KAJAKFAHREN
(06 08 34 74 17, 04 94 58 35 84; www.locamarine 75.com; Porquerolles; Speedbootverleih ab 95 €; 9–17 Uhr) Am Hafen; verleiht Speedboote und Kajaks (Zweierkajaks halber/ganzer Tag 35/45 €).

**Base Nautique** KAJAKFAHREN
(06 60 52 37 06; www.ileo-porquerolles.fr; Kajakverleih 1/3/6 Std. 20/35/45 €) An der Plage de la Courtade; verleiht Kajaks, Windsurfbretter, Katamarane und Tauchausrüstung.

### WAHRE LIEBE

Drei Toaster und ein Handtuch-Set waren einfach nicht genug. 1911 bekam die frisch gebackene Mrs. Fournier von ihrem Ehemann das perfekte Hochzeitsgeschenkt: die Insel Porquerolles! Ihren Nachkommen gehört noch immer ein großer Stück der Insel, darunter Le Mas du Langoustier.

## Schlafen & Essen

Die Unterkünfte sind teuer, rar und auf Monate im Voraus ausgebucht. Infos zu den Apartments/Villen für Selbstversorger und den drei B&Bs gibt's in der Touristeninformation. In der Nebensaison sind die Preise deutlich niedriger. Die meisten Hotels haben angeschlossene Restaurants.

Ein wunderbares Picknick aus saftigen Kirschen, frischem Ziegenkäse und anderem kann man sich an den Ständen an der Place d'Armes und in den zwei kleinen Lebensmittelläden (die 2 Std. Mittagspause machen) zusammenstellen.

★ **L'Oustaou** PENSION €€
(04 94 58 30 13; www.oustaou.com; place d'Armes; DZ ab 150 €; April–Okt.; ) Die pieksauberen Zimmer mit moderner Einrichtung haben Fenster zum Dorfplatz oder – noch viel schöner – zum Hafen. Romantisch gestimmte Paare werden sich hier wohlfühlen. Im Restaurant im Erdgeschoss gibt's typische modern-französische Gerichte und Burger (Hauptgerichte 16–26 €).

**Villa Ste-Anne** GASTHOF €€
(04 94 04 63 00; www.sainteanne.com; Place d'Armes; EZ/DZ inkl. HP ab 150/175 € pro Pers.; April–Mitte Sept.; ) Die Hauptattraktion dieses für Porquerolles typischen Gasthofs auf dem Platz ist die mit Terrakottafliesen geschmückte Terrasse, die auf den *Pétanque*-Platz schaut. Wer Lust auf ein Spielchen hat, kann sich die Kugeln borgen. Am besten genehmigt man sich einen Aperitif und eine *petit friture* (winziger frittierter Fisch mit

einer würzigen *rouille,* einer Safran-Knoblauch-Mayonnaise).

★ **Le Mas du Langoustier** HOTEL €€€
(☎ 04 94 58 30 09; www.langoustier.com; DZ inkl. HP ab 150 €/Pers.; ⏲ Mai–Sept.; ❄📶🏊👪) In dieses „zum Sterben schönen" Hotel von 1931, das eine glamouröse Vergangenheit, Rebgärten und fantastische Aussichten aufweist, ist schon mancher Gast mit dem Hubschrauber eingeflogen worden. Von den Zimmern bis zum von einem Michelin-Stern gekrönten Restaurant ist alles makellos. Es gibt auch einige Apartments für Familien.

**Auberge des Glycines** PENSION €€€
(☎ 04 94 58 30 36; www.auberge-glycines.com; 22 place d'Armes; DZ inkl. Frühstück ab 170 €; ⏲ ganzjährig; ❄📶👪) Dieses Gasthaus am Dorfplatz schneidet in puncto Essen ebenso gut ab wie bei der Übernachtung. Die Einrichtung ist traditionell (an der Wand in der Rezeption hängt eine Zykadensammlung) und das Essen typisch für Porquerolles – es gibt eine Menge Fisch. Drei-Gänge-Menüs kosten 38 €.

**Les Mèdes** HOTEL €€€
(☎ 04 94 12 41 24; www.hotel-les-medes.fr; 2 rue de la Douane; DZ ab 130 €, Apt. für 4 Pers. ab 225 €; ⏲ Jan.–Okt.; ❄@📶👪) In diesem Hotel-Apartment-Komplex gibt's traditionelle Zimmer und Selbstversorger-Apartments. Das Sahnehäubchen: ein terrassierter Garten mit Pool samt Fontäne und Liegen.

**L'Escale** BRASSERIE €
(☎ 04 94 58 30 18; 2 rue de la Ferme; Menüs ab 13 €; ⏲ ganzjährig tgl. 12–14 Uhr, Mai–Aug. auch 19–21.30 Uhr) Auf der breiten Terrasse mit Blick auf den Hafen werden gute, hausgemachte Meeresfrüchte- und Fleischgerichte serviert.

## ℹ Praktische Information

**Touristeninformation** (☎ 04 94 58 33 76; www.porquerolles.com; ⏲ Juli & Aug. Mo–Sa 9–18.15, So bis 13 Uhr, sonst kürzer) Broschüren und Karten, darunter eine, in der Rad- und Wanderwege eingezeichnet sind (3 €).

**Parc National de Port-Cros Maison du Parc** (☎ 04 94 58 07 24; www.portcrosparcnational.fr; Jardin Emanuel Lopez; ⏲ April–Okt. 9.30–12.30 & 14–18 Uhr) Das Nationalparkbüro hat Karten und Informationen und bietet geführte Touren an.

## ℹ Unterwegs vor Ort

### FAHRRAD

Fahrräder kann man am Hafen oder an der Place d'Armes ausleihen.

> **AUF DEM WASSER SCHLAFEN**
>
> Wer auf einem Segelboot übernachten möchte, wendet sich an **Bateaudhote.fr** (☎ 06 82 15 93 76; www.bateaudhote.fr; Kabinen ab 150 €/Nacht) oder **Via Skipper** (☎ 06 26 93 49 47; www.viaskipper.com; ab 600 €/Tag).

**Le Cycle Porquerollais** (☎ 04 94 58 30 32; www.cycle-porquerollais.com; 1 rue de la Ferme; halber/ganzer Tag ab 15/12 €; ⏲ ganzjährig) Le Cycle Porquerollais verleiht Räder an der Place d'Armes.

### TAXI

**Bateaux-Taxi Le Pélican** (☎ 06 09 52 31 19; www.bateaux-taxi.com) Dieses Taxiboot umrundet die Insel oder fährt zum Festland.

**Gepäck-Taxi** (☎ 06 81 67 77 12; ⏲ Mitte Feb.–Dez.) Wer sein Gepäck bequem über die Insel transportieren will, mietet einen Gepäckwagen mit Fahrer.

# Île de Port-Cros

Frankreichs kleinster Nationalpark, der **Parc National de Port-Cros**, wurde 1963 geschaffen, um die 7 km² große Port-Cros und eine 13 km² große Meereszone rings um die Insel zu schützen.

Bis zum Ende des 19. Jhs. konnten die Inselbewohner mit ihren Weingärten und Olivenhaine für ihren Lebensunterhalt sorgen. Heute leben sie vom Tourismus in der Hochsaison. Essen und Trinkwasser sollte man mitbringen; die wenigen Hafenbistros sind nur von April bis Oktober geöffnet, sonst gibt's hier nichts – nur wunderschöne Natur.

## 👁 Sehenswertes & Aktivitäten

Wanderer (und Vogelbeobachter) müssen auf den insgesamt 30 km markierten Wegen bleiben. Angeln, offenes Feuer, Camping, Hunde, motorisierte Fahrzeuge und Fahrräder sind nicht gestattet, und auch das Rauchen ist außerhalb des Dorfes verboten.

**Fort de l'Estissac** FESTUNG
(www.portcrosparcnational.fr; ⏲ Mai–Okt. 10.30–12.30 & 14–17 Uhr) GRATIS Den Turm dieser imposanten Festung aus dem 16. Jh., in der im Sommer Ausstellungen stattfinden, kann man besteigen.

**Sentier des Plantes** WANDERN
Am **Fort du Moulin** aus dem 15. Jh. beginnt der Sentier des Plantes (Botanischer Wan-

derweg; 4 km; 1½–2 Std.). Die hübsche, vom Duft aromatischer Pflanzen umduftete Route führt vorbei an wildem Lavendel und Rosmarin zur **Plage de la Palud** (30 Min.), einem schönen Strand am Nordufer der Insel.

**Sentier Sous-Marin** SCHNORCHELN
(Unterwasser-Weg; ☎ 04 94 01 40 70; Plage de la Palud; ⏲ Mitte Juni–Mitte Sept.) GRATIS Dieser 35-minütige Unterwasser-Rundweg ist mit Bojen markiert, auf denen Informationstafeln angebracht sind: In der Bucht leben 500 Algenarten und 180 verschiedene Fische. Das Maison du Parc am Hafen verkauft eine Unterwasser-Broschüre (5 €). Die Ausrüstung kann man am Hafen bei **Sun Plongée** (☎ 06 80 32 14 16, 04 94 05 90 16; www.sun-plongee.com; ⏲ Mitte März–Mitte Nov.) ausleihen. Ehe man ins Wasser springt, sollte man aber sichergehen, dass es keine Quallen gibt!

**Circuit de Port-Man** WANDERN
Der Circuit de Port-Man (4 Std.) folgt der Küste von der Plage de la Palud bis zur abgelegenen Plage de Port-Man an der nordöstlichsten Spitze der Insel und führt dann in einem Bogen wieder landeinwärts.

**Sentier des Crêtes** WANDERN
Der anspruchsvolle Sentier des Crêtes (7,5 km; 3 Std.) erkundet die südwestliche Ecke der Insel und führt hinauf auf den Mont Vinaigre (194 m).

## Schlafen & Essen

Unterkünfte gibt es nur in der Gegend um den kleinen Hafen; sie müssen Monate im Voraus gebucht werden.

**Hostellerie Provençale** PENSION €€
(☎ 04 94 05 90 43; www.hostellerie-provencale.com; DZ inkl. HP ab 149 €/Pers.; ⏲ April–Mitte Nov.; ❄ 📶 🏊) Die immer lebhafte *hostellerie* (Gastwirtschaft) am Hafen, die seit 1921 von der ältesten und größten Familie der Insel geführt wird, bietet fünf helle Zimmer mit Blick aufs Wasser; die besten haben einen Balkon. Die augenfällige Cocktailbar und das Restaurant liegen am Wasser und sind mit kanariengelben Sonnenschirmen versehen.

**Hôtel Le Manoir de Port-Cros** PENSION €€€
(☎ 04 94 05 90 52; www.hotel-lemanoirportcros.com; DZ inkl. HP ab 170 €/Pers.; ⏲ April–Okt.; ❄ 🏊) Die bezaubernde Villa mit einer weißen, von Türmen gekrönten Fassade und 23 Zimmern ist die exklusivste Unterkunft hier. Sie liegt in einem süßlich duftenden Eukalyptushain und bietet einen Pool im Freien, ein gehobenes Restaurant und das elegante Flair des Insellebens der guten alten Zeit.

**La Trinquette** BISTRO €€
(☎ 04 94 05 93 75; www.restaurant-trinquette-port-cros.fr; Menüs 22–28 €; ⏲ April–Okt. 8–24 Uhr) Ehe man zu einer Wanderung über die Insel aufbricht, kann man am Rand des weichen Sands am Hafen Steaks, Meeresfrüchte und Pasta essen.

## Praktische Information

**Maison du Parc** (☎ 04 94 01 40 70; www.portcrosparcnational.fr) Infos zum Wandern, Tauchen und Schnorcheln sowie eine Inselkarte, auf der die vier wichtigsten Wanderwege eingezeichnet sind und Führer (auf Französisch) zur Unterwasserflora und -fauna. Befindet sich am Hafen und öffnet, wenn Boote ankommen.

# Île du Levant

Die Île du Levant, ein 8 km langer Streifen, hat quasi eine gespaltene Persönlichkeit. 90 % der Insel sind militärisches Sperrgebiet, und auf dem verbleibenden Gebiet am südwestlichen Ende befindet sich die Nudistenkolonie **Héliopolis** (www.iledulevant.com.fr).

Die Post, Cafés und Hotels konzentrieren sich um den zentralen Platz, die Place du Village, die 1 km vom Hafen bergauf an der Rte de l'Ayguade liegt. Einen Geldautomaten gibt es nicht. Von der Place du Village führt ein Naturpfad in die **Domaine des Arbousiers**, ein Naturschutzgebiet im östlichen Teil der Kolonie, in der seltene Pflanzen wachsen. Infos über geführte Touren erhält man in der Touristeninformation.

FKK ist nur an den Stränden obligatorisch, z. B. an der sandigen **Plage Les Grottes** östlich vom Port de l'Ayguade. Vom Hafen geht man auf dem **Sentier Georges Rousseau**, einem felsigen Küstenpfad, in Richtung der **Plage de Sable Levant**. Den Beginn des Strandes markieren Schilder mit der Aufschrift „Nudisme Intégral Obligatoire".

Boote legen am **Port de l'Ayguade** in der Nähe der Hütte der **Touristeninformation** (☎ 04 94 05 93 52; www.iledulevant.com.fr; ⏲ Ostern–Mitte Sept.) an.

# TOULON & UMGEBUNG

Die relativ unberührte Küste weicht in Richtung Westen zunehmend städtischer Bebauung, je weiter man sich Toulon nähert. Eine letzte von Blau- und Grüntönen geprägte

Oase liegt rings um **La Londe-les-Maures** (9300 Ew.), auf halbem Weg zwischen Le Lavandou und Hyères. Auf von der **Touristeninformation** (☎04 94 01 53 10; www.ot-lalondelesmaures.fr; ⏰Mo–Sa 9–18, So bis 13 Uhr) organisierten Wanderungen kann man die Olivenhaine, Weingüter und blühenden Gärten entdecken oder sich mit einem Leihfahrrad zu Weingütern aufmachen, die Weinverkostungen anbieten.

## Hyères & Presqu'île de Giens

56600 EW.

Mit seinen stattlichen Palmen, dem Kasino, der mittelalterliche Vieille Ville (Altstadt) auf einem Hügel nördlich der Neustadt und dem beschwingten Treiben hat sich Hyères etwas von jenem Charme bewahrt, der es zum führenden Ferienort an der Côte d'Azur gemacht hat. Der andere große Trumpf der Stadt ist die Presqu'île de Giens (Halbinsel Giens). Die Touristeninformation arrangiert tolle Führungen sowohl in der Stadt als auch auf der Halbinsel.

### Sehenswertes & Aktivitäten

**★Vieille Ville** HISTORISCHES VIERTEL

Die **Porte Massillon** aus dem 13. Jh. (auf die Uhr achten!) an der Westseite der **Place Georges Clemenceau** bildet den Zugang zur Altstadt von Hyères. Richtung Westen entlang der kopfsteingeplasterten Rue Massillon kommt man zur von schönen Arkaden geschmückten **Rue des Porches** mit ihren polierten Platten und vielen Boutiquen.

An den weitläufigen, hügeligen Park **Parc St-Bernard** grenzt die Villa Noailles. Unten am Fuß des Hügels liegen der Park und das Castel Ste-Claire, ein Kloster aus dem 17. Jh., das später zu einem Privathaus umgebaut wurde. Ab 1927 lebte hier die amerikanische Schriftstellerin Edith Wharton.

Heute befindet sich im Castel Ste-Claire das Hauptquartier des **Parc National de Port-Cros** (www.portcrosparcnational.fr).

**Villa Noailles** MARKANTES GEBÄUDE

(☎04 98 08 01 98; www.villanoailles-hyeres.com; ⏰Juli–Sept. Mi–Do & Sa–Mo 14–19, Fr 16–22 Uhr, sonst kürzer) GRATIS Robert Mallet-Stevens entwarf im Jahr 1923 diese Villa, ein kubistisches Labyrinth aus Beton und Glas, als Winterresidenz für Vicomte Charles de Noailles, einen leidenschaftlichen Freund moderner Kunst.

> ABSTECHER
>
> **CAP DE CARQUEIRANNE**
>
> Das Cap de Carqueiranne direkt westlich von Hyéres ist eine teilweise bewaldete Landspitze, die von kleinen Wegen durchzogen ist. Auf dem malerischen **Küstenweg**, der in der Stadt **Carqueiranne** beginnt, kann man das schöne Kap besonders gut erkunden. Essen kann man im **L'Oursinado** (☎04 94 21 77 06; www.oursinado.com; Chemin du Pas des Gardéens; Menüs 58 €; ⏰Juli & Aug. Di–So 12–13.30 & 19–21.30 Uhr, Mitte Feb.–Juni & Sept.–Mitte Nov. Do–Mo mittags & abends, Di mittags; WLAN), das sich auf einer Klippe über dem winzigen **Les Oursinières** versteckt; man sollte aber reservieren. Auf der von Bäumen gesäumten Terrasse mit Blick auf die wogenden Wellen kann man die typische Touloner Bouillabaisse (48 Std. vorher bestellen!), die örtliche Variante des legendären Marseiller Fischeintopfs, genießen.

**★Presqu'île de Giens** OUTDOORAKTIVITÄTEN

Die von Stränden gesäumte Halbinsel wurde 1811 nach schweren Stürmen kurzzeitig zu einer Insel. Sie ist der Ausgangspunkt für Tagestouren zu den Îles d'Hyères und ein Paradies für Wanderer und Vogelbeobachter: In dem geschützten Feuchtgebiet verbirgt sich eine erstaunliche Vogelwelt, darunter Rosaflamingos, Reiher, Fischreiher, Krickenten und Kormorane. Um die Halbinsel führt ein schöner **Sentier du Littoral** (Küstenpfad).

**La Capte** VOGELBEOBACHTUNG

Rosaflamingos bringen etwas Farbe in die ansonsten kahle Landschaft von La Capte, zwei schmalen Sandbänken 4 km südlich vom Zentrum der Stadt, zwischen denen die Salzpfannen der **Salins des Presquiers** und ein See liegen. Eine anderthalbstündige (12,5 km) Radtour führt um die Salzpfannen herum. Die Touristeninformation von Hyères bietet auch geführte vogelkundliche **Naturwanderungen** (Erw./Kind 5 €/frei) an.

Besonders spektakulär ist die westliche Sandbank, die Rte du Sel (Salzstraße), die nur im Sommer zugänglich ist.

### Schlafen

Die Hotels mit tollem Preis-Leistungs-Verhältnis auf der Presqu'île de Giens haben im Vergleich mit den alten Hotels in der Altstadt die Nase vorn.

**Hôtel Le Méditerranée** HOTEL €€
(04 94 00 52 70; www.hotel-lemediterranee.com; 8 av de la Méditerranée, Strandstraße von Hyères; EZ & DZ ab 78 €, 3BZ/4BZ ab 96/109 €; Feb.–Nov.; ) Das freundliche Hotel an der Pferderennbann von Hyères liegt nur eine Minute von der Plage d'Hyères entfernt. Die Bäder sind modern, die Zimmer in den typischen Farben der Provence gestaltet und die besten sogar mit einem Balkon ausgestattet.

**Hôtel Bor** BOUTIQUEHOTEL €€€
(04 94 58 02 73; www.hotel-bor.com; 3 allée Émile Gérard,Strand von Hyères; DZ ab 150 €; März–Okt.; ) Das elegante Hotel am Strand ist von Kopf bis Fuß ein Designtraum. Die Holzterrasse ist mit Palmen und Topfplanzen geschmückt und am Kiesstrand des Hotels stehen Sonnenliegen. Die Zimmer sind in gedämpften Naturfarben eingerichtet.

## Essen

**Joy** PROVENCALISCH €€
(04 94 20 84 98; www.restaurant-joy.com; 24 rue de Limans, Hyères; Mittags-/Abendmenüs ab 23/45 €; Di–Sa 12–13.30 & 19–21.30, So bis 12–13.30 Uhr) Das moderne, intime Restaurant im Bistrostil bietet echte Gaumenfreuden. Die saisonale Karte mit frischen Zutaten wechselt ständig und könnte z. B. mit Meeresfrüchten gefüllte Ravioli oder mit Zimt gewürzte Gänsestopfleber enthalten.

**Le Marais** STRANDRESTAURANT €€
(09 54 12 72 09; www.lemaraisplage.fr; 1366 blvd de la Marine, D42, Presqu'île de Giens; Hauptgerichte 15–30 €; April–Okt. 11–2 Uhr) Direkt am feinen Sandstrand der Presqu'île de Giens serviert dieses beliebte Strandrestaurant Pasta, Pizza und frischen Fisch, während vor der Küste Segelboote kreuzen. Es befindet sich in einem modernen Gebäude in der Nähe des Flughafens.

## Praktische Information

**Touristeninformation** (04 94 01 84 50; www.hyeres-tourisme.com; Rotonde du Park Hôtel, Vav de Belgique, Hyères; Mo–Fr 9–18, Sa bis 16 Uhr, Juli & Aug. auch So) Fabelhafte geführte Wanderungen.

## An- & Weiterreise

### BUS

Bus 67 fährt vom **Busbahnhof** (www.reseaumistral.com; Place du Maréchal Joffre, Hyères) zum Bahnhof (5 Min.), zum Port d'Hyères (15 Min.) und zur Festung La Tour Fondue (35 Min.). Alle Tickets kosten 1,40 €.

### FLUGZEUG

**Toulon-Hyères Airport** (TLN; 08 25 01 83 87; www.toulon-hyeres.aeroport.fr; ) Dieser Flughafen, der 3 km südlich von Hyères und 25 km östlich von Toulon liegt, bedient sechs europäische Städte, einige davon nur in der Saison. Täglich gibt es Flüge nach Paris Orly (Air France). Bus 102 von Le Réseau Mistral fährt über das Zentrum von Hyères (10 Min.) zum Bahnhof und Busbahnhof von Toulon (40 Min.). Ins Zentrum von Hyères fährt auch Bus 63. Die Tickets kosten 1,40 €. Nach St-Tropez fahren Busse von VarLib (S. 129; Tickets 3 €).

### SCHIFF/FÄHRE

Boote von Transport Littoral Varois (S. 144) fahren zu den Îles d'Hyères.

### TAXI

**Taxis Radio Hyèrois** (04 94 00 60 00; www.taxis-hyeres.com)

### ZUG

Am **Bahnhof** (Place de l'Europe) verkehren Nahverkehrszüge von/nach Toulon (5–8 €, 30–45 Min.). Züge auf der Strecke Marseille–Hyères (15–25 €, 2 Std., 4-mal tgl.) halten in Cassis, La Ciotat, Bandol, Ollioules-Sanary und Toulon und erfordern meistens ein Umsteigen.

# Toulon

167 200 EW.

Das kantige, ungehobelte Toulon passt eigentlich gar nicht an die glitzernde Côte d'Azur. Frankreichs zweitgrößter Marinehafen ist um eine *rade* (von Kais umgebene, geschützte Bucht) gebaut und hat einen gewissen rauen Charme, und ganz sicher ist die Stadt nicht mehr so schrecklich wie früher. Dennoch sind die meisten Besucher nur auf der Durchreise.

## Sehenswertes & Aktivitäten

**Musée de la Marine** MARITIMMUSEUM
(04 94 02 02 01; Place Monsenergue; Erw./Kind 5 €/frei; Mi–Mo 10–18 Uhr) Ein gutes, modernes Seefahrtsmuseum mit Exponaten, Modellen und Gemälden, die die lange Marinegeschichte Toulons illustrieren.

**Mont Faron** BERG
Nördlich der Stadt ragt der Mont Faron (584 m) über Toulon auf. Die Aussicht ist erwartungsgemäß grandios. Das **Mémorial du Débarquement de Provence** (04 94 88 08 09; Mont Faron; Erw./Kind 4 €/frei; Di–So 10–12 & 14–16.30 Uhr) in der Nähe des Gipfels erinnert an die Landung der Alliierten im Rahmen der Operation Dragoon, die im Au-

gust 1944 an dieser Küste erfolgte. Der Wald ringsum lädt zu netten Spaziergängen ein. Auf den Berg gelangt man mit der Seilbahn **Téléphérique du Mont Faron** (☎ 04 94 92 68 25; www.telepherique-faron.com; hin & zurück Erw./Kind 7/5 €; ⏲ 10–18 Uhr).

**Les Bateliers de la Rade** BOOTSFAHRT
(☎ 04 94 46 24 65; www.lesbateliersdelarade.com; Quai de la Sinse; Erw./Kind 10/6 €; ⏲ Mai–Sept.) Vom Hafen aus kann man eine geführte Bootsfahrt rund um die *rade* mit Erklärungen zu den lokalen Ereignissen während des Zweiten Weltkriegs unternehmen. (Der Kommentar ist auf Französisch, es gibt aber englischsprachige Infoblätter).

## Schlafen & Essen

**Chicag' Hostel** HOSTEL €
(☎ 04 89 66 52 66; www.chicaghosteltoulon.com; 3 rue des Bonnetières; B ab 25 €; 📶) Dieses Hostel ist das Gegenteil dessen, was man angesichts des schlechten Rufs der Stadt erwarten würde. Es ist das Projekt von Clara und Bjorg, zwei jungen Toulonern, die ihre Stadt lieben. Das charmante Hostel hat drei Schlafsäle mit acht Betten und einen Gemeinschaftsraum mit Küche, der zugleich als Café fungiert. Jedes einzelne Möbelstück wurde vom Team recycelt oder völlig neu hergerichtet, was eine ganz einzigartige, wunderbare Atmosphäre schafft.

**Hôtel Little Palace** HOTEL €
(☎ 04 94 92 26 62; www.hotel-littlepalace.com; 6-8 rue Berthelot; EZ/DZ/3BZ 55/65/75 €; ❄@📶) Das übertriebene italienische Design wirkt nicht sehr authentisch und auch die Beleuchtung lässt zu wünschen übrig, doch das Little Palace ist gut geführt und freundlich. Kein Fahrstuhl.

**Le Chantilly** BRASSERIE €€
(Place Puget; Hauptgerichte 15–28 €; ⏲ 7–23 Uhr) Im Le Chantilly, das seit 1907 besteht, bekommt man zu jeder Tageszeit etwas zu essen.

## Praktische Information

**Touristeninformation** (☎ 04 94 18 53 00; www.toulontourisme.com; 12 place Louis Blanc; ⏲ Mo–Sa 9–18 Uhr) Karten und Broschüren für Stadtspaziergänge.

## An- & Weiterreise

### BUS

Die Busse (3 €) von **VarLib** (www.varlib.fr) starten am **Busbahnhof** (☎ 04 94 24 60 00; Bd de Tessé) neben dem Bahnhof. Die Busse nach St-Tropez (6-mal tgl.) fahren über Hyères (35 Min.) und Le Lavandou (1 Std.).

Die Touristeninformation verkauft Tageskarten (6 €/Pers.) für die unbegrenzte Fahrt mit den lokalen Bussen von **Le Réseau Mistral** (☎ 04 94 03 87 00; www.reseaumistral.com) und den Nahverkehrsbooten sowie Hin- und Rückfahrkarten für die Téléphérique (Seilbahn) zum Mont Faron.

### FLUGZEUG

In der Nähe befindet sich der Flughafen Toulon-Hyères.

### SCHIFF/FÄHRE

**Corsica Ferries** (www.corsica-ferries.fr; Port de Commerce, 2 av de l'Infanterie-de-Marine) Fähren steuern Korsika und Sardinien an.

**Bateliers de la Côte d'Azur** (☎ 04 94 05 21 14; www.bateliersdelacotedazur.com; Quai Cronstadt) Im Sommer fahren Boote zu den Îles d'Hyères.

### ZUG

Züge fahren häufig u. a. nach Marseille (12 €, 50 Min.), St-Raphaël (17 €, 50 Min.), Cannes (22 €, 1¼ Std.) und Nizza (27 €, 1¾ Std.).

# RICHTUNG MARSEILLE

## Sanary-sur-Mer

Das idyllische, am Meer gelegene Sanary-sur-Mer ist ein Paradies für Spaziergänger. Man kann zuschauen, wie die Fischer am Kai ihren Fang entladen oder von einem der Cafés am Meer aus die traditionellen Fischerboote bewundern. Zum farbenfrohen **Markt** am Mittwoch strömen Leute aus der ganzen Gegend. Die Straßen in der Ortsmitte sind von Geschäften gesäumt. In den frühen 1930er-Jahren lebte der Schriftsteller Aldous Huxley (1894–1963) in Sanary.

## Geführte Touren

**Découverte du Vivant** BOOTSFAHRT
(☎ 06 10 57 17 11; www.decouverteduvivant.fr; Erw./Kind 78/55 €; ⏲ Juni–Okt. So) Mit Naturfotografen kann man auf einem Tagesausflug verschiedene Delfinarten vom Boot aus beobachten. Picknick mitnehmen!

**Croix du Sud V** BOOTSFAHRT
(☎ 06 09 87 47 97; www.croixdusud5.com; Quai Charles de Gaulle) Von Mitte April bis September führen Bootstouren zu den *calanques* (Felsbuchten) östlich von Marseille (Erw./Kind ab 26/16 €) und nach Porquerolles (40/23 €).

## Schlafen & Essen

**★ Hôtel de la Tour** HOTEL €€
(☎04 94 74 10 10; www.sanary-hoteldelatour.com; 24 quai Charles de Gaulle; DZ inkl. Frühstück 90–130 €; ❄ 📶) Einige der tollen großen Zimmer in dem renovierten Hotel aus der viktorianischen Ära haben einen großartigen Blick auf den Hafen. Die charmante Einrichtung ist klar und einladend, und das Restaurant mit Terrasse am Hafen bietet köstliche provenzalische Küche und gehobenen Service.

**L'Esplanade** SEAFOOD €€
(☎04 94 74 08 56; www.restaurant-esplanade.fr; Parking de l'Esplanade; Mittags-/Abendmenü ab 23/37 €; ⏲Mai–Sept. Di–So 12–14.30 & 19.30–22.30 Uhr, sonst kürzer) Im L'Esplanade am Hafen kann man in elegantem Ambiente den frischen Fang des Tages essen.

**Le Bard'ô** MEDITERRAN €€
(☎04 94 88 42 56; www.le-bardo.com; Plage de Portissol; Mittags-/Abendmenüs 17/34 €; ⏲April–Okt. 12–14 & 19–22.30 Uhr) Dieser Club am Strand Portissol, gleich südlich von Sanary, ist für jede Gelegenheit perfekt, von einem entspannten Kaffee über köstliches Essen bis hin zu spätabendlicher Livemusik. Das Mittagsmenü ist ein Schnäppchen, steht aber nur in begrenzter Menge zur Verfügung, darum sollte man zeitig kommen.

## Praktische Information

**Touristeninformation** (☎04 94 74 01 04; www.sanarysurmer.com; 1 quai du Levant; ⏲Mo–Sa 9–13 & 14–17 Uhr).

# Bandol & Umgebung

Die dicht bebaute Stadt Bandol, eines der Lieblingsziele französischer Urlauber, ist nach den ausgezeichneten Weinen der Gegend benannt. Die *appellation* umfasst acht benachbarte Gemeinden, darunter Le Castellet, Ollioules, Évenos und Sanary-sur-Mer.

## Aktivitäten

**★ Maison des Vins** WEINVERKOSTUNG
(Oenothèque des Vins du Bandol; ☎04 94 29 45 03; www.maisondesvins-bandol.com; Place Lucien Artaud, Bandol; ⏲Mo–Sa 10–13 & 15–18.30, So 10–13 Uhr) Bandols 49 Weingüter vermarkten ihre viel gepriesenen Rot-, Rosé- und Weißweine geschickt. Pascal Perier, der Geschäftsführer der Maison des Vins, ist ein lebendes Lexikon für alles, was Bandol betrifft. Er veranstaltet Verkostungen, führt einen gut bestückten Laden und kann einen an die umliegenden Weingüter verweisen (bei den meisten muss man sich jedoch vorab anmelden).

**Sentier du littoral** WANDERN & TREKKEN
Der gelb markierte Küstenweg führt über 12 km (3½–4 Std.) vom Hafen von Bandol nach La Madrague in St-Cyr-les-Lecques. Ungefähr auf halber Strecke liegt die schöne **Calanque de Port d'Alon**.

## Schlafen & Essen

**Golf Hôtel** HOTEL €€
(☎04 94 29 45 83; www.golfhotel.fr; 10 promenade de la Corniche; DZ/4BZ 80/120 €; ⏲Jan.–Nov.; ❄ 📶 👪) Eine erstklassige Adresse, um am Strand zu übernachten. Einige Zimmer haben Terrassen zum Meer.

**Key Largo** HOTEL €€
(☎04 94 29 46 93; www.hotel-key-largo.com; 19 corniche Bonaparte; DZ 80–120 €; ❄ 📶) Das Key Largo, das zwischen dem Hafen und dem Strand Renécros liegt, hat einfache möblierte Zimmer, von denen die teureren mit Meerblick aufwarten.

**L'Ardoise** BISTRO €€
(☎04 94 32 28 58; 25 rue du Dr Marçon; Mittagsmenü 16 €, Abendmenü 27–41 €; ⏲Mi–So 12–14 & 19.30–22.30 Uhr) L'Ardoise, die Gourmetadresse Bandols, serviert in einem Speiseraum im Bistrostil mediterrane Küche, die von der jeweiligen Jahreszeit, aber auch von fernen Klimazonen inspiriert ist.

**L'Espérance** BISTRO €€
(☎04 94 05 85 29; 21 rue du Dr Marçon; Mittags-/Abendmenü ab 25/30 €; ⏲Mi–Do, Sa & So 12–13.30, Di–So 19–21 Uhr) Wer einen Tisch in diesem winzigen provenzalischen Restaurant bekommen will, das von einem kompetenten Ehepaar geführt wird, muss rechtzeitig reservieren.

# Von Marseille nach Aix-en-Provence

**Inhalt ➡**



## Gut essen


➡ Petit Pierre Reboul (S. 186)
➡ La Table de Ventabren (S. 190)
➡ Le Café des Épices (S. 170)
➡ Le Petit Verdot (S. 187)
➡ Le Rhul (S. 171)
➡ La Cantinetta (S. 170)


## Schön übernachten


➡ Villa Gallici (S. 185)
➡ Intercontinental Marseille – Hôtel Dieu (S. 169)
➡ L'Épicerie (S. 185)
➡ Casa Honoré (S. 170)


## Auf nach Marseille & Aix-en-Provence!

Marseilles unwiderstehlicher Reiz geht vor allem vom Vieux Port mit seinen Booten aus. Ein weiteres Highlight ist das belebte Zentrum, in dem viele Sprachen zu vernehmen sind. In den letzten Jahren wurde die Stadt außerdem umfassend saniert. So finden sich hier zahllose Galerien, Theater auf Top-Niveau und tolle Museen in schönen Gebäuden. Hinzu kommen Spitzenrestaurants, nahöstlich angehauchte Viertel und Märkte mit urigem Flair. Besucher sollten mindestens zwei Tage einplanen, um die Sehenswürdigkeiten und die Küste zu bewundern. Gen Südosten schlängelt sich Letztere in Richtung Cassis und steht im Zeichen der dramatischen Calanques – schmaler Felsbuchten, die das azurblaue Meer in der Eiszeit schuf. Nördlich von Marseille erstreckt sich sanftere Landschaft, deren grüne und violette Schattierungen von Cézanne geschätzt wurden: das Pays d'Aix, dessen charmantes Zentrum das bürgerliche Aix-en-Provence ist.

## Entfernungen (km)

| | Aix-en-Provence | Cassis | Marignane (Flughafen) | Marseille |
|---|---|---|---|---|
| Cassis | 49 | | | |
| Marignane (Flughafen) | 34 | 56 | | |
| Marseille | 34 | 23 | 26 | |
| Salon de Provence | 34 | 72 | 34 | 30 |

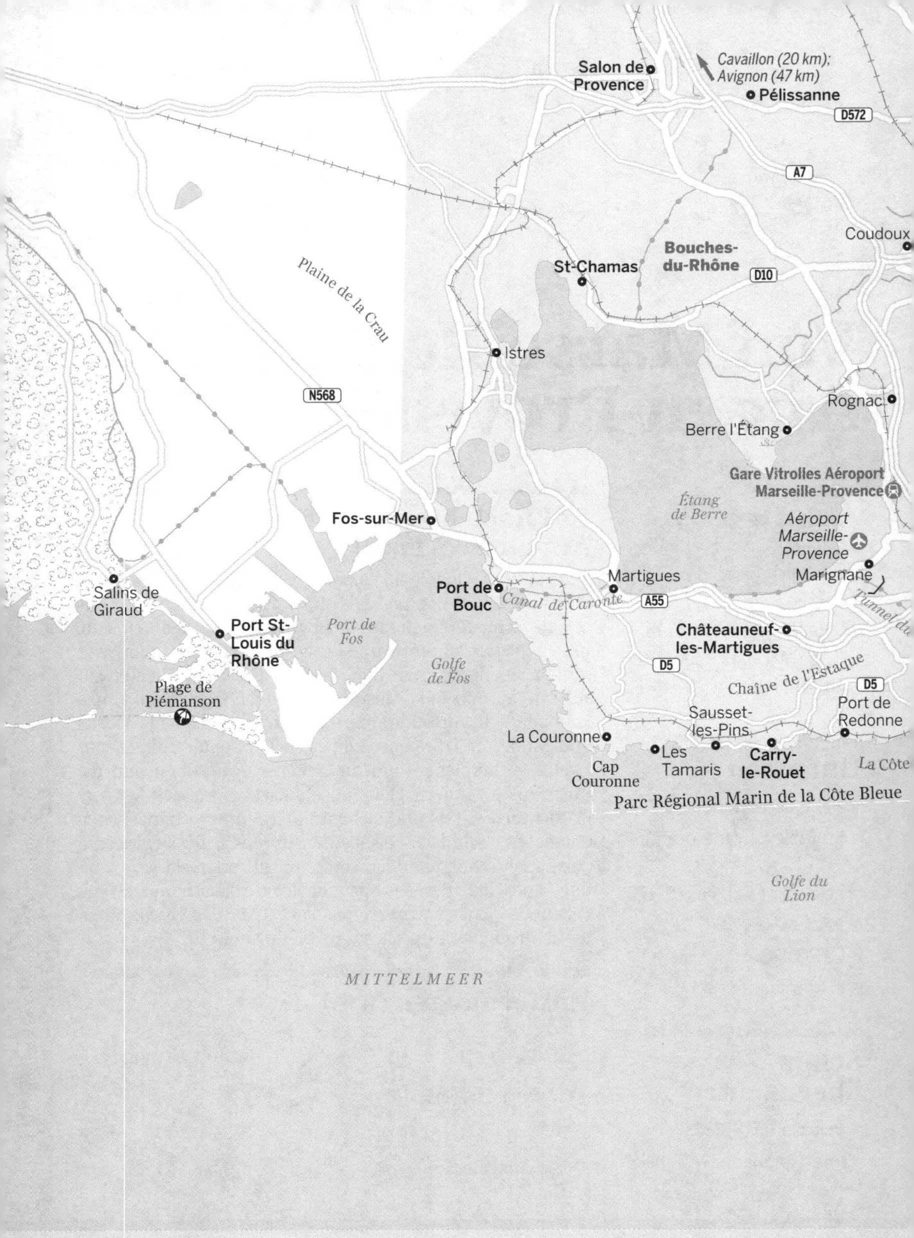


## Highlights

1 Die zahllosen neuen Galerien und Museen von **Marseille** (S. 156) erkunden (z. B. das MuCEM)

2 Nach einem Bummel durch den **Vieux Port** (Marseille; S. 157) das hiesige Treiben von einem sonnigen Café aus beobachten

3 In der **Calanque de Sormiou** (S. 178) oder **Calanque de Morgiou** (S. 179) am felsigen Buchtufer baden, herrlich wandern und mit Meerblick zu Mittag essen

4 Die modernen Bistros von **Marseille** (S. 157) abklappern oder *bouillabaisse* in klassischen

Küstenrestaurant wie dem **Le Rhul** (S. 171) genießen

5 Nach einer Autotour entlang der Route des Crêtes (Gipfelroute) eine Weinprobe in **Cassis** (S. 180) mitmachen

6 Elegante Architektur und erlesene Kunst in **Aix-en-Provence** (S. 181) bewundern

7 Den **Montagne Ste-Victoire** (S. 189) erklimmen, der einst schon Cézanne inspirierte

8 Im **Château d'If** (S. 167) dem Grafen von Monte Cristo nachspüren und auf der benachbarten **Îles du Friou** (S. 165) picknicken

# MARSEILLE

858 902 EW.

Diese prächtige, pulsierende Hafenstadt strotzt nur so vor Geschichte, avantgardistischer Kreativität und hipper Multikulti-Urbanität. Nachdem griechische Siedler hier um 600 v. Chr. an Land gegangen waren, haben viele Einwanderer die zweitgrößte Stadt Frankreichs zu ihrer Heimat gemacht.

Seit seinem Jahr als Kulturhauptstadt Europas (2013) ist Marseille superschick. Sein maritimes Erbe ist im Vieux Port (Alten Hafen) immer noch lebendig. Auf einem Hügel über dem Wasser lädt das uralte Viertel Le Panier zu Erkundungen ein. Der Bezirk République wartet mit schicken Boutiquen und Gebäuden im Stile George-Eugène Haussmanns auf. Rund um die berühmte Cathédrale de la Major mit ihrer gestreiften Fassade kann man die tolle zeitgenössische Architektur von Joliette bewundern. Entlang der Küste führen Straßen und Radwege z. B. zu Sandstränden oder sonnenverwöhnten Buchten.

## Geschichte

Um 600 v. Chr. gründeten griechische Seefahrer den Handelsposten Massilia im Bereich des heutigen Vieux Port. Im 1. Jh. v. Chr. tat sich die Stadt keinen Gefallen, als sie Gnaeus Pompeius Magnus und nicht dessen Gegner Julius Caesar unterstützte: Caesars Truppen eroberten Massilia im Jahr 49 v. Chr., woraufhin sich der römische Handel auf andere Zentren verlagerte.

In den 1480er-Jahren wurde Marseille zu einem Teil Frankreichs. Seine Einwohner begrüßten die Französische Revolution sehr und entsandten 1792 insgesamt 500 Freiwillige zur Verteidigung von Paris. Auf ihrem Weg nach Norden sangen diese einen mitreißenden Marsch, der seitdem als *La Marseillaise* (heute französische Nationalhymne) bekannt ist. Die Besetzung Algeriens durch Frankreich (1830) und die Eröffnung des Suezkanals (1869) ließen den Handel mit Afrika florieren. Nach den beiden Weltkriegen setzte ein stetiger Einwandererstrom aus Nordafrika ein – und damit das rapide Wachstum von Marseilles Vororten.

## Sehenswertes

Marseille besteht aus 16 *arrondissements* (Bezirken bzw. Vierteln). Die Attraktionen konzentrieren sich auf Vieux Port und Le Panier. Das Gesicht von La Joliette im Norden verändert sich momentan durch eine dynamische Hafensanierung.

Vom Vieux Port führt die Hauptdurchgangsstraße (La Canebière) ostwärts in Richtung Bahnhof. Vormittags findet man diverse **Märkte** auf dem urigen **Cours Julien**: Unter den Palmen des länglichen Platzes sind z. B. frische Blumen (Mi & Sa), antiquarische Bücher (So & jeden 2. Sa) oder Briefmarken (So) zu haben.

Die Touristeninformation verteilt detaillierte Broschüren für einen Museumsbummel durch Marseille.

### MARSEILLE IN …

#### … zwei Tagen

Der Tag beginnt mit Frühstück im **La Caravelle** (S. 172) am **Vieux Port**. Dann folgt ein Uferspaziergang zum topmodernen **MuCEM** und zur **Villa Méditerranée**. Nach dem Essen im **La Passarelle** (S. 171) steigt man zur **Basilique Notre Dame de la Garde** (S. 158) hinauf oder erkundet **Le Panier** mit dem **Centre de la Vieille Charité** (S. 162). Fürs Abendessen empfiehlt sich **Le Café des Épices** (S. 170) in der Nähe.

Am zweiten Tag lockt das herrlich türkisblaue Wasser der **Calanques** (S. 178). Alternativ geht's per Boot zum **Château d'If** (S. 167), um wohlig in die Intrigen des Grafen von Monte Cristo einzutauchen. Zur Belohnung für so viel Unternehmungslust gibt's dann eine Bouillabaisse im idyllischen **Vallon des Auffes** (S. 166).

#### … vier Tagen

Der dritte Tag steht im Zeichen von Kunst und Architektur, indem das **Musée des Beaux Arts** (S. 163) und andere Museen bzw. Galerien besichtigt werden. Vor dem Abendessen im **La Cantinetta** (S. 170) bietet sich ein Aperitif auf dem künstlerisch angehauchten Cours Julien an. Am vierten Tag heißt's ein Picknick einpacken und zur **Îles du Frioul** (S. 165) hinausschippern, um dort umgeben von Vögeln und Kieselstränden in der Natur zu relaxen. Alternativ unternimmt man einen Tagestrip nach **Aix-en-Provence** (S. 181). Den abendlichen Abschluss macht dann Marseilles pulsierendes Nachtleben.

★ **Vieux Port** HISTORISCHES STADTVIERTEL

(Karte S. 164; Ⓜ Vieux Port) Seit mehr als 2600 Jahren machen Schiffe am ursprünglichen Gründungsort Marseilles fest: dem farbenfrohen Alten Hafen. Die Großdocks für Handelsschiffe wurden während der 1840er-Jahre ins weiter nördlich gelegene Joliette verlegt. Doch Fischerboote, Privatjachten und Touristen machen den Vieux Port nach wie vor sehr betriebsam. Als Hafenwächter fungieren das **Fort St-Nicolas** (Karte S. 164; ⌚ Mai–Aug. 8–19.45 Uhr, übriges Jahr kürzere Öffnungszeiten; Ⓜ Vieux Port) GRATIS auf der Südseite und das Fort St-Jean (S. 157) jenseits des Wassers. Letzteres wurde im 13. Jh. vom Johanniterorden gegründet und beherbergt heute das topmoderne MuCEM (S. 157).

Nett (wenn auch nur kurz) hinaus aufs Wasser geht's mit der **Hafenfähre** (Karte S. 164; ⌚ 10–13.15 & 14–19 Uhr; Ⓜ Vieux Port), die vor dem Rathaus ablegt.

Theater und Bars säumen den südlichen Hafenkai. Einen Block weiter östlich liegen die **Place Thiars** und der **Cours Honoré d'Estienne d'Orves**, deren Restaurants und Cafés bis in den frühen Morgen brummen.

Als Keimzelle des örtlichen Christentums wurde die nahe **Abbaye St-Victor** (Karte S. 164; 3 rue de l'Abbaye; ⌚ 9–19 Uhr; Ⓜ Vieux Port) GRATIS auf dem Areal einer griechischen Nekropole aus dem 3. Jh. v. Chr. errichtet. Neben dem **Musée du Santon** (Karte S. 164; ☎ 04 91 13 61 36; www.santonsmarcelcarbonel.com; 49 rue Neuve Ste-Catherine; ⌚ 10–12.30 & 14–18.30 Uhr; Ⓜ Vieux Port) GRATIS mit seiner Boutique liegt das **Atelier du Santon** (Karte S. 164; 47 rue Neuve Ste-Catherine; Ⓜ Vieux Port). Beide präsentieren *santons*, deren Name vom provenzalischen Wort *santoùn* („kleiner Heiliger") abgeleitet ist. Diese Tonfigürchen werden von Hand hergestellt und dann gebrannt. Der Brauch, daraus Krippenszenen zu gestalten, stammt aus der Zeit des Avignoner Pontifikats von Papst Johannes XII. (1319–1334).

Der **Jardin du Pharo** (Karte S. 160; Ⓜ Vieux Port) GRATIS am Rand der Halbinsel eignet sich perfekt, um zu picknicken oder den Sonnenuntergang zu genießen.

★ **Le Panier** HISTORISCHES STADTVIERTEL

(Karte S. 164; Ⓜ Vieux Port) Vom Vieux Port geht's ostwärts hinauf zu diesem großartigen, geschichtsträchtigen Viertel. Künstlerisches Ambiente, sonnige Cafés und attraktive Plätze in versteckter Lage versprechen hier einen wunderbaren Bummel. In Le Panier („der Korb") befand sich einst die *agora* (Markt) des griechischen Massilia – daher auch der Name. Nach seiner Sprengung im Zweiten Weltkrieg wurde der Bezirk neu aufgebaut. Seine heutigen Gassen säumen versteckte Kunsthandwerksläden, *ateliers* (Werkstätten) und Terrassenhäuser mit Wäscheleinen vor den Fenstern.

Herz des Ganzen ist das Centre de la Vieille Charité (S. 162). In dessen Nähe erhebt sich die Cathédrale de la Major (S. 162) zwischen altem und neuem Hafen.

NICHT VERSÄUMEN

## MUSEEN & GALERIEN

In den letzten Jahren boomen Marseilles Museen und Kunstgalerien: Viele örtliche Institutionen wie La Friche La Belle de Mai (S. 163), das Musée des Beaux Arts (S. 163) oder das Musée Cantini (S. 163) wurden generalsaniert. Zudem sind spektakuläre Neubauten für das MuCEM und den **Fonds Régional d'Art Contemporain** (FRAC; ☎ 04 91 91 27 55; www.fracpaca.org; 20 bd de Dunkerque; Erw./Kind 5 €/frei; ⌚ Di–Sa 12–19 Uhr; Ⓜ Joliette) entstanden. Die herausragende Kunstorganisation **Marseille Expos** (www.marseilleexpos.com) verteilt eine tolle Karte der angesagten Galerien. Zudem sponsert sie das Festival **Printemps de l'Art Contemporain** (⌚ Mai; Details s. Website).

★ **Musée des Civilisations de l'Europe et de la Méditerranée** MUSEUM

(MuCEM, Museum der Zivilisationen Europas und des Mittelmeerraums; Karte S. 160; ☎ 04 84 35 13 13; www.mucem.org; 7 Promenade Robert Laffont; J4 Erw./Kind 5 €/frei; Sonderausstellungen Erw. zzgl. 8 €; am 1. So des Monats Eintritt frei; ⌚ Juli & Aug. Mi–Mo 10–20 Uhr, Sept.–Okt. & Mai–Juni Mi–Mo 11–19 Uhr, Nov.–April Mi–Mo 11–18 Uhr; 👪; Ⓜ Vieux Port, Joliette) Dieses atemberaubende Museum ist das Aushängeschild des modernen Marseille. Es beleuchtet Geschichte, Kultur und Zivilisation des Mittelmeerraums z. B. mit anthropologischen Exponaten, Videos und wechselnden Kunstausstellungen. Die Sammlung befindet sich im modernen **J4** – entworfen vom algerischen Architekten Rudy Ricciotti, der in Marseille studiert hat. Eine schwindelerregende **Fußgängerbrücke** verbindet das kühne Gebäude mit dem **Fort St-Jean** (Karte S. 164; Ⓜ Vieux Port) GRATIS aus dem 13. Jh. Dessen Anlagen bzw. Gärten lassen sich gratis bei Traumblick auf den Vieux Port und das Mittelmeer erkunden.

# Vieux Port

## EIN TOURENVORSCHLAG

Der Tag beginnt am besten mit einem Kaffee auf dem Balkon des La Caravelle mit Blick auf die schunkelnden Boote im Hafen und die Basilique Notre Dame de la Garde auf der anderen Seite. Dann geht es den Kai entlang zum schillernden **MuCEM** ❶ und seiner auskragenden Nachbarin, der **Villa Méditerranée** ❷ für einen Vormittag voller Kunst und Kultur. Diese hochmodernen Museen erreicht man über das Fort St-Jean und durch Dachgärten hindurch. Oder man bestaunt die grün-weiß-gestreifte **Cathédrale de la Major** ❸, bevor man die aprikotfarbenen Gässchen von **Le Panier** ❹ erkundet und die Ausstellungen im **Centre de la Vieille Charité** ❺ besucht. In den winzigen Boutiquen der Viertel lässt es sich wunderbar bummeln.

Am Nachmittag geht es mit der kostenlosen Hafenfähre zur Südseite des Hafens, von wo aus man eine **Bootsfahrt** ❻ zum Château d'If unternehmen kann, dass durch Dumas Roman *Der Graf von Monte Cristo* berühmt geworden ist. Oder man spaziert unter dem verspiegelten Pavillon von Norman Foster entlang und dann durch die **Abbaye St-Victor** ❼, wo die Überreste von Märtyrern in vergoldeten Schreinen liegen. Den Sonnenuntergang bestaunt man am besten von den Steinbänken im **Jardin du Pharo** ❽ aus. Wenn die laue Sommernacht beginnt, schließt man sich am besten den Menschenmengen auf dem Cours Honoré d'Estienne d'Orves an, wo man unter einer riesigen Statue von einem Löwen, der einen Mann verschlingt – der **Milo de Croton** ❾ –, Pastis trinken und Leute beobachten kann.

**Cathédrale de la Major**
Die gestreifte Fassade der Kathedrale von Marseille besteht aus lokalem Cassis-Stein und grünem florentinischem Marmor. Die riesige Treppe auf der Nordseite führt vom Viertel Le Panier nach La Joliette.

**Musée des Civilisations de l'Europe et de la Méditerranée (MuCEM)**
Dieses überwältigende Museum, das von Rudy Ricciotti entworfen wurde und über eine schwindelerregende Fußgängerbrücke mit dem Fort St-Jean aus dem 13. Jh. verbunden ist, ist das Wahrzeichen von Marseille. Von hier aus bietet sich eine atemberaubende Aussicht auf den Alten Hafen und das Mittelmeer.

IMAGE SUPPLIED BY MUCEM/LISA RICCIOTTI ©

### Centre de la Vieille Charité

Vor dem 18. Jh. machte die „Armenpolizei" Jagd auf Bettler, um sie ins Gefängnis zu bringen. Das Armenhaus Vieille Charité, das 1749 als Arbeitshaus eröffnet wurde, verbesserte ihr Los. Heute ist es ein Ausstellungsgebäude, nur die Fenstergitter erinnern an die einstige Bestimmung.

### Le Panier

Le Panier liegt an der Stätte der früheren griechischen Stadt Massilia und lädt mit seinen reizvollen steilen Straßen zum Bummeln ein. Die Grand Rue folgt der antiken Straße und öffnet sich zur Place de Lenche, wo sich einst der Markt befand. Noch heute ist dies der beste Ort, um Kunsthandwerk zu kaufen.

GARDEL BERTRAND/GETTY IMAGES ©

### Frioul If Express

Mit dem Frioul If Express geht's zum Château d'If, dem französischen Alcatraz. Die Gefangenen wurden einst gemäß ihres gesellschaftlichen Standes untergebracht: die Ärmsten in fensterlosen Verliesen, die Wohlhabendsten in privaten Zellen mit Fenstern und Kamin.

### Milo de Croton

Der Marseiller Bildhauer Pierre Puget schuf die Skulptur *Milon de Crotone* für Ludwig XIV. Die Statue (Original im Louvre) ist eine Meditation über den Stolz und zeigt den Olympioniken, seinen Pokal nach unten gerichtet, im Kampf mit einem Löwen.

### Abbaye St-Victor

St-Victor (erb. 420–430) sollte die Überreste der gefolterten christlichen Märtyrer beherbergen. Zu Mariä Lichtmess (2. Feb.) wird die Schwarze Madonna aus der Krypta gebracht; der Erzbischof segnet Stadt und Meer.

### Jardin du Pharo

Der Pharo-Palast mit seinen „Füßen im Wasser" wurde von Napoleon für Kaiserin Eugénie errichtet. Heute beherbergt er ein Kongresszentrum, aber die Gärten mit ihrer traumhaften Aussicht sind den ganzen Tag für die Öffentlichkeit zugänglich.

# Marseille

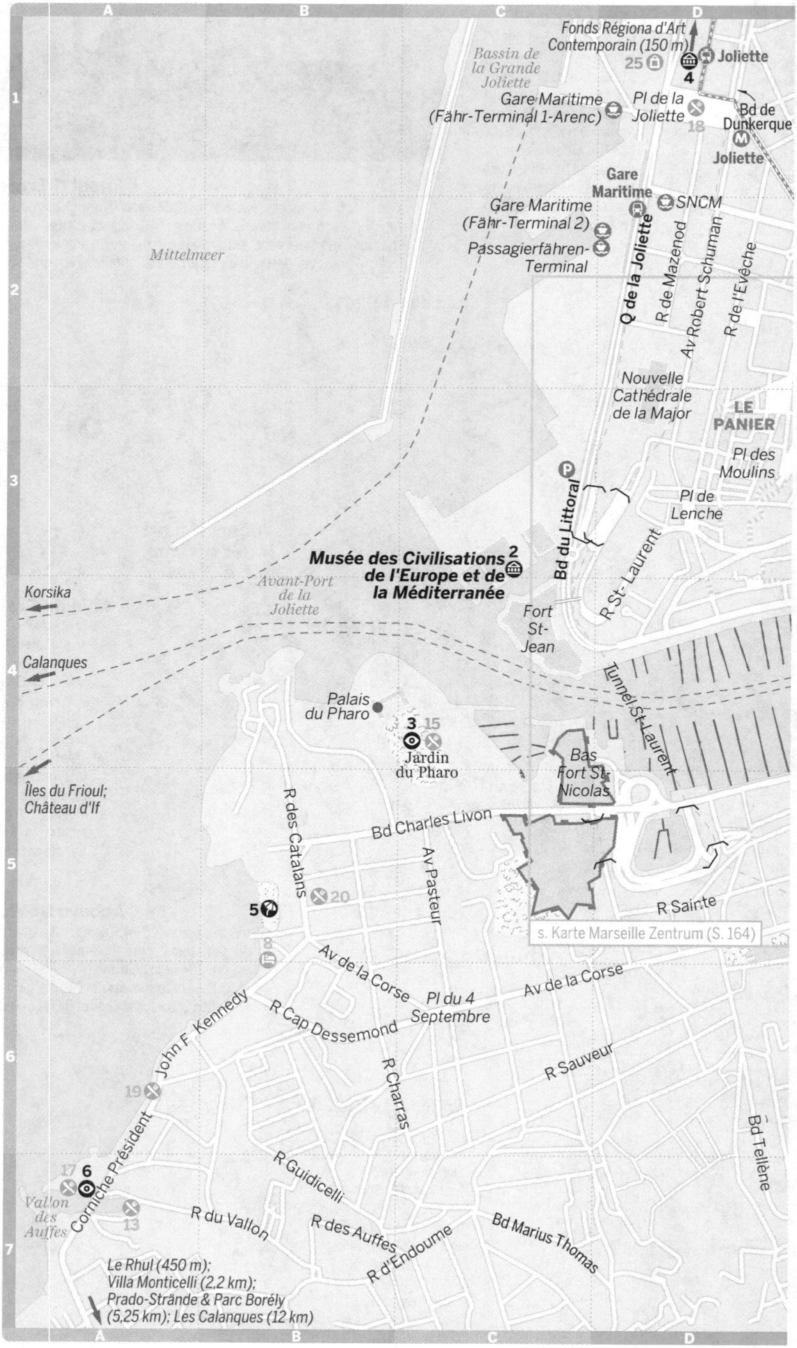

Fonds Régiona d'Art Contemporain (150 m)
Bassin de la Grande Joliette
25
4
Joliette
Gare Maritime (Fähr-Terminal 1-Arenc)
Pl de la Joliette
18
Bd de Dunkerque
Joliette
Gare Maritime
Gare Maritime (Fähr-Terminal 2)
SNCM
Passagierfähren-Terminal
Mittelmeer
Q de la Joliette
R de Mazenod
Av Robert Schuman
R de l'Evêche
Nouvelle Cathédrale de la Major
LE PANIER
Pl des Moulins
Pl de Lenche
Bd du Littoral
R St-Laurent
2
Musée des Civilisations de l'Europe et de la Méditerranée
Avant-Port de la Joliette
Korsika
Calanques
Fort St-Jean
Tunnel St-Laurent
Palais du Pharo
3
15
Jardin du Pharo
Bas Fort St-Nicolas
Îles du Frioul; Château d'If
R des Catalans
Bd Charles Livon
Av Pasteur
5
20
8
R Sainte
s. Karte Marseille Zentrum (S. 164)
Av de la Corse
Pl du 4 Septembre
Av de la Corse
R Cap Dessemond
John F Kennedy
R Charras
R Sauveur
19
Corniche Président
Bd Tellène
17
6
Vallon des Auffes
13
R Guidicelli
R du Vallon
R des Auffes
R d'Endoume
Bd Marius Thomas
Le Rhul (450 m); Villa Monticelli (2,2 km); Prado-Strände & Parc Borély (5,25 km); Les Calanques (12 km)
A
B
C
D
1
2
3
4
5
6
7

0
500 m
E
F
G
H
1
2
3
4
5
6
7
LA JOLIETTE
La Friche La Belle de Mai (600 m)
Av du Général Leclerc
Pl Victor Hugo
R Honnorat
Bd National
ST-CHARLES
R Fauchier
R Malaval
Autoroute Nord
Pl Jules Guesde
Busbahnhof
Gare St-Charles
Bd Voltaire
R Flégier
République Dames
Bd des Dames
Jules Guesde
Bd Charles Nédélec
R Bernard du Bois
11
Musée des Beaux Arts & Palais de Longchamp (600 m)
R de la République
Pl des Marseillaises
R des Petites Maries
R d'Aix
Colbert
Bd d'Athènes
Réformés Canebière
Pl de Lorette
BELSUNCE
Réformés Canebière
Square Léon Blum
Sadi Carnot
Pl Sadi Carnot
Allées Léon Gambetta
Belsunce Alcazar
Bd Dugommier
10
R Curiol
THIERS
Jardins des Vestiges
Noailles
Canebière Garibaldi
Noailles
R Sénac de Meilhan
R St Savournin
Grand Rue
La Canebière
Bd Garibaldi
R de la Loge
Q du Port
21
26
R des Trois Mages
14
Vieux Port
Pl du Général de Gaulle
Cours Julien
23
Pl Jean Jaurès
Hafenfähre
Vieux Port
R St-Ferréol
R Moustier
R de Trois Rois
R St-Michel
24
Q de Rive Neuve
Pl Thiars
R de Rome
Cours Julien
Notre Dame du Mont-Cours Julien
R Breteuil
16
22
R de la Loubière
R Neuve Ste-Catherine
R de la Paix Marcel Paul
R Grignan
Pl Notre Dame du Mont
R Montgrand
Mama Shelter (200 m)
Estrangin-Préfecture
Pl de la Préfecture
Bd de la Corderie
R Roux de Brignoles
Bd L Salvator
R de Rome
R d'Italie
Cours Lieutaud
R de Marengo
Jardin Pierre Puget
9
12
R Sylvabelle
R Dragon
7
R de Village
R Vauvenargues
Bd André Aune
R du Fort
R Jules Moulet
Bd Notre Dame
R Breteuil
R Paradis
R St-Suffren
Pl Castellane
Bd Baille
Bushaltestelle an der Place Castellane
Castellane
R de Rouet
Av du Prado
Basilique Notre Dame de la Garde
1
Bd Vauban
Unité d'Habitation (3 km)

## Marseille

**Highlights**
1 Basilique Notre Dame de la Garde ........E7
2 Musée des Civilisations de l'Europe et de la Méditerranée ........................ C3

**Sehenswertes**
3 Jardin du Pharo .................................. C4
4 Les Docks .......................................... D1
5 Plage des Catalans ............................... B5
6 Vallon des Auffes ................................. A7

**Schlafen**
Decoh ...........................................(siehe 7)
7 Hôtel Edmond Rostand ......................... G6
8 Hôtel Le Richelieu ............................... B5
9 Hôtel Sylvabelle .................................. G6
10 Le Ryad ............................................ H3
11 Vertigo Saint-Charles ........................... G2

**Essen**
12 Café Populaire ................................... G6
13 Chez Jeannot ..................................... A7
14 La Cantinetta ..................................... G4
15 Le Chalet du Pharo .............................. C4
16 Le Goût des Choses ............................. H5
Le Môlé Passédat .......................(siehe 2)
17 L'Epuisette ........................................ A7
18 Marché de la Joliette ........................... D1
19 Péron ................................................ A6
20 Restaurant Michel ............................... B5

**Ausgehen & Nachtleben**
21 Au Petit Nice ..................................... H4
22 Dame Noir ......................................... H5

**Unterhaltung**
23 Espace Julien ..................................... H4
24 L'Intermédiaire ................................... H4

**Shoppen**
25 Les Terraces du Port ............................ D1
26 Marché Place Jean Jaurès ..................... H4



Die Geschichte des Forts wird im **Salle du Corps de Garde** (Wachstube) erklärt. Einen einzigartigen Ausblick bietet der gewundene Pfad zwischen Glaswand und Außenfassade des J4.

### ★Villa Méditerranée — MUSEUM

(Karte S. 164; www.villa-mediterranee.org; bd du Littoral, esplanade du J4; Di–Fr 12–18, Sa & So 10–18 Uhr; ; M Vieux Port, Joliette) GRATIS Diese elegante Augenweide neben dem MuCEM ist keine gewöhnliche „Villa": Das weiße Gebäude (2013 von Stefano Boeri entworfen) wird von einer freitragenden Auslegerkonstruktion über einem kunstvollen Wasserbecken geprägt. Drinnen können Mutige durch den Glasboden der Aussichtsebene hinunterspähen. Zu sehen gibt's auch jeweils zwei bis drei wechselnde Multimedia-Ausstellungen zum Mittelmeerraum (z. B. zu Seefahrt, Geschichte oder Verkehrswesen).

### ★Centre de la Vieille Charité — MUSEUM

(Karte S. 164; http://vieille-charite-marseille.com; 2 rue de la Charité; Di–So 10–18 Uhr; M Joliette) GRATIS Der einheimische Architekt und Bildhauer Pierre Puget (1620–1694) erbaute den wunderschönen Komplex im Herzen von Le Panier einst als städtisches Armenhaus. Bogengänge aus Siena-Naturstein zieren den Innenhof. Auf Besucher warten hier Wechselausstellungen, ein entspannendes Café und zwei kleine Museen: das **Musée d'Archéologie Méditerranéenne** (Museum der mediterranen Archäologie; Karte S. 164; 04 91 14 58 59; http://musee-archeologie-mediterraneenne.marseille.fr; Erw./Kind 5 €/frei; Di–So 10–18 Uhr; M Joliette) und das **Musée d'Arts Africains, Océaniens et Amérindiens** (Museum für afrikanische, ozeanische und indianische Kunst; Karte S. 164; 04 91 14 58 38; http://maaoa.marseille.fr; Di–So 10–18 Uhr; M Joliette).

### ★Cathédrale de Marseille Notre Dame de Major — KATHEDRALE

(Karte S. 164; Di–So 10–18.30 Uhr; M Joliette) GRATIS Die atemberaubende Kathedrale aus dem 19. Jh. erhebt sich zwischen altem und neuem Hafen. Einheimischer Stein aus Cassis und grüner Marmor aus Florenz bilden die gestreifte Fassade im byzantinischen Stil. Die frisch renovierte Prachttreppe auf der Nordseite ist der Zugang zu La Joliette.

### La Joliette — HISTORISCHES STADTVIERTEL

(M Joliette, Joliette) Das alte Hafenviertel erstreckt sich nördlich von Le Panier entlang des Ufers und hat kürzlich eine Wiedergeburt erlebt. Dies gilt vor allem für die sehr gelungene Sanierung der Handelshäuser, die den Quai de la Joliette seit dem 19. Jh. in langer Reihe säumen. Bis heute starten hier Fähren zu Zielen im ganzen Mittelmeerraum.

Ebenfalls renoviert wurde der historische Komplex von **Les Docks** (Karte S. 160; 10 place de la Joliette; M Joliette, Joliette), der mit seinen Läden und Galerien an die Londoner Docklands erinnert.

Bei den benachbarten **Les Terraces du Port** (Karte S. 160; 9 quai de Lazaret; 10–20 Uhr; M Joliette, Joliette) handelt es sich um ein riesiges, neues Einkaufszentrum voller

Läden internationaler Nobelketten. Von der öffentlichen Terrasse im 2. Stock hat man einen tollen Blick auf Hafen und Küste.

### ★ Musée Cantini — KUNSTMUSEUM

(Karte S. 164; ☎04 91 54 77 75; http://musee-cantini.marseille.fr; 19 rue Grignan; Erw./Kind 5 €/frei; ⏲Di–So 10–18 Uhr; Ⓜ Estrangin-Préfecture) Hinter prachtvollen Toren ist dieses kürzlich renovierte Museum in einem *hôtel particulier* (Herrenhaus) aus dem 17. Jh. untergebracht. Die hervorragenden Ausstellungen werden u. a. durch eine tolle ständige Sammlung mit provenzalischen Werken aus dem 17. und 18. Jh. ergänzt. Gezeigt werden z. B. *Pinède, Cassis* (1907) von André Derain oder *Paysage de l'Estaque* (1908) von Raoul Dufy. Hinzu kommen grandios in Szene gesetzte Highlights zeitgenössischer und moderner Kunst.

### ★ Musée des Beaux Arts — KUNSTMUSEUM, PALAST

(☎04 91 14 59 30; http://musee-des-beaux-arts.marseille.fr; 7 rue Édouard Stephan; Erw./Kind 5 €/frei; ⏲Di–So 10–18 Uhr; 👪; Ⓜ Cinq Avenues-Longchamp, 🚊 Longchamp) Hinter den Bogengängen des spektakulären **Palais de Longchamp** verbirgt sich eine Schatztruhe: Marseilles ältestes Museum zeigt hier viele Malereien bzw. Skulpturen (17.–21. Jh.) aus Italien und der Provence. Als eine der wenigen Grünflächen im Stadtzentrum ist der **Park** des Palasts bei einheimischen Familien sehr beliebt. Seine attraktiven **Springbrunnen** aus den 1860er-Jahren wurden u. a. angelegt, um einen Wasserturm am Ende des Aquädukts vom Fluss Durance zu verbergen.

### Musée d'Histoire de Marseille — MUSEUM

(Karte S. 164; ☎04 91 55 36 00; http://musee-histoire.marseille.fr; 2 rue Henri-Barbusse; Erw./Kind 5 €/frei; ⏲Di–So 10–18 Uhr; Ⓜ Vieux Port) Dieses moderne Museum befindet sich im Einkaufszentrum Centre Bourse. Auf 15 000 renovierten Quadratmetern gibt es faszinierende Einblicke in Marseilles lange Geschichte. Zu den Highlights zählen die Überreste eines Handelsschiffs aus dem 3. Jh. n. Chr., das 1974 im Alten Hafen entdeckt wurde, hinter Glas. Um das nasse, verfaulende Holz zu konservieren, wurde der Kahn direkt an seinem heutigen Standort gefriergetrocknet.

### ★ Basilique Notre Dame de la Garde — KIRCHE

(Montée de la Bonne Mère; Karte S. 160; www.notredamedelagarde.com; Rue Fort du Sanctuaire; ⏲April–Sept. 7–20 Uhr, Okt.–März 7–19 Uhr; 🚌60) GRATIS Die prächtige Basilika im romanisch-byzantinischen Stil (erb. 1853–1864) thront auf Marseilles höchstem Punkt namens **La Garde** (162 m). Sie wird geziert von farbigem Marmor, tollen Mosaiken und Wandbildern, die Segelschiffe zeigen. Die Lage auf dem Hügel beschert Besuchern Blick auf die Stadt. Den Glockenturm krönt eine vergoldete **Marienstatue** (9,7 m) auf einem 12 m hohen Sockel. Die Kirche ist vom Vieux Port aus zu Fuß (1 km), mit Bus 60 oder der Touristenbahn erreichbar.

### La Friche La Belle de Mai — KULTURZENTRUM

(☎04 95 04 95 04; www.lafriche.org; 41 rue Jobin; 🚌49, Haltestelle Jobin) Dieses Gebäude diente einst als Zuckerraffinerie und Tabakfabrik. Heute birgt es ein lebendiges Kulturzentrum mit einem Theater, Künstler-Workshops, Kinosälen, multimedialen Ausstellungen und Skateboard-Rampen. Zudem finden hier Partys statt, auf denen z. B. Weltmusik oder Electro laufen (Details s. Website).

### L'Unité d'Habitation — ARCHITEKTUR

(La Cité Radieuse; ☎04 91 16 78 00; www.marseille-citeradieuse.org; 280 bd Michelet; ⏲9–18 Uhr; 🚌83, 21, Haltestelle Le Corbusier) GRATIS Der visionäre, international geprägte Architekt Le Corbusier definierte städtisches Wohnen neu, indem er 1952 seine senkrechte „Gartenstadt" mit 337 Apartments und einer Dachterrasse vollendete. Der Komplex wird auch La Cité Radieuse (Die Strahlende Stadt) genannt und beherbergt größtenteils Privatwohnungen. Zudem findet man hier das Hôtel Le Corbusier und das Top-Restaurant Le Ventre de l'Architecte. Architekturfans können an Führungen teilnehmen (Erw./Kind 10/5 €), die auch eine Modellwohnung besichtigen. Details hat die Touristeninformation.

#### ℹ CITY PASS

Der **Marseille City Pass** (24/48/72 Std. 24/31/39 €) beinhaltet u. a den Eintritt zu örtlichen Museen, Fahrten mit öffentlichen Verkehrsmitteln, einen geführten Stadtspaziergang und einen Bootstrip zum Château d'If (plus weitere Ermäßigungen). Zu bekommen ist er online (www.resarmarseille.com) oder bei der Touristeninformation. Hinweis: Der Pass lohnt sich nicht für Kinder unter zwölf Jahren, da diese viele Attraktionen ohnehin gratis oder stark vergünstigt besuchen können.

## Marseille Zentrum

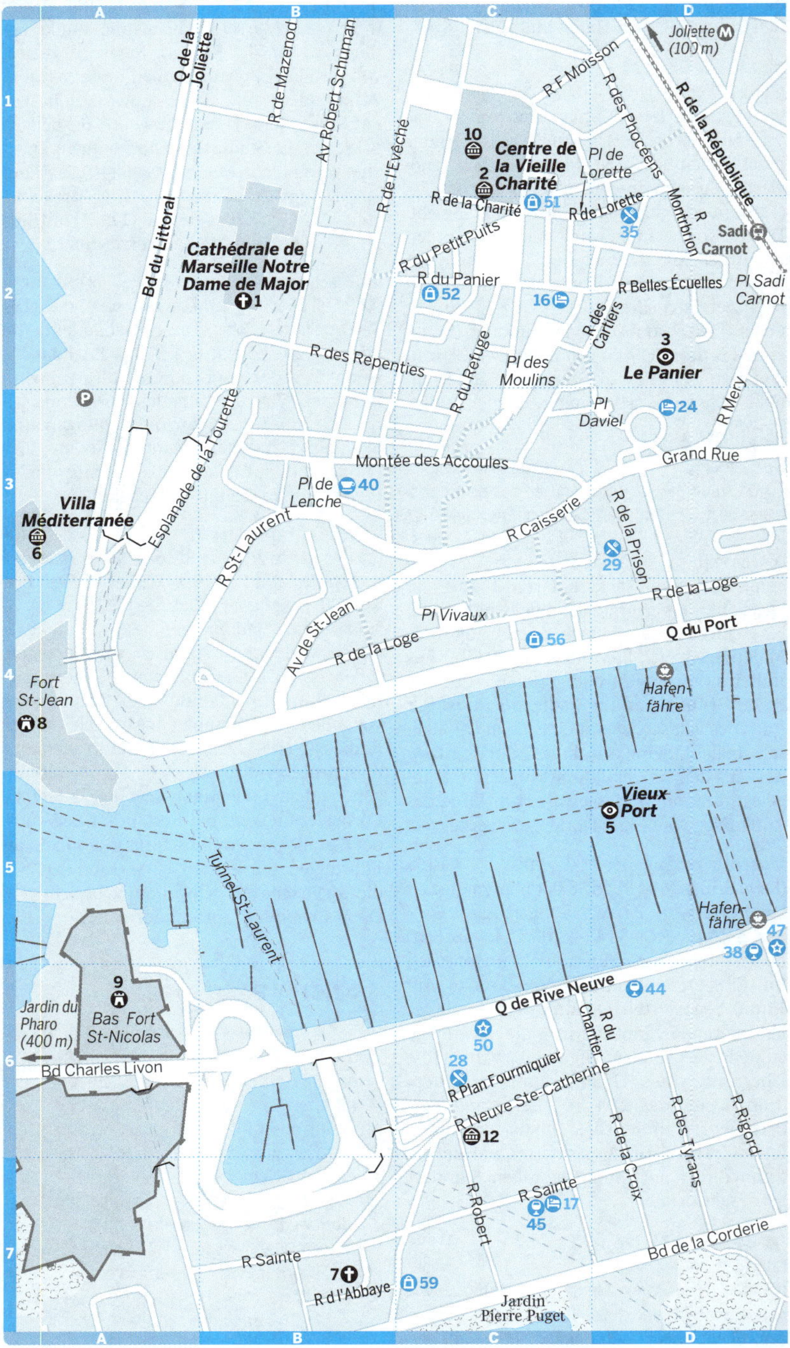

0
200 m
E
F
G
H
1
2
3
4
5
6
7
Pl des Marseillaises
R Ste-Barbe
R des Petites Maries
Colbert
R d'Aix
R des Dominicaines
R des Convalescents
Bd d'Athènes
R Puvis de Chavannes
R Nationale
R Nationale
Eurolines
BELSUNCE
Pl de l'Hôtel des Postes
R Colbert
R Longue des Capucins
Pl des Capucins
R de la République
R du Petit St-Jean
Bd Dugommier
30
Belsunce Alcazar
R Henri Barbusse
R du Tapis Vert
Cours Belsunce
11
R du Chevalier Roze
53
Parking Bourse
Maison de la Région
42
R Henri Fiocca
R Thubaneau
Noailles
Noailles
R Bonneterie
Jardins des Vestiges
Einkaufszentrum Centre Bourse
R des Récollettes
La Canebière
R Papère
Bd Garibaldi
R de la Reine Élisabeth
R Couteileine
R de Bir Hakeim
Espace Infos RTM
19
20
18
R des Fabres
48
R des Feuillants
58
46
23
R du Musée
Touristen-information
15
14
13
Vieux Port
55
R Pavillon
R Pollack
R de l'Académie
Pl du Général de Gaulle
41
R Vacon
R d'Aubagne
Q des Belges
R Beauvau
R Rouvière
57
R Paradis
R de Jeune Anacharsis
R Pisançon
39
R Moustier
Frioul If Express
22
Q de Rive Neuve
R St-Saëns
Pl de l'Opéra
54
R de Rome
R de la Palud
21
R Corneille
R Molière
49
R Francis Davso
R St-Ferréol
Pl Thiars
37
25
R Estelle
43
Pl aux Huiles
34
26
Cours Honoré d'Estienne d'Orves
32
27
R Lulli
R Grignan
Musée Cantini
4
R Breteuil
R Fortia
33
36
R Fort Notre Dame
31
R de la Paix Marcel Paul
R Paradis
R Montgrand
R E Pollack
R Stanislas Torrents
Pl de la Préfecture
R Armény
Bd Paul Peytral
Préfecture
Estrangin-Préfecture
Cours Pierre Puget
R Roux de Brignoles

## Marseille Zentrum

**Highlights**
1 Cathédrale de Marseille Notre Dame de Major ........ B2
2 Centre de la Vieille Charité ........ C1
3 Le Panier ........ D2
4 Musée Cantini ........ G6
5 Vieux Port ........ D5
6 Villa Méditerranée ........ A3

**Sehenswertes**
7 Abbaye St-Victor ........ B7
8 Fort St-Jean ........ A4
9 Fort St-Nicolas ........ A6
10 Musée d'Archéologie Méditerranéenne ........ C1
Musée d'Arts Africains, Océaniens & Amérindiens ....... (siehe 10)
11 Musée d'Histoire de Marseille ........ F3
12 Musée du Santon ........ C6

**Aktivitäten, Kurse & Touren**
13 Croisières Marseille Calanques ........ E4
14 Icard Maritime ........ E4
15 Touristenbahn ........ E4

**Schlafen**
16 Au Vieux Panier ........ C2
17 Casa Honoré ........ C7
18 Hotel Bellevue ........ E4
19 Hôtel Hermès ........ E4
20 Hôtel La Résidence du Vieux Port ........ E3
21 Hôtel Relax ........ F5
22 Hôtel Saint-Ferréol ........ G5
23 Hôtel St-Louis ........ G4
24 Intercontinental Marseille – Hôtel Dieu ........ D3

**Essen**
25 Boulangerie Aixoise ........ G5
26 La Casertane ........ F6
27 La Part des Anges ........ F6
28 La Passarelle ........ C6
29 Le Café des Épices ........ D3
30 Le Comptoir Dugommier ........ H2
31 Le Grain de Sel ........ E6
32 Les Arcenaulx ........ E6
33 Malthazar ........ F6
34 Pain de l'Opéra ........ F6
35 Pizzaria Chez Étienne ........ D2
36 Sylvain Depuichaffray ........ F6

**Ausgehen & Nachtleben**
37 Au Son des Guitares ........ F5
38 Bar de la Marine ........ D5
39 Caffè Noir ........ H5
La Caravelle ........ (siehe 18)
40 Le Montmarte ........ B3
41 L'Endroit ........ F4
42 Les Buvards ........ E3
43 Polikarpov ........ F5
44 Trolleybus ........ D6
45 U.Percut ........ C7

**Unterhaltung**
46 Espace Culture ........ G4
47 Le Pelle Mêle ........ D5
48 OM Boutique ........ G3
49 Opéra Municipal de Marseille ........ F5
50 Théâtre National de Marseille ........ C6

**Shoppen**
51 72% Pétanque ........ C2
52 Atelier 1 par 1 ........ C2
Atelier du Santon ........ (siehe 12)
53 Einkaufszentrum Centre Bourse ........ F3
54 Compagnie de Provence ........ G5
55 Fischmarkt ........ E4
56 La Maison du Pastis ........ C4
57 Librairie de la Bourse ........ F5
58 Marché des Capucins ........ H3
59 Marché Saint Victor ........ C7

## Entlang der Küste

Von der Küstenstraße **Corniche Président John F. Kennedy** bieten sich tolle Blicke auf ein ganz anderes Marseille. Die Strecke führt gen Süden zur kleinen **Plage des Catalans** (Karte S. 160; 3 rue des Catalans; 8.30–18.30 Uhr; 83), wo Volleyball gespielt wird, und zur Fischerbucht **Vallon des Auffes** (Karte S. 160; 83) mit vielen Booten.

Weiter südlich liegt die breite **Plage du Prado** mit Jules Cantinis 1903 entstandener Marmorkopie des David von Michelangelo als Wahrzeichen. Die goldenen Sandstreifen wurden aus Erdreich geschaffen, das bei den Ausschachtungsarbeiten für den Bau der Marseiller Metro übrig blieb. Hier gibt es auch einen weltberühmten **Skatepark**. In der Nähe liegt der große Parc Borély.

Die Promenade Georges Pompidou führt nach Süden zum **Cap Croisette**, von wo die schönen *calanques* zu Fuß erreichbar sind.

Um die Küste hinunterzufahren, nimmt man Bus 83 und steigt an der Av du Prado in Bus 19 um. **La Navette Maritime Vieux Port–Pointe Rouge** (04 91 91 92 10; www.rtm.fr; Ticket 5 €, gültig für 90-minütige Fahrten mit allen Nahverkehrsmitteln; Ende April–Sept. stündl.) betreibt Boote zwischen dem Vieux Port und La Pointe-Rouge südlich des Prado-Strands. Der City Pass gilt in diesem Fall nicht!

**Parc Borély** PARK, KUNSTGALERIE
(Av du Parc Borély; 19, 83, Haltestelle Parc Borély)
Zum Parc Borély gehören ein Teich und

ein Botanischer Garten. Zudem finden hier Kunstausstellungen im frisch renovierten **Château Borély** aus dem 18. Jh. statt.

**Musée d'Art Contemporain** KUNSTMUSEUM
(MAC; Museum für moderne Kunst; ☎04 91 25 01 07; http://mac.marseille.fr; 69 av de Haïfa; Erw./Kind 5 €/frei; ⏲Di–So 10–18 Uhr; 🚌23 od. 45 ab Prado, Haltestelle Haïfa-Marie-Louise) Hier warten u. a. die Werke des in Marseille geborenen Bildhauers César Baldaccini (1921–1998). Dazwischen drängen sich Arbeiten von Christo, Andy Warhol oder Ben und Klein (zwei Neorealisten aus Nizza).

★ **Château d'If** INSEL, SCHLOSS
(www.if.monuments-nationaux.fr; Erw./Kind 5,50 €/frei; ⏲Mitte Mai–Mitte Sept. 9.30–18.10 Uhr, übriges Jahr kürzere Öffnungszeiten) Alexandre Dumas' Romanklassiker *Der Graf von Monte Cristo* (1844) verewigte dieses zum Gefängnis umgebaute Château. Das Schloss stammt aus dem 16. Jh. und steht 3,5 km westlich des Vieux Port auf der winzigen Île d'If. Neben politischen Häftlingen saßen hier Hunderte Protestanten, der Revolutionsheld Mirabeau und die Kommunarden von 1871 ein.

Boote des **Frioul If Express** (Karte S. 164; www.frioul-if-express.com; 1 quai des Belges) verkehren zwischen dem Vieux Port und dem Château d'If (hin & zurück 10,50 €, 20 Min., ca. 9-mal tgl.).

**Îles du Frioul** INSELN
Ein paar Hundert Meter westlich der Île d'If liegen Ratonneau und Pomègues, die zusammen als Îles du Frioul bezeichnet werden. Die beiden kahlen Inselchen aus weißem Kalkstein (je ca. 2,5 km lang) sind über einen Damm verbunden. Auf insgesamt 200 ha siedeln hier viele Meeresvögel und seltene Pflanzen. Ratonneau hat drei Strände. Auf dem Weg zum Château d'If laufen Boote des Frioul If Express auch die Îles du Frioul an (1/2 Inseln hin & zurück 10,50/15,60 €, 35 Min., ca. 20-mal tgl.).

## Geführte Touren

**L'Open Tour** BUSTOUR
(☎04 91 91 05 82; www.marseille.opentour.com; Erw./Kind 19/8 €) Oben offener Bus, der an den wichtigsten Museen und Sehenswürdigkeiten hält (beliebiges Aus- und Zusteigen möglich). Tickets gibt's bei der Touristeninformation oder direkt beim Fahrer.

**Stadtspaziergang** STADTSPAZIERGANG
(www.resamarseille.com; 9 €/Pers.; ⏲Mai–Aug.; Ⓜ Vieux Port) Ab der Touristeninformation.

**Marseille Provence Greeters** STADTSPAZIERGANG
(www.marseilleprovencegreeters.com) Kostenlose Stadtspaziergänge unter der Leitung von Einheimischen. Spätestens eine Woche vorher muss man sich online anmelden.

**Touristenbahn** TOURISTENBAHN
(Karte S. 164; ☎04 91 25 24 69; www.petit-train-marseille.com; 174 quai du Port; ⏲10–12.30 & 14–18 Uhr; Ⓜ Vieux Port) Auf zwei verschiedenen Rundkursen fahren die elektrischen Minibahnen entweder zur Basilika Notre Dame (ganzjährig; Erw./Kind 8/4 €) oder nach Le Panier (April–Mitte Nov.; Erw./Kind 7/3 €). Die 65-minütigen Touren starten alle halbe Stunde (im Winter weniger häufig).

**Croisières Marseille Calanques** BOOTSFAHRT
(Karte S. 164; ☎04 91 33 36 79; www.croisieres-marseille-calanques.com; Vieux Port; Ⓜ Vieux Port) Vom Vieux Port aus schippert diese Firma u. a. zu sechs *calanques* (hin & zurück 2 Std.; Fam./Erw./Kind 74/23/18 €) oder über zwölf *calanques* nach Cassis (hin & zurück 3 Std.; Fam./Erw./Kind 92/29/22 €). Ein weiterer Trip hat die Baie de Marseille (hin & zurück 1½ Std.; 10 €) und das Château d'If (zzgl. 5,50 €) zum Ziel.

**Icard Maritime** BOOTSFAHRT
(Karte S. 164; www.visite-des-calanques.com; quai des Belges; Ⓜ Vieux Port) Unter den Bootstrips zu den *calanques* und Kügelinseln ist auch eine Option mit Badepause (4 Std., 32 €).

## Feste & Events

**Carnaval de Marseille** KARNEVAL
(⏲März od. April) Mit verrückten Kostümen und geschmückten Umzugswagen.

**Festival de Marseille** THEATER
(www.festivaldemarseille.com; ⏲Juni–Juli) Drei Wochen Tanz, Theater, Musik und Kunst aus aller Welt.

**Five Continents Jazz Festival** MUSIK
(www.festival-jazz-cinq-continents.com; ⏲Juli) Acid-Jazz, Funk und Folk.

**Foire aux Santonniers** WEIHNACHTSMARKT
(⏲Dez.) Lockt traditionelle *santon*-Hersteller seit 1803 nach Marseille.

## Schlafen

In Bahnhofsnähe findet man ein paar bescheidene Hotels. Dank des guten Nahverkehrsnetzes sind die Unterkünfte rund um den Vieux Port jedoch leicht erreichbar. L'Unité d'Habitation (Architekt: Le Corbusier; S. 163) beherbergt ebenfalls ein Hotel.

**★ Hôtel Hermès** DESIGNERHOTEL €
(Karte S. 164; ☎ 04 96 11 63 63; www.hotelmarseille.com; 2 rue Bonneterie; EZ 64 €, DZ 85–102 €; ❄ 📶; Ⓜ Vieux Port) Dieses Hotel hat ein super Preis-Leistungs-Verhältnis und nichts mit dem Pariser Designer zu tun. In den modernen Zimmern mit weißen Wänden und Einrichtung im skandinavischen Stil sorgen etwas Hellgrün oder Rot für Farbkontraste. Im hellen Raum fürs Frühstück (9 €) kann man sich alternativ auch etwas aufs Tablett packen und dann den Aufzug zur Dachterrasse im 5. Stock nehmen, um dort bei Panoramablick auf den Vieux Port zu speisen.

**Vertigo Saint-Charles** HOSTEL €
(Karte S. 160; ☎ 04 91 91 07 11; www.hotelvertigo.fr; 42 rue des Petites Maries; B ab 25 €; @ 📶; Ⓜ Gare St-Charles) Das flotte Boutiquehostel macht Schluss mit Stockbetten und Einrichtung à la Krankenhaus: Hier warten Vintage-Poster, tolle Gemeinschaftsbereiche und eine Designerküche mit verchromten Elementen! Das höfliche Personal spricht mehrere Sprachen. Super sind die Doppelzimmer (z. T. mit eigener Terrasse). Es gibt keinen Aufzug und keine Sperrstunde. Das Zweitgebäude beherbergt nur Schlafsäle und liegt etwas näher zum Vieux Port.

**Hôtel Relax** HOTEL €
(Karte S. 164; ☎ 04 91 33 15 87; www.hotelrelax.fr; 4 rue Corneille; Zi. 60–70 €; ❄ 📶; Ⓜ Vieux Port) Von dem schlichten familiengeführten Hotel mit 20 Zimmern schaut man auf Marseilles Opernhaus. Platz und gute Schallisolierung sind hier Mangelware; einen Aufzug gibt's ebenfalls nicht. Lager, Sauberkeit und Extras (z. B. Kühlschränke, Haartrockner) machen das Ganze jedoch zum echten Schnäppchen.

**Hôtel Sylvabelle** HOSTEL €
(Karte S. 160; ☎ 04 91 37 75 83; www.hotel-sylvabelle-marseille.com; 63 rue Sylvabelle; B 23 €, Zi. ab 60 €; 📶; Ⓜ Estrangin-Préfecture) Das saubere und fröhliche Sylvabelle hat immer noch sehr attraktive Preise. Sechs der 20 Zimmer teilen sich Toiletten auf dem Korridor; die übrigen Quartiere besitzen eigene Bäder. Die Einrichtung ist einfach, der Service mitunter nachlässig. Die Schlafsäle leiden z. T. unter Straßenlärm. Kein Aufzug.

> **ⓘ INFOS IM INTERNET**
>
> **Marseille Tourisme** (www.marseille-tourisme.com)
>
> **Stadtverwaltung** (www.marseille.fr)
>
> **Visit Provence** (www.visitprovence.com) Deckt das ganze Département Bouches du Rhône ab (u. a. mit tollen Ideen für Touren).

**★ Hôtel Edmond Rostand** DESIGNERHOTEL €€
(Karte S. 160; ☎ 04 91 37 74 95; www.hoteledmondrostand.com; 31 rue Dragon; DZ 90–115 €, 3BZ 127–141 €; ❄ @ 📶; Ⓜ Estrangin-Préfecture) Die schäbigen Klappfensterläden einfach ignorieren: Dieses Hotel der Kette Logis de France hat ein Top-Preis-Leistungs-Verhältnis. Im Quartier des Antiquaires empfängt es Gäste mit einem trendigen Einrichtungsmix aus Modern und Vintage. Eine tolle Sofaecke lädt hier zum Relaxen ein. Die 16 Zimmer sind in strahlendem Weiß und beruhigenden Naturtönen gestrichen. Der Blick fällt entweder auf die Basilique Notre Dame de la Garde oder auf einen winzigen Privatgarten.

**★ Hôtel St-Louis** HOTEL €€
(Karte S. 164; ☎ 04 91 54 02 74; www.hotel-st-louis.com; 2 rue des Récollettes; Zi. 90–140 €; ❄ 📶; Ⓜ Noailles, 🚊 Canebière Garibaldi) Hinter der attraktiven historischen Fassade aus den 1800er-Jahren verbergen sich geschmackvoll renovierte Zimmer mit Holzmöbeln, guten Matratzen und z. T. kleinen Balkonen. Für weiteren Komfort sorgen die zentrale Lage, das hilfsbereite Personal und der Aufzug ab dem 1. Stock. Zudem sind die Zusatzleistungen (z. B. Wäscheservice) sehr günstig.

**★ Au Vieux Panier** B&B €€
(Karte S. 164; ☎ 04 91 91 23 72; www.auvieuxpanier.com; 13 rue du Panier; DZ 100–140 €; Ⓜ Vieux Port) Das super-stilvolle *maison d'hôte* verkörpert Le Paniers schäbigen Schick maximal und lockt Kunstfans mit Originalen an. Jedes Jahr werden hier Künstler zur Renovierung eingeladen. Daher verändern sich die sechs Zimmer sukzessive. Auch die Treppenhäuser und Korridore erinnern an eine Kunstgalerie. Von der hitverdächtigen Dachterrasse aus schaut man über Marseilles Fliesendächer und das Meer bis zum Horizont.

**Decoh** SELBSTVERSORGER €€
(Karte S. 160; ☎ 04 91 37 74 95; www.decoh.fr; 31–33 rue Dragon; Apt. & Wohnstudio 125–180 €; ❄ @ 📶) Das kreative, vintagebegeisterte Team vom Hotel Edmond Rostand betreibt auch diese attraktive Option für Selbstversorger (Ecke Rue Paradis, Dragon & Albert).

Vermietet werden hier Wohnstudios (max. 2 Pers.) und Apartments (max. 4 Pers.) mit Hotelservice. Die stilvollen Antiquitäten erinnern an die Zeit zwischen den 1950er- und 1970er-Jahren. Aufenthalte sind tage-, wochen- oder monatsweise möglich. Gäste können selbst kochen und bei Bedarf im Hôtel Edmond Rostand frühstücken.

**Le Ryad** BOUTIQUEHOTEL €€
(Karte S. 160; ☎04 91 47 74 54; www.hoteldemarseille.fr; 16 rue Sénac de Meilhan; EZ 80–125 €, DZ 95–140 €; 📶👪; Ⓜ Noailles, 🚊 Canebière Garibaldi) Mit hohen Decken, geschwungenen Alkoven, warmen Farbtönen und minimalistischem Dekor ist das Le Ryad stark marokkanisch geprägt. Schöne Bäder, super Service und Zimmer mit Gartenblick entschädigen für die Lage in einem mitunter zwielichtigen Viertel. Trotz Aufstiegs über vier Stockwerke lohnt es sich, die Dachstube mit Miniterrasse zu buchen. Frühstück kostet 12 €.

**Hôtel La Résidence du Vieux Port** DESIGNERHOTEL €€
(Karte S. 164; ☎04 91 91 91 22; www.hotel-residence-marseille.com; 18 quai du Port; DZ 125–200 €, 3BZ 185–204 €; ❄@📶; Ⓜ Vieux Port) Das Hotel mit Marseilles bester Aussicht erinnert an die *Jetsons* und Mondrian (d. h. man sieht geschwungene Rückenlehnen und knallige Primärfarben). Alle Zimmer wirken sehr elegant; am schicksten ist die Suite Ciel (Himmelssuite) im 8. Stock. Die teureren Quartiere auf der Hafenseite haben Balkone mit Traumblick auf den Alten Hafen und die Kirche Notre Dame.

**Mama Shelter** DESIGNERHOTEL €€
(☎01 43 48 48 48; www.mamashelter.com; 64 rue de la Loubière; DZ 69–149 €; ❄📶👪; Ⓜ Notre Dame du Mont-Cours Julien) In Marseille kann man kaum unkonventioneller nächtigen: Das erschwinglichste Designer-Hotel der Stadt punktet mit Elementen von Philippe Starck, raffinierten Extras (z. B. Pflegeprodukten von Kiehl's) und Gratisfilmen im Zimmer.

★ **Hôtel Le Richelieu** HOTEL €€
(Karte S. 160; ☎04 91 31 01 92; www.lerichelieu-marseille.com; 52 corniche Président John F. Kennedy; DZ 90–120 €; ❄@📶; 🚌83) Das Küstenhotel nahe der Plage des Catalans ist ein ewiger Klassiker mit super Preis-Leistungs-Verhältnis. Hierfür sorgen u. a. der Strandhaus-Vibe und der herrliche Meerblick. Die seltsam geschnittenen Zimmer werden von den Betreibern gut in Schuss gehalten. Von den besten Varianten schaut man sogar aufs Mittelmeer hinaus. Das Frühstück (14 €) auf der Terrasse macht jeden Morgen zum Vergnügen.

**Hotel Bellevue** HOTEL €€
(Karte S. 164; ☎04 96 17 05 40; www.hotelbellevuemarseille.com; 34 quai du Port; DZ 90–170 €; ❄@📶; Ⓜ Vieux Port) Die Zimmer des altmodischen Hotels stehen für den stilvoll-schlichten Mittelklassebereich und warten mit Top-Hafenblick auf. Die hauseigene Café-Bar La Caravelle (S. 172) gilt als coolste Hafenadresse und hat einen Minibalkon, der das Frühstück (10 €) zum Highlight werden lässt.

**Hôtel Saint-Ferréol** HOTEL €€
(Karte S. 164; ☎04 91 33 12 21; www.hotelsaintferreol.com; 19 rue Pisançon; DZ 99–140 €; ❄@📶; Ⓜ Vieux Port) Abseits einer der städtischen Haupteinkaufsmeilen versteckt sich dieses traditionelle Drei-Sterne-Hotel mit außergewöhnlich gutem Service am Ende einer Gasse. Die individuell gestalteten Zimmer sind von Künstlern wie Van Gogh oder Cézanne inspiriert. Sie verfügen über saubere Bäder, Klimaanlagen und Doppelglasfenster mit Schallisolierung. Frühstück kostet 10,50 €.

**Villa Monticelli** B&B €€
(☎04 91 22 15 20; www.villamonticelli.com; 96 rue du Commandant Rolland; Zi. 110–120 €; ❄📶; 🚌83, 19, Haltestelle Prado St-Giniez, Ⓜ Rond-Point du Prado) Colette und Jean sind leidenschaftliche Lokalpatrioten. Obwohl ihre großartige Villa außerhalb von Marseille steht, sind die fünf exquisiten Zimmer à la *chambre d'hôte* den Weg wert. Zudem wird leckeres Frühstück mit selbst gemachten Spezialitäten auf einer Terrasse mit Rundblick serviert.

★ **Intercontinental Marseille – Hôtel Dieu** HOTEL €€€
(Karte S. 164; ☎04 13 42 42 42; www.marseille.intercontinental.com; 1 place Daviel; Zi. 230–600 €; ❄@📶🏊; Ⓜ Colbert, 🚊 Sadi Carnot) „Wahrzeichen" wäre untertrieben: Das Hôtel-Dieu in einem u-förmigen Krankenhaus aus dem 18. Jh. erfreut sich einer Spitzenlage in Le Panier. Gäste des prachtvollen Steinbaus blicken direkt auf den Vieux Port. Steinmetzarbeiten und golden schimmernder Stein aus der Umgebung rahmen die großen Bogenfenster ein. Die 172 Zimmer und 22 Suiten wirken vornehm. 72 Quartiere punkten mit Hafenblick, 33 haben eigene Terrassen.

Die Hotelgeschichte beginnt bereits im 12. Jh., als hier das erste Krankenhaus entstand. Dieses wich später dem Hôtel-Dieu, das Napoléon III. im Jahr 1866 nach über 100 Jahren Bauzeit eröffnete. Nach seiner

Schließung (1993) wurde der Komplex von Intercontinental übernommen.

**Casa Honoré** B&B €€€
(Karte S. 164; ☎04 96 11 01 62; www.casahonore.com; 123 rue Sainte; DZ 150–200 €; ❄ 📶 🏊; Ⓜ Vieux Port) In diesem *maison d'hôte* mit vier Zimmern trifft Los Angeles auf Marseille. Das Gebäude umgibt einen zentralen Hof mit bahnentauglichem Pool im Schatten von Bananenstauden. Der trendige Stil reflektiert das Faible des Eigentümers für modernes Einrichtungsdesign. So bilden scheinbar unvereinbare Elemente wie schwarze Korbmöbel und vereinzelte Kuhschädel ein attraktives Gesamtpaket.

## Essen

Am Vieux Port und an den umliegenden Fußgängerzonen findet man viele Cafés mit Terrassen (sorgfältig wählen!). Für internationale Küche empfehlen sich der Cours Julien und die nahe Rue des Trois Mages. Pizza, Grillhähnchen und nahöstliche Gerichte für unter 10 € gibt's an den Straßen rund um den Marché des Capucins (S. 177).

★ **Pizzaria Chez Étienne** PROVENZALISCH €
(Karte S. 164; 43 rue de Lorette; Pizzas 13–15 €, Hauptgerichte 15–20 €; ⏲ Mo–Sa 12–14.15 & 20–23 Uhr; Ⓜ Colbert) Diese Institution serviert die besten Pizzas der Stadt und saftiges *pavé de boeuf* (Rindersteak) sowie leckere *supions frits* (gebratener Tintenfisch mit Knoblauch und Petersilie). Da sich hier das ganze Viertel trifft, sollte man den Tisch rechtzeitig persönlich reservieren (das Restaurant hat kein Telefon). Nur Barzahlung.

**La Part des Anges** BISTRO €
(Karte S. 164; ☎04 91 33 55 70; http://lapartdesanges.com; 33 rue Sainte; Hauptgerichte 18–22 €; ⏲ Mo–Sa 9–2, So 9–13 & 18–2 Uhr; Ⓜ Vieux Port) Kein Lokal ist bei Marseilles Trendsettern beliebter als diese tolle Weinbar mit großer Auswahl. Benannt ist der Laden nach dem sogenannten Engelsanteil (Alkoholdämpfe, die beim Reifen von Wein oder Whisky durch die Fassholzporen entweichen). Wer zu einem der offenen Weine etwas essen möchte, sollte dem Barkeeper gleich Bescheid sagen: Tische sind nicht reservierbar.

**Le Comptoir Dugommier** CAFÉ €
(Karte S. 164; ☎04 91 62 21 21; www.comptoirdugommier.fr; 14 bd Dugommier; ⏲ Mo–Sa 7–17 Uhr, z. T. auch abends; 📶; Ⓜ Noailles, 🚊 Canebière Garibaldi) Das altmodische Café am Bahnhof ist praktisch für eine spontane Stärkung zwischendurch. Gehämmerte Blechelemente, Holzfußböden und Vintage-Schilder versprechen eine stimmungsvolle Flucht vor dem Straßenlärm. Das gemischte Publikum schätzt auch das Gratis-WLAN und die klassischen französischen Gerichte.

**La Casertane** ITALIENISCH, FEINKOST €
(Karte S. 164; ☎04 91 54 98 51; 71 rue Francis Davso; Hauptgerichte 10–15 €; ⏲ Di–Sa 9–19.30 Uhr; Ⓜ Vieux Port) Diese tolle Adresse liegt ein paar Blocks vom Vieux Port entfernt. Fröhliches Personal und lebhaftes Publikum sorgen für gesellige Atmosphäre. Mittags empfiehlt sich u. a. die Riesenauswahl italienischer Feinkost (z. B. Fleisch, Salate). Die ebenso interessanten Tagesgerichte werden oft mit selbst gemachten Nudeln serviert.

**Sylvain Depuichaffray** CAFÉ, BOULANGERIE €
(Karte S. 164; ☎04 91 33 09 75; www.sylvaindepuichaffray.fr; 66 rue Grignan; Quiches/Salate 3/6 €; ⏲ Mo 7.30–16, Di–Sa 7.30–19 Uhr; Ⓜ Vieux Port) Perfekt für ein leichtes Mittagessen mit Quiche oder Salat und süßem Nachtisch.

★ **Le Café des Épices** MODERN-FRANZÖSISCH €€
(Karte S. 164; ☎04 91 91 22 69; www.cafedesepices.com; 4 rue du Lacydon; Mittags-/Abendmenüs ab 25/45 €; ⏲ Di–Fr 12–15 & 18–23, Sa 12–15 Uhr; 👪; Ⓜ Vieux Port) Arnaud de Grammont zählt zu Marseilles besten Köchen und verfeinert sein tadellos angerichtetes Essen mit verschiedensten Aromen. Heraus kommen z. B. Spaghetti mit Tintenfischtinte, Sesam und perfekt gegarten Jakobsmuscheln oder Korianderkartoffeln mit Zitrus-Touch und fangfrischem Fisch. Die verspielte Inneneinrichtung wird ergänzt durch eine so farbenfrohe wie großartige Freiluftterrasse mit riesigen eingetopften Olivenbäumen.

★ **La Cantinetta** ITALIENISCH €€
(Karte S. 160; ☎04 91 48 10 48; 24 cours Julien; Hauptgerichte 16–20 €; ⏲ Mo–Sa 12–14 & 19.30–22.30 Uhr; Ⓜ Notre Dame du Mont-Cours Julien) Das beste Restaurant am Cours Julien kredenzt selbst gemachte Pasta (perfekt al dente), hauchdünn geschnittenen Parmaschinken, mariniertes Gemüse, Risotto und *bresaola* (luftgetrocknetes Rindfleisch). Die Tische im geselligen Speiseraum stehen dicht an dicht – hier scheint jeder jeden zu kennen. Alternativ setzt man sich in den sonnigen Terrassengarten mit Fliesenboden. Mit etwas Glück verwöhnt einen Pierre-Antoine Denis (Eigentümer und Koch) mit einem extra zubereiteten Tagesgericht. Reservierung erforderlich.

### ★ Café Populaire
BISTRO €€

(Karte S. 160; ☎04 91 02 53 96; http://cafepopulaire.com; 110 rue Paradis; Tapas 6–16 €, Hauptgerichte 17–22 €; ⏱Di–Sa 12–14.30 & 20–23 Uhr; Ⓜ Estrangin-Préfecture) Das *jazz comptoir* (Jazzcafé) im Stil der 1950er ist trotz seines Namens ein Restaurant. Vintage-Möbel, Regale voller alter Bücher und eine Mineralwasserflaschensammlung verleihen ihm Retro-Ambiente. Das lächelnde Personal in der offenen Küche begeistert das elegante Publikum mit Gerichten wie Riesengarnelen *à la plancha* (gegrillt) oder Rote-Bete-Koriander-Salat.

### La Passarelle
PROVENZALISCH €€

(Karte S. 164; ☎04 91 33 03 27; www.restaurantlapassarelle.fr; 52 rue Plan Fourmiguier; Hauptgerichte 18–22 €; ⏱Mai–Okt. 12–14.30 & 20–22.30 Uhr, übriges Jahr kürzere Öffnungszeiten; Ⓜ Vieux Port) Unter einem Schatten spendenden Sonnensegel stehen Retro-Tische und Stühle auf der Holzterrasse. Aus dem grünen *potager* (Gemüsegarten) rundum stammen viele der Zutaten, die Philippe und Patricia für ihre schlicht-charmante Küche (großteils biologisch-dynamisch, z. T. rein regional) verwenden. Serviert werden z. B. fangfrischer Fisch mit Gemüse oder Rindfleisch mit Polenta.

### Le Grain de Sel
MODERN-FRANZÖSISCH €€

(Karte S. 164; ☎04 91 54 47 30; 39 rue de la Paix Marcel Paul; 2-/3-gängige Menüs 22/26 €, Hauptgerichte 18–25 €; ⏱Di–Do 12–13.30, Fr & Sa 12–13.30 & 20–21.30 Uhr; Ⓜ Vieux Port) Im „Salzkorn" tummeln sich kulinarische Lokalpatrioten mit erlesenem Geschmack. Die kurze Karte des eleganten Bistros liest sich wie ein Gedicht. Es gibt Vorspeisen wie Kirsch-Gazpacho mit gelben Tomaten, Pistazien und *brousse*-Käse und Desserts wie Aprikosen-Clafoutis mit Mandelmilcheis und Rosmarin-Mousse.

### Le Goût des Choses
BISTRO €€

(Karte S. 160; ☎04 91 48 70 62; http://legoutdeschoses.fr; 4 place Notre Dame du Mont; Mittags-/Abendmenüs ab 16/27 €; ⏱Mi–So 12–13.45 & 19.30–22 Uhr) Das gesellige Bistro abseits des Cours Julien serviert französische Klassiker mit leicht Nahost-Touch. Rechtzeitig reservieren: Viele Einheimische schätzen die Küche mit gutem Preis-Leistungs-Verhältnis!

### Malthazar
PROVENZALISCH €€

(Karte S. 164; ☎04 91 33 42 46; 19 rue Fortia; 2-/3-gängige Mittagsmenüs 19/22 €, Abendmenü 32 €; ⏱tgl. 12–14 & 20–23 Uhr; Ⓜ Vieux Port) Das Malthazar tischt saisonale und kreati-

NICHT VERSÄUMEN

## BOUILLABAISSE

Marseilles berühmtestes Gericht ist die Bouillabaisse, die einst von Fischern aus den Resten ihres Fangs gekocht wurde. Das Original enthält mindestens vier Fischsorten und manchmal auch Schalentiere. Nicht auf Touristenlokale mit billiger Bouillabaisse hereinfallen – die echte Variante kostet mindestens 50 € pro Person und wird in zwei Teilen serviert: Zum einen ist da die eigentliche Brühe *(soupe de poisson)* mit viel Tomate, Safran und Fenchel, zum anderen wird der darin gekochte Fisch am Tisch filetiert und auf einer Platte angerichtet. Als Beilagen gibt's normalerweise Croutons, geriebenen Käse (meist Gruyère) und *rouille* (eine mit Brot verdickte Knoblauch-Chili-Sauce). Auf die Croutons kommen *rouille* und Käse, danach wird das Ganze in die Suppe getaucht. Bouillabaisse fällt üblicherweise sehr üppig und knoblauchlastig aus.

**Le Rhul** (☎04 91 52 01 77; www.lerhul.fr; 269 corniche Président John F. Kennedy; Bouillabaisse 53 €; ⏱12–14 & 17–21 Uhr; 🚌83) Diese Institution hat Flair (wenn auch ein kitschiges): Sie befindet sich in einem Küstenhotel aus den 1940ern und zählt zu Marseilles besten Adressen für Bouillabaisse. Am besten legt man noch einen drauf und bestellt sich die seltene Variante *bourride* (min. 2 Pers.) mit viel Knoblauch in weißer Sauce.

**L'Epuisette** (Karte S. 160; ☎04 91 52 17 82; www.l-epuisette.com; Vallon des Auffes; Bouillabaisse 90 €; ⏱Di–Sa 12–13.30 & 19.30–21.30 Uhr; 🚌83) Das L'Epuisette hat einen Michelin-Stern und einen nüchtern-eleganten Saal mit tollem Meerblick. Die Bouillabaisse gehört zu den besten der Stadt und wird im Rahmen eines viergängigen Menüs serviert.

**Restaurant Michel** (Chez Michel; Karte S. 160; ☎04 91 52 30 63; www.restaurant-michel-13.fr; 6 rue des Catalans; Bouillabaisse & Bourride 65 €/Pers.; ⏱18–21.30 Uhr; 🚌83) Das schäbige Äußere täuscht: Gegenüber der Plage des Catalans gibt's hier Bouillabaisse und *bourride*, deren Authentizität in Marseille ihresgleichen sucht. Seit 1946 ist dieses kulinarische Juwel der ganze Stolz der Familie Michel.

INSIDERWISSEN

**DER PERFEKTE SONNENUNTERGANG**

**Le Chalet du Pharo** (Karte S. 160; ☎04 91 52 80 11; www.le-chalet-du-pharo.com; Jardin du Pharo, 58 bd Charles Livon; Hauptgerichte 16–30 €; ⏲Mo–So 12–15, Mo–Sa auch 19.30–21.30 Uhr; Ⓜ Vieux Port) Nur Ortskundige wissen, dass sich diese kleine Hütte mit Hangterrasse und Traumblick im Jardin du Pharo versteckt. Unter Kiefern und Sonnenschirmen schaut man hier auf das Fort St-Jean, das MuCEM und die Villa Méditerranée dahinter. Serviert werden Fleisch und Fisch vom Grill. Online-Reservierung erforderlich; nur Barzahlung.

ve Regionalküche auf. Hauptattraktion des trendigen Lokals mit Club-Ambiente und sehr langer Bar ist jedoch der *patio à ciel:* ein toller Terrassengarten mit einfahrbarer Dachverglasung und super Deko-Mix. Das Highlight hierbei ist wiederum ein auffälliger schwarzer Kronleuchter an einem von drei dicken Holzbalken. Schick anziehen!

**Les Arcenaulx** FRANZÖSISCH €€
(Karte S. 164; ☎04 91 59 80 30; www.les-arcenaulx.com; 27 cours Honoré d'Estienne d'Orves; Mittags-/Abendmenüs ab 25/39 €, Hauptgerichte 23–30 €; ⏲Mo–Sa 12–14 & 20–23 Uhr; Ⓜ Vieux Port) Das riesige frühere Lagerhaus im Stile Ludwigs XIV. ermöglicht mondänes Speisen. Zudem beherbergt es einen Buchladen mit antiquarischen und neuen Titeln. Im benachbarten *salon de thé* (Teesalon) gibt's leckere Torten, Kuchen und Eiscreme.

**Le Môlé Passédat** MODERN-FRANZÖSISCH €€€
(Karte S. 160; www.passedat.fr; 1 esplanade du J4, MuCEM; La Table: Mittags-/Abendmenüs ab 52/73 €; La Cuisine: 2-/3-gängige Menüs 22/35 €; ⏲La Table: Mo & Mi–Sa 12.30–15 & 19.30–22.30, So 12.30–15 Uhr; La Cuisine: Mi–Mo 12.30–15 Uhr) Nur wenige Restaurants liegen so toll wie dieses: Im obersten Stock des markanten MuCEM serviert hier Michelin-Sterne-Koch Gérald Passédat seine erlesene französische Küche. Dazu gibt's Blick auf die örtliche Küste und das blaue Mittelmeer. Im nobleren La Table bringen Kellner das Essen. Das günstigere La Cuisine ohne Meerblick ist dagegen ein SB-Lokal mit Gemeinschaftstischen. Beide erfordern Online-Reservierung.

Kochkurse (85–135 €) sind ebenfalls im Angebot.

### Selbstversorger

**Pain de l'Opéra** BOULANGERIE €
(Karte S. 164; 61 rue Francis Davso; ⏲7–20 Uhr; Ⓜ Vieux Port) Verkauft ein paar der besten Backwaren (auch herzhafte Varianten) im nahen Umkreis des Vieux Port.

**Boulangerie Aixoise** BOULANGERIE €
(Karte S. 164; ☎04 91 33 93 85; 45 rue Francis Davso; ⏲Mo–Sa 6.30–20 Uhr; Ⓜ Vieux Port) Die Warteschlange reicht hinaus bis auf die Frontterrasse mit den roten Stühlen.

## Entlang der Küste

**Chez Jeannot** INTERNATIONAL €€
(Karte S. 160; ☎04 91 52 11 28; www.pizzeriachezjeannot.com; 129 rue du Vallon des Auffes; Hauptgerichte 13–22 €; ⏲Di–Sa 12–14 & 19.30–22, So 12–14 Uhr; 🚌83) Das freundliche Lokal erfreut sich zauberhafter Lage mit Blick auf den malerischen Hafen von Vallon des Auffes. Auf den Tisch kommen hier u. a. frisch zubereitete Salate, Nudeln und Seafood plus ofenfrische Pizzas und mittelmäßigem Fisch.

**Péron** SEAFOOD €€€
(Karte S. 160; ☎04 91 52 15 22; www.restaurant-peron.com; 56 corniche Président John F. Kennedy; Menüs ab 69 €; ⏲12–14 & 20–22.15 Uhr; 🚌83) Das Designer-Restaurant über dem Meer ist eine von Marseilles besten Adressen für alle, die in einem üppigen Seafood-Festmahl der Extraklasse schwelgen wollen. Neben dem Essen auf ihren Tellern bewundern Gäste auch den Traumblick aufs Mittelmeer. Zu den kulinarischen Highlights zählen das Hummer-Risotto und der stets frische Fisch.

## Ausgehen & Nachtleben

Typisch mediterran pflegt Marseille die traditionelle Cafékultur. Nahe dem Vieux Port empfehlen sich die Place Thiars und der Cours Honoré d'Estienne d'Orves: Die dortigen Cafés werden tagsüber von der Sonne verwöhnt und sind bis zu später Stunde belebt. Der Cours Julien in einem von Marseilles interessantesten Bezirken ist an Sonnentagen prima, um die Besucher der vielen charaktervollen Läden, Cafés und Lokale zu beobachten. Die Place de Lenche und Rue des Pistoles droben in Le Panier, eignen sich ideal, um das Künstlerflair des Viertels am Nachmittag zu erleben.

**La Caravelle** BAR
(Karte S. 164; 34 quai du Port; ⏲7–2 Uhr; Ⓜ Vieux Port) Wer nicht nach oben schaut, wird dieses

großartige Refugium in einem Obergeschoss wohl übersehen. Drinnen warten viel Holz bzw. Leder, ein verzinkter Bartresen und vergilbende Wandbilder. An sonnigen Tagen empfiehlt sich die beliebte Terrasse auf der Hafenseite. Freitags Livejazz (21–24 Uhr)!

**Le Montmarte** CAFÉ
(Karte S. 164; ☎ 04 91 56 03 24; 4 pl de Lenche; Hauptgerichte ab 6 €; ⌚ 9–23 Uhr; Ⓜ Vieux Port, Joliette) Von der reizenden, kleinen Place de Lenche in Le Panier schaut man auf den Vieux Port. Unter den Cafés am Platzrand verkörpert dieses hier die Atmosphäre des Viertels am besten. So kann man hier prima faule Nachmittage mit Drinks verbringen.

**Bar de la Marine** BAR
(Karte S. 164; ☎ 04 91 54 95 42; 15 quai de Rive Neuve; ⌚ 7–1 Uhr; Ⓜ Vieux Port) Irrtümlich denken manche, dass Alexander Korda die Spieltischszenen in *Marius* (1931) hier drehte. In Wirklichkeit hatte die schlichte Marseiller Institution jedoch einen Auftritt in *Tatsächlich…Liebe* (2003). Hauptattraktionen sind die Drinks (nicht das Essen) und die Uferterrasse am Vieux Port. Unbedingt die originale Vintage-Einrichtung bewundern!

**Au Petit Nice** CAFÉ, BAR
(Karte S. 160; ☎ 04 91 48 43 04; 28 place Jean Jaurès; ⌚ Di–Sa 10–2 Uhr; Ⓜ Notre Dame du Mont-Cours Julien) Der fröhliche Schuppen hat nichts mit dem gleichnamigen Hotel zu tun. In dem belebten Innenhof labt sich ein jugendliches Publikum u. a. an Bier (2 €).

**Dame Noir** BAR
(Karte S. 160; http://ladamenoir.fr; 30 place Notre Dame du Mont; ⌚ Mi–Sa 19–2 Uhr; Ⓜ Notre Dame du Mont-Cours Julien) Diese Bar ohne Namensschild ist an ihren roten Eingangslichtern zu erkennen. Ihre hippen Gäste verteilen sich bis hinaus auf den Bürgersteig. Bei der hauseigenen Tanzparty namens Le Dancing at Trolleybus (Do–Sa) legen DJs auf.

**Trolleybus** NACHTCLUB
(Karte S. 164; ☎ 04 91 54 30 45; www.letrolley.com; 24 quai de Rive Neuve; ⌚ Do–Sa 24–6 Uhr; Ⓜ Vieux Port) In dem legendären Marseiller Club am Vieux Port kann man das Tanzbein zu Techno, Funk und Independent schwingen. Zwischendurch bietet sich eine Runde *pétanque* (eine Variante des Boule) an. Die vier *salles* (Räume) befinden sich in Steingewölben aus dem 17. Jh. Der Laden ist schon ewig im Geschäft und sehr beliebt.

**U.Percut** NACHTCLUB
(Karte S. 164; www.u-percut.fr; 127 rue Sainte; ⌚ Di–Sa 19–2 Uhr; Ⓜ Vieux Port) Das U.Percut ist einer der jüngsten Neuzugänge in Marseilles cooler Nightlife-Szene. Seine Besucher schätzen es für Tapas am frühen Abend und Livemusik aller Art.

**Polikarpov** BAR
(Karte S. 164; 24 cours Honoré d'Estienne d'Orves; ⌚ 8–1.30 Uhr; Ⓜ Vieux Port) Nur ein paar Blocks vom Vieux Port entfernt liegt diese nur selten geschlossene Freiluftbar mit belebter Straßenterrasse. Obwohl sich das Polikarpov selbst als „Massilia-Wodkabar" bezeichnet und vor allem Wodka ausschenkt, kann hier auch Anderes genossen werden.

**Les Buvards** WEINBAR
(Karte S. 164; ☎ 04 91 90 69 98; 34 Grand Rue; ⌚ Mo–Sa 12–14.30 & 18–24 Uhr; Ⓜ Vieux Port, 🚊 Sadi Carnot) Hauptattraktion der reizenden Weinbar ist Marseilles bestes Sortiment von

## SCHWULEN- & LESBENSZENE IN MARSEILLE

Unter http://marseille.actu-gay.eu gibt's Infos zu Marseilles kleiner Schwulen- und Lesbenszene, die sich ständig verändert und eigentlich nur am Wochenende in Erscheinung tritt. Allgemein herrscht hier Toleranz gegenüber Homosexuellen.

**Caffè Noir** (Karte S. 164; http://cargo-spa.com/caffe-noir; 3 rue Moustier; ⌚ 14 Uhr–open end; Ⓜ Vieux Port) Vor streng schwarzer Fassade erstreckt sich eine dreistufige Terrasse in derselben Farbe: Beim Caffè Noir ist der Name Programm. Draußen und drinnen bechert junges, gemischtes Publikum um die Wette. Nebenan ist eine hauseigene Sauna.

**L'Endroit** (Karte S. 164; ☎ 04 91 33 97 25; 8 rue Bailli de Suffren; ⌚ Di–Sa 19–6 Uhr; Ⓜ Vieux Port) Die einzige Schwulenbar in Vieux Port hat eine winzige Eingangstür und veranstaltet auch Themenabende (z. B. mit Karaoke).

**Le Trash** (☎ 04 91 25 52 16; www.trash-bar.com; 28 rue du Berceau; ⌚ Mi–Mo 21–2 Uhr; Ⓜ Baille) Brüstet sich, Marseilles führender Abschleppschuppen zu sein – aus gutem Grund. Gelegentlich ist ein Grundpreis (10 €) zu entrichten.

# Routes Lavande

**Die Leute kommen von überall, um auf den Routes de la Lavande (www.routes-lavande.com) zu wandeln. Der Lavendel blüht von Juni bis August und erreicht Ende Juli seine volle Pracht. Man kann durch die Felder stromern, die Destillerien besuchen und auf den Märkten Lavendelprodukte kaufen.**

## Sault

1 An den Hängen des Mont Ventoux (S. 234), nördlich von Lagarde d'Apt, wächst Lavendel in großer Höhe. Die beste Besuchszeit ist zur Fête de la Lavande (www.saultenprovence.com; meist am 15. August).

## Plateau de Valensole

2 Nirgendwo sind die Lavendelfelder so riesig wie auf dem Plateau de Valensole: Die lila Teppiche erstrecken sich wie in einem Traum, so weit das Auge reicht. Auf der D6 oder der D8 östlich von Manosque und auf der A51 fährt man direkt durch das Gebiet.

## Abbaye Notre-Dame de Sénanque

3 Folgt man ab Gordes der D177 Richtung Norden, kommt man zu dieser Zisterzienserabtei aus dem 12. Jh. (S. 254), die in den Bergen inmitten von Lavendelfeldern liegt. Die Mönche kümmern sich um die Pflanzen und verkaufen Produkte aus eigener Herstellung.

## Forcalquier

4 Von überall aus der Region kommen die Leute zum Markt in Forcalquier (S. 269), der montagmorgens stattfindet. Er bietet eine riesige Auswahl: Es gibt alle möglichen Lavendelprodukte sowie Berghonig, Frischkäse und handgemachte Würstchen.

## Château du Bois

5 Die Provence ist übersät mit Destillerien, aber wer es nach Lagarde d'Apt (S. 258) schafft, wird belohnt: Lavande des Alpes de Haute Provence, der „echte Lavendel" *(Lavandula angustifolia)* bedeckt 80 ha!

DAVID TOMLINSON / GETTY IMAGES ©

ROMRODINKA / GETTY IMAGES ©

1. Lavendel, Sault (S. 234); 2. Bienenstöcke in Lavendelfeldern, Plateau de Valensole; 3. Lavendelverkauf.

3

Bio-Lesen. Diese stammen hauptsächlich von regionalen Kleinwinzern. Als perfekter Aperitifs nimmt man zum Wein am besten einen Aufschnitt- oder Käseteller.

**Au Son des Guitares** NACHTCLUB
(Karte S. 164; 18 rue Corneille; Do–So 23.30–4 Uhr; M Vieux Port) Der Club neben der Oper ist bei korsischen Einheimischen beliebt. Geboten sind hier Tanz (begrenzt), korsische Sänger (gelegentlich) und überteuerte Drinks. Schicke Kluft erforderlich.

## Unterhaltung

Die Zeitschrift *L'Hebdo* (1,20 €) mit einem Event-Kalender ist in ganz Marseille erhältlich. Sonst empfehlen sich die französischsprachigen Websites www.marseillebynight.com und www.journalventilo.fr. Karten bekommt man bei der Touristeninformation (S. 177) und den *billetteries* des **Espace Culture** (Karte S. 164; 04 96 11 04 60; http://espaceculture.net; 42 La Canebière; Mo–Sa 10–18.45 Uhr; M Vieux Port). Theater, Kino und Musik stehen auf dem Programm des Kulturzentrums La Friche La Belle de Mai (S. 163).

**Espace Julien** LIVEMUSIK
(Karte S. 160; 04 91 24 34 10; www.espace-julien.com; 39 cours Julien; M Notre Dame du Mont-Cours Julien) Ob Rock, *opérock*, Reggae, Hip-Hop, Afro oder Theater: Hier gibt's innovative Unterhaltung aller Art (s. Website).

**L'Intermédiaire** LIVEMUSIK
(Karte S. 160; 06 87 87 88 21; www.lintermediaire.fr; 63 place Jean Jaurès; Mi–So 21–2 Uhr; M Notre Dame du Mont-Cours Julien) Der schäbige Schuppen mit besprühten Wänden zählt zu Marseilles besten Adressen für DJs und Livebands (meist Techno bzw. Alternative).

**Dock des Suds** LIVEMUSIK
(04 91 99 00 00; www.dock-des-suds.org; 12 rue Urbain V.; Aug. geschl.; M National, Arenc le Silo) Großer Club mit Liveprogramm nördlich vom Vieux Port im Viertel La Joliette.

**Le Pelle Mêle** JAZZ
(Karte S. 164; 04 91 54 85 26; 8 place aux Huiles; Di–Sa 17.30–2 Uhr; M Vieux Port) Gäste schwofen hier bei teuren Drinks zu Jazz (Livebands tgl. außer Di um 19.30 Uhr) und tummeln sich auf einer belebten Terrasse.

**Opéra Municipal de Marseille** OPER
(Karte S. 164; 04 91 55 11 10; http://opera.marseille.fr; 2 rue Molière; M Vieux Port) Saison von September bis Juni.

**Théâtre National de Marseille** THEATER
(La Criée; Karte S. 164; 04 91 54 70 54; www.theatre-lacriee.com; 30 quai de Rive Neuve; M Vieux Port) Tanz und Theater (z. T. auf Englisch).

**Olympique de Marseille** FUSSBALL
(www.om.net) Marseilles geliebter Heimclub spielt im **Nouveau Stade Vélodrome** (www.lenouveaustadevelodrome.com; 3 bd Michelet; M Rond-Point du Prado). Tickets gibt's schon ab 25 € bei der **OM's Boutique Officielle** (Karte S. 164; 04 91 33 20 01; 44 La Canebière; Mo–Sa 10–19 Uhr; M Noailles, Canebière Garibaldi).

## Shoppen

Schicke Shopping-Adressen und Ketten findet man westlich des Vieux Port im 6. *arrondissement* (an der verkehrsberuhigten Rue St-Ferréol). Viele Ketten sind zudem im **Centre Bourse** (Karte S. 164; www.centre-bourse.com; 17 cours Belsunce; Mo–Sa 10–19.30) und an der Rue de la République vertreten.

**La Maison du Pastis** SPIRITUOSEN
(Karte S. 164; www.lamaisondupastis.com; 108 quai du Port; Mo–Sa 10–17 Uhr; M Vieux Port) Hier lassen sich Absinth und über 90 Varianten der regionalen Spezialität Pastis (Aperitif mit Anis-Aroma) verkosten.

**Atelier 1 par 1** MODE
(Karte S. 164; 49 rue du Panier; M Vieux Port, Joliette) Dieser winzige Laden und der genau gegenüberliegende Shop in Le Panier verkaufen die Kreationen einer Gemeinschaft von einheimischen Modedesignern.

**Marché Saint Victor** MARKT
(Karte S. 164; http://marchesaintvictor.fr; 33 rue d'Endoume; Di–So 8–14, auch Di & Mi 18–20, Do–Sa 18–22.30 Uhr; M Vieux Port) Die Stände der Markthalle verkaufen u. a. Käse und Grillfleisch. Ein spanischer Feinkosthändler tischt *pintxos* (baskische Tapas) auf.

**72% Pétanque** KOSMETIK
(Karte S. 164; 04 91 91 14 57; www.philippechailloux.com; 10 rue du Petit Puits; 10.30–18.30 Uhr; M Vieux Port, Joliette) Wunderbar gefärbte Seifensorten (u. a. mit Schokoladenduft).

**Librairie de la Bourse** BÜCHER
(Karte S. 164; 04 91 33 63 06; 8 rue Paradis; Di–Sa 9–12.30 & 14–17 Uhr; M Vieux Port) Karten und Lonely Planet Reiseführer.

**Compagnie de Provence** KOSMETIK
(Karte S. 164; www.compagniedeprovence.com; 18 rue Francis Davso; Mo–Sa 10–19 Uhr; M Vieux

Port) Diese Kultboutique für *savon de Marseille* verkauft stilvolle Seifensorten in flüssiger und fester Form. Die gibt's als natürliche Varianten und mit Aroma (z. B. Olivenöl, Feige oder – komplexer – à la Provence). Abgefahrene Kulturbeutel, Reisesets und andere Accessoires sind ebenfalls im Angebot.

## Praktische Informationen

### NOTFALL

**Hôpital de la Timone** (04 91 38 60 00; 264 rue St-Pierre; M La Timone) Rund 1 km südöstlich der Place Jean Jaurès.

**Polizei** (17, 04 88 77 58 00; 66-68 La Canebière; 24 Std.; M Noailles)

### TOURISTENINFORMATION

**Städtische Touristeninformation** (Karte S. 164; 04 91 13 89 00; www.marseille-tourisme.com; 11 La Canebière; Mo–Sa 9–19, So 10–17 Uhr; M Vieux Port) Viele nützliche Infos zu allen möglichen Aspekten in Marseille (z. B. zu geführten Touren per pedes, Bus, Boot oder elektrischer Touristenbahn).

**Maison de la Région** (Karte S. 164; www.regionpaca.fr; 61 La Canebière; Mo–Sa 11–18 Uhr; M Noailles) Infos zu Provence und Côte d'Azur.

## An- & Weiterreise

Infos zu Verkehrsmitteln und -wegen gibt's unter www.lepilote.com.

### AUTO & MOTORRAD

Die meisten großen Vermieter sind im oder nahe dem Bahnhof vertreten.

### BUS

**Busbahnhof** (Karte S. 160; www.lepilote.com; 3 rue Honnorat; M Gare St-Charles) Auf der Nordseite des Bahnhofs. Tickets können vor Ort am Schalter oder direkt bei den Fahrern gekauft werden. Busse zu bestimmten Zielen (z. B. Cassis) benutzen die Haltestelle an der Place Castellane (Karte S. 160; M Castellane), die südlich vom Zentrum liegt.

**Eurolines** (Karte S. 164; www.eurolines.com; 3 allées Léon Gambetta; M Noailles) Internationale Busverbindungen.

### FLUGZEUG

**Aéroport Marseille-Provence** (MRS; 04 42 14 14 14; www.marseille.aeroport.fr) Liegt 25 km nordwestlich von Marseille in Marignane und wird auch Aéroport Marseille-Marignane genannt.

### SCHIFF/FÄHRE

**Terminal für Passagierfähren** (Karte S. 160; www.marseille-port.fr; M Joliette) Rund 250 m südlich der Place de la Joliette.

> **DUFTENDE MÄRKTE**
>
> **Marché Place Jean Jaurès** (Karte S. 160; place Jean Jaurès; Do & Sa 8–13 Uhr; M Noailles) Frische Lebensmittel, Bekleidung, günstige Gadgets, Blumen (Mi) und mehr auf einem großen Platz.
>
> **Marché des Capucins** (Karte S. 164; place des Capucins; Mo–Sa 8–19 Uhr; M Noailles, Canebière Garibaldi) Obst, Gemüse, Fisch und Getrocknetes.
>
> **Marché de la Joliette** (Karte S. 160; place de la Joliette; Mo, Mi & Fr 8–14 Uhr; M Joliette) Lebensmittel und nicht essbare Waren plus Blumen (Mo).
>
> **Frischfisch-Markt** (Karte S. 164; quai des Belges; 8–13 Uhr; M Vieux Port) Kleiner, touristisch geprägter Markt am Vieux Port.

**SNCM** (Karte S. 160; 08 91 70 18 01; www.sncm.fr; 61 bd des Dames; M Joliette) Schickt Linienfähren ab Nizza oder Marseille nach Korsika und Sardinien; bedient zudem Langstreckenrouten nach Algerien und Tunesien.

### ZUG

**Eurostar** (www.eurostar.com) Verkehrt u. a. zwischen Marseille und Aachen (über Brüssel).

**Gare St-Charles** (Ticketschalter tgl. 5.15–22 Uhr; M Gare St-Charles SNCF) Neben beiden Metro-Linien halten hier auch normale Züge und TGVs. Die **Gepäckaufbewahrung** (ab 5,50 €/Gepäckstück; tgl. 8.15–21 Uhr) ist direkt neben Bahnsteig A. Beispiele für Ziele:

**Avignon** (20,50 €, 35 Min.)

**Nizza** (37 €, 2½ Std.)

**Paris/Gare de Lyon** (ab 60 €, 3 Std. mit TGV)

## Unterwegs vor Ort

### AUTO & MOTORRAD

Marseille ist eine Herausforderung für Selbstfahrer. Zu den Parkhäusern im Stadtzentrum zählen u. a. **Parking Bourse** (Rue Reine Elisabeth; 24 Std.; M Vieux Port) und **Parking de Gaulle** (22 place du Général de Gaulle; 24 Std.; M Vieux Port) abseits von La Canebière. Die Abstellstunde kostet mindestens 2 € (30 €/24 Std.).

### VOM/ZUM FLUGHAFEN

Gratis-Shuttles fahren vom Flughafenterminal zum Flughafenbahnhof namens „Vitrolles Aéroport Marseille-Provence", wo Direktanschluss zu Großstädten wie Arles oder Avignon besteht.

**Navette Marseille** (www.navettemarseilleaeroport.com; Erw./Kind 8,20/4,10 €; 4.30–

23.30 Uhr, alle 15–20 Min.) Verbindet den Flughafen mit der Gare St-Charles.

#### NAHVERKEHR

Marseille hat zwei Metrolinien (Métro 1 & 2; Betriebszeit Mo–Do 5–22.30, Fr–So 5–0.30 Uhr). Hinzu kommen zwei Straßenbahnlinien (gelb & grün; tgl. 5–1 Uhr) sowie ein großes Stadtbusnetz. Tickets für alle drei Optionen (Std./Tag 1,60/5,20 €) gibt's per Automat an Straßenbahnhaltestellen, in Metrostationen und in Bussen. Letztere starten zumeist vor der **Espace Infos RTM** (Karte S. 164; ☎ 04 91 91 92 10; www.rtm.fr; 6 rue des Fabres; ⏲ Mo–Fr 8.30–18, Sa 8.30–12 & 13–16.30 Uhr; Ⓜ Vieux Port), wo man Infos und Tickets bekommt.

#### SCHIFF/FÄHRE

Quer über den Vieux Port (S. 157) schippern Boote zum Pointe Rouge (S. 166) sowie zu den vorgelagerten Inseln Frioul und If (S. 167). Geführte Bootstrips (S. 167) besuchen die *calanques*.

#### TAXI

**Taxi Radio Marseille** (☎ 04 91 02 20 20; www.taximarseille.com)

# RUND UM MARSEILLE

Rund um Marseilles zugebautes Zentrum erstrecken sich spektakuläre Küstenabschnitte mit glasklaren Buchten, charmanten Ortschaften und gefeierten Weingütern.

## Les Calanques

Marseille grenzt an den wilden und spektakulären **Parc National des Calanques** (www.calanques-parcnational.fr). Dieser 20 km lange Küstenstreifen ist geprägt von felsigen Kaps, die hoch aus dem strahlend türkisblauen Mittelmeer emporragen. Zwischen den steilen Klippen verteilen sich ein paar kleine idyllische Strände, die z.T. nur per Kajak erreichbar sind. Die Einwohner von Marseille nutzen ihre geliebten Calanques z.B. zum Sonnenbaden oder für lange Wanderungen. Die Kaps stehen seit 1975 unter Naturschutz und sind außergewöhnlich artenreich: Neben 900 verschiedenen Pflanzen sind hier u.a. Habichtsadler und Europas größte Eidechse (Perleidechse; bis zu 60 cm) und längste Schlange (Europäische Eidechsennatter; bis zu 2 m) zu Hause.

Die Calanques und das schroffe Massif des Calanques (500 km²) im Landesinneren lassen sich von Oktober bis Juni am besten erkunden, indem man den vielen Pfaden in der Macchie (mediterranes Buschland) folgt. Marseilles Touristeninformation veranstaltet **geführte Wanderungen** (Mindestalter 8 Jahre) und liefert Infos zu Straßen- und Wegsperrungen. Wie ihr Pendant in Cassis verteilt sie zudem eine super Wanderkarte zu den verschiedenen *calanques* (auch online auf beiden Websites einsehbar).

Im Juli und August sind alle Wanderwege wegen Wald- bzw. Buschbrandgefahr gesperrt. Dann empfehlen sich **geführte Bootstouren** ab Marseille (S. 167) oder Cassis, die jedoch keine Gelegenheit zum Baden bieten. Alternativ nutzt man öffentliche Verkehrsmittel oder setzt sich selbst hinters Steuer. Auf den holperigen Straßen geht's allerdings nur sehr langsam voran, und Parkplätze sind rar. Obendrein ist die Zufahrt zu den einzelnen *calanques* oft nur mit einer Reservierung für ein örtliches Restaurant gestattet. In diesem Fall muss man sein Vehikel auf einem öffentlichen Parkplatz abstellen und zu seinem Ziel laufen.

Seekajaktrips ab Marseille oder Cassis sind eine herrliche Sache. **Raskas Kayak** (☎ 04 91 73 27 16; www.raskas-kayak.com; Marseille; halber/ganzer Tag 35/65 €) organisiert entsprechende Touren. Regionale Touristeninformationen liefern Details zu vielen weiteren Anbietern.

Um die nächstgelegenen *calanques* außerhalb von Marseille zu erreichen, geht's mit Bus 19 zur Endhaltestelle bei **La Madrague**. Dort besteht Busanschluss (Bus 20) nach **Callelongue**, wo mehrere Restaurants an einer kleinen *calanque* stehen. Alternativ kann man auch selbst die Küste hinunterfahren. Allerdings ist die Straße nach Callelongue nur von Mitte April bis Mai an Werktagen für Kraftfahrzeuge geöffnet (Komplettsperrung Juni–Sept.). Von Callelongue aus sind spektakuläre Klippenwanderungen zur **Calanque de la Mounine** und **Calanque de Marseilleveyre** möglich.

Auch die **Calanque de Sugiton** ist ohne Auto erreichbar: Einfach an der Av du Prado (Castellane) Bus 21 gen Luminy nehmen, bis zur Endhaltestelle fahren und dem dort beginnenden Wanderpfad (ca. 45 Min.) folgen!

### Sehenswertes

**Calanque de Sormiou** BUCHT

Die größte *calanque* sorgte 1991 für Schlagzeilen: Damals schwamm hier der Taucher Henri Cosquer aus Cassis in 36 m Tiefe durch eine 150 m lange Passage. An deren Ende entdeckte er eine Höhle mit Wand-

ABSTECHER

## MASSIF DE LA STE-BAUME

Von Marseille aus fährt man zuerst gen Gémenos und nimmt dann ostwärts die D2 zum „Vallée St-Pons & La Ste-Baume". Die Landschaft wird immer dramatischer und grüner, während sich die Straße bergauf durch das Buschgebiet des Parc Départemental de St-Pons schlängelt. Nach 8 km kommt am Horizont das Meer in Sicht. Anschließend führt die Route hinauf zum Bergpass Col de l'Espigoulier (728 m) mit Küstenblick. Die kurvige Talfahrt wird vom Bergrücken des Massif de la Ste-Baume dominiert.

An der Kreuzung D45A/D2 geht's entlang der D2 weiter nach La Ste-Baume (8 km). Von dort aus führt ein Waldweg (40 Min.) zur **Grotte de Ste-Madeleine** GRATIS (950 m). In dieser Berghöhle soll Maria Magdalena ihre letzten Lebensjahre verbracht haben. Am Eingang bietet sich ein atemberaubender Panoramablick auf die Montagne Ste-Victoire, den Mont Ventoux und die Alpen.

Schließlich folgt man der D80 nordostwärts über Nans-les-Pins und biegt dann nach rechts in die N560 (ca. 20 km) ein, um die pastellfarbene Ortschaft St-Maximin La Ste-Baume zu erreichen. Deren großartige Basilika Ste-Madeleine im gotischen Stil entstand 1295 als Schrein für die angeblichen Reliquien der Maria Magdalena, die um 1279 in einer örtlichen Krypta gefunden worden waren. Zum Schluss verspeist man provenzalische Spezialitäten bei einem Mittagessen im benachbarten Konvent, der heute das opulente **Hôtel Le Couvent Royal** (☎ 04 94 86 55 66; www.couvent-royal.fr; place Jean Salusse, St-Maximin La Ste-Baume; Mittags-/Abendmenüs ab 17/39 €, DZ ab 80 €) beherbergt.

malereien aus der Zeit um 20 000 v. Chr. Diese heißt heute **Grotte Cosquer** und ist als geschütztes historisches Denkmal für die Öffentlichkeit gesperrt. Parallel sollen noch viele weitere Höhlen existieren.

Zwei saisonal geöffnete und reservierungspflichtige Restaurants servieren hier Mittagessen bei toller Aussicht: **Le Château** (☎ 04 91 25 08 69; http://lechateausormiou.fr; Calanque de Sormiou; Hauptgerichte 20–25 €; ⌚ April–Sept. 12–14.30 & 19.30–21.30 Uhr) hat die bessere Küche, akzeptiert aber keine Kreditkarten. **Le Lunch** (☎ 04 91 25 05 37; www.restaurant-lunch.com; Calanque de Sormiou; Hauptgerichte 16–28 €; ⌚ Ende März–Mitte Okt. 12–14.30 & 20–22 Uhr) tischt zusätzlich Abendessen auf und bietet den besseren Blick aufs Meer. Gäste mit Reservierung dürfen direkt zur *calanque* fahren. Ansonsten ist die Straße auch in diesem Fall nur von Mitte April bis Mai an Werktagen für Kraftfahrzeuge geöffnet (Komplettsperrung Juni–Sept.)

Nahverkehrsnutzer nehmen Bus 23 ab der Metrostation Rond-Point du Prado (Marseille), steigen an der Haltestelle La Cayolle aus und gehen die letzten 3 km zu Fuß.

### Calanque de Morgiou — BUCHT

Das windgepeitschte Cap Morgiou trennt Sormiou von Morgiou. In einem hübschen, kleinen Hafen hüpfen hier viele Fischerboote auf den Wellen. Parallel baumeln Kletterer an steilen Felswänden. Das einzige örtliche Restaurant namens **Nautic Bar** (☎ 04 91 40 06 37; Calanque de Morgiou; Hauptgerichte 18–27 €; ⌚ Mai–Okt. 12–14.30 & 19.30–21.30 Uhr, April So abends & Mo geschl.) verspricht einen traumhaften Abend. Es hat nur saisonal geöffnet und akzeptiert keine Kreditkarten.

Der Strand von Morgiou liegt 60 Gehminuten vom Parkplatz entfernt. Die sehr steile und schmale Straße (3,5 km) ist nur von Mitte April bis Mai an Werktagen für Kraftfahrzeuge geöffnet (Komplettsperrung Juni–Sept.). Wer eine Reservierung für die Nautic Bar hat, darf sie jedoch jederzeit nutzen.

### En-Vau, Port-Pin & Port-Miou — BUCHTEN

Östlich der Calanque de Morgiou liegen drei abgeschiedene *calanques* an der Felsküste: En-Vau, Port-Pin und Port-Miou. Das smaragdgrüne Wasser der Calanque d'En-Vau wird von Klippen und einem Kiesstrand gesäumt. Den Buchteingang „bewacht" eine Felsnadel namens **Doigt de Dieu** (Gottes Finger). Vom Parkplatz auf dem Col de la Gardiole (Juli–Mitte Sept. geschl.) führt ein markierter Pfad (3 Std.) runter nach En-Vau. Achtung: Der extrem steile und rutschige Abstieg ist nur was für erfahrene Wanderer!

Unmittelbar westlich von Cassis liegt die Calanque de Port-Miou, ab der ein leicht zu meisternder Wanderpfad (GR98, 1½ Std.) ostwärts nach En-Vau führt. Unterwegs passiert man nach ca. 30 Minuten die benachbarte Calanque de Port-Pin.

Die Touristeninformation in Cassis (S. 181) verteilt kostenlose Wanderkarten.

INSIDERWISSEN

### BESTE AUSSICHTEN

Über dem südöstlichen Ufer der **Baie de Cassis** ragt Europas höchste Meeresklippe empor: das **Cap Canaille** (399 m) aus porösem Kalkstein. Von oben eröffnen sich faszinierende Aussichten auf Cassis und den **Mont Puget** (564 m), den höchsten Gipfel des Massif des Calanques.

Gleichermaßen packende Panoramablicke bietet die 16 km lange **Route des Crêtes** (Gipfelstraße, D141; bei Sturm gesperrt), die sich entlang der oberen Klippenkante von Cassis nach La Ciotat schlängelt.

## Cassis

7663 EW.

Dieses Fischerstädtchen liegt am Fuß eines dramatischen Felshügels, auf dem ein **Château** aus dem 14. Jh. heute als Hotel (nur für Gäste geöffnet) dient. Riesige Menschenmassen strömen zum **Vieux Port** mit seinen brummenden Restaurants. Andere Besucher vergnügen sich an den Kiesstränden, erkunden die terrassierten **Weinberge** und genießen den berühmten Weißwein. Dennoch hat sich Cassis seinen Charme vollauf bewahrt.

Sein Name stammt vom römischen Carsicis Portus („gekrönter Hafen“). Dies bezieht sich wiederum auf den Felsen **Couronne de Charlemagne** (Krone Karls des Großen), der auf dem Meer schon aus großer Entfernung erkennbar ist.

### Aktivitäten

Die Touristeninformation liefert Details zum **Klettern**, **Tiefseetauchen**, **Seekajakfahren** und **Wandern** (u. a. zu einer einstündigen Tour nach Port-Pin).

An den Hängen rund um Cassis keltern insgesamt zwölf Weingüter den berühmten gleichnamigen **Wein**. Die Touristeninformation wartet mit Vorschlägen für entsprechende Besuchstouren auf und veranstaltet auch geführte Trips per E-Bikes mit (25 €/Pers.; 2-mal wöchentl.). Zudem empfiehlt sie Betriebe mit Direktverkauf und Verkostung (meist Reservierung erforderl.).

**Les Bateliers Cassidains** BOOTSFAHRT
(☎06 86 55 86 70; www.cassis-calanques.com) Vom Quai St-Pierre aus schippern Boote ganzjährig zu den Calanques. Tickets gibt's beim Kiosk am Hafen (keine Kreditkarten!). Besucht werden z. B. Port-Miou, Port-Pin und En-Vau (Erw./Kind 16/9,50 €). Optional lassen sich auch noch Oule und Devenson hinzunehmen (Erw./Kind 19/13 €, insg. 65 Min.).

### Schlafen

**Le Clos des Arômes** HOTEL €
(☎04 42 01 71 84; www.leclosdesaromes.fr; 10 rue Abbé Paul Mouton; EZ/DZ ab 49/69 €; ❄📶) Das charmante Hotel mit Garten liegt etwas oberhalb vom turbulenten Hafen. Es wirkt etwas heruntergekommen und hat keinen Aufzug, ist aber blitzsauber. Zu Sonnenuntergang können Gäste entspannt im Innenhof speisen.

**Cassis Hostel** HOSTEL €
(☎09 54 37 99 82; www.cassishostel.com; 4 av du Picouveau, Les Heures Claires; B/DZ inkl. Frühstück 30/85 €; 📶🏊) Auf dem Hügel oberhalb der Stadt steht dieses einfache Hostel mit Küche, Pool und wunderschöner Terrasse.

**Hôtel Cassitel** HOTEL €€
(☎04 42 01 83 44; www.cassitel.com; place Clémenceau; DZ 99–109 €; ❄📶) Am Hafen punktet das schlichte Hotel mit dem wichtigsten aller Merkmale: einer Top-Lage. Viele der einfachen Zimmer bieten Blick aufs Wasser.

### Essen & Ausgehen

**La Poissonnerie** SEAFOOD €
(☎04 42 01 71 56; 5 quai JJ Barthélemy; Menu du pêcheur 20 €; ⏰Feb.–Dez. Di–So mittags, Di–Sa abends) Zwei Brüder (einer Fischer, einer Koch) betreiben zusammen diesen Einheimischentreff. Das Angebot reicht vom schlichten Sardinenteller mit einem Glas Weißwein (13,90 €) bis hin zu Grillfisch und Bouillabaisse (40 €). Keine Kreditkarten.

**Fleurs de Thym** BISTRO €€
(☎04 42 01 23 03; www.fleursdethym.com; 5 rue Lamartine; 3-gängiges Menü 26 €; ⏰19.30–22.30 Uhr) Der winzige, altertümlich-hübsche Speiseraum grenzt an eine Terrasse mit vielen Blumen. Bei den provenzalischen Spezialitäten liegt der Schwerpunkt auf Seafood.

**La Villa Madie** FEINSCHMECKER €€€
(☎04 96 18 00 00; www.lavillamadie.com; av de Revestel-anse de Corton; Menüs Winter/Sommer ab 75/95 €, Hauptgerichte 52–72 €; ⏰Di–So 12–13.15 & 19–21.15 Uhr, Okt.–Mai Di geschl.) Dieser Gourmettempel punktet mit zwei Michelin-Sternen und tollem Meerblick. Fangfrisches Seafood kommt hier in einfallsreichen, exquisit

präsentierten Variationen au den Tisch. Die beiden zugehörigen Bistros servieren schlichtere, aber ebenso leckere Küche.

**Le Chai Cassidain** WEINBAR
(☎04 42 01 99 80; www.le-chai-cassidain.com; 7 rue Séverin Icard; ⏲tgl. 9.30–13 & 15–22 Uhr, Nov.–März Mo geschl.) Offene regionale Weine und oft kostenlose Verkostungen.

### Praktische Informationen

**Touristeninformation** (☎08 92 39 01 03; www.ot-cassis.com; Quai des Moulins; ⏲Juli & Aug. Mo–Sa 9–19, So 9.30–12.30 & 15–18 Uhr, übriges Jahr kürzere Öffnungszeiten; 📶) Karten zu den Calanques, geführte Stadtspaziergänge und Weinguttouren.

### An- & Weiterreise

Busse verbinden Marseille mit Cassis (5-mal tgl.; Fahrplan unter www.lepilote.com) und halten vor Ort am Rond-Point du Pressoir. Von dort gelangt man über die Av du Professeur René Leriche und die Rue de l'Arène zum Hafen (5 Gehmin.).

Der **Bahnhof Cassis** (Av de la Gare) liegt an der Bahnstrecke Marseille–Hyères. Die Buslinien 2, 3 und 4 verbinden ihn mit dem Stadtzentrum (3,5 km gen Westen).

Während der Hauptsaison herrscht Parkplatzmangel in Cassis. Dann am besten den großen Parkplatz am Stadteingang nutzen und die kostenlose *navette* (Shuttle) hinunter zum Hafen nehmen!

## Côte Bleue

Vorbei an urigen Fischerdörfern erstreckt sich die Côte Bleue zwischen Marseilles Westrand und dem sandigen Cap Couronne. Dessen artenreiche Umgebungsgewässer stehen unter dem Schutz des **Parc Régional Marin de la Côte Bleue**.

Die ebenso herrlichen **Calanques** der „Blauen Küste" können locker mit ihren berühmten Pendants zwischen Marseille und Cassis konkurrieren. Rund 12 km westlich von L'Estaque liegt die **Calanque de Niolon**, deren Felsen das Dorf Niolon gefährlich einzuzwängen scheinen. Neben einigen Cafés findet man dort die zauberhafte **Auberge du Mérou** (☎04 91 46 98 69; www.aubergedumerou.fr; 3-gängiges Menü 27–38 €; ⏲Juni–Sept. 12–14 & 19.30–22 Uhr, Okt.–Mai So & Mo abends geschl.) mit Meerblick von der Terrasse.

Vom winzigen Port du Redonne unten am Meer führt eine einspurige Klippenstraße hinüber nach Les Figuières (1 km), Petit Méjean (1,7 km) und Grand Méjean (1,8 km). In Grand Méjean beginnt ein herrlicher Küstenpfad (2,1 km) zur Calanque de l'Érevine.

Das sehr stark bebaute **L'Estaque** (www.estaque.com) zog einst Impressionisten, Fauvisten und Kubisten in den Bann. Durch den Hafenbereich und die schäbige Altstadt führt ein Künstlerpfad, auf dem man den Spuren Renoirs, Cézannes, Dufys und Braques folgen kann. Am Ufer werden *chichi frégi* (Krapfen mit Zuckerguss) und *panisses* (Gebäck aus Kichererbsenmehl) als Snacks verkauft.

# PAYS D'AIX

Rund 25 km nördlich von Marseille liegt das malerische Pays d'Aix, in dem sich das ach-so-elegante Aix-en-Provence versteckt.

## Aix-en-Provence

145 273 EW.

Aix (sprich: „Ex") hat Klasse, es bringt fast einen Hauch von Paris in die Provence: Villen aus dem 17. und 18. Jh. säumen die grünen Boulevards und Plätze, dazwischen sprudeln moosbedeckte Brunnen. Steinlöwen bewachen die prächtigste Avenue, den Cours Mirabeau mit den vielen Cafés, wo sich die trendigen Einwohner auf Terrassen am Straßenrand in Szene setzen und überteuerten Espresso nippen. Aix ist eine Universitätsstadt, deren vornehmer Ruf sie teurer macht als andere Städte in der Provence.

### Geschichte

Bei Aix, genauer gesagt 3 km nördlich, versklavten die Römer die Bewohner der dortigen keltisch-ligurischen Festung Entremont. 123 v. Chr. wurde das Militärlager wegen der Thermalquellen, die noch heute sprudeln, *Aquae Sextiae* (Wasser des Sextius) genannt. Im 12. Jh. riefen die provenzalischen Grafen Aix zur Hauptstadt der Provinz aus. Das blieb sie bis zur Französischen Revolution, dann wurde sie von Marseille abgelöst. Unter König René I. (1409–1480), einem Kunstmäzen, entwickelte sich die Stadt zu einem Zentrum der Kunst und Kultur. Ihre berühmtesten Söhne sind der Maler Paul Cézanne und der Schriftsteller Émile Zola.

### Sehenswertes & Aktivitäten

Aix strotzt nur so vor Kunst, Kultur und Architektur. Besonders bemerkenswert sind die vielen Springbrunnen der Stadt. Manche davon wirken ziemlich prachtvoll – beispielsweise die Fontaine de la Rotonde (Pl du Général de Gaulle) von 1860. Andere versprühen einen eher schlichteren Charme wie die Fontaine du Roi René (Cours Mirabeau) von 1819, die den König mit Weintrauben in der Hand darstellt, oder die Fontaine d'Eau Chaude (Cours Mirabeau) von 1734, aus der warmes Quellwasser (18 °C) hervorsprudelt.

### ★ Vieil Aix HISTORISCHES STADTVIERTEL

Die größtenteils verkehrsberuhigte Altstadt ist ein Paradies für Spaziergänger und Schaufensterbummler. Hierfür sorgen Boutiquen an schmalen Gassen und versteckte Plätze mit belebten Märkten oder Cafés.

### ★ Cours Mirabeau HISTORISCHES STADTVIERTEL

Keine andere Avenue verkörpert die würdevollste Stadt der Provence besser als der Cours Mirabeau mit seinen Springbrunnen und *hôtels particuliers* aus der Renaissance. Die Prachtstraße stammt aus den 1640ern und wird im Sommer von dicht belaubten Platanen beschattet. Benannt ist sie nach dem Comte de Mirabeau, einem Helden der Französischen Revolution. Cézanne und Zola relaxten hier im Les Deux Garçons (S. 188), einem der belebten Straßencafés.

Unter den eindrucksvollsten *hôtels particuliers* ist das Hôtel d'Espargnet von 1647 (Nr. 38), das heute die wirtschaftswissenschaftliche Fakultät der Universität birgt. Fotos und moderne Kunst zeigt die Galerie d'Art du Conseil Général des Bouches du Rhône (☎ 04 13 31 50 70; www.culture-13.fr; 21bis cours Mirabeau; ⌚ Mo–Sa 10.30–13 & 14–19 Uhr) GRATIS im früheren Hôtel de Castillon.

### ★ Quartier Mazarin HISTORISCHES STADTVIERTEL

Ein paar der schönsten Gebäude von Aix stehen südlich des Cours Mirabeau im Quartier

## SEHENSWERTES RUND UM CÉZANNE

In Aix hält man das Leben des Stadtsohns Paul Cézanne (1839–1906) in hohen Ehren. Der Circuit de Cézanne (Cézanne-Weg) zeigt, wo der Künstler aß, trank, studierte und malte – einfach den Bronzeplaketten im Boden folgen! Die kostenlosen Begleitbroschüren der Touristeninformation (S. 188) informieren noch über weitere Stätten in Verbindung mit Cézanne.

Atelier Cézanne (☎ 04 42 21 06 53; www.atelier-cezanne.com; 9 av Paul Cézanne; Erw./Kind 5,50 €/frei; ⌚ Juli & Aug. 10–18 Uhr, übriges Jahr kürzere Öffnungszeiten) Cézannes letztes Atelier liegt 1,5 km nördlich der Touristeninformation auf einem Hügel. Es wurde akribisch in seinem Zustand beim Tod des Malers konserviert – und nachgestaltet: Nicht alle Werkzeuge und Stillleben-Sujets in den Räumlichkeiten gehörten damals Cézanne selbst. Das Ganze ist interessant, aber ein Werk des Meisters ist nicht zu sehen. Ab der Stadt läuft man hierher oder nimmt Bus 1 bzw. 20 zur Haltestelle Atelier Cézanne.

Terrain des Peintres Dieser tolle terrassierte Garten ist perfekt für ein Picknick. Von hier aus malten Cézanne und andere Künstler die Montagne Ste-Victoire. Der Anblick des schroffen Berges wirkt sehr inspirierend. Gegenüber der 62 av Paul Cézanne liegt das Gelände zehn Gehminuten oberhalb der Bushaltestelle Atelier Cézanne (Bus 1 bzw. 20).

Bastide du Jas de Bouffan (☎ 04 42 16 11 61; www.cezanne-en-provence.com; Erw./Kind 6 €/frei; ⌚ Führungen ab 10.30 Uhr Juni–Sept. tgl, Mai & Okt Di, Do & Sa, Nov.–März Mi & Sa; 🚌 6, Haltestelle Corsy) 1859 kaufte Cézannes Vater den Landsitz Le Jas de Bouffan westlich vom Stadtzentrum. Hier arbeitete der Künstler wie besessen: In den folgenden Jahren malte er 36 Ölbilder und 17 Aquarelle, die u. a. das Haus, den Bauernhof, die Kastanienallee und den grünen Park zeigen. Die obligatorischen Führungen sollten rechtzeitig bei der Touristeninformation reserviert werden. Hierher geht's entweder zu Fuß (20 Min. ab der Stadt) oder mit Bus 6 ab La Rotonde (Av Victor Hugo).

Carrières de Bibemus (Bibémus-Steinbruch; ☎ 04 42 16 11 61; www.cezanne-en-provence.com; 3090 chemin de Bibémus; Erw./Kind 6 €/frei; ⌚ Führungen Juni–Sept. tgl. ab 9.45 Uhr, April–Mai & Okt. Mo, Mi Fr & So ab 10.30 Uhr, Nov.–März Mi & Sa ab 15 Uhr) 1895 mietete Cézanne eine *cabanon* (Hütte) in diesem Steinbruch am Stadtrand und war hier sehr produktiv. Bei den stimmungsvollen Führungen (1 Std.) kommt man auch an den spektakulären Felsen vorbei, deren kräftige Ocker- und Orangetöne von Cézanne so lebhaft per Pinsel eingefangen wurden. Die Touren erfordern stabiles Schuhwerk und sollten rechtzeitig bei der Touristeninformation reserviert werden. Möglichst keine weißen Klamotten tragen!

Mazarin aus dem 17. Jh. Besonders zauberhaft ist die **Place des Quatre Dauphins**, deren Springbrunnen (1667) von wasserspeienden Delfinen geziert wird.

**★Musée Granet** MUSEUM
(www.museegranet-aixenprovence.fr; Place St-Jean de Malte; Erw./Kind 5 €/frei; ⌚Di–So 11–19 Uhr) Dieses außergewöhnliche Museum befindet sich in einer früheren Priorei des Malteserordens (erb. im 17. Jh.). Benannt ist es nach dem provenzalischen Maler François Marius Granet (1775–1849), der viele seiner Werke spendete. Die Sammlung umfasst u. a. italienische, flämische und französische Werke vom 16. bis zum 20. Jh. In der Abteilung für moderne Kunst wimmelt es nur so vor großen Namen wie Picasso, Léger, Matisse, Monet, Klee, Van Gogh oder Giacometti. Hier ist auch der ganze Stolz des Hauses zu sehen: neun Gemälde von Cézanne. Das Museum beherbergt zudem hervorragende Wechselausstellungen.

**Cathédrale St-Sauveur** KIRCHE
(Rue de la Roque; ⌚8–12 & 14–18 Uhr) Diese Kathedrale (erb. 1285–1350) kombiniert viele verschiedene Stilrichtungen miteinander: Der südliche Seitenteil hat ein romanisches Hauptschiff. In der Apsis steht ein Sarkophag aus dem 5. Jh. Mehrere Kapellen aus dem 14. und 15. Jh. sind ebenfalls vorhanden. Vergleichsweise jünger ist z. B. die vergoldete Barockorgel aus dem 18. Jh. Die Raumakustik macht die gregorianischen Choräle am Sonntagnachmittag zum unvergesslichen Erlebnis.

**Caumont Centre d'Art** MUSEUM
(☎04 42 20 70 01; www.caumont-centredart.com; 3 rue Joseph Cabassol; Erw./Kind 11/8,50 €; ⌚Mai–Sept. 10–19 Uhr, Okt.–April 10–18 Uhr) In der Blütezeit des Quartier Mazarin war das Hôtel de Caumont eines der schönsten hiesigen Herrenhäuser. Seine Vollendung (Baubeginn 1715) dauerte einst mehr als 30 Jahre. Dank langjähriger Renovierung (2015 abgeschlossen) bekommen Besucher nun einen Eindruck von der klassischen Eleganz des Gebäudes. In den prachtvollen Sälen werden Wechselausstellungen mit Spitzenkunst präsentiert. Der Eintritt beinhaltet eine Führung durch die opulenten Räumlichkeiten.

**Fondation Victor Vasarely** KUNSTGALERIE
(☎04 42 20 01 09; www.fondationvasarely.fr; 1 av Marcel Pagnol; Erw./Kind 9/4 €; ⌚Di–So 10–13 & 14–18 Uhr; 👪; 🚌4, 6, Haltestelle Vasarely) Rund 4 km westlich der Stadt liegt diese Galerie, die von dem Ungarn Victor Vasarely (1906–1997; Pionier der Op-Art) entworfen wurde. Sie ist ein echtes Meisterstück: Die 16 sechswändigen Galerien sind miteinander verbunden. Ihr Design setzt die geometrisch-psychedelischen Muster der 44 raumhohen Werke des Künstlers gezielt in Szene.

> **ℹ ERMÄSSIGUNGEN**
>
> Der **Cézanne Passport** (12 €/Pers.) gilt für die drei wichtigsten Wirkungsstätten des Malers: das Atelier Cézanne, die Bastide du Jas de Bouffan und die Carrières de Bibemus. Er ist bei der Touristeninformation, dem Atelier und der Bastide erhältlich. Der **Aix-Aix Region Pass** (2 €/Pers.) bringt Rabatt bei örtlichen Museen und geführten Stadtspaziergängen der Touristeninformation.

**Parc Jourdan** PARK
Südlich vom Stadtzentrum liegt der ruhige Parc Jourdan mit dem **Boulodrome Municipal**, auf dem Einheimische unter Platanen *pétanque* spielen.

**Thermes Sextius** THERMALQUELLEN
(☎04 42 23 81 82; www.thermes-sextius.com; 55 av des Thermes; Tageskarte ab 99 €) Das moderne Thermalbad befindet sich am Standort der römischen Quellen. Deren freigelegte Reste sind unter Glas ausgestellt.

## ☞ Geführte Touren

**Führungen der Touristeninformation** STADTSPAZIERGANG
(300 av Giuseppe Verdi; Erw./Kind 9/5 €) Die geführten Spaziergänge (u. a. auf Englisch) widmen sich Cézanne und der Altstadt. Sie finden regelmäßig statt und starten zumeist an bestimmten Wochentagen um 10 Uhr.

**Besucherzug** MINIBAHN
(☎04 42 01 09 98; www.cpts.fr; Erw./Kind 7/3 €; ⌚Ende März–Mitte Nov. 10–16 Uhr) Diese mehrsprachige Tour beginnt vor dem Apple-Store an der Place Général de Gaulle. Dann tuckert die Bahn durch das Quartier Mazarin, folgt dem Cours Mirabeau und fährt zum Schluss durch Vieil Aix.

## Feste & Events

**★Festival d'Aix-en-Provence** THEATER
(☎04 34 08 02 17; www.festival-aix.com; ⌚Juli) Einmonatiges Festival mit Oper, Ballett, klassischen Klängen und Straßenmusik.

## Aix-en-Provence

## Schlafen

**Hôtel les Quatre Dauphins** BOUTIQUEHOTEL €
(☎ 04 42 38 16 39; www.lesquatredauphins.fr; 54 rue Roux Alphéran; EZ 62–72 €, DZ 72–87 €; ❄ 📶) Das reizende Hotel in einer früheren Privatvilla schlummert in einem der schönsten Viertel von Aix vor sich hin. Die 13 fröhlichen und sauberen Zimmer verfügen über tolle moderne Bäder. Die malerischen Dachstuben besitzen schräge Balkendecken. Für Gäste mit schwerem Gepäck eignen sie sich aber weniger: Die Zugangstreppe mit Terrakottafliesen ist nicht gerade kofferfreundlich.

**Hôtel Cardinal** HOTEL €
(☎ 04 42 38 32 30; www.hotel-cardinal-aix.com; 24 rue Cardinale; EZ/DZ 68/78 €; 📶) Die altmodisch-hübsche Einrichtung der etwas unordentlichen Zimmer umfasst Antiquitäten und Vorhänge mit Quasten. Die sechs riesigen Suiten im Anbau weiter oben an der Straße verfügen über Kochecken und ein Esszimmer – ideal für längere Aufenthalte!

**Hôtel Paul** HOTEL €
(☎ 04 42 23 23 89; www.aix-en-provence.com/hotelpaul/; 10 av Pasteur; EZ/DZ/3BZ ab 55/65/77 €; 📶) Am Rand von Vieil Aix wartet dieses Schnäppchen mit 24 hellen Zimmern, einem

## Aix-en-Provence

**Highlights**
1 Cours Mirabeau ... B4
2 Musée Granet ... D4
3 Quartier Mazarin ... C4
4 Vieil Aix ... C2

**Sehenswertes**
5 Cathédrale St-Sauveur ... B1
6 Caumont Centre d'Art ... C4
7 Fontaine de la Rotonde ... A4
8 Fontaine d'Eau Chaude ... C3
9 Fontaine du Roi René ... C3
10 Galerie d'Art du Conseil Général des Bouches du Rhône ... B3
11 Parc Jourdan ... C5
12 Place des Quatre Dauphins ... C4

**Aktivitäten, Kurse & Touren**
13 Boulodrome Municipal ... C5
14 Besucherzug ... A4
15 Thermes Sextius ... A2
16 Führungen der Touristeninformation ... A4

**Schlafen**
17 Hôtel Aquabella ... A2
18 Hôtel Cardinal ... D4
19 Hôtel Cézanne ... B5
20 Hôtel des Augustins ... B3
21 Hôtel les Quatre Dauphins ... C4
22 Hôtel Paul ... B1
23 Hôtel Saint-Christophe ... B4
24 L'Épicerie ... A2

**Essen**
25 Charlotte ... A3
26 Farinoman Fou ... C2
27 Jacquou Le Croquant ... B3
28 Jardin Mazarin ... C4
29 La Tarte Tropézienne ... A4
30 Le Formal ... B3
31 Le Petit Verdot ... A3
32 Maison Nosh ... A2
33 Petit Pierre Reboul ... C3
Restaurant Pierre Reboul ... (siehe 33)

**Ausgehen & Nachtleben**
34 Book in Bar ... C4
35 La Mado ... C3
36 Le Mistral ... C4
37 Les Deux Garçons ... C3

**Unterhaltung**
38 Scat Club de Jazz ... B2

**Shoppen**
39 Cave du Félibrige ... B2
40 Flohmarkt ... C3
41 La Chambre aux Confitures ... D4
42 La Maison du Roy René ... B2
43 Morgentlicher Markt ... B2

ruhigen Garten, einem TV-Raum und Gratisparkplätzen auf. Im Sommer sorgen Ventilatoren für Kühlung. Keine Kreditkarten.

### ★ L'Épicerie
B&B €€

(☎06 08 85 38 68; www.unechambreenville.eu; 12 rue du Cancel; DZ 100–130 €; ) Das trauliche B&B ist das großartige Werk von Luc, der aus Aix stammt und hier auch aufgewachsen ist. Der Frühstücksraum erinnert an einen Lebensmittelladen aus den 1950er-Jahren. Der Blumengarten hinter dem Haus ist ein ideales Plätzchen für das hervorragende Abendessen oder den Brunch am Wochenende (jeweils vorab bestellen!). Das Frühstück macht einen wahrhaft fürstlichen Eindruck. Zwei der Zimmer bieten Platz für vierköpfige Familien.

### Hôtel des Augustins
HOTEL €€

(☎04 42 27 28 59; www.hotel-augustins.com; 3 rue de la Masse; DZ 109–249 €; ) Von dem früheren Konvent aus dem 15. Jh. ist es nur ein Katzensprung bis zum Zentrum der Action von Aix. Das Gebäude mit breitem Treppenhaus und einer wunderbaren Lobby unter steinernen Gewölbedecken ist schwer geschichtsträchtig: Martin Luther übernachtete hier nach seiner Exkommunikation in Rom. Die größten und luxuriösesten Zimmer sind mit handbemaltem Mobiliar und eigenen Whirlpools ausgestattet. Zwei weitere Quartiere punkten mit eigenen Terrassen unterhalb des filigran verzierten Glockenturms.

### Hôtel Saint-Christophe
HOTEL €€

(☎04 42 26 01 24; www.hotel-saintchristophe.com; 2 av Victor Hugo; Zi. 108–178 €; ) Dieses anständige Hotel mit großer Lobby und reservierungspflichtigen Parkplätzen (14 €) liegt sehr zentral. Die Zimmer mit guten Bädern entsprechen dem normalen Standard im Mittelklassebereich. Sie erinnern stilmäßig an die Art-déco-Zeit und haben z. T. eigene Terrassen; manche bieten auch Platz für vier Personen.

### ★ Villa Gallici
HISTORISCHES HOTEL €€€

(☎04 42 23 29 23; www.villagallici.com; 18 av de la Violette; Zi. 235–700 €; ) Einen relaxten Fußmarsch (nur 500 m) nördlich vom Zentrum liegt dieses palastartige Anwesen: eine 200 Jahre alte Villa mit wunderschönem Pool- und Gartenbereich. Traditionelle Pracht ziert alle Gebäude, und die Zimmer strotzen nur so vor Luxus. Obendrein riecht man darin den Wildlavendel, der direkt draußen vor den Fenstern wächst.

**Hôtel Cézanne** BOUTIQUEHOTEL €€€
(☎ 04 42 91 11 11; www.hotelaix.com; 40 av Victor Hugo; Zi. 150–280 €; ❄@📶) Vor dem elegantesten Hotel der Stadt wehen violette Fahnen stolz im Wind. Das Ganze entspricht einer modernen Gestaltungsstudie mit klarer Linienführung, designermäßigem Dekor, hochwertigen Textilien und scharfkantigen Einbauschreibtischen. In jeder anderen Stadt wäre die Lage direkt am Bahnhof ein deutlicher Minuspunkt. Die Gratisparkplätze erfordern rechtzeitige Reservierung.

**Hôtel Aquabella** HOTEL €€€
(☎ 04 42 99 15 00; www.aquabella.fr; 3 rue des Étuves; DZ/3BZ 210/230 €) Wer sich gern wie ein Römer im örtlichen Thermalwasser aalen würde, sollte in diesem Drei-Sterne-Hotel neben den Thermes Sextius absteigen: Der Zugang zu Letzteren ist im Zimmerpreis enthalten. Nach einem anstrengenden Bummeltag durch die Boutiquen gibt's wirklich nichts Besseres, als im Eukalytusdunst des *hammam* (türkisches Dampfbad) zu relaxen – gefolgt von einem Sprung in den Pool mit Blick auf römische Ruinen zum Abkühlen.

## Essen

Das kulinarische Highlight der Stadt ist exzellente Küche à la Provence. Restaurantterrassen verteilen sich über Dutzende höchst charmanter Altstadtplätze (oft mit uralten Springbrunnen). Diesbezüglich besonders beliebt sind die Place des Trois Ormeaux, die Place des Augustins, die Place Ramus und das große Forum des Cardeurs.

★ **Maison Nosh** CAFÉ €
(☎ 06 52 86 22 39; www.maison-nosh.com; 42-44 cours Sextius; Hauptgerichte ab 5 €; ⏲ Mo–Sa 10–18 Uhr) Fröhlich, einladend und zwanglos tischt dieses Bäckereicafé leckere Kost mit Pfiff auf. Den ganzen Tag über gibt's hier appetitliche Backwaren nebst Kaffee und Säften. Ab 11 Uhr kredenzt die Küche dann Sandwiches, Salate und warme Snacks wie den wohl besten Hotdog aller Zeiten (auf einem Holzteller).

★ **Jacquou Le Croquant** PROVENZALISCH €
(☎ 04 42 27 37 19; www.jacquoulecroquant.com; 2 rue de l'Aumône Vielle; Plat du jour 11 €, Menüs ab 14 €; ⏲ 12–15 & 19–23 Uhr) Dieser familienfreundliche Veteran ist seit 1985 im Geschäft und hat zahlreiche Pluspunkte: heiter-belebte Atmosphäre, unkonventionelle Einrichtung, herzhafte Hausmannskost und Gerichte für jeden Geldbeutel. Zudem besitzt der Laden einen Terrassengarten mit vielen Blumen und öffnet schon am frühen Abend. Spezialität des Hauses ist Essen aus dem Südwesten Frankreichs – und das bedeutet, dass es viele Rezepte mit Entenfleisch gibt. Auf der langen Karte stehen aber auch noch genügend andere Optionen.

★ **Farinoman Fou** BOULANGERIE €
(www.farinomanfou.fr; 3 rue Mignet; ⏲ Di–Sa 7–19 Uhr) Gleich abseits der Place des Prêcheurs versteckt sich diese wahrhaft sensationelle Bäckerei, bei der die Warteschlange immer bis hinaus vor die Tür reicht. Das knusprige Brot mit verschiedenen Aromen ist schon Grund genug, alles zu verkaufen und nach Aix zu ziehen. Hergestellt wird es von dem kunstfertigen *boulanger* Benoît Fradette. Mangels richtigem Verkaufsraum quetschen sich die Kunden zwischen Backöfen und Knetkessel.

**La Tarte Tropézienne** PATISSERIE, CAFÉ €
(Av des Belges; Menü mit Sandwich/Salat 7/8 €, Hauptgerichte 12–14 €) Der moderne Mix aus Patisserie und Café ist praktisch für einen Zwischenstopp auf dem Weg zum/vom Bahnhof oder Busbahnhof. Spezialität des Hauses ist *tarte Tropézienne* (Sahnecremetorte à la St-Tropez) mit Puderzucker, deren Varianten hier wie Juwelen in Glasvitrinen präsentiert werden. Kunden können sich ein Stück (2,90 €) mitnehmen oder dieses direkt auf einer Holzterrasse mit roten Regiestühlen vertilgen. Parallel gibt's Salate und Gourmetsandwiches mit super Preis-Leistungs-Verhältnis.

**Charlotte** BISTRO €
(☎ 04 42 26 77 56; 32 rue des Bernardines; 2-/3-gängige Menüs 16,50/20 €; ⏲ Di–Sa 12.30–14 & 20–22.30 Uhr; 👪) Im sehr gemütlichen Charlotte kennt jeder jeden. Auf der Karte stehen vor allem französische Klassiker wie Kalbsschnitzel und Rindersteak. Hinzu kommen immer mindestens ein vegetarisches Gericht und ein paar einfallsreiche *plats du jour*. Im Sommer verlagert sich alles nach draußen in den Garten.

★ **Petit Pierre Reboul** BISTRO €€
(Petit II R; ☎ 04 82 75 72 81; www.bistrotpetitpierre.com; 11 Petite Rue St-Jean; 2-gängige Menüs 19–34 €, 3-gängige Menüs 27–39 €; ⏲ Mo–Sa 12–14.30 & 19.30–22.30 Uhr) Das kunterbunte Bistro

am Ende einer Gasse ist ein Ableger von Pierre Rebouls benachbartem Spitzenrestaurant. Modernes Design (z. B. neonfarbene Textilien, Lampenschirme aus Bleistiften) prägt das Ambiente. Auf der Karte stehen vor allem Klassiker wie Burger, Caesar-Salat, Grillfleisch oder Muscheln plus Pommes – zwischen einigen wenigen abenteuerlicheren Optionen.

**★ Le Petit Verdot** FRANZÖSISCH €€
(☎ 04 42 27 30 12; www.lepetitverdot.fr; 7 rue d'Entrecasteaux; Hauptgerichte 15–25 €; ⏲ Mo–Sa 19–24 Uhr) Hier werden leckere saisonale Menüs mit Spitzenweinen kombiniert. Das Fleisch schmort oft einen ganzen Tag lang, und das zarte Gemüse gart in schmackhafter Brühe. Unbedingt Platz im Magen für eines der fantastischen Desserts reservieren! In lebhafter Atmosphäre speisen die Gäste an Tischplatten aus Weinkistenholz (ein Plausch mit den Nebensitzern ist da sehr wahrscheinlich). Der gesellige Inhaber spricht mehrere Sprachen.

**Le Formal** MODERN-FRANZÖSISCH €€
(☎ 04 42 27 08 31; www.restaurant-leformal.com; 32 rue Espariat; Mittagsmenü ab 26 €, 3-/7-gängige Abendmenüs 42/49 €; ⏲ Di–Fr 12–14, Di–Sa auch 19.30–22 Uhr) Mit seinem Spitzenrestaurant ist Küchenchef Jean-Luc Le Formal eine feste Größe in französischen Feinschmeckerkreisen. Tadellos auftretende Kellner servieren die einfallsreichen Köstlichkeiten in Kellerräumen mit Gewölbedecken. Für das großartige Trüffelmenü mit sieben Gängen (79 €) muss man unbedingt rechtzeitig reservieren.

**Jardin Mazarin** FRANZÖSISCH €€
(☎ 04 42 58 11 42; www.jardinmazarin.com; 15 rue du 4 Septembre; Menü 34 €, Hauptgerichte 15–20 €; ⏲ Di–Sa 12–14.30 & 20–22.30 Uhr) Das elegante Lokal ist eine Art Geheimtipp: Es versteckt sich in einem schmucken *hôtel particulier* und bietet wunderbare Ruhe abseits der lärmigen Menschenmassen – hier geht's gediegen zu. Die beiden Speisesalons haben großartige Balkendecken. Hauptattraktion ist jedoch der mondäne grüne Freiluftgarten mit Springbrunnen, in dem Tischreihen unter einem Dach aus Weidengeflecht stehen.

**★ Restaurant Pierre Reboul** FEINSCHMECKER €€€
(☎ 04 82 75 72 60; www.restaurant-pierre-reboul.com; 11 Petite Rue St-Jean; Menüs 54–151 €; ⏲ Di–Sa 12–14 & 19.30–22 Uhr) Pierre Reboul ist der neueste Stern am Restauranthimmel von Aix. Seine verspielten, großartigen Kreationen sind exquisit mit einem Sinn fürs Minimalistische angerichtet. Dieser setzt sich im ruhigen Speiseraum fort. Mit so frischen wie zeitlosen Zutaten schafft der Küchenchef innovative Kombinationen. Ergebnis ist z. B. perfekt sautierte Ente mit pikanter Brühe (überraschend asiatisch angehaucht), Meerschaum und zarten Nudeln. Beim Mittagsmenü sind Mineralwasser, Kaffee und ein Glas Wein im Preis enthalten.

Das hauseigene Bistro Petit Pierre Reboul (S. 186) nebenan ist ebenfalls hervorragend.

### SÜSSE VERSUCHUNG

Seit dem Hochzeitsbankett von König René (1473) ist marzipanartiges *calisson d'Aix* die süßeste Versuchung der Stadt. Den Boden des kleinen, klebrigen Konfekts in Rautenform bildet eine Oblate. Darauf kommen gemahlene Mandeln und Fruchtsirup. Zum Schluss wird das Ganze noch mit Zuckerguss glasiert. Traditionelle *calissonniers* stellen diese Köstlichkeit bis heute her. Einer von ihnen ist **Roy René** (www.calisson.com; 13 rue Gaston de Saporta; ⏲ Mo–Sa 9.30–13 & 14–18.30, So 9–16 Uhr), der neben seiner Fabrik am Stadtrand (Führung 5 €) auch ein Minimuseum betreibt.

## Ausgehen & Nachtleben

Marseilles unterhaltsame Nightlife-Szene verändert sich ständig. Für abendliche Action empfehlen sich die Kneipen an der Rue de la Verrerie und Place Richelme. Freiluftcafés beleben die Plätze. Dies gilt vor allem für das Forum des Cardeurs, die Place de Verdun und die Place de l'Hôtel de Ville. Wir mögen besonders Letztere wegen ihrer Schatten spendenden Bäume und der traulicheren Atmosphäre.

**★ Book in Bar** CAFÉ
(www.bookinbar.com; 4 rue Cabassol; ⏲ Mo–Sa 9–19 Uhr) Für koffeinliebende Literaturfans gibt's wohl keinen besseren Ort als diesen spitzenmäßigen englischen Buchladen mit Café. Gelegentlich finden hier z. B. auch Lesungen oder Jazzabende statt.

**La Mado** CAFÉ
(Chez Madeleine; ☎ 04 42 38 28 02; www.lamado-aix.com; 4 place des Prêcheurs; ⏲ 7–2 Uhr) Das

NICHT VERSÄUMEN

### MÄRKTE

➡ Die Verkaufstische des **Lebensmittelmarkts** (place Richelme; ⌚ tgl. 7–12 Uhr) ächzen jeden Morgen unter dem Gewicht von vielen sonnenverwöhnten Obst- bzw. Gemüsesorten und anderen z. T. saisonalen Spezialitäten (z. B. marinierte Oliven, Ziegenkäse, Knoblauch, Lavendel, Honig, Pfirsiche, Melonen, Kirschen). Der stimmungsvolle Platz in T-Form liegt im Schatten von Platanen. In den Cafés an seinen Ecken tauschen Einheimische nach dem Einkaufen bei *un café* (einem Kaffee) den neuesten Tratsch aus.

➡ Blumenmärkte gibt's auf der Place des Prêcheurs (So morgens) und der Place de l'Hôtel de Ville (Di, Do & Sa morgens).

➡ Auf dem **Flohmarkt** (place de Verdun; ⌚ Di, Do & Sa morgens) wartet schräger Vintage-Kram.

schicke Café an einem belebten Platz ist schon lange im Geschäft. So tummeln sich hier ältere Speisegäste und gestylte Trendsetter gleichermaßen. Die Terrasse mit stahlgrauen Sonnenschirmen wird von Heckenreihen in Pflanzkübeln eingerahmt. Tagsüber ist der Laden unschlagbar zum Kaffeetrinken und Leutegucken. Das Essen (Mittags-/Abendmenüs 18/32 €) ist ebenfalls top.

**Les Deux Garçons** CAFÉ
(53 cours Mirabeau; ⌚ 7–2 Uhr) Hier relaxten Cézanne und Zola: Dieser Mix aus Brasserie und Café serviert französische Traditionsgerichte. Der Laden eignet sich aber besser zum Bechern (wenn auch der Service im Allgemeinen etwas lahm ist). Quer über die schmale Gasse fällt der Blick auf den früheren Laden, in dem Cézannes Vater einst Hüte verkaufte.

**Le Mistral** NACHTCLUB
(www.mistralclub.fr; 3 rue Frédéric Mistral; ⌚ Di & Sa 24–6 Uhr, in den Semesterferien tgl.) Leute, die erst nach Mitternacht aufstehen, zieht es oft zu diesem belebten Kellerclub mit drei Bars und einer Tanzfläche. Die DJs legen House, R&B, Techno und Rap auf.

## ☆ Unterhaltung

Aix hat einige gute Kinos (www.lescinemasaixois.com).

**Scat Club de Jazz** LIVEMUSIK
(☎ 04 42 23 00 23; http://scatclub.free.fr/scatnet; 11 rue de la Verrerie; ⌚ Di–Sa 23 Uhr–open end) Fürs Abhängen zu später Stunde empfiehlt sich dieses wahrhaftige Kellerloch mit vielfältigem Liveprogramm (z. B. Jazz, Rock, Blues).

**Grand Théâtre de Provence** THEATER
(☎ 04 42 91 69 70; www.legrandtheatre.net; 380 av Max Juvénal) Musik und Oper in einem topmodernen Theater.

## Shoppen

Die schicksten Klamottenläden der Stadt findet man rund um die verkehrsberuhigte Rue Marius Reynaud.

**La Chambre aux Confitures** FEINKOST
(www.lachambreauxconfitures.com; 16bis rue d'Italie; ⌚ Mo–Fr 10–13 & 15–19, Sa 10–19.30, So 10–13 Uhr) Die großartige Boutique bietet Marmelade, Konfitüre und Chutney in allerlei exotischen bzw. ungewöhnlichen Varianten an. Am beliebtesten sind die Marmeladensorten Klementine-Calisson oder Aprikose-Lavendel. Einfach wie die Einheimischen vor dem Kaufen um eine Kostprobe bitten!

**Cave du Félibrige** WEIN
(☎ 04 42 96 90 62; www.aix-en-provence.com/cave-felibrige; 8 rue des Cordeliers; ⌚ Mo–Sa 10–19 Uhr) Sensationelle Weinauswahl.

## ℹ Praktische Informationen

**Touristeninformation** (☎ 04 42 16 11 61; www.aixenprovencetourism.com; 300 av Giuseppe Verdi; ⌚ Okt.–Mai Mo–Sa 8.30–19, So 10–13 & 14–18 Uhr, Juni–Sept. Mo–Sa bis 20 Uhr; 📶) Touchscreens ergänzen hier die üblichen Broschüren um etwas Hightech. Das hilfsbereite Personal verkauft auch Tickets für Kulturevents und geführte Touren.

## ℹ An- & Weiterreise

Im Internet gibt's Infos zu allen möglichen Verkehrsmitteln (www.lepilote.com), zu bestimmten Regionalbuslinien (www.info-ler.fr) und Shuttle-Bussen nach/ab Marseille (www.navetteaixmarseille.com).

### BUS

Der örtliche **Busbahnhof** (☎ 08 91 02 40 25, 04 42 91 26 80; Place Marius Bastard) liegt zehn Gehminuten südwestlich von La Rotonde. Sonntags ist der Linienbetrieb eingeschränkt. Beispiele für Ziele:

**Aéroport Marseille Provence** (Bus 40; 8,20 €, 40 Min., alle 30 Min.)

**Arles** (10,50 €, 1½ Std., 7-mal tgl.)
**Avignon** (17,40 €, 1¼ Std., 6-mal tgl.)
**Marseille** (5,70 €, 25 Min., alle 10 Min.)
**Toulon** (13,90 €, 1 Std., 7-mal tgl.)

### ZUG

Am **Bahnhof im Stadtzentrum** (Südende der Av Victor Hugo) besteht Verbindung nach Marseille (8 €, 45 Min.).

Der TGV-Bahnhof an der Strecke Paris–Marseille liegt 15 km vom Stadtzentrum entfernt und ist vom Busbahnhof aus erreichbar (Bus 40; 4,10 €, 15 Min., alle 15 Min.). Hinweis: Der Eurostar zwischen London, Lyon, Avignon und Marseille hält hier nicht!

## Unterwegs vor Ort

La Rotonde ist die Drehscheibe des Stadtbusnetzes von **Aix en Bus** (www.aixenbus.fr; einfache Strecke 1 €). Die Touristeninformation verteilt Fahrpläne. Minibus 2 verbindet den Bahnhof im Stadtzentrum mit La Rotonde.

**Taxi Mirabeau** (04 42 21 61 61)

# Rund um Aix-en-Provence

Nur eine kurze Fahrt von Aix entfernt liegen die Berge, die Cézanne auf seinen Ölbildern und Aquarellen verewigte, Weingüter und ein paar fabelhafte Restaurants.

## Sehenswertes & Aktivitäten

**★ Montagne Ste-Victoire** GEBIRGSZUG

Östlich von Aix erhebt sich Cézannes Lieblingslandschaft, der prächtige, silbrig schimmernde Gebirgszug Montagne Ste-Victoire. Seine trockenen Hänge sind mit *garrigue* (duftendes Gebüsch), frischen grünen Kiefernwäldern im unteren Teil, dunkler orangefarbener Erde und den Weingütern des Weinbaugebiets Coteaux d'Aix-en-Provence bedeckt. Viele Wanderer bevorzugen die Nordseite des Bergrückens, doch auch die Südseite ist sehr schön, wenn auch steiler. Wer auf der D17 an der Südseite unterwegs ist, kann sich in der **Maison de Ste-Victoire** (04 13 31 94 70; www.grandsitesaintevictoire.com; Chemin départemental 17; Mo–Fr 10–18, Sa & So 10.15–19 Uhr) in St-Antonin-sur-Bayon Infos zum Wandern und Radeln holen. Im Juli und August ist der Gebirgszug wegen der Waldbrandgefahr nicht zugänglich, die Straßen bleiben aber offen. Die Fahrt rund um Ste-Victoire ist toll. Von La Rotonde in Aix geht's mit Bus 110 (www.lepilote.com) gen Payloubier/St-Antonin-sur-Bayon hierher.

**★ Château de Vauvenargues** BURG

(04 42 26 48 82; 4 rue René Nicol) An der nördlichen Seite der Montagne Ste-Victoire führt die D10 an **Vauvenargues** vorbei, wo sich das Château de Vauvenargues aus dem 14. Jh. befindet. Hier ist Picasso beerdigt. Der Künstler kaufte das Schloss aus roten Ziegeln 1958 und lebte dort von 1959 bis 1961, und noch heute gehört es den Picassos. 2009 war das Schloss für Besucher geöffnet, um Geld für die Restaurierung aufzutreiben. Jetzt ist das Schloss für die Öffentlichkeit wieder gesperrt, doch der Anblick des stimmungsvollen Dorfes mit Ste-Victoire im Hintergrund ist spektakulär.

**Aqueduc de Roquefavour** HISTORISCHE SEHENSWÜRDIGKEIT

Auf der Fahrt von Aix Richtung Westen auf der D64 ist nach 13 km der Aqueduc de

### EIN FRANZÖSISCHES KONZENTRATIONSLAGER

Die Ziegelei **Camp des Milles** (04 42 39 17 11; www.campdesmilles.org; 40 chemin de la Badesse, Les Milles; Erw./Kind 9,50/7,50 €; 10–19 Uhr, letzter Einlass 18 Uhr) liegt 8 km südwestlich von Aix in Les Milles. Von 1882 bis zum 31. August 1939 produzierte sie jährlich 30 000 t Dachziegel und Backsteine. Im Zweiten Weltkrieg wurde der Komplex nacheinander zu einem Internierungslager der französischen Republik (bis Juni 1940), einem Internierungs- bzw. Durchgangslager des Vichy-Regimes (Juli 1940–Juli 1942) sowie schließlich zu einem Konzentrations- und Deportationslager der Nazis. Heute ist er eine ergreifend gut erhaltene Gedenkstätte. Moderne Ausstellungen und historische Dokumente informieren darüber, wie 10 000 Häftlinge aus 38 Ländern hier festgehalten wurden. Original erhalten geblieben sind ergreifende Bilder und Texte, die von Häftlingen an den Wänden hinterlassen wurden. Unverändert ausgestellt ist zudem einer der Eisenbahnwaggons, die mehr als 2000 Menschen von Les Milles nach Auschwitz brachten.

Unter den vor Ort inhaftierten Künstlern und Intellektuellen war z. B. der surrealistische Maler Max Ernst (1891–1976). Mehrere Ausstellungen können hier kostenlos besucht werden.

ABSTECHER

## SALON DE PROVENCE

Bester Ausgangspunkt für einen Bummel durch Salons Altstadt (im 12. Jh. befestigt) ist deren schönster Platz namens **Place Crousillat**. Von 1547 bis zu seinem Tod im Jahr 1566 bewohnte Nostradamus die **Maison de Nostradamus** (04 90 56 64 31; 11 rue Nostradamus; Erw./Kind 5/3,15 €; Mo–Fr 9–12 & 14–18, Sa & So 14–18 Uhr). Schriftrollen mit den Prophezeiungen des Philosophen bedecken hier die Wände, während wichtige Szenen aus seinem Leben mit (oft makaberen) Wachsfiguren nachgestellt sind. Begraben ist er hinter einer Gedenktafel im gotischen **Collégiale St-Laurent** (place St-Laurent) aus dem 14. Jh.

Von der vorletzten Jahrhundertwende bis in die 1950er-Jahre hatte Salon eine florierende Seifenindustrie. Die Basis hierfür bildeten große Mengen einheimischen Olivenöls sowie Palm- und Kokosöl aus den französischen Kolonien. Die 1900 gegründete **Savonnerie Marius Fabre** (04 90 53 82 75; www.marius-fabre.fr; 148 av Paul Borret; April–Sept. Mo–Sa 9.30–12.30 & 14–19 Uhr, übriges Jahr kürzere Öffnungszeiten) GRATIS wird heute in der dritten Generation betrieben. In ihrem kleinen Museum zeichnet sie ein lebendiges Bild der Seifenindustrie. In einer schmucken Boutique von 1907 verkauft die **Savonnerie Rampal-Latour** (04 90 56 07 28; www.rampal-latour.com; 71 rue Félix Pyat; Führungen gratis; Laden Mo–Fr 9–12 & 14–18 Uhr) GRATIS ihre Seife zum Fabrikpreis. In beiden Fällen gibt's Betriebsführungen (für genaue Zeiten jeweils anrufen).



Roquefavour erreicht. Ein Spaziergang unter Bäumen führt zum größten steinernen Aquädukt der Welt, der 1861 gebaut wurde, um Wasser vom Fluss Durance nach Marseille zu transportieren. Danach bietet sich ein Mittagessen im Hôtel-Restaurant Arquier an.

**Domaine de la Brillane** WEINGUT
(04 42 54 21 44; www.labrillane.com; 195 rte de Couteron; 10–13 Uhr & nach Vereinbarung) Wer die gepriesenen Rotweine und Rosés dieses Bio-Weinguts verkosten will, meldet sich einfach vorher an. Das prächtige, ockerfarbenen Château, das von Weingärten umgeben ist, liegt 7 km nördlich von Aix-en-Provence; der letzte Kilometer ist ab der Abzweigung von der D13 auf der Strecke von Aix nach St-Canadet Richtung Norden ausgeschildert.

### Schlafen & Essen

**Hôtel-Restaurant Arquier** FRANZÖSISCH €€
(04 42 24 20 45; www.arquier-restaurant-hotel.com; 2980 rte du Petit-Moulin; Zi. 60–70 €, Menüs Werktag/Wochenende ab 15,50/25 €; Restaurant 12–14 Uhr; ) Der Gasthof am Straßenrand hat eine Terrasse mit tollem Blick auf den Aqueduc de Roquefavour. Werktags bevölkern viele Einheimische die Tische am Flussufer, um das üppige Mittagsbüfett zu genießen. Von den einfachen, aber komfortablen Zimmern schaut man auf beruhigendes Grün.

★ **La Table de Ventabren** MODERN-FRANZÖSISCH €€€
(04 42 28 79 33; www.latabledeventabren.com; 1 rue Cézanne; Mittagsmenü Mi–Sa 40 €, mehrgängige Menüs 65–92 €; Mai–Sept. Mi–So 12–13.15, Di–So 19.45–21.15 Uhr, übriges Jahr kürzere Öffnungszeiten) Das Restaurant mit Michelin-Stern ist Grund genug, von Aix aus 16 km westwärts zum mittelalterlichen Hügeldorf Ventabren zu fahren. Die Terrasse mit Sonnensegeln aus Leinwand ist an Sommerabenden besonders zauberhaft. Freiliegende Mauersteine und Designer-Details prägen das Innere des Lokals. Küchenchef Dan Bessoudo kredenzt einfallsreiche französische Küche und himmlische Desserts. Nach dem Essen empfiehlt sich eine Wanderung zum Château de la Reine Jeanne, dessen Ruinen mit Panoramablick aufwarten.

# Arles & die Camargue

Inhalt ➡



## Gut essen

- L'Atelier (S. 200)
- Le Gibolin (S. 199)
- Le Mazet du Vaccarès (S. 204)
- La Telline (S. 204)
- La Cabane aux Coquillages (S. 207)

## Schön übernachten

- Le Cloître (S. 199)
- L'Hôtel Particulier (S. 199)
- Hôtel de l'Amphithéâtre (S. 198)
- Lodge Sainte Hélène (S. 207)
- Le Mas de Peint (S. 204)

## Auf nach Arles & in die Camargue!

Schwarze Stiere, weiße Pferde und rosarote Flamingos prägen diesen herrlichen Teil der Provence. In dem Sumpfgebiet mit seinen weiß glitzernden Salzgärten, überfluteten Reisfeldern und filmreifen Cowboys scheint die Zeit stehen geblieben zu sein. Für lautstarke Action sorgen nur die vielen Vögel in dem 780 km$^2$ großen Delta zwischen den beiden Armen der Rhone (Petit Rhône und Grand Rhône). Im Binsenwald des Feuchtbiotops findet man überall kleine Unterstände, von denen aus man die graziösen Flamingos beobachten kann – und den einzigartigen Mythos spürt, der seit jeher von diesem Land im Wasser ausgeht.

Die größte Stadt hier ist das kleine, aber feine Arles. Die engen, in der Abendsonne golden schimmernden Gassen haben schon Vincent van Gogh inspiriert. Heute gibt es neben dem wunderbar restaurierten, römischen Amphitheater eine Reihe erstklassiger Kunst- und historischer Museen sowie Restaurants der Spitzenklasse zu entdecken. Am liebsten würde man für immer hierbleiben.

## Entfernungen (km)

| | Salin de Giraud | Le Sambuc | Stes-Maries-de-la-Mer | La Capelière | Aigues-Mortes |
|---|---|---|---|---|---|
| Le Sambuc | 15 | | | | |
| Stes-Maries-de-la-Mer | 61 | 59 | | | |
| La Capelière | 22 | 13 | 41 | | |
| Aigues-Mortes | 70 | 62 | 33 | 56 | |
| Arles | 38 | 31 | 37 | 21 | 51 |

## Highlights

1 Das römische **Arles** (S. 194) entdecken, auf den Spuren van Goghs wandeln und in einigen der besten Restaurants der Provence schlemmen

2 Im wunderbaren **Parc Ornithologique du Pont de Gau** (S. 201) Rosaflamingos beobachten

3 Beim Wandern rund um **La Capelière** (S. 202) und **Salin de Badon** die regionale Flora und Fauna kennenlernen

4 In der Nähe von **Le Sambuc** (S. 204) ein feines Restaurant ausprobieren

5 Bei Reitwanderungen im **Domaine de la Palissade** (S. 202) schnell wie der Wind galoppieren

6 Am **Digue à la Mer** (S. 202) auf dem Fahrrad bis zu einem Leuchtturm des 19. Jhs. am Ende der Welt radeln

7 Am **Étang de Vaccarès** (S. 201) die Vögel beobachten und mit den Leuchtturmwärtern im legendären **Le Mazet du Vaccarès** (S. 204) zu Abend essen

8 Den Spuren der Pilger nach **Stes-Maries-de-la-Mer** (S. 206) mit seiner Wallfahrtskirche folgen

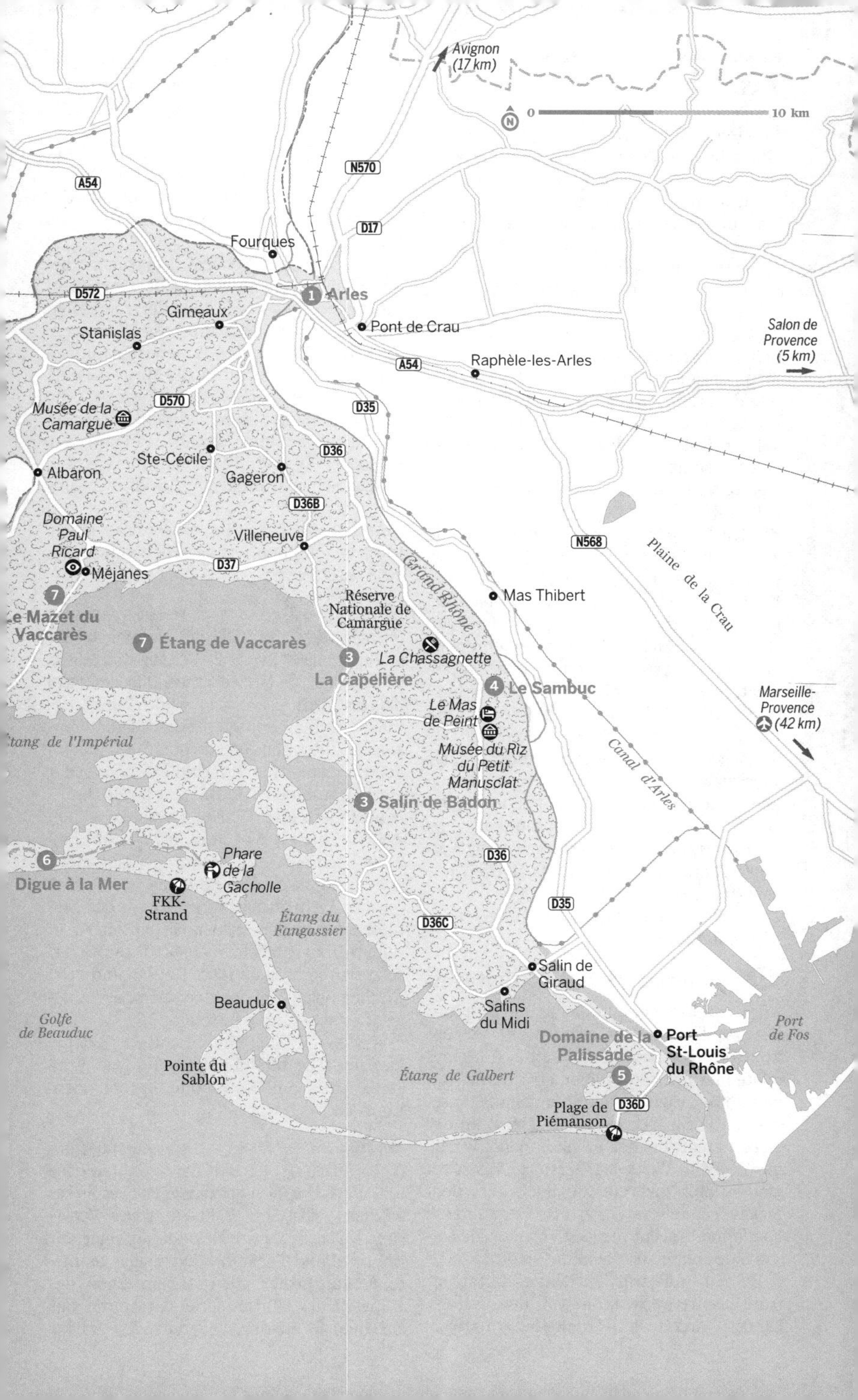

Avignon (17 km)
0
10 km
N570
A54
D17
Fourques
D572
1 Arles
Gimeaux
Stanislas
Pont de Crau
Salon de Provence (5 km)
A54
Raphèle-les-Arles
D570
Musée de la Camargue
D35
D36
Ste-Cécile
Albaron
Gageron
D36B
Domaine Paul Ricard
Villeneuve
D37
Méjanes
N568
Plaine de la Crau
Grand Rhône
Mas Thibert
7
Le Mazet du Vaccarès
7 Étang de Vaccarès
Réserve Nationale de Camargue
3
La Capelière
La Chassagnette
4 Le Sambuc
Le Mas de Peint
Marseille-Provence (42 km)
Étang de l'Impérial
Musée du Riz du Petit Manusclat
Canal d'Arles
3 Salin de Badon
D36
6
Digue à la Mer
Phare de la Gacholle
FKK-Strand
D35
Étang du Fangassier
D36C
Salin de Giraud
Beauduc
Salins du Midi
Golfe de Beauduc
Domaine de la Palissade
Port St-Louis du Rhône
Port de Fos
Pointe du Sablon
Étang de Galbert
5
D36D
Plage de Piémanson

# Arles

53 575 EW.

Römische Monumente, elegante Plätze und eine fröhliche Festivalstimmung, die während der Stierkämpfe einen Höhepunkt erreicht, machen Arles zu einem hübschen Tor zur Camargue. Und wer glaubt, diese bunten, in der Sonne träumenden Häuser schon einmal gesehen zu haben, kennt sie bestimmt von den Gemälden Vincent van Goghs.

Doch lange bevor der niederländische Maler die Sternennacht über der Rhone auf die Leinwand bannte, waren schon die Römer dem Charme der griechischen Siedlung Arelate erlegen. Nachdem sie sich 49 v.Chr. auf die Seite des siegreichen Julius Cäsar geschlagen hatte, stiegen der Reichtum und die politische Bedeutung der Stadt sprunghaft an, Marseille hingegen hatte Cäsars Rivalen Pompejus Magnus unterstützt und wurde zur Strafe von Cäsars Truppen geplündert, woraufhin Arles zum größten Hafen der Region aufstieg. Schon bald darauf erfreuten sich die Bewohner der Stadt an Gladiatorenkämpfen und Wagenrennen in den wundervollen Arenen und Amphitheatern. Bis heute finden in dem verblüffend gut erhaltenen Amphitheater mit 12 000 Sitzplätzen und der Arena mit 20 000 Sitzen große Veranstaltungen statt, darunter auch die berühmten, wegen ihres tödlichen Endes für die Stiere aber äußerst umstrittenen *férias* sowie die weniger blutigen *courses camarguaises* (die provenzalische Version des Stierkampfes) mit bis zu drei Tage dauernden Straßenfesten.

Der Sonntagsmarkt von Arles ist einer der Besten in Europa.

## Sehenswertes & Aktivitäten

Arles' römische Monumente sind fantastisch und unbedingt sehenswert. Vincent van Gogh lebte zwar einige Zeit in Arles und malte hier über 200 Bilder, aber heute sind hier keine Originale von ihm ständig zu sehen, und sein kleines „gelbes Haus" an der place Lamartine, das er 1888 malte, wurde im Zweiten Weltkrieg zerstört. Trotzdem gibt es hier mehrere Möglichkeiten, dem Meister seine Reverenz zu erweisen, und die Fondation Vincent van Gogh bringt jede Saison eines seiner Werke in die Stadt.

Bis 2018 soll Arles mit einem Kulturzentrum beehrt werden, das von dem weltbekannten Architekten Frank Gehry entworfen wurde. Sofern nicht anders angegeben, ist letzter Einlass bei den Sehenswürdigkeiten 30 Minuten vor Schließung. Im Winter sind die Öffnungszeiten kürzer als hier angegeben: Sehenswürdigkeiten, die im Sommer um 19 Uhr schließen, tun das im Winter bereits um 17 Uhr. Am ersten Sonntag des Monats ist der Eintritt in allen Museen der Stadt frei.

Wer mehrere Sehenswürdigkeiten besichtigen will, kann sich in der Touristeninformation oder bei einer der römischen Stätten einen Museumspass besorgen. Zur Wahl stehen der Passeport Avantage (16 €), der den Eintritt in alle Museen, beide Theater, die römischen Thermen, die Krypta, die Alyscamps und den Kreuzgang von Saint-Trophime beinhaltet, und der Passeport Liberté (12 €), der für vier beliebige Sehenswürdigkeiten und zwei Museen gilt.

Das **Museon Arlaten** (www.museonarlaten.fr) ist wegen Renovierungsarbeiten noch bis 2018 geschlossen.

**★ Les Arènes** RÖMISCHES MONUMENT

(Amphitheater; Erw./Kind inkl. Théâtre Antique 9 €/frei; ⏲ Juli & Aug. 9–20 Uhr, Mai–Juni & Sept. bis 19 Uhr, übrige Monate kürzere Öffnungszeiten) Sklaven, Verbrecher und wilde Tiere (darunter Giraffen) erlitten bei den Gladiatorenspielen unter den Augen von 20 000 jubelnden Zuschauern im Amphitheater von Arles einen grausamen Tod. Das von Bögen umgebene kreisförmige Gebäude aus dem frühen 2. Jh. n.Chr. – 136 m lang, 107 m breit und 21 m hoch – wurde im frühen Mittelalter zum Schutz vor den Einfällen der Araber mit vier Wehrtürmen versehen. Als das Amphitheater in den 1820er-Jahren wieder in seinen ursprünglichen Zustand zurückversetzt wurde, mussten 212 Häuser und zwei Kirchen abgerissen werden, die in der Anlage errichtet worden waren.

Karten für Stierkämpfe *courses camarguaises*, Theateraufführungen sowie Konzerte gibt's im Kartenbüro neben dem Eingang.

**★ Théâtre Antique** RÖMISCHES MONUMENT

(☎ 04 90 96 93 30; Blvd des Lices; Erw./Kind 5,50 €/frei, Erw./Kind Kombiticket mit Les Arènes 9 €/frei; ⏲ Mai–Sept. 9–19 Uhr, übrige Monate kürzere Öffnungszeiten) Das im Sommer für Konzerte und Theateraufführungen genutzte Freilufttheater stammt vom Ende des 1. Jhs. v.Chr. Jahrhundertelang wurde das Gebäude als Steinbruch genutzt. Die Anlage

# Arles

## Arles

### Highlights
1 Église & Cloître St-Trophime ................ B3
2 Fondation Vincent Van Gogh ................ A2
3 Les Arènes ................ D2
4 Musée Réattu ................ B1
5 Théâtre Antique ................ C3

### Sehenswertes
6 Espace Van Gogh ................ A3
7 Hôtel de Ville ................ B3
8 Museon Arlaten ................ B3
9 Place du Forum ................ B2
10 Thermes de Constantin ................ B2

### Aktivitäten, Kurse & Touren
11 Camargue Découverte ................ C3

### Schlafen
12 Hôtel Arlatan ................ B2
13 Hôtel de l'Amphithéâtre ................ C3
14 Hôtel du Musée ................ B2
15 Le Belvédère Hôtel ................ D1
16 Le Cloître ................ C3
17 L'Hôtel Particulier ................ A3

### Essen
18 À Côté ................ B3
19 Au Brin de Thym ................ B2
20 Au Jardin du Calendal ................ C3
21 Comptoir du Sud ................ B3
22 L'Atelier ................ B3
23 Le Gibolin ................ A3
24 L'Entrevue ................ A2

### Ausgehen & Nachtleben
25 Café Van Gogh ................ B2

### Shoppen
26 Lebensmittelmärkte ................ D4

## VINCENT

Es ist kaum zu glauben, dass Vincent van Gogh bei seinem Tod erst 37 Jahre alt war, da er auf seinen Selbstporträts oft schon viel älter aussieht. Der 1853 geborene niederländische Maler kam im Jahr 1888 nach Arles, nachdem er zuvor bei seinem jüngeren Bruder Theo in Paris gelebt hatte. Mit seinem bescheidenen Einkommen als Kunsthändler hatte Theo ihn dort finanziell unterstützt. In Paris lernte Van Gogh aufstrebende Künstler wie Edgar Degas, Camille Pissarro, Henri de Toulouse-Lautrec und Paul Gauguin kennen.

Überwältigt vom einzigartigen Licht und den leuchtenden Farben der Provence malte er in Arles wie in einem Rausch, dem auch der heftigste Mistral nichts anhaben konnte. Wenn der Wind wieder einmal zu stark blies, kniete Van Gogh sich einfach auf die Leinwand und malte in der Waagerechten weiter oder er band seine Staffelei an Eisenstäbe, die tief in der Erde verankert waren. Einige Gemälde schickte er zu Theo, der sie verkaufen sollte. In Arles wollte er eine Künstlerkolonie gründen, doch nur Gauguin folgte seiner Einladung. Allerdings war der künstlerische Ansatz der beiden völlig konträr: Gauguin malte nach seinen Vorstellungen und Fantasien, Van Gogh malte das, was er sah. Diese unterschiedlichen Auffassungen führten im Dezember 1888 zu einer hitzigen Auseinandersetzung, in deren Folge sich Van Gogh ein Teil seines Ohres abschnitt.

Im Mai 1889 begab sich Van Gogh freiwillig in die Irrenanstalt des Monastère St-Paul de Mausole (S. 242) in Saint-Rémy-de-Provence. Er blieb dort genau ein Jahr, eine Woche und einen Tag, und malte in dieser Zeit mehr als 150 Bilder, darunter so berühmte Meisterwerke wie die weltbekannte *Sternennacht* (nicht zu verwechseln mit *Sternennacht über der Rhone*, das in Arles entstand).

Im Februar 1890 kaufte Anne Boch, die Schwester seines Freundes Eugène Boch, für 400 Francs (heute etwa 50 €) das Bild *Die roten Weingärten*, das er 1888 in Arles gemalt hatte. Es war das einzige Bild, das er zu Lebzeiten verkaufen sollte. Es ist heute im Besitz des Moskauer Puschkin-Museums.

Am 16. Mai 1890 zog Van Gogh nach Auvers-sur-Oise, außerhalb von Paris, um wieder in der Nähe seines Bruders Theo zu sein. Doch bereits am 27. Juli schoss er sich eine Kugel in den Körper und starb zwei Tage später im Beisein seines Bruders. Theo erlitt einen Nervenzusammenbruch, wurde ebenfalls in eine Anstalt eingewiesen und starb nur sechs Monate später, im Alter von 33 Jahren. Keine zehn Jahre später wurde Van Goghs geniales Talent endlich erkannt, und die großen Kunstmuseen begannen, seine Werke zu kaufen.

hat einen Durchmesser von 102 m, die Höhe der ursprünglichen Arkade ist noch von der Säule rechts nahe beim Eingang ablesbar. Der Eingang befindet sich an der Rue de la Calade.

### ★ Église & Cloître Saint-Trophime — KIRCHE, KREUZGANG

(Place de la République; Kirche frei, Kreuzgang Erw./Kind 5,50 €/frei; ⌚ Mai–Sept. 9–19 Uhr, übrige Monate kürzere Öffnungszeiten) Arles war vom 4. Jh. bis 1790 ein Erzbistum, und diese im romanischen Stil errichtete Kirche war einst eine Kathedrale. Das vom späten 11. bis ins 12. Jh. erbaute Gotteshaus ist nach dem hl. Trophimus benannt, der im 3. Jh. der erste Bischof von Arles gewesen sein soll. Am Westportal steht in den Nischen unterhalb des **Tympanons** unter den fein gearbeiteten Statuen auch eine Figur des hl. Trophimus mit einem spiralförmigen Bischofsstab. In der **Schatzkammer** finden sich Reliquien heiliggesprochener Bischöfe der Stadt. Im angrenzenden Kreuzgang, dem **Cloître Saint-Trophime** finden gelegentlich Ausstellungen statt.

### ★ Fondation Vincent Van Gogh — KUNSTMUSEUM

(☎ 04 90 49 94 04; www.fondation-vincentvangogh-arles.org; 35ter rue du Docteur Fanton; Erw./Kind 9/4 €; ⌚ April–Mitte Sept. Di–So 11–19 Uhr, Mitte Sept.–März bis 18 Uhr) Diese Galerie, die sich auf Van Gogh bezieht, ist sowohl wegen ihrer zeitgenössischen Architektur und Gestaltung als auch wegen der ausgestellten Kunst unbedingt sehenswert. Sie besitzt keine Dauersammlung, veranstaltet aber pro Jahr eine oder zwei ausgezeichnete Ausstellungen rund um den niederländischen Maler, bei denen auch immer mindestens eines seiner Meisterwerke zu sehen ist. Zu den architektonischen Highlights gehören die Dachterrasse und die Buntglasdecke des Buchladens.

**★ Musée Réattu** KUNSTMUSEUM
(☎ 04 90 49 37 58; www.museereattu.arles.fr; 10 rue du Grand Prieuré; Erw./Kind 9 €/frei; ⏲ Di–So 10–18 Uhr, Dez.–Feb. bis 17 Uhr) Das großartige Museum für moderne Kunst befindet sich in der wunderbar restaurierten Großpriorei des Malteserordens aus dem 15. Jh. Zur umfangreichen Sammlung gehören auch Werke provenzalischer Künstler des 18. und 19. Jhs. sowie zwei Gemälde und 57 Zeichnungen von Picasso. Außerdem werden bestens organisierte, supermoderne Ausstellungen gezeigt.

**Place du Forum** RÖMISCHE STÄTTE
(Erw./Kind 4,50 €/frei; ⏲ Kryptoportikus Juli & Aug. 9–19 Uhr, übrige Monate kürzere Öffnungszeiten) Während im römischen Arles das Forum Mittelpunkt des gesellschaftlichen, politischen und religiösen Lebens der Stadt war, wimmelt der geschäftige, von Platanen beschattete Platz heute von Cafés. Unter der Erde liegen die Galerien des **Kryptoportikus** – der unterirdische Gewölbegang von 89 m Länge und 59 m Breite gab dem Forum ein festes Fundament. Er wurde – der Platz lag zu römischer Zeit tiefer – im 1. Jh. v. Chr. ausgeschachtet. Der Zugang befindet sich im **Hôtel de Ville** (Rathaus; Place de la République).

**Thermes de Constantin** RÖMISCHES MONUMENT
(Rue du Grand Prieuré; Erw./Kind 4 €/frei; ⏲ Juli & Aug. 9–19 Uhr, übrige Monate kürzere Öffnungszeiten) Die teilweise erhaltenen römischen Thermen wurden im 4. Jh. für den Privatgebrauch des Kaisers Konstantin errichtet.

**Espace Van Gogh** GALERIE
(☎ 04 90 49 39 39; Place Félix Rey) Das ehemalige Hospital, in dem Van Goghs Ohr verarztet und er später interniert wurde – nicht zu verwechseln mit seinem Aufenthalt im Monastère Saint-Paul de Mausole (S. 242) – zeigt heute gelegentlich Ausstellungen. Wenn nicht, ist der kleine Hofgarten allemal einen Blick wert.

**Musée Départemental Arles Antique** MUSEUM
(☎ 04 13 31 51 03; www.arles-antique.cg13.fr; Av de la Première Division Française Libre; Erw./Kind 8/5 €; ⏲ Mi–Mo 10–18 Uhr) Das auffällig kobaltblaue und hochmoderne Museum am Rande der einstigen römischen Wagenrennbahn (Zirkus) liegt 1,5 km südwestlich der Touristeninformation. Zu der reichen Sammlung heidnischer und frühchristlicher Kunst gehören eindrucksvolle Bodenmosaiken. Ein ganzer Flügel ist archäologischen Funden gewidmet, die Arles' frühere Rolle als Handels- und Hafenstadt beleuchten.

**Les Alyscamps** FRIEDHOF
(av des Alyscamps; Erw./Kind 4 €/frei; ⏲ Mai–Sept. 9–19 Uhr, übrige Monate kürzere Öffnungszeiten) Die von den Römern begründete Nekropole 1 km südwestlich vom Stadtzentrum wurde von van Gogh und Gauguin auf Bildern verewigt.

**Stadtspaziergänge** STADTSPAZIERGANG
Eine Broschüre der Touristeninformation (1 € oder kostenlos herunterzuladen in Form einer App oder unter www.arlestourisme.com) verzeichnet stimmungsvolle Rundwege, auf denen man römischen und mittelalterlichen Sehenswürdigkeiten und Schauplätzen begegnet, die van Gogh in Bildern festgehalten hat.

## Feste & Events

**Féria d'Arles** STIERKAMPF
(Féria de Pâques; www.feriaarles.com; ⏲ Ostern) Mit diesem Fest wird die Stierkampfsaison eingeläutet. An den meisten Sonntagen im Mai und Juni finden Stierkämpfe im antiken Amphitheater statt.

### REISEPLANUNG

**Stechmücken** sind hier eine echte Plage, deshalb unbedingt Insektenschutzmittel mitnehmen!

**Unterwegs in der Camargue** Immer Getränke und ein Fernglas dabeihaben und vor dem Verlassen von Städten tanken!

**Arles Féria (Stierkampf)** Die Karten sind schnell weg.

**Gîte du Salin de Badon** Die einfache, aber mitten in herrlicher Natur gelegene Unterkunft ist früh ausgebucht.

**Noble Restaurants** Unbedingt vorher reservieren!

**Fahrradverleih** Die Firmen in Stes-Maries-de-la-Mer bringen die Räder ohne Aufpreis bis vor die Haustür, rechtzeitig buchen!

**Fête des Gardians** KULTURFEST

(⏲1. Mai) Bei diesem Fest reiten die Rinderhirten der Camargue durch die Straßen der Stadt und veranstalten Wettkämpfe.

**Fêtes d'Arles** DARSTELLENDE KUNST

(www.festivarles.com; ⏲2 Wochen ab ca. Ende Juni) Bei dem Festival stehen Tanz, Theater, Musik und Poesie auf dem Programm.

**L'Abrivado des Bernacles** STIERTREIBEN/EVENT

(www.feriaarles.com, ⏲erster Mo im Juli) Die *gardians* (die „Cowboys" der Camargue) treiben die Stiere von ihrer Weide in die etwa 15 km entfernte Arena, in der der Stierkampf der **Cocarde d'Or** stattfindet, die prestigeträchtigste *course camarguaise* der Saison. Dabei werden sie von Hunderten begeisterter Anhänger auf dem Fahrrad, Roller, zu Fuß oder ebenfalls hoch zu Ross begleitet.

**Féria du Riz** STIERKAMPF

(www.feriaarles.com; ⏲Sept.) Das einwöchige Stierkampffest im September markiert den Beginn der Reisernte.

## Schlafen

In Arles stehen das ganze Jahr über hervorragende Unterkünfte zu vernünftigen Preisen zur Verfügung, die nur während der *férias* ausgebucht sind. Hotelparkplätze können dagegen recht teuer sein.

**★Hôtel de l'Amphithéâtre** HISTORISCHES HOTEL €

(☎04 90 96 10 30; www.hotelamphitheatre.fr; 5–7 rue Diderot; EZ/DZ/3BZ/4BZ 61/79/129/139 €; ❄@📶👪) Karminrot, Schokoladenbraun, Terrakotta und andere satte Erdfarben beherrschen das Innere dieses vornehmen Hotels in einem herrlichen Gebäude aus dem 17. Jh. Stilvoll sind auch die engen Treppenhäuser, die prasselnden Kaminfeuer und das Frühstück auf der Terrasse. Von der mit lila gestrichenen Wänden umgebenen Terrasse der romantischen Suite hat man einen tollen Blick auf die Dächer der Stadt. Frühstück 8,50 €.

**Le Belvédère Hôtel** BOUTIQUEHOTEL €

(☎04 90 91 45 94; www.hotellebelvedere-arles.com; 5 place Voltaire; EZ 65€, DZ 70-90 €; ❄📶) Das schicke Hotel mit 17 Zimmern ist eine der besten Adressen in Arles. Kronleuchter mit rotem Glas schmücken die Lobby und den Frühstücksraum, das Personal ist freundlich, und die blitzsauberen Zimmer und Bäder sind in stilvollem Rot, Schokoladenbraun und Grau gehalten. Frühstück 7,50 €.

**Hôtel du Musée** BOUTIQUEHOTEL €

(☎04 90 93 88 88; www.hoteldumusee.com; 11 rue du Grand Prieuré; EZ/DZ/4BZ ab 65/75/120 €; ⏲Mitte März–Okt.; ❄📶) Das tadellose Hotel in einem eleganten Gebäude aus dem 17./18. Jh. hat gemütliche Zimmer, einen im

### DIE BULLEN SIND LOS

Die *course camarguaise* ist die in der Camargue gebräuchliche Version des Stierkampfs, bei der die Stiere am Leben bleiben. Die mit eng anliegenden weißen Hemden und Hosen bekleideten Amateur-*razeteurs* („Rasierer") kommen dem *taureau* (Stier) so nah, wie sie sich trauen, und versuchen, mithilfe des *crochet* (eines scharfen, kammartigen Instruments), das sie zwischen ihren Fingern halten, die Kokarden und Bänder zwischen den Hörnern des Stiers abzureißen. Wenn die Stiere angreifen, bringen sich die Akteure mit einem Sprung über die Barriere der Arena in Sicherheit – ein aufregendes Spektakel für die Zuschauer.

Die Stiere werden auf *manades* (Stierfarmen) von *manadiers* gezüchtet, denen bei der täglichen Arbeit *gardians* (die „Cowboys" der Camargue) zur Seite stehen. Während der Fête des Gardians (S. 198) im Mai kann man die Reiter bei ihrem Umzug durch Arles bewundern.

Auf vielen *manades* werden auch die weißen Camargue-Pferde gezüchtet. Welche Farmen auch Besucher empfangen, erfährt man in den Touristeninformationen in Arles (S. 200) und Stes-Maries-de-la-Mer (S. 208).

Die Termine der *courses camarguaises* finden sich auf der Webseite der **Fédération française de la course camarguaise** (☎04 66 26 05 35; www.ffcc.info). Viele der Stierrennen finden in der Arena von Stes-Maries-de-la-Mer statt. In der Stierkampfsaison (Ostern–Sept.) gibt es auch *courses de recortadores* (eine Stierhetze, bei denen die Teilnehmer über die Stiere springen).

Schachbrettmuster gefliesten Frühstücksraum und einen hübschen, kleinen Innenhof mit üppigem Blumenschmuck. Frühstück 8,50 €, Parkplatz 10 €.

**Auberge de Jeunesse** HOSTEL €
(☎04 90 96 18 25; www.fuaj.org; 20 av Maréchal Foch; B inkl. Frühstück & Bettwäsche 21 €; ⌚Mitte Feb.–Mitte Dez., 10–17 Uhr Rezeption geschl.) Die sonnige Jugendherberge hat Schlafsäle mit acht Betten und ist zehn Gehminuten von Zentrum entfernt. Außer zu den Zeiten der *férias* schließt die Bar ebenso wie das ganze Haus um 23 Uhr.

**Camping City** CAMPING €
(☎04 90 93 08 86; www.camping-city.com; 67 rte de Crau; Stellplatz 20 €; ⌚April–Sept.) Der der Stadt am nächsten gelegene Campingplatz befindet sich 1,5 km südöstlich von Arles an der Straße nach Marseille. Auf dem Platz gibt's Waschmaschinen und einen Fahrradverleih, Supermärkte sind in der näheren Umgebung zu finden. Mit den Bussen der Linie 2 kann man bis zur Haltestelle Hermite fahren.

★**Le Cloître** DESIGNHOTEL €€
(☎04 88 09 10 00; www.hotel-cloitre.com; 18 rue du Cloître; EZ/DZ 100/117–165 €; @📶) Das Hotel mit unschlagbarem Preis-Leistungs-Verhältnis liegt gleich neben dem aus dem 12. Jh. stammenden Cloître Saint-Trophime und bietet eine ideale Mischung aus historischem Charme und zeitgemäßem Design. Die auf zwei Etagen verteilten 19 Zimmer präsentieren sich mit hohen Decken, kräftigen Farben und einem schrillen Mix aus Mustern und Stoffen. Frühstück (13 €) gibt's in einem wunderbar luftigen, sehr stilvollen Frühstückszimmer im Stil der 1950er-Jahre. Kein Fahrstuhl. Fahrräder werden kostenlos verliehen.

Auf der schicken Dachterrasse mit wundervollem Blick auf die mit Reliefs verzierte Steinfassade des Cloître Saint-Trophime klingt der Tag bei einem Aperitif wundervoll aus.

**Hôtel Arlatan** HISTORISCHES HOTEL €€
(☎04 90 93 56 66; www.hotel-arlatan.fr; 26 rue du Sauvage; EZ/DZ ab 75/95 €; ⌚Mitte März–Mitte Nov.; ❄@📶🏊) Zu den Dingen, die für dieses Hotel sprechen, gehören u. a. der beheizte Swimmingpool, der hübsche Garten und die luxuriösen, mit alten Möbeln eingerichteten Zimmer. Hinzu kommt, dass das Haus tief in der Geschichte verankert ist: Durch einen Glasboden im Foyer blickt man auf römische Grundmauern, und an der Decke eines der Aufenthaltsräume kann man Fresken aus dem 15. Jh. bewundern.

★**L'Hôtel Particulier** BOUTIQUEHOTEL €€€
(☎04 90 52 51 40; www.hotel-particulier.com; 4 rue de la Monnaie; DZ/Suite ab 309/429 €; ⌚Ostern–Okt.) Das exklusive Boutiquehotel mit Restaurant, Spa und Hammam versprüht schicken Charme. Von der großen schwarzen Tür mit schwerem Türklopfer über die gestärkte weiße Bettwäsche bis hin zum minimalistischen Dekor wirkt alles an dieser Privatvilla aus dem 18. Jh. einfach zauberhaft.

## Essen

Arles und seine Umgebung sind ein Paradies für Gourmets. Vorab reservieren! Im Winter sind die Öffnungszeiten kürzer.

**L'Entrevue** MAROKKANISCH €
(☎04 90 93 37 28; www.lentrevue-restaurant.com; Place Nina Berberova; Hauptgerichte 15–19 €; ⌚12–14 & 19.30–22.30 Uhr; 👪) In diesem farbenfrohen Lokal am Kai gleich um die Ecke der Fondation Vincent van Gogh werden flott große Portionen ausgezeichneter Bio-Tajine und Couscous in Terrakotta-*tians* (Schalen) serviert.

**Au Jardin du Calendal** CAFÉ €
(☎04 90 96 11 89; www.lecalendal.com; 5 rue Porte de Laure; Hauptgerichte 14–18 €; ⌚8–20.30 Uhr; 📶) Der grüne Gartenhof im Hotel Le Calendal direkt am Amphitheater ist ideal für ein Frühstück, ein Mittagessen mit Gourmet-Salaten oder abendliche Snacks.

**Comptoir du Sud** CAFÉ €
(☎04 90 96 22 17; 2 rue Jean Jaurès; Sandwiches 4,50–6 €; ⌚Di–Fr 9–17 Uhr) Gourmet-Sandwiches, Wraps und Bagels (mit schmackhaften Chutneys und saftigem Fleisch) sowie kleine Salate gibt's in dieser *épicerie fine* (Feinkostladen). Man nimmt sein Essen mit oder isst drinnen auf einem der Barhocker. Zum Nachtisch gönnt man sich ein Stück süßen, hausgemachten *clafoutis* (Kirschauflauf).

★**Le Gibolin** BISTRO €€
(☎04 88 65 43 14; 13 rue des Porcelets; Menüs 27–32 €, Wein 4,50–5,50 €/Glas; ⌚Sept.–Juli Di–Sa 12.15–14 & 20–22 Uhr) Man speist unvergleichlich gute Hausmannskost (z. B. Kabeljau-Confit mit Fenchel und Stampfkartoffeln oder *pot-au-feu* – Rindfleischeintopf), während die freundliche Inhaberin

NICHT VERSÄUMEN

### DER SAMSTAGSMARKT IN ARLES

Am besten plant man seinen Aufenthalt in Arles so, dass man den riesigen **Markt** (Blvd Georges Clemenceau & Blvd des Lices; ⏲Sa) am Samstagvormittag besuchen kann. Der Geruch nach Meersalz, Ziegenkäse und *saucisson d'Arles* (Stiersalami) liegt in der Luft. Besucher und Einheimische stöbern an den Ständen zu beiden Seiten der Straße, wo es alles von Lavendelhonig über das frischeste Obst und Gemüse der Region bis zu Hühnerküken gibt. Am Mittwochvormittag verlagert sich die Szene auf den Blvd Émile Combes. Man holt sich die Zutaten für ein Picknick oder reserviert vorab einen Tisch für ein spätes Mittagessen in einem der ausgezeichneten Restaurants vor Ort.

der beliebtesten Bio-Weinstube von Arles zwischen den schwarzen Holztischen herumwuselt und den Gästen ihr Wissen über die Weine der Region mitteilt. Zum Essen gibt's daher genau die passenden Tropfen. Nur Barzahlung.

**Au Brin de Thym** BISTRO €€
(☎04 90 97 85 18; brindethym@gmail.com; 22 rue du Docteur Fanton; Menüs ab 25 €; ⏲April–Sept. tgl. 12–14 & 19–21 Uhr, Okt.–März Do–Mo) Das entspannte Bistro in einem renovierten Stadthaus bietet das beste zwanglose Esserlebnis der Stadt. Die Karte ist kurz, die Gerichte setzen auf saisonale Zutaten und sind nicht zwanghaft originell. Muntere Musik und zufriedene Gäste sorgen für eine einladende Atmosphäre.

★ **L'Atelier** FEINSCHMECKER €€€
(☎04 90 91 07 69; www.rabanel.com; 7 rue des Carmes; Menüs mittag/abends ab 65/125 €; ⏲Menübeginn Mi–So 12–13 & 20–21 Uhr) Das ist kein Mahl, sondern ein (allerdings mit zwei funkelnden Michelin-Sternen ausgezeichnetes) künstlerisches Erlebnis. Jedes der sieben oder 13 essbaren Kunstwerke ist dank dem charismatischen Chefkoch Jean-Luc Rabanel eine wunderbare Komposition aus Aromen, Farben und Texturen. Viele der Produkte stammen aus dem eigenen Bio-Gemüsegarten des Meisters, und die zum Essen ausgewählten Weine sind ein Genuss für sich. Angeboten werden auch halbtägige Kochkurse mit/ohne Mittagessen (200/145 €).

Gleich nebenan serviert Rabanels **À Côté** (☎04 90 47 61 13; www.bistro-acote.com; 21 rue des Carmes; Menüs 29 €; ⏲tgl. 12–13.30 & 19.30–21 Uhr) köstliche Bistro-Gerichte.

## Ausgehen & Unterhaltung

Die Place du Forum (S. 197) ist voller toller Straßencafés. Das **Café van Gogh** (11 place du Forum), das auch Café de la Nuit genannt wird, stand einst Modell für Van Goghs *Caféterrasse am Abend* von 1888. Das nach dem berühmten Gemälde wieder knallgelb gestrichene Café ist – natürlich – immer voller Touristen.

Roma-Bands wie Los Reyes oder die Gypsy Kings, die tatsächlich aus Arles stammen, aber als Straßenmusikanten in Saint-Tropez entdeckt wurden, haben schon immer in den Straßen der Stadt für Unterhaltung gesorgt. Besonders viele derartige Bands sind bei der alljährlichen Wallfahrt der Sinti und Roma nach Stes-Maries-de-la-Mer zu sehen und zu hören oder aber bei der allabendlichen Show im **La Guinguette du Patio de Camargue** (☎06 59 62 18 73; www.la-guinguette-patio-camargue.com; 49 Chemin de Barriol; ⏲Essen jeden Abend, manchmal Veranstaltungen), bei der der Sangria in Strömen fließt.

Bei der Touristeninformation gibt's eine Liste mit Terminen und Veranstaltungen.

## Praktische Informationen

**Touristeninformation** (☎04 90 18 41 20; www.arlestourisme.com; Esplanade Charles de Gaulle, Blvd des Lices; ⏲April–Sept. 9–18.45 Uhr, Okt.–März Mo–Fr bis 16.45 & So bis 12.45 Uhr; 📶) Verkauft Stadtpläne, Radwegekarten und Sightseeing-Pässe; mehrere Smartphone-Apps.

## Anreise & Unterwegs vor Ort

### BUS

Vom **zentralen Busbahnhof** (☎08 10 00 08 16; www.lepilote.com; 24 blvd Georges Clemenceau) fahren Busse nach Aix-en-Provence (10 €, 1¾ Std.), Stes-Maries-de-la-Mer (2,50 €, 1 Std.; www.tout-envia.com) und Nîmes (1,50 €, 1 Std.; www.edgard-transport.fr).

**Envia** (☎08 10 00 08 18; www.tout-envia.com; 24 blvd Georges Clemenceau; Fahrkarten 0,80 €; ⏲Mo–Fr 7–18.30, Sa 7.30–12 & 14–17.30 Uhr) Stadtbusse fahren montags bis samstags zwischen 6.30 und 19.30 sowie sonntags zwischen 9.30 und 17.30 Uhr. Kostenlose Minibusse pendeln alle 25 Minuten um einen großen Teil der Altstadt (Mo–Sa 7.10–19.15 Uhr).

### FAHRRAD

**Europbike** (☏ 06 38 14 49 50; www.europbike-provence.net; pro Tag Erw. 10–18 €, Kind 8 €, E-Bike 35 €; ⏱ 8–18 Uhr) Vermietet Fahrräder und veranstaltet Touren.

### TAXI

**Arles Taxi Radio** (☏ 04 90 96 90 03)

### ZUG

Vom **Bahnhof** (Av Paulin Talabot) fahren Züge nach Nîmes (9–16 €, 30–60 Min.), Marseille (16 €, 1 Std.) und Avignon (8 €, 20 Min.). Die nächstgelegenen TGV-Bahnhöfe sind in Avignon und Nîmes.

# Die Camargue

Südlich von Arles geht die hügelige Landschaft der Provence in das flache, ursprünglich belassene Sumpfgebiet der Camargue über, das vor allem für die gut 500 dort lebenden Vogelarten bekannt ist. Hier kann man in aller Ruhe Grau- und Seidenreiher, Brandgänse, Säbelschnäbler, Austernfischer, Möwen und viele andere Sumpf- und Wasservögel beobachten – und natürlich auch die berühmten Rosaflamingos, von denen manche selbst im Winter in dem ausgedehnten Sumpfgebiet zu finden sind.

Nicht weniger berühmt sind die kleinen, weißen und sehr sanftmütigen Pferde der Camargue, auf deren Rücken man die mit Salzgärten, Reisfeldern und Stierweiden durchsetzte Landschaft bestens erkunden kann. Zu den Ausritten unbedingt ein Fernglas und Insektenschutzmittel mitbringen!

Der größte Teil des sumpfigen Rhone-Deltas zwischen Petit und Grand Rhône gehört zum 850 km² großen **Parc Naturel Régional de Camargue** (www.parc-camargue.fr), der 1970 eingerichtet wurde, um das empfindliche Ökosystem der Gegend zu schützen und gleichzeitig eine nachhaltige Bewirtschaftung zuzulassen. Ausführliche Infos gibt's im Musée de la Camargue.

Die 600 km² große Lagune des **Étang de Vaccarès** und die Halbinseln und Inselchen am westlichen Rand der Camargue bilden das **Réserve Nationale de Camargue** (www.reserve-camargue.org), das bereits 1927 als Naturschutzgebiet ausgewiesen wurde. Das Informationszentrum befindet sich in La Capelière.

Die beiden größten Städte der Camargue sind Stes-Maries-de-la-Mer mit der berühmten Wallfahrtskirche und im Nordwesten das komplett von einer Stadtmauer umgebene Aigues Mortes.

## Sehenswertes

**Musée de la Camargue** MUSEUM
(Musée Camarguais; ☏ 04 90 97 10 82; www.parc-camargue.fr; D570, Mas du Pont de Rousty; Erw./Kind 5 €/frei, 1. So im Monat frei; ⏱ April–Okt. Mi–Mo 9–12.30 & 13–18 Uhr, Nov.–März 10–12.30 & 13–17 Uhr) In einem Schafstall aus dem 19. Jh. informiert dieses Museum 10 km südwestlich von Arles über das traditionelle Leben in der Carmague: Die Ausstellungen gelten der Geschichte, den Ökosystemen, landwirtschaftlichen Techniken und der Flora und Fauna. *L'Oeuvre Horizons* – ein hölzerner, wie ein Boot geformter Beobachtungsstand des japanischen Künstlers Tadashi Kawamata – ermöglicht einen Blick aus der Vogelschau über das Landgut, das von einem 3,5 km langen Wanderweg durchzogen ist. Vor Ort befindet sich auch die Verwaltung des Parc Naturel Régional de Camargue.

★ **Parc Ornithologique du Pont de Gau** NATURPARK
(☏ 04 90 97 82 62; www.parcornithologique.com; D570, Pont du Gau; Erw./Kind 7,50/5 €; ⏱ Apr.–

### DIE FLAMINGOS DER CAMARGUE

Jahr für Jahr nisten gut 10 000 Paare des Rosaflamingo *(Phoenicopterus ruber)*, der größten Flamingo-Art, im Étang du Fangassier. 1970 wurde dort eine 400 km² große künstliche Insel aufgeschüttet, um den Flamingos beste Brutbedingungen zu bieten. Heute ist diese Brutinsel einer der wenigen Orte in Europa, an denen die Flamingos vor ihren natürlichen Feinden sicher sind.

Rosaflamingos werden zwischen 1,5 und 2 m groß und haben eine Flügelspannweite von 1,9 m. Wenn sie sich bedroht fühlen, geben sie zischende Laute von sich, ähnlich wie Gänse. Die Balz der Rosaflamingos beginnt im Januar, Paarungszeit ist von März bis Mai. Von Ende August bis Anfang September ziehen Tausende der Vögel zum Überwintern nach Spanien, Tunesien und in den Senegal, bevor sie im Februar wieder in die Camargue zurückkehren. 6000 bis 7000 Flamingos bleiben jedoch das ganze Jahr über im Rhonedelta.

Sept. 9 Uhr–Sonnenuntergang, Okt.–März ab 10 Uhr) Nicht nur die Rosaflamingos ziehen hier ihre Kreise und stolzieren durch das flache Wasser, sondern jede in der Camargue heimische Vogelart ist in diesem einzigartigen Schutzgebiet vertreten. Zu beobachten sind die Vögel von schönen Wanderwegen aus, die sich über eine Gesamtlänge von 7 km durch das Gelände schlängeln. Der Park befindet sich in Pont du Gau, 4 km nördlich von Stes-Maries-de-la-Mer an der D570.

**★ Digue à la Mer** DEICH

GRATIS Der 2,5 m hohe Deich wurde im 19. Jh. gebaut, um das Delta vom Meer abzutrennen. An ihm entlang verläuft ein 20 km langer Wander- und Radweg von Stes-Maries-de-la-Mer zum **Phare de la Gacholle** (1882), einem in den 1960er-Jahren automatisierten und inzwischen mit Solarenergie betriebenen Leuchtturm. Pfade führen hinunter zu hübschen Sandstränden, und man hat einen unvergleichlichen Blick auf die durch die Marschebenen watenden Rosaflamingos. Das Betreten der fragilen Sanddünen ist verboten.

**★ La Capelière** NATURPARK

(☎ 04 90 97 00 97; www.reserve-camargue.org; La Capelière; Eintritt Erw./Kind 3/1,50 €; ⏲ April–Sept. tgl. 9–13 & 14–18 Uhr, Okt.–Mai Mi–Mo 9–13 & 14–17 Uhr; 👪) Im Informationszentrum für das Naturschutzgebiet Réserve Nationale de Camargue erhält man die Eintrittskarten für die Beobachtungstürme und die insgesamt 4,5 km langen Naturlehrpfade durch die alten, ehemals königlichen Salzgärten von **Salin de Badon**, 7 km weiter südlich. Hartgesottene Vogelbeobachter können auch in der **Gîte** (Bett 12 €) des Parkes übernachten. Die einfache Hütte, die über 20 Betten in sieben Zimmern, eine Küche und Toilette verfügt, wird mit Sonnenenergie versorgt. Wer dort übernachtet, muss neben Insektenschutzmittel auch Essen, Trinkwasser und Bettzeug selbst mitbringen. Auf dem 1,5 km langen **Sentier des Rainettes** (Laubfroschweg) von La Capelière bekommt man einen guten Einblick in die Tier- und Pflanzenwelt von Süßwassersumpfgebieten.

**BESTE TREKS & SAFARIS**

**Cabanes de Cacharel** (S. 203)
**Camargue Découverte** (S. 203)
**Kayak Vert Camargue** (S. 202)
**La Maison du Guide** (S. 203)
**Le Mas de Peint** (S. 204)

**★ Domaine de la Palissade** NATURPARK

(☎ 04 42 86 81 28; www.palissade.fr; Rte de la Mer; Erw./Kind 3 €/frei; ⏲ Mitte Juni–Mitte Sept. 9–18 Uhr, Mitte Sept.–Mitte Nov. & März–Mitte Juni bis 17 Uhr, Mitte Nov.–Feb. Mi–So 9–17 Uhr) Das abgelegene Naturschutzzentrum 12 km südlich von Salin de Giraud organisiert fantastische Ausflüge zu Fuß und zu Pferd durch das Marschland mit seinem Queller-Gestrüpp, blühendem Strandflieder (Aug.) und seinen Lagunen. Reitausflüge (18 €/Std.) vorab telefonisch buchen! Bevor man sich in das Marschland aufmacht, leiht man sich im Büro ein Fernglas (2 €) und schnappt sich eine kostenlose Karte der Domäne mit den drei markierten Wanderwegen (1–8 km).

**Château d'Avignon** SCHLOSS

(☎ 04 13 31 94 54; www.chateaudavignon.fr; Rte d'Arles D570; Erw./Kind 4 €/frei; ⏲ April–Okt. Mi–So 9.45–12.30 & 13.30–17.30 Uhr, Nov.–März Do & Fr nach Vereinbarung) Der Park des Schlosses aus dem 18. Jh. ist kostenlos zugänglich. Das Schloss selbst gehörte früher dem Marseiller Kaufmann Louis Prat-Noilly, der es als „Jagdhütte“ nutzte.

## Aktivitäten

### Bootfahren & Wassersport

**Tiki III** BOOTSTOUR

(☎ 04 90 97 81 68; www.tiki3.fr; ⏲ Mitte März–Mitte Nov.) Der Raddampfer *Tiki III* ankert an der Mündung der Petit Rhône 1,5 km westlich von Stes-Maries-de-la-Mer neben dem Camping Le Clos du Rhône.

**Absolut Kiteboarding** WASSERSPORT

(☎ 06 88 15 10 93; www.absolutkiteboarding.fr; 36 rte d'Arles, Salin de Giraud; Gruppen-/Einzelunterricht 130/300 €) In Patricks empfehlenswerter Kitesurfing-Schule lernt man, auf den Wellen und mit dem Wind zu reiten. Von März bis November ist man auf dem Wasser, von Dezember bis Februar auf trockenem Gelände unterwegs. Die Schule liegt am nördlichen Eingang von Salin de Giraud an der D36 und betreibt auch einen Laden und vermietet Ausrüstung (70 €).

**Kayak Vert Camargue** KANUFAHREN

(☎ 04 66 73 57 17; www.kayakvert-camargue.fr; Mas de Sylvéréal; Kajak pro Std./Tag 10/32 €; ⏲ März–Okt. 7–19 Uhr) Wer auf der Petit Rhône Kanu- oder Kajakfahren will, wendet sich an Kayak Vert Camargue 14 km nördlich von Stes-Maries-de-la-Mer abseits der D38.

ABSTECHER

## AIGUES-MORTES

Ganz im Westen der Camargue, 28 km nordwestlich von Stes-Maries-de-la-Mer und eigentlich schon jenseits der Provence im Departement Gard, liegt das pittoreske Aigues-Mortes. Die von hohen Festungsmauern umgebene Stadt mitten im flachen Sumpfland wurde Mitte des 13. Jhs. von Ludwig IX. gegründet, um der französischen Krone die direkte Kontrolle eines Seehafens am Mittelmeer zu sichern. An den Kopfsteinpflasterstraßen innerhalb der Stadtmauer drängen sich Restaurants, Cafés und Bars, was der Stadt eine fröhlich-gesellige Atmosphäre verleiht und sie zu einem idealen Ausgangspunkt für die Erkundung der Camargue macht.

Von den Festungsmauern bieten sich umwerfende Ausblicke, insbesondere von der Aussichtsplattform des **Tour de Constance** (www.tourdeconstance.com; Erw./Kind 7,50 €/frei; Mai–Aug. bis 19 Uhr, Sept.–April 10–17.30 Uhr). Der 1,6 km lange Rundgang auf der komplett erhaltenen Stadtmauer dauert etwa eine Stunde.

**L'Hermitage de St-Antoine** (06 03 04 34 05; www.hermitagesa.com; 9 blvd Intérieur Nord; Zi. inkl. Frühstück 88 €; ) Das Hotel in der Altstadt hat nur vier kunstvoll ausgestattete Zimmer, von denen eines auch eine eigene, kleine Terrasse bietet. Das **Hôtel L'Escale** (04 66 53 71 14; http://hotel.escale.free.fr; 3 av Tour de Constance; DZ 40–68 €, 4BZ 75–85 €; ) ist eine ausgezeichnete Adresse für sparsame Reisende.

Die **Touristeninformation** (04 66 53 73 00; www.ot-aiguesmortes.fr; Place St-Louis; 9–18 Uhr) befindet sich ebenfalls in der Altstadt, unweit des Tour de Constance.

### Reiten

**La Maison du Guide** OUTDOOR
(04 66 73 52 30; www.maisonduguide.camargue.fr) Bei den Entdeckungstouren, die der Naturkundler Jean-Marie Espuche am Wochenende anbietet, stehen Vogelbeobachtungen, Radfahren, Reiten und Spaziergänge in die Natur bei Sonnenaufgang auf dem Programm.

**Cabanes de Cacharel** REITEN
(06 11 57 74 75, 04 90 97 84 10; www.cabanesdecacharel.com; Rte de Cacharel, D85A; Ausritt 1/2/3 Std. 20/30/40 €) Farmen an der Rte d'Arles (D570) bieten *promenades à cheval* (Ausritte) auf weißen Camargue-Pferden, doch dieser Reitstall gleich nördlich von Stes-Maries-de-la-Mer an der parallel verlaufenden Rte de Cacharel (D85A) verspricht ein authentischeres Erlebnis. Es gibt auch Kutschfahrten (15 €/Std.).

**Camargue Découverte** ABENTEUER
(06 85 35 10 04; www.camargue-decouverte.com; 24 rue Porte de Laure) Bei den Halbtagestouren dringt man mit dem Jeep im Safaristil ins Delta vor. Die Fahrten lassen sich auch mit Ausritten kombinieren.

## Kurse

**Manade Salierène** KURS
(04 66 86 45 57; www.manadesalierene.com; D37 Mas de Capellane) Reiten und leben wie ein echter Cowboy: Die einwöchigen Kurse im Viehhüten zu Pferde für Anfänger und Fortgeschrittene *(stages de monte gardiane)* beinhalten Unterkunft und Verpflegung durch die Familie des *manadier* (Eigentümer einer Stier- oder Pferdeherde) (Erw./Kind 750/665).

## Schlafen

Motels im rustikalen Westernstil säumen die D570 in Richtung Stes-Maries-de-la-Mer. Bei der Touristeninformation gibt's für Selbstversorger eine Liste von *cabanes de gardian* (traditionelle, weiß getünchte Hütten der Stierhüter) und Zimmern auf Bauernhöfen.

★ **Mas de Calabrun** HOTEL €€
(04 90 97 82 21; www.mas-de-calabrun.fr; Rte de Cacherel, D85A; DZ/Roulotte 129/169 €; Mitte Feb.–Mitte Nov.; ) Mit der auffälligen Reiterstatue im vorderen Hof, dem schicken Pool, der stilvollen Restaurantterrasse und dem sagenhaften Ausblick in die Landschaft der Camargue hat dieses Hotel seine drei Sterne wirklich verdient. Das Tüpfelchen auf dem I sind die drei schicken *roulottes* (Schindelwagen), die einen durch und durch romantischen Aufenthalt versprechen. Das Frühstücksbüffet kostet 15 €.

★ **Cacharel Hotel** HOTEL €€
(04 90 97 95 44; www.hotel-cacharel.com; rte de Cacharel, D85A; EZ/DZ/3BZ/4BZ 132/144/156/178 €, Ausritt 32 €/Std.; ganzjährig; ) Der einsame Bauernhof liegt gleich nördlich von Stes-Maries-de-la-Mer

400 m abseits der D85A an einer unbefestigten Zufahrtsstraße. Die Unterkunft schafft eine ideale Balance zwischen modernem Komfort und ländlicher Authentizität. Fotos der Rinderhirten, die das Hotel 1947 gründeten (Sohn Florian führt die Drei-Sterne-Unterkunft heute mit großem Engagement) geben dem altmodischen Speisesaal Atmosphäre. Die Zimmer befinden sich in niedlichen, weiß getünchten Hütten; manche bieten einen Ausblick aufs Wasser.

Schaukeln auf der Weide, Ausritte mit einem *gardian* (Rinderhirten), Kugeln zum Pétanque-Spielen und viel freier Raum machen dieses Hotel zu einem idealen Quartier für Familien.

**★ Le Mas de Peint** BOUTIQUEHOTEL **€€€**
(04 90 97 20 62; www.masdepeint.com; Le Sambuc; DZ ab 270 €, Menüs mittags/abends ab 41/59 €; Mitte März–Mitte Nov.; ) Das luxuriöse *mas* (Bauernhaus) – Teil der Luxuskette Châteaux & Hôtels Collection – ist so schick und vornehm, dass es für die Camargue fast schon unangemessen wirkt und direkt dem Design-Magazin *Côte Sud* entstiegen sein könnte. Die gute Nachricht: Auch wer nicht im Hotel übernachtet, ist im Gourmetrestaurant und in der schicken Bar am Pool willkommen.

Die Betreiber bieten auch Wochenenden mit Flamenco, Rinderhüten und Vogelbeobachtungen.

## Essen

In der ländlichen Camargue gibt es insbesondere um Le Sambuc und Villeneuve erstklassige Restaurants – von schlichten Rasthäusern über von Familien geführten Gasthöfen bis hin zu mit Michelin-Sternen ausgezeichneten Feinschmeckertempeln.

**Estrambord** CAMARGUE-KÜCHE **€**
(04 90 97 20 10; www.lestrambord.fr; Le Sambuc; 3-Gänge-Menü 16–20 €; So–Fr 12–14 Uhr) Ein Rasthaus an der Straße nach Art der Camargue mit regionalen Spezialitäten von Meeresfrüchten bis Rindfleisch.

**★ La Telline** CAMARGUE-KÜCHE **€€**
(04 90 97 01 75; www.restaurantlatelline.fr; Rte de Gageron, Villeneuve; Hauptgerichte 24–35 €; Fr–Mo 12–13.15 & 19.30–21 Uhr) Das einsame, bei den Einheimischen sehr beliebte Restaurant in einem Landhaus mit graugrünen Fensterläden könnte schlichter und authentischer nicht sein. Im Sommer speist man in einem kleinen, friedlichen Garten voller Blumen. Auf der einfachen Karte stehen als Vorspeise *tellines* (essbare Weichtiere), Salat oder Terrine und als Hauptgang gegrillter Fisch oder gegrilltes Fleisch oder ein Rinder- oder Bullensteak. Nur Barzahlung.

**★ Le Mazet du Vaccarès** CAMARGUE-KÜCHE, SEAFOOD **€€**
(Chez Hélène et Néné; 04 90 97 10 79; www.mazet-du-vaccares.fr; südlich von Méjanes; 3-Gänge-Menü 35 €; Fr–So 10–23 Uhr, Mitte Aug.–Mitte Sept. & Mitte Dez.–Mitte Jan. geschl.) Das Fischmenü in dieser legendären Hütte am See ist ein Fest für Auge und Magen. Erinnerungsstücke aus Hélènes und Nénés Tagen als Leuchtturmwärter in Beauduc geben dem Restaurant Atmosphäre. Das joviale Paar bereitet ein festes Menü aus dem Fang lokaler Fische zu. Von der Domaine Paul Ricard führt eine ausgeschilderte, holprige Schotterstraße 2,5 km Richtung Süden zu dem Haus.

**Chez Bob** CARMARGUE-KÜCHE **€€**
(04 90 97 00 29; http://restaurantbob.fr; Mas Petite Antonelle, Rte du Sambuc, Villeneuve; Menü 45 €; Mi–So 12–14 & 19.30–21 Uhr) Dieses Hausrestaurant ist eine bei den Bewohnern von Arles äußerst beliebte Adresse. Man speist Bullenkoteletts, Entenbrust und Lamm draußen unter den Bäumen oder drinnen in einem Raum, dessen Wände voll mit Fotos, Plakaten und anderen Erinnerungsstücken sind, die Jean-Guy, alias „Bob", im Lauf der Jahre zusammengetragen hat. Das Restaurant befindet sich 20 km südlich von Arles in Villeneuve, 800 m hinter der Kreuzung an der D37 Richtung Salin. Online reservieren!

**La Chassagnette** FEINSCHMECKER **€€€**
(04 90 97 26 96; www.chassagnette.fr; Rte du Sambuc; Hauptgerichte 37–39 €; März–Juni, Sept. & Okt. Do–Mo 12–13.30 & 19–21.30 Uhr, Juli & Aug. tgl., Nov.–März kürzere Öffnungszeiten) Den Duft sonnengereifter Tomaten zu schnup-

### SCHÖNSTE NATURWANDERWEGE

**Digue à la Mer** (S. 202)
**La Capelière & Salin de Badon** (S. 202)
**Parc Ornithologique du Pont de Gau** (S. 201)
**Musée de la Camargue** (S. 201)
**Domaine de la Palissade** (S. 202)

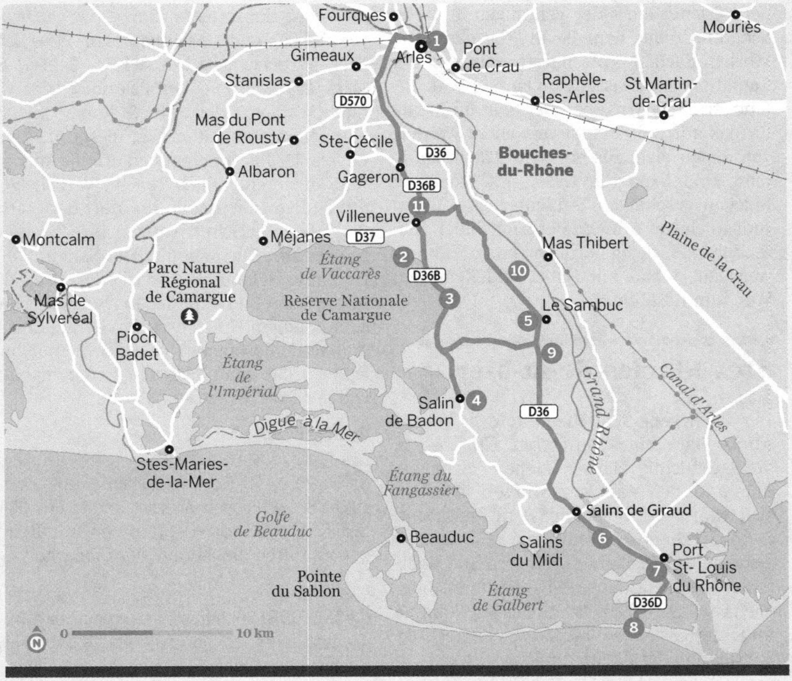


# Ausflug
# Der wilde Südosten

**START** ARLES
**ZIEL** VILLENEUVE
**STRECKE/DAUER** 85 KM/1 TAG

Der Ausflug beginnt südlich von 1 **Arles** auf der D570 (Richtung Stes-Maries-de-la-Mer). Nach 2,8 km zweigt links die D36 nach Le Sambuc und Salin de Giraud ab und führt in den Parc Naturel Régional de Camargue. Nach 4 km biegt man nach rechts auf die D36B (Richtung Gageron) ein und fährt an der folgenden Kreuzung geradeaus.

Bald darauf läuft die D36B am Ostufer des 2 **Étang de Vaccarès** (S. 201) entlang. Hier ist das Sumpfgebiet noch am ursprünglichsten, da es kaum zugänglich ist. Nur auf den Naturlehrpfaden und Beobachtungstürmen im 3 **La Capelière** (S. 202) kommt man näher heran. Um Grau- und Seidenreiher beobachten zu können, muss man sich in 4 **Salin de Badon** (7 km südlich) eine Genehmigung für die Naturlehrpfade besorgen.

Dann geht es zurück nach 5 **Le Sambuc** zum Mittagessen im La Chassagnette (S. 204), Estrambord (S. 204) oder Le Mas de Peint (S. 204).

Weiter nach Süden führt die D36C durch Salin de Giraud, die als Arbeitersiedlung rund um die größte Saline Europas entstanden ist. Diese produziert immerhin 800 000 t Salz pro Jahr. Sehenswert ist das Panorama aus Salzfeldern, Hügeln und Schaufelbaggern, das sich vom 6 **Aussichtspunkt** (*Point de vue*) 2 km südlich des Ortes an der D36D bietet.

Die letzten 12 km der Fahrt nach Süden führen an einer überwältigenden Masse von Rosaflamingos, die durchs Wasser stolzieren, vorbei bis zum Naturschutzzentrum 7 **Domaine de la Palissade** (S. 202), das Touren zu Fuß und zu Pferde anbietet.

Die Fahrt endet 3,7 km weiter südlich am 8 **Plage de Piémanson**.

Auf der Rückfahrt über die D36 lohnt sich ein Besuch des 9 **Musée du Riz du Petit Manusclat** und der 10 **Domaine de Beaujeu**, wo man alles über den hier angebauten Reis und andere Produkte erfährt. Dann geht's zum Essen ins 11 **Restaurant La Telline** (S. 204) in Villeneuve.

pern, ist nur eines der Vergnügen in dieser Schafhürde aus dem 19. Jh., die das letzte Wort in Sachen Spitzengastronomie in der Camargue ist. Das Alain-Ducasse-Wunderkind Armand Arnal bereitet hier ein Menü, für das nur Bio-Zutaten verwendet werden, von denen viele aus eigenem Anbau stammen, und lockt die Gäste mit einer vor Mücken geschützten Außenterrasse. 12 km südöstlich von Arles an der nach Süden führenden D36, gleich nördlich von Le Sambuc, weist ein Schild mit Gabel und Kelle den Weg zum Restaurant.

# Stes-Maries-de-la-Mer

2400 EW.

Der abgelegene Städtchen am Meer hat die Atmosphäre eines munteren Urlaubsorts. Weißgetünchte Häuser stehen dicht gedrängt an den staubigen Straßen, in denen sich während der Wallfahrt der Gitans (Sinti & Roma) chaotische Horden aus farbenfroh gekleideten Musikanten, Tänzern und berittenen Viehhirten um riesige Pfannen voller Paella scharen. Tickets für die Stierkämpfe und Stierrennen (*courses camarguaises*) erhält man in der **Arena** direkt am Meer.

## Sehenswertes & Aktivitäten

Stes-Maries-de-la-Mer ist von feinen Sandstränden mit einer Gesamtlänge von 30 km umgeben, die leicht mit dem Fahrrad zu erreichen sind. FKK-Strände sind rund um den Leuchtturm von La Gacholle beim Digue à la Mer (S. 202) zu finden.

★ **Église des Stes-Maries** KIRCHE

(www.sanctuaire-des-saintesmaries.fr; Place Jean XXIII; Dachterrasse Mo–Sa 10–12 & 14–17, So 14–17 Uhr) Während der Pèlerinage des Gitans (Wallfahrt der Sinti & Roma) pilgern Heerscharen von Roma zu dieser aus dem 12. bis 15. Jh. stammenden Kirche mit ihrem düsteren, stillen, nach Wachskerzen duftendem Innenraum, um dort der Statue der Sara, ihrer Schutzheiligen, ihre Reverenz zu erweisen. Die Reliquien der Sara und der hl. Maria Salome und Maria Jakobäa,, die König René I. 1448 in der Krypta entdeckte, sind in einem Holzschrein in der Steinmauer über dem Chor versteckt. Nicht entgehen lassen sollte man sich den Panoramablick von der **Dachterrasse** (2,50 €).

### Bootfahren

**Les Quatre Maries** BOOTSTOUR

(04 90 97 70 10; www.bateaux-4maries.camargue.fr; 36 av Théodore Aubanel; 1½ Std. Erw./Kind 12/6 €; Mitte März–Okt.) Touren mit Rennbooten durch die Sümpfe der Camargue.

**Le Camargue** BOOTSTOUR

(06 17 95 81 96; http://bateau-camargue.com; 5 rue des Launes; 1½ Std. Erw./Kind 12/6 €; Mitte März–Okt.) Mit den Rennbooten dieses Unternehmens mit einem Kiosk an der Av Théodore Aubanel kann man das Sumpfland der Camargue erkunden.

### Radfahren

Fahrräder sind prima geeignet für das flache Gelände der Camargue. Östlich von Stes-Maries-de-la-Mer sind Strandwege wie

### DIE DREI MARIEN & DIE WALLFAHRT DER SINTI UND ROMA

Das Christentum erreichte die europäische Küste zuerst im winzigen Stes-Maries-de-la-Mer. Der Legende nach mussten Maria Salome und Maria Jakobäa (und angeblich auch Maria Magdalena) aus dem Heiligen Land fliehen. Ihr Boot geriet in einen Sturm und strandete nach einer Irrfahrt schließlich an der französischen Mittelmeerküste.

Bis hierher sind sich die provenzalische und römisch-katholische Überlieferung noch einig, doch nach der Lehre der katholischen Kirche kam auch die dunkelhäutige Sara, die Schutzheilige der Roma und Sinti, zusammen mit den zwei (oder drei) Marien in Stes-Maries-de-la-Mer an. Nach der provenzalischen Legende war Sara dagegen bereits hier und erkannte als Erste die Heiligkeit der Gestrandeten. 1448 wurden in einer Krypta in Stes-Maries-de-la-Mer Knochenreste gefunden, die Sara und den beiden Marien zugeschrieben wurden.

Bis heute pilgern die Sinti und Roma (*gitans*) alljährlich am 24. und 25. Mai nach Stes-Maries-de-la-Mer und bleiben meist bis zu drei Wochen lang. Bei dem farbenfrohen Spektakel der **Pèlerinage des Gitans** wird die Statue der Sara zu Musik und Tanz durch die Stadt getragen. Eine zweite Wallfahrt zu Ehren der beiden Marien findet an einem Sonntag rund um den 22. Oktober statt. Dann werden auch die unblutigen Stierkämpfe der *courses camarguaises* veranstaltet.

INSIDERWISSEN

## ESSEN AM STRAND

Ein Mittagessen *sur la plage* (am Strand) hat immer seinen Reiz, und Stes-Maries-de-la-Mer hat diesbezüglich zwei hippe und schicke Strandrestaurants zu bieten, die beide von Mai bis September geöffnet sind.

In Richtung Osten auf den Digue à la Mer zu befindet sich an der sandigen Plage Est das **La Playa** (06 29 48 82 01; www.laplaya-en-camargue.fr; Plage Est; Hauptgerichte 17–20 €; Mai–Sept. 8–24 Uhr; ), ein schickes Lokal mit einem besonders prickelnden Aperitif und munterem Leben nach Einbruch der Dunkelheit, wenn ganze Schwärme von Fischen *à la plancha* (auf dem Grill) gebraten werden. Tagsüber herrscht wegen der schmackhaften Mittagsgerichte, des kostenlosen WLAN und der sehr komfortablen Sonnenliegen auf dem Sand ebenfalls viel Trubel.

In der entgegengesetzten Richtung befindet sich an der ebenfalls sandigen Plage Ouest das **Calypso – Lou Santen** (07 71 03 43 46; Av Riquette Aubanel, Plage Ouest; Fisch- & Meeresfrüchteteller 12–16 €, Hauptgerichte 19,50–23 €; Mai–Sept. 10–19 Uhr, Juli & Aug. Sa bis 23 Uhr) im Schatten einer typischen Schilf-Pergola mit bilderbuchschönem Blick aufs Meer. Auf der erhöhten Holzterrasse isst man leckere, gute und preiswerte *moules* (Muscheln) und mietet sich dann für die folgende Siesta auf dem Strand eine Sonnenliege (12 €).

am Digue à la Mer (S. 202) Fußgängern und Radfahrern vorbehalten. Die folgenden Unternehmen liefern die Fahrräder auch kostenlos ins Hotel.

**Le Vélo Saintois** RADFAHREN
(04 90 97 74 56; www.levelosaintois.camargue.fr; 19 rue de la République; pro Tag Erw./Kind 15/13,50 €, Tandemräder 30 €; März–Nov. 9–19 Uhr) vermietet Fahrräder aller Größen und hat eine englischsprachige Liste der Radwege.

**Le Vélociste** RADFAHREN
(04 90 97 83 26; www.levelociste.fr; Place Mireille, Saintes; pro Tag Erw./Kind 15/13,50 €; März–Nov. 9–19 Uhr) vermietet Fahrräder und bietet Pauschaltouren inklusive Ausritten (36 €) oder Kanutouren (30 €).

### Schlafen

**Hôtel Méditerranée** HOTEL €
(04 90 97 82 09; www.hotel-mediterranee.camargue.fr; 4 av Frédéric Mistral; DZ/3BZ/4BZ ab 48/75/85 €; Mitte März–Mitte Nov.; ) Die mit vielen Blumentöpfen geschmückte weißgetünchte Hotelvilla liegt nur einige Stufen über dem Meer und ist ein echtes Schnäppchen. Die 14 Zimmer, von denen drei einen eigenen kleinen Terrassengarten haben, sind makellos sauber. Das Frühstück (7 €) wird im Sommer in einem hübschen, von Weinranken eingehüllten und mit Erdbeerpflanzen, Geranien und weiteren Topfpflanzen geschmückten Gartenhof serviert. Im Hotel gibt es auch einen Fahrradverleih (15 €/Tag).

**Camping Le Clos du Rhône** CAMPING €
(04 90 97 85 99; www.camping-leclos.fr; Rte d'Aigues Mortes; Zelt, Auto & 2 Erw. 26,50 €; April–Okt.; @) Direkt am Strand bietet dieser große, gut ausgestattete Campingplatz die ganze Palette an Unterkünften: Stellplätze für Zelte, Holzchalets und Cottages für Selbstversorger. Dank des Pools mit der zweispurigen Wasserrutsche und des direkt am Strand gelegenen Spas mit Whirlpool und Hammam ist die Anlage bei Familien sehr beliebt.

★**Lodge Sainte Hélène** BOUTIQUEHOTEL €€€
(04 90 97 83 29; www.lodge-saintehelene.com; Chemin Bas des Launes; DZ 150–190 €; @) Diese perlweißen Reihenhäuser mit Designerschick verteilen sich um ein Seeufer und sind eine ideale Unterkunft für Vogelbeobachter und Romantiker. Die Anlage wirkt exklusiv, sie ist so abgelegen und ruhig, dass man den Flügelschlag der Flamingos zu hören glaubt, die durch die Lüfte ziehen. In jedem Zimmer findet man ein Fernglas und einen Führer für Vogelbeobachtungen. Der engagierte Betreiber Benoît Noel ist eine Fundgrube an Ortskunde. Das Frühstück kostet 15 €.

### Essen

★**La Cabane aux Coquillages** SEAFOOD €
(06 10 30 33 49; www.degustationcoquillages-lessaintesmariesdelamer.com; 16 av Van Gogh; Meeresfrüchte 6,50–12,50 €; April–Nov. 12–15 & 17–23 Uhr) Der auf Meeresfrüchte und Aperi-

tifs spezialisierte Ableger des benachbarten Ô Pica Pica, ein leuchtend blauer „Schuppen“, in dem sich drinnen die Schalentiere kistenweise stapeln, ist pures Gold wert. Auf den hellblauen Stühlen draußen spült man ein halbes Dutzend Austern (6,50 €), vor Ort geerntete *tellines* (8,50 €) oder seine Wahl an *fritures* (frittierte und panierte kleine Garnelen, Tintenfische oder Sardellen, 12,50 €) mit einem Glas kühlen Weins hinunter und fühlt sich wie im Paradies.

**★ Ô Pica Pica** SEAFOOD **€€**

(☎ 06 10 30 33 49; www.degustationcoquillages-lessaintesmariesdelamer.com; 16 av Van Gogh; Hauptgerichte 17–22 €; ⏲ März–Nov. 12–15 & 19–23 Uhr) Fisch und Meeresfrüchte gibt's nirgendwo frischer als hier. Man kann zusehen, wie in der „offenen“, d.h. verglasten, Küche die Tiere ausgenommen, filetiert und gebraten werden und verspeist dann sein Mahl auf der gepflasterten Terrasse mit Meerblick oder hinten in dem von weißen Mauern umgebenen, typisch mediterranen Garten. Hier ist Schlichtheit angesagt: die Gläser und Teller sind aus Plastik, es gibt keinen Kaffee und bezahlen kann man nur bar.

## ℹ Praktische Informationen

**Touristeninformation** (☎ 04 90 97 82 55; www.saintesmaries.com; 5 av Van Gogh; ⏲ 9–19 Uhr) Die geführten Stadtspaziergänge (7 €) starten dienstags und freitags um 14 Uhr.

## ℹ Anreise & Unterwegs vor Ort

Le Vélo Saintois (S. 207) und Le Vélociste (S. 207) vermieten Fahrräder. Die saisonal fahrenden Busse von/nach Arles (www.lepilote.com; 2,90 €, 1 Std., tgl. 8-mal) nutzen das Wartehäuschen am nördlichen Ortseingang an der Av d'Arles (der Verlängerung der Rte d'Arles und der D570).

# Avignon & Umgebung

Inhalt ➡



## Gut essen

- L'Oustau de Baumanière (S. 245)
- Le Verger des Papes (S. 223)
- Le Moulin à Huile (S. 229)
- Le Vivier (S. 239)
- 83.Vernet (S. 217)
- Christian Etienne (S. 218)

## Schön übernachten

- Hôtel La Mirande (S. 217)
- Sous les Figuiers (S. 243)
- La Prévôté (S. 239)
- Mas de l'Amarine (S. 244)

## Auf nach Avignon & Umgebung!

Umgeben von 800 Jahre alten Festungsmauern thront Avignon über der mächtigen Rhone. Der riesige Palast aus dem 14. Jh., in dem einst die Päpste residierten, beherrscht bis heute die Silhouette der Stadt. Enge Gassen und schattige Plätze laden zum Bummeln und Verweilen ein.

Die Landschaft rund um Avignon ist von alten Dörfern und Weinbergen geprägt, die einige der besten Weine Frankreichs hervorbringen, z. B. den Châteauneuf-du-Pape und die Weine der Côtes du Rhône rund um das Bergmassiv der Dentelles de Montmirail. In Orange, Nîmes und Saint-Rémy-de-Provence sind erstaunlich gut erhaltene römische Ruinen zu sehen, während in Vaison-la-Romaine und Les Baux-de-Provence das Mittelalter wieder lebendig wird.

Auf der türkis schillernden Sorgue kann man mit dem Kanu von ihrer mystischen Quelle in Fontaine-de-Vaucluse bis zum Städtchen L'Isle-sur-la-Sorgue paddeln, das bekannt ist für seine Antiquitätenläden. Wanderer und Radfahrer stürmen den Mont Ventoux, der sich als höchster Gipfel der Provence über lila Lavendelfeldern erhebt.

## Entfernungen (km)

| | Nîmes | Carpentras | Vaison-la-Romaine | Orange | St-Rémy-de-Provence |
|---|---|---|---|---|---|
| Carpentras | 67 | | | | |
| Vaison-la-Romaine | 80 | 24 | | | |
| Orange | 53 | 22 | 28 | | |
| St-Rémy-de-Provence | 41 | 45 | 70 | 48 | |
| Avignon | 42 | 25 | 46 | 27 | 20 |

# Highlights

1. Die Paläste, Brücken und mittelalterlichen Straßen von **Avignon** (S. 212) erkunden
2. In **Châteauneuf-du-Pape** (S. 223) großartige französische Weine verkosten
3. Sich im **Théâtre Antique** (S. 225) in Orange wie die alten Römer fühlen
4. Hoch hinauf ins mittelalterliche **Vaison-la-Romaine** (S. 227) klettern
5. Unter dem berühmten **Pont du Gard** (S. 249) hindurchpaddeln
6. Die kleinen Dörfer der **Dentelles de Montmirail** (S. 230) abklappern
7. Den **Mont Ventoux** (S. 232), den mächtigsten Gipfel der Provence, erklimmen
8. In **L'Isle-sur-la-Sorgue** (S. 238) Antiquitätenläden durchstöbern und die Kanäle erkunden
9. In **Saint-Rémy-de-Provence** (S. 241) Promis über den Weg laufen, römische Ruinen erkunden und zu Van Goghs letztem Wohnort pilgern
10. In der spektakulären Arena von **Nîmes** (S. 246) mit den Geistern der Gladiatoren kämpfen

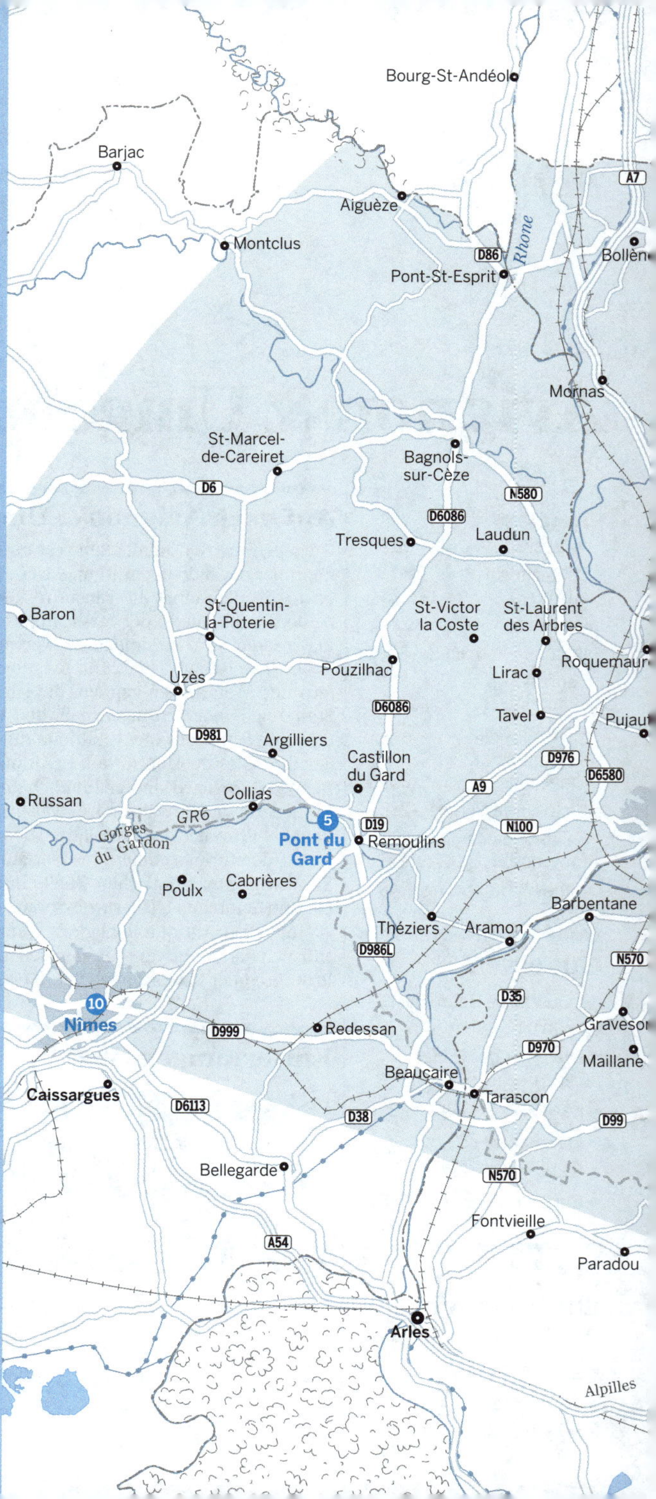

DRÔME
0 10 km
Grillon
Valréas
Richerenches
Visan
Nyons
Suze-la-Rousse
Puymeras
Vaison-la-Romaine
4
Faucon
Uchaux
Séguret
Le Crestet
Gorges du Toulourenc
Camaret-sur-Aigues
Sablet
Beaumont-du-Ventoux
Chalet Reynard
Violes
Gigondas
Suzette
Malaucène
6
Dentelles de Montmirail
7
Mont Ventoux
3
Orange
Vacqueyras
Le Barroux
Bédoin
Maucoil
Crillon-le-Brave
Ste-Colombe
Beaumes-de-Venise
Sarrians
VAUCLUSE
Sault
2
Châteauneuf-du-Pape
Carpentras
Mazan
Villes-sur-Auzon
Monieux
Sauveterre
Monteux
Blauvac
Gorges de la Nesque
Sorgues
Venasque
Villeneuve-lès-Avignon
Pernes-les Fontaines
Forêt de Venasque
Le Beaucet
Col de Murs (627m)
1
Avignon
St-Gens
Aéroport Avignon-Provence
Sorgue
Murs
St-Saturnin-lès-Apt
Montfavet
Abbaye Notre-Dame de Sénanque
Fontaine-de-Vaucluse
Durance
8
L'Isle-sur-la-Sorgue
Villars
Gordes
Roussillon
Châteaurenard
Noves
Cabrières d'Avignon
Eyragues
Coustellet
Goult
Apt
Cavaillon
Le Colombier
St-Rémy-de-Provence
Plan d'Orgon
Oppède-le-Vieux
Ménerbes
Lacoste
Bonnieux
Plateau des Claparèdes
9
Orgon
Site Archéologique de Glanum
Glanum
GR97
Montagne de Luberon
Eygalières
La Tuillie
Vaugines
Les Baux-de-Provence
Lauris
Lourmarin
Sénas
Cadenet
Maussane-les-Alpilles
Mouriès
Eyguières
St-Martin-de-Crau
Salon-de-Provence
Le Puy-St-Réparade
GR91
Venaissin
Comtat
D18
D976
D120
D976
D938
D94
D576
D20
D11
D976
D46
D975
D977
D54
D13
D23
D23
D975
D974
D907
D90
D19
D164
D974
D950
D21
D19
D942
D68
A7
D938
D1
D950
D30
D942
D942
D38
D49
D4
D943
D230
D28
D177
D3
D901
D4
N7
D25
D2
D24
D943
D900
D149
A7
D900
D900
D7n
D3
D3
D571
D99
D973
A7
D24
D538
D7n
D17

# AVIGNON

91250 EW.

Das reizende Avignon ist von einer erstaunlich gut erhaltenen, 800 Jahre alten Stadtmauer umgeben. Ihre Zeit als Papstresidenz bescherte der Stadt einen immensen Reichtum an Kunstwerken und prächtigen Gebäuden, allen voran die gewaltige mittelalterliche Festung des Palais des Papes. Heute ist Avignon eine lebhafte Studentenstadt mit einladenden Boutiquen, die die alten, kopfsteingepflasterten Straßen säumen, und vielen grünen Plätzen voller Straßencafés. Im Juli strömen Tausende von Besuchern zu den berühmten Festspielen in die Stadt.

## Geschichte

Avignons Stadtmauer – und ihr Ruf als Stadt der Künste und der Kultur – reicht zurück ins 14. Jh., als Papst Clemens V. den politischen Wirren in Rom den Rücken kehrte. Von 1309 bis 1377 residierten insgesamt sieben in Frankreich geborene Päpste in Avignon, die nicht nur riesige Summen in den Bau des Papstpalastes investierten, sondern auch Juden und politisch Verfolgten eine Zuflucht boten. Papst Gregor XI. verlegte seine Residenz 1376 wieder nach Rom, doch schon zwei Jahre später begann mit seinem Tod das Große Schisma (1378–1417), in dessen Folge die (bis zu drei) gleichzeitig amtierenden Päpste sowohl in Rom als auch in Avignon residierten und sich gegenseitig denunzierten und exkommunizierten. Auch als sich der unbefangene Papst Martin V. nach der Einigung wieder in Rom niederließ, blieb die Stadt Avignon unter der Herrschaft des Heiligen Stuhls; zusammen mit der Grafschaft Venaissin, dem heutigen Departement Vaucluse, wurde sie bis 1791 von päpstlichen Legaten verwaltet.

### DER AVIGNON-PASS

Hinter der Bezeichnung „Avignon Passion" verbirgt sich ein praktischer Museumspass, der Ermäßigungen beim Eintritt in die großen Museen und Monumente in Avignon und Villeneuve-lès-Avignon gewährt. Beim ersten Museum zahlt man noch den vollen Eintrittspreis, bei allen folgenden Sehenswürdigkeiten gibt es dann aber eine Ermäßigung. Der Avignon-Pass ist kostenlos, gilt für 15 Tage und deckt auch ein paar Touren ab. Erhältlich ist er in der Touristeninformation (S. 220) und in den Museen.

## Sehenswertes & Aktivitäten

Die Kassen schließen jeweils 30 bis 60 Minuten vor den Sehenswürdigkeiten.

### ★Palais des Papes — PALAST

(Papstpalast; www.palais-des-papes.com; place du Palais; Erw./Kind 11/9 €, mit Pont Saint-Bénezet 13,50/10,50 €; Juli 9–20 Uhr, Aug. bis 20.30 Uhr, Sept.–Juni verkürzte Öffnungszeiten) Der zum Weltkulturerbe der UNESCO zählende Palais des Papes ist der größte gotische Palast der Welt. Er wurde 1309 erbaut, als Papst Clemens V. seine Residenz von Rom nach Avignon verlegte, und blieb für etwas mehr als 70 Jahre der Sitz von Päpsten. Die gewaltigen Ausmaße zeugen vom Reichtum der Päpste, die 3 m dicken Mauern mit Fallgittern und Wachtürmen von ihrem Sicherheitsbedürfnis.

Es braucht schon etwas Fantasie, um sich den früheren Prunk in diesen kahlen, höhlenartigen Steinsälen vorzustellen, dabei hilfreich sind die Multimedia-Audioguides (2 €). Highlights sind u. a. die aus dem 14. Jh. stammenden Fresken von Matteo Giovannetti in der Kapelle und die Chambre du Cerf mit ihren mittelalterlichen Jagdszenen.

Am Kartenschalter nach **Führungen** fragen.

### ★Place du Palais — PLATZ

Die goldene Statue der Jungfrau Maria auf dem Turm der romanischen **Cathédrale Notre Dame des Doms** (1671/1672) wiegt stolze 4,5 t. Ihr ausgestreckter Arm zeigt auf die Stadt, die sie beschützen soll. Auf dem Plateau neben der Kathedrale erstreckt sich der Park **Rocher des Doms**, der einen atemberaubenden Blick auf die Rhone, den Mont Ventoux und die Berge der Alpilles bietet. Im Park gibt's auch einen **Spielplatz**. Das häufig fotografierte Gebäude gegenüber dem Papstpalast ist das **Hôtel des Monnaies**: Die Fassade der ehemaligen Münzprägeanstalt aus dem 17. Jh. ist über und über mit steinernen Früchten und Wappentieren verziert.

### ★Pont Saint-Bénezet — BRÜCKE

(bd du Rhône; Erw./Kind 24 Std. gültiges Ticket 5/4 €, mit Palais des Papes 13,50/10,50 €; Juli 9–20 Uhr, Aug. bis 20.30 Uhr, Sept.–Juni kürzere Öffnungszeiten) Einer Legende zufolge hatte ein Priester namens Bénezet drei Heiligenerscheinungen, in denen er zum Bau einer Brücke über die Rhône aufgefordert wurde.

### ÜBERNACHTEN IN UND RUND UM AVIGNON

Wer im Juli während des Festival d'Avignon nach Avignon reisen will, muss bereits im Januar (wenn nicht sogar eher) eine Unterkunft buchen. Während dieser Zeit wird oft eine Mindestzahl an Übernachtungen verlangt und es gelten Spitzenpreise. Nachfragen, ob ein Parkplatz inbegriffen ist. Preiswertere Unterkünfte sind in den zwar weniger attraktiven, aber nur eine 30-minütige Fahrt entfernten Ortschaften Orange und Carpentras zu finden.

Die 1185 fertiggestellte, 900 m lange Brücke mit 20 Brückenbögen verband Avignon mit Villeneuve-lès-Avignon. Sie stürzte mehrfach ein und wurde wiederaufgebaut, ehe sie im 17. Jh. bei einem Hochwasser bis auf vier Bögen gänzlich weggespült wurde.

Wer für die Besichtigung der Brücke nicht zahlen will, kann sie vom Park Rocher des Doms, vom Pont Édouard Daladier oder vom Uferweg (Chemin des Berges) der Île de la Barthelasse gratis betrachten.

Nicht wundern, wenn man auf der Brücke jemanden tanzen sieht: In Frankreich kennt man die Brücke als Pont d'Avignon aus dem berühmten Kinderlied: „Sur le pont d'Avignon/L'on y danse, l'on y danse…“ (Auf der Brücke von Avignon tanzen alle…)

**★ Musée Calvet** MUSEUM

(☎ 04 90 86 33 84; www.musee-calvet.org; 65 rue Joseph Vernet; Erw./Kind 6/3 €; ⌚ Mi–Mo 10–13 & 14–18 Uhr) Das elegante Hôtel de Villeneuve-Martignan (1741–1754 erbaut) bietet den passenden Rahmen für das Kunstmuseum, in dem neben Gemälden des 16. bis 20. Jhs. auch prähistorische Fundstücke, Kunstschmiedearbeiten aus dem 15. Jh. und die Landschaftsbilder des in Avignon geborenen Joseph Vernet zu bewundern sind.

**★ Musée du Petit Palais** MUSEUM

(www.petit-palais.org; Place du Palais; Erw./Kind 6 €/frei; ⌚ Mi–Mo 10–13 & 14–18 Uhr) Der ehemalige Erzbischofspalast aus dem 14. und 15. Jh. beherbergt eine außergewöhnliche Sammlung religiöser italienischer Gemälde der Frührenaissance. Zu sehen sind Werke von Botticelli, Carpaccio, Giovanni di Paolo und anderer Künstler des 13. bis 16. Jhs., darunter auch Botticellis berühmte *Madonna mit Kind* von 1470.

**★ Collection Lambert** GALERIE

(www.collectionlambert.com; 5 rue Violette; Erw./Kind 10/8 €; ⌚ Sept.–Mai Di–So 11–18 Uhr, Juli & Aug. tgl. bis 19 Uhr) Avignons Museum für zeitgenössische Kunst wurde nach einer umfassenden Renovierung und Erweiterung im Sommer 2015 wiedereröffnet. Es widmet sich der Kunst von den 1960er-Jahren bis zur Gegenwart und zeigt Werke des Minimalismus und der Konzeptionskunst bis hin zu Video- und Fotokunst – was im starken Kontrast zu dem klassischen Herrenhaus aus dem 18. Jh. steht, in dem das Museum untergebracht ist.

**Musée Angladon** MUSEUM

(www.angladon.com; 5 rue Laboureur; Erw./Kind 6,50/4,50 €; ⌚ Mitte März–Nov. Di–So 13–18 Uhr, Mitte Nov.–Mitte März Mo & Di geschl.; 📶) In dem winzigen Museum sind wahre Kostbarkeiten impressionistischer Künstler zu sehen, beispielsweise der einzige in der Provence verbliebene Van Gogh: Bei seinem Gemälde *Eisenbahnwagen* erkennt man erst auf den zweiten Blick, dass die Erde vor den Waggons nicht gemalt, sondern die nackte Leinwand ist! Zur Ausstellung gehören auch einige frühe Skizzen von Picasso sowie Arbeiten von Cézanne, Sisley, Manet und Degas. Das Obergeschoss ist der Antike und Gemälden des 17. Jhs. gewidmet.

**Le Carré du Palais** WEINVERKOSTUNG

(☎ 04 90 27 24 00; www.carredupalaisavignon.com; 1 place du Palais) Das historische Hôtel Calvet de la Palun in der Ortsmitte von Avignon wurde in ein Weinzentrum umgebaut, das Weine aus dem Gebiet Côtes du Rhône und Vallée du Rhône promotet und serviert. Einfach reinschauen und ein paar Weine probieren.

## Geführte Touren

Die Touristeninformation (S. 220) veranstaltet das ganze Jahr über Führungen (ab 15 €) zu bestimmten Themen auf Englisch und Französisch und hält zudem Stadtpläne für Touren bereit, die man auf eigene Faust unternehmen kann (auch online).

**Les Grands Bateaux de Provence** BOOTSTOUR

(☎ 04 90 85 62 25; www.mireio.net; allées de l'Oulle; Bootstour mit Essen Erw./Kind ab 40/28 €) Veranstaltet ganztägige Bootstouren nach Arles, Châteauneuf-du-Pape und Tarascon. Die Fahrten mit Abendessen, Tanz und Liveunterhaltung ziehen ein älteres Publikum an.

# Avignon

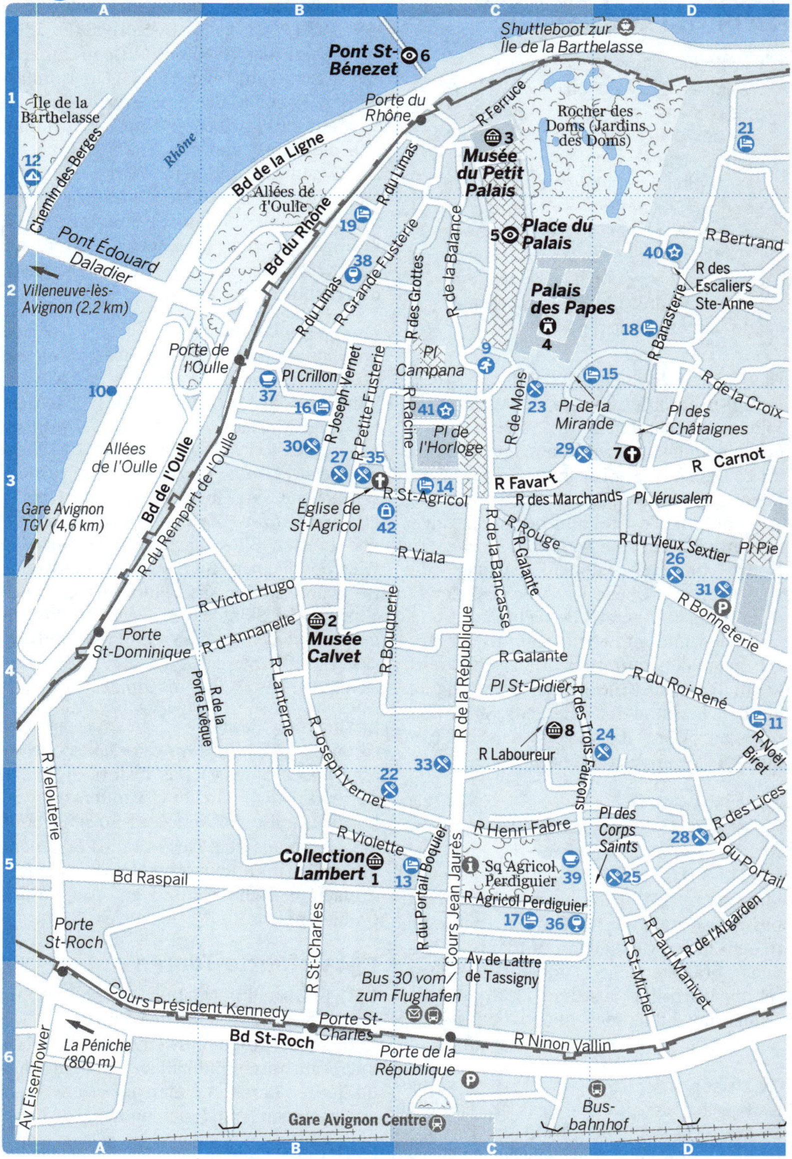


**Avignon Wine Tour** TOUR
(✆ 06 28 05 33 84; www.avignon-wine-tour.com; 80–100 €/Pers.) Bei den informativen Führungen durch die Weingüter der Region ist es dem Besuchern überlassen, ob er den vorgestellten Wein auch verkosten wollen.

## Feste & Events

★ **Festival d'Avignon** THEATER
(www.festival-avignon.com; ⏲ Juli) Das jährlich stattfindende dreiwöchige Theaterfestival ist eines der größten seiner Art weltweit. Mindestens 40 Theater- und Tanzgruppen

aus aller Herren Länder präsentieren sich den mehr als 100 000 Zuschauern in den Straßen und auf den Bühnen der Stadt. Die Tickets kommen erst im Frühling in den Verkauf, die Hotels sind aber schon im Februar ausgebucht.

**Festival Off** THEATER

(www.avignonleoff.com; ⌚ Juli) Das zeitgleich mit dem Festival d'Avignon stattfindende, alternative und preiswertere Festival bietet ein vielseitiges Programm mit experimentellem Theater. Mit der Carte Off (16 €) erhält man bei allen Veranstaltungen 30 % Ermäßigung.

## Schlafen

**★ Hôtel Boquier** HOTEL €

(☎ 04 90 82 34 43; www.hotel-boquier.com; 6 rue du Portail Boquier; EZ & DZ/3BZ/4BZ ab 65/86/99 €; ❄ 📶 👪) Das kleine Hotel liegt in einer eher schäbigen Seitenstraße, der ansteckende Enthusiasmus der Inhaber und die farbenfrohen Zimmer machen das jedoch wieder wett. Am schönsten sind die thematisch eingerichteten Zimmer Morocco und Lavender. Exzellentes Preis-Leistungs-Verhältnis. Das Frühstück kostet 9 €.

**Hôtel Mignon** HOTEL €

(☎ 04 90 82 17 30; www.hotel-mignon.com; 12 rue Joseph Vernet; EZ 40–60 €, DZ 65–77 €, 3BZ 80–99 €, 4BZ 105 €; ❄ @ 📶 👪) Zwar sind die Badezimmer winzig und die Treppen steil und schmal, doch das Hôtel Mignon (wörtl. das „niedliche Hotel“) an der elegantesten Einkaufsstraße Avignons hat ein hervorragendes Preis-Leistungs-Verhältnis. Die 16 Zimmer sind sauber und komfortabel, das Frühstück kostet 7 €.

**Hôtel Splendid** HOTEL €

(☎ 04 90 86 14 46; www.avignon-splendid-hotel.com; 17 rue Agricol Perdiguier; EZ 54–76 €, DZ 76–100 €, 3BZ 110 €; ❄ 📶) 🍃 Das Hôtel Splendid in einer Seitenstraße der mit Cafés übersäten Place des Corps Saints ist eines von mehreren Hotels in dieser Straße und ein tolles, preiswertes Quartier zur Erkundung Avignons bei Tag und Nacht. Das Frühstück kostet 9 €.

**La Péniche** HAUSBOOT €

(☎ 04 90 25 40 61, 06 62 37 25 17; www.chambrepeniche.fr; chemin île Piot, Île de la Barthelasse; Hausboot 80–95 €; ❄ 📶 🚭) Hier übernachtet man im ausgefallensten *chambre d'hôte* (B & B) von Avignon. Das Hausboot mit vier blitzblanken Kajüten und einer kleinen Küche für Selbstversorger liegt an der Île de la Barthelasse, zehn Gehminuten vom gegenüberliegenden Flussufer in Avignon. Auf dem Boot gibt's ein Planschbecken. Es stehen kostenlose Fahrräder zur Verfügung.

## Avignon

**Highlights**

1 Collection Lambert ... B5
2 Musée Calvet ... B4
3 Musée du Petit Palais ... C1
4 Palais des Papes ... C2
5 Place du Palais ... C2
6 Pont St-Bénezet ... C1

**Sehenswertes**

7 Basilique St-Pierre ... D3
8 Musée Angladon ... C4

**Aktivitäten, Kurse & Touren**

9 Le Carré du Palais ... C2
10 Les Grands Bateaux de Provence ... A3

**Schlafen**

11 Autour du Petit Paradis ... D4
12 Camping & Auberge Bagatelle ... A1
13 Hôtel Boquier ... C5
14 Hôtel de l'Horloge ... C3
15 Hôtel La Mirande ... C2
16 Hôtel Mignon ... B3
17 Hôtel Splendid ... C5
18 La Banasterie ... D2
19 Le Limas ... B2
20 Lumani ... F1
21 Villa de Margot ... D1

**Essen**

22 83.Vernet ... B5
23 Christian Etienne ... C3
24 Fou de Fafa ... D4
25 Ginette et Marcel ... D5
26 La Cuisine du Dimanche ... D3
27 La Tropézienne ... B3
Le Marmiton ... (siehe 15)
28 L'Epice and Love ... D5
29 L'Épicerie ... C3
30 Les 5 Sens ... B3
31 Les Halles ... D4
32 L'Ubu ... E4
33 Monoprix ... C4
34 Numéro 75 ... F5
35 Restaurant L'Essentiel ... B3

**Ausgehen & Nachtleben**

36 Balthazar ... C5
37 Cafe la Scène ... B2
La Manutention ... (siehe 40)
38 L'Esclave ... B2
39 Milk Shop ... C5

**Unterhaltung**

40 AJMI ... D2
41 Opéra Théâtre d'Avignon ... C3

**Shoppen**

42 Oliviers & Co ... B3

**Camping & Auberge Bagatelle** CAMPEN €
(☎04 90 86 30 39; www.campingbagatelle.com; Île de la Barthelasse; B mit Frühstück ab 21 €, Stellplatz für Zelt & Auto 25 € pro 2 Pers.; ⌚Rezeption 8–21 Uhr; @) Der schattige Campingplatz liegt 20 Gehminuten vom Stadtzentrum entfernt auf einer kleinen Rhone-Insel. Es gibt auch einfache Schlafsäle mit zwei bis acht Betten.

★ **Le Limas** B&B €€
(☎04 90 14 67 19; www.le-limas-avignon.com; 51 rue du Limas; EZ/DZ/3BZ ab 130/150/250 €; ❄@📶) Das schicke B&B in einem Stadthaus aus dem 18. Jh. wirkt wie aus *Schöner Wohnen* und ist mit seinem Mix aus Alt und Neu der Traum aller Designer: Topmoderne Küchen und minimalistisches weißes Dekor ergänzen alte Kamine und Wendeltreppen aus dem 18. Jh. Das Frühstück auf der sonnigen Terrasse ist einfach himmlisch!

**Lumani** B&B €€
(☎04 90 82 94 11; www.avignon-lumani.com; 37 rue du Rempart St-Lazare; DZ/Suite 110/160 €; ❄📶) Das fantastische Gasthaus voller Kunstwerke ist eine einzige Inspiration für jeden Maler. Es gibt auch zwei Suiten und einen Garten mit einem Springbrunnen.

**Hôtel de l'Horloge** HOTEL €€
(☎04 90 16 42 00; www.hotels-ocre-azur.com; Place de l'Horloge; DZ 125–200 €; ❄📶) Fast alle Zimmer des superzentral gelegenen Hotels in einem massiven Steinhaus aus dem 19. Jh. (mit Fahrstuhl) sind nichts Besonderes, aber gemütlich und mit modernsten Annehmlichkeiten ausgestattet. Richtig toll sind die fünf Terrassenzimmer, die einen sagenhaften Ausblick bieten. So schaut man von Zimmer 505 direkt auf den Papstpalast.

**Villa de Margot** B&B €€
(☎04 90 82 62 34; http://demargot.fr; 24 rue des Trois Colombes; DZ 110–190 €; ❄📶) Die bezaubernde Pension mitten in der Altstadt befindet sich in einer ruhig gelegenen Villa aus dem 19. Jh., die zu einem eleganten Gästehaus mit einem von Mauern umgebenen Garten umgebaut wurde, das einen Blick über die Dächer der Stadt bietet. Jedes Zimmer ist nach dem Stil benannt, in dem es gestaltet wurde: „Oriental", „Royal", „Art déco", „Romantique".

**Autour du Petit Paradis** APARTMENTS €€
(☎04 90 81 00 42; www.autourdupetitparadis.com; 5 rue Noël Biret; Apt. pro Nacht 120–200 €, pro Wo-

che ab 665 €; ❄@📶👪) In dem Steinhaus aus dem 17. Jh., das in ein kleines Apartmenthotel umgemodelt wurde, fühlt man sich wie ein Einheimischer. Die penibel gepflegten Apartments mit Kochnische sind ideal für Traveller, die sich auch aktiv an der französischen Küche versuchen wollen.

**La Banasterie** B&B €€
(☎ 06 87 72 96 36; www.labanasterie.com; 11 rue de la Banasterie; Zi. 100–145 €; ❄@📶) Warme Erdtöne prägen die gemütlichen Zimmer in dem B&B in einem Stadthaus hinter dem Palais des Papes. Es gibt keinen Aufzug, dafür kann das Betreiber-Ehepaar mit jeder Menge Tipps aufwarten und man fühlt sich hier wie zu Hause.

★ **Hôtel La Mirande** HOTEL €€€
(☎ 04 90 14 20 20; www.la-mirande.fr; 4 place de la Mirande; DZ ab 450 €; ❄@📶) Avignons Spitzenhotel befindet sich in einem umgebauten Palais aus dem 16. Jh. Die effektvolle Inneneinrichtung ist geprägt von orientalischen Teppichen, Gobelins mit Goldfäden, Marmortreppen und überladenem französischem Stil. Die Zimmer im unteren Preissegment sind klein, vermitteln aber trotzdem noch den Eindruck, als würde man in einem Privatschloss übernachten. Das hauseigene Restaurant **Le Marmiton** (4 place de la Mirande; Hauptgerichte ab 35 €, Chef's Table 86 €) ist eine glitzernde Angelegenheit mit Slow Food und bietet auch Kochkurse (ab 90 €).

Zweimal in der Woche hat das Le Marmiton einen „Chef's Table" (Reservierung unerlässlich). Ein Nachmittagstee wird im Foyer oder im Garten serviert (wenn auch recht gemählich).

## Essen

Etliche touristische Restaurants säumen die Place de l'Horloge; sie bieten nicht gerade das beste Essen und die fairsten Preise. Stattdessen sollte man besser die autofreien Abschnitte der Altstadt mit ihren vielen verlockenden Plätzen ansteuern: Vor allem die Place des Châtaignes und die Place de la Principle sind zwei reizende Plätze, an denen sich viele Lokale angesiedelt haben.

Während der Festivalsaison im Sommer sind die Restaurants sieben Tage lang geöffnet – dann muss man auch unbedingt reservieren.

Die leckere *papaline d'Avignon* ist eine rosafarbene, runde Schokopraline, die mit dem starken Kräuterlikör vom Mont Ventoux gefüllt ist.

**L'Epice and Love** FRANZÖSISCH €
(☎ 04 90 82 45 96; 30 rue des Lices; Hauptgerichte 11–12 €; ⏲ Mo–Sa 19–22 Uhr) In dem winzigen künstlerisch-alternativen und preiswerten Restaurant stehen die Tische dicht an dicht. Unserer Meinung nach ist es das beste Budgetlokal – die Küche ist einfach und schnörkellos: typische Bistrogerichte, Eintöpfe, Gebratenes und gute französische Hausmannskost. Nur Barzahlung.

**Ginette et Marcel** CAFÉ €
(☎ 04 90 85 58 70; 27 place des Corps Saints; belegte Brote 4–7 €; ⏲ Mi–Mo 11–23 Uhr; 👪) Das charmante Café an einem der quirligsten, mit Platanen gesäumten Plätze von Avignon ist im Vintage-Stil wie ein Lebensmittelladen der 1950er-Jahre eingerichtet. Hier kann man mittags oder am frühen Abend bei einem *apéro* (Aperitif) prima abhängen und Leute beobachten; dazu gibt's leckere *tartines* (belegte Brote), Tartes, Salate und andere kleine Gerichte. Die Kids lieben Ginettes kirschfarbene und violette Liköre und Marcels Einmachgläser mit altmodischen Süßwaren.

★ **83.Vernet** MODERN-FRANZÖSISCH €€
(☎ 04 90 85 99 04; www.83vernet.com; 83 rue Joseph Vernet; Menü mittags 19,50 €, abends 24–30 €; ⏲ Mo–Sa 12–15 & 19–1 Uhr) Blumige französische Umschreibungen erwarten einen

INSIDERWISSEN

### AUSGEFALLEN ESSEN GEHEN

Die am Kanal gelegene **Rue des Teinturiers** (wörtl.: „Färber-Straße") ist eine malerische, für ihre alternative Atmosphäre bekannte Fußgängermeile im alten Färberviertel von Avignon. Bis zum 19. Jh. ein Handwerker- und Gewerbegebiet, ist die Straße heute für ihre unkonventionell-künstlerischen Bistros, Cafés und Kunstgalerien mit Ateliers bekannt. Steinerne Bänke im Schatten uralter Platanen sind ideal, um dem unwiderstehlichen Rauschen der Sorgue zu lauschen, die seit dem 16. Jh. von der **Chapelle des Pénitents Gris** bewacht wird. Feinschmecker dinieren im **L'Ubu** (☎ 04 90 80 01 01; 13 rue des Teinturiers; Vorspeisen/Hauptgerichte 7,50/16,50 €; ⏲ 12–14.30 & 19–22.30 Uhr), dessen täglich wechselnde kleine Speisekarte an der Kreidetafel angeschrieben ist.

hier nicht. Die Karte des auffällig modernen Lokals kommt schnörkellos auf den Punkt. Prächtig residiert das 83.Vernet in einem aus dem 18. Jh. stammenden Kreuzgang eines mittelalterlichen Priesterseminars. Aus der Küche kommen in der Pfanne gebratene Muscheln, Tintenfisch *à la plancha* (gegrillt) und Beefsteak in Pfeffersauce. Für die Events am Wochenende verwandelt sich das loungeartige Restaurant in den hippsten Tanzclub der Stadt.

**★Restaurant L'Essentiel** FRANZÖSISCH €€
(☎04 90 85 87 12; www.restaurantlessentiel.com; 2 rue Petite Fusterie; Menü mittags 15 €, abends 31–45 €; ⏲Di–Sa 12–14 & 19–21.45 Uhr) Das Essentiel in einem eleganten, in Karamelltönen gehaltenen *hôtel particulier* (Privatvilla) ist eines der feinsten Restaurants der Stadt. Man kann drinnen oder im wundervollen Gartenhof speisen. Man könnte z. B. mit pochierten Zucchiniblüten in Krebs- und Trüffelsauce beginnen und dann vielleicht mit Hase, gefüllt mit kandierten Auberginen, weitermachen.

**Numéro 75** MODERN-FRANZÖSISCH €€
(☎04 90 27 16 00; www.numero75.com; 75 rue Guillaume Puy; Menü 2/3 Gänge ab 30/37 €; ⏲Mo–Sa 12–14 & 19.30–21.35 Uhr) Die ehemalige Villa von Jules Pernod, dem Erfinder des Absinths, ist die passende Kulisse für die stilisierte mediterrane Küche des schicken Restaurants. Auf der täglich wechselnden Abendkarte stehen nur eine Handvoll Hauptgerichte, doch diese Kürze garantiert die Frische. Die nur mittags servierten *salades gourmandes* (als Vorspeise/Hauptgericht 9/18 €) haben ein gutes Preis-Leistungs-Verhältnis. An lauen Sommerabenden reserviert man am besten einen Tisch im eleganten Hofgarten.

**La Cuisine du Dimanche** PROVENZALISCH €€
(☎04 90 82 99 10; www.lacuisinedudimanche.com; 31 rue de la Bonneterie; Mittagsmenü 17 €, Hauptgerichte 18–25 €; ⏲Juni–Sept. 12–13.30 & 20–21.45 Uhr, Nov.–März Mi–So) Die Chefköchin Marie fahndet jeden Morgen höchstpersönlich in den Les Halles nach den frischesten Zutaten für ihre geschmackvolle Hausmannskost. Auf der täglich wechselnden Karte finden sich Muscheln ebenso wie einfaches Grillhähnchen mit Bratensauce. Der schmale Speiseraum mit unverputzten Steinwänden, Kunststoffstühlen und alten Kristallkelchen spiegelt die bunte Mischung der Küche wider. Abends nur à la carte.

**L'Épicerie** BISTRO €€
(☎04 90 82 74 22; www.restaurantlepicerie.fr; 10 place Saint-Pierre; Menü mittags/abends ab 16/23 €; ⏲12–14.30 & 20–22 Uhr) Die dunkelgrünen Tische, Stühle und Sonnenschirme des beliebten Bistros reichen weit in den schönen kopfsteingepflasterten Platz hinein. Der Laden bereitet seine eigene Foie gras zu, die mit Muskat-Zwiebel-Chutney serviert wird; die Hauptgerichte richten sich nach dem jeweiligen Angebot auf dem Markt. Als Vorspeise kann man sich ein *assiette de l'épicerie* (19 €) gönnen, eine gemischte Platte mit Produkten aus der Provence: Crème brûlée aus Tomaten, Melonen, gefülltes Gemüse, Olivenkuchen, Tapenade usw.

**Fou de Fafa** BISTRO €€
(☎04 32 76 35 13; 17 rue des Trois Faucons; Menü 2/3 Gänge 25/31 €; ⏲Mi–So 18.30–23 Uhr; 👪) Die Stärke dieses typisch französischen Bistros liegt in seiner Schlichtheit: frische Zutaten, ausgeprägte Aromen, geselliges Ambiente mit unverputzten Steinwänden und weichem Licht (die frühe Öffnungszeit ist praktisch für Familien mit kleinen Kindern). Man genießt französische Klassiker, denen der Koch eine frische Note verleiht. Wie wär's z. B. mit *magret de canard* (Entenbrust) in Erdbeer-Balsamico-Reduktion?

**★Christian Etienne** PROVENZALISCH €€€
(☎04 90 86 16 50; www.christian-etienne.fr; 10 rue de Mons; Menü mittags/abends ab 35/75 €; ⏲Di–Sa 12–14 & 19.30–22 Uhr) Das viel gepriesene Restaurant in einem Palast aus dem 12. Jh. neben dem Palais des Papes gehört zu den besten in Avignon. Diniert wird auf einer grünen Terrasse unter freiem Himmel oder im etwas altbacken eingerichteten Innern. Die raffinierte provenzalische Küche ist nach wie vor außergewöhnlich, weshalb das Restaurant stolzer Besitzer eines Michelin-Stern ist.

**Les 5 Sens** GOURMETRESTAURANT €€€
(☎04 90 85 26 51; www.restaurantles5sens.com; 18 rue Joseph Vernet; Menü mittags 16–22 €, abends 40–59 €; ⏲Di–Sa 12–13.30 & 19.45–23.30 Uhr) Chefkoch Thierry Baucher ist einer von Frankreichs *meilleurs ouvriers* (Spitzenköchen). Seine südwestfranzösischen Wurzeln zeigen sich in Spezialitäten wie der *cassoulet* (Eintopf aus weißen Bohnen, Schweinefleisch und Ente) und der Gänsestopfleber. Es gibt aber auch Feinschmeckergerichte mit modern-mediterranem Dreh wie Butternusskürbis-Ravioli mit Schnecken. Das Ambiente ist schick, der Service makellos.

### Selbstversorger

**Les Halles** MARKT €

(www.avignon-leshalles.com; place Pie; Di–Fr 6–13.30, Sa & So bis 14 Uhr) Auf dem Markt mit mehr als 40 Ständen gibt's saisonale Produkte aus der Provence. Samstags um 11 Uhr gibt's Kochvorführungen. An der Place Pie vor dem Markt kann man Patrick Blancs wunderbare Pflanzenwand bewundern.

**La Tropézienne** PATISSERIE €

(04 90 86 24 72; 22 rue Saint-Agricol; Mo–Fr 8.30–19.30, Sa bis 14 Uhr) Hier gibt's den berühmten Sahnekuchen *tarte Tropézienne* aus Saint-Tropez und andere Köstlichkeiten.

**Monoprix** SUPERMARKT €

(24 rue de la République; Mo–Sa 8–21 Uhr) Der Supermarkt im Zentrum von Avignon hat alles, was man braucht.

## Ausgehen & Nachtleben

Im schicken und zugleich relaxten Avignon gibt es etliche tolle schattige Plätze für Fußgänger, an denen es Cafés en masse gibt. Beliebt sind die gepflasterten Terrassen und Cafés an der Place Crillon, von der aus man direkt auf die mit Zinnen bewehrte mittelalterliche Stadtmauer Avignons blickt; die Place Pie mit Blick auf die begrünte Fassade der Les Halles; die Place de l'Horloge, ein durch und durch touristisches Gebiet mit Kinderkarussell; und die ruhigere Place des Corps Saints.

★ **Balthazar** BISTRO, BAR

(04 88 07 36 09; www.bistrotbalthazar.com; 74 place des Corps Saints; Mo–Sa 8.30–1 Uhr) Mit seiner tiefroten Markise und den schwarzen Sitzbereichen macht das Balthazar eine eindeutige Aussage. Es ist hip für ein zwangloses Mittag- oder Abendessen, aber am meisten rockt es beim Aperitif am frühen Abend oder beim nächtlichen Absacker. Wer hungrig ist, kann zwischen französischen Klassikern wie *pot au feu* (Rindfleischeintopf) und geschmorten Schweinebacken oder auch leckeren hausgemachten Burgern und anderen flippigeren Speisen (*Menü* ab 24 €) wählen.

★ **La Manutention** BAR, CAFÉ

(4 rue des Escaliers Ste-Anne; 12–24 Uhr) Keine andere Location spiegelt die künstlerische Seele Avignons besser wider als diese Bistrobar im Kulturzentrum La Manutention. Die grüne Terrasse liegt im Schatten der Steinmauern des Palais des Papes. Drinnen öffnet sich ein riesiges Wintergartenfenster zur winzigen und lustig eingerichteten Bar Utopia. Gegrillte *tartines* (4,50 €) und leichte *assiettes* (gemischte Platten) sind der ideale Begleiter für einen Drink vor oder nach dem Theater. Es gibt hier auch ein Kino.

**L'Esclave** SCHWULE

(04 90 85 14 91; 12 rue du Limas; Di–So 23.30–7 Uhr) Avignons Schwulenbar mitten in der Stadt rockt bis in die Morgenstunden. Die Kundschaft ist wohl nicht gerade leise, wenn man nach den draußen von der Nachbarschaft angebrachten „Ruhe bitte!"-Schildern geht.

**Café la Scène** CAFÉ

(04 90 86 14 70; 19 place Crillon; 9–1 Uhr) Das Straßencafé auf der hübschen Place Crillon ist ideal, um etwas zu trinken und/oder eine Kleinigkeit zu essen. Drinnen gibt's eine Disco und ein Kabarett.

**Milk Shop** CAFÉ

(09 82 54 16 82; www.milkshop.fr; 26 place des Corps Saints; Bagels 5–7 €, Shakes 4,50 €; Mo–Fr 7.45–19, Sa 9.30–19 Uhr; ) Wer sich unter die Studenten von Avignon mischen will, ist in diesem *salon au lait* (Milchbar) genau richtig. Hier schlürft man durch extradicke Strohhalme superdickflüssige Eisshakes. Bagels, Cupcakes und andere amerikanische Snacks sorgen für ein Stars-and-Stripes-Ambiente, gemütliche Sessel und WLAN laden zum Verweilen ein.

## Unterhaltung

Avignon ist eine der wichtigsten Theaterstädte Frankreichs. Karten für Konzerte und Events werden in der *billetterie,* dem Kartenschalter der Touristeninformation, verkauft.

**Opéra Théâtre d'Avignon** THEATER

(04 90 82 81 40; www.operagrandavignon.fr; Place de l'Horloge; Theaterkasse Di–Sa 11–18 Uhr) Von Oktober bis Juni bringt das 1847 erbaute, größte klassische Haus der Stadt Opern und Schauspiele, Kammermusik und Ballett auf die Bühne.

**AJMI** JAZZ, LIVEMUSIK

(Association pour le Jazz & la Musique Improvisée; 04 90 86 08 61; www.jazzalajmi.com; 4 rue des Escaliers Ste-Anne, La Manutention) Die AJMI im Kulturzentrum La Manutention zeigt in ihrem schwarz gestrichenen Minitheater im zweiten Stock (kein Aufzug) Jazzimprovisationen.

## Shoppen

Teure Antiquitätenläden findet man an der Rue du Limas, Mainstream-Shops an der Rue de la République und Boutiquen in ihren Nebenstraßen wie der Rue Saint-Agricol.

**Oliviers & Co** BEAUTY, LEBENSMITTEL
(☎04 90 86 18 41; www.oliviers-co.com; 19 rue St-Agricol; ⏲Mo 14–19, Di–Sa 10–19 Uhr) Feines Olivenöl und Produkte, die daraus gemacht werden, z. B. Seife, Creme und Kekse.

## Praktische Informationen

**Polizeiwache** (☎04 32 40 55 55; 14 bd Saint-Roch)

**Centre Hospitalier Avignon** (☎04 32 75 33 33; www.ch-avignon.fr; 305 rue Raoul Follereau) Das auf Stadtplänen als Hôpital Sud eingetragene Krankenhaus befindet sich 2,5 km südlich vom Hauptbahnhof. Hin geht's mit dem Bus 2, 6 und 14.

**Touristeninformation** (☎04 32 74 32 74; www.avignon-tourisme.com; 41 cours Jean Jaurès; ⏲April–Okt. Mo–Fr 9–18, Sa bis 18, So 10–12 Uhr, ansonsten kürzere Öffnungszeiten) Geführte Stadtspaziergänge und Infos zu anderen Touren und Aktivitäten, darunter zu Bootsfahrten auf der Rhone und zu Verkostungstouren zu nahe gelegenen Weingütern. Hat auch Smartphone-Apps.

**Touristeninformation, Filiale** (TGV-Bahnhof Avignon; ⏲Juni–Aug.) Im Sommer betreibt die Touristeninformation einen Schalter am TGV-Bahnhof Avignon.

## An- & Weiterreise

### AUTO

Autovermietungen findet man an beiden Bahnhöfen (vorab reservieren, vor allem im Juli). Enge Einbahnstraßen und akuter Parkplatzmangel machen das Autofahren innerhalb der Stadtmauern zur nervenaufreibenden Geduldsprobe. Deshalb sollte man das Auto außerhalb parken. Die Stadt hat hierfür 900 kostenlose Plätze auf dem Parking de L'Ile Piot und 1150 Plätze auf dem Parking des Italiens eingerichtet, die beide überwacht sind und vom ebenfalls kostenlosen Shuttlebus TCRA bedient werden. Schilder an Straßenkreuzungen markieren ebenfalls Parkplätze: Ein gelbes P steht für kostenpflichtige, ein grünes für kostenlose. Der kostenpflichtige **Parking Gare Centre** (☎04 90 80 74 40; bd Saint-Roch; ⏲24 Std.) befindet sich neben dem Hauptbahnhof.

### BUS

Der **Busbahnhof** (bd Saint-Roch; ⏲Infoschalter Mo–Fr 8–19, Sa bis 13 Uhr) befindet sich neben dem Hauptbahnhof. Fahrkarten werden direkt in den Bussen verkauft. Fahrpläne findet man unter www.lepilote.com, www.info-ler.fr und www.vaucluse.fr. Die Fernbusunternehmen **Linebus** (☎04 90 85 30 48; www.linebus.com) und **Eurolines** (☎04 90 85 27 60; www.eurolines.com) betreiben Büros am Ende der Busrampen und bedienen Strecken wie nach Barcelona.

**Aix-en-Provence** 45 €, 1¼ Std.

**Arles** 6 €, 1½ Std.

**Carpentras** 2 €, 45 Min.

**Nîmes** 1,50 €, 1¼ Std.

**Orange** 2 €, 45 Min.

### FLUGZEUG

**Aéroport Avignon-Provence** (AVN; ☎04 90 81 51 51; www.avignon.aeroport.fr; Caumont) Der Flughafen befindet sich in Caumont, 8 km südöstlich von Avignon. Er wird allerdings nur von Großbritannien (u. a. London) aus direkt angeflogen.

### ZUG

In Avignon gibt es zwei Bahnhöfe: den **Gare Avignon Centre** (42 bd Saint-Roch) am südlichen Rand der Stadtmauer und den **Gare Avignon TGV** (Courtine), 4 km südwestlich des Zentrums in Courtine. Zwischen den beiden verkehren alle 20 Minuten Shuttlezüge (1,60 €, 5 Min., 6–23 Uhr). Vom TGV-Bahnhof nach Avignon hinein gelangt man mit dem LER-Bus 18 oder 22 sowie mit dem TCRA-Bus 10. Der LER-Bus 18 fährt auch nach Arles. Keine Gepäckaufbewahrung vorhanden.

Einige TGV-Züge ab/nach Paris (90–130 €, 3½ Std.) halten auch am Gare Avignon Centre, die TGVs ab/nach Marseille (26 €, 35 Min.) bzw. Nizza (45–60 €, 3¼ Std.) bedienen allerdings nur den Gare Avignon TGV. Die Züge von **Eurostar** (www.eurostar.com) verkehren nur ein- bis fünfmal in der Woche zwischen dem TGV-Bahnhof Avignon und London (ab 180 €, 5¾ Std.) auf dem Weg ab/nach Marseille.

Der Gare Avignon Centre wird von herkömmlichen TER-Zügen bedient.

**Arles** 8 €, 20 Min.

**Marseille** 24 €, 1¼–2 Std.

**Flughafen Marseille (Bahnhof Vitrolles)** 18 €, 1–1½ Std.

**Nîmes** 11 €, 30 Min.

**Orange** 6,50 €, 22 Min.

## Unterwegs vor Ort

### BUS

**TCRA** (Transports en Commun de la Région d'Avignon; ☎04 32 74 18 32; www.tcra.fr) Betreibt Busse von 7 bis etwa 20 Uhr. Die wichtigsten Umsteigehaltestellen sind Poste (Hauptpost) und Place Pie. Nach Villeneuve-lès-Avignon gelangt man mit dem Bus 5. Fahrscheine (1,30 €) erhält man an Bord.

### FAHRRAD & MOTORRAD

**Vélopop** (☎ 08 10 45 64 56; www.velopop.fr) Fahrrad-Sharing mit 17 Stationen in der Stadt. Die erste halbe Stunde ist gratis, jede zusätzliche halbe Stunde kostet 1 €. Die Mitgliedsgebühr beträgt 1/5 € pro Tag/Woche.

**Provence Bike** (☎ 04 90 27 92 61; www.provence-bike.com; 7 av Saint-Ruf; Fahrrad ab 12/65 € pro Tag/Woche, Motorroller 25/150 €; ⌚ Mo–Sa 9–18.30 Uhr, Juli auch So 10–13 Uhr) Verleiht Stadträder, Mountainbikes, Motorroller und Motorräder.

### VOM/ZUM FLUGHAFEN

Vom Flughafen fährt der TCRA-Bus 30 (www.tcra.fr; 1,30 €, 25 Min., Mo–Sa) zur Post und der LER-Bus 22 (www.info-ler.fr; 1,50 €) zum Busbahnhof Avignon und zum TGV-Bahnhof. Ein Taxi kostet etwa 35 €.

### SCHIFF/FÄHRE

**Shuttleboot zur Île de la Barthelasse** (Navette Fluviale) Die kostenlose Fähre von einer Anlegestelle nahe dem Fuß des Pont Saint Bénezet (S. 212) zur Île de la Barthelasse verkehrt von Mitte Februar bis Dezember.

### TAXI

**Taxi-Radio Avignon** (☎ 04 90 82 20 20)

# RUND UM AVIGNON

## Villeneuve-lès-Avignon

12 872 EW.

Das kleine, übersichtliche Städtchen am gegenüberliegenden Ufer der Rhone wird neben seiner schönen großen Schwester nicht selten übersehen. Dabei können die Sehenswürdigkeiten hier durchaus mit denen in Avignon mithalten – und es ist längst nicht so viel los. So kann man in aller Ruhe die Kreuzgänge eines mittelalterlichen Klosters entdecken, die Aussicht von der mächtigen Bergfestung Fort St-André genießen und sich in der spektakulären Gartenanlage der Abtei St-André verlaufen.

### Sehenswertes

Der Ermäßigungspass Avignon Passion ist hier gültig.

**★ Abbaye et Jardins de l'Abbaye** KLOSTER, GARTEN

(☎ 04 90 25 55 95; www.abbayesaintandre.fr; rue Montée du Fort, Fort Saint-André; Erw./Kind Abtei 13 €/frei, Garten 6 €/frei; ⌚ Mai–Sept. Di–So 10–18 Uhr, März & Okt. Di–So 10–13 & 14–17 Uhr, April bis 18 Uhr) Die prächtigen Gewölbehallen dieser Abtei aus dem 10. Jh. innerhalb der Festung Saint-André kann man nur im Rahmen einer Führung besichtigen. Ohne Guide kann man durch die atemberaubenden Gartenterrassen stromern, die über den Gewölben angelegt wurden und zu den 100 schönsten Gärten Frankreichs zählen. Die Fußwege schlängeln sich vorbei an duftenden Rosen, mit Irisblumen übersäten Olivenhainen, mit Blauregen bedeckten Laubengängen und den Ruinen dreier alter Kirchen. Der Blick auf Avignon und die Rhone ist wahrhaftig spektakulär!

**Fort Saint-André** FORT

(☎ 04 90 25 45 35; rue Montée du Fort; Erw./Kind 5,50 €/frei; ⌚ Juni–Sept. 10–18 Uhr, Okt.–Mai 10–13 & 14–17 Uhr) König Philipp der Schöne machte keine halben Sachen, als er im 14. Jh. die Verteidigungsfestung Saint-André an der damaligen Grenze zwischen Frankreich und dem Heiligen Römischen Reich errichten ließ: Die Mauern sind 2 m dick! Ein kleiner Abschnitt des Walls ist begehbar und bietet von den Türmen **Tour des Masques** (Turm des Zauberers) und **Tours Jumelles** (Zwillingstürme) einen herrlichen Panoramablick.

**Chartreuse du Val de Bénédiction** KLOSTER

(☎ 04 90 15 24 24; www.chartreuse.org; 58 rue de la République; Erw./Kind 8€/frei; ⌚ Mai–Sept. 9.30–18.30 Uhr, Okt.–März bis 17 Uhr) Das größte Kartäuserkloster Frankreichs mit drei Kreuzgängen, 24 Mönchszellen, einer Klosterkirche, mehreren Kapellen und der labyrinthartigen Gartenanlage wurde 1352 von Papst Innozenz VI. begründet, der sich zehn Jahre später hier in einem prachtvollen Grabmal bestatten ließ. Heute steht die Kartause Dramatikern und Drehbuchautoren für Arbeitsaufenthalte zur Verfügung.

**Tour Philippe-le-Bel** HISTORISCHES BAUWERK

(☎ 04 32 70 08 57; Montée de la Tour; Erw./Kind 2,60 €/frei; ⌚ Mai–Okt. Di–So 10–12.30 & 14–18 Uhr, Feb.–April 14–17 Uhr) Philipp der Schöne gab auch den Bau dieses Wehrturms 500 m außerhalb von Villeneuve in Auftrag, um den Verkehr von und nach Avignon über den Pont St-Bénézet kontrollieren zu können. Wer die steile Wendeltreppe zur Plattform hochsteigt, wird mit einem atemberaubenden Blick auf den Fluss und das gegenüberliegende Avignon belohnt.

**Musée Pierre de Luxembourg** MUSEUM

(☎ 04 90 27 49 66; 3 rue de la République; Erw./Kind 3,60 €/frei; ⌚ Mai–Okt. Di–So 10–12.30 &

14–18 Uhr, Nov.–April 14–17 Uhr) Glanzstück des Museums, das sich in einem herrschaftlichen Wohnhaus des 17. Jhs. befindet, ist die *Die Krönung der Jungfrau* von Enguerrand Quarton. Das Gemälde von 1453 zeigt, wie Engel die Seelen der Verdammten dem Fegefeuer entreißen. Daneben sind Gemälde des 16. bis 18. Jhs. zu sehen.

## Schlafen & Essen

In der Nähe des Musée Pierre de Luxembourg gibt's rund um die Place Jean Jaurès jede Menge Cafés und Lebensmittelgeschäfte. Bei der Touristeninformation ist ein Verzeichnis der Unterkünfte erhältlich, darunter auch einige ausgezeichnete Pensionen.

**YMCA-UCJG** HOSTEL €
(04 90 25 46 20; www.ymca-avignon.com; 7bis chemin de la Justice; B 53 €, ohne Bad 38 €; Rezeption 8.30–18 Uhr, Nov.–Dez. geschl.; ) Die makellos saubere Jugendherberge am Stadtrand von Villeneuve-lès-Avignon ist nur 15 Gehminuten von Avignon entfernt. Es gibt auch ein paar private Zimmer und einen Pool mit toller Aussicht. Bettwäsche ist im Preis inbegriffen, Handtücher kosten 2 €. Das Haus ist rollstuhlgerecht. Mit TCRA-Bus 4 kann man bis zur Haltestelle Monteau fahren.

★ **Carré Cardinal** B&B €€
(04 90 22 00 00; 57 rue de la République; DZ/3BZ/Suite ab 85/110/120 €; ) Die hübschen Zimmer in diesem renovierten historischen Gebäude gegenüber der Chartreuse du Val de Bénédiction sind mit beigefarbener Bettwäsche, Flachbildfernseher und modernem Bad ausgestattet. Zwei Zimmer führen auf den Innenhof, eines ist eine Suite auf zwei Etagen.

**Les Jardins de la Livrée** B&B €€
(04 86 81 00 21; www.la-livree.fr; 4bis rue du Camp de Bataille; Zi. mit Frühstück 88–120 €; Jan.–Mitte März & Ende Okt.–Mitte Dez. geschl.; ) Der von einer hohen Mauer umschlossene Garten mit einem hübschen Pool lässt vergessen, dass sich die *chambre d'hôte* mit vier Zimmern mitten in der Stadt befindet. Parken ist kostenlos.

## Praktische Informationen

**Touristeninformation** (04 90 25 61 33; www.tourisme-villeneuvelezavignon.fr; 1 place Charles David; Mo–Fr 9.30–12.30 & 14–18, Sa bis 13 Uhr; Juli & Aug. auch So) Im Juli und August werden auch Stadtführungen auf Englisch angeboten.

NICHT VERSÄUMEN

### DIE BESTEN MÄRKTE IN DER REGION

Der saisonale Produktreichtum der Provence offenbart sich vor allem auf den Märkten (www.marches-provence.com), die meistens von 8 bis 12 Uhr abgehalten werden. Die Markthalle in Nîmes ist täglich geöffnet, die Les Halles (S. 219) von Avignon dienstags bis sonntags.

**Montag** Bédoin, Fontvieille.

**Dienstag** Tarascon, Vaison-la-Romaine.

**Mittwoch** Malaucène, Sault, Saint-Rémy-de-Provence, Valréas.

**Donnerstag** Beaucaire, L'Isle-sur-la-Sorgue (kleiner Markt), Maillane, Maussane-les-Alpilles, Orange, Villeneuve-lès-Avignon.

**Freitag** Carpentras, Châteauneuf-du-Pape.

**Samstag** Pernes-les-Fontaines, Richerenches, Saint-Rémy-de-Provence, Villeneuve-lès-Avignon.

**Sonntag** L'Isle-sur-la-Sorgue (großer Markt).

## An- & Weiterreise

TCRA-Bus 5 (S. 220) fährt von Villeneuve-lès-Avignon nach Avignon. Das ist zwar nur 2 km entfernt, aber der Fußweg ist sehr öde.

# NÖRDLICH VON AVIGNON

Die weltberühmten Weinberge von Châteauneuf-du-Pape erstrecken sich nördlich von Avignon bis zum Städtchen Orange, das mit sehr gut erhaltenen römischen Monumenten aufwarten kann. Das im Osten gelegene Vaison-la-Romaine ist ebenfalls reich an antiken Schätzen, hat aber auch enge mittelalterliche Gassen zu bieten. Südlich von Vaison erhebt sich das kleine, gezackte Bergmassiv der Dentelles de Montmirail, dessen Dörfer ebenfalls für großartige Weine bekannt sind. Und über all dem wacht der windumtoste Mont Ventoux. Der höchste Gipfel der Provence zieht Radfahrer aus aller Welt magisch an, nicht zuletzt, weil er immer wieder spektakuläres Etappenziel der Tour de France ist.

# Châteauneuf-du-Pape

2210 EW.

Der winzige, mittelalterliche Ort liegt inmitten von endlosen Weinfeldern und ist das Zentrum des weltberühmten Anbaugebiets. Von der ehemaligen Sommerresidenz der Avignoner Päpste ist nicht viel übrig, da sie nach der Französischen Revolution als Steinbruch herhalten musste, bevor sie von deutschen Bomben im Zweiten Weltkrieg endgültig in Schutt und Asche gelegt wurde. Die Ruinen sind heute ein beliebtes Ausflugsziel für Radfahrer und Wanderer, die beim Picknick im Grünen den herrlichen Panoramablick ins Rhonetal genießen. Der Ort bietet sich auch als Halbtagesausflug für eine Weinverkostung an, bevor es nach dem Mittagessen nach Orange weitergeht.

## Sehenswertes & Aktivitäten

Infomaterial der Touristeninformation (auch online) gibt Auskünfte, welche Weingüter Besucher empfangen, was Verkostungen kosten und ob fremdsprachige Führungen angeboten werden. Bei manchen ist eine Voranmeldung nötig.

Am unkompliziertesten kommt man mit einem Auto von A nach B. Die Touristeninformation hält eine Broschüre bereit, in der ein 16 km langer **Wanderrundweg** beschrieben ist. Man kann auch ein Fahrrad leihen.

**Château Mont-Redon** WEINGUT
(☎04 90 83 72 75; www.chateaumontredon.com; rte d'Orange, D88; ⌚April–Sept. 9–19 Uhr, ansonsten verkürzte Öffnungszeiten; ❄) Inmitten weiter Weinberge liegt 3 km von Châteauneuf-du-Pape entfernt das sehr große Weingut Mont-Redon, das auch ohne Voranmeldung besucht werden kann. Mit seinen beachtlichen Weinen, darunter einem hervorragenden mineralischen Weißwein, lockt es am Wochenende ein großes Publikum an. Die Verkostungen sind gratis.

**Domaine de la Solitude** WEINGUT
(☎04 90 83 71 45; www.domaine-solitude.com; Rte de Bédarides (D192); ⌚Mo–Fr 10–18 Uhr, Sa & So nach Vereinbarung) Der Familienbetrieb 2 km östlich des Ortes wird seit 600 Jahren durch Nachkommen von Papst Urban VIII. bewirtschaftet. Eine Verkostung sollte man telefonisch reservieren. So geht man sicher, dass man die wunderbaren, eleganten und runden Weine mit feinem Tanningehalt – Markenzeichen dieses Weinguts – auch wirklich probieren kann. Zur (kostenlosen) Verkostung gehört auch eine Führung durch den Weinkeller. Die Mitarbeiter sprechen Englisch.

**Caves du Verger des Papes** WEINGUT
(☎04 90 83 58 08; www.caveduverger.com; 4 montée du Château; ⌚Juli & Aug. Di–Sa 10–19, So bis 16 Uhr, ansonsten verkürzte Öffnungszeiten) GRATIS Die kleinen, herrlichen Weinkeller unter dem gleichnamigen Stadtschloss existieren schon seit 2000 Jahren. In der Bar stehen 80 der 250 Markenweine der Stadt auf der Karte. Hier spricht man auch Englisch.

**École de Dégustation** KURS
(Verkostungsschule; ☎04 90 83 56 15; www.oenologie-mouriesse.com; 2 rue des Papes; Unterricht ab 40 €) In den zweistündigen Verkostungskursen lernt man die sagenhaften Weine der Region so richtig zu schätzen.

## Schlafen & Essen

**★Le Mas Julien** B&B €€
(☎04 90 34 99 49; www.mas-julien.com; 704 chemin de St Jean, Orange; DZ inkl. Frühstück 105–135 €, Studios ab 135 €; ❄📶🏊) Die vier Zimmer des gemauerten Bauernhauses aus dem 17. Jh. inmitten von Reben bilden eine gelungene Mischung aus modernem und provenzalischen Dekor. In dem Appartement mit Küche können bis zu drei Personen übernachten. Nach einem Tag der Erkundungen und Verkostungen gibt's nichts Besseres, als mit einem Gläschen Wein am großen Swimmingpool zu entspannen. Das Haus steht zwischen Orange und Châteauneuf-du-Pape und ist damit ein ideales Basislager für einen längeren Aufenthalt.

**★Le Verger des Papes** TRADITIONELL FRANZÖSISCH €€
(☎04 90 83 50 40; www.vergerdespapes.com; 4 rue du Château; Menü mittags/abends 20/31 €; ⌚Mi–Sa 12–14 & 19–21, So & Di 12–14 Uhr) Der „päpstliche Obstgarten" liegt unterhalb des Schlosses von Châteauneuf-du-Pape und bietet von seiner Steinterrasse einen atemberaubenden Blick auf die Rhone – ideal für ein geruhsames Mittagessen oder ein romantisches Dinner (vor Sonnenuntergang herkommen). Zu den Spezialitäten des Hauses zählen Lammkarree für zwei Personen oder Entrecote vom Rind mit Käsemakkaroni und Steinpilzen. Am Schloss parken und hinunterlaufen. Unbedingt reservieren!

**La Mère Germaine** TRADITIONELL FRANZÖSISCH €€
(☎04 90 22 78 34; www.lameregermaine.fr; place de la Fontaine; Menü mittags/abends ab 24/39 €;

### WEINE AUS CHÂTEAUNEUF-DU-PAPE

Die einzigartige Qualität der Weine aus diesem Anbaugebiet ist auch geologisch bedingt. Als sich die Gletscher nach der Eiszeit zurückzogen, blieb eine dicke Schicht aus Gesteinsbrocken auf dem roten Lehmboden der Provence liegen. Diese großen Kieselsteine *(galets)* werden tagsüber von der Sonne aufgeheizt und geben die Wärme nachts wieder ab, sodass die Trauben bei nahezu konstanten Temperaturen reifen können.

Schon die Römer bauten vor 2000 Jahren hier Wein an, die Produktion in großem Stil begann aber erst 1317, als Papst Johannes XXII. das Sommerschloss erbauen und Weinberge für den Bedarf des päpstlichen Hofes anlegen ließ. Von da an ging es stetig aufwärts.

Aus Châteauneuf-du-Pape kommt überwiegend Rotwein, nur 6% der Produktion entfallen auf Weißwein (Rosé ist verboten). Die Weinerzeugung in der Region unterliegt den strengen Regeln der *Appellation d'Origine Contrôlée* (AOC), die Weine mit geschützter Herkunftsbezeichnung ausweist. Rotweine dürfen aus bis zu 13 verschiedenen Rebsorten, allen voran der Grenache, gekeltert werden und sollten mindestens fünf Jahre lang reifen. Die vollmundigen Weißweine werden am besten jung getrunken, mit Ausnahme der reinen Roussanne-Weine, die ihre mineralische Note durch längeres Lagern entwickeln und sich hervorragend als Aperitif eignen. Außerhalb von Châteauneuf-du-Pape sind sie kaum zu bekommen; vor dem Kauf sollte man sie unbedingt probieren, da manchen die Säure fehlt.

Mitte März–Okt. 12–14 & 19–21 Uhr, Nov.–Mitte März Mi geschl.; ) Seit 1922 gibt es schon dieses typisch französische Dorfgasthaus mit einer feinen Küche und Blick in die Weinberge, das sich wunderbar für Rendezvous eignet. Die beflissenen Kellner servieren u.a. offene Weine zu passenden klassischen Gerichten wie Gänsestopfleber oder Entenbrust. Einige der einfachen, eleganten Zimmer (DZ mit Frühstück 95€) mit modernem Bad haben ebenfalls einen hübschen Ausblick.

## Shoppen

**Chocolaterie Bernard Castelain** ESSEN
(04 90 83 54 71; www.vin-chocolat-castelain.com; 1745 rte de Sorgues; Mo–Sa 9–12 & 14–19 Uhr) Zu den Spezialitäten der kleinen Chocolaterie gehören *picholines*, gebrannte Mandeln mit dunklem Schokoüberzug, die aussehen wie Oliven aus der Provence, und *Palets des Papes*, Trüffel, gefüllt mit Likör aus Châteauneuf-du-Pape.

## Praktische Informationen

**Touristeninformation** (04 90 83 71 08; www.pays-provence.fr; Place du Portail; Mo–Sa 9.30–18 Uhr, Okt.–Mai mittags & Mi geschl.)

## An- & Weiterreise

Von Avignon kommend geht's auf der D907 in Richtung Norden bis zur D17 (18 km, 30 Min.), von Orange auf der D68 in Richtung Süden (10 km, 15 Min.).

Die Überlandbusse von **TransVaucluse** (www.vaucluse.fr) verkehren montags bis samstags zwischen Châteauneuf-du-Pape und Orange (1,50 €, 30 Min., 2- bis 3-mal tgl.) bzw. Avignon (2 €, 1 Std., 1- bis 2-mal tgl.). Hin- und Rückfahrt am gleichen Tag ist allerdings nicht möglich. Die Busse halten an der Kreuzung Avenue Louis Pasteur/Rue de la Nouvelle Poste.

# Orange

29 645 EW.

Trotz des bezaubernden römischen Theaters und des monumentalen Triumphbogens – beide gehören zum UNESCO-Weltkulturerbe – ist das ultrakonservative Orange erstaunlich untouristisch und im Winter fast schon unheimlich ruhig. Die Unterkünfte haben für die Region ein gutes Preis-Leistungs-Verhältnis. Allerdings ist es sonntag- oder montagabends fast ein Ding der Unmöglichkeit, ein offenes Restaurant zu finden.

## Geschichte

Das Fürstengeschlecht von Oranien, das ab dem 12. Jh. Orange regierte, hinterließ durch die Einheirat in das deutsche Fürstenhaus der Nassauer im 16. Jh. seine Spuren in der niederländischen und später durch Wilhelm III. von Oranien-Nassau in der englischen Geschichte. Mit dem Vertrag von Utrecht wurde Orange 1713 an Frankreich abgetreten. Bis heute tragen viele Mitglieder der niederländischen Königsfamilie den Titel eines Prinzen oder einer Prinzessin von Oranien-Nassau.

## Orange

0 — 200 m

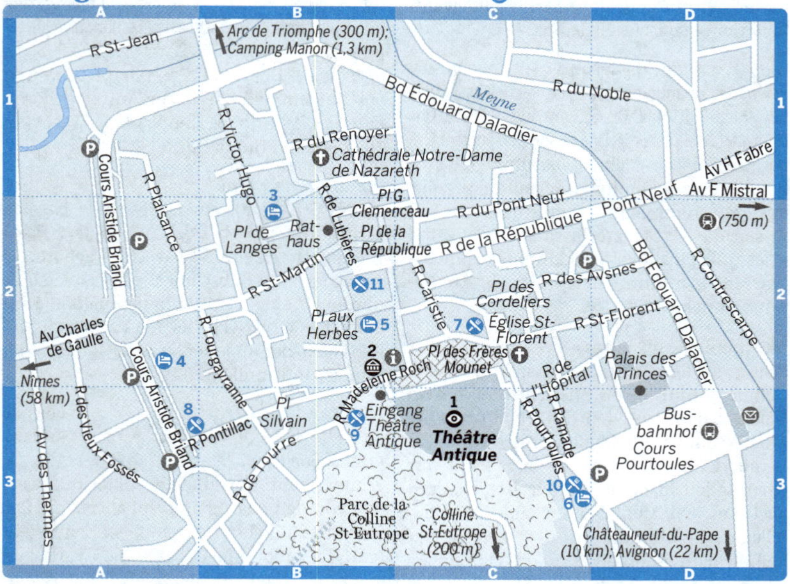




## Sehenswertes

**★ Théâtre Antique** RÖMISCHE STÄTTE

(www.theatre-antique.com; rue Madeleine Roch; Erw./Kind 9,50/7,50 €; Juni–Aug. 9–19 Uhr, April, Mai & Sept. bis 18 Uhr, März & Okt. 9.30–17.30 Uhr, ansonsten 9.30–16.30 Uhr; ) Das römische Theater von Orange zählt zu den eindrucksvollsten römischen Stätten in Frankreich. Allein die Größe und das Alter sind sensationell: Es entstand vermutlich in der Zeit von Kaiser Augustus (27 v. Chr.–14 n. Chr.) und hatte ein Fassungsvermögen von 10 000 Zuschauern. Die 103 m breite und 37 m hohe Bühnenwand (*scaena frons*) ist eine von nur drei vollständig erhaltenen antiken Bühnenwänden weltweit (die beiden anderen befinden sich in Syrien und der Türkei); einzig ein paar der antiken Mosaiken fehlen. Geschützt wird die Mauer von einem neuen Dach. Im Eintrittspreis inbegriffen ist ein Audioguide (und eine hervorragende kostenlose Smartphone-App) sowie der Eintritt zum Musée d'Art et d'Histoire.

In dem antiken Theater finden bis heute Theateraufführungen statt. Das fabelhafte **Chorégies d'Orange** (www.choregies.asso.fr), ein internationales Opernfestival, findet im

### ROMAN PASS

Der **Roman Pass** (Erw./Kind 18/13,50 €) ist ein Kombiticket, das Zugang zum römischen Theater und Museum in Orange sowie zum Amphitheater in Nîmes gewährt. Das Ticket ist sieben Tage lang gültig und bei den genannten Sehenswürdigkeiten erhältlich.

Juli und August statt – die lauen Nächte in dieser jahrtausendealten Stätte sind wahrhaftig ein magisches Erlebnis.

**Musée d'Art et d'Histoire** MUSEUM
(www.theatre-antique.com; rue Madeleine Roch; Erw./Kind 5,50/4,50 €; ⌚ Juni–Aug. 9.15–19 Uhr, April, Mai & Sept. bis 18 Uhr, ansonsten kürzere Öffnungszeiten) Das kleine Museum zeigt eine bescheidene Sammlung, darunter Auszüge aus den römischen Grundstücksverzeichnissen, die zur Steuererfassung dienten, und Friese, die einst den Bühnenraum schmückten. Mit einer Eintrittskarte fürs Théâtre Antique ist der Eintritt frei.

★ **Colline Saint Eutrope** STADTPARK
Schon die Römer nutzten den 97 m hohen Colline St-Eutrope als Aussichtspunkt. Kein Wunder, denn von dem Hügel, auf den die Montée Philbert de Chalons und die Montée Lambert hinaufführen, hat man nicht nur einen tollen Blick auf das Theater, sondern auch auf den Mont Ventoux und die Dentelles de Montmirail. Auf dem Weg hinauf kommt man an den Ruinen des **Schlosses** aus dem 12. Jh. vorbei, in dem einst die Fürsten von Orange (Oranier) residierten.

**Arc de Triomphe** RÖMISCHE STÄTTE
Der imposante Triumphbogen an der Via Agrippa stammt aus dem 1. Jh. n. Chr., ist 19 m hoch und breit und 8 m tief. Nach seiner Restaurierung im Jahr 2009 erstrahlen die herrlichen Reliefs wieder im alten Glanz. Der Bogen erinnert an den Sieg der Römer über die Gallier im Jahr 49 v. Chr. und zeigt nackte, in Ketten gelegte Gallier.

## Schlafen

**Hôtel Saint Jean** HOTEL €
(☎ 04 90 51 15 16; www.hotelsaint-jean.com; 1 cours Pourtoules; EZ/DZ/2BZ/4BZ 70/85/100/120 €; ❄ 📶) Das schicke, schlichte Hotel in der Nähe des Theaters hat gemütliche, gut geschnittene Zimmer mit farbenfrohen, provenzalischen Stoffen, Doppelfenstern und Flachbild-TVs. Fahrräder dürfen kostenlos untergestellt werden. Parken kostet 6 €.

**Hôtel l'Herbier d'Orange** HOTEL €
(☎ 04 90 34 09 23; www.lherbierdorange.com; 8 place aux Herbes; EZ/DZ/4BZ ab 59/64/88 €; ❄ @ 📶 👪) Die freundlichen, engagierten Besitzer halten das kleine, schlichte Hotel mit Isolierfenstern und glänzenden Badezimmern blitzblank. Es hat eine hübsche Lage an einem kleinen Platz mit hohen, schattenspendenden Platanen. Parken kostet 4,50 €.

**Camping Manon** CAMPEN €
(☎ 04 32 81 94 96; www.camping-manon.com; 1321 rue Alexis Carrel, Quartier Le Jonquier; Stellplatz Radfahrer/Auto 20/25,50 €; ⌚ April–Sept.; @ 📶 🏊 👪) Der gute Campingplatz wurde vor Kurzem aufpoliert. Zur Anlage gehören ein Pool, Whirlpool, Tennisplatz, Waschküche und ein Minimarkt.

**Hôtel Arène Külm** HOTEL €€
(☎ 04 90 11 40 40; www.hotel-arene.fr; place de Langes; DZ/Suite ab 125/205 €; ❄ @ 📶 🏊 👪) Das zur Hotelkette Best Western gehörende Arène hat eine hübsche Lage in der Altstadt und auch eine gewisse Individualität. Kinder lieben die zwei beheizten Pools (einer ist im Freien, der andere überdacht), Eltern die Zimmer in Familiengröße.

**Hôtel Le Glacier** HOTEL €€
(☎ 04 90 34 02 01; www.le-glacier.com; 46 cours Aristide Briand; DZ 58–195 €; ❄ @ 📶) Alle 28 Zimmer sind individuell gestaltet und werden von den charmanten Inhabern, die auf jedes Detail achten, tipptopp in Schuss gehalten. Es gibt einen praktischen Parkplatz vor dem Hotel und einen Fahrradverleih. Frühstück kostet 10 €.

## Essen

Es lohnt sich, die Caféterrassen gegenüber vom Théâtre Antique an der Place des Frères Mounet links liegen zu lassen und lieber in die in Pastelltönen schwelgende Altstadt von Orange mit ihren verkehrsberuhigten Plätzen einzutauchen. Jeden Donnerstag breiten sich die Stände des Wochenmarkts auf den Straßen im Ortszentrum aus.

**À la Maison** BISTRO €
(☎ 04 90 60 98 83; 4 place des Cordeliers; Menü 2/3 Gänge mittags 12,50/15 €, abends 25/32 €; ⌚ Mo–Sa 12–14 & 19–22 Uhr) An lauen Abenden gibt es kaum ein hübscheres Plätzchen als diesen grünen Innenhof mit einem alten Steinbrunnen und drei Platanen, der zu dem einfachen Bistro gegenüber den Mauern des Théâtre Antique gehört. Der Name „Wie zu Hause" spiegelt perfekt das wider, was einen hier erwartet.

**Les Artistes** BISTRO, CAFÉ €
(place de la République; Menü 1/2/3 Gänge 11/13,50/15,50 €; ⌚ 8–2 Uhr) Das Lokal mit schicker moderner Inneneinrichtung und großer gepflasterter Terrasse an einem autofreien Platz in der Altstadt eignet sich sowohl für ein Essen als auch für einen Drink. Hier herrscht von morgens bis nachts or-

dentlicher Betrieb. In der Happy Hour (17–20 Uhr) gibt's ein tolles Preis-Leistungs-Verhältnis. Ebenso toll sind die großen Salate und die anderen Brasserie-Gerichte.

**Le Parvis** PROVENZALISCH **€€**
(☎ 04 90 34 82 00; www.restaurant-le-parvis-orange.com; 55 cours Pourtoules; Menü 2/3 Gänge mittags 23/29 €, abends 36/46 €; ⏱ Di–Sa 12–13.45 & 19.30–21.15 Uhr) In dem Spitzenrestaurant von Orange, in dem Chefkoch Jean-Michel Bérengier seit 25 Jahren hervorragende Gerichte der provenzalischen Küche zubereitet, unterhält man sich nur in gedämpfter Lautstärke.

**La Grotte d'Auguste** TRADITIONELL FRANZÖSISCH **€€**
(☎ 04 90 60 22 54; www.restaurant-orange.fr; Théâtre Antique, rue Madeleine Roch; Menü mittags/abends ab 16/21 €; ⏱ Di–Sa 12–14 & 19–22 Uhr) Augustus' Grotte profitiert von der Lage unterhalb des römischen Theaters. Im Sommer speist man mit Blick auf die Ruine eines halbrunden Tempels aus dem 2. Jh. Die traditionell französische Küche bietet jede Menge Fleisch- und Feinschmeckergerichte wie schwarze Trüffel.

**Au Petit Patio** TRADITIONELL FRANZÖSISCH **€€**
(☎ 04 90 29 69 27; 58 cours Aristide Briand; Menü mittags/abends ab 18/26 €; ⏱ Mo–Sa 12–13.30, Mo–Mi, Fr & Sa 19–21.15 Uhr) Ein beliebtes Restaurant für ein geruhsames Mittagessen (im Menü sind Wein und Kaffee inbegriffen) oder ein üppiges Abendessen (die Foie gras ist hausgemacht). Hervorragender Service und charmante Terrasse im Freien.

## Praktische Informationen

**Touristeninformation** (☎ 04 90 34 70 88; www.otorange.fr; place des Frères Mounet; ⏱ Mo–Sa 9–18.30, So 9–13 & 14–18.30 Uhr, Okt.–März So geschl.) Hat Broschüren und bucht Hotels.

## Anreise & Unterwegs vor Ort

### BUS

Die von **TransVaucluse** (www.vaucluse.fr) betriebenen Busse fahren vom **Busbahnhof** (☎ 04 90 34 15 59; 201 cours Pourtoules) nach Avignon (2 €, 45 Min.) und Vaison-la-Romaine (2 €, 45 Min.).

### FAHRRAD

**Sport Aventure** (☎ 04 90 34 75 08; 1 place de la République; halber/ganzer Tag/Woche 12/18/69 €) Der Fahrradladen mitten in der Stadt liefert die Räder in einem Radius von bis zu 20 km aus.

### ZUG

Oranges **Bahnhof** (av Frédéric Mistral) liegt 1,5 km östlich vom Ortszentrum.

**Avignon** 6,50 €, 22 Min.

**Lyon** 35 €, 2¼ Std.

**Marseille** 25 €, 1¾ Std.

**Flughafen Marseille (Bahnhof Vitrolles)** 22 €, 1½ Std.

# Vaison-la-Romaine

6275 EW.

Das hinter sieben Hügeln liegende Vaison-la-Romaine war schon immer ein wichtiges Handelszentrum. Davon zeugt noch heute der lebhafte Wochenmarkt, der jeden Dienstag stattfindet. Das reiche römische Erbe der Stadt ist unübersehbar – Frankreichs größte Ausgrabungsstätte ist umgeben von den Häusern und Gebäuden des 20. Jhs. Die römische Brücke, die über die Ouvèze führt, trennt das moderne, verkehrsberuhigte Zentrum der Stadt von der mittelalterlichen Altstadt, die zu den zauberhaftesten der Provence zählt. In der von einer spektakulären Stadtmauer umgebenen *Cité Médiévale* mit den kopfsteingepflasterten Straßen steht auch die Burg der Grafen von Toulouse aus dem 12. Jh. Vaison ist ein guter Ausgangspunkt für die Erkundung der Dentelles de Montmirail und des Mont Ventoux, im Sommer aber hoffnungslos überlaufen, weshalb man frühzeitig eine Unterkunft buchen sollte.

## Sehenswertes & Aktivitäten

★ **Gallorömische Ruinen** RÖMISCHE STÄTTE
(☎ 04 90 36 50 48; www.provenceromaine.com; Erw./Kind alle antiken Stätten, Museum & Kathedrale 8/4 €; ⏱ Juni–Sept. 9.30–18.30 Uhr, April & Mai 9.30–18 Uhr, Okt.–März 10–12 & 14–17.30 Uhr) Die Überreste der römischen Stadt Vasio Vocontiorum, die hier im 2. Jh. v. Chr. anstelle eines keltischen *oppidum* angelegt wurde, erstrecken sich über zwei Ausgrabungsstätten im Zentrum von Vaison. Zwei Viertel dieser einst prachtvollen Stadt, das **Quartier de Puymin** und das **Quartier de la Villasse**, liegen zu beiden Seiten der Touristeninformation und der Av du Général de Gaulle. Der Eintritt umfasst auch den Zugang zum romanischen Klostergang aus dem 12. Jh. in der **Cathédrale Notre-Dame de Nazareth** (nur Kreuzgang 1,50 €; ⏱ März–Dez. 10–12.30 & 14–18 Uhr), die fünf Gehminuten westlich von La Villasse liegt und eine willkommene Abkühlung von der Sommerhitze verspricht.

In **Puymin** sieht man Patrizierhäuser, Mosaiken, Arbeiterunterkünfte, einen Tempel und das bis heute genutzte **Théâtre Antique** (ca. 20 n. Chr.) mit 6000 Sitzplätzen. Um sich von den Überresten ein Bild machen zu können und sich einen Audioguide (3 €) zu holen, sollte man ins **Musée Archéologique Gallo-Roman** reinschauen, das mit herrlichen Mosaiken, Masken und Statuen, darunter einer Silberbüste aus dem 3. Jh. und Marmorfiguren von Hadrian und seiner Frau Sabina, die römische Vergangenheit Vaisons aufleben lässt.

Nach **La Villasse** gingen die Römer zum Einkaufen zu den Läden unter den Arkaden und zum Baden. Hier befindet sich auch das **Maison au Dauphin** (Haus des Delphins) mit seinen herrlichen, von Marmor eingefassten Fischteichen.

**★ Cité Médiévale** HISTORISCHES DENKMAL

Jenseits des **Pont Romain** (römische Brücke) beginnt der Aufstieg zu der von einer Mauer umgebenen Oberstadt, in die sich die mittelalterlichen Bauern in Kriegszeiten flüchteten. Im Schatten der mächtigen Steinmauern winden sich steile, kopfsteingepflasterte Gassen an romantischen Brunnen und herrschaftlichen Häusern mit wundervoll verzierten Eingangstoren vorbei, hinauf zu einem **Glockenturm** aus dem 14. Jh. Überragt wird die Altstadt vom mächtigen **Château**, von wo man einen herrlichen Blick auf die Stadt und die Umgebung hat.

**Radwege** RADFAHREN

(www.escapado.fr) Aufgrund seiner Lage bietet sich Vaison-la-Romaine als idealer Ausgangspunkt für Radtouren in die Dörfer der Umgebung an. Die bei der Touristeninformation erhältlichen ausgezeichneten Radwanderkarten beschreiben diverse Radrundwege, die nach diversen Schwierigkeitsgraden eingeteilt und zwischen 26 und 91 km lang sind.

## Feste & Events

**Festival Vaison Danses** TANZFESTIVAL

(www.vaison-danses.com; Juli) Bei diesem Festival im Juli sind drei Wochen lang Ballett und Tanz im antiken römischen Theater geboten. Die Eintrittskarten sollte man sich bis spätestens April besorgen.

**Choralies** MUSIKFESTIVAL

(www.choralies.fr; August) Das größte Festival der Chormusik in Europa findet alle drei Jahre statt. Die nächsten Festivals finden 2016 und 2019 statt.

**Festival des Chœurs Lauréats** MUSIKFESTIVAL

(www.festivaldeschoeurslaureats.com; Ende Juli) Jedes Jahr treffen sich hier preisgekrönte Chöre aus ganz Europa.

## Schlafen

**★ Hôtel Burrhus** HOTEL €

(04 90 36 00 11; www.burrhus.com; 1 place de Montfort; DZ 64–97 €, Apt. 140 €; ) Das Hotel mit blauen Fensterläden am belebten Zentralplatz von Vaison wirkt von außen ruhig und alt, ist drinnen aber herrlich modern mit originalen Kunstwerken und Skulpturen in dem Labyrinth aus alten Fluren und Treppenaufgängen eingerichtet. Einen Blick wert ist der riesige, 1,8 m große und römisch anmutende Terrakotta-Krug, der über dem mit Sofas bestückten Innen-Patio unter dem Dach baumelt. Kein Aufzug. Frühstück kostet 9 €.

**L'École Buissonière** B&B €

(04 90 28 95 19; www.buissonniere-provence.com; D75, Buisson; EZ/DZ/3BZ/4BZ mit Frühstück ab 52/65/82/99 €; ) Die Gastgeber Monique und John haben ihr rustikales Bauernhaus in ein geschmackvoll dekoriertes, sehr komfortables B & B mit drei Schlafzimmern umgewandelt. Es befindet sich fünf Minuten nördlich von Vaison in der landschaftlich schönen Gegend zwischen Buisson und Villedieu. Zum Frühstück gibt's hausgemachte Marmelade. Im Freien haben die beiden außerdem eine Sommerküche eingerichtet.

**Camping du Théâtre Romain** CAMPEN €

(04 90 28 78 66; www.camping-theatre.com; chemin de Brusquet; Stellplatz für 2 Pers. mit Zelt & Auto 25,40 €; Mitte März–Mitte Nov.; ) Gegenüber vom Théâtre Antique. Sehr sonnig; es gibt auch einen Pool.

**L'Évêché** B&B €€

(04 90 36 13 46; http://eveche.free.fr; Rue de l'Évêché; DZ/DZ/2BZ 85/95/120 €) Die Pension mit fünf Zimmern befindet sich in der mittelalterlichen Altstadt. Ein sehr eigenwilliges Treppenhaus, gewölbte Decken, gut gefüllte Bücherregale, kuschelige Wohnzimmer und erlesene Kunstgegenstände sorgen für eine traumhafte Atmosphäre. Die kompetenten und kenntnisreichen Inhaber verleihen auch Fahrräder.

**Hostellerie Le Beffroi** HISTORISCHES HOTEL €€

(04 90 36 04 71; www.le-beffroi.com; Rue de l'Évêché; DZ 100–160 €, 3BZ 190 €; April–Jan.; ) Die *hostellerie* von 1554 in der mittel-

## SCHWARZE DIAMANTEN

Die Trüffeln der Provence werden direkt aus dem Auto und nur gegen Bares verkauft. Den größten Trüffelgroßmarkt Frankreichs gibt's im kaum bekannten **Richerenches**, einem 23 km nordwestlich von Vaison-la-Romaine gelegenen, recht wohlhabenden Dorf mit mittelalterlicher Templerburg. Ein Besuch in dem hübschen Nest lohnt sich das ganze Jahr über, ganz besonders aber samstagmorgens während der Trüffelsaison (Mitte Nov.–Mitte März). Dann ist die Hauptstraße voller verstohlen dreinblickender *rabassaïres* (Trüffelsucher), die ihre kostbare Ware an *courtiers* (Agenten) verkaufen, die wiederum im Auftrag von Händlern in Paris, Deutschland, Italien und anderswo arbeiten. Die Geschäfte werden so diskret abgewickelt, dass Außenstehende nie auch nur eine einzige Trüffel zu sehen bekommen. Verkaufsstände findet man in der Av de la Rabasse.

Schwarze Trüffeln *(Tuber melanosporum)* kosten im Großhandel bis zu 1000 € pro Kilogramm, im Einzelhandel bis zu 4000 €. Trüffelzüchter (*trufficulteurs*) versuchen, durch das Einspritzen von Pilzsporen in Eichenwurzeln und ähnliche Methoden den Ertrag des fast schon mystischen Pilzes zu steigern – bisher aber ohne jeden Erfolg. Einzig die Natur entscheidet darüber, ob es ein gutes oder ein schlechtes Trüffeljahr wird, denn vor allem das Wetter ist ausschlaggebend für den Ertrag.

Bei der alljährlich in der Dorfkirche von Richerenches zelebrierten **Trüffelmesse** klimpert oder raschelt es nicht im Opferstock. Stattdessen spenden die Einwohner Trüffeln, die dann zugunsten der Kirche versteigert werden. Die Messe findet immer am Sonntag um den 17. Januar statt, dem Namenstag des Schutzheiligen der Trüffelsucher (Antonius). Infos erhält man in der **Touristeninformation** von Richerenches (☎ 04 90 28 05 34; www.richerenches.fr; place Hugues de Bourbouton; ⌚ Mo–Sa 10–13.30 & 14–18 Uhr).

Wer selbst nach Trüffeln buddeln will, wendet sich an **Dominique und Eric Jaumard** (☎ 04 90 66 82 21; www.truffes-ventoux.com; La Quinsonne, 634 chemin du Traversier, Monteux; ⌚ Okt.–Mitte März). Diese organisieren in der Saison Trüffelsuchen sowie das ganze Jahr über Wanderungen durch ihre an Trüffeln reiche Grundstücke in Monteux, 7 km südwestlich von Carpentras. In der Saison werden frische Trüffeln auf den Wochenmärkten in der Region angeboten, darunter in Vaison-la-Romaine (Di) und Carpentras (Fr).

alterlichen Altstadt erstreckt sich über zwei Gebäude (das „neuere“ stammt aus dem Jahr 1690). Mit rohen Steinmauern und offener Balkendecke erinnert es an die Hexenhäuschen aus den Märchen – und so sind auch die Zimmer klein, aber romantisch. Zum hoteleigenen **Restaurant** gehört ein Rosen- und Kräutergarten, in dem Schaukeln stehen.

## Essen

**★ Bistro du'O** BISTRO €€

(☎ 04 90 41 72 90; www.bistroduo.fr; rue du Château; Menü mittags/abends ab 19/31 €; ⌚ Di–Sa 12–14 & 19.30–22 Uhr) Es gibt kein verführerisches Lokal als dieses durch und durch moderne Gourmet-Bistro, das sich in der mittelalterlichen Stadt in einem Kellergewölbe aus dem 13. Jh. versteckt. Betrieben wird es seit dem Sommer 2013 von dem dynamischen Paar Gaëlle (Geschäftsführerin) und Philippe (Küchenchef). Das kreative Duo lässt sich bei der Zubereitung der Gerichte von saisonalen Produkten inspirieren. Feinschmecker, aufgepasst: Die Auswahl an Speisen ist zwar klein, aber hervorragend und ein perfektes Spiegelbild des täglichen Marktangebots.

**Le Bateleur** PROVENZALISCH €€

(☎ 04 90 36 28 04; www.le-bateleur.com; 1 place Théodore Aubanel; Menü mittags/abends ab 24/32 €; ⌚ Di–Fr & Sa 12–14, Di–Sa 19.30–21.30 Uhr) Von den besten Plätzen des einfachen provenzalischen Lokals aus hat man einen Blick auf den Fluss. Aber eigentlich bedarf es keiner Ablenkung von den kunstvoll angerichteten Speisen der hervorragenden Regionalküche.

**★ Le Moulin à Huile** GOURMETRESTAURANT €€€

(☎ 04 90 36 20 67; www.moulin-huile.com; quai Maréchal Foch, rte de Malaucène; Menü mittags/abends ab 39/59 €; ⌚ Mitte April–Nov. Di–Sa 12–14 & 19.30–22, So 12–14 Uhr) Der mit einem Michelin-Stern ausgezeichnete Chefkoch Robert Bardot zeigt sein kulinarisches Können in einer ehemaligen Ölmühle am Fluss mit blassblauen Holzfensterläden. Mittags kann man ein schlichtes wie edles Trüffel-Omelette (55 €) genießen. Im Sommer speist man draußen im Pfirsichgarten, nur ein paar Schritte vom Fluss entfernt (die Terrasse oben ist schöner als die unten mit den Plastikstühlen).

Man kann sich auch in einem der drei hübschen Gästezimmer (140–160 €, ganzjährig geöffnet) einquartieren.

### Praktische Informationen

Die **Touristeninformation** (☎ 04 90 36 02 11; www.vaison-ventoux-tourisme.com; Place du Chanoine Sautel; ⏲ ganzjährig Mo–Sa 9.30–12 & 14–17.45 Uhr, Mitte März–Mitte Okt. auch 9.30–12 Uhr) hilft auch bei der Zimmerreservierung.

### An- & Weiterreise

**BUS**

**TransVaucluse/Autocars Lieutaud** (www.cars-lieutaud.fr) fahren nach Orange (2 €, 45 Min.) und Avignon (über Orange, 4 €, 2 Std.), die Busse von **Cars Comtadins** (☎ 04 90 67 20 25; www.sudest-mobilites.fr) nach Carpentras (2 €, 45 Min.) und Malaucène (1 €, 30 Min.). Die Fahrpläne können im Internet unter www.vaucluse.fr abgerufen werden. Die Bushaltestelle befindet sich in der Av des Choralies, 400 m östlich der Touristeninformation.

## Dentelles de Montmirail

Aus der grünen, mit Reben bedeckten Ebene, ungefähr 20 km nördlich von Carpentras, sticht weithin sichtbar das 8 km lange, schroffe Kalkmassiv der Dentelles hevor. Die „Klöppelspitzen" verdanken ihren Namen den kahlen, gezackten Felsen, aus denen sie bestehen. Wanderwege in einer Gesamtlänge von 40 km schlängeln sich durch die struppige, mediterrane Vegetation, in der Bussarde, Adler und grün schimmernde Eidechsen zu Hause sind. Für Kletterer interessant ist eher die Südseite des Gebirges. An den Hängen der Dentelles kleben überall winzige Bergdörfer, die für ihren guten Wein bekannt sind.

### An- & Weiterreise

**TransVaucluse** (www.vaucluse.fr) Bus 4 fährt von Orange über Séguret und Sablet nach Vaison-la-Romaine, Bus 11 von Carpentras über Le Barroux nach Vaison. Die Busse von **La CoVe** (☎ 04 84 99 50 10, 08 00 88 15 23; www.transcove.com, Tickets 2 €) verkehren montags bis samstags zwischen Carpentras, Beaumes-de-Venise und Gigondas; der Sitzplatz muss einen Tag vor Fahrtantritt telefonisch reserviert werden.

## Gigondas

548 EW. / 282 M

Weinkeller und Cafés säumen den sonnenverwöhnten Hauptplatz von Gigondas, das berühmt ist für seinen prestigeträchtigen Rotwein. Die **Weinverkostungen** hier sind ein hervorragendes Gegenstück zu denen von Châteauneuf-du-Pape – hier wie dort werden die gleichen Trauben angebaut, dies aber auf unterschiedlichen Böden. Im Ort kann man im **Caveau de Gigondas** (☎ 04 90 65 82 29; www.caveaudugigondas.com; place Gabrielle Andéol; ⏲ 10–12 & 14–18.30 Uhr) die Weine von 100 kleinen Weinbauern kostenlos probieren – die meisten Flaschen kosten ca. 12 bis 17 €. Die **Touristeninformation** (☎ 04 90 65 85 46; www.gigondas-dm.fr; rue du Portail, Gigondas; ⏲ Juli & Aug. Mo–Sa 9–12.30 & 14.30–18.30, So 10–13 Uhr, ansonsten verkürzte Öffnungszeiten) hält eine vollständige Liste der Weingüter bereit.

Oberhalb des zentralen Platzes führt ein schmaler Fußweg, der **Cheminement de Sculptures** (Skulpturenweg), an rätselhaften Skulpturen vorbei zu den **Ruinen einer alten Burg** mit Glockenturm, Kirche und Friedhof mit atemberaubendem Ausblick.

## Séguret & Umgebung

884 EW. / 250 M

Das mittelalterliche Dorf klebt an einem Berghang über den hügeligen Weinfeldern. Die engen, kopfsteingepflasterten Gassen zwischen den von blühenden Kletterpflanzen umrankten Häusern winden sich an einem Brunnen aus dem 15. Jh. und einer Kirche aus dem 12. Jh. vorbei, hinauf zu den Ruinen einer ebenso alten Burg. Der Fußweg beginnt beim Parkplatz unterhalb des Dorfes. Séguret ist ein gutes Basislager für Wanderer und Radfahrer, aber auch für alle anderen, die die Ruhe dieser abgelegenen Landschaft genießen möchten.

### Schlafen & Essen

**La Bastide Bleue** GASTHAUS €

(☎ 04 90 46 83 43; www.bastidebleue.com; rte de Sablet; EZ/DZ/3BZ/4BZ mit Frühstück 60/79/105/131 €; ) Das gemütliche Gasthaus aus dem 18. Jh. ist mit mehreren Vier-Bett-Zimmern ideal für Familien. Es ist einfach im typisch provenzalischen Stil dekoriert; einige Zimmer haben freiliegende Holzbalken. Draußen gibt es einen Pool mit Blick auf die Weinberge. Das rustikale Restaurant (Menü 22–26 €) serviert gute regionale Küche. Unbedingt reservieren!

**Domaine de Cabasse** GASTHAUS €€
(☎04 90 46 91 12; www.cabasse.fr; rte de Sablet; DZ 140–180 €; ⌚April–Okt.; ) Das Weingut 800 m südlich von Séguret hat zwölf sonnige Zimmer, eine hübsche Restaurantterrasse, einen Pool, einen Tennisplatz und jede Menge Weine aus dem mit Fässern gut gefüllten Keller. Auf dem Speiseplan steht auch Gemüse aus dem hauseigenen Garten; es lohnt sich also durchaus, Halbpension zu buchen (47 €/Pers. zzgl. der Übernachtungskosten).

**Les Genêts** TRADITIONELL FRANZÖSISCH €€
(☎04 90 46 84 33; D977, Sablet; Menü mittags/abends ab 15/28 €; ⌚Di–So 12–14 & Di–Sa 19.30–21 Uhr) Das Restaurant 3 km südlich von Séguret bietet werktags ein typisch französisches, aus durch und durch frischen Zutaten zubereitetes Mittagsmenü mit tollem Preis-Leistungs-Verhältnis (14,50 € inkl. Wein). Am besten reserviert man einen Tisch auf der Terrasse mit Blick auf die Weinberge.

## Suzette

127 EW. / 425 M

Das winzige Felsdorf liegt in den Bergen zwischen Malaucène und Beaumes-de-Venise. Der sagenhafte Panoramablick macht die kurvenreiche Fahrt mehr als wett. Es gibt keine Touristeninformation; die wichtigsten Infos entnimmt man der *table d'orientation* in der Ortsmitte.

### Schlafen & Essen

★ **Ferme le Dégoutaud** B&B €
(☎04 90 62 99 29; www.degoutaud.fr; Rte de Malaucène; EZ/DZ/2BZ/4BZ inkl. Frühstück 65/75/85/95 €, Hütte ab 560 €/Woche; ) Dieser Bauernhof aus dem 16. Jh., 2,5 km nordöstlich von Suzette, wird immer noch bewirtschaftet und vermietet nebenbei einfache, rustikale, aber blitzsaubere Zimmer und auch Hütten für Selbstversorger inmitten der spektakulären Landschaft. Die Erzeugnisse des Hofes wie Olivenöl, Honig, Schinken und Saft aus Bio-Aprikosen und -kirschen können beim Frühstück probiert werden. Im Sommer können die Außenküche und der Infinity Pool mit traumhafter Aussicht genutzt werden. Ein Paradies für Naturliebhaber!

**Les Coquelicots** PROVENZALISCH €
(☎04 90 65 06 94; www.restaurant-les-coquelicots.com; Hauptgerichte 14–20 €; ⌚Juni–Aug. Do–Di 12–14 & 19–20.30 Uhr, ansonsten verkürzte Öffnungszeiten) Das oben auf einem Hügel thronende und von Weinbergen umgebene Les Coquelicots ist ein perfektes Ziel für ein Mittagessen im Rahmen eines Tagesausflugs in die Dentelles. Es gibt typisch provenzalische Gerichte wie Lamm mit Anchovisbutter oder in Salzlake eingelegten Kabeljau in Knoblauchsauce. Am besten reserviert man einen Tisch auf der Terrasse mit sagenhaftem Ausblick.

## Le Barroux

710 EW. / 325 M

Das hübsche, kleine Le Barroux liegt an einem Hügelhang unterhalb des mittelalterlichen Château du Barroux und ist ein ideales Ziel, um ein bisschen Sightseeing mit einer Mittagspause zu verbinden.

### Sehenswertes

**Château du Barroux** SCHLOSS
(☎04 90 62 35 21; www.chateau-du-barroux.com; Erw./Kind 5 €/frei; ⌚Juli–Sept. 10–19 Uhr, Okt. 14–18 Uhr, April & Mai Sa & So 10–19 Uhr, Juni 14.30–19 Uhr) Das im 12. Jh. zum Schutz vor den Sarazenen errichtete Château du Barroux ist eine der wenigen Burgen in der Provence. Sie erlebte eine wechselvolle Geschichte, bis sie schließlich im Zweiten Weltkrieg von den Deutschen auf dem Rückzug in Brand gesteckt wurde und zehn Tage lang brannte. Seither wohnen nur noch Geister hier. Vor allem Kinder haben beim Erkunden der gruseligen Anlage ihren Spaß.

**Abbaye Ste-Madeleine** KIRCHE
(☎04 90 62 56 31; www.barroux.org) Fährt man von Le Barroux 2 km nordwärts, gelangt man über enge Straßen zu dieser Abtei, die jeden Tag um 9.30 Uhr (So & Feiertag 10 Uhr) von gregorianischen Gesängen der Benediktinermönche erfüllt ist. Das in den 1980er-Jahren erbaute Kloster im romanischen Stil ist von Lavendelsträuchern umgeben. Der **Klosterladen** verkauft leckeren Mandelkuchen, den die Mönche selber backen. In dem Kloster sind Hüte, Miniröcke, nackte Schultern und Handys tabu.

### Schlafen & Essen

**Les Géraniums** TRADITIONELL FRANZÖSISCH €€
(☎04 90 62 41 08; www.hotel-lesgeraniums.com; place de la Croix; Menü mittags/abends ab 18/30 €; ⌚Juni–Okt. 12.15–14 & 19.15–21 Uhr) Für ein geruhsames Mittagessen (und einen Parkplatz) bucht man einen Tisch auf der Terrasse von

Les Géraniums, einem altmodischen Landgasthaus mit atemberaubendem Talblick. Im Obergeschoss warten schlicht möblierte Zimmer mit gutem Preis-Leistungs-Verhältnis (DZ 90–100 €).

## Beaumes-de-Venise

2425 EW. / 126 M

Das durch die Dentelles vor den Mistralwinden behaglich geschützte Beaumes-de-Venise ist berühmt für sein „Weißes Gold" (*or blanc*), einen lieblichen Muskatellerwein, der am besten jung und kalt getrunken wird und perfekt zu Cavaillon-Melonen passt. Die hiesige Genossenschaft **Balma Vénitia** (☎ 04 90 12 41 00; www.beaumes-de-venise.com; 228 rte de Carpentras; ⌚ April–Sept. 9–12.30 & 14–19 Uhr, ansonsten verkürzte Öffnungszeiten) bietet Weinproben an. Die hervorragende **Touristeninformation** (☎ 04 90 62 94 39; www.ot-beaumesdevenise.fr; 122 place du Marché; ⌚ Mo–Sa 9.15–12.15 & 14–18 Uhr, Mitte Juli–Mitte Aug. auch So 10–13 Uhr) hält fremdsprachige Broschüren zu den Weingütern bereit.

Aus Beaumes stammendes Olivenöl kann man in der seit 1867 betriebenen **Moulin à Huile de la Balméenne** (☎ 04 90 62 93 77; www.labalmeenne.fr; 82 av Jules Ferry; ⌚ ganzjährig Mo–Sa 9–12 & 14–18.30 Uhr, Ostern–Aug. auch So 14–18.30 Uhr) probieren. Nette Mitbringsel sind die Bioseifen und Badeprodukte, die es bei **Savonnerie des Dentelles** (☎ 04 90 37 61 80; www.savonnerie-des-dentelles.com; rte de Sarrians, 42 ZA La Barcillonne; ⌚ Mo–Fr 9–12 & 14.30–18 Uhr) 🍃, 1,6 km südwestlich von Beaumes-de-Venise, gibt.

Weitläufige Gartenanlagen aus dem 19. Jh., Weinberge und Olivenhaine umgeben das herrschaftliche **Château Juvenal** (☎ 04 90 62 31 76; www.chateau-juvenal-provence.com; 120 chemin du Long-Serre, Saint-Hippolyte-le-Graveyron; DZ ab 150 €; ❄📶🏊) mit vier gehobenen Zimmern, Billardtischen, Spa, Whirlpool und fabelhaftem Pool. Am Dienstag- und Freitagabend gibt's ein exzellentes *table d'hôte* (Menü zum Festpreis von 45 € inkl. Wein; 48 Std. vorher reservieren). Das Anwesen liegt 5 km westlich von Beaumes-de-Venise.

### ℹ LAVENDEL ODER LAVANDIN?

Wer echten Lavendel möchte, muss nach *lavande fine* (feiner Lavendel, *Lavandula angustifolia, L. vera oder L. officinalis*) Ausschau halten. Verkauft werden nämlich auch Speik- oder Gewürzlavendel (*Lavandula latifolia*) und Lavandin bzw. Hybrid-Lavendel (*Lavandula hybrida*). Lavandin hat einen hohen Kampferanteil und wird für Waschmittel und Farblösemittel verwendet, nicht aber für Parfüm.

# Mont Ventoux

Der kilometerweit sichtbare Mont Ventoux (1912 m), auch *le géant de Provence* (der Riese der Provence) genannt, erhebt sich wie ein Wächter über den Norden der Provence. Das weiße Glitzern, das man im Sommer auf dem Berg sieht, ist nicht etwa Schnee, sondern *lauze*, kleine weiße Steine. Die Straße zum Gipfel ist zwischen Mai und Oktober befahrbar. Von oben reicht der Blick bis zu den Alpen und an klaren Tagen sogar bis in die Camargue.

Aufgrund des beachtlichen Höhenunterschieds zwischen Fuß und Gipfel des Mont Ventoux sind an den Hängen alle Klimazonen Europas vertreten – vom mediterranen Klima an den unteren Südhängen bis hin zu subpolarer Kälte am ungeschützten nördlichen Kamm. Beim steilen Aufstieg auf den bei der Tour de France regelmäßig zu bezwingenden Gipfel kann die Temperatur um bis zu 20 °C fallen, die jährliche Niederschlagsmenge ist hier oben doppelt so hoch wie in den tiefer gelegenen Ebenen. An 130 Tagen im Jahr bläst zudem der Mistral mit Geschwindigkeiten von bis zu 250 km/h! Warme Kleidung und Regenausrüstung sind folglich das ganze Jahr unverzichtbar. Auf der Straße gelangt man das ganze Jahr über auf den Berg, die Überquerung des Gipfels ist aber vom 15. November bis zum 15. April nicht möglich.

Die klimatischen Besonderheiten des Mont Ventoux haben eine vielfältige Flora und Fauna zur Folge, die mittlerweile als Biosphärenreservat der UNESCO geschützt ist. Einige Arten kommen ausschließlich hier vor, ewta der Schlangenadler und andere Vögel sowie einige Schmetterlingsarten.

In den drei wichtigsten Zugangsorten Bédoin, Malaucène und Sault gibt es im Sommer Serviceeinrichtungen – die sind aber weit voneinander entfernt. Außer in den Touristeninformationen gibt's Infos bei **Destination Ventoux** (www.destination-ventoux.com) und **Provence Cycling** (www.provence-cycling.com).

## Aktivitäten

### Wandern

Der GR4 führt zunächst über die Dentelles de Montmirail und erklimmt dann die Nordwand des Mont Ventoux, wo er auf den GR9 trifft. Beide Wege überqueren dann den Bergkamm, wo der GR4 nach Osten zu den Gorges du Verdon abzweigt und der GR9 über die Monts de Vaucluse in den Luberon führt. Beim Wandern in der Gegend sollte man unbedingt die Karte *3140ET Mont Ventoux* von **IGN** (www.ign.fr) bei sich haben. Die Touristeninformation von Bédoin hat Landkarten und Broschüren, in denen die Wanderwege aller Schwierigkeitsgrade beschrieben sind.

Im Juli und August organisieren die Touristeninformationen von Bédoin und Malaucène Nachtwanderungen auf den Mont Ventoux, von dessen Gipfel dann ein majestätischer Sonnenaufgang beobachtet wird (Mindestalter 15 Jahre).

### Radfahren

In den Touristeninformationen erhält man die kostenlose Karte *Les Itinéraires Ventoux,* in der elf leichte bis schwere Radrouten beschrieben und Bauernhöfe entlang der Strecken verzeichnet sind. Weitere Radwege findet man unter www.lemontventoux.net. Die meisten Fahrradverleiher haben auch Elektroräder im Angebot.

**Station Ventoux Sud Bike Park** RADFAHREN
(☎ 04 90 61 84 55; www.facebook.com/VentouxBikePark; Chalet Reynard; halber/ganzer Tag 10/14 €; ⏲ Sa & So 10–17 Uhr, werktags unterschiedliche Öffnungszeiten) Am Chalet Reynard, nahe dem Gipfel des Mont Ventoux, können sich Mountainbiker mit einem Schlepplift nach oben ziehen lassen und dann auf drei Pisten (insg. 5 km) über Rampen und Schanzen nach unten sausen (Mindestalter 10 Jahre). Im Winter kann man auch auf Schnee mountainbiken. Wer die benötigte Ausrüstung – Fahrrad, Helm, Handschuhe etc. – nicht dabeihat, kann diese im Chalet Reynard leihen. Die Öffnungszeiten sind stark wetterabhängig – vorher anrufen!

**Bédoin Location** RADFAHREN
(☎ 04 90 65 94 53; www.bedoin-location.fr; 20 rte de Malaucène, Bédoin; halber/ganzer Tag ab 15/20 €; ⏲ März–Nov. 9–19 Uhr) Dieser Sportladen gegenüber der Touristeninformation in Bédoin vermietet und repariert Mountainbikes und Straßenräder und bringt sie auch auf den Gipfel des Mont Ventoux.

> **ABSTECHER**
>
> **DURCH DIE GORGES DU TOULOURENC**
>
> Die leichte, auch für Kinder geeignete Wanderung durch die Schlucht am Fuß der rauen Nordseite des Mont Ventoux ist ein perfekter Ausflug an einem heißen Sommertag. Mit Badeschuhen und kurzen Hosen watet man im knietiefen Wasser flussaufwärts durch die enger werdende Schlucht mit ihren spektakulären Kalksteinformationen. Wer mit dem Rad unterwegs ist, fährt auf der kleinen Straße von Malaucène bis zum Ort Veaux (als „Hameau de Veaux" ausgeschildert, in Straßenkarten nur „Veaux" genannt). Mit dem Auto ist die Anfahrt über Entrechaux weniger kurvenreich. An der blauen Brücke über den Fluss parken. Zwei Stunden flussaufwärts gibt es eine römische Brücke – ein guter Punkt, um umzukehren. Ausreichend Essen und Trinkwasser mitbringen.

**La Route du Ventoux** RADFAHREN
(☎ 04 90 67 07 40; www.larouteduventoux.com; rte du Ventoux, Bédoin; Rennrad/Mountainbike/Tandem ab 35/25/50 € pro Tag; ⏲ Mai–Aug. Mo–Sa 8–19 Uhr, März, April & Okt. 9–18 Uhr, Juli auch So 8–12.30 Uhr) Der Fahrradverleih in Bédoin hat verschiedene Räder im Angebot.

**Ventoux Bikes** RADFAHREN
(☎ 04 90 62 58 19; www.ventoux-bikes.fr; 1 av de Verdun, Malaucène; Rennrad ab 40 €/Tag; ⏲ April–Nov. Mo–Sa 9–19 Uhr) Der große Laden in Malaucène verleiht und verkauft verschiedene Rennräder und Ausrüstung.

**Albion Cycles** RADFAHREN
(☎ 04 90 64 09 32; www.albioncycles.com; rte de Saint-Trinit, Sault; Mountainbike/Rennrad 26/36 € pro Tag; ⏲ März–Nov Di–Sa 9–12.30 & 15–18.30 Uhr) Der Fahrradverleiher und -verkäufer in Sault hat auch elektrisch angetriebene Räder.

### Skifahren

Von Bédoin oder Sault, nicht aber von Malaucène, fährt man zum **Chalet Reynard** (www.chalet-reynard.fr), um am südlichen Gipfelhang des Mont Ventoux Schlitten oder Ski zu fahren. Von Malaucène erreicht man über die D974 an der isolierten Rückseite des Berges das im Norden gelegene winzige Skigebiet Mont Serein. Es ist ganz spaßig für ein paar Abfahrten, aber nicht wirklich ausfüllend. Im April schmilzt der Schnee.

## Bédoin

3279 EW. / 295 M

An der Südwestflanke des Mont Ventoux liegt das peppige Bédoin. Es ist voller Cafés und Geschäfte und damit der beliebteste Zugang zum Berg. Aufgrund seiner geografischen Lage ist es vor dem Mistral ziemlich gut geschützt - das erklärt auch, warum der Ort bei Radfahrern so beliebt ist. Im Juli und August organisiert die **Touristeninformation** (☎04 90 65 63 95; www.bedoin.org; Espace Marie-Louis Gravier, 1 rte de Malaucène; ⏲Mitte Juni–Aug. Mo–Sa 9.30–12.30 & 14–18, So 9.30–12.30 Uhr, ansonsten verkürzte Öffnungszeiten), eine hervorragende Infoquelle für alle möglichen Unternehmungen in der Region, geführte Waldwanderungen. Montag ist **Markttag**.

## Malaucène

2746 EW. / 377 M

Trotz der schönen, platanengesäumten Straßen ist die Stadt öde und langweilig. Das ändert sich schlagartig im Sommer, wenn Massen von Wanderern und Radfahrern hier einfallen. Aufgrund der Lage auf einem Sattel zwischen dem Mont Ventoux und den Dentelles ist die Stadt bestens als Ausgangspunkt für Bergtouren geeignet. Schon Papst Clemens V. hatte hier einen Zweitwohnsitz. Seine Hinterlassenschaft, die romanisch-gotische Pfarrkirche **Église St-Michel & St-Pierre**, wurde 1309 an der Stelle eines antiken Tempels errichtet. Bei der **Touristeninformation** (☎04 90 65 22 59; http://villagemalaucene.free.fr; Place de la Mairie; ⏲Mo–Fr 9.15–12.15 & 14.30–17.30, Sa 9–12 Uhr) sind zwar Infos über den Mont Ventoux erhältlich, merkwürdigerweise aber nicht über die Dentelles. Die Öffnungszeiten variieren.

## Sault

1285 EW. / 800 M

An der Ostflanke des Mont Ventoux döst dieses hübsche Städtchen in der Sommerhitze, umgeben von blühenden Lavendelfeldern. Man kann **André Boyer** (☎04 90 64 00 23; www.nougat-boyer.fr; Place de l'Europe) einen Besuch abstatten, um Honig und Mandelnougat zu kaufen, der hier schon seit 1887 nach alten Familienrezepten hergestellt wird. Die **Touristeninformation** (☎04 90 64 01 21; www.saultenprovence.com; Av de la Promenade; ⏲Juni–Aug. Mo–Sa 9.30–12.30 & 13.30–18.30 Uhr, Rest vom Jahr kürzere Öffnungszeiten) erteilt ausführliche Infos zum Mont Ventoux und der Gorges de la Nesque und hat auch ein Verzeichnis der Lavendelbauernhöfe. Zu denen gehört auch **GAEC Champelle** (☎04 90 64 01 50; www.gaec-champelle.fr; Rte de Ventoux), dessen Mitarbeiter an einem Stand an der Straße nordwestlich der Stadt mit Kräutern der Provence aromatisiertes *fleur de sel* (feines Meersalz) und andere nützliche Souvenirs für Hobbyköche zu Hause verkaufen.

**ABSTECHER**

### GORGES DE LA NESQUE

Die an den Forêt de Venasque angrenzende (und über den Fernwanderweg GR91 verbundene), 20 km lange Schlucht mit steil aufragenden Felswänden ist als UNESCO-Biosphärenreservat ausgewiesen. Die spektakuläre Kalksteinschlucht wie auch den nahe gelegenen Mont Ventoux kann man mit dem Auto, zu Fuß oder seit Neuestem auch mit einem Esel erkunden. Die Tiere von **Les Ânes des Abeilles** (☎04 90 64 01 52; http://abeilles.ane-et-rando.com; Rt de la Gabelle, Col des Abeilles; ab 50/95 € pro Tag/Wochenende) können jeweils bis zu 40 kg tragen, also Kinder oder das Gepäck.

# Carpentras & Umgebung

29 562 EW.

Am interessantesten ist Carpentras am Freitagmorgen, wenn die Straßen dicht an dicht mit mehr als **350 Marktständen** übersät sind, die Brot, Honig, Käse, Oliven, Obst und bunte *berlingots* verkaufen, die gestreiften, kissenförmigen Fruchtbonbons, für die Carpentras berühmt ist. Im Winter wechseln auf dem streng riechenden Trüffelmarkt die begehrten Pilze den Besitzer. Die Trüffelsaison beginnt mit Carpentras' größtem Jahrmarkt, der **Fête de Saint-Siffrein** am 27. November, bei der mehr als 1000 Stände in der Stadt aufgebaut werden.

Abgesehen von den Märkten hat die etwas heruntergekommene, landwirtschaftlich geprägte Stadt auch ein paar historische Sehenswürdigkeiten. In griechischer Zeit war Carpentras ein Handelszentrum, später dann eine gallorömische Stadt. 1229 ging sie in den Besitz der Päpste über und wurde zudem von einer großen jüdischen Gemein-

## Carpentras

### Carpentras

**Highlights**
1 Arc Romain ........ B3
2 Cathédrale St-Siffrein ........ B3
3 Synagogue de Carpentras ........ C2

**Schlafen**
4 Hôtel du Fiacre ........ C2
5 Hotel le Comtadin ........ B4
6 Le Malaga ........ C2

**Essen**
7 Chez Serge ........ C3
8 La Galusha ........ B2
9 La Maison Jouvaud ........ B2

**Ausgehen & Nachtleben**
10 Angel'Art Galerie ........ B2

de geprägt; diese wurde von Flüchtlingen begründet, die hier Zuflucht fanden, als der französische König die Juden aus seinen Territorien vertrieb.

## Sehenswertes

**★ Synagogue de Carpentras** SYNAGOGE
(☎ 04 90 63 39 97; place Juiverie; ⌚ Mo–Do 10–12 & 15–16.30, Fr 10–11.30 & 15–15.30 Uhr) Carpentras' eindrucksvolle Synagoge stammt von 1367 und ist die älteste noch genutzte in Frankreich. Zwar waren die Juden anfangs in dem päpstlichen Territorium willkommen, mussten aber ab dem 17. Jh. in Ghettos in Avignon, Carpentras, Cavaillon und L'Isle-sur-la-Sorgue leben. Dementsprechend unauffällig ist die Synagoge gehalten. Die holzvertäfelte Gebetshalle wurde im 18. Jh. im Barockstil neu gestaltet. Die Brotbacköfen im Untergeschoss wurden noch bis 1904 genutzt. Um eingelassen zu werden, müssen Besucher jeweils zur halben Stunde an der Tür klingeln.

Wer möchte, kann aber auch an der ausgezeichneten eineinhalbstündigen **Führung** (Erw./Kind 5/3,50 €) teilnehmen, die die Touristeninformation von April bis September jeden Dienstag um 10.30 Uhr veranstaltet.

**★ Cathédrale St-Siffrein** KATHEDRALE
(Place St-Siffrein; ⌚ Mo–Sa 8–12 & 14–18 Uhr) Die Kathedrale wurde von 1405 bis 1519 im Stil der meridionalen Gotik erbaut, hat aber zwischenzeitlich einen eindeutig moderneren Glockentum bekommen. Zum **Trésor d'Art Sacré** (Kirchenschatz) gehören wertvolle Reliquien des 14. bis 19. Jhs., die nur während der Fête de St-Siffrein oder im Rahmen einer Führung der Touristeninformation zu sehen sind.

**★ Arc Romain** RÖMISCHES MONUMENT
Versteckt hinter der Cathédrale St-Siffrein befindet sich der römische Triumphbogen, den Kaiser Augustus im 1. Jh. n. Chr. errichten und mit Darstellungen von versklavten Galliern verzieren ließ.

## Schlafen

**Le Malaga** HOTEL €
(☎ 04 90 60 57 96, 06 16 59 85 59; www.hotel-malaga-carpentras.fr; 37 place Maurice-Charretier; EZ/DZ/4BZ 40/45/67 €; ) In Anbetracht des Preises und der Lage im Stadtzentrum sind die acht schnörkellosen Zimmer ein guter Deal, auch wenn sie etwas abgewohnt, laut und nicht klimatisiert sind. Im Erdgeschoss befindet sich eine Brasserie.

**Hôtel du Fiacre** HOTEL €€
(☎ 04 90 63 03 15; www.hotel-du-fiacre.com; 153 rue Vigne; EZ 70–150 €, DZ 80–150 €; ⌚ Rezeption 8–21 Uhr; ) Die verblichene Pracht der Villa aus dem 18. Jh. mit ockerfarbener Fassade ist wirklich charmant – von der Marmortreppe bis zu den Himmelbetten. Draußen gibt's einen hübschen, sonnigen Hof. Der Service ist gut, das Preis-Leistungs-Verhältnis ebenfalls. Frühstück kostet 10 €.

**Hotel le Comtadin** HOTEL €€
(☎ 04 90 67 75 00; www.le-comtadin.com; 65 bd Albin Durand; DZ 80–110€ €; ) Das kleine zur Best-Western-Kette gehörende Mittelklassehotel in einem ehemaligen Privathaus sieht aus wie neu. Die teuersten Zimmer gehen zu einem Innenhof, die preiswerteren zur Straße hinaus. Frühstück kostet 13 €.

**Château de Mazan** HOTEL €€€
(☎ 04 90 69 62 61; www.chateaudemazan.com; Place Napoléon, Mazan; DZ 160–300 €, Suite 300–440 €; ⌚ März–Dez.; ) Das herrliche Schlösschen aus dem 18. Jh. befindet sich in Mazan, 7 km östlich von Carpentras, und gehörte früher dem Marquis de Sade. Heute wartet es mit 30 wahrhaft fürstlichen Zimmern und dem noblen Spitzenrestaurant **l'Ingénue** (Hauptgerichte Mittagessen/Abendessen 15/25 €) auf, das schon allein die Fahrt hierher lohnt.

## Essen & Ausgehen

**★ La Maison Jouvaud** PATISSERIE €
(40 rue de l'Évêché; Schachtel Süßwaren ab 10 €; ⌚ Mo 10–19, Di–Fr 8–19, Sa & So 9–19 Uhr) Keine Adresse ist süßer als das auf alt getrimmte Jouvard, das Kuchenladen, Teehaus und Haushaltswaren-Boutique in einem ist und bis oben hin vollgestopft ist mit leckeren Kuchen, Schokoladen, Mandeldragées, kandierten Früchten und einem Berg von hausgemachten Baisers, die darauf warten, an der Theke verdrückt zu werden. Auf der Getränkekarte stehen auch *chocolat à l'ancienne* (heiße Schokolade), Milch mit Honig und eine hübsche Auswahl an Mariage-Frères-Tees.

**Chez Serge** PROVENZALISCH €€
(☎ 04 90 63 21 24; www.chez-serge.com; 90 rue Cottier; Menü mittags/abends ab 17/27 €; ⌚ Juni–Sept. 12–14 & 19.30–22 Uhr, Okt.–Mai 12–13.30 & 19.30–21.30 Uhr; ) Das clevere kleine Hofrestaurant – die wohl heißeste Adresse in der Stadt – gibt sich mit seiner Einrichtung aus auf Alt getrimmtem Holz und Granit, Freischwingerstühlen und modernen Details schäbig-chic. Wer die schwarzen Trüffeln der Provence probieren will, ist hier genau richtig – der Delikatesse ist sogar ein ganzes Menü gewidmet. Es gibt aber auch einfache *plats* (Gerichte) wie Trüffelomelette, Pasta mit Trüffeln und Trüffel-Risotto.

**La Galusha** PROVENZALISCH €€
(☎ 04 90 60 75 00, 06 62 79 25 42; www.galusha.fr; 30 place de l'Horloge; Menü mittags/abends ab 14,50/24 €; ⌚ Di–So 12–13.30 & 19.30–21.30 Uhr) Die Deckenlampen aus venezianischem Glas und die skurrilen Arcimboldo-Gemälde verleihen dem romantischen Innenraum des gehobenen Restaurants im Erdgeschoss eines Gebäudes aus dem 15. Jh. ein warmes Ambiente. Hinten gibt es einen hinreißenden Patio voller Blumen. In der Küche kreiert der aus Nîmes stammende Chefkoch Stéphan Laurent moderne provenzalische Gerichte. Mittags gibt's für den kleinen Hunger auch große Salate (14,50 €).

**Angel'Art Galerie** COCKTAILBAR
(☎ 06 10 13 41 94; www.facebook.com/AngelArtGalerie; 59 rue Raspail; ⌚ Mo 18–1, Di–Sa 9–1

Uhr) Die Kunstgalerie und Cocktail-Lounge ist eine der angesagtesten Locations in der Stadt. Das gilt auch für ihre nicht minder trendigen Nachbarn, mit denen sie sich die bunten Sonnenschutzsegel teilt, die über die winzige Fußgängerstraße gespannt sind.

### Praktische Informationen

**Touristeninformation** (☎ 04 90 63 00 78; www.carpentras-ventoux.com; 97 place du 25 Août 1944; ⏰ Mo–Sa 9–13 & 14–19, So 9.30–13 Uhr, ansonsten verkürzte Öffnungszeiten) Klasse Website, geführte fremdsprachige Touren (Erw./Kind 5/3,50 €), hilfsbereite Angestellte und nebenan eine Boutique mit kulinarischen Spezialitäten aus der Region wie *berlingots*, Honig und Weine aus dem Weinbaugebiet Ventoux.

### Anreise & Unterwegs vor Ort

**AUTO**

Kostenlose Parkplätze findet man nordöstlich der Touristeninformation an der Av Jean Jaurès.

**BUS**

Der **Busbahnhof** (place Terradou) befindet sich 150 m südwestlich der Touristeninformation, wo man auch Fahrpläne bekommt; Auskünfte erteilt auch **TransVaucluse** (www.vaucluse.fr). Die Busse werden betrieben von **Transdev Comtadins** (☎ 04 90 67 20 25; www.sudest-mobilites.fr; 192 av Georges Clémenceau) und **Voyages Arnaud** (☎ 04 90 63 01 82; www.voyages-arnaud-carpentras.com; 8 av Victor-Hugo).

**Avignon** 2 €, 40 Min.
**Cavaillon** 2 €, 45 Min.
**L'Isle-sur-la-Sorgue** 2 €, 35 Min.
**Orange** 2 €, 55 Min.
**Vaison-la-Romaine** 2 €, 45 Min., über **Malaucène** 2 €, 35 Min.

**ZUG**

Regionalzüge verbinden den **Bahnhof** Carpentras (av de la Gare) mit dem Bahnhof Avignon Centre (30 Min., stündl.) und dem TGV-Bahnhof Avignon (38 Min.).

# ÖSTLICH VON AVIGNON

Die kleinen Orte zwischen Avignon und dem Luberon haben alle etwas mit Wasser zu tun. Das Stadtbild von Pernes-les-Fontaines wird von unzähligen Brunnen bestimmt, die teilweise noch aus dem 15. Jh. stammen. Das für seine Antiquitätenläden berühmte L'Isle-sur-la-Sorgue wird durch die glasklare Sorgue in zwei Hälften geteilt. Und in Fontaine-de-Vaucluse schließlich befindet sich die geheimnisvolle Quelle dieses Flusses.

## Pernes-les-Fontaines

10 711 EW.

Die einstige Hauptstadt der Grafschaft Venaissin ist heute ein verschlafenes Nest mit historischer Bausubstanz. Pernes-les-Fontaines ist bekannt für seine 40 Brunnen, die auf schattigen Plätzen und engen, kopfsteingepflasterten Gassen sprudeln und plätschern. Sehenswert sind vor allem die **Fontaine du Cormoran** (pont Notre-Dame, 1761), die **Fontaine Reboul** (place Reboul, 15. Jh.) und die **Fontaine du Gigot** (rue Victor-Hugo, 1757).

### Sehenswertes

**Maison du Costume Comtadin** MUSEUM
(☎ 04 90 61 31 04; www.costumescomtadin.com; rue de la République; ⏰ Juli–Mitte Sept. Mi–Mo 10–12.30 & 15–18.30 Uhr, ansonsten verkürzte Öffnungszeiten) GRATIS Das Museum in einem Gebäude aus dem 19. Jh. zeigt provenzalische Kleidung und Trachten.

**Maison Fléchier** MUSEUM
(☎ 04 90 61 31 04; pl Fléchier) GRATIS Das in einem historischen Gebäude untergebrachte Museum für Kultur widmet sich dem Handwerk in der Region.

### Schlafen & Essen

**Mas La Bonoty** PROVENZALISCH €€
(☎ 04 90 61 61 09; www.bonoty.com; chemin de la Bonoty; Menü mittags/abends ab 19/32 €; ⏰ 12.15–13.30 & 19.30–21.15 Uhr; 📶 🍽) Es lohnt sich, auf die Suche nach diesem Hotel in einem Bauernhaus aus dem 18. Jh. zu gehen, dessen provenzalisches Restaurant in den höchsten Tönen gelobt wird. Auf der Karte stehen herzhafte Gerichte wie in Thymian gebratene Ente, Foie gras und Lammkarree, die auf weiß gedeckten Tischen in einem stimmungsvollen Speisesaal mit Steinwänden serviert werden. Die hübschen, einfachen Zimmer (DZ mit Frühstück 90–100 €) können auch mit Halbpension gebucht werden.

### Geführte Touren

**Brunnenweg** STADTSPAZIERGANG
Der kostenlose Stadtplan der Touristeninformation beschreibt Spaziergänge durch die ruhigen Straßen der Stadt. Dabei kommt man vorbei an historischen Sehenswürdigkeiten wie der Maison du Costume Comtadin, der Maison Fléchier und einer **Wehrkirche** aus dem 11. Jh. Der beschwerliche Aufstieg auf den mittelalterlichen **Uhren-**

**turm** (*tour de l'horloge*) wird mit einem tollen Panoramablick belohnt.

### Praktische Informationen

**Touristeninformation** (☎ 04 90 61 31 04; www.tourisme-pernes.fr; place Gabriel Moutte; ⌚Juli & Aug. Mo–Fr 9–13 & 14–18.30, Sa bis 17, So 9.30–12.30 Uhr, ansonsten verkürzte Öffnungszeiten)

## L'Isle-sur-la-Sorgue

19 395 EW.

Ein Wassergraben umgibt 7 km westlich von Fontaine die alte, prosperierende Stadt L'Isle-sur-la-Sorgue. Das „Venedig der Provence" ist auch als Antiquitätendorf bekannt, gibt es hier doch etwa 300 Antiquitätenhändler. Sonntags findet ein großer **Markt** statt, bei dem auch Antiquitäten verkauft werden, donnerstags ein kleinerer Markt in den Straßen des Orts.

Die Ursprünge von L'Isle liegen im 12. Jh., als Fischer auf dem damals sumpfigen Boden ihre Hütten auf Pfählen bauten. Im 18. Jh. lieferten 70 riesige Wasserräder an den Kanälen die Energie für Seidenmanufakturen und Papiermühlen.

### Sehenswertes

**Altstadt** HISTORISCHE STÄTTE

Das außergewöhnliche historische Zentrum ist durchzogen von Kanälen mit quietschenden **Wasserrädern**. Besonders fotogen ist das Wasserrad an dem kleinen Park an der Ave des Quatre Otages. Vom früheren **jüdischen Viertel** ist nur noch der Name übrig. Die Synagoge des Ghettos wurde 1856 abgerissen. Das alte **Fischerviertel** ist ein Gewirr schmaler Gassen und endet in einer Sackgasse im Osten von L'Isle. Noch immer wirkt es wie eine Stadt in einer Stadt.

Die Touristeninformation hat eine Broschüre und eine Smartphone-App zu den Attraktionen herausgegeben.

**Collégiale Notre Dame des Anges** KIRCHE

(place de la Liberté; ⌚Juli–Sept. tgl. 10–12 & 15–18 Uhr, Okt.–Juni Di–Sa) Die stattliche Fassade der Collégiale Notre Dame des Anges in der Altstadt von L'Isle steht im krassen Gegensatz zur barocken Innenausstattung: 122 goldene Engel umgeben die Jungfrau Maria. Links vom Altar befindet sich eine prachtvolle Orgel von 1648 (die Orgelpfeifen auf der rechten Seite geben keinen Ton von sich, sondern wurden nur der optischen Symmetrie wegen angebracht).

> NICHT VERSÄUMEN
>
> **PADDELTOUR AUF DER SORGUE**
>
> Der schönste Weg von Fontaine-de-Vaucluse bis zum benachbarten, 8 km flussabwärts gelegenen L'Isle-sur-la-Sorgue (oder umgekehrt) ist auf dem Fluss selbst: und zwar mit einem Kanu oder einem Kajak. **Canoë Évasion** (☎ 04 90 38 26 22; www.canoe-evasion.net; rte de Fontaine de Vaucluse (D24), Fontaine de Vaucluse) und **Kayak Vert** (☎ 04 90 20 35 44; www.canoe-france.com; Quartier la Baume, Fontaine de Vaucluse) veranstalten von Ende April bis Oktober zweistündige geführte Trips (Erw./Kind 17/11 €) an, die man auch auf eigene Faust bewältigen kann.
>
> Schwimmwesten werden gestellt. Kinder müssen in der Lage sein, selbstständig 25 m zu schwimmen. Nach der Tour wird man mit einem Kleinbus bis zum Auto zurückgefahren.

**Campredon Centre d'Art** MUSUEM

(☎ 04 90 38 17 41; http://islesurlasorgue.fr/campredon.html; 20 rue du Docteur Tallet; Erw./Kind 7 €/frei; ⌚Di–Sa 10–12.30 & 14–17.30 Uhr) In der Villa aus dem 18. Jh. finden Wechselausstellungen zur modernen Kunst statt.

**Partage des Eaux** PARK

Von der Altstadt führt eine 2 km lange Landstraße am Fluss entlang ostwärts zum hübschen Stadtpark *partage des eaux* (Wasserscheide). Tatsächlich teilt sich die Sorgue hier in viele Kanäle auf, die die Stadt umgeben und durchziehen. Die grüne Oase ist ideal, um sich auf der Wiese am Ufer zu entspannen, Steine übers Wasser springen zu lassen und Vögel zu beobachten. Die Cafés am Wasser verkaufen auch Eis.

### Schlafen

**Hotel Nevons** HOTEL €

(☎ 04 90 20 72 00; www.hotel-les-nevons.com; 205 chemin des Nevons; DZ 70–120 €, 3BZ 120–140 €, 4BZ 140–160 €; ❄@📶🏊👪) Das moderne, mit Aufzug ausgestattete Allerweltshotel nahe dem städtischen Parkplatz könnte überall stehen, aber es bietet recht preisgünstige Zimmer mit blitzblanken Bädern. Vom Pool auf dem Dach hat man einen herrlichen Ausblick. Die Familiensuite (150–180 €) bietet Platz für bis zu fünf Personen.

**★ La Prévôté** B&B €€€
(☎ 04 90 38 57 29; www.la-prevote.fr; 4bis rue Jean-Jacques Rousseau; DZ mit Frühstück 150–225 €; ⏱ Ende Feb.–Mitte März & Mitte Nov.–Anf. Dez. geschl.; ) Das ehemalige Kloster aus dem 17. Jh., durch das ein kleiner Bach fließt, wurde in ein sehr schickes *chambre d'hôte* umgewandelt: Die traumhaften Zimmer sind sehr luxuriös mit in der Region gewebten Leinenstoffen, Seidenvorhängen und neu bezogenen Antiquitäten eingerichtet. Zum Hotel gehört auch ein hervorragendes Feinschmeckerrestaurant (s. unten).

## Essen

**Au Chineur** BISTRO €€
(☎ 04 90 38 33 54; 2 esplanade Robert-Vasse; Menü mittags ab 13 €, Hauptgerichte 15–20 €; ⏱ 7–24 Uhr) An den Deckenbalken des Bistros an der Anlegestelle baumelt allerlei alter Trödel. Man kann hier prima Leute beobachten und dabei einfache Klassiker, preiswerte Mittagsgerichte oder zwischen den Mahlzeiten Käse- und Wurstplatten, Tartes und Snacks genießen.

**La Villa** MODERN-FRANZÖSISCH €€
(☎ 04 90 38 24 50; www.lavillarestaurant.fr; 682 av Jean Monnet; Hauptgerichte 15–22 €; ⏱ Mi–So 19.30–21.15 & So 12–14 Uhr) Im 1,7 km nördlich vom Zentrum gelegenen La Villa trifft Los Angeles auf die Provence. Die Tische stehen auf einer überdachten Terrasse, die einen Swimmingpool einfasst. In dem rustikal-schicken Innenraum aus Beton und Samt sind alle fein gekleidet. Schnelle Lounge-Musik sorgt für lebendige Stimmung. Reservieren!

**★ Le Vivier** GOURMETRESTAURANT €€€
(☎ 04 90 38 52 80; www.levivier-restaurant.com; 800 cours Fernande Peyre; Menü werktags ab 26 €, Wochenende abends 53–75 €; ⏱ Di–Do & So 12–13.30, Di–Sa 19.30–22 Uhr) Der piekfeine, mit einem Michelin-Stern ausgezeichnete „Fischteich" liegt 1 km nordöstlich vom Zentrum und ist bekannt für seine einfallsreiche, moderne Küche. Die Gerichte mit erstklassigen Zutaten aus der Region werden drinnen oder draußen auf der Terrasse am Fluss serviert. Unbedingt reservieren!

**La Prévôté** GOURMETRESTAURANT €€€
(☎ 04 90 38 57 29; www.la-prevote.fr; 4bis rue Jean-Jacques Rousseau; Menü mittags 23 €, abends 41–75 €; ⏱ Do–Mo 12–13.30 & 19.30–21.30 Uhr) In seinem hervorragenden Gourmetrestaurant kreiert Chefkoch Jean-Marie Alloin Gerichte wie Foie-gras-Ravioli und Birnen-Sorbet mit Thymian- und Rosmarin-Schokolade – *délicieux*!

## Shoppen

**Antiquitätendörfer** ANTIQUITÄTEN
(⏱ Fr 12–18, Sa–Mo 10–18 Uhr) Wer noch den passenden Kronleuchter aus der Zeit Ludwigs XV. für seine Villa sucht, wird hier garantiert fündig. In ehemaligen Mühlen und Fabriken in der Hauptstraße von L'Isle-sur-la-Sorgue haben sich über 300 noble Geschäfte einquartiert, die in sieben sogenannten „Antiquitätendörfern" *(villages)* zusammengefasst sind. Günstige Schnäppchen findet man eher auf den **Antiquitätenmessen** an Ostern oder Mitte August.

**La Manufacture** KUNST, MODE
(http://manufactureisle.canalblog.com; 21 impasse de l'Hôtel de Palerme; ⏱ Di–So 10–19 Uhr) Die Kooperative zeigt Arbeiten von rund 25 Künstlern und Kunsthandwerkern aus der Region. Hier findet man witzige Möbelstücke, originale Schmuckstücke, Designerklamotten, aus Gummistiefeln gefertigte Hunde usw. Das La Manufacture liegt am Ende einer Seitenstraße der Rue de la République, der Hauptstraße von L'Isle.

## Praktische Informationen

Die **Touristeninformation** (☎ 04 90 38 04 78; www.oti-delasorgue.fr; Place de la Liberté; ⏱ Mo–Sa 9–12.30 & 14.30–18, So 9.30–13 Uhr) befindet sich im Zentrum der Altstadt.

## Anreise & Unterwegs vor Ort

### AUTO

Kostenlose Parkplätze finden sich an den Kanälen; am Wochenende sind sie allerdings schwer zu ergattern.

### BUS

**Voyages Raoux** (www.voyages-raoux.fr) betreibt Busse nach Avignon (2 €, 40 Min.) und Fontaine-de-Vaucluse (1,50 €, 15 Min.). Busse von Voyages Arnaud (S. 237) fahren über L'Isle-sur-la-Sorgue nach Carpentras (2 €, 30 Min.) und Cavaillon (1,50 €, 30 Min.).

### FAHRRAD

**David Bollack** (☎ 06 38 14 49 50; veloservices.jimbo.com; 3 rue du Docteur Tallet; ab 15 €/Tag; ⏱ 9–13 & 14–19 Uhr) Wer am Wochenende von dem Fahrradladen in der Altstadt einen Drahtesel ausleihen will, muss vorher unbedingt reservieren. Das Personal des

### DIE LEGENDE VOM HEILIGEN VÉRAN

Es war einmal ein böses Ungetüm, halb Drache, halb Schlange. Sein Name war Couloubre, und es suchte immer wieder Fontaine-de-Vaucluse heim. Schließlich gelang es dem hl. Véran, die Bestie zu töten und die Stadt zu retten. Eine Statue vor der romanischen Église St-Véran aus dem 11. Jh. erinnert an die Tötung des Drachen. Und im 13. Jh. errichtete man über dem Grab des Heiligen eine Burg auf den Felsen über der Stadt. Die Burg ist mittlerweile eine Ruine, aber der Blick von dort oben ist ebenso unglaublich wie diese Geschichte.

Ladens bringt die Räder auch nach Fontaine-de-Vaucluse.

**Luberon Biking** (☎ 04 90 90 14 62; www.luberon-biking.fr; 10 av de la Gare; Erw./Kind 22/12 € pro Tag) Hat eine große Auswahl an Leihfahrrädern und liefert sie auch aus. Am Wochenende reservieren.

#### ZUG

Der **Bahnhof L'Isle-sur-la-Sorgue Fontaine-de-Vaucluse** (av Julien Guigue, L'Isle-sur-la-Sorgue) befindet sich an der Strecke zwischen Marseille (17 €, 1½ Std.), Cavaillon (3 €, 10 Min.) und Avignon (5 €, 30 Min.). Acht Züge fahren jeden Tag weiter bis zum TGV-Bahnhof Avignon (6 €, 40 Min.).

## Fontaine-de-Vaucluse

661 EW.

Aus dem Untergrund unter dem hübschen Dörfchen Fontaine-de-Vaucluse entspringt am Ende eines U-förmigen Tals unter Kalksteinklippen die größte Quelle Frankreichs. Der Regen aus einem 1200 km² großen Einzugsgebiet tritt hier als der Fluss Sorgue zutage. Die scheinbar wundersam aus dem Felsen strömende kristallklare Flut zieht Jahr für Jahr 1,5 Mio. Touristen an. Um den Massen zu entgehen, sollte man früh kommen und im Sommer sonntags am besten gar nicht.

Wer es schafft, die touristischen Ablenkungsmanöver zu umschiffen, wird schnell die Ruhe und Schönheit empfinden, die schon den italienischen Dichter Petrarca (1304–1374) inspirierten, der hier seine berühmtesten Werke schrieb – die Sonette an seine unerwiderte Liebe Laura.

### Sehenswertes & Aktivitäten

**★ La Fontaine** QUELLE

Die berühmte Quelle der Sorgue befindet sich 1 km außerhalb des Dorfes zu Füßen wild zerklüfteter Felswände. Besonders schön ist sie nach starkem Regen, wenn das tiefblaue Wasser mit bis zu 90 m³/s herausschießt. Der Meeresforscher Jacques Cousteau und viele andere versuchten, die Tiefe des Quelltrichters auszuloten, doch erst 1985 erreichte ein unbemanntes U-Boot wohl den Boden in 315 m Tiefe.

**Musée d'Histoire Jean Garcin: 1939–1945** MUSEUM

(☎ 04 90 20 24 00; www.vaucluse.fr; chemin de la Fontaine; Erw./Kind 3,50 €/frei; ⏲ April–Okt. & Jan.–Feb. Mi–Mo 10–18 Uhr, März, Nov. & Dez. Sa & So) Das hervorragende Museum illustriert das Leben im besetzten Frankreich während des Zweiten Weltkriegs.

### Schlafen & Essen

**Hôtel du Poète** HISTORISCHES HOTEL €€

(☎ 04 90 20 34 05; www.hoteldupoete.com; DZ 98–240 €; ⏲ März–Nov.; ❄ 📶 🏊) In dem eleganten, kleinen Hotel in einer restaurierten Mühle am Flussufer wiegt einen das Rauschen des Wassers in den Schlaf. Tagsüber liegt man am Pool zwischen Sonne und Schatten auf dem parkähnlich gestalteten Gelände. Das Frühstück kostet 17 €.

**Pétrarque et Laure** BRASSERIE €€

(☎ 04 90 20 31 48; place Colonne; Menü mittags/abends ab 14/19 €; ⏲ 12–15 & 19–22 Uhr) Die Restaurants von Fontaine-de-Vaucluse sind meistens ziemlich touristisch. Zwar macht dieses da keine Ausnahme, doch es bietet zu vernünftigen Preisen qualitativ gute Gerichte auf einer wunderbaren, von Bäumen beschatteten Terrasse am Fluss (zu empfehlen ist die Forelle aus der Region).

### Praktische Informationen

**Touristeninformation** (☎ 04 90 20 32 22; www.oti-delasorgue.fr; Résidence Jean Garcin; ⏲ Mai–Sept. 10–13 & 14.30–18.30 Uhr, ansonsten kürzere Öffnungszeiten) An der Brücke in der Mitte des Orts.

### An- & Weiterreise

#### AUTO

Die enge Straße von Fontaine-de-Vaucluse nach Gordes (14 km, 20 Min.) ist eine malerische, weniger befahrene Alternative, um in den Luberon zu gelangen. Das Parken im Ort kostet 4 €.

### BUS

Busse von Voyages Raoux fahren nach Avignon (2 €, 1 Std.) und L'Île-sur-la-Sorgue (1,50 €, 15 Min.).

### FAHRRAD

Eine Broschüre der Touristeninformation beschreibt drei einfache Radtouren auf kleinen Nebenstraßen. Die Fahrradläden in L'Isle-sur-la-Sorgue liefern ihre Leihräder auch nach Fontaine aus.

## Pays de Venasque

Die schöne Gegend rund um das Bergdorf Venasque wird von Besuchern kaum beachtet. Dabei ist die Landschaft mit den Weilern inmitten dichter Eichenwälder und Hunderten von *bories* (runde Steinhütten mit einem kuppelförmigen Dach aus der Bronzezeit) gut mit dem Auto zu erkunden. Die Gegend ist ferner für ihre tiefroten Kirschen bekannt, die bereits zu Anfang des Sommers reif sind.

Das vom Fernwanderweg GR91 und unzähligen anderen Wegen durchzogene Waldgebiet des **Forêt de Venasque** befindet sich östlich des Ortes. Über den 627 m hohen Col de Murs gelangt man in das hübsche kleine Dörfchen **Murs**, wo Reste der **Mur de la Peste** (Pestmauer) zu sehen sind, die 1720 im vergeblichen Versuch, das päpstliche Herrschaftsgebiet vor der Pest zu schützen, errichtet wurde. Von hier aus kann man bis in den Luberon wandern, um dem hübschen Gordes und der imposanten Abbaye Notre-Dame de Sénanque (S. 254) einen Besuch abzustatten. In der IGN's Wanderkarte *Balades en forêts du Ventoux de Venasque et St-Lambert* (9 €) sind verschiedene, auch kindgerechte Wanderwege eingezeichnet.

### Venasque

1184 EW. / 320 M

Das winzige Bergdorf thront auf einem Felsvorsprung. Die alten Steinhäuser in den gewundenen Gassen sind von Wind und Wetter gezeichnet. Ebenso fotogen wie das Dorf ist auch der Ausblick von dort oben.

#### Sehenswertes

**Romanische Kirche** KIRCHE

(Église Notre-Dame; 9.15–17 Uhr) Die Kirche beherbergt den ganzen Stolz von Pays de Venasque: ein ungewöhnliches Kreuzigungsgemälde aus der Spätgotik (1498).

**★ Baptisterium** KIRCHE

(04 90 66 62 01; Place de l'Église; Erw./Kind 3 €/frei; 9.15–12 & 13–18.30 Uhr, Winter 9.15–17 Uhr) Die Taufkapelle hinter der romanischen Kirche entstand im 6. Jh. an der Stätte eines römischen Tempels.

#### Schlafen & Essen

**Les Remparts** PROVENZALISCH €€

(04 90 66 02 79; www.hotellesremparts.com; 36 rue Haute; Menü mittags/abends ab 22/27 €; April–Okt. tgl. 12–13.30 & 19.30–21.30 Uhr; ) Das in die Stadtmauer eingebettete Hotel hat einen hierzu passenden Namen. Das Hotelrestaurant serviert gute traditionelle Gerichte der provenzalischen Küche, jede Menge Salate zu Mittag und – *quelle surprise* – ein hervorragendes vegetarisches Menü. Von der Terrasse hat man einen atemberaubenden Blick aufs Tal – deshalb sitzt man besser draußen. Autofahrer können statt Wein den leckeren Kirschsaft probieren. Im Obergeschoss stehen acht schicke Zimmer (EZ/DZ/3BZ/4BZ mit Frühstück 55/65/85/100 €) zur Auswahl, die durch ein gutes Preis-Leistungs-Verhältnis überzeugen.

#### Praktische Informationen

Bei der **Touristeninformation von Venasque** (04 90 66 11 66; www.tourisme-venasque.com; Grand Rue; April–Okt. Mo–Sa 10–12 & 14–18 Uhr) gibt's tolle Infos für Wanderer.

# ALPILLES

Die silbern schimmernde, wild zerklüftete und nicht allzu hohe Bergkette erstreckt sich zwischen den beiden Flüssen Durance und Rhone. Hier ist die Provence *très chic*, insbesondere das vornehme Saint-Rémy-de-Provence, das für feine Restaurants und regen sommerlichen Promibesuch bekannt ist. Eigentlich versteht es die ganze Gegend dank AOC-Olivenöl und mit Sternen ausgezeichneter Restaurants kulinarisch zu glänzen. Zudem können historische Sehenswürdigkeiten wie die Überreste mächtiger Burgen aus dem Mittelalter und der Römerstadt Glanum bestaunt werden.

## Saint-Rémy-de-Provence

10 826 EW.

Sehen und gesehen werden lautet die Devise in Saint-Rémy, in dem es unverschämt viele Feinkostläden und Restaurants gibt. Man braucht kein Nostradamus (der berühmteste Sohns der Stadt) zu sein, um vorhersagen zu können, dass ein Besuch hier Gift für sämtliche Diätbemühungen ist. Im Sommer flaniert die High Society über die Ringstraße und versammelt sich an der Place de la République. In der malerischen Altstadt dagegen bleibt es erstaunlich ruhig. Und in der Nebensaison ist ohnehin im ganzen Ort kaum etwas los.

## Sehenswertes

### ★ Ausgrabungen von Glanum — RÖMISCHE STÄTTE

(☎ 04 90 92 23 79; www.glanum.monuments-nationaux.fr; Rte des Baux-de-Provence; Erw./Kind 7,50 €/frei, Parken 2,70 €; ⏲ April–Sept. 9.30–18.30 Uhr, Okt.–März 10–17 Uhr, Sept.–März Mo geschl.) Die spektakulären Funde im römischen Glanum datieren bis ins 3. Jh. v. Chr. zurück. Die ehemalige Hauptstraße führt an den faszinierenden Überresten der einst blühenden Stadt vorbei zur heiligen Quelle, um die herum Glanum entstand. Gut zu erkennen sind die öffentlichen Bäder, das Forum, der Marktplatz, die Tempel und Wohnhäuser. 2 km südlich des heutigen Saint-Rémy markieren ein römischer Triumphbogen von 20 n. Chr. und ein Mausoleum (30–20 v. Chr.) den ehemaligen Stadteingang.

### ★ Monastère Saint-Paul de Mausole — HISTORISCHE STÄTTE

(☎ 04 90 92 77 00; www.saintpauldemausole.fr; Erw./Kind 4,70 €/frei; ⏲ April–Sept. 9.30–18.30 Uhr, Okt.–März 10.15–16.30 Uhr, Jan.–März geschl.) In dieses Kloster ließ sich van Gogh 1889 einweisen. In der Abgeschiedenheit der Nervenheilanstalt hatte er seine produktivste Schaffensperiode: Mehr als 150 Zeichnungen und um die 150 Gemälde, darunter auch die berühmten *Schwertlilien*, entstanden hier. Sein rekonstruiertes Zimmer kann ebenso besichtigt werden wie der romanische **Klostergang** und der **Garten** voller Blumen, die van Gogh in vielen seiner Werke verewigt hat. Vom Klostereingang führt ein mit farbigen Tafeln markierter **Fußweg** zu den Stellen, an denen der Künstler seine Staffelei aufstellte.

Saint-Paul fungiert bis heute als psychiatrische Klinik: In einem separaten Raum werden Werke von Patienten ausgestellt und verkauft.

> **DER SAINT-RÉMY-PASS**
>
> Die kostenlose **Carte Saint-Rémy** erhält man bei der ersten Sehenswürdigkeit, die man in Saint-Rémy besucht. Dort lässt man sie abstempeln und zahlt dann bei allen folgenden Sehenswürdigkeiten einen ermäßigten Eintritt.

### Musée Estrine — MUSEUM

(☎ 04 90 92 34 72; www.musee-estrine.fr; 8 rue Lucien Estrine; Erw./Kind 7 €/frei; ⏲ Mitte Juni–Mitte Sept. Di–So 10–18 Uhr, ansonsten verkürzte Öffnungszeiten, Dez.–Feb. geschl.) Das Museum in dem schönen *hôtel particulier* (Stadtpalais) aus dem 18. Jh. zeigt Werke der modernen Kunst des 20. Jhs. und Wechselausstellungen zeitgenössischer Kunst.

### Musée des Alpilles — MUSEUM

(☎ 04 90 92 68 24; www.mairie-saintremydeprovence.fr; 1 place Favier; Erw./Kind 4,50/frei €; ⏲ Mai–Sept., Di–So 10–18 Uhr, Okt.–April Di–Sa 13–17.30 Uhr) Das kleine, gut gemachte Museum widmet sich dem vielfältigen Erbe der Gegend, angefangen bei Versteinerungen über alte Handwerksgegenstände bis hin zur Kultur des Stierkampfs, den eindringlichen Illuminationen von Augustin Gonfond und modernen Grafiken.

## Feste & Events

### Route des Artistes — KUNSTFESTIVAL

(artistes13210.canalblog.com) Von Mai bis Oktober verkaufen professionelle Künstler an einem Sonntag im Monat ihre Werke in den Straßen des Orts.

### Féria de Saint-Rémy — KULTURFESTIVAL

(www.mairie-saintremydeprovence.fr; ⏲ Mitte Aug.) Stierkämpfe, Festivitäten und Feuerwerk.

### Fête Votive de Saint-Rémy — RELIGIÖSES FEST

(www.mairie-saintremydeprovence.fr; ⏲ Ende Sept.) Sechs Tage lang feiert Saint-Rémy mit Stierkämpfen und Umzügen seinen Schutzheiligen.

## Schlafen

### Hôtel Canto Cigalo — HOTEL €

(☎ 04 90 92 14 28; www.cantocigalo.com; 8 chemin Canto Cigalo; DZ 75–98 €; ❄@📶🏊) Das Hotel mit aprikotfarbener Fassade und blauen Fensterläden liegt nur zehn Gehminuten südlich der Stadt und bietet 20 Zimmer mit hervorragendem Preis-Leistungs-Verhältnis. Die einfachen, makellos sauberen Zimmer mit dezent femininer Note sind in altrosa dekoriert und mit Korb- und weißen Holzmöbeln ausgestattet. Die Gäste haben in der Regel die Wahl zwischen einem gluten- und laktosefreiem Frühstück (10,50 €) und einem normalen *petit-déj* (9 €) mit hausgemachtem Brot und Marmelade. Die Zimmer nach Süden hin verfügen über eine Klimaanlage.

★ **Sous les Figuiers** BOUTIQUEHOTEL €€
(☎ 04 32 60 15 40; www.hotelsouslesfiguiers.com; 3 av Gabriel Saint-René Taillandier; DZ 98–122 €, 3BZ 188 €; ) Das Hotel im schicken Landhausstil liegt fünf Gehminuten vom Ort entfernt und hat 14 mit Kunst gefüllte Zimmer, die auf einen grünen Garten blicken – genau das Richtige, um sich vom Besichtigungsprogramm des Tages zu erholen. Der Besitzer ist Maler und bietet auch Malkurse an (½ Tag 85 €/Pers.). Sein exquisiter Geschmack zeigt sich in so interessanten Designarrangements, die beispielsweise Samt mit rissigem Holz, marokkanischen Stoffen und bunten Farben kombinieren. Frühstück kostet 13,50 €.

**La Maison du Village** BOUTIQUEHOTEL €€€
(☎ 04 32 60 68 20; www.lamaisonduvillage.com; 10 rue du 8 Mai 1945; DZ 176–220 €; ) Das Hotel ist typisch für Saint-Rémy: exklusiv, eklektisch stilvoll und alle Sinne ansprechend. Die prachtvollen Zimmer im Zentrum der Anlage sind unterschiedlichst gestaltet. Es gibt auch einen Laden mit Diptyque-Düften und Kerzen.

## Essen

**Les Filles du Pâtissier** CAFÉ €
(☎ 06 50 61 07 17; 3 place Favier; Hauptgerichte 15–20 €; 10–22 Uhr, April–Okt. Mi geschl.) Das fröhliche, farbenfrohe Café mit altmodischen Tischen in einer Ecke eines schönen, autofreien Platzes in der Altstadt ist für laue Sommerabende wie geschaffen. Auf der täglich wechselnden Karte stehen marktfrische Salate und Tartes. Abends verwandelt sich das Café in eine Weinbar, die zu den Rebsäften Wurstplatten serviert und manchmal auch Livemusik bietet. Die hausgemachte *citronnade* (Limonade) und den Melonen-Sprudel sollte man unbedingt probieren.

**Café de la Place** CAFÉ €
(☎ 04 90 92 02 13; www.cafedelaplace-stremy.fr; place de la République; Hauptgerichte 14–25 €; 7–0.30 Uhr) Der schlichte, zwanglose Treff der Einheimischen von Saint-Rémy liegt am Parkplatz der Place de la République und ist immer voll. Serviert werden Gerichte und Weine aus der Region sowie Kaffee.

**INSIDERWISSEN**

### FÊTE DE LA TRANSHUMANCE

Jedes Frühjahr findet in Teilen Südfrankreichs eine unglaubliche Migration statt: Beim Almauftrieb geht's mit Tausenden von Schafen überwiegend zu Fuß von der Küste zu den Sommerweiden in den Bergen. Die „Reise" dauert etwa sechs Tage, in denen die Schafe, Ziegen und Esel viele Nebenstraßen in die Alpen blockieren – sehr zur Freude oder zum Ärger der Touristen.

In Saint-Rémy-de-Provence wird am Pfingstmontag dieser Tradition Ehre erwiesen: Schäfer mit traditionellen Trachten führen rund 6000 Schafe durch die Straßen der Stadt auf dem Weg in die Berge, begleitet von einem Markt und einem großen Fest.

**Michel Marshall** PATISSERIE €
(☎ 04 90 95 03 54; 2 place Joseph Hilaire; Gebäck 5–7 €; Mo–Sa 9–18 Uhr) Die raffinierteste Patisserie im Ort eignet sich bestens für einen eleganten Nachmittagstee.

**La Cuisine des Anges** BISTRO €€
(☎ 04 90 92 17 66; www.angesetfees-stremy.com; 4 rue du 8 Mai 1945; Menü 28 €, Hauptgerichte 18–21 €; Mo, Mi, Sa & So 12–14.30 & 19.30–23, Do & Fr 19.30–23 Uhr; ) Das gemütliche *maison d'hôte* voller Einheimischer und Touristen hat trotz ihres fast 100-jährigen Bestehens nichts von ihrem Charme eingebüßt. Es gibt leichte provenzalische Gerichte mit Biozutaten aus der Region, die im Innenhof oder im Speisesaal serviert werden. Dieser ist mit Holzboden, Strukturgemälden und Tischen mit Zinkplatten ausgestattet. Im Obergeschoss bietet das nette B & B **Le Sommeil des Fées** (DZ 63–84 €) fünf Zimmer.

★ **Maison Drouot** MODERN-FRANZÖSISCH €€€
(☎ 04 90 15 47 42; http://maisondrouot.blogspot.fr; 150 rte de Maillane, D5; Menü mittags 23–49 €, abends 45–65 €; Mi–So 12.30–14.30 & 19.30–23 Uhr) Es gibt nur wenige Adressen fürs Mittagessen, die auch wirklich Charme haben. Dieses Restaurant in einer Ölmühle aus dem 19. Jh. ächzt vor Stil; u. a. hat es eine Terrasse im Schatten eines Feigenbaums und einer von Wein bedeckten Pergola. Die ausschließlich mit Produkten aus der Region zubereiteten einfallsreichen Gerichte der modernen provenzalischen Küche werden in einem durch und durch modernen Speisesaal serviert.

ABSTECHER

### HEIMELIGES REFUGIUM

**Mas de l'Amarine** (☎ 04 90 94 47 82; www.mas-amarine.com; Ancienne voie Aurélia; DZ 190–270 €, Mittagsmenü 2/3 Gänge 29/35 €, Hauptgerichte abends 36 €) Die niedliche Herberge mit Restaurant liegt fünf Fahrtminuten östlich der Stadt. Moderne Kunst ziert die stilsichere *auberge* (Landgasthof) in einem romantischen alten *mas* (Bauernhaus) und 1950er-Jahre-Künstlerrefugium mit Trockenmauern, wundervollen Kaminen und abgefahrenen Sitzecken am Pool. Viele Zutaten des Restaurants, das auch Nicht-Gästen offensteht, kommen frisch aus dem prächtigen Garten.

Das Mühlen-Restaurant liegt fünf Minuten außerhalb der Stadt gegenüber vom Supermarkt Intermarché an der D5 Richtung Maillane.

## Shoppen

Saint-Rémy ist voller Boutiquen und Läden. Im Winter haben sie kürzere Öffnungszeiten; manche sind sogar geschlossen.

★ **Joël Durand** SCHOKOLADE
(☎ 04 90 92 38 25; www.joeldurand-chocolatier.fr/; 3 bd Victor Hugo; ⌚ 9.30–12.30 & 14.30–19.30 Uhr) Einer der besten Chocolatiers Frankreichs verarbeitet provenzalische Kräuter und Gewürze wie Lavendel, Rosmarin, Veilchen und Thymian zusammen mit ungewöhnlichen Aromen wie Earl Grey.

**Le Petit Duc** LEBENSMITTEL
(☎ 04 90 92 08 31; www.petit-duc.com; 7 blvd Victor Hugo; ⌚ 10–19 Uhr) Die Kekse des „kleinen Herzogs" werden nach alten Rezepten der Römer, der Renaissance, der Alpenvölker und in der Tradition von Arles hergestellt.

**La Cave aux Fromages** KÄSE
(☎ 04 90 92 32 45; 1 place Joseph Hilaire; ⌚ 10–19 Uhr, Okt.–April verkürzte Öffnungszeiten) Der aufregende Käseladen mit einem Reifekeller aus dem 12. Jh. bestückt Käse- und Wurstplatten.

**Espace Anikado** MODE, KUNST
(☎ 04 90 94 53 22; http://anikado.canalblog.com; 1 bd Marceau; ⌚ 10.30–18.30 Uhr) Es gibt keinen besseren Laden für Kunst, Kunsthandwerk und Designerstücke aus der Region als das Espace Anikado. Der auffällige, farbenfrohe und vor Kreativität sprühende Laden ist Boutique und Galerie in einem und führt Mode, Schmuck, Schuhe, Möbel und weitere Produkte lokaler Designer. Es zeigt auch Ausstellungen provenzalischer Kunst.

**Moulin à Huile du Calanquet** LEBENSMITTEL
(☎ 04 32 60 09 50; www.moulinducalanquet.fr; Vieux Chemin d'Arles; ⌚ Mo–Sa 9–12 & 24–18.30 Uhr, Okt.–April auch So) Die von Bruder und Schwester geführte Olivenölmühle 4,5 km südwestlich der Stadt bietet neben Verkostungen des Öls auch selbstgemachte Tapenade, Fruchtsäfte und Marmelade an.

## Praktische Informationen

Auf den Websites www.alpilles.com und www.alpilles.fr findet man Infos über die Region.

**Touristeninformation** (☎ 04 90 92 05 22; www.saintremy-de-provence.com; place Jean Jaurès; ⌚ Mitte April–Mitte Okt. Mo–Sa 9.15–12.30 & 14–18.30, So 10–12.30 Uhr, ansonsten verkürzte Öffnungszeiten) Hilft mit Fahrplänen sowie Stadtplänen inklusive Erkundungsrouten durch die Stadt und zu den Van-Gogh-Stätten weiter und veranstaltet im Sommer geführte Touren (vorab buchen).

## Anreise & Unterwegs vor Ort

### AUTO

Saint-Rémy ist im Sommer voll. Parkplätze findet man an der Touristeninformation (Parking Jean-Jaurès) und nördlich der Ringstraße (Parking Général-de-Gaulle).

### BUS

**Allô Cartreize** (☎ 08 10 00 13 26; www.lepilote.com) Betreibt Busse von der Place de la République nach Avignon (3,60 €, 1 Std.), Les Baux-de-Provence (2,40 €, 15 Min., Juni & Sept. Wochenende, Juli & Aug. tgl.), Arles (2,40 €, 45 Min., Mo–Sa) und Cavaillon (1,70 €, 30 Min.).

### FAHRRAD

**Telecycles** (☎ 04 90 92 83 15; www.telecycles-location.com; 20 €/Tag) und **Vélo-Passion** (☎ 04 90 92 49 43; www.velopassion.fr; 15–20 €/Tag) verleihen Fahrräder und liefern sie auch gratis in einem 20 km-Umkreis um St-Rémy aus. Bei **Sun e-Bike** (☎ 04 32 62 08 39; www.sun-e-bike.com; 16 bd Marceau; 36 €/Tag; ⌚ April–Sept. 9–18.30 Uhr, ansonsten verkürzte Öffnungszeiten) bekommt man Elektroräder.

# Rund um Saint-Rémy-de-Provence

Weinfelder und Olivenhaine breiten sich in den Tälern der felsigen Berge aus, die mit duftendem, mediterranem Gestrüpp bedeckt sind. Dazwischen stehen trutzige Burgen, uralte Olivenmühlen, ein Höhlenkloster und weitere außergewöhnliche Sehenswürdigkeiten.

## Jardin de l'Alchimiste

**Jardin de l'Alchimiste** GARTEN
(Garten des Alchimisten; ☎04 90 90 67 67; www.jardin-alchimiste.com; Mas de la Brune, Eygalières; Erw./Kind 8/3 €; ⏲Mai tgl. 10–18 Uhr, Juni–Sept. Sa & So 10–18 Uhr) Der faszinierende Jardin de l'Alchimiste befindet sich 11 km östlich von Saint-Rémy in Eygalières. Inspiriert von einem nahe gelegenen Haus eines Alchimisten aus dem 16. Jh., ist die Gartenanlage nach geheimnisvollen, mittelalterlichen Mustern mit blühenden Bäume und Kräutern bepflanzt, denen magische Kräfte zugeschrieben werden - ein zauberhafter Ort für einen Ausflug am Sonntagnachmittag.

## Les Baux-de-Provence

392 EW.

Das kleine, sich an einen Kalkstein-*baou* (provenzalisch: „Felsvorsprung") klammernde Wehrdorf ist einer der meistbesuchten Orte Frankreichs und ein wunderbares Ziel für einen Tagesausflug. Angesichts der engen, kopfsteingepflasterten Straßen, die sich durch die autofreie Altstadt zu einer herrlichen Burgruine hinaufwinden, ist dies nicht weiter verwunderlich.

### Sehenswertes

**Château des Baux** BURGRUINE
(☎04 90 54 55 56; www.chateau-baux-provence.com; Erw./Kind April–Sept. 10/8 €, Okt.–März 8/6 €; ⏲Juli & Aug. 9–20.15 Uhr, April–Juni & Sept. bis 19.15 Uhr, ansonsten verkürzte Öffnungszeiten) Die spektakuläre, labyrinthartige Burgruine mit Ursprung im 10. Jh. thront auf einem Hügel über dem Dorf Les Baux. Auf dem Gelände der 1633 unter Ludwig XIII. weitgehend zerstörten Burg gibt es vor allem für ungestüme Kinder viel zu entdecken. Man kann von verfallenen Türmen aus den fantastischen Blick genießen, in leer stehende Verliese hinuntersteigen und angesichts der auf dem Gelände verteilten gigantischen, alten Waffen einmal Ritter spielen. Im Sommer gibt's hier jede Menge Veranstaltungen zum Thema Mittelalter und interaktiven Spaß wie Shows, Duelle, Katapultvorführungen etc.

**Carrières de Lumières** LIGHTSHOW
(☎04 90 54 55 56; www.carrieres-lumieres.com; rte de Maillane; Erw./Kind 10,50/8,50 €; ⏲April–Sept. 9.30–19.30 Uhr, Okt.–Dez. & März 10–18 Uhr) Die spektakuläre Sound-&-Light-Show ist ein ganz besonderes Erlebnis. In den kühlen Hallen eines ehemaligen Kalksteinbruchs werden gigantische Lichtbilder auf die nackten Höhlenwände und den Fußboden projiziert, begleitet von einer Stimme und dramatischer Musik. Das Programm ändert sich jedes Jahr. Es gibt auch Kombitickets mit dem Château des Baux. Warm anziehen!

### Schlafen & Essen

Die Touristeninformation hat Infos zu den wenigen Unterkünften im Ort. Die Restaurants sind ziemlich touristisch.

★ **L'Oustau de Baumanière** GOURMETRESTAURANT €€€
(☎04 90 54 33 07; www.oustaudebaumaniere.com; Menü mittags/abends ab 90/160 €, Hauptgerichte

### OLIVENÖLMÜHLEN

An der Südflanke der Alpilles befinden sich einige der bekanntesten *moulins d'huile* (Ölmühlen) der Provence, in denen vier verschiedene Sorten der von November bis Januar geernteten Oliven zerkleinert, gepresst und als samtweiches Öl des geschützten Anbaugebiets Vallée des Baux-de-Provence in Flaschen kommen.

In Maussane-les-Alpilles betreibt die Genossenschaft **Moulin Jean-Marie Cornille** (☎04 90 54 32 37; www.moulin-cornille.com; rue Charloun Rieu, Maussane-les-Alpilles; ⏲Mo–Sa 9.30–18.30, So 11–18 Uhr) einen Direktverkauf. Allerdings sind die 200 000 l bereits Mitte August ausverkauft. Von Juni bis September können sich Besucher dienstags und donnerstags um 11 Uhr einer Führung durch die Mühle anschließen.

In Mouriès, 6 km südöstlich von Maussane, bietet die **Moulin Coopératif** (☎04 90 47 53 86; www.moulincoop.com; Quartier du Mas Neuf, Mouriès; ⏲Mo–Sa 9–12 & 14–18 Uhr) Öle in außergewöhnlichen Geschmacksrichtungen an. Der Ort feiert Mitte September die **Fête des Olives Vertes** (Fest der grünen Oliven) und Anfang Dezember mit der **Fête des Huiles Nouvelles** den Verkaufsstart des Öls aus der letzten Olivenernte.

60–100 €; ❄@📶🌿) Legendäres Gourmetrestaurant mit rustikalen Gewölbedecken. Serviert werden raffinierte Gerichte, deren Zutaten oft aus dem hauseigenen Biogarten stammen. Im Obergeschoss kann man sich in den Gemächern des Fünf-Sterne-Hotels einquartieren (DZ ab 200 €). Chefkoch und Inhaber Jean-André Charial veranstaltet samstagmorgens auch Kochkurse (170 € inkl. Mittagessen) und innovative *table-d'hôte*-Diners (160 €), bei denen die Gäste dem Koch bei der Arbeit zusehen und anschließend gemeinsam in der Küche zu Mittag speisen können.

Weinliebhaber schätzen die halbtägigen Wein-Workshops (190 €), bei denen man in die unglaublichen, mit mehr als 60000 Flaschen Wein bestückten Keller des L'Oustau hinabsteigt und anschließend in Begleitung eines Mittagessens die besten Weine der Region probiert.

## ℹ Praktische Informationen

**Touristeninformation** (☎04 90 54 34 39; www.lesbauxdeprovence.com; Maison du Roy; ⏰Mo–Fr 9.30–17, Sa & So 10–17.30 Uhr)

## ℹ Anreise & Unterwegs vor Ort

### AUTO

Die Anreise mit dem Auto ist zwar am bequemsten, die Parkplatzsuche jedoch eine Katastrophe. Gebührenpflichtige Parkplätze (5 €/Tag) befinden sich am Fuße des Hügels am Ortsrand. Kostenlos parken kann man vor dem Steinbruch Carrières de Lumières. Viel Glück!

### BUS

Allô Cartreize (S. 244) unterhält von Mai bis September an den Wochenenden sowie zwischen Juli und August täglich Busverbindungen nach Saint-Rémy-de-Provence (2,40 €, 15 Min.) und Arles (2,40 €, 30 Min.).

# Nîmes & Umgebung

## Nîmes

144 092 EW.

Nîmes gehört im eigentlichen Sinne nicht mehr zur Provence – aber wer will schon so pingelig sein, wenn doch die wunderbaren römischen Monumente und die lebhafte Atmosphäre allemal einen Tagesausflug ins Languedoc lohnen. In der Altstadt warten jede Menge gute Geschäfte, Cafés und Bars. Überdies ist Nîmes ein wichtiger Verkehrsknotenpunkt für Trips in die Camargue.

Der 23 km nordöstlich gelegene Aquädukt Pont du Gard versorgte die römische Stadt einst mit Wasser.

### 👁 Sehenswertes

**★Les Arènes** RÖMISCHE STÄTTE
(www.arenes-nimes.com; place des Arènes; Erw./Kind 9,50 €/frei; ⏰Juli & Aug. 9–20 Uhr, ansonsten verkürzte Öffnungszeiten) Nîmes' zweistöckiges Amphitheater ist die am besten erhaltene römische Arena Frankreichs. Es wurde in der zweiten Hälfte des 1. Jhs. n.Chr. erbaut und bot Platz für 24000 Zuschauer, die den hier Gladiatorenkämpfen und öffentlichen

**ABSTECHER**

### TARASCON

**Château de Tarascon** (☎04 90 91 01 93; www.tarascon.fr; Erw./Kind 7 €/frei; ⏰Juni–Sept. 9.30–18.30 Uhr, Okt.–Mai bis 17.30 Uhr, letzter Einlass 45 Min. vor Schließung) Im legeren Dorf Tarascon erheben sich die mächtigen Mauern des im 15. Jh. erbauten Château de Tarascon unmittelbar am Ufer der Rhone. Die schöne wie imposante Feste wurde von Ludwig II. von Anjou zur Verteidigung der Grenze der Provence errichtet. Heute ist sie ein wunderbares Ziel für einen halbtägigen Ausflug. Man spaziert über den moosbewachsenen Innenhof und bewundert die schmucke Kapelle, die alte Apotheke und die in Stein gehauenen Grotesken, danach geht's hinauf auf das zinnenbewährte Dach, um den atemberaubenden Blick auf den Fluss zu genießen.

Nach verlorenen Schlachten und einer langen Gefangenschaft wandte sich Ludwigs Sohn, René I. von Anjou (1409–1480), von der Politik ab und den Künsten zu, schrieb Gedichte, dekorierte die Burg im Renaissance-Stil, veranstaltete Hofturniere und rief die **Fêtes de la Tarasque** ins Leben, einen Osterumzug zu Ehren der hl. Martha, die einer Legende zufolge den Tarasque bezwungen haben soll, ein monströses, löwenköpfiges Wesen mit Schildkrötenpanzer und Fischbauch, das den Fluss unsicher machte. Das farbenfrohe Fest findet noch heute statt.

## Nîmes

## Nîmes

**Highlights**
1 Carré d'Art ........ A2
2 Les Arènes ........ C4
3 Maison Carrée ........ B2

**Schlafen**
4 Hôtel de l'Amphithéâtre ........ B3
5 Royal Hôtel ........ A2

**Essen**
6 Au Plaisir des Halles ........ B1
7 La Petite Fadette ........ B1
8 Le Cerf à Moustache ........ B3
9 Les Halles ........ B1

**Ausgehen & Nachtleben**
10 Grand Café de la Bourse et du Commerce ........ B3

Hinrichtungen beiwohnten. Noch heute ist das Theater eine eindrucksvolle Kulisse für Konzerte, Events und die im Sommer stattfindenden Stierkämpfe. Ein Audioguide liefert den Kontext bei der Erkundung der Arena, der Ränge, der Treppenaufgänge und der Zugänge (bei den Römern *vomitorium* genannt). Anschließend kann man sich noch im Museum Repliken von Gladiatorenausrüstungen und original erhaltene Trachten von Stierkämpfern anschauen.

★ **Maison Carrée** RÖMISCHE STÄTTE

(place de la Maison Carrée; Erw./Kind 5,80 €/frei; ⏲ Juli & Aug. 10–20 Uhr, ansonsten verkürzte Öffnungszeiten) Der aus glänzendem Kalkstein etwa 5 n. Chr. erbaute Tempel zu Ehren der beiden Adoptivsöhne von Kaiser Augustus heißt zwar Maison Carrée (quadratisches Haus), ist in Wirklichkeit aber rechteckig (bei den Römern bedeutete „quadratisch“ einfach Gebäude mit rechten Winkeln). Der Tempel mit seinen stattlichen Säulen und seinem triumphalen Treppenaufgang ist wunderbar erhalten. Drinnen ist es nicht weiter interessant – es sein denn, man interessiert sich für den relativ kitschigen 22-minütigen 3D-Film, der dort gezeigt wird.

**★ Carré d'Art** MUSEUM
(www.carreartmusee.com; place de la Maison Carrée; Dauerausstellung Eintritt frei, Ausstellungen Erw./Kind 5/3,70 €; ⌚ Di–So 10–18 Uhr) Das umwerfende Gebäude aus Stahl und Glas gegenüber vom Maison Carrée wurde vom britischen Architekten Sir Norman Foster entworfen und beherbergt die **Stadtbibliothek** und das **Musée d'Art Contemporain**, in dem Dauer- und Wechselausstellungen zur Kunst ab den 1960er-Jahren zu sehen sind. In dem hübschen Dachrestaurant lässt es sich prima zu Mittag essen.

**Jardins de la Fontaine** RÖMISCHE STÄTTE
(Tour Magne Erw./Kind 3,40 €/frei; ⌚ Tour Magne 9.30–18.30 Uhr) Die elegante Gartenanlage beherbergt mehrere römische Überreste. Besonders beeindruckend ist der 30 m hohe **Tour Magne**, der um 15 v. Chr. als Symbol kaiserlicher Macht errichtet wurde. Er war der größte von mehreren Türmen, die einst die 7 km langen römischen Festungswälle säumten. Erklimmt man die 140 Stufen, wird man oben mit einem Panoramablick auf Nîmes belohnt. Eine Orientierungstafel erläutert die Aussicht.

In der Gartenanlage findet man auch die **Source de la Fontaine**, einst eine Quelle mit Tempel und Bad, sowie den verfallenen **Temple de Diane** in der nordwestlichen Ecke des Gartens.

## Feste & Events

**Féria de Pentecôte & Féria des Vendanges** STIERKÄMPFE
Während der beiden *férias* (Stierkampffeste) wirkt Nîmes eher spanisch als französisch: Die fünftägige Féria de Pentecôte (Pfingstfest) findet im Mai oder Juni, die dreitägige Féria des Vendanges am dritten Septemberwochenende jeweils mit täglichen *corridas* (Stierkämpfen) statt.

### KOMBITICKET

Mit dem Kombiticket **Pass Nîmes** (Erw./Kind 11,70 €/frei), der die drei wichtigsten römischen Sehenswürdigkeiten in Nîmes beinhaltet, spart man Bares. Das Ticket ist drei Tage lang gültig.

## Schlafen & Essen

Unzählige Cafés säumen die Place aux Herbes und die Place du Marché. **Les Halles** (Ruse Guizot, Général Perrier & des Halles; ⌚ 6.30–13 Uhr) ist eine riesige Markthalle.

**★ Hôtel de l'Amphithéâtre** HOTEL €€
(☎ 04 66 67 28 51; www.hoteldelamphitheatre.com; 4 rue des Arènes; EZ/DZ/FZ 72/92/130 €) Das hohe Stadthaus in einer schmalen Seitengasse gegenüber der Arena hat alles, was man sich wünscht: pfiffige Zimmer mit schäbig-schicker Einrichtung und Balkonen, die auf die Place du Marché blicken, eine raffinierte Farbpalette mit Grau-, Weiß- und Taupe-Tönen und ein hervorragendes Frühstücksbuffet. Geführt wird das Hotel von einem Engländer und seiner französischen Frau.

**Royal Hôtel** HOTEL €€
(☎ 04 66 58 28 27; www.royalhotel-nimes.com; 3 bd Alphonse Daudet; DZ 102–122 €, FZ 184 €; ❄ 📶) Das gehobene Hotel bietet Anmut und Stil. Vom Schlafzimmer blickt man entweder auf die Straße oder auf die prächtige Place d'Assas. Man hat die Wahl zwischen Standard- und Superior-Zimmern, die alle mit einem Mix aus Modern und Antik eingerichtet sind. Es lohnt sich aber, den Aufpreis für ein Superior-Zimmer mit mehr Platz und Klimaanlage zu zahlen. Das Restaurant La Boduegita im Erdgeschoss hat eine gute mediterrane Küche.

## Essen & Ausgehen

**La Petite Fadette** CAFÉ €
(☎ 04 66 67 53 05; 34 rue du Grand Couvent; Menü 9,50–14,50 €; ⌚ 8–19 Uhr) Salate und knusprige *tartines* (belegte und getoastete Brote) prägen tagsüber das gemütliche Café mit Rokoko-Einrichtung und alten Fotos an den Wänden und Tischen draußen auf einem kleinen Hof an der Rue du Grand Couvent. Das Essen ist nicht spektakulär, aber großzügig portioniert. Empfehlenswert sind der Räucherlachs und der Schinken mit Ziegenkäse.

**★ Le Cerf à Moustache** BISTRO €€
(☎ 09 81 83 44 33; 38 bd Victor Hugo; Hauptgerichte 14–35 €; ⌚ Di–Sa 11.45–14 & 19–23 Uhr) Trotz seines komischen Namens hat sich der „Hirsch mit Schnurrbart" schnell zu einem der besten Bistros in Nîmes entwickelt. Zur witzigen Einrichtung (darunter recycelte Möbel und eine Wand voller Strichmännchen) passen die kreativen Abwandlungen klassischer Gerichte von Chefkoch Julien Sa-

lem. Man kann's einfach haben, z. B. Burger und Risotto, oder gehobener, etwa Lamm mit Kruste und saftige Steaks.

**Au Plaisir des Halles** TRADITIONELL FRANZÖSISCH **€€**
(☎04 66 36 01 02; 4 rue Littré; Menü 25–60 €; ⏲Di–Sa 12–14 & 19.30–22 Uhr) Hier steht schlichtes marktfrisches Essen auf dem Programm; dazu gibt's eine exzellente Auswahl an Weinen des Languedoc. Hat eine ruhige Lage ein Stück von der Markthalle entfernt.

**Grand Café de la Bourse et du Commerce** BAR
(bd des Arènes; ⏲8–24 Uhr) In dem mit glänzenden Kronleuchtern und Spiegeln bestückten opulenten Café aus dem 19. Jh. fühlt man sich in elegantere Zeiten zurückversetzt. Gegenüber der Arena.

## Praktische Informationen

**Touristeninformation** (☎04 66 58 38 00; www.ot-nimes.fr; 6 rue Auguste; ⏲Juli & Aug. Mo–Fr 8.30–20, Sa 9–19, So 10–18 Uhr, ansonsten verkürzte Öffnungszeiten; 📶) Hat auch eine Filiale (⏲April–Sept. Mo–Sa 10–18 Uhr, Okt.–März Mo–Fr bis 17 Uhr) an der Esplanade Charles de Gaulle.

## Anreise & Unterwegs vor Ort

### AUTO

Die schmalen Straßen und Einbahnstraßen in Nîmes können Autofahrer zur Verzweiflung bringen. Gebührenpflichtige (und teure) Parkplätze findet man an der Arena, den Jardins de la Fontaine und an der Maison Carrée.

### BUS

Der **Busbahnhof** (☎04 66 38 59 43; rue Ste-Félicité) befindet sich neben dem Bahnhof. Die Ortsbusse werden von **Edgard** (www.edgard-transport.fr, Fahrschein 1,50 €) betrieben. Zum Pont du Gard gelangt man mit dem Bus B21 (40 Min., Mo–Sa stündl., So 2-mal).

### FLUGZEUG

**Aéroport de Nîmes Alès Camargue Cévennes** (FNI; ☎04 66 70 49 49; www.nimes-aeroport.fr) Der Flughafen von Nîmes liegt 10 km südöstlich der Stadt an der A54 und wird nur von Ryanair mit Flügen ab/nach London Luton, Liverpool, Brüssel und Fez bedient.

Ein **Flughafenbus** (5,50 €, 30 Min.) pendelt zwischen Bahnhof und Flughafen.

### ZUG

TGVs verkehren stündlich zwischen dem **Bahnhof Nîmes** (bd Talabot) und der Pariser Gare de Lyon (35–110 €, 3 Std.).

Regionale Ziele mit mindestens einer Zugverbindung pro Stunde sind u. a.:
**Arles** 9 €, 30 Min.
**Avignon Zentrum** 10–15 €, 30 Min.
**Montpellier** 10 €, 30 Min.

# Pont du Gard

Dass die Römer nicht kleckerten, sondern ordentlich klotzten, ist auch am atemberaubenden Aquädukt Pont du Gard unübersehbar. Mit stolzen 49 m ist es das höchste römische Monument der Welt. Die Brücke ist begehbar und bietet einen schwindelerregenden Blick auf den Fluss. Noch besser ist ein Kanutrip unter der Brücke hindurch.

## Sehenswertes & Aktivitäten

★**Pont du Gard** RÖMISCHE STÄTTE
(☎04 66 37 50 99; www.pontdugard.fr; Auto & bis zu 5 Mitfahrer/bis zu 5 Radfahrer oder Fußgänger 18/15 €, nach 20 Uhr 10 €; ⏲Besucherzentrum & Museum Juli & Aug. 9–20 Uhr, ansonsten verkürzte Öffnungszeiten) In Südfrankreich gibt es so einige schöne römische Stätten, aber nichts kann sich mit dem Pont du Gard 21 km nordöstlich von Nîmes messen, der nicht ohne Grund zum UNESCO-Weltkulturerbe zählt. Einst gehörte der fabelhafte dreistöckige Aquädukt zu einem 50 km langen Kanalsystem, das um 19 v. Chr. erbaut worden war, um Wasser von Uzès nach Nîmes zu transportieren. Die Ausmaße sind gewaltig: Die 48,8 m hohe und 275 m lange Brücke mit 35 präzise erbauten Bögen war stabil genug, um Tag für Tag bis zu 20 000 $m^3$ Wasser zu schultern.

Jeder Steinblock wurde in nahe gelegenen Steinbrüchen von Hand gehauen und danach hierher transportiert – eine beachtliche Leistung, wenn man bedenkt, dass die größten Blöcke über 5 t schwer waren. Unglaublich ist auch, dass die beiden Enden der Brücke einen Höhenunterschied von 2,5 cm aufweisen und diese damit exakt die Neigung hat, die das Wasser zum Fließen benötigt – eine bemerkenswerte Demonstration präziser römischer Ingenieurbaukunst. Im **Musée de la Romanité** erhält man Hintergrundinfos über den Bau der Brücke; für Kinder gibt's den interaktiven Spielplatz **Ludo**.

Von der begehbaren Brücke bietet sich ein schöner Panoramablick auf den Fluss Gardon. Den besten Blick auf die Brücke hat man ein Stück weiter flussabwärts vom 1,4 km langen Wanderweg **Mémoires de Garrigue** aus. Am besten kommt man

NICHT VERSÄUMEN

### IM RECHTEN LICHT

Im Sommer (Mitte Mai–Mitte Sept.) wird der Pont du Gard jeden Abend von Sonnenuntergang bis Mitternacht auf spektakuläre Weise beleuchtet. An den beiden ersten Wochenenden im Juni wird zudem ein fantastisches Feuerwerk über der Brücke gezündet. Los geht's gegen 22 Uhr.

am frühen Abend her; dann ist der Eintritt günstiger und die Brücke wird abends hübsch illuminiert.

An beiden Flussufern gibt es große Parkplätze, von denen aus es etwa 400 m zu Fuß bis zur Brücke sind.

**Kanufahren auf dem Gardon** KANUFAHREN
Paddelt man von Collias, 4 km westlich der D981, 8 km flussabwärts (etwa 2 Std.), präsentiert sich der Pont du Gard von seiner schönsten Seite. **Kayak Vert** (☎04 66 22 80 76; www.kayakvert.com; ab Collias Erw./Kind 22/11 €, ab Russan 41/20 €) und **Canoë Le Tourbillon** (☎04 66 22 85 54; www.canoe-le-tourbillon.com; ab Collias Erw./Kind 22/11 €, ab Russan 35/22 €), die sich beide in der Nähe der Dorfbrücke befinden, verleihen von März/April bis Oktober Kajaks und Kanus.

Je nach Saison und Wasserstand kann man auch eine längere Paddeltour unternehmen, wenn man sich am Pont Saint-Nicolas de Campagnac (19 km, 4–5 Std.) oder in Russan (32 km, 6–7 Std.) absetzen lässt; von Russan aus führt die Fahrt zudem durch die fantastischen Gorges du Gardon.

## An- & Weiterreise

### AUTO

Der Pont du Gard befindet sich 21 km nordöstlich von Nîmes und 26 km westlich von Avignon. Man fährt auf der Autobahn A9 bis zur Ausfahrt 23 in Remoulins und weiter in Richtung Uzès. Das Museum und alle Einrichtungen sind am linken, nördlichen Flussufer *(rive gauche)*.

### BUS

Busse halten 1 km nördlich des Besucherzentrums an der D981. Im Sommer fahren die Busse teilweise auch bis zum Parkplatz des Pont du Gard. Bus 21 von Edgard (www.edard-transport.fr) fährt täglich von und nach Nîmes, Bus A15 nach Avignon.

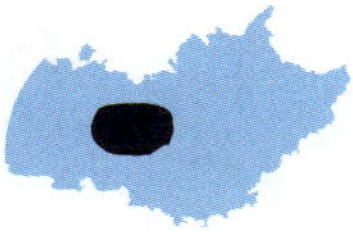

# Bergdörfer des Luberon

**Inhalt ➡**



## Gut essen

- Le Sanglier Paresseux (S. 262)
- La Closerie (S. 267)
- La Table de Pablo (S. 259)
- Auberge La Fenière (S. 266)
- Le Mas Tourteron (S. 256)

## Schön übernachten

- Maison Valvert (S. 263)
- La Bastide du Bois Bréant (S. 265)
- La Bouquière (S. 263)
- Le Couvent (S. 260)
- Les Balcons du Luberon (S. 255)

## Auf in den Luberon!

Der Luberon – benannt nach der Bergkette, die sich zwischen Cavaillon und Manosque von Osten nach Westen erstreckt – ist ein provenzalischer Flickenteppich aus Hügeldörfern, Weinbergen, historischen Abteien und endlosen Lavendelfeldern. Der Luberon ist eine ländliche, traditionelle Region, in der sich die Einwohner noch Zeit nehmen für die guten Dinge des Lebens: vor allem gutes Essen und noch bessere Weine. Beinahe jedes Dorf hat einen Wochenmarkt voller Stände, die lokale Spezialitäten verkaufen – vor allem Olivenöl, Honig und Lavendel.

Das Luberon-Massiv umfasst 600 km² und teilt sich in drei Gebiete: den schroffen Petit Luberon im Westen, die höheren Berge des Grand Luberon und die niedrigeren Hügel des Luberon Oriental im Osten. Alle Gebiete lohnen eine Erkundungstour, aber egal für welches man sich entscheidet, es ist wichtig, nicht die Ruhe zu verlieren. Ein Teil des Luberon-Erlebnisses ist, sich auf den Nebenstraßen zu verirren, zum Mittagessen in einem ruhigen Dorfcafé anzuhalten, und sich so viel Zeit wie möglich zu nehmen, damit man die Landschaft in vollen Zügen genießen kann.

## Entfernungen (km)

| | Apt | Bonnieux | Cavaillon | Gordes | Lacoste |
|---|---|---|---|---|---|
| Bonnieux | 10 | | | | |
| Cavaillon | 35 | 25 | | | |
| Gordes | 21 | 19 | 17 | | |
| Lacoste | 15 | 5 | 21 | 23 | |
| Roussillon | 13 | 10 | 28 | 9 | 14 |

## Highlights

1 Den Lavendelduft an der **Abbaye Notre-Dame de Sénanque** genießen (S. 254)

2 Im friedlichen **Forêt des Cèdres** der Hitze entkommen (S. 263)

3 Auf dem Samstagsmarkt in **Apt** einkaufen (S. 259)

4 Durch die roten Mondlandschaften des **Colorado Provençal** wandern (S. 256)

5 Den Ausblick von der Hügelkirche in **Bonnieux** bewundern (S. 262)

6 Die verlassenen Gassen von **Oppède-le-Vieux** erkunden (S. 265)

7 Die alten Häuser im **Village des Bories** besuchen (S. 255)

8 In **Ménerbes** auf Peter Mayles Spuren wandeln (S. 264)

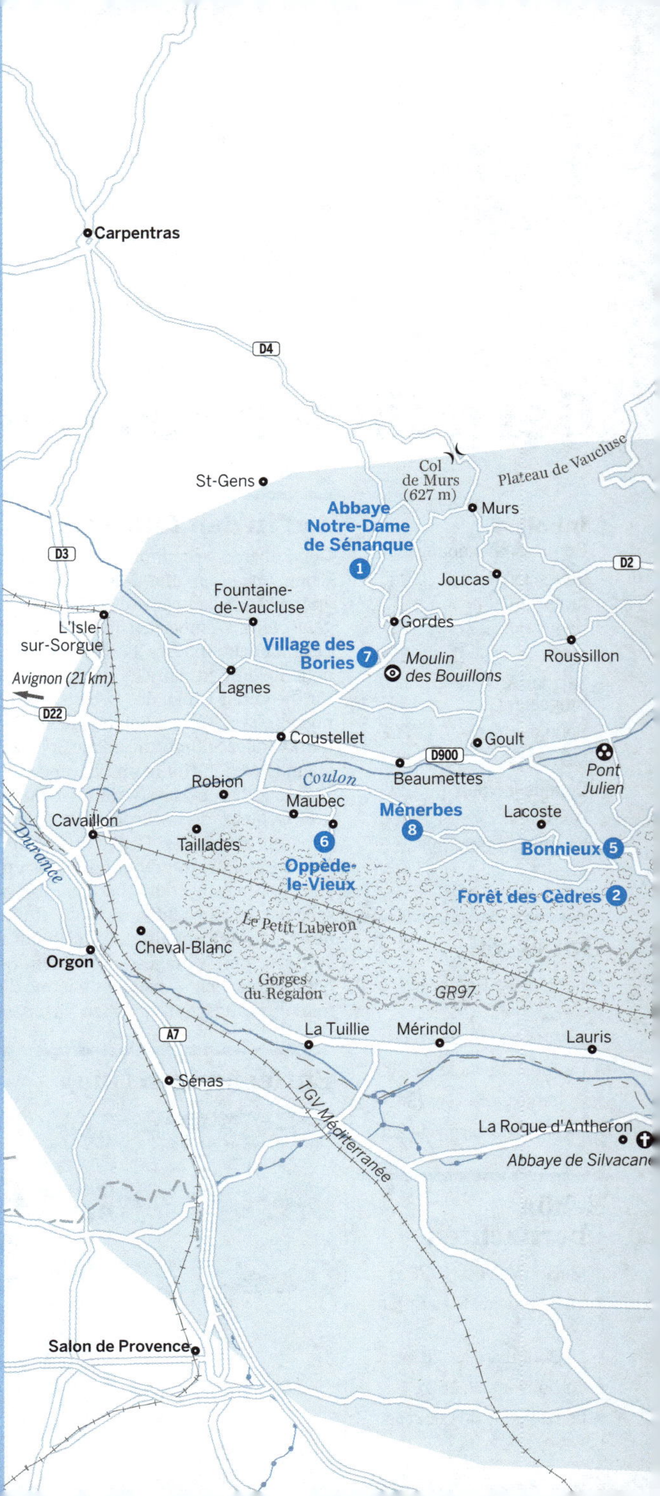

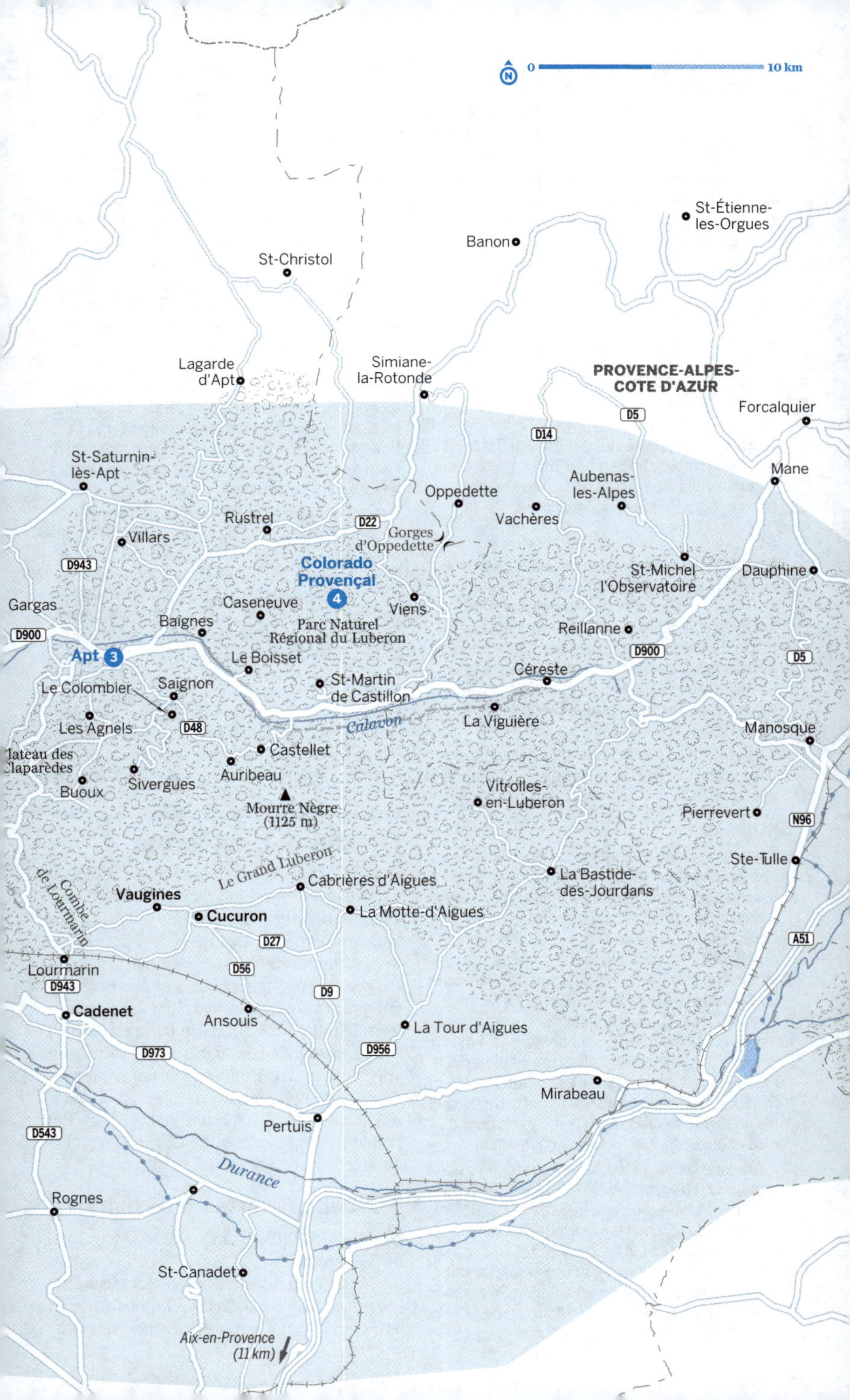

0
10 km
St-Étienne-les-Orgues
Banon
St-Christol
Lagarde d'Apt
Simiane-la-Rotonde
PROVENCE-ALPES-COTE D'AZUR
D5
Forcalquier
D14
St-Saturnin-lès-Apt
Mane
Oppedette
Aubenas-les-Alpes
Vachères
Rustrel
D22
Gorges d'Oppedette
Villars
D943
Colorado Provençal
4
St-Michel l'Observatoire
Dauphine
Gargas
Caseneuve
Viens
Baignes
Parc Naturel Régional du Luberon
Reillanne
D900
Apt
3
Le Boisset
D900
D5
Céreste
Le Colombier
Saignon
St-Martin de Castillon
La Viguière
Les Agnels
D48
Calavon
Manosque
Castellet
lateau des Claparèdes
Auribeau
Sivergues
Buoux
Vitrolles-en-Luberon
Mourre Nègre (1125 m)
Pierrevert
N96
Le Grand Luberon
Ste-Tulle
Combe de Lourmarin
Cabrières d'Aigues
La Bastide-des-Jourdans
Vaugines
Cucuron
La Motte-d'Aigues
D27
A51
Lourmarin
D56
D943
D9
Cadenet
Ansouis
La Tour d'Aigues
D973
D956
Mirabeau
Pertuis
D543
Durance
Rognes
St-Canadet
Aix-en-Provence (11 km)

# VAUCLUSE-GEBIRGE

Einige der bedeutendsten Sehenswürdigkeiten der Provence liegen nur wenige Kilometer voneinander entfernt auf der schroffen Nordseite des Luberon: unglaublich hübsche Dörfer, bienenkorbförmige *bories* (primitive Behausungen aus trockenem Kalkstein), Lavendelfelder und eine atemberaubende Zisterzienserabtei.

## Unterwegs vor Ort

Der nur 60 km lange Luberon liegt eine Stunde entfernt von Avignon. Ein Auto erleichtert den Besuch, da es nur wenige öffentliche Busse gibt. In den kleinen Dörfern im Sommer einen Parkplatz zu finden, kann aber zum Alptraum werden.

Die D900 zerschneidet das Tal von Ost nach West. Die Nebenstraßen sind kurvenreich und nehmen viel Zeit in Anspruch. Unbedingt auf unbefestigte Straßenränder achten.

### BUS

Die meisten Dörfer im Luberon haben nur eine eingeschränkte öffentliche Busanbindung, die sich nach den Schulzeiten richtet. Der Hauptknotenpunkt der Region ist Apt; von dort aus fahren Busse in die umliegenden Dörfer. Von Apt starten außerdem regelmäßig Busse nach Cavaillon und Avignon. Fahrpläne können auf der Website von **Trans Vaucluse** (www.vaucluse.fr) heruntergeladen werden.

Der Fahrpreis hängt von der Entfernung ab. Nahe Ziele kosten 1,50 €, ferne Ziele in der Regel pauschal 2 €.

### FAHRRAD

Besucher sollten sich nicht von den Hügeln abschrecken lassen: Der Luberon eignet sich hervorragend zum Radfahren. Mehrere Radwege durchkreuzen die Landschaft, darunter Les Ocres à Vélo, eine 51 km lange Strecke, die durch die Ockerdörfer Apt, Gargas, Rustrel, Roussillon und Villars führt, sowie die **Véloroute du Calavon** (www.af3v.org/-Fiche-VVV-.html?voie=107), ein speziell angelegter Fahrradweg, der einer stillgelegten Eisenbahnlinie 28 km von Beaumettes (nahe Coustellet) über Apt nach La Paraire im Westen (nahe St-Martin-de-Castillon) folgt. Es ist geplant, die Strecke bis Cavaillon, in die Ausläufer der Alpen, zu verlängern, aber dies wird noch einige Zeit in Anspruch nehmen.

Wer eine längere Strecke fahren möchte, sollte sich für **Le Luberon à Vélo** (☎ 04 90 76 48 05; www.leluberonavelo.com; 203 rue Oscar Roulet, Robion), eine 236 km lange Route, entscheiden, die den gesamten Luberon erkundet. In den Touristeninformationen gibt es Faltblätter mit Informationen zu den verschiedenen Strecken. Hier erhält man auch Infos zu Fahrradmiete, Gepäcktransport, Unterkunft usw.

Mehrere Anbieter vermieten E-Bikes, die mit einem elektrischen Motor ausgestattet sind. E-Bikes sind keine Roller – man muss treten, aber der Motor hilft bei Steigungen.

**Luberon Biking** (☎ 04 90 90 14 62; http://www.luberon-biking.fr; Velleron; ab 22 €/Tag, 120 €/Woche) Liefert Fahrräder im Luberon direkt vor die Haustür und veranstaltet außerdem geführte Fahrradtouren.

**Luberon Cycles** (☎ 04 86 69 19 00; 86 quai Général-Leclerc; ab 12/16 € pro halber/ganzer Tag; ⏲ Mo–Sa 9–12 Uhr & 14–18 Uhr) Fahrradvermietung sowie allgemeiner Fahrradbedarf und -reparaturen in Apt.

**Sun-e-Bike** (☎ Bonnieux 04 90 74 09 96, St-Rémy-de-Provence 04 32 62 08 39; www.location-velo-provence.com; 36 €/Tag) Vermietet E-Bikes. Die Fahrradvermietungen sind in Bonnieux und St-Rémy-de-Provence, aber man kann seinen Akku an mehreren anderen Orten im Luberon-Tal aufladen.

**Bachelas Cycles** (☎ 04 92 75 12 47; www.bachelas-cycles.com; 5 blvd de la République; ab 19/81 € pro Tag/Woche; ⏲ Mo–Mi, Fr & Sa 9–12.30 Uhr & 14–19 Uhr) Fahrradvermietung (normale Fahrräder und E-Bikes) in Forcalquier und Manosque (☎ 04 92 72 15 84; www.bachelas-cycles.com; 24 bd de la Plaine; ⏲ Mo–Sa 8.30–12.30 Uhr & 14–20 Uhr).

### ZUG

Der nächste Bahnhof befindet sich auf der westlichen Seite des Tales in Cavaillon. Von Avignon fahren regelmäßig Regionalzüge hierher. Mehrmals am Tag fahren Busse von hier nach Apt.

# Gordes & Umgebung

Oberhalb der Flüsse Sorgue und Calavon klebt Gordes wie eine riesige, stufenförmige Hochzeitstorte am weißen Felshang des Vaucluse-Plateaus. Das spektakulär gelegene Dorf steht bei vielen Touristen (vor allem bei Pariser Promis) ganz oben auf der Besichtigungsliste. So stapeln sich hier im Sommer förmlich die Busse, und die Parkplätze (3 €) sind rappelvoll. Wer dann nicht sehr früh oder spät eintrifft, muss sich auf schmalen Fußwegen zwischen andere Besucher quetschen und ständig Bussen ausweichen. Bei Sonnenuntergang erglüht Gordes golden – ein herrlicher Anblick!

## Sehenswertes & Aktivitäten

**★ Abbaye Notre-Dame de Sénanque** KIRCHE

(☎ 04 90 72 05 72; www.abbayedesenanque.com; Erw./Kind €7/3; ⏲ Mo–Sa 9.45–11 Uhr, Führungen mit Reservierung) 4 km nordwestlich von Gordes, abseits der D177, liegt dieser unglaublich friedliche Ort, eines der klassischen Postkartenmotive dieses Teils der Provence. Bei der Abbaye handelt es sich um eine anmutige Zisterzienserabtei, die von lilafarbenem Lavendel umgeben ist. Am besten kommt man im Juli und August hierher – alleine ist man allerdings auf keinen Fall.

Die Abtei wurde 1148 erbaut und beherbergt noch immer eine kleine klösterliche Gemeinschaft, daher kann das Innere nur im Rahmen einer Führung besucht werden. Reservierungen sind ein Muss; dies gilt auch für züchtige Kleidung und respektvolle Stille.

Von Gordes gelangt man auf dem Weg GR6 in einem eineinhalbstündigen Fußmarsch hierher. Aufgepasst: Der Pfad wird bei Regen unwegsam und schlammig.

**Village des Bories** ARCHITEKTUR
(☎ 04 90 72 03 48; Erw./Kind 6/4 €; ⏲ 9–20 Uhr, kürzer während der Wintermonate) Bienenstockförmige *bories* übersäen die Provence, und im Village des Bories, 4 km südwestlich von Gordes, kann ein ganzes Dorf von ihnen erkundet werden. Die aus Kalkstein errichteten *bories* wurden während der Bronzezeit gebaut und bis ins Jahr 1839 von Schäfern bewohnt. Danach wurden sie verlassen, und erst in den 1970er-Jahren restauriert. Am besten besucht man das Dorf frühmorgens oder kurz vor Sonnenuntergang, wenn das Licht am besten ist. Der untere Parkplatz ist für Busse, der obere auf dem Hügel für Autos. Es ist sowieso besser, oben zu parken, dann muss man später nicht in der sengenden Hitze hinauf laufen.

**Moulin des Bouillons** MUSEUM
(☎ 04 90 72 22 11; www.moulindesbouillons.com; Rte de St-Pantaléon; Erw./Kind 5/3,50 €; ⏲ April–Okt. Mi–Mo 10–12 & 14–18 Uhr) Rund 3,5 km südlich von Gordes passiert die Rte de St-Pantaléon (D148) dieses tolle Landmuseum: Die gallo-römische Presse (10 m lang, 7 t schwer) der Olivenölmühle ist angeblich die älteste der Welt. Das angrenzende Buntglasmuseum zeigt wunderschöne lichtdurchlässige Mosaike; ein gemeinsames Ticket gibt es für Erw./Kind 7,50/5,50 €.

**Musée de la Lavande** MUSEUM
(☎ 04 90 76 91 23; www.museedelalavande.com; D2, Coustellet; Erw./Kind 6,80 €/kostenlos; ⏲ Mai–Sept. 9–19 Uhr, Okt.–April 9–12 & 14–18 Uhr) Wer mehr über das prestigeträchtigste Gewächs der Provence erfahren möchte, sollte sich dieses ausgezeichnete Ökomuseum ansehen. Ein Audioführer und Video erklären die Lavendelernte, und riesige kupferne Destillationsapparate zeigen die Aufbereitungsmethoden. Anschließend kann man an einer **Führung** über die Felder (Mai–Sept. tgl. 13 & 17 Uhr) teilnehmen. Der hiesige Laden verkauft qualitativ hochwertige (wenngleich auch etwas teure) Lavendelprodukte.

Der mit Lavendel geschmückte Garten beherbergt einen Picknickbereich.

## Schlafen & Essen

**★ Le Mas de la Beaume** B&B €€
(☎ 04 90 72 02 96; www.labeaume.com; Rte de Cavaillon, Gordes; DZ 130–180 €; 📶🏊) Dieses makellose *maison d'hôte* in herrlicher Berglage am Dorfrand wirkt wie ein Provence-Postkartenmotiv. In den fünf Zimmern mit gelb verputztem Mauerwerk hängen Lavendelbüschel zu Dekozwecken an den freiliegenden Deckenbalken. Die Bettwäsche ist hochwertig; das Frühstück wird aufs Zimmer gebracht.

**Auberge de Carcarille** HOTEL €€
(☎ 04 90 72 02 63; www.auberge-carcarille.com; Rte d'Apt; DZ 81–128 €; ❄📶🏊👪) Außen alt, innen neu. Dieses Landhotel vereint die Atmosphäre eines traditionellen *bastide familiale* (Familienhaus) mit modernen makellosen Zimmern. Der entzückende Garten lädt zu einem Spaziergang ein und das Restaurant serviert hervorragende provenzalische Gerichte. Die Halbpensionsangebote bieten ein gutes Preis-Leistungs-Verhältnis. Die Auberge befindet sich 3 km außerhalb von Gordes, in der Talsohle.

**Mas de la Régalade** B&B €€
(☎ 04 90 76 90 79; www.masregalade-luberon.com; D2, Quartier de la Sénancole; DZ 130–160 €; ⏲ Mitte April–Mitte Nov.; 📶🏊) Ein Bauernhaus aus Stein auf einer grünen Ebene, umgeben von Eichenwäldern, 3,5 km südlich von Gordes. Die vier Zimmer verknüpfen geschickt moderne Annehmlichkeiten mit verspielten Antiquitäten. Im Garten, hinter dem großen Pool, schaut ein blauer Citroën-Oldtimer zwischen duftenden Lavendel- und Rosmarinbüschen hervor. Wer länger bleibt, kann von Rabatten profitieren.

**Les Balcons du Luberon** B&B €€
(☎ 06 38 20 42 13; www.lesbalconsduluberon.fr; Rte de Murs; DZ 135–165 €; 📶🏊) Oberhalb des Zentrums von Gordes, an der D15, liegt dieses hinreißende B&B mit seinen vier Zimmern, in denen sich die Welt vergessen

NICHT VERSÄUMEN

### DAS COLORADO PROVENÇAL

Rot- und Orangetöne, Gelb- und Lilatöne, Scharlach- und Purpurrot – die glühenden Farben, die sich zwischen Roussillon und Rustrel in die Erde gebrannt haben, sind einfach atemberaubend. Sie sind das Ergebnis der reichhaltigen Mineralablagerungen in der Region, vor allem des hydratisierten Eisenoxids, das auch als **Ocker** bekannt ist, und das in diesem Teil des Luberon seit der Römerzeit abgebaut wird. Traditionell wurde Ocker verwendet, um Töpferwaren und Häuser zu bemalen. Im späten 18. Jh. wurde der Gewinnungsprozess industrialisiert, und überall entstanden große Minen und Steinbrüche. 1929, auf dem Höhepunkt der Ockerindustrie, wurden um Apt 40 000 t Ocker abgebaut.

Es gibt mehrere Ockerstätten um Roussillon, die einen Besuch lohnen. Wer das volle Farbeerlebnis möchte, sollte sich das **Colorado Provençal** (☎ 04 32 52 09 75; www.colorado-provencal.com; ⌚ 9 Uhr–Sonnenuntergang) ansehen, einen Steinbruch, in dem von 1880 bis 1956 Ocker abgebaut wurde. Mit seinen seltsamen Felsformationen und Regenbogenfarben, sieht er aus, als sei ein kleines Stück Südwesten der USA in die Provence transportiert worden.

Farbcodierte Wege führen vom Parkplatz, südlich des Dorfes Rustrel, abseits der D22, nach Banon. Parken kostet 5 € (Nov.–März kostenlos). Alternativ läuft man vom Dorf aus hierher. Im Sommer ist es sehr, sehr heiß: unbedingt früh aufbrechen, Wasser mitnehmen und Wanderschuhe sowie einen Hut tragen – und nicht überrascht sein, falls man etwas Ocker an der Kleidung mit nach Hause nimmt (am besten warten, bis es trocken ist, und abbürsten).

lässt. Die Herberge ist in einem Bauernhaus aus Stein aus dem 18. Jh. untergebracht, aber die Ausstattung stammt definitiv aus dem 21. Jh.: Designermöbel, ausgefallene Lampen und wenig Schnickschnack. Es gibt einen fantastischen Pool, und der Besitzer, Étienne Marty (ein gelernter Koch) serviert auf Bestellung ein üppiges Abendessen.

## Essen

**La Boulangerie de Mamie Jane** BÄCKEREI €
(☎ 04 90 72 09 34; Mittagsmenü 6,50 € oder 7,90 €; ⌚ Do–Di 6.30–13 & 14–18 Uhr) Wer wenig Zeit oder Geld hat, sollte den Einheimischen die Rue Baptistin Picca hinunter in diese winzige Bäckerei folgen, die sich seit drei Generationen in Besitz derselben Familie befindet. Mamie Jane bereitet ausgezeichnete Brote, Pasteten, Kuchen und Plätzchen zu (darunter lilafarbenen *navettes*, kanuförmigen Plätzchen, mit Lavendelgeschmack). Die belegten Baguettes (4,50 €) und Mittagsmenüs bieten ein unschlagbares Preis-Leistungs-Verhältnis.

★ **Le Mas Tourteron** FEINSCHMECKER €€€
(☎ 04 90 72 00 16; www.mastourteron.com; Chemin de St-Blaise les Imberts; Mittagsmenü 48 €, Abendessen 57 €; ⌚ April–Okt. Abendessen Mi–Sa 19.30–21.30, nur So Mittagessen 12.30–14 Uhr) In diesem Landhaus wird man herzlich empfangen. Es liegt inmitten von Gärten, die eindeutig mit dem Gedanken an ein entspanntes Mittagessen im Freien angelegt wurden. Der Speisesaal mit seinen Steinwänden hat ein leicht unkonventionelles Flair, das hervorragend zur stilisierten Küche der Köchin Elisabeth Bourgeois-Baique passt. Ehemann Philippe wählt aus über 200 Sorten die passenden Weine zu ihren ausgefallenen saisonalen Menüs. Die Nachspeisen sind legendär. Das Restaurant liegt 3,5 km südlich von Gordes, abseits der D2.

## Praktische Informationen

**Touristeninformation** (☎ 04 90 72 02 75; www.gordes-village.com; Place du Château; ⌚ Mo–Sa 9–12 & 14–18, So ab 10 Uhr) Diese Touristeninformation befindet sich in dem mittelalterlichen Schloss von Gordes, das im Jahr 1525 erweitert und mit Renaissance-Verteidigungstürmen versehen wurde.

# Roussillon

Rot ist der Name und Rot ist die Natur – das ist Roussillon. Früher war das Dorf das Zentrum des lokalen Ockerabbaus und bis jetzt ist es von seinem roten Erbe gezeichnet: Die Dorfbewohner müssen ihre Häuser gemäß einer vorgeschriebenen Farbpalette streichen, die 40 Rottöne umfasst. Heute beherbergt Roussillon vor allem Künstler- und Keramikateliers. Der Charme des Dorfes ist kein Geheimnis, daher sollte man frühmorgens oder abends hierher kommen.

Das Dorf diente dem Dramatiker Samuel Beckett im Zweiten Weltkrieg als Unterschlupf. Er half dem lokalen Widerstand, indem er Sprengstoff in seinem Haus versteckte und Erkundungstouren unternahm.

Der Parkplatz befindet sich 300 m außerhalb des Dorfes (März–Nov. 3 €).

## Sehenswertes & Aktivitäten

**Conservatoire des Ocres et de la Couleur** MUSEUM

(L'Usine d'Ocre Mathieu; 04 90 05 66 69; www.okhra.com; Rte d'Apt; geführte Touren Erw./Student 6,50/5 €; Juli & Aug. 10–19 Uhr, Sept.–Juni bis 18 Uhr, Jan. & Feb. Mo & Di geschl.; ) Dieses Kunstzentrum eignet sich hervorragend, um Ocker in Aktion zu erleben. In der alten Ockerfabrik an der D104, östlich von Roussillon, werden die Eigenschaften des Minerals in praktischen Workshops erkundet. Außerdem gibt es geführte Touren der Fabrik. Der Laden im Obergeschoss verkauft Farbpigmente und anderen Künstlerbedarf.

Das Zentrum vermietet außerdem Fahrräder (Erw./Kind 28/22 €).

★ **Sentier des Ocres** SPAZIERGANG

(Ockerpfad; Erw./Kind 2,50 €/kostenlos; 9.30–17.30 Uhr; ) In Roussillon umgeben Kastanien- und Pinienhaine sonnenuntergangsfarbene Ockerformationen, die aus einer Felsgruppe emporragen. Zwei Rundwege (30 bzw. 50 Min.) winden sich durch die winzige Wüstenlandschaft – man fühlt sich, als würde man in ein Gemälde der Malerin Georgia O'Keeffe steigen. Informationstafeln beschreiben u. a. die 26 Arten Flora, die es hier zu bestaunen gibt und die Geschichte der lokalen Ockerproduktion. Auf jeden Fall Wanderschuhe tragen und weiße Kleidung vermeiden!

## Schlafen

**Les Passiflores** B&B €

(04 90 71 43 08; www.passiflores.fr; Les Huguets; DZ/4BZ inkl. Frühstück 73/120 €; ) Die ruhige, freundliche, ordentliche *chambre d'hôte* versteckt sich 4 km südlich von Roussillon im winzigen Nest Les Huguets. Das hübsche Dekor der Zimmer umfasst z. B. Drucke im provenzalischen Landhausstil. Die Suite für vier Personen bietet ein hervorragendes Preis-Leistungs-Verhältnis. Der „Freiluftpool" ist ein kleiner Teich mit gefiltertem Wasser. *Table d'hôte* (Menü für einen fixen Preis von 28 €) auf Reservierung.

**Clos de la Glycine** HOTEL €€

(04 90 05 60 13; www.luberon-hotel.fr; DZ 135–190 €; ) Für den Ausblick von diesem schönen Hotel im Zentrum von Roussillon muss man etwas mehr ausgeben, aber es lohnt sich! Die Zimmer blicken wahlweise auf Ockerklippen oder in das Luberon-Tal. Sie haben ein unverwechselbares französisches Flair und sind kunstvoll mit Gemälden und Rokokomöbeln dekoriert. Das Restaurant ist ebenfalls gut, aber das Frühstück etwas teuer (14 €).

**Domaine des Finets** COTTAGE €€

(04 90 74 11 92; www.domainedesfinets.fr; Juli & Aug. 700–920 €/Woche, Rest des Jahres 420–650 €/Woche; ) Die vier niedlichen Cottages, die wie der Rest von Roussillon orange bemalt sind, liegen inmitten von Rasenflächen. Sie sind rustikal, und mit kleinen Küchen, Waschmaschinen, Holzöfen und Grillplätzen ausgestattet. Besonders schön ist „Les Ocres" mit seinem Mezzanin.

## Essen

**Comptoir des Arts** BISTRO €€

(04 90 74 11 92; Place du Pasquier; Menüs 18–28 €; Mittagessen 12–14 Uhr, Abendessen 19.30–22 Uhr) Unbedingt früh kommen (oder reservieren), um einen der fantastischen Außentische in diesem Dorfbistro zu ergattern. Hier werden lokale Spezialitäten, z. B. *aïoli de cabillaud* (Kabeljau mit Knoblauchmayonnaise) und *daube provençale* (ein üppiger Fischeintopf mit Kräutern der Provence) serviert.

## Praktische Informationen

**Touristeninformation** (04 90 05 60 25; www.roussillon-provence.com; Place de la Poste; Mo–Sa 9–12 & 13.30–17.30 Uhr)

# St-Saturnin-lès-Apt & Umgebung

St-Saturnin-lès-Apt (2479 Ew.) liegt ca. 9 km nördlich von Apt, 10 km nordöstlich von Roussillon und gerade so außerhalb des Touristenradars. Statt Boutiquen säumen Läden, Cafés und Bäckereien das Kopfsteinpflaster des erfrischend unmondänen Ortes. Von hier hat man einen tollen Blick auf das umliegende Vaucluse-Plateau – am besten von den oberhalb gelegenen **Ruinen** aus. Rund 1 km weiter nördlich steht mit **Le Château les Moulins** eine malerische Windmühle aus dem 17. Jh. an der D943 in Richtung Sault.

ABSTECHER

### LAGARDE D'APT

Lagarde d'Apt, 20 km nordöstlich von St-Saturnin-lès-Apt, beherbergt eine 80 ha große Lavendelfarm, das **Château du Bois** (☎04 90 76 91 23; www.lechateaudubois.com), wo ein 2 km langer Lavendelpfad von Ende Juni bis Mitte Juli blüht, wenn die süß duftende Pflanze geerntet wird.

In Lagarde d'Apt, unter einem der dunkelsten Nachthimmel Europas, befindet sich zudem das **Observatoire Sirene** (☎04 90 75 04 17; www.obs-sirene.com; Lagarde d'Apt; Erw. Tag/Nacht 10/16 €, Kind kostenlos; 👪), das mit modernsten Teleskopen astronomische Wunder enthüllt. Wer Sterne beobachten möchte, muss im Voraus reservieren.

## Sehenswertes

**Moulin à Huile Jullien** LANDWIRTSCHAFTLICHER BETRIEB
(☎04 90 75 56 24; www.moulin-huile-jullien.com; Rte d'Apt, St-Saturnin-lès-Apt; ⌚Juli & Aug 10–12 & 15–19 Uhr, Rest des Jahres 10–12 & 14–17.30 oder 18 Uhr, So ganzjährig geschl.) GRATIS Am Dorfrand liegt diese hübsche Olivenmühle, in der man den Olivenöl-Herstellungsprozess vom Baum bis zur Flasche beobachten kann. Hier wird außerdem fantastischer Honig hergestellt. Verkostungen und Führungen der Mühle sind kostenlos.

**Mines de Bruoux** HISTORISCHE STÄTTE
(☎04 90 06 22 59; www.minesdebruoux.fr; Rte de Croagnes; Erw./Kind 8,10/6,50 €; ⌚Juli & Aug. 10–19 Uhr, April–Juni, Sept. & Okt. bis 18 Uhr) In Gargas, 7 km östlich von Roussillon, liegt diese ehemalige Mine. In den über 40 km langen Stollen unter Tage wurde einst Ocker abgebaut. Rund 650 m der bis zu 15 m hohen Stollen sind der Öffentlichkeit zugänglich. Die Mine kann nur im Rahmen einer Führung besucht werden (im Voraus buchen).

Die Grube dient mittlerweile als atemberaubende Kulisse für Konzerte. Die Termine findet man auf der Website.

## Schlafen

**Le Saint Hubert** HOTEL €
(☎04 90 75 42 02; www.hotel-saint-hubertluberon.com; DZ 56–62 €, DBZ 72 €) Diese typische Dorfherberge (*auberge*) ist der personifizierte Charme. Seit dem 18. Jh. werden hier Reisende willkommen geheißen. Der Aufenthalt lohnt sich: Die Zimmer sind einfach, aber elegant, und die weitläufigen Aussichten auf das südliche Luberon-Tal atemberaubend. Das Frühstück kostet 8 €.

Wer Lust hat, kann auch Halbpension buchen (116 €/2 Pers.) – ein Abendessen auf der Panoramaterrasse ist ein wunderbares Erlebnis.

**Au Point de Lumière** B&B €€
(☎04 90 04 83 14; www.aupointdelumiere.com; 771 chemin de Perréal; DZ 100–135 €; 📶🏊) Dieses stylische B&B ist ein Juwel. Die drei Zimmer sind thematisch eingerichtet: Besucher können zwischen dem beruhigenden Alizarine, dem coolen Zen und dem exotischen Sienne wählen. Alle bieten luxuriöse Extras, z. B. italienische Duschen und private Terrassen mit Blick auf den Garten. Es gibt einen hübschen Pool im Schatten von Bäumen. Besitzer Jean-Claude kauft die Frühstückszutaten täglich frisch auf dem Markt.

**Le Mas Perréal** B&B €€
(☎04 90 75 46 31; www.masperreal.com; Quartier la Fortune; DZ 130–140 €, Selbstversorger-Studios 100–150 €; 📶🏊) Auf einem riesigen Grundstück (7 ha) außerhalb von St-Saturnin-lès-Apt liegt dieses B&B inmitten von Weinbergen, Lavendelfeldern und Kirschplantagen. Hier gibt es mehrere gemütliche Zimmer sowie Selbstversorger-Studios, die mit alten Bauernmöbeln und provenzalischen Stoffen ausgestattet sind. Im Freien gibt es einen fantastischen Pool und einen großen Garten mit Blick auf die Berge. Elisabeth, eine ehemalige Französischlehrerein, bietet Koch- und Französischkurse an.

**Mas de Cink** APARTMENT €€
(☎06 11 99 80 88; www.lemasdecink.com; Hameau des Blanchards; ab 200 €/3 Nächte, 450–1650 €/Woche; ❄📶🏊) Die Apartments in diesem weitläufigen Bauernhaus mit Scheune verbinden zeitgenössische nordische Coolness mit bodenständigem provenzalischem Komfort. Alle haben komplett ausgestattete Küchen, und einige eignen sich auch für größere Gruppen. Private Terrassen und abgetrennte Essbereiche im Freien blicken auf einen wilden Garten, Lavendelfelder und Weinberge.

## Essen

**L'Estrade** BISTRO €€
(☎04 90 71 15 75; 6 av Victor Hugo; Mittagsmenü 14 €, Hauptgerichte 14–28 €; ⌚12–14.30 & 19.30–22.30 Uhr, Nov.–März geschl.) Dieses winzige

freundliche Dorfrestaurant ist bei Einheimischen wegen seiner soliden, schlichten provenzalischen Gerichte beliebt. Alle werden frisch zubereitet; man sollte früh herkommen, um noch aus dem vollständigen Menü auswählen zu können.

**★ La Table de Pablo** MODERN-FRANZÖSISCH €€€
(☎04 90 75 45 18; www.latabledepablo.com; Les Petits Cléments, Villars; Mittagsmenüs 19 & 25 €, Abendmenüs 36 & 57 €, Hauptgerichte 17–26 €; ⏲Mo, Di, Fr & So 12.30–14 & 19–22, Do & Sa 19–22 Uhr) Das Ambiente in diesem einfachen Haus nahe Villars ist nicht umwerfend, die Küche und Einstellung von Koch Thomas Gallardo dagegen schon. Alle Zutaten kommen aus der Region: Basilikum aus Bonnieux, Tauben aus Forcalquier, Käse von René Pellégrini, und Wein aus dem Luberon. Kinder werden mit fruchtigen Cocktails empfangen und bekommen ihr eigenes *„petits bouts"*-Menü (15 €).

**★ La Coquillade** FRANZÖSISCH €€€
(☎04 90 74 71 71; www.coquillade.fr; Le Perrotet, Gargas; Mittagsmenüs 38 €, Abendessen 72–115 €; ⏲Mitte April–Mitte Okt. 12.30–13.30 & 19.30–21.30 Uhr) Eine Übernachtung in diesem luxuriösen Hügelanwesen kann sich nicht jeder leisten, aber für ein Mittagessen in dem zugehörigen mit einem Michelin-Stern ausgezeichneten Restaurant, das von dem berühmten Küchenchef Christophe Renaud geleitet wird, sollte man ruhig tief in die Tasche greifen. Ein erinnerungswürdigeres Essen wird man im Luberon kaum genießen. Das Restaurant liegt 5 km nordwestlich von Apt, abseits der D90. Das Hotel (DZ 325–390 €) ist umwerfend: Die luxuriösen Zimmer blicken auf ein Meer aus Weinbergen.

# APT

11 500 EW. / 250 M

Die größte Stadt im Luberon – und das Tor zur Haute-Provence – wird auf drei Seiten von steil ansteigenden Hochplateaus begrenzt. Durch den Ortskern fließt ein Fluss. Auf dem Samstagsmarkt findet man alle lokalen Farben (und Erzeugnisse), aber sonst ist Apt eher ein Ort, durch den man auf der Fahrt zum nächsten Ziel hindurchfährt. Dennoch eignet sich Apt durchaus als Ausgangsbasis für Erkundungen der Umgebung, sei es auch nur für ein oder zwei Nächte.

Apt ist in ganz Frankreich für seine *fruits confits* (kandierten Früchte, auch „glacé" genannt) bekannt. Streng genommen handelt es sich hierbei nicht um Süßigkeiten, sondern um echte Früchte, deren Wasser entzogen und durch Zuckersirup ersetzt wurde, um sie haltbar zu machen. Daher sehen sie noch immer aus wie Früchte (und schmecken auch so). In der Stadt gibt's mehrere Hersteller, bei denen man Früchte probieren und kaufen kann.

Apt ist auch der Ausgangspunkt für Erkundungen des 1650 km² großen **Parc Naturel Régional du Luberon** (www.parcduluberon.fr), einem regionalen Naturpark und UNESCO-Biosphärenreservat, in dem es unzählige Wanderwege gibt.

## Sehenswertes

**Musée de l'Aventure Industrielle du Pays d'Apt** MUSEUM
(Industriegeschichtliches Museum; ☎04 90 74 95 30; 14 place du Postel; Erw./Kind 4 €/frei; ⏲Mo–Sa 10–12 & 14–18.30 Uhr, Okt.–Mai Di–Sa bis 17.30 Uhr) Die umgebaute Fabrik kandierte einst Früchte, heute weckt sie Bewunderung für Apts kunsthandwerkliche und landwirtschaftliche Wurzeln. In dem schön gestalteten Museum wird der Handel mit (kandiertem) Obst sowie der Ockerabbau und die Steingutproduktion ab dem 18. Jh. erläutert.

**Ancienne Cathédrale Ste-Anne** KIRCHE
(Rue Ste-Anne; ⏲Mo–Fr 9.30–12.30 & 14.30–18, So 14.30–18 Uhr) Die Kirche aus dem 11. Jh. beherbergt neben den Reliquien der hl. Anna auch beleuchtete Handschriften aus dem 11. und 12. Jh.

**Confiserie Kerry Aptunion** FABRIK
(☎04 90 76 31 43; www.lesfleurons-apt.com; D900, Quartier Salignan; ⏲Laden Mo–Sa 9–12.15 & 13.30–18 Uhr, Juli & Aug. keine Mittagspause) GRATIS Diese Fabrik – angeblich der größte *fruits-confits*-Hersteller der Welt – produziert Süßigkeiten unter dem angesehenen Label Les Fleurons d'Apt. Im Laden kann man die Erzeugnisse kostenlos probieren. Wer an einer Fabrikführung teilnimmt, kann den Herstellungsprozess hautnah verfolgen. Führungen finden im Juli und August von Montag bis Freitag um 14.30 Uhr statt. Im August gibt es außerdem eine zusätzliche Führung um 10.30 Uhr. In allen anderen Monaten findet nur eine Führung in der Woche statt (Mi, 14.30 Uhr). Man sollte sich im Voraus nach den genauen Zeiten erkundigen.

Die Confiserie liegt etwa 2,5 km außerhalb von Apt.

ABSEITS DER ÜBLICHEN PFADE

### GORGES D'OPPEDETTE

Die Gorges du Verdon ist nicht die einzige Schlucht, die es in diesem Teil Frankreichs zu erkunden gibt. 18 km östlich von Rustrel befindet sich die Gorges d'Oppedette, ein System aus Schluchten, die der Fluss Calavon über Jahrtausende aus dem Kalkstein herausgehöhlt hat. Mehrere markierte Wanderwege winden sich durch die Schlucht, die von einer halben Stunde bis zu drei Stunden Zeit in Anspruch nehmen. Die Touristeninformation in Apt hat Broschüren zu den Wegen. Das wunderbare und ruhige Gebiet lohnt eine Erkundung, und die hohen Wände der Schlucht sorgen selbst an heißen Augusttagen für eine angenehme Kühle. Unbedingt Wanderschuhe und ein Picknick einpacken!

Der kleine Parkplatz abseits der D201 liegt in nördlicher Richtung zwischen Viens und Simiane-la-Rotonde.

## Schlafen

**Hôtel le Palais** HOTEL €
(☎04 90 04 89 32; www.hotel-le-palais.com; 24bis place Gabriel-Péri; EZ/DZ/DBZ/VBZ 45/55/65/80 €; ) Die jungen, freundlichen Besitzer geben diesem alteingesessenen, supergünstigen Hotel im Zentrum eine dynamische Atmosphäre. Die Zimmer sind ein bisschen eng, aber das Frühstück ist für 5 € ein unschlagbarer Deal.

★ **Le Couvent** B&B €€
(☎04 90 04 55 36; www.loucouvent.com; 36 rue Louis Rousset; DZ 98-130 €; @) Versteckt hinter einer Mauer in der Altstadt liegt dieses riesige *maison d'hôte* mit seinen fünf Zimmern. Es befindet sich in einem Konvent aus dem 17. Jh. Hier wird die Übernachtung zu einem architektonischen Erlebnis: Hohe Decken, freigelegtes Mauerwerk, riesige Treppen und fünf palastartige Zimmer (in einem fungiert ein altes Taufbecken als Waschbecken). Es gibt außerdem einen hübschen Garten. Das Frühstück wird im alten Refektorium serviert.

**Hôtel Sainte-Anne** HOTEL €€
(☎04 90 74 18 04; www.apt-hotel.fr; 62 place Faubourg-du-Ballet; DZ 92–123 €; @) Das reizvolle Hotel in einem Bau aus dem 19. Jh. wurde 2010 generalrenoviert. Die sieben blitzblanken, neu und fesch wirkenden Zimmer mixen Modernes mit Traditionellem; sie haben außergewöhnliche Betten, große Badewannen und kleine Toiletten. Als kleines Extra reicht der charmante Besitzer z. B. selbst gemachte Marmeladen- und Brotsorten zum üppigen Frühstück (10 €) dazu.

## Essen

**L'Auberge Espagnole** TAPAS €
(http://laubergeespagnole-apt.com; 1 rue de la Juiverie; Tapas 4,50–8 €, Mittagsmenü 13,50 €) Der von einer alten Platane dominierte Platz in der Altstadt, auf den die Tische dieser farbenfrohen Tapasbar quillen, könnte nicht bezaubernder – oder provenzalischer – sein. Die Gäste können aus 22 spanischen Tapas wählen, die auf Kreidetafeln stehen, und die Atmosphäre auf dem Platz genießen.

**Thym, Te Voilà** BISTRO €€
(☎04 90 74 28 25; www.thymtevoila.com; 59 place St-Martin; Mittagsmenüs 17,50–21,90 €, Abendessen 21,90–25,90 €; ⌚Di–Sa 12–14 & 19.30–22 Uhr; ) In diesem charmanten kleinen Bistro wird die *„cuisine du monde"* angeboten – mit anderen Worten: ein bisschen von allem, von asiatischen Curries zu ungarischem Gulasch. Das Bistro liegt an einem wunderschönen Platz in der Altstadt. Im Sommer sitzen die Gäste an Tischen neben dem plätschernden Brunnen.

**Au Platane** MODERN-FRANZÖSISCH €€
(☎04 90 04 74 36; 25 place Jules Ferry; Menüs 15–30 €, Hauptgerichte 20 €; ⌚Di–Sa 12–14.30 & 19.30–22 Uhr; ) Herzhaftes französisches Essen, mit ständig wechselnden Menüs, abhängig davon, welche Zutaten der Koch auf dem Markt gefunden hat. Bei warmem Wetter sollte man nach einem Tisch auf der Terrasse fragen.

## Shoppen

**Confiserie Marcel Richaud** ESSEN
(☎04 90 74 43 50; confiserie-marcel-richaud@wanadoo.fr; 112 quai de la Liberté; ⌚Di–Sa 9–12 & 14–17 Uhr) Ein kleiner Süßigkeitenladen, der lokal erzeugte *fruits confits* (kandierte Früchte) und *calissons d'Aix* (Süßigkeiten aus Marzipan) verkauft. Das Geschäft befindet sich seit drei Generationen in den Händen derselben Familie.

## Praktische Informationen

**Maison du Parc du Luberon** (☎04 90 04 42 00; www.parcduluberon.fr; 60 place Jean Jaurès; ⌚April–Sept. Mo–Fr 8.30–12 & 13.30–18, Sa 9–12 Uhr, kürzere Öffnungszeiten während des Rests des Jahres) Hier gibt es alle Infos zum Parc Naturel Régional du Luberon, einschließlich Karten, Wanderführern und allgemeinen Infos. Hier befindet sich außerdem ein kleines Fossilienmuseum.

**Touristeninformation** (☎ 04 90 74 03 18; www.luberon-apt.fr; 20 av Philippe de Girard; ⏲ Mo–Sa 9.30–13 & 14.30–19, So 9.30–12.30 Uhr) Exzellente Quelle für Informationen zu Aktivitäten, Exkursionen, Fahrradtouren und Wanderungen.

## Anreise & Unterwegs vor Ort

### BUS

Trans-Vaucluse-Busse (S. 254) fahren für einen Pauschalpreis von 2 € in folgende Städte:

**Aix-en-Provence** (Line 9.1, 2 Std., 1-mal tgl.) über Bonnieux, Lourmarin und Lauris.

**Avignon** (Line 15.1, 1½ Std., Mo–Sa alle 2 Std., So 2-mal tgl.) Fährt über die Pont Julien nahe Bonnieux, Cavaillon und Avignons TGV-Station.

**Cavaillon** (Line 15.2, 45 Min., einmal tgl.) über Bonnieux, Ménerbes und Oppède; zusätzliche Busse während der Schulzeit.

**Banon** (Line 16.2, 1¾ Std., Mo –Sa 1-mal tgl.) über Caseneuve und Simiane-la-Rotonde; ein zusätzlicher Bus verkehrt mittwochs und sonntags.

### FAHRRAD

Fahrräder mietet man bei Luberon Cycles (S. 254).

# LE GRAND LUBERON

Die malerischen Berge des Grand Luberon werden von den Bergen des Petit Luberon im Westen durch eine tiefe Schlucht getrennt, die **Combe de Lourmarin**. Die Region eignet sich hervorragend für Erkundungstouren. Auf den Straßen sollte man sich Zeit lassen: Die Landschaft verdient es, bewundert zu werden.

## Buoux

Das winzige Dorf Buoux (das „x" wird ausgesprochen) liegt jenseits der Schlucht von Bonnieux, 8 km südlich von Apt. Das Dörfchen wird von den Hügelruinen des **Fort de Buoux** beherrscht. Das Dorf selbst ist nicht mehr als eine Ansammlung baufälliger Häusern, aber die Ausblicke von der Festung lohnen den Aufstieg. Besucher sollten aber vorsichtig sein: Der Pfad ist ausgetreten und bröckelt hier und dort. Er ist zwar ausgeschildert, aber man kann auch im Dorf nach dem Weg fragen.

### Schlafen & Essen

**Auberge des Seguins** HOTEL €€
(☎ 04 90 74 16 37; www.aubergedesseguins.com; inkl. Halbpension B 45 €, EZ 74–82 €, DZ 114–134 €, FZ 143–247 €, Menü 25 €; ⏲ Mai–Sept. Abendessen Mo–Fr 19–21.30, Sa & So Mittagessen 12.30–14.30 Uhr, zu anderen Zeiten vorher anrufen; ) In der Talsohle liegt diese ländliche *auberge*, die sich wie ein provenzalisches Sommercamp anfühlt. Hier gibt es zwei Pools (einen für Kinder), ein Spielzimmer mit Kamin, und einen gemeinschaftlichen Speisesaal mit langen Holztischen. Die vier Steinhäuser beherbergen mehrere einfache Zimmer (keine TVs) und einen Schlafsaal. Das Restaurant serviert frische lokale Produkte; die Zimmerpreise beinhalten Halbpension. Das Hotel liegt 2,5 km unterhalb von Buoux.

**Auberge de la Loube** PROVENZALISCH €€
(☎ 04 90 74 19 58; Mittags-/Abendmenü ab 25/33 €; ⏲ auf Reservierung 12–15 & 19.30–21 Uhr) Ein besseres provenzalisches Mittagessen als in diesem Gasthaus wird man kaum finden. Hier serviert Maurice Leporati als Vorspeise Körbe mit Tapenade und Anchoïade (Oliven- & Anchovi-Dips), Wachteleier, geschmorte Artischocken, Aïoli und Humus. Der Sonntagstisch genießt Kultstatus.

Maurice selbst ist ein Pferdenarr – wer nett fragt, bekommt vielleicht seine Sammlung alter Kutschen zu sehen.

## Saignon & Umgebung

Selbst in dem Land der atemberaubend schönen Dörfer macht das winzige Saignon den Betrachter sprachlos. Hoch auf einer Felsflanke, umgeben von Lavendelfeldern, und unterhalb der bröckelnden Überreste einer mittelalterlichen Burg liegen kopfsteingepflasterte Gassen und ein Dorfplatz (komplett mit Brunnen!), die aus einem provenzalischen Traum stammen könnten.

Ein kurzer Pfad führt hinauf zu den Ruinen der Burg und dem treffend bezeichneten **Rocher de Bellevue**, einem großartigen Aussichtspunkt, von dem man die gesamte Bergkette des Luberon überblicken kann. An klaren Tagen kann man im Norden sogar den Mont Ventoux erspähen.

Oberhalb des Dorfes schlängelt sich die D113 hinauf zur **Distillerie Les Agnels** (☎ 04 90 74 34 60; www.lesagnels.com; Rte de Buoux, zwischen Buoux & Apt; Erw./Kind 6 €/ kostenlos; ⏲ April–Sept. 10–19 Uhr, Okt.–März bis 17.30 Uhr), die Lavendel, Zypresse und Rosmarin aus der Region in duftende Produkte verwandelt. Hier kann man in drei wunderschönen Cottages übernachten (1300–2000 €/Woche), die sich einen herrlichen beheizten und überdachten Pool teilen.

### Schlafen

**Chambre avec Vue** B&B €€

(☎04 90 04 85 01; www.chambreavecvue.com; rue de la Bourgade, Saignon; Zi. 90–110 €; ⏰Dez.–Feb. geschl.) Halb luxuriöses B&B, halb Kunstgalerie – dieses liebevoll renovierte Stadthaus aus dem 16. Jh. am Rande von Saignons kopfsteingepflastertem Zentrum wird von den Kunstliebhabern Kamila Regent und Pierre Jaccaud betrieben. Praktisch alle Kunstwerke, die ausgestellt sind, können auch erworben werden. Die drei riesigen Gästezimmer wurden in überraschend kosmopolitem Stil renoviert. Der Garten hinten ist idyllisch und übersät mit Skulpturen.

**La Pyramide** B&B €€

(☎04 90 04 70 00; www.lapyramidesaignon.com; Rue du Jas, Saignon; DZ 79–110 €, FZ 135–145 €) Ein niedliches, kleines, ländliches B&B, inmitten eines hübschen von Mauern umgeben Gartens mit eigener natürlicher Quelle. Die Zimmer fühlen sich ein bisschen altmodisch an, sind aber gemütlich und sauber. Im Juli und August wird ein Aufpreis von 10 € verlangt. Das B&B befindet sich südlich der Stadt, an der Rue du Jas. Während man die D48 hinauffährt sollte man Ausschau nach der Abfahrt halten.

### Essen

**Le Petit Café** PROVENZALISCH €€

(☎04 90 76 64 92; Place de l'Horloge, Saignon; 2-/3-Gänge Menüs 25/29 €; ⏰März–Okt. & Dez. 10–17 Uhr) Dieses Dorfcafé eignet sich hervorragend für eine der zeitgenössischen Mittagskreationen des britischen Kochs Andrew Goldsby, z.B. eine Schüssel kalte Erbsensuppe, Krebs-Mousse mit Minze, Wraps usw. Nach Einbruch der Dunkelheit geht's zurück hinunter zur **La Petite Cave** (⏰April–Sept. Di–Sa 19.30–21.30 Uhr), einem romantischen Kellerrestaurant mit Steingewölbedecken, das dem gleichen Koch gehört.

**★ Le Sanglier Paresseux** MODERN-FRANZÖSISCH €€

(☎04 90 75 17 70; www.sanglierparesseux.com; Caseneuve; Mittagsmenüs 25 €, Abendmenüs 31–41 €; ⏰Mo 19.30–22, Di–Sa 12–14 & 19.30–22 Uhr) Es gibt einen Grund, einen Umweg über das Hügeldorf Caseneuve, 10 km östlich von Saignon zu machen, und zwar dieses ausgezeichnete Restaurant, das von dem brasilianischen Koch Fabricio Delgaudio betrieben wird. Das Restaurant ist im Luberon mittlerweile berühmt für seine hervorragende Küche. Die Gerichte sind einfallsreich, saisonal und bieten eine perfekte Bühne für die Zutaten aus der Region. Unbedingt reservieren.

Der Blick von der Terrasse bei Sonnenuntergang ist an sich schon einen Besuch wert.

# LE PETIT LUBERON

Die zerklüfteten Hügel des Petit Luberon, des westlichsten Ausläufers des Luberon-Massivs, sind durchsetzt von bewaldeten Tälern, Weinbergen und landwirtschaftlichen Betrieben.

Der kleine Luberon wird vom großen Luberon durch die Schlucht Combe de Lourmarin getrennt, die von Norden nach Süden durch die Berge schneidet, und an der sich die D943 von Bonnieux nach Lourmarin entlangschlängelt.

## Bonnieux

Das während der Römerzeit besiedelte Bonnieux ist ein weiteres bezauberndes Bergdorf, das sich seinen mittelalterlichen Charakter bewahrt hat. Es ist durchzogen von Gassen, Sackgassen, und versteckten Treppen: Vom Place de la Liberté führen 86 Stufen hinauf zur **Église Vieille du Haut** aus dem 12. Jh. Unbedingt nach dem besorgniserregenden Riss in einer der Wände Ausschau halten, der von einem Erdbeben verursacht wurde.

Hier macht es Freude, einfach nur umherzuwandern, vor allem freitags, wenn das Markttreiben die Gassen des alten Ortskerns bestimmt.

### Sehenswertes & Aktivitäten

**Musée de la Boulangerie** MUSEUM

(☎04 90 75 88 34; 12 rue de la République; Erw./Student/Kind 3,50/1,50 €/kostenlos; ⏰April–Okt. Mi–Mo 10–12.30 & 14.30–18 Uhr) Ein Museum zur Geschichte der Brotherstellung hört sich vielleicht nicht wie ein Muss an, aber der Besuch ist wirklich faszinierend. Das Museum befindet sich in einem Gebäude aus dem 17. Jh. das bis 1920 als Bäckerei genutzt wurde. Es widmet sich der Bäckerkunst in Bonnieux und Umgebung, und zeigt alte

Mühlsteine, Plakate und verschiedene andere Ausstellungsstücke.

**★ Fôret des Cèdres** WALD

In den struppigen Hügeln südlich von Bonnieux führt eine kurvenreiche Nebenstraße durch diesen wundervollen Zedernwald, dessen lange Äste für eine willkommene Abkühlung nach der sengenden Sommerhitze der Provence sorgen. Durch den Wald winden sich mehrere Wege, darunter ein neuer Naturpfad, der auch für Rollstuhlfahrer zugänglich ist. Die Anfahrt selbst lohnt die Reise: Die weiten Ausblicke auf das Luberon-Tal und seine *villages perchés* (Hügeldörfer) sind atemberaubend.

Der Wald liegt ca. 6 km südlich von Bonnieux. Auf der D36 geht's Richtung Buoux, dann nach den Schildern Ausschau halten.

**Pont Julien** BRÜCKE

6 km nördlich von Bonnieux, nahe der Kreuzung der D36 und der D900, liegt ein eindrucksvoller Überrest der Römerzeit. Die aus dem 3. Jh. v. Chr. stammende 85 m lange Pont Julien wurde errichtet, um die Hauptstraße der Region (die Via Domitia) über den Fluss Calavon zu führen. Über die drei anmutigen Brückenbögen fuhren noch bis ins Jahr 2005 Autos – ein Zeugnis der Genialität und Fähigkeiten der Erbauer.

Glücklicherweise ist die Brücke jetzt für den Verkehr – außer für Fahrräder und Fußgänger – gesperrt.

**Cave de Bonnieux** WEINGUT

(☎ 04 90 75 80 03; www.cave-bonnieux.com; La Gare de Bonnieux; ⊙ Mo 14.30–18, Di–Sa 9–12 & 14.30–18 Uhr) In diesem hervorragenden Weinkeller können Weine aus der Region verköstigt werden. Er liegt 5 km von Bonnieux an der D36.

## Schlafen

**La Bouquière** B&B €€

(☎ 04 90 75 87 17; www.labouquiere.com; Chemin des Gardioles; DZ 80–90 €, Apt. 340 €) An einer Nebenstraße abseits der D149, inmitten von Obstplantagen und Weinbergen, liegt dieser ländliche Unterschlupf mit seinen vier charmanten, mit rustikalen Antiquitäten ausgestatteten Zimmern. Alle gehen hinaus auf blumenübersäte Gärten und teilen sich eine Küche. Das Drei-Zimmer-Apartment eignet sich hervorragend für Familien. Im Sommer beträgt der Mindestaufenthalt drei oder vier Nächte. Das B&B ist schwer zu finden – unbedingt unterwegs nach dem Weg fragen.

### MÄRKTE IM LUBERON

Besucher des Luberon sollten unbedingt einen lokalen Markt besuchen. Glücklicherweise findet jeden Tag mindestens einer statt, so das es keine Entschuldigung gibt, nicht einzukaufen. Die Märkte finden normalerweise von April bis September von 8 bis 13 Uhr statt. In einigen Dörfern gibt es im Sommer auch Abendmärkte. Wer nur Zeit hat, einen Markt zu besuchen, sollte samstagmorgens den **Grand Marché** in Apt besuchen – die Atmosphäre ist unschlagbar.

**Montag** Cadenet, Cavaillon, Lauris.

**Dienstag** Apt, Cucuron, Gordes, Lacoste, La Tour d'Aigues, St-Saturnin-lès-Apt.

**Mittwoch** Gargas, Mérindol, Pertuis, Viens, Rustrel (Abendmarkt).

**Donnerstag** Roussillon, Ménerbes, Saignon, Goult, Céreste.

**Freitag** Bonnieux, Lourmarin, Pertuis, St-Saturnin-lès-Apt (Bauernmarkt, Freitagabend).

**Samstag** Apt, Cadenet, Manosque, Oppède, Pertuis, Vaugines.

**Sonntag** Coustellet, Vaugines, Villars.

**Le Clos du Buis** HOTEL €€

(☎ 04 90 75 88 48; www.leclosdubuis.fr; Rue Victor Hugo; DZ 135-153 €; ⊙ März–Mitte Nov.; ❄ 📶 🏊) Dieses elegante Steinhaus in Bonnieux hat riesige terrassierte Gärten, in denen sich wunderbar die Zeit vertrödeln lässt. Das Speisezimmer bietet Panoramablicke und es gibt eine Selbstversorger-Küche.

**★ Maison Valvert** B&B €€€

(☎ 06 72 22 37 89; www.maisonvalvert.com; Rte de Marseille; DZ 195–220 €, Baumhäuser 280 €) Das wahrscheinlich stylischste B&B im Luberon. Die *mas* (Bauernhof) aus dem 18. Jh. wurde liebevoll von der belgischen Besitzerin Cathy renoviert und könnte direkt aus einer Designzeitschrift stammen: naturfarbene Zimmer, natürliche Stoffe, solarbeheizter Pool und ein fantastisches Frühstücksbuffet. Wer sich verwöhnen möchte, sollte sich für das romantische Baumhaus entscheiden.

## Essen

**L'Arôme** FRANZÖSISCH €€€

(☎ 04 90 75 88 62; 2 rue Lucien Blanc; Menüs 35–43 €; ⊙ Fr–Di 12–14, Do–Di 19–21.30 Uhr) Das teure, aber hervorragende Restaurant ist in einem charmanten Gewölbekeller in Bonnieux untergebracht. In seinen Menüs verarbeitet der bekannte Koch Jean-Michel Pagès Gourmetzutaten aus der Umgebung, die er mit verschiedenen Gewürzen und raffinierten Extras serviert. Das romantische Kellergewölbe selbst ist unvergesslich.

**Le Fournil** MODERN-FRANZÖSISCH **€€€**
(☎04 90 75 83 62; www.lefournil-bonnieux.com; 5 place Carnot; 2-/3-Gänge Mittagsmenü 24/30 €, Abendmenüs 40–52 €, Mittag/Abend Hauptgerichte 17/26 €; ⌚Mi–So 12.30–14 & 19.30-21.30 Uhr) Im Zentrum, gleich neben dem Brunnen, befindet sich das beste Restaurant von Bonnieux. Man kann sich aussuchen, wo man sitzen möchte: im schicken Inneren (das direkt in den Hügel gebaut wurde) oder auf der hübschen Terrasse auf dem Platz. Das Menü ist dasselbe: üppige, köstliche mediterrane Gerichte, die mit den hausgemachten *jus concentrés* (konzentrierten Saucen) des Kochs reserviert werden.

Zum Restaurant gehört auch eine Eisdiele, die sich nebenan auf dem Platz befindet.

**Silencio à la Maison de L'Aiguebrun** BISTRO **€€€**
(☎Restaurant 06 85 23 22 02; www.maisondelaiguebrun.com; ⌚8–23 Uhr; ❄📶🏊) 6 km südöstlich von Bonnieux, an der D943, liegt dieses Gasthaus, das früher der französischen Regisseurin Agnès Varda gehörte und nun von ihrer Tochter Rosalie betrieben wird. Die Zimmer sind den Mitgliedern des „Silencio", eines Künstlervereins mit Sitz in Paris, vorbehalten, aber man kann zum Mittag- oder Abendessen in das hübsche Restaurant kommen, das Blicke auf die bewaldeten Gärten bietet.

### WEINE DES LUBERON

Den Luberon zieren drei große AOC-Weine: der Côtes du Ventoux, der Côtes du Luberon und der Coteaux de Pierrevert. Es gibt zahllose Weinbauern – große und kleine. Wer Lust auf eine Weinprobe hat, sollte bei der nächsten Touristeninformation eine Karte holen, die alle lokalen Weinberge, Genossenschaften und Keller aufzeigt. Eine umfassende Liste von regionalen Herstellern gibt es auch auf der Website **Les Vins Luberon** (www.vins-luberon.fr).

## ℹ Praktische Informationen

**Bonnieux Touristeninformation** (☎04 90 75 91 90; www.tourisme-en-luberon.com; 7 place Carnot; ⌚Mai-Okt. Mo–Fr 9.30–12.30 & 14–18, Sa 14–18.30 Uhr, kürzer während des Rests des Jahres) Hier gibt es alle Informationen zum Petit Luberon.

# Lacoste

6,5 km westlich von Bonnieux liegt Lacoste (das nichts mit der Designermarke zu tun hat, obwohl es in der Tat Verbindungen zur Modewelt gibt). Im Jahr 2001 erwarb der Designer Pierre Cardin das **Château de Lacoste** (☎04 90 75 93 12; www.chateau-lacoste.com) aus dem 9. Jh. sowie einen Großteil des Dorfes. Hierher zog sich der Marquis de Sade (1740–1814) im Jahr 1771 zurück, als seine Schriften für Paris zu skandalös wurden. Das Schloss wurde 1789 von Revolutionären ausgeraubt und blieb eine gespenstische Ruine bis Cardin kam. Er baute ein Theater mit 1000 Plätzen und eine Opernbühne, die nur während des einmonatigen **Festival de Lacoste** (www.festivaldelacoste.com) im Juli benutzt wird.

Tagsüber kann das Schloss besichtigt werden (im Voraus reservieren).

# Ménerbes

Das auf einem Hügel gelegene Ménerbes eignet sich ebenfalls hervorragend für Spaziergänge. Das Labyrinth aus kopfsteingepflasterten Gassen bietet überraschende Ausblicke auf die umliegende Ebene. Das Dorf ist bekannt als ehemaliges Heim des britischen Autors Peter Mayle. In seinen Büchern *Mein Jahr in der Provence* und *Toujours Provence* verarbeitete er seine Erlebnisse während der Renovierung eines ländlichen Anwesens außerhalb des Dorfes in den späten 1980er-Jahren. Monsieur Mayle lebt mittlerweile in Lourmarin.

## Sehenswertes

**Musée du Tire-Bouchon** MUSEUM
(☎04 90 72 41 58; http://domaine-citadelle.com; Erw./Kind 5 €/frei; ⌚April–Okt. 9–12 & 14–19 Uhr, Nov.–März Mo–Sa 10–12 & 14–17 Uhr) Dieser schräge Schrein für Korkenzieher zeigt 1000 davon in der Domaine de la Citadelle. Letztere ist ein Weingut an der D3 nach Cavaillon und lässt einen auch Weine aus der Region Côtes du Luberon probieren.

**Maison de la Truffe et du Vin** WEINGUT (Haus des Trüffels & Weins; ☎ 04 90 72 38 37; www.vin-truffe-luberon.com; Place de l'Horloge; ⏲ April–Okt. 10–12 & 14.30–18 Uhr, Nov.–März Do–Sa) Gegenüber der Kirche aus dem 12. Jh. liegt diese Vereinigung, die 60 lokale *domaines* (Weingüter) vertritt. Von April bis Oktober werden täglich kostenlose Weinproben angeboten; anschließend kann man die guten Tropfen zu Tiefstpreisen kaufen. Im Winter gibt's Trüffel-Workshops.

### Schlafen

**La Bastide du Bois Bréant** HOTEL €€€ (☎ 04 90 05 86 78; www.hotel-bastide-bois-breant.com; 501 chemin du Puits-de-Grandaou, Maubec; DZ inkl. Frühstück 175–240 €, 2-/4-Pers.-Baumhäuser 170/320 €; ⏲ Mitte März–Okt. ❄ @ ☜ ≋) Auf halber Strecke zwischen Gordes und Ménerbe liegt diese von 200 Jahre alten Eichen geschützte, 2 ha große ehemalige Trüffelplantage malerisch abgeschieden hinter einem großen Eisentor. In der *bastide* (Landhaus) aus dem frühen 19. Jh. befinden sich 12 romantische Zimmer, die im provenzalischen Stil eingerichtet wurden. Draußen, versteckt zwischen Zweigen, gibt's zwei Baumhäuser und einen wunderbaren altmodischen *roulotte* (Wohnwagen). Das Abendessen (Reservierung erforderlich) kostet 30 €.

### Essen

**Café du Progrès** CAFÉ € (☎ 04 90 72 22 09; Place Albert Roure; Menüs 13–16 €; ⏲ 6–24 Uhr) Ménerbes Tabak- und Zeitungshändler mit zugehöriger Bar ist *der* Ort, um den neuesten Dorftratsch zu erfahren. Hier gibt's mittags gute *plats du jour*.

★ **Café Véranda** MODERN-FRANZÖSISCH €€€ (☎ 04 90 72 33 33; www.cafe-veranda.com; 104 av Marcellin Poncet; Hauptgerichte 21–46 €, Menüs 35–76 €; ⏲ Di–So 12–15 & 19–22 Uhr) Dieses vornehme Bistro überrascht in dem kleinen Ménerbes. Es ist die Sorte Lokal, in dem man seinen Gürtel, aber auch sein Portemonnaie, öffnen muss. Die Gerichte sind saisonal und reichen von einer üppigen Schalentier-Platte (49 €) zum sieben Stunden lang gegarten Lamm mit schwarzem Olivenpesto. Es gibt eine kleine Veranda und der Speisesaal bietet Ausblicke auf das Tal.

## Oppède-le-Vieux

Oppède-le-Vieux ragt aus einem zerklüfteten Berg empor, 3 km entfernt vom neuen Oppède. Das alte Dorf wurde 1910 verlassen, als die Bewohner ins Tal zogen, um die Ebenen zu bewirtschaften.

Von den Parkplätzen (3 €) führt ein bewaldeter Pfad hinauf zu den kurvenreichen, stimmungsvollen Gassen des verlassenen Dorfes. Oben auf dem Hügel bieten die Ruinen der **Burg** eine fantastische Aussicht auf das umliegende Tal. Die Ruinen selbst dürfen nicht betreten werden, während das Dorf Gelder für die Renovierung der Burg sammelt.

Mehrere Künstler und Keramiker haben hier ihre Ateliers und verkaufen im Sommer ihre Waren. Vom Parkplatz führen Schilder den Besucher auch zum **Sentier Vigneron**, einem eineinhalbstündigen Wanderweg, der durch Olivenhaine, Kirschplantagen und Weinberge führt.

Zum Mittagessen serviert das **Petit Café** (☎ 04 90 76 74 01; www.petitcafe.fr; Place de la Croix; Menüs 18–25 €; ⏲ 8.30–23.30 Uhr) auf dem Dorfplatz einfallsreiche provenzalische Gerichte.

# SÜDLICH DES LUBERONS

## Lourmarin

Wenn man die Combe de Lourmarin, die tief eingeschnitten durch das Luberon-Massiv führt, hinter sich lässt, ist Lourmarin der erste Ort, durch den man kommt. Das ehemals ruhige Bauerndorf hat sich in ein mondänes Örtchen verwandelt, dessen Straßen mit vornehmen Einrichtungsläden, Geschäften und Boutiquen übersät sind. Die Entwicklung hat sich seit der Ankunft des britischen Autors Peter Mayle noch beschleunigt.

Neben einem Spaziergang durch den Ort ist das **Château de Lourmarin** (☎ 04 90 68 15 23; www.chateau-de-lourmarin.com; Erw./Kind 6,50/3 €; ⏲ Juli & Aug. 10–18.30 Uhr, Sept.–Juni 10.30–12.30 & 14.30–17.30 oder 18.30 Uhr) eine Besichtigung wert. Das Schloss war das erste seiner Art, das in der Provence entstand. Es wurde im 16. Jh. erbaut und später erweitert. Das Château de Lourmarin gehörte einer Reihe von Aristokraten und ist nun im Besitz der Familie Vibert. Die Zimmer sind mit eindrucksvollen Antiquitäten und Kunstobjekten ausgestattet.

Literaturfans sollten auch einen Blick auf den Friedhof werfen, auf dem Albert Camus

(1913–1960) seine letzte Ruhe fand, der in der Nähe lebte, als er bei einem Autounfall ums Leben kam. Außerdem liegt hier der französische Schriftsteller Henri Bosco (1888–1976).

## Schlafen

**La Cordière** B&B €

(☎04 90 68 03 32; www.cordiere.com; Rue Albert Camus; DZ für 3 Nächte 170-225 €; 📶) Im Zentrum von Lourmarin steht dieses charaktervolle Haus von 1582. Es umschließt einen winzigen, blumenübersäten Innenhof, an den eine Sommerküche für Gäste grenzt. Die Zimmer sind mit stimmungsvollen provenzalischen Antiquitäten eingerichtet und haben geräumige Badezimmer. Zum B&B gehören auch drei Studios mit Küchen. Der Mindestaufenthalt beträgt 3 Nächte. Frühstück gibt es für 7,50 €.

**Le Mas de Foncaudette** B&B €€

(☎04 90 08 42 51; www.foncaudette.com; DZ 98–125 €, 3BZ 145 €, VBZ 160 €; ⏲April–Okt.; 📶) Dieses farbenfrohe Bauernhaus aus dem 16. Jh. liegt am Rand von Lourmarin. Es umschließt einen von Feigenbäumen beschatteten Innenhof und bietet eine gute Ausgangsbasis für Ausflüge in die Umgebung. Die Zimmer sind gemütlich: Marius mit seinen zwei Ebenen eignet sich hervorragend für Familien, während Paneloux marokkanisch eingerichtet ist. Die Besitzerin Aline Edme ist eine ausgezeichnete Quelle für lokale Informationen, und der Pool ist wunderbar. Das B&B ist entlang der D27 zwischen Lourmarin und Puyvert ausgeschildert.

## Essen

★**Café Gaby** CAFÉ €

(☎04 90 68 38 42; Place de l'Ormeau; Salate 10–12 €, Omeletts 9–12 €; ⏲7–24 Uhr) Café Gaby ist eines von drei entzückenden Cafés am Place de l'Orneau. Die königsblau-cremeweißen Bistrostühle glänzen in der Mittagssonne und verströmen unverfälschten provenzalischen Charme. Die Küche serviert hausgemachte klassische französische Gerichte. Den Höhepunkt gibt's am Freitag: ein riesiges *aïoli maison* (Gemüse, gekochte Kartoffeln, ein gekochtes Ei und Schalentiere, die in einen Topf Knoblauchmayaonnaise getaucht werden).

**Auberge La Fenière** GASTRONOMIE €€€

(☎04 90 68 11 79; www.reinesammut.com; Rte de Lourmarin, Cadenet; DZ ab 180 €, Menüs 38 € & 78 €; 📶) Dieses wunderbare alte Steinhaus verkörpert die Provence perfekt. Auf ihrem erlesenen Anwesen zaubert Michelin-Starköchin Reine Sammut außergewöhnliche mehrgängige Menüs aus Produkten, die aus ihrem eigenen *potager* (Küchengarten) stammen. Die Weinliste rechtfertigt durchaus eine Übernachtung in einem der 16 wunderschönen Zimmer und Suiten.

Kochkurse gibt es ab 70 € für zwei Stunden, ab 165 € mit Mittagessen.

## Praktische Informationen

**Lourmarin Touristeninformation** (☎04 90 68 10 77; www.lourmarin.com; Place Henri Barthélémy; ⏲Mo–Sa 10–12.30 & 15–18 Uhr) Bietet um 10 Uhr geführte Spaziergänge an (Erw./Kind 4 €/kostenlos), die sich wahlweise Albert Camus (Di), Henri Bosco (Mi) oder einer Erkundung des Dorfes (Do) widmen.

# Vaugines & Cucuron

Von Lourmarin führt die D56 parallel zum Wanderweg GR97 5 km Richtung Osten nach Vaugines. Hier drehte Claude Berri Szenen der Pagnol-Filme *Manons Rache* und *Jean de Florette* (beide 1986). Dabei diente die Rosskastanie des Dorfes stellenweise als Hintergrundkulisse.

Cucuron, 2 km weiter östlich, ist der Ausgangspunkt für Wanderungen auf den **Mourre Nègre** (1125 m), den höchsten Berg der Luberon-Kette. Karten sind bei der lokalen Touristeninformation erhältlich.

Wer sich nach einer Wanderung verwöhnen möchte, hat Glück: Cucuron hat ein Bistro mit Michelin-Stern: **La Petite Maison de Cucuron** (☎04 90 68 21 99; www.lapetitemaisondecucuron.com; Place de l'Etang; Menüs 50–70 €; ⏲Mi–So 12–14 & 18–22 Uhr). Hier zaubert der Koch Eric Sapet opulente Gerichte aus lokalen Zutaten. Das Bistro ist ziemlich teuer (eher Pumps als Wanderschuhe) und Reservierungen sind in der Hauptsaison ein Muss. Das Restaurant bietet samstagmorgens Kochkurse an (70 €).

# Ansouis

Während der letzten Jahrhunderte hat sich hier nicht viel verändert. Das teilweise befestigte Dorf Ansouis hat seinen Platz als eines von Frankreichs *plus beaux villages* (schönsten Dörfern) wirklich verdient. Wälle, Wachtürme und Tore umgeben das alte Dorfzentrum und das mittelalterliche **Château d'Ansouis** (☎04 90 09 82 70; Erw./Kind

6–18 Jahre 6/3 €; ⌚ Öffnungszeiten telefonisch erfragen), das sich jetzt in Privatbesitz befindet, aber im Rahmen eine Führung besichtigt werden kann.

Das Dorf beheimatet außerdem das exzentrische **Musée Extraordinaire** (☎ 04 90 09 82 64; Erw./Kind unter 16 Jahren 3,50/1,50 €; ⌚ 14–18 oder 19 Uhr; 👪), das von dem provenzalischen Maler und Taucher Georges Mazoyer gegründet wurde, dessen Leidenschaft für das Meer sich in den Fossilien und Kunstwerken des Museums widerspiegelt.

## Essen

**L'Art Glacier** EISCREME €

(☎ 04 90 77 75 72; Les Hautes Terres; ⌚ wechselnd) Abseits der Touristenpfade liegt diese Eisdiele, in der die kalte Süßigkeit zur Kunst erhoben wird. Michel und Sigrid Perrière stellen eine atemberaubende Vielfalt von Eissorten her: von Lavendel, zu Sesam, zu Cassis. Die Eisdiele befindet sich zwischen Ansouis und La Tour d'Aigues auf einem Hügel abseits der D9 (auf die Schilder in den Kreisverkehren achten).

★ **La Closerie** FRANZÖSISCH €€€

(☎ 04 90 09 90 54; www.lacloserieansouis.com; Bd des Platanes; Menüs 29–65 €; ⌚ Fr–Di 12–14, Mo, Di, Fr & Sa 19–22 Uhr) Dieses weithin bekannte edle Restaurant in Ansouis wird von Koch Olivier und seiner Frau Delphine geführt. Das Essen ist raffiniert, voller Aromen und Flair – was erklärt, warum es geradezu unmöglich ist, in der Hauptsaison einen Tisch zu ergattern (vor allem für das ausgezeichnete Mittagsmenü, das ein hervorragendes Preis-Leistungs-Verhältnis bietet). Für ein Lokal mit Michelin-Stern fühlt sich das Restaurant unglaublich entspannt an.

# Südlich von Lourmarin

Jenseits des Südufers des trägen Flusses Durance erstreckt sich die sonnenverbrannte Landschaft Richtung Süden über weite Weinberge und struppige Hügel bis Aix-en-Provence.

## Sehenswertes

**Jardin Conservatoire de Plantes Tinctoriales** GARTEN

(☎ 04 90 08 40 48; www.couleur-garance.com; Lauris; Erw./Kind 5 €/kostenlos; ⌚ Mai–Okt. 9–12 & 14–19 Uhr) In der Zeit vor der Erfindung synthetischer Farbstoffe wurden natürliche Farben, die man aus Pflanzen, Früchten oder Samen gewonnen hatte, zum Färben von Kleidung, Textilien und Wandteppichen verwendet. Dieser Garten in dem Dörfchen Lauris enthält eine Sammlung solcher Pflanzen; hier finden regelmäßig Workshops statt, die zeigen, wie sie verwendet wurden. Führungen (8 €) finden Dienstag und Samstag um 17 Uhr statt.

**Abbaye de Silvacane** KIRCHE

(☎ 04 42 50 41 69; www.abbaye-silvacane.com; Erw./Kind 7,50/6 €; ⌚ Juni–Sept. 10–18 Uhr, Okt.–April 10–13 & 14–17 Uhr) 7 km südwestlich von Cadenet liegt die Abbaye de Silvacane, eine von drei mittelalterlichen Abteien, die in der Provence von Zisterziensermönchen erbaut wurden. Die Abtei wurde zwischen 1175 und 1230 im romanischen Stil errichtet, und hat eine schlichte Kapelle und einen friedvollen Kreuzgang. Hier finden heute Konzerte und Kunstausstellungen statt.

**Observatoire Ornithologique de Mérindol** NATURSCHUTZGEBIET

(☎ 04 90 71 32 01) Dieses Vogelreservat am Fluss Durance ist Heimat von rund 243 Spezies, darunter Fischreiher und Kormorane. Mehrere Hochsitze liegen an einem 3 km langen Pfad für den man eineinhalb Stunden zu Fuß benötigt. Der Pfad ist gelb markiert. Das Reservat befindet sich in der Nähe des Mérindol-Mallemort-Dammes und ist 1,5 km vom Kreisverkehr am Eingang von Mérindol an der D973 ausgeschildert.

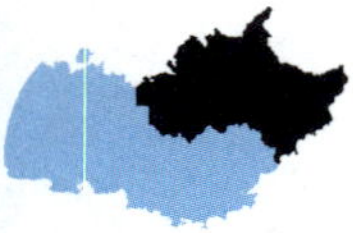

# Haute-Provence & südliche Alpen

**Inhalt ➜**



## Gut essen

- ➜ Auberge le Robur (S. 286)
- ➜ Restaurant Le 9 (S. 272)
- ➜ La Ferme Girerd-Potin (S. 284)
- ➜ La Bastide de Moustiers (S. 277)
- ➜ La Ferme Ste-Cécile (S. 277)

## Schön übernachten

- ➜ Moonlight Chalet (S. 287)
- ➜ Les Méans (S. 282)
- ➜ La Bastide de Moustiers (S. 277)
- ➜ Gîte de Chasteuil (S. 279)
- ➜ Relais d'Elle (S. 269)

## Auf in die Haute-Provence & die südlichen Alpen!

Beim Stichwort Provence denkt man zuerst an weite Felder und sanfte Hügel. Westlich des Luberon erstreckt sich jedoch dramatischeres Terrain. Nur eine Fahrtstunde nördlich von Nizza erheben sich die Alpen wie ein bezahnter Kieferknochen an der Grenze zu Italien – ein Paradies für Bergsteiger, Wanderer und Naturfans. Die Alpenlandschaften zählen zu den schönsten der ganzen Region.

Die Berge der Haute-Provence sind bis weit ins Frühjahr hinein verschneit und durch sechs Haupttäler voneinander getrennt. Als Verbindungsrouten fungieren ein paar der höchsten und haarsträubendsten Straßenpässe Europas – ein absolutes Muss für Selbstfahrer. Der riesige Parc National du Mercantour im Herzen der Region birgt seltene Spezies, Bergdörfer und unberührte Natur en masse. Unbedingt immer die Kamera bereithalten: An jeder Ecke wartet hier ein lohnendes Fotomotiv!

## Entfernungen (km)

| | Barcelonnette | Castellane | Digne-les-Bains | Forcalquier |
|---|---|---|---|---|
| Castellane | 75 | | | |
| Digne-les-Bains | 76 | 45 | | |
| Forcalquier | 120 | 83 | 48 | |
| Moustiers Ste-Marie | 125 | 35 | 47 | 51 |

# PAYS DE FORCALQUIER

Das abseits der Touristenpfade gelegene Pays de Forcalquier wartet mit weitläufigen, wildblumenübersäten Landschaften und abgeschiedenen, auf Hügeln gebauten Dörfern auf. Wenn man aus dem Luberon kommt, ist dieses Gebiet das Tor zur Haute-Provence, und außerdem führt von Marseille aus der schnellste Weg in die Region hier durch. Mittendrin liegt das Örtchen Forcalquier, das für seine Märkte und seinen Absinth bekannt ist. Auch Safran wird hier angebaut.

## Forcalquier & Umgebung

Die einzige halbwegs große Ortschaft der Region (5000 Ew.) versprüht eine fröhlich, unkonventionelle Atmosphäre. Diese ist ein Überbleibsel aus den 1960er- und 1970er-Jahren, als hier Künstler und Stadtflüchtlinge die heute boomende *biologiques*-Bewegung begründeten. Den nahen Hügel krönt eine „Zitadelle" mit vergoldeter Spitze, an der man Forcalquier schon von Weitem erkennt.

Am belebtesten wirkt das Städtchen während des Wochenmarkts (Mo morgens), der zu den besten der ganzen Gegend gehört.

### Sehenswertes & Aktivitäten

**Altstadt** HISTORISCHES STADTVIERTEL
Entlang schattiger Seitenstraßen und gewundener Treppen geht's hinauf zur Zitadelle mit kleiner, achteckiger Kapelle (20 Gehmin.). Ganz oben wartet eine Aussichtsplattform mit Panoramablick. Auf dem Rückweg nach unten passiert man einige der schönsten örtlichen **Eingangsportale** aus Holz. Diese entstanden in der Zeit vor der Französischen Revolution, als Forcalquier noch Sitz des Grafen der Provence war.

★ **Prieuré de Salagon** KLOSTER, GARTEN
(☎ 04 92 75 70 50; www.musee-de-salagon.com; Erw./Kind/Fam. 7/5/20 €; ⏲ Juni–Aug. 10–20 Uhr, Mai & Sept. 10–19 Uhr, Okt.–Mitte Dez. & Feb.–April 10–18 Uhr; 👪) Die friedvolle Priorei aus dem 13. Jh. liegt 4 km südlich von Forcalquier bei Mane. Ein Besuch lohnt sich u. a. wegen eines Bummels durch die mittelalterlichen Kräutergärten, die nach heimischem Lavendel, Pfefferminze und Beifuß duften. Ein Schaugarten mit Pflanzen aus aller Welt kann ebenfalls besichtigt werden.

**Ecomusée l'Olivier** MUSEUM
(☎ 04 92 72 66 91; www.ecomusee-olivier.com; Erw./Kind 4 €/frei; ⏲ Mo–Fr 10–18, Sa 13.30–18 Uhr; ✎) 🍃 Wer beim Anblick all der Olivenhaine um Forcalquier neugierig geworden ist, begebe sich 15 km gen Südosten nach Volx: Hier bringt einem dieses faszinierende Museum alles über die Verarbeitung der Olive und deren Bedeutung für die Menschen im Mittelmeerraum bei. Besucher können Souvenirs in einem schicken Laden kaufen und Olivenöle verkosten. Hinzu kommt das tolle Restaurant **Les Petites Tables** (☎ 04 86 68 53 14; lespetitestables@gmail.com; Hauptgerichte mittags 10–16 €; ⏲ Di–Sa 12–15 Uhr) mit super Mittagsgerichten à la Provence.

Das Museum hat Ableger in Gordes, Roussillon, Aix-en-Provence und weiteren Städten.

### Schlafen

★ **Relais d'Elle** B&B €
(☎ 04 92 75 06 87, 06 75 42 33 72; http://relaisdelle.com; Rte de la Brillane, Niozelles; EZ/DZ/3BZ/4BZ ab 56/70/88/110 €; 📶 🏊 👪) Rund 8 km außerhalb von Forcalquer überwuchert Efeu dieses atemberaubend schmucke Bauernhaus aus dem Jahr 1802. In ländlicher Idylle findet man hier u. a. gepflegte Gärten mit einem großartigen Pool. Die zauberhaft femininen Zimmer warten mit Aussicht auf – am besten gefielen uns das „Collines" (Gemütlichkeit) und das „Pierres" (Flair). Die Inhaber sind Pferdenarren und servieren leckeres Abendessen (Reservierung erforderl.).

**Grand Hotel** HOTEL €
(☎ 04 92 75 00 35; www.grandhotel-forcalquier.com; 10 blvd Latourette, Forcalquier; EZ/DZ/3BZ/FZ 48/59/67/99 €; 📶) Marktfans aufgepasst: Eine Gehminute unterhalb vom Hauptplatz steht dieses einfache Hotel quasi mitten in der Action. Es wirkt etwas altmodisch und verstaubt, ist aber freundlich und blitzblank. Die besten Zimmer befinden sich auf der Rückseite; vorn ist der Straßenlärm vernehmbar. Halbpension möglich.

**Bergerie de Beaudine** B&B €
(☎ 04 92 75 01 52; www.gite-labeaudine.com; Rte de Limans, Forcalquier; EZ/DZ 56/66 €; 📶 🏊) Rund 2 km außerhalb der Stadt (der D950 in Richtung Banon folgen!) zieren bunte Blumenmuster dieses geniale B&B. Im großen Garten gibt's einen Pool und eine Freiluftküche mit Grillgelegenheit (Sommer). Begrenzter WLAN-Zugang; nur Barzahlung.

**Couvent des Minimes** HOTEL €€€
(☎ 04 92 74 77 77; www.couventdesminimes-hotelspa.com; Chemin des Jeux de Maï, Mane; Zi. ab 235 €; ❄ 📶 🏊) Dieses Hotel ist sehr teuer,

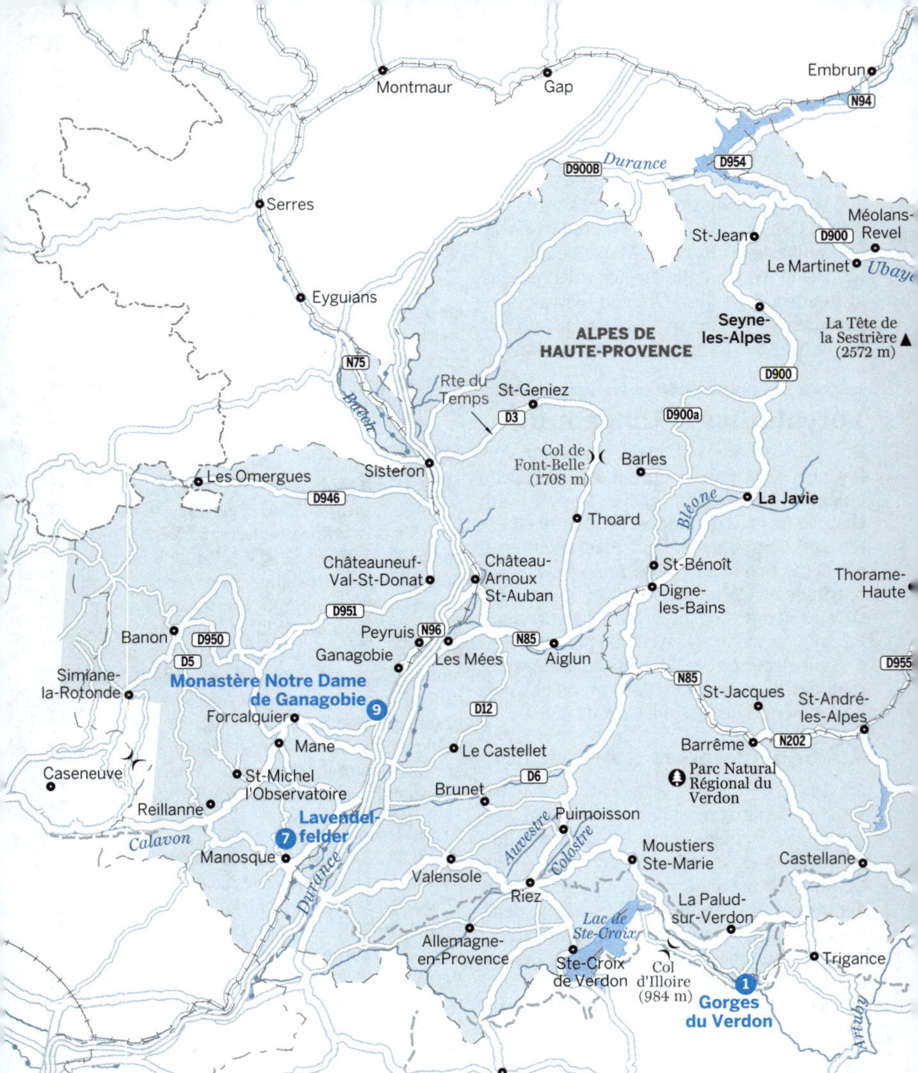


## Highlights

1 Den tollen Straßen an den Rändern der **Gorges du Verdon** (S. 274) folgen

2 Mit dem **Train des Pignes** (S. 281) eine Bergbahnfahrt von Nizza nach Digne-les-Bains unternehmen

3 Durchs Hochgebirge rund um **St-Martin-Vésubie** (S. 286) wandern

4 Halbwilde Wölfe im **Naturschutzgebiet Alpha** (S. 286) beobachten

5 Einen der höchsten Straßenpässe Europas, den **Col de**

**Restefond la Bonette** (S. 285), meistern

6 Durch die scharlachroten Felscanyons der **Gorges de Daluis** (S. 284) fahren

7 Sich in den **Lavendelfeldern rund um Manosque** (S. 273) verlieren

8 Felskunst im **Vallée des Merveilles** (S. 288) bestaunen

9 Im **Monastère Notre Dame de Ganagobie** (S. 273) über den Mosaiken aus dem 12. Jh. ein wenig ins Nachdenken geraten

## BISTROT DE PAYS

Die Organisation **Bistrot de Pays** (www.bistrotdepays.com) zielt darauf ab, hungrige Gäste in die entlegeneren Dörfer und Kleinstädte der Haute-Provence zu locken. So bewirbt sie kleine Restaurants, die für provenzalische Traditionsküche unter überzeugter Verwendung regionaler Zutaten bekannt sind – oft gewürzt mit Livemusik und Gemeinschaftsevents. Die Idee ist so erfolgreich, dass sie nun landesweit übernommen wird. In der ganzen Gegend machen viele Lokale mit. Entsprechende Verzeichnisse stehen in der Gratisbroschüre (bei Touristeninformationen erhältl.) und auf der Website.

aber in jeder Hinsicht *boutique*. Inmitten herrlicher Architektur aus dem Mittelalter werden hier alle Register gezogen: Der umgebaute Konvent birgt neben schönen Zimmern auch ein opulentes Spa und ein tolles Restaurant. Last-Minute-Buchungen und Sonderangebote in der Nachsaison bringen oft echte Schnäppchenpreise.

## Essen

Rund um den Hauptplatz (Place du Bourguet) verteilen sich mehrere Brasserien.

**L'Entre d'Eux** CAFÉ €
(23 bd des Martyrs, Forcalquier; Gerichte 5–10 €; Mo–Sa 8.30–18, Mi 8.30–15 Uhr; ) Kleines Café in Hauptplatznähe, das Snacks wie gemischte Käse- oder Wurstteller serviert.

**Le Baratin** BISTRO €€
(04 92 77 14 84; 22 blvd Latourette, Forcalquier; Hauptgerichte 10–14 €; 12–15 Uhr) Mittags beliebt für schnell zubereitete Klassiker wie *salade de chèvre* (Salat mit geschmolzenem Ziegenkäse), Steaks mit Schalotten oder Burger mit grob geschnittenen Pommes.

**Restaurant Le 9** PROVENZALISCH €€
(04 92 75 03 29; www.le9-forcalquier.fr; Av Jean Giono, Forcalquier; Menüs 17–28 €; Mi–Mo 12–14.30 & 19.30–22 Uhr) Le 9 (sprich: lö-nöf) mit seiner Panoramaterrasse versteckt sich hoch oben hinter der Zitadelle. Das Lokal ist die beste Adresse für herzhafte Hausmannskost mit Zutaten vom Markt bzw. Hof. So wird hier schlichte Bistro-Kost wie in Honig geschmortes Kaninchen oder gegrilltes Lamm mit Tomate und Basilikum serviert. Am besten einfach das bestellen, was auf der Tafel angeschrieben ist! Reservierung ratsam.

**Café de Niozelles** PROVENZALISCH, ITALIENISCH €€
(04 92 73 10 17; http://bistrot.niozelles.net; Place du Village, Niozelles; Festpreismenü 26 €; 12.30–14.30 & 19–21 Uhr, Do geschl.; ) Für französische Küche wie bei Muttern lohnt es sich, 5 km zu diesem schamlos altmodischen Bistro in Niozelles zu fahren. Gäste brauchen großen Hunger und ein Faible für alle traditionellen Beilagen (z. B. Innereien, Kutteln, Schafsfüße). Im ganzen Pays de Forcalquier gibt's jedoch wohl keine bessere Adresse für authentisches Essen à la Frankreich.

## Shoppen

**Distilleries et Domaines de Provence** SPIRITUOSEN
(04 92 75 15 41; www.distilleries-provence.com; 9 av St-Promasse, Forcalquier; April–Dez. Mo & Mi–Sa 10–12.30 & 14–18 Uhr) Die freundliche Destillerie (gegr. 1898) produziert Pastis und Absinth. Zu erkennen ist sie an Antiquitäten draußen vor der Tür und einem Schild mit der Aufschrift „Espace Dégustation".

## Praktische Informationen

**Touristeninformation Forcalquier** (04 92 75 10 02; www.forcalquier.com; 13 place du Bourguet; Mo–Sa 9–12 & 14–18 Uhr) Liefert Infos zu Wegen, Radrouten, Heißluftballonfahrten und anderen Aktivitäten in der Umgebung. Hat auch eine nützliche iPhone-App („visit 04").

## Anreise & Unterwegs vor Ort

**LER-Busse** (Lignes Express Régionales; 08 21 20 22 03; www.info-ler.fr) verbinden Forcalquier, Mane und St-Michel l'Observatoire mit Apt, Avignon, Digne-les-Bains, Sisteron, Manosque, Aix-en-Provence und Marseille. Umfassende Infos dazu hat die Touristeninformation.

**Bachelas Cycles** (S. 254) vermietet Mountainbikes, Tandems, Renn- und Elektroräder (19–26 €/Tag).

# St-Michel l'Observatoire

Wer über Nebenstraßen durch das Buschland zum Dorf St-Michel l'Observatoire fährt, erblickt auf den voraus liegenden Hügeln Überraschendes: eine Sternwarte mit futuristischer Kuppelform, von der aus seit 1937 der klare Nachthimmel der Haute-Provence beobachtet wird. Die eigentliche Ortschaft ist ebenso attraktiv, aber im Sommer von Hobby-Astronomen überlaufen.

### Sehenswertes & Aktivitäten

**Observatoire de Haute-Provence** STERNWARTE
(☎04 92 70 64 00; www.obs-hp.fr; Erw./Kind 4,50/2,50 €; ⊙Führungen Juli & Aug. Di–Do 14–17 Uhr, Sept.–Juni Mi 14.15–16 Uhr) Führungen in der Sternwarte St-Michel ermöglichen Besuchern, das 1,93 m große Hauptteleskop und einen guten Film über die Forschungsarbeit des Zentrums zu sehen. Tickets für die 30-minütige Führung gibt's am Kartenschalter auf dem Dorfplatz in St-Michel. Im Juli und August ist ein kostenloses Shuttle unterwegs. Die Sternwarte befindet sich am Ende der D305, 2 km nördlich von St-Michel l'Observatoire. In der Nebensaison vorher anrufen!

**Centre d'Astronomie** ASTRONOMIEZENTRUM
(☎04 92 76 69 69; www.centre-astro.fr; Plateau du Moulin à Vent; Erw./Kind 6–16 Jahre 7,15/5,10 €; ⊙nur nach Voranmeldung) Im nahe gelegenen Astronomiezentrum kann man selbst Sternenkonstellationen und die Sonne beobachten. Um wirklich was davon zu haben, sollte man aber Französisch können.

## Simiane la Rotonde

602 EW. / 630 M

Das schmucke Dorf auf dem Gipfel eines 360 m hohen Felsbrockens ist nach seinem unverwechselbaren Wahrzeichen benannt: der berühmten **Rotonde** (www.simiane-la-rotonde.fr; Erw. 4,50 €, Kind 12–18 Jahre/unter 12 Jahren 2,50 €/frei; ⊙Mai–Aug. 10.30–13 & 14–19 Uhr, März, April & Sept.–Mitte Nov. Mi–So 13.30–18 Uhr), die zu einer Burg aus dem 12. Jh. gehört.

Letztere wurde von der Familie Simiane-Agoult erbaut, die im Mittelalter zu den mächtigsten Adelsgeschlechtern der Region zählte. Herrliches Highlight der Rotonde ist ihre hohe zentrale Kuppel mit zwölf Stützrippen, vielen Ziersäulen und komplex gestaltetem Mauerwerk. Dieses echte Meisterwerk der mittelalterlichen Baukunst bildet jedes Jahr die unvergessliche Kulisse für das klassische Musikfestival **Les Riches Heures Musicales de la Rotonde**.

## Banon

940 EW. / 760 M

Das Nest ist für seinen gleichnamigen Ziegenkäse *(chèvre de Banon)* berühmt, der zuerst in Kastanienblätter gehüllt und dann mit Raffiabast umwickelt wird. Diese begehrte lokale Spezialität lässt sich sowohl roh als auch gekocht genießen. Im Angebot ist sie u.a. auf vielen regionalen Märkten (z.B. dienstagmorgens in Banon). Im Mai feiert das Dorf sein eigenes **Käsefest**.

Ansonsten kann man die Köstlichkeit z.B. beim wunderbaren Käse- und Wurstladen **La Brindille Melchio** (☎04 92 73 23 05; place de la République; ⊙Juli & Aug. tgl. 8–19 Uhr, Sept.–Juni Mi–So 8–12.30 & 14.30–18.30 Uhr) kaufen. Parallel führt die Touristeninformation ein Verzeichnis mit besuchbaren Bauernhöfen in der Umgebung. Darunter ist auch die **Fromagerie de Banon** (☎04 92 73 25 03; www.fromagerie-banon.fr; Rte Carniol; ⊙April–Okt. Mo–Fr 14.30–17.30 Uhr), die wenige Kilometer südlich des Orts an der D201 liegt.

## VALLÉE DE LA DURANCE

Die breiten, flachen Talauen des Flusses Durance breiten sich auf halber Strecke zwischen dem Luberon und den Alpen aus. Vor Jahrhunderten verlief durch diese natürliche Passage die Via Domitia – jene Hauptstraße, auf der römische Legionäre und Händler durch das südliche Gallien reisten. Als modernes Pendant fungiert die Autobahn A8.

Die Gegend ist zudem für ihre Lavendelfelder berühmt. Dies gilt vor allem für den Umkreis von Manosque und das nahe Plateau de Valensole. Viele Lavendelbauern veranstalten Betriebsführungen und verkaufen ihre Produkte direkt an Besucher. Eine entsprechende Übersicht gibt die Gratisbroschüre *Routes de la Lavande*, die in allen regionalen Touristeninformationen ausliegt.

### Sehenswertes

**Les Mées** ARCHÄOLOGISCHE STÄTTE
Wer von Forcalquier aus nordwärts in Richtung Sisteron fährt, kann die geheimnisvollen Rochers des Mées praktisch nicht übersehen: Diese Reihe aus zahlreichen Einzelfelsen ist z.T. bis zu 100 m hoch. Der Legende nach handelt es sich hierbei um Mönche, die einst zu Stein verwandelt wurden, weil sie sarazenischen Frauen begehrt hatten. Durch die Formationen führt ein Rundweg (ca. 3½ Std.).

**Monastère Notre Dame de Ganagobie** KLOSTER
(www.ndganagobie.com; Ganagobie; ⊙Di–So 15–17 Uhr, Laden Di–So 10.30–12 & 14.30–18 Uhr) GRATIS Ein Pflichtziel: Das Kloster in Ganagobie wirkt wie aus einer anderen Welt und wird seit seiner Gründung im 10. Jh. durch-

gängig von Benediktinern bewohnt. Deren Erzeugnisse (z. B. Seife, Honig, Marmelade, Bier) sind im örtlichen Laden erhältlich. Die sehenswerte Kapelle mit Bodenmosaiken aus dem 12. Jh. ist als einziges Gebäude öffentlich zugänglich. Besucher können jedoch den Großteil des Geländes erkunden.

Der Komplex liegt am Ende der kurvigen Straße (4 km), die zwischen Forcalquier und Sisteron von der D4096 abzweigt (auf die Schilder achten!). Während örtlicher Klausuren ist das ganze Kloster geschlossen.

**Citadelle de Sisteron** FESTUNG
(www.citadelledesisteron.fr; Eintritt 6,40 €; ⏲ April–Okt. 9–18 Uhr, Juli & Aug. 9–19 Uhr) Den besten Blick auf das Tal bietet die Zitadelle, die hoch über Sisteron an einer felsigen Gipfelflanke klebt. Zwischen dem 13. und 16. Jh. entstand das Bollwerk in mehreren Etappen. Nach schweren Bombenschäden im August 1944 wurde es akribisch restauriert.

## Schlafen & Essen

**Mas Saint-Joseph** B&B €
(☎ 04 92 62 47 54; www.lemassaintjoseph.com; Châteauneuf-Val-St-Donat; EZ/DZ/3BZ/4BZ 60/69/88/107 €; ⏲ April–Okt.; ) Rund 10 km nordwestlich von Peyruis steht dieses umgebaute Bauernhaus an einem bewaldeten Hang. Balken und weiß verputzte Steinmauern verleihen den Zimmern eine ganz besondere Atmosphäre. Zudem gibt's hier einen Whirlpool und eine Gemeinschaftsküche. Das so üppige wie günstige *table d'hôte* (Tagesmenü zum Festpreis; 17 od. 23 €) beinhaltet Wein.

**La Magnanerie** FEINSCHMECKER €€
(☎ 04 92 62 60 11; www.la-magnanerie.net; N85, Aubignosc; Menüs mittags 22–29 €, abends 32–55 €; ⏲ Di–So 12.15–13.30 & 19.15–21.30 Uhr; @ ) Das stilvolle, ziemlich formelle Restaurant steht ca. 10 km südlich von Sisteron an der Straße. Küchenchef Stéphan Paroche ist für seine vielfältige, kreative Küche bekannt. Essbare Blumen und Kräuter zieren die exquisit angerichteten Teller mit französischen Spitzengerichten. Ebenso verspielt wirken die Zimmer oben (87–98 €): In manchen davon gibt's Wandbilder im Cartoon-Stil, andere sind in Anlehnung an klassische Kinoszenen gestaltet. Reservierung erforderlich.

# GORGES DU VERDON (VERDONSCHLUCHT)

Nur wenige Sehenswürdigkeiten Frankreichs bieten eine so atemberaubende Aussicht wie die grandiosen Gorges du Verdon. Bis hin zu den Ausläufern der Alpen bildet der „europäische Grand Canyon" eine 25 km lange Kluft durch das Kalksteinplateau der Haute-Provence – über Jahrmillionen gegraben vom Fluss Verdon. Seit 1997 ist die Schlucht das Herzstück des Parc Naturel Régional du Verdon. Ihre nackten Felswände sind z. T. bis zu 700 m hoch (doppelte Höhe des Eiffelturms). Zudem sind hier eine Kolonie ausgewilderter *vautours fauves* (Gänsegeier) und viele andere Vogelarten zu Hause.

Von oben wirkt der Fluss Verdon wie ein silbernes Rinnsal. Unten sieht's anders aus: Dies ist eines der besten Rafting-Reviere Frankreichs. Der Schluchtboden ist nur per pedes oder Rafting-Tour zugänglich. Idealerweise schaut man sich das Ganze von unten und von oben an, um einen Eindruck von den gewaltigen Dimensionen zu bekommen.

Bei Rougon beginnt die Hauptschlucht nahe dem Zusammenfluss von Verdon und

ABSTECHER

### ROUTE DU TEMPS

Die ausgeschilderte Route du Temps (Straße der Zeit) schlängelt sich zu ein paar der spektakulärsten Täler, Felsformationen und historischen Stätten der Region. Sie beginnt gleich nördlich von Sisteron und folgt zunächst der D3 nach St-Geniez. Dann geht's über den Col de Font-Belle (1304 m) zum mittelalterlichen Wehrdorf Thoard.

Schilder am Straßenrand erklären unterwegs die jeweiligen Sehenswürdigkeiten. Für ein noch intensiveres Erlebnis kann man auf diversen Wanderpfaden in die umliegenden Hügel hineinmarschieren. In Thoard lohnt sich zudem ein Besuch der kleinen **Distillerie du Siron** (☎ 04 92 34 61 96, 06 25 12 67 17; www.distilleriesiron-lavande.fr; Thoard; ⏲ Führungen Juli & Aug. nach Voranmeldung tgl. 10–12 & 14–18 Uhr, übriges Jahr nach Vereinbarung) GRATIS, die unter der Leitung von Marc Malagutti Bio-Lavendel verarbeitet.

Abhängig von den Zwischenstopps dauert die Fahrt etwa zwei bis drei Stunden. Bei der Touristeninformation in Sisteron gibt's eine Routenkarte (2 €) und weitere Details.

Jabron. Die besten Ausgangspunkte sind Moustiers Ste-Marie im Westen und Castellane im Osten.

## Aktivitäten

### Auto- & Radfahren

Die Umrundung der ganzen Schlucht ab Moustiers Ste-Marie (140 km) umfasst zahlreiche heftige Haarnadelkurven. Auf beiden Seiten verläuft eine schmale Straße am oberen Rand der Steilkante. Ausweichstellen sind rar, und es ist immer mit Steinschlag zu rechnen. Also langsam fahren und die Landschaft genießen!

Am besten kommt man im Frühling oder Herbst hierher: Die Straßen sind im Sommer oft verstopft und im Winter vereist. Die **Route des Crêtes** (D952 & D23) ist von Mitte November bis Mitte März gesperrt.

La Palud-sur-Verdon (930 m) ist das einzige Dorf entlang der Strecke. Daher vor dem Start unbedingt volltanken!

### Wandern & Trekken

Dutzende markierter Wanderpfade durchziehen das raue Land rund um Castellane und Moustiers. Örtliche Touristeninformationen verkaufen die tolle Broschüre *Canyon du Verdon* (4,70 €), die insgesamt 28 Routen detailliert beschreibt (u. a. auf Englisch). Parallel bieten sie Karten zu den fünf wichtigsten Wanderungen an (2,40 €).

Achtung: Im gesamten Schluchtbereich ist Wildcamping verboten! Zudem sollte man den Fluss nur per Brücke überqueren und auf den markierten Wegen bleiben. Sonst besteht die Gefahr, durch das Öffnen des flussaufwärts gelegenen Staudamms (2-mal pro Woche) eingeschlossen zu werden. Zudem ist es ratsam, sich vor dem Start bei örtlichen Touristeninformationen nach Wasserstand und Wetter zu erkundigen.

### Outdoor-Aktivitäten

Castellane ist die beliebteste Basis für Wassersportarten (April–Sept.; nach Voranmeldung). Die dortige Touristeninformation führt Verzeichnisse der örtlichen Veranstalter. Die meisten verlangen recht ähnliche Preise (2 Std. ca. 35 €, halber/ganzer Tag 55/75 €), wobei Sicherheitsausrüstung stets enthalten ist. Da man unterwegs (sehr) nass wird, ist angemessene Bekleidung ein Muss.

Die Strände des Lac de Castillon werden gern zum Schwimmen und Paddeln genutzt. St-André-les-Alpes am Seeufer ist Frankreichs führendes Zentrum für Gleitschirmflüge.

#### MARKTTAGE

Markt ist meist von 8 bis 12 Uhr.

**Montag** Forcalquier.

**Dienstag** Breil-sur-Roya, Colmars-les-Alpes.

**Mittwoch** Barcelonnette, Castellane, Digne-les-Bains, La Foux d'Allos, La Palud-sur-Verdon, Riez, Sisteron, St-André-les-Alpes, Tende.

**Donnerstag** Allemagne-en-Provence, Allos, Les Salles-sur-Verdon, Montagnac, Sospel.

**Freitag** Colmars-les-Alpes, Entrevaux, Moustiers-Ste-Marie, Quinson, Seyne-les-Alpes.

**Samstag** Barcelonnette, Castellane, Digne-les-Bains, Riez, Sisteron, St-André-les-Alpes.

**Sonntag** Bauduen (Sommer), Castellane, La-Palud-sur-Verdon (Sommer).

**Täglich** St-Martin-Vésubie.

**Des Guides pour l'Aventure** OUTDOOR-AKTIVITÄTEN
(☎06 85 94 46 61; www.guidesaventure.com; Moustiers Ste-Marie) Canyoning (45 €/halber Tag), Klettern (40 €/3 Std.), Rafting (45 €/2½ Std.) und Floating (50 €/3 Std.); bei Letzterem treibt man auf einem Schwimmsack dahin.

**Aboard Rafting** WASSERSPORT
(☎04 92 83 76 11; www.aboard-rafting.com; 8 place de l'Église, Castellane) Wassersport (meist ab 35 €/2 Std.) wie Rafting, Canyoning oder Trips mit Gummikanus bzw. -kajaks.

**Latitude Challenge** ABENTEUERSPORT
(☎0491090410; www.latitude-challenge.fr; Sprung 115 €) Organisiert Bungee-Sprünge von Europas höchstem Absprungpunkt: dem 182 m hohen Pont de l'Artuby (Artuby-Brücke). Hat zudem Fallschirmspringen im Programm.

**Aérogliss** GLEITSCHIRMFLIEGEN
(☎04 92 89 11 30; www.aerogliss.com; Chemin des Iscles, St-André-les-Alpes; Einsteigerflüge 75 €) „Feuertaufen-Flüge" für Einsteiger plus Optionen für erfahrenere Gleitschirmsportler.

### Tierbeobachtungen

**Sortie de Découverte des Vautours du Verdon** VOGELBEOBACHTUNG
(☎04 92 83 61 14; Erw./Kind 10/6 €; ⌚Mitte Juni–Mitte Sept. Di, Mi & Fr 9.30 & 18 Uhr) Geführte

Geierbeobachtungen in der Verdonschlucht (Buchung über die Touristeninformation in Castellane).

### Praktische Informationen

**Touristeninformation Castellane** (☎ 04 92 83 61 14; www.castellane.org; Rue Nationale; ⏲ Juli & Aug. 9–19.30 Uhr, übriges Jahr kürzere Öffnungszeiten) Beste Infoquelle zu Flusstrips und zur Ostseite der Verdonschlucht.

**Touristeninformation Moustiers Ste-Marie** (☎ 04 92 74 67 84; www.moustiers.eu; ⏲ Juli & Aug. Mo–Fr 9.30–19, Sa & So 9.30–12.30 & 14–19 Uhr, übriges Jahr kürzere Öffnungszeiten; WLAN) Super Service, Gratis-WLAN und allgemeine Infos zur Verdonschlucht.

### Unterwegs vor Ort

#### BUS

Um die Schlucht gibt's nur wenige Verkehrsmittel. Nützliche **Shuttle-Busse** (☎ 04 92 34 22 90; autocars.delaye@orange.fr; ⏲ Juli & Aug. 2-mal tgl., April–Juni & Sept. nur Wochenende) verbinden Castellane mit Point Sublime, La Palud und La Maline (Moustiers wird nicht bedient).

Ab Marseille rollt zudem täglich ein Bus von **LER** (☎ 08 21 20 22 03; www.info-ler.fr) nach Riez (16,90 €), Moustiers (18,30 €) und Castellane (25,80 €). Eine Einzelfahrt von Moustiers nach Castellane kostet 7,10 €.

#### ZUG

Nördlich der Schlucht fährt der Train des Pignes (S. 281) vorbei. Die nächsten Haltestellen sind St-André-les-Alp und Barrême (21 km nördl. bzw. 25 km nordwestl. von Castellane).

## Lac de Ste-Croix & Lac de Quinson

Der größte See im Parc National Régional du Verdon, der Lac de Ste-Croix (südwestl. von Moustiers-Ste-Marie), ist ein 1974 angelegter Stausee, an dem Zubehör für die unterschiedlichsten Wassersportarten – Bretter zum Windsurfen, Kanus und Kajaks – ausgeliehen werden kann. Am südöstlichen Ufer des Sees liegt das hübsche Bauduen.

Der Lac de Quinson liegt am südlichsten Punkt der unteren Gorges du Verdon. Das **Musée de la Préhistoire des Gorges du Verdon** (☎ 04 92 74 09 59; www.museeprehistoire.com; Rte de Montmeyan; Erw./Student/Fam. 7/5/20 €; ⏲ Juli & Aug. 10–20 Uhr, April–Juni & Sept. bis 19 Uhr, Feb., März & Okt.–Mitte Dez. Bis 18 Uhr, Mitte Dez.–Jan. geschl.; 👪) in dem Städtchen Quinson stellt zahllose Tierpräparate und archäologische Funde aus und beleuchtet die Naturgeschichte der Schlucht. Zwischen März und Oktober organisiert das Museum monatlich Ausflüge zur prähistorischen Höhle Grotte de la Baume Bonne.

Das nahe **Allemagne-en-Provence** verdankt seinen Namen der römischen Göttin der Fruchtbarkeit, Alemona. Ihr Abbild thront auf dem wichtigsten Bauwerk des Ortes, dem mit Türmchen versehenen, märchenhaften **Château d'Allemagne** (☎ 04 92 77 46 78; www.chateau-allemagne-en-provence.com; Führungen Erw./Kind 7 €/frei; ⏲ geführte Touren Juli–Mitte Sept. Di–So 16 & 17 Uhr, Ostern–Juni & Mitte Sept.–Okt. nur Sa & So) aus dem 12. bis 16. Jh.

## Moustiers-Ste-Marie & Umgebung

710 EW. / 634 M

Das schmucke Moustiers-Ste-Marie wird auch „Étoile de Provence" (Stern der Provence) genannt. Es steht auf hohen Kalksteinklippen, die die Alpen von den sanft gewellten Grasebenen der Haute-Provence abgrenzen. Hoch über dem Dorf hängt traditionell eine 227 m lange Kette mit einem goldenen Stern, die der Legende nach vom Herzog von Blacas gestiftet wurde, der dankbar war, dass er unversehrt von den Kreuzzügen zurückgekehrt war. Alle 50 Jahre, zuletzt 1996, werden die verwitterte Halterungen der Kette und der Stern ausgetauscht. Es überrascht nicht, dass Moustiers zahlreiche Besucher anzieht, besonders im Sommer.

### Sehenswertes & Aktivitäten

**Chapelle Notre Dame de Beauvoir** KIRCHE
(Führungen Erw./Kind 3 €/frei; ⏲ 24 Std.) GRATIS Oben am Rand der Klippe und unterhalb von Moustiers Stern blickt diese Kirche aus dem 14. Jh. wie aus einem Adlernest auf das Dorf. Ein steiler Weg führt neben einem Wasserfall rauf zur Kapelle und passiert dabei 14 Stationen des Kreuzwegs. Am 8. September wird um 5 Uhr morgens mit einer Messe die Geburt der Jungfrau Maria gefeiert. Anschließend gibt's Musik mit Flöten und Trommeln und Frühstück.

**Musée de la Faïence** MUSEUM
(☎ 04 92 74 61 64; Rue Seigneur de la Clue; Erw./Schüler/Kind unter 16 Jahren 3/2 €/frei; ⏲ Juli & Aug. 10–12.30 & 14–19 Uhr, Mitte März–Juni & Sept.–Okt. bis 18 Uhr, Nov. & Dez. bis 17 Uhr, ganzjährig & Jan–Mitte März Di geschl.) In Europas Adelshäusern wurde von den dekorativen, aus Ton hergestellten *faïence* (Fayencen)

aus Moustiers diniert. Heute hat jede der 15 Künstlerwerkstätten von Moustiers ihren eigenen Stil – von darstellerisch bis abstrakt. Alte Meisterstücke werden in diesem kleinen Museum, das direkt ans Rathaus anschließt, ausgestellt. Galerien im Dorf verkaufen neue Waren; am Fuß des Hügels befinden sich die aktiven Künstlerwerkstätten – die Touristeninformation hält eine Liste der besten Kunsthandwerksmeister bereit.

## Schlafen

**★ Gîte du Petit Ségriès** BAUERNHOF €
(☎ 04 92 74 68 83; www.chambre-hote-verdon.com; DZ inkl. Frühstück 69–79 €; ) Das weitläufige Bauernhaus von Sylvie und Noël steht 5 km westlich von Moustiers an der D952 Richtung Riez. Die freundlichen Gastgeber vermieten fünf bunte, luftige Zimmer. Die Hausmannskost-*table d'hôte* (21 € inkl. Wein) wird an einem massiven Kastanienholztisch oder im Sommer draußen unter einem grünen Dach serviert. Als MTB-Guide bietet Noël tolle Touren an (ab 65 €).

**Clos des Iris** HOTEL €
(☎ 04 92 74 63 46; www.closdesiris.fr; chemin de Quinson; DZ 74–80 €, FZ 108–135 €; Okt.–Dez. geschl.; ) Eine Familie führt dieses reizende, einfache Hotel, das Klappläden und Pergolen vor der Sonne schützen. Drum herum erstreckt sich ein hübscher grüner Garten. Neben neun Zimmern vor Ort vermieten die Eigentümer eine Selbstversorgerhütte weiter unten an der Straße.

**Domaine du Petit Lac** CAMPING €
(☎ 04 92 74 67 11; www.lepetitlac.com; Rte des Salles en Verdon; Stellplatz pro 2 Pers. 15,30–22,90 €; Mitte April–Mitte Okt.; @) Großer Campingplatz am Ufer des Lac Ste-Croix; ist auf Aktivurlauber ausgerichtet und offeriert auch Holzhütten und Wohnwagen.

**★ La Ferme Rose** HOTEL €€
(☎ 04 92 75 75 75; www.lafermerose.com; Chemin de Quinson; DZ 85–157 €; ) An der D952 in Richtung Ste-Croix de Verdon weist ein Schild den Weg zu diesem Bauernhaus in italienisch anmutenden Terrakottatönen. Als buntes, charmantes Stück Provence strotzt es vor schrägen Sammlerstücken: Neben einer Wurlitzer-Jukebox gibt's hier z. B. eine Schauvitrine voller Kaffeemühlen zu bewundern. Auf den türkisblauen Treppenfliesen stehen alte Bügeleisen. Von den luftigen, sauberen, farbenfrohen Zimmern schaut man auf endlose Blumengärten. Frühstück kostet 11 €.

## Essen

Die meisten Restaurants in Moustiers haben im Winter geschlossen.

**Clérissy** CRÊPERIE €
(☎ 06 33 34 06 95; www.clerissy.fr; place du Chevalier-de-Blacas; Gerichte 8–12 €; Fr–Di 12–15, Do–Di 19–22 Uhr) Gute Mittagsadresse im Dorf; serviert knusprige Pizzas, üppige Crêpes und große Salate.

**★ La Grignotière** PROVENZALISCH €
(☎ 04 92 74 69 12; Rte de Ste-Anne; Hauptgerichte 6–15 €; Mai–Sept. 11.30–22 Uhr, Feb.–Mitte Mai 11.30–18 Uhr) Das zauberhafte und herrlich ruhige Gartenrestaurant mit Tischen zwischen Olivenbäumen verbirgt sich hinter der zartrosa Fassade des Musée de la Faïence in Moustiers. Das so farbenfrohe wie attraktive Dekor (u. a. handgemachte Glaswaren) ist das Werk der talentierten und dynamischen Inhaberin Sandrine. Serviert wird „Nobel-Picknick" (z. B. Tapenades, Quiches und viele einfallsreiche Salate mit Olivenöl).

**La Treille Muscate** PROVENZALISCH €€
(☎ 04 92 74 64 31; www.la-treille-muscate.com; Place de l'Église; Menüs mittags/abends ab 22/31 €; Fr–Mi 12–14, Fr–Di 19.30–22.30 Uhr) Das beste Lokal im eigentlichen Ort kredenzt provenzalische Traditionsküche mit Pfiff. Gegessen wird entweder in einem Speiseraum mit Steinmauern oder auf einer Terrasse mit Talblick. Reservierung ist ratsam.

**La Ferme Ste-Cécile** FEINSCHMECKER €€
(☎ 04 92 74 64 18; D952; Menüs 29–38 €; Di–So 12–14, Di–Sa 19.30–22 Uhr) Die wunderbare *ferme auberge* (Landgasthof) steht für ein kulinarisches Rundum-Erlebnis à la Provence. Dies reicht von der sonnigen Terrasse und den erlesenen Regionalweinen bis hin zu den tadellosen mediterranen Gerichten des Küchenchefs. Das Restaurant liegt nur ca. 1,2 km außerhalb von Moustiers in Richtung Castellane (auf die Schilder achten!).

**La Bastide de Moustiers** FEINSCHMECKER €€€
(☎ 04 92 70 47 47; www.bastide-moustiers.com; Chemin de Quinson; Menüs 38–79 €; Mai–Sept. tgl. 12–14 & 19.30–21.30 Uhr, Okt.–April Di & Mi geschl.; ) Das gemütliche Lokal im provenzalischen Stil wird vom legendären Küchenchef Alain Ducasse geleitet. Dessen berühmte Spitzenküche ist ihr Geld vollauf wert. Dafür spricht auch der Hubschrauberlandeplatz im Garten. Gäste sollten sich schick in Schale werfen und können außerdem elegante Zimmer (DZ ab 260 €) mieten,

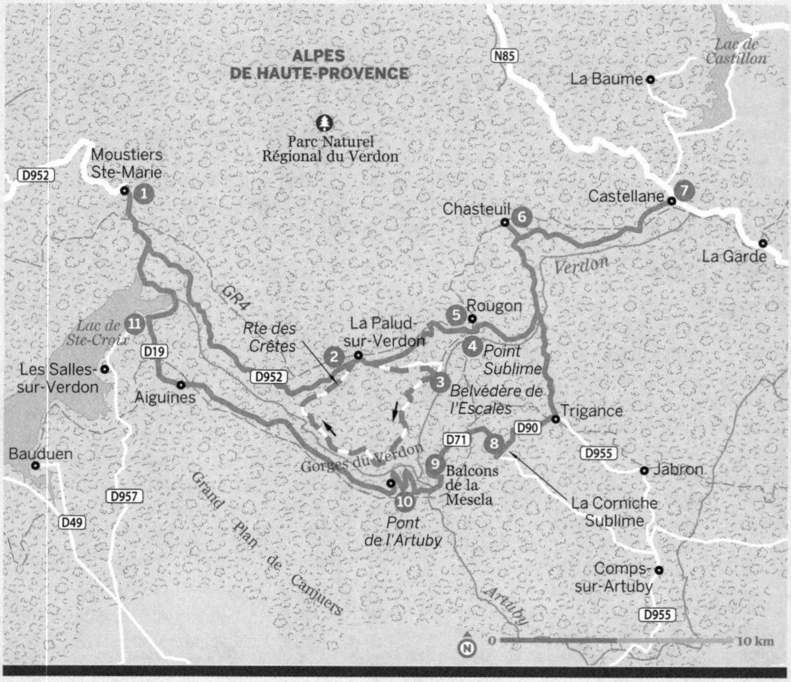


# Ausflug Die Verdonschlucht erkunden

**START** MOUSTIERS STE-MARIE
**ZIEL** MOUSTIERS STE-MARIE
**STRECKE/DAUER** 140 KM/(4–5 STD.)

Im Sommer heißt's früh aufbrechen: In der Hauptsaison kommt der Verkehr auf den schmalen, kurvigen Straßen nachmittags fast zum Erliegen (vor allem am Wochenende).

Zuerst geht's ab 1 **Moustiers Ste-Marie** über die Rte de Castellane (D952) zur 2 **Route des Crêtes**. Diese 23 km lange Rundroute passiert 14 Aussichtspunkte am Nordrand der Schlucht (es gibt zwei Abzweigungen zur Route des Crêtes). Wer die ganze Rundroute abfahren möchte, nimmt die zweite Abzweigung nach dem winzigen La Palud-sur-Verdon. Bei Zeitmangel oder starkem Verkehr wählt man die erste Abzweigung, besucht ein paar Aussichtspunkte und kehrt dann zurück nach Moustiers. Achtung: Die Strecke wird schon bald zu einer Einbahnstraße in die andere Richtung! Der 3 **Belvédère de l'Escalès** begeistert mit dem eindrucksvollsten Blick und zählt zu den besten Orten, um Geier zu sichten.

Zurück auf der D952 folgt man nun den Serpentinen gen Osten – vorbei am 4 **Point Sublime** mit weiter Aussicht auf schroffe Felsformationen, die bis runter zum Fluss reichen. Am Point Sublime zweigt zudem die schmale D317 von der D952 ab und führt nordwärts (3 km) hinauf zum Bergdörfchen 5 **Rougon**. Ohne Stopps oder viel Verkehr beträgt die reine Fahrtzeit dabei ca. zwei Stunden. In Chasteuil bietet sich eine Pause im gemütlichen 6 **Gîte de Chasteuil** an. Wer einen Flusstrip unternehmen will oder nur auf der Durchreise gen Côte d'Azur ist, begibt sich jetzt am besten nach 7 **Castellane**. Andernfalls der grandiosen Route 8 **La Corniche Sublime** (D955–D90, D71 & D19) zurück nach Moustiers Ste-Marie (2 Std.) folgen: Deren Kurven entlang des südlichen Schluchtrands passieren spektakuläre Attraktionen wie die 9 **Balcons de la Mescla** (Mescla-Terrassen) und den 10 **Pont de l'Artuby** (Artuby-Brücke; höchste Brücke Europas). Auf dem letzten Stück bis Moustiers Ste-Marie geht's noch am smaragdgrünen 11 **Lac de Ste-Croix** entlang.

falls ihnen der Sinn nach Luxushotel mit Komplettservice stehen sollte. Zu finden ist das Ganze 500 m eine Landstraße hinunter, die von der D952 in Richtung Ste-Croix de Verdon abzweigt (man muss auf das Schild achten).

## Castellane & Umgebung

1539 EW. / 723 M

Das eher unscheinbare Castellane am anderen Schluchtende wimmelt im Sommer von Besuchern, ist in der Nachsaison aber menschenleer. Sein dominierendes Wahrzeichen ist die schmucke **Chapelle Notre Dame du Roc** auf einem 184 m hohen Felsen. Am 15. August (Mariä Himmelfahrt) pilgern Gläubige im Fackelschein dort hinauf, um eine Messe zu feiern.

### Sehenswertes

**Musée Sirènes et Fossiles** MUSEUM
(04 92 83 19 23; Place Marcel Sauvaire; Erw./Kind 4/3 €; April, Juli & Aug. tgl. 10–13 & 15–18.30 Uhr, Mai, Juni & Sept. nur Mi, Sa & So, Okt.–März geschl.; ) In diesem lohnenden paläontologischen Museum erfährt man einiges darüber, was sich hinter den Legenden um die Meerjungfrauen *(sirènes)* verbirgt und kann Fossilien bestaunen. Im Eintrittspreis ist auch der nahe gelegene, familienfreundliche Spaziergang (2 km, 90 Min.) **Sentier des Sirénìens** (Col des Lèques) enthalten, der an 40 Mio. Jahren alten und von Fossilien durchzogenen Felsen vorbeiführt.

**Musée de la Résistance** MUSEUM
(04 92 83 78 25; www.resistancecastellane.free.fr; Rte de Digne; Erw./Kind 4/2 €; April–Okt. nach Voranmeldung) Im Zweiten Weltkrieg war die Haute-Provence eine Hochburg der französischen Résistance (alias Maquis). Deren örtlichen Helden widmet sich dieses kleine Museum, das 1,5 km außerhalb von Castellane an der Straße nach Digne steht. Besuche telefonisch vereinbaren!

### Schlafen & Essen

**Mas du Verdon** B&B €
(04 92 83 73 20; www.masduverdon.com; Quartier d'Angles; Zi. 55–72 €; April–Okt.) Dieses ruhige Refugium versteckt sich 1 km südlich des Ortes am Ufer des Verdon. In einem attraktiven Bauernhaus aus dem 18. Jh. stehen hier vier Zimmer (nach Kräutern bzw. Blumen benannt) und ein Apartment für Selbstversorger zur Auswahl. Abends gibt's *tables d'hôte* nach Voranmeldung (22 €; nur Mai–Sept.).

**Gîte de Chasteuil** B&B €
(04 92 83 72 45; www.gitedechasteuil.com; Hameau de Chasteuil; DZ 84–89 €, 3BZ 102 €, jeweils inkl. Frühstück; März–Nov.) Rund 12 km westlich von Castellane steht dieses *chambre d'hôte* mit super Preis-Leistungs-Verhältnis. Das frühere Schulhaus punktet mit grandiosem Bergblick und eignet sich perfekt für Wanderer auf dem G4R. Ebenso toll ist die *table d'hôte* (mit/ohne Reservierung 20/24 €).

**Nouvel Hôtel Restaurant du Commerce** HOTEL €€
(04 92 83 61 00; www.hotel-du-commerce-verdon.com; Place Marcel Sauvaire; DZ 80–105 €, 3BZ 100–130 €, FZ 110–185 €; April–Okt.; ) Das bei Weitem beste Hotel an Castellanes Hauptplatz hat seine Zimmer entweder „traditionell" oder „gemütlich" eingerichtet. Beide Varianten sind zwar nicht sonderlich geräumig, aber dafür umso hübscher. Hierfür sorgen u. a. Holzfußböden und coole Farbkonzepte. Im schattigen Garten stehen die besten Tische des hervorragenden Hausrestaurants (Hauptgerichte 14–22 €) mit provenzalischer Küche.

**Auberge du Teillon** PROVENZALISCH, FEINSCHMECKER €€
(0492836088; www.auberge-teillon.com; D4805/Rte Napoléon, La Garde; Menüs 29–56 €) Das äußerst beliebte Hotel mit ein paar einfachen Zimmern (65–80 €) im Obergeschoss steht 5 km östlich von Castellane an der Straße nach Grasse. Die hiesige Hauptattraktion ist das Hausrestaurant mit provenzalischer Traditionsküche: Vor allem das opulente Mittagessen am Sonntag vergisst man nicht so schnell.

## PARC NATIONAL DU MERCANTOUR

Seit 1979 erstreckt sich dieser riesige Nationalpark (einer von zehn in Frankreich) über sieben separate Alpentäler auf insgesamt 685 km² Fläche. Seine unberührte Naturlandschaft mit tiefen Tälern und schroffen Gipfeln ist zu Recht für ihre Flora und Fauna berühmt. So leben hier u. a. seltene Spezies wie Steinböcke, Mufflons, Steinadler und sogar ein paar wilde Wölfe. Der Cime du Gélas (3143 m) im Zentrum des Parks ist der dritthöchste Berg der Alps-Maritimes.

Darüber hinaus dürfte es wenig überraschen, dass das Ganze auch ein traumhaftes Revier für viele verschiedene Outdoor-Aktivitäten wie Skifahren und Snowboarden (Winter) oder Wandern und Radfahren (Sommer) ist.

## Digne-les-Bains

17680 EW. / 608 M

Ein längerer Aufenthalt in Digne-les-Bains lohnt sich eigentlich nicht wirklich: Das Städtchen ist zwar ein praktischer Verkehrsknotenpunkt zwischen Luberon und Haute-Provence, hat aber kaum Charme oder Sehenswürdigkeiten. Es erlebte einst einen Aufstieg als Thermalbad und ist heute ein wichtiges Zentrum der Lavendelindustrie. Im August wird hier die Lavendelernte mit einem fünftägigen Fest namens **Corso de la Lavande** gefeiert.

Digne-les-Bains liegt zwar nicht im Parc National du Mercantour, ist aber eine gute Ausgangsbasis für dessen Besuch.

### Sehenswertes & Aktivitäten

**Fondation Alexandra David-Néel** MUSEUM
(☎04 92 31 32 38; www.alexandra-david-neel.org; 27 av Maréchal Juin; ⏲2-stündige Führungen 10, 14 & 15.30 Uhr) GRATIS Die in Paris geborene Schriftstellerin und Philosophin Alexandra David-Néel – in Frankreich eine bedeutende historische Persönlichkeit – war die erste Frau, die (inkognito) einen tibetischen Tempel betrat. Später ließ sie sich in Digne nieder. Dieses Museum würdigt beide, Alexandra David-Néel und Tibet. Das Festival **Journées Tibetaines** (Tibetische Tage) finden im August oder September statt.

**Musée Gassendi** MUSEUM
(☎04 92 31 45 29; www.musee-gassendi.org; Place des Récollets; Erw./Student 4 €/frei; ⏲April–Sept. 11–19 Uhr, Okt.–März, 13.30–17.30 Uhr, Di geschl.) In diesem Museum werden beeindruckende zeitgenössische Kunstwerke von Andy Goldsworthy, naturgeschichtliche Exponate und Arbeiten des Philosophen und Wissenschaftlers Pierre Gassendi aus dem 16. Jh. ausgestellt.

**Refuge d'Art** SKULPTURENPFAD
(www.refugedart.fr) In den Bergen rund um Digne hat der zeitgenössische Künstler Andy Goldsworthy aus Großbritannien eine Reihe von Freiluftskulpturen geschaffen. Diese säumen einen 150 km langen Rundwanderweg in atemberaubender Alpenlandschaft. Die Route passiert beispielsweise gigantische „Bienenkörbe" aus Fels und hohe Steinhaufen, die wie Wächter aufragen. In den Kunstwerken kann z.T. sogar übernachtet werden (Reservierung erforderlich). Bei der Touristeninformation in Digne gibt's Karten und Details zu geführten Wanderungen.

**Via Ferrata du Rocher de Neuf Heures** KLETTERN
(www.ot-dignelesbains.fr; ⏲Hauptsaison 6–20 Uhr, Nachsaison 8–17 Uhr) Als Vorbild für Dignes *via ferrata* (Klettersteig) dienten die fest installierten Leitern und Stahlseile, mit deren Hilfe sich italienische Gebirgsjäger im Ersten Weltkrieg durch die Dolomiten bewegten. Auch absolute Anfänger können hier den vollen Nervenkitzel des Kraxelns erleben: Die Touristeninformation vermittelt entsprechende Guides. Außerdem verleiht sie alle notwendigen Ausrüstungsteile an Interessenten, die bereits Erfahrung auf Klettersteigen haben.

Erforderlich sind lediglich Schwindelfreiheit und ausreichende Fitness.

### Schlafen & Essen

**Hôtel Villa Gaïa** HISTORISCHES HOTEL €€
(☎04 92 31 21 60; www.hotelvillagaia.fr; 24 rte de Nice; EZ 55–110 €, DZ 72–120 €, FZ 110–180 €; ⏲April–Okt.) Da Dignes Hotels viel zu wünschen übrig lassen, lohnt es sich, hierher hinauszufahren (2 km gen Westen): Diese zauberhafte Villa aus dem 19. Jh. strotzt vor Antiquitäten und architektonischer Attraktivität. Mit italienisch angehauchten Gärten, einem Tennisplatz, einer Bibliothek und einem mondänen Speiseraum verbreitet sie immer noch das Ambiente eines privaten Herrenhauses. *Tables d'hôte* nach Voranmeldung; Sperrstunde um 23 Uhr.

**Le 28** MEDITERRAN €
(☎04 92 35 23 38; 28 rue de l'Hubac; Tapas 3–6 €; ⏲10–23 Uhr) Die tolle (wenn auch winzige) Bar im französisch-spanischen Stil tischt wunderbare Weine und noch bessere Tapas auf. Obendrein verkauft sie Olivenöl, Wein, eingelegte Paprika und andere Köstlichkeiten zum Mitnehmen.

**Le Chaudron** PROVENZALISCH €€
(☎04 92 31 24 87; 40 rue de l'Hubac; Hauptgerichte 9–17,50 €, Menüs 23–32 €; ⏲Fr–Di 12–14.30 & 19.30–22 Uhr) In der Altstadt versteckt sich diese verlässlich gute Adresse für provenzalische Klassiker (vor allem Fisch und Fleisch, über Holzfeuer gegart).

NICHT VERSÄUMEN

### TRAIN DES PIGNES

Eine Fahrt mit dem **Train des Pignes** (Kiefernzapfenzug; www.trainprovence.com; einfache Strecke Nizza–Digne 23,30 €, 3¼ Std.; meist 5-mal tgl.) zählt zu den malerischsten Trips in der ganzen Provence. Die Schmalspurstrecke zwischen den Bergen und dem Meer wurde 1911 eröffnet (Planungsbeginn 1861). Ursprünglich waren hier Dampfzüge unterwegs; bis heute schnauft einer dieser originalen Oldtimer sonntags zu ein paar Stationen rund um **Puget-Théniers** (Frühjahr–Herbst).

An Felswänden entlang führt die 151 km lange Strecke bis auf 1000 m hinauf. Auf dem Weg nach Digne-les-Bains passiert sie dabei 50 Tunnel, mehr als 16 Viadukte, 15 Metallbrücken und Haltestellen in fast 50 Dörfern. *En route* offenbart sich zu allen Seiten hin ein Traumblick auf die Berge.

Wer nicht gleich die ganze Reise unternehmen kann oder will, steigt im Dorf **Entrevaux** (1½ Std. ab Nizza; einfache Strecke 11,80 €) aus, verbringt dort ein paar Stunden und nimmt dann einen Zug zurück.

Aktuelle Fahrpläne stehen auf der Website von **Chemins de Fer de Provence** (☎ 04 97 03 80 80; www.trainprovence.com).

## Praktische Informationen

**Touristeninformation** (☎ 04 92 36 62 62; www.ot-dignelesbains.fr; Place du Tampinet; ⏲ tgl. 9–12 & 14–18 Uhr, Winter am Wochenende geschl.)

## An- & Weiterreise

### BUS

Vor Ort verkehren Regionalbusse von LER. Ziele sind beispielsweise:

**Marseille** (Linie 28, über Volx & Manosque; 21,50 €, 2 Std., Mo–Sa 4- bis 6-mal tgl.)

**Nizza** (Linie 31; 22,20 €, 3½ Std., 2-mal tgl.)

**Avignon** (Linie 22, über Forcalquier & Apt; 28,40 €, 2½ Std., alle 2 Std.)

**Barcelonnette** (Linie 34; 12,50 €, 1½ Std., 1-mal tgl.)

### ZUG

Auf dem Weg nach Nizza hält der Train des Pignes unterwegs an mehreren Bahnhöfen.

# Vallée de L'Ubaye

Das schmale Ubaye-Tal am Nordrand des Nationalparks ist auch dessen besucherschwächstes Gebiet. Unterhalb verschneiter Gipfel verläuft es von Osten nach Westen und trennt dabei die Haute-Provence von den Hochalpen.

Seine einzige Ortschaft namens **Barcelonnette** (1135 m) empfängt Besucher mit einem unerwarteten mexikanischen Erbe und außergewöhnlicher Architektur, die sehr untypisch für die Alpen ist: Zwischen dem 18. Jh. und dem Beginn des Zweiten Weltkriegs wanderten rund 5000 Ortsansässige nach Mexiko aus, um dort ihr Glück in der Seiden- und Wollweberei zu versuchen. Nach ihrer Rückkehr erbauten sie hier Herrenhäuser, von denen eines heute das Stadtmuseum beherbergt. Jedes Jahr Mitte August feiert Barcelonnette ein **mexikanisches Festival**, komplett mit Mariachis und Straßenumzügen.

## Sehenswertes & Aktivitäten

**Musée de la Vallée** MUSEUM

(☎ 04 92 81 27 15; 10 av de la Libération, Barcelonnette; Erw. 4 €, Kind 10–18 Jahre/unter 10 Jahren 2 €/frei; ⏲ Mitte Juli & Aug. tgl. 10–12 & 14.30–18.30 Uhr, übriges Jahr Mi–Sa 14.30–18 Uhr, Mitte Nov.–Mitte Dez. geschl.) Das faszinierende Museum beleuchtet die Geschichte das Tals. Zu seinen Highlights zählt z. B. eine eindrucksvolle Sammlung von Pfeilspitzen, Beilen, Ringen und Armreifen aus der Bronzezeit. Gleichermaßen toll sind die Ausstellungsstücke zu dem abenteuerlustigen Naturforscher Émile Chabrand. Zu sehen gibt's außerdem ein paar großartige Kunstwerke, die einheimische Auswanderer einst aus Mexiko mit nach Hause brachten.

**Bureau des Guides de l'Ubaye** OUTDOOR-AKTIVITÄTEN

(☎ 06 86 67 38 73; www.guides-montagne-ubaye.com; Rue Manuel, Barcelonnette) Es überrascht kaum, dass das Ubaye-Tal ein Paradies für Outdoor-Sportler ist – vor allem für Hardcore-Radler (dank der unglaublich hohen Bergpässe). Rund 15 km westlich von Barcelonnette wird Le Martinet im Sommer zur Ausgangsbasis für Rafting- und MTB-Trips. Ob Rafting oder Gleitschirmfliegen: Dieser

ABSTECHER

### RÉSERVE GÉOLOGIQUE DE HAUTE-PROVENCE

Irgendwie kaum zu glauben: In längst vergangenen Tagen bildeten die Alpen den Boden eines riesigen Urmeers mit gemäßigter Temperatur. Die Réserve Géologique de Haute-Provence (1900 km$^2$) zeugt heute mit großartigen Versteinerungen (u. a. riesige Ammoniten, Fußabdrücke prähistorischer Vögel, Schalen von Posthörnchen bzw. *Spirula*) vom Leben in dieser geheimnisvollen Zeit. Die insgesamt 18 Stätten verteilen sich größtenteils rund um Barles (Norden) und Barrême (Süden). Um sie zu erreichen, sind ein eigenes Fahrzeug und eine detaillierte Regionalkarte (bei Touristeninformationen erhältlich) vonnöten. Eine eindrucksvolle Kalksteinplatte mit ca. 500 Ammoniten kann man 3 km nördlich von Digne an der Straße nach Barles bewundern.

Ein weiteres Pflichtziel ist das **Musée Promenade** (☎ 04 92 36 70 70; musee-promenade@hotmail.com; 10 montée Bernard Dellacasagrande; Erw./Kind 7–14 Jahre 8/5 €; ⏲ Juli & Aug. 9–19 Uhr, April–Juni & Sept.–Nov. 9–12 & 14–17.30 Uhr, NS am Wochenende z. T. geschl.) in St-Bénoît, das 2 km nördlich von Digne in Richtung Barles liegt. Vier Lehrpfade informieren hier über Geologie und Naturgeschichte der Region. Unter den Highlights des Museums sind zudem ein Skulpturenpark, ein japanischer Garten, ein Wasserfall und der wunderbare Jardin des Papillons (Schmetterlingsgarten) mit über 50 % aller Schmetterlingsarten Frankreichs.

Outdoor-Veranstalter in Barcelonnette bietet alle erdenklichen Aktivitäten an.

**Pra Loup** SKIFAHREN, RADFAHREN
(☎ 04 92 84 10 04; www.praloup.com) Etwa 8,5 km südwestlich von Barcelonnette liegt dieses Skigebiet mit zwei Hauptbereichen: Pra Loup 1500 (alias Les Molanes) und Pra Loup 1600, wo es ein wenig mehr Infrastruktur und Nachtleben gibt. Beide zusammen bilden das größte Wintersportrevier der südlichen Alpen. Im Sommer befördern die Lifte hier Mountainbiker und Wanderer bergauf.

## Schlafen

★ **Les Méans** B&B €€
(☎ 04 92 81 03 91; www.les-means.com; D900, Méolans-Revel; DZ 109–119 €, FZ 139–149 €; 📶) 🍃 Bei dem hinreißenden Haus in den Bergen wurde rustikale Architektur aus dem 15. Jh. mit allen Extras eines modernen B&Bs kombiniert. Unser Favorit unter den charmanten Zimmern ist die Suite Alpages mit Heidi-mäßiger Einrichtung und offenem Originalkamin. In herrlich ruhiger Umgebung gibt es hier zudem einen Whirlpool (mit Holz beheizt) und Rundumblick aufs Gebirge. Die Inhaber Babette und Frédéric zeigen Gästen auch gern den Geheimgang ihres Heims.

**Hôtel Azteca** HOTEL €€
(☎ 04 92 81 46 36; 3 rue François Arnaud, Barcelonnette; EZ 61–93 €, DZ 74–118 €, 3BZ 94–133 €; 📶) Das Dekor des reizenden Hotels zeugt von Barcelonnettes Verbindung zu Mexiko. Dies reicht von fröhlichen Bildern und kunterbunten Badfliesen bis hin zu Katzen aus Pappmaché. Eine Maximaldosis davon bietet die Chambre Mexicaine. Das Frühstück wird auf einer tollen Terrasse serviert.

**Villa Morelia** HISTORISCHES HOTEL €€€
(☎ 04 92 84 67 78; www.villa-morelia.com; Jausiers; EZ 120–140 €, DZ 150–280 €, Suite 240–350 €; ❄📶🏊) Diese fürstliche Option im Weiler Jausiers ist ein echtes Minischloss mit Türmchen, einem großartigen grünen Park und Mobiliar aus dem 18. Jh. Einige der äußerst eleganten Zimmer prunken mit Rokoko-Details und Löwenfußbadewannen. Andere sind moderner gestaltet.

## Essen

**Le Patio** PIZZERIA €€
(☎ 04 92 81 36 86; www.lepatio-barcelonnette.com; 1 Rue Manuel, Barcelonnette; Hauptgerichte 9–15 €; ⏲ 12–14 & 19–22 Uhr) Von dem ruhigen, freundlichen und ziemlich stilvollen Lokal schaut man direkt auf Barcelonnettes schmucken Hauptplatz (Place de la Mairie). Pizza und Pasta sind die Spezialitäten des Hauses. Herzhaftere Bergküche ist aber auch zu haben.

**Poivre d'Âne** FRANZÖSISCH €€
(☎ 04 92 81 48 67; www.le-poivre-ane-barcelonnette.fr; 49 rue Manuel, Barcelonnette; Menüs 21–31 €; ⏲ 12.30–14 & 19.30–21.30 Uhr) An Barcelonnettes Haupteinkaufsstraße kann man sich hier kräftig mit Bergwürstchen, käselastigen *tartiflettes* (Kartoffelauflauf mit Speck) und

noch käselastigeren Fondues vollstopfen. Ansonsten punktet die holzverkleidete *auberge* mit niedlichen Klappfensterläden, alten Ski und anderem Alpintrödel. Da fehlt echt nur noch ein einsamer Ziegenhirte.

## Praktische Informationen

**Besucherzentrum des Parc National du Mercantour** (☎ 04 92 81 21 31; www.mercantour.eu; D900, Barcelonnette; ⌚ nur Juli & Aug. 9–12 & 14–18 Uhr) Nationalparkinfos von Rangern und sachkundigem Personal.

**Touristeninformation Barcelonnette** (☎ 04 92 81 04 71; www.barcelonnette.net; Place Frédéric Mistral, Barcelonnette; ⌚ Juli & Aug. 9–12.30 & 13.30–19.30 Uhr, Sept.–Juni Mo–Sa 9–12 & 14–18 Uhr) Infos zum mexikanischen Festival und zur Tour de France, die in den meisten Jahren hier durchkommt.

## An- & Weiterreise

Vor allem während der Schulferien bedienen Busse das Tal nur recht selten.

**Autocars SCAL** (☎ 04 92 51 06 05; www.scal-amv-voyages.com) Schickt täglich je einen Bus ab Gap (25 €, 4 Std.) und Digne (8,60 €, 90 Min.) nach Barcelonnette.

# Vallée du Haut Verdon

Dieses Tal liegt nur ca. eine Fahrtstunde von Digne entfernt, wirkt aber richtig abgeschieden – vor allem, je weiter man gen Norden gelangt: Hier werden die Dörfer immer weniger und die Berge am Horizont immer dominanter. Parallel führt die Straße immer weiter auf den Hochgebirgspass **Col d'Allos** zu, der das Vallée du Haut Verdon mit dem Vallée de l'Ubaye im Norden verbindet. Aufgrund der Lage (2250 m) überrascht es nicht, dass Schnee den Pass normalerweise von Oktober bis Mai unpassierbar macht.

Im Winter empfiehlt sich das Skigebiet **Foux d'Allos** (www.valdallos.com): Es ist hübscher als sein nahe gelegenes Pendant Pra Loup (S. 282), dessen hässliche Hochhäuser gleich hinter dem Pass emporragen. Zur Sommerzeit ist Foux d'Allos ein Paradies für Wanderer, während der Zwischensaison aber insgesamt sehr ruhig.

## Sehenswertes & Aktivitäten

**Colmars-les-Alpes** DORF

Mit seinen Türmen, Türmchen und Mauern erinnert dieses mittelalterliche Dorf an eine Filmkulisse à la Monty Python. Ende des 14. Jhs. fielen die Täler rund um Allos und Barcelonnette im Norden an das Herzogtum Savoyen. So wurde Colmars zu einer wichtigen Grenzstadt, die der Befestigung bedurfte. Im 18. Jh. fügte der Festungsbaumeister Vauban u. a. das viereckige Fort de France und weiter nördlich das größere Fort de Savoie hinzu. Dennoch sieht es hier heute größtenteils noch so aus wie im Mittelalter.

Ein kleines Museum informiert über die Dorfgeschichte. Hauptattraktion ist jedoch einfach ein Bummel durch die schattigen Kopfsteinpflasterstraßen. Einige Bereiche der Festungsmauern sind im Sommer zugänglich.

**Lac d'Allos** SEE

Europas größter Hochgebirgssee (2226 m) ist von Herbst bis Frühling nicht zugänglich. Ansonsten lohnt sich die etwas mühselige Anreise ab Allos aber: Zuerst geht's über die schmale und holperige D226 hinauf zum Parkplatz (12 km), wo Wanderkarten bei der Hütte des **Parc National du Mercantour** (☎ 06 32 90 80 24; www.mercantour.eu; ⌚ nur Juli & Aug.) erhältlich sind. Dann folgt noch ein 40-minütiger Fußmarsch. Die **Refuge du Lac d'Allos** (☎ 04 92 83 00 24; www.refugedulacdallos.com; B inkl. Frühstück & Abendessen 41 €, Tagesmenü 19,50 €) direkt am Seeufer ist ideal fürs Mittagessen und vermietet Schlafsaalbetten an übernachtungswillige Wanderer.

**Retrouvance** WANDERN & TREKKEN

(www.onf.fr/retrouvance/sommaire/sejours/haut-verdon; 6-tägige Wanderung 570 €) Diese tolle mehrtägige Bergwanderung wird vom Office Nationale des Fôrets veranstaltet und führt von Thorame zum Lac d'Allos. Neben einem offiziellen Guide beinhaltet der Preis auch die Übernachtungen in *gîtes* (Selbstversorgerhütten) und Bauernhäusern. Reservierungen sind online oder über die Touristeninformation in Colmars möglich.

## Schlafen & Essen

**Le Martagon** HOTEL €

(☎ 04 92 83 14 26; www.le-martagon.com; Villars Colmars; Hauptgerichte 14,50–19,50 €, DZ 50–72 €, FZ 72–113 €) Im ruhigen Dorf Villars Colmars findet man dieses fesch-moderne Hotel mit einfachen und kleinen, aber komfortablen Zimmern. Magenta, Hellgrün und Braun beleben das Dekor der Quartiere. Auf dem grünen Gelände gibt's außerdem Campinghütten aus Holz. Das Hausrestaurant serviert üppige Bergküche wie Kalbsschnitzel, *tartiflette* mit viel Käse oder „gigantische" Cheeseburger.

**Hotel Le France** HOTEL €
(☎ 04 92 83 42 93; www.hotel-lefrance-colmars.com; Colmars-les-Alpes; EZ 47–56 €, DZ 58–66 €, 3BZ 75–87 €, FZ 77–90 €; ) Das einfache Hotel mit gutem Preis-Leistungs-Verhältnis steht direkt gegenüber dem Haupttor von Colmars-les-Alpes. Es ist nicht gerade luxuriös, aber eine prima Ausgangsbasis für die Erkundung des Tals. Hierfür sorgen anständige Zimmer (u. a. kleine Apartments mit Kochgelegenheit) und ein Hausrestaurant mit üppigen Portionen.

**Les Transhumances** B&B, APARTMENTS €
(☎ 04 92 83 44 39; www.lestranshumances.fr; Les Espiniers, Colmars-les-Alpes; EZ/DZ/3BZ/4BZ inkl. Frühstück 60/80/95/105 €, Hütte 430–520 €/Woche; ) Hoch oberhalb von Colmars punktet dieser ruhige Bauernhof aus dem 18. Jh. mit grandiosem Bergblick. Die freundlichen Eigentümer vermieten neben blitzsauberen Zimmern mit Holzelementen auch Apartments für Selbstversorger. Die *table d'hôte* (23 €; nur für Gäste) beinhaltet Wein.

★ **La Ferme Girerd-Potin** FRANZÖSISCH €€
(☎ 04 92 83 04 76; www.chambredhotes-valdallos.com; Rte de la Foux; Zi. inkl. Frühstück & Abendessen 50–59 €/Pers.; ⏲ nach Voranmeldung Okt.–April, Juli & Aug.; ) Diese gemütliche *ferme-auberge* ist auf einem noch betriebenen Bauernhof aus dem 17. Jh. hoch oben über dem Verdon untergebracht. Abends wird bei Kerzenschein in dem in Holz und Stein gehaltenen Speisesaal am Feuer ein tolles rustikal-alpines Abendessen serviert. Alle Zutaten sind selbst produziert – vom Gemüse über die *foie gras* bis zu Brot und Käse –, und alles ist hausgemacht. Einen Tag im Voraus reservieren! Der Bauernhof liegt 5 km nördlich von Allos.

Im Obergeschoss befinden sich B & B-Zimmer, einige davon mit Küchennische und holzbefeuertem Kamin.

## Shoppen

**Maison des Produits de Pays des Alpes du Verdon** LEBENSMITTEL
(☎ 04 92 83 58 57; www.maisonproduitspays-alpesduverdon.fr; Beauvezer; ⏲ 9.30–12.30 & 14.30–19 Uhr) Attraktiver Laden, der super Souvenirs aus der Region (z. B. Ziegenkäse, Marmelade, Honig, handgezogene Kerzen, Holzschnitzereien) für eine Kooperative verkauft.

## Praktische Informationen

**Touristeninformation Val d'Allos** (☎ 04 92 83 02 81; www.valdallos.com; ⏲ 9–12 & 14–18 Uhr) Infos zu Aktivitäten und Unterkünften im ganzen Vallée du Haut-Verdon.

**Touristeninformation Colmars-les-Alpes** (☎ 04 92 83 41 92; www.colmars-les-alpes.fr; Ancienne Auberge Fleurie; ⏲ Juli & Aug. 9–12.30 & 14–18.30 Uhr, Sept.–Juni Mo–Sa 9–12 & 14–17.45 Uhr, So kürzere Öffnungszeiten) Umfangreiche Infos zum Wandern, Mountainbiken, Reiten und Raften im Tal.

# Vallée du Haut-Var

Obwohl die Verdonschlucht allen Ruhm erntet, hat auch das Vallée du Haut-Var zwei spektakuläre Täler zu bieten: die Gorges de Daluis und die Gorges du Cians, die sich beide im Rahmen eines erinnerungswürdigen Rundtrips (82 km) erkunden lassen.

Dieser ist bei Bedarf als toller (wenn auch ausgedehnter) Tagesausflug ab Nizza möglich. Allerdings sitzt man dabei sehr lange auf schmalen Straßen am Steuer. Die beste Route folgt zunächst der D6202 gen Westen, dann der D902 in Richtung Daluis und der Schluchten. Entlang der D28 empfehlen sich der Skiort **Valberg** und das kleine Dorf **Beuil** (1450 m) fürs Mittagessen. Schließlich geht's auf der D28 südwärts durch die Gorges du Cians und dann zurück nach Nizza.

## Sehenswertes & Aktivitäten

★ **Gorges de Daluis** SCHLUCHT
Dieses atemberaubende Netzwerk aus scharlachroten Schluchten scheint direkt aus Arizona in die Haute-Provence importiert worden zu sein. Die Canyons (im Lauf der Jahrtausende vom Fluss Var gegraben) erstrecken sich auf insgesamt 6 km Länge zwischen Guillaumes und Daluis. Hoch über dem Fluss schlängelt sich die Straße hier an himmelhohen Sandsteinfelsen, skurrilen Felsformationen und abgrundtiefen Wasserfällen vorbei. Wer gern den Ausblick genießt, nimmt am besten die D902/D2202 gen Norden, da man Richtung Süden dauernd durch Tunnel fährt und dabei gar nichts sieht.

Unterwegs warten einige lohnende Aussichtspunkte – z. B. an der Felsformation **Tête du Femme** (Frauenkopf) oder am eindrucksvollen Wasserfall **Cascade d'Amen**, der über eine nackte Steilwand hinunter zum Fluss in der Tiefe stürzt. Ebenfalls interessant ist der **Pont de la Mariée**, wo eine junge Einheimische einst angeblich wegen drohender Zwangsheirat in den Tod sprang. Kein Wunder: Die Brücke ist schwindelerregend hoch – und heute beliebt bei Bungee-Springern. Wer es diesen mutig gleichtun will, wendet sich an **Top Jump** (☎04 93 73 50 29; http://topjump.free.fr; Bungee-Sprung 60 €; ⏲Sommer Di–So 11–19 Uhr).

**Sentier du Point Sublime** AUSSICHTSPUNKT
Dieser Wanderpfad (4 km) durch Eichen- und Kiefernwälder beginnt am Pont de Berthéou, der 8 km südlich von Guillaumes an der D2202 liegt. Vorbei an scharlachroten Felsformationen führt die Route zu einem berühmten Aussichtspunkt mit Panoramablick und dem passenden Namen „Point Sublime". Hin und zurück braucht man etwa 90 Minuten (bei Hitze länger).

### Praktische Informationen

**Maison du Parc National du Mercantour** (☎04 93 02 58 23; varcians@mercantour-parcnational.fr; Rue Jean Mineur, Valberg; ⏲Do–Di 9–12 & 14–18 Uhr, Schulferien auch Mi) Allgemeine Infos zum Nationalpark Mercantour.

**Touristeninformation Valberg** (☎04 93 23 24 25; www.valberg.com; Place du Quartier, Valberg; ⏲9–12 & 14–18 Uhr) Reserviert Zimmer und organisiert Aktivitäten vor Ort.

## Vallée de la Tinée

Dieses steile Kerbtal (149 km) erstreckt sich ab dem hübschen Städtchen St-Sauveur-sur-Tinée (490 m) nordwärts bis zum Vallée de l'Ubaye. Unterwegs führt die Straße bergauf und schließlich über einen von Europas höchstgelegenen Straßenpässen: den Col de Restefond la Bonette, der nach der Schneeschmelze im Frühjahr stets zuletzt wieder geöffnet ist (zumeist ab Ende Mai, z. T. auch erst ab Anfang Juni). Die Route ist bei Auto- und Motorradtouristen sehr beliebt; mitunter führt hier auch die Tour de France entlang. Im Winter ist das Tal nur von Süden her zugänglich.

Selbstfahrer finden gute Mittagslokale in **St-Sauveur-sur-Tinée** und im kleineren Dorf **St-Dalmas-le-Selvage**, das weniger stark besucht ist. Ein Abstecher lohnt sich auch zum Bergdorf **Roure** (1100 m), wo ein wunderbarer Alpengarten mit Bäumen wartet – vorausgesetzt, man meistert die Anfahrt über eine ungemein steile und kurvige Bergstraße. Von den 1920er-Jahren bis 1961 benutzten Roures Einwohner ein heute noch vorhandenes Stahlkabel (1850 m) für den Lasttransport zwischen Berg und Tal.

### Sehenswertes

★ **Arboretum Marcel Kroenlein** GARTEN
(☎09 77 31 68 33; www.arboretum-roure.org; Roure; empfohlene Spende Erw./Kind 5 €/frei; ⏲10–18 Uhr; 👪) Mit diesem 15 ha großen Alpengarten (ein persönliches Projekt Rainiers III. von Monaco) rechnet im winzigen Roure

### DIE HAUTE-PROVENCE ERFAHREN

Auch wenn der Eindruck täuscht: Nur eine Stunde nördlich von Nizza befindet man sich bereits im Alpengebiet der Haute-Provence. Wegen starker Schneefälle sind die höchsten Pässe *(cols)* normalerweise nur von Mai bis September nutzbar. Schilder an den Zufahrtsstraßen informieren darüber, ob ein Pass gerade *ouvert* (offen) oder *fermé* (gesperrt) ist. Ansonsten gibt's entsprechende Vorab-Infos bei regionalen Touristeninformationen.

Eine Straßenkarte ist unverzichtbar: GPS-Navigationsgeräte führen einen leider oft auf steile und schmale Bergstraßen, die nicht wirklich für normale Autos gemacht sind und häufig keine Leitplanken haben. Und wer in die tiefen Seitengräben solcher Strecken geraten sollte, kommt ohne Abschleppwagen nicht mehr raus. Im Winter besteht obendrein Schneekettenpflicht auf vielen Straßen der Region.

Folgende Hauptpässe sind im Winter gesperrt (Aufzählung von Osten nach Westen):

**Col d'Allos** (2250 m; D126/D908 von Norden nach Süden) Verbindet Allos im Vallée du Haut Verdon mit Barcelonnette im Vallée de l'Ubaye.

**Col de la Cayolle** (2326 m; D2202/D902 von Norden nach Süden) Verbindet St-Martin-d'Entraunes im Vallée du Haut Var mit Barcelonnette im Vallée de l'Ubaye.

**Col de Restefond la Bonette** (2802 m; D64) Europas höchster Bergpass; verbindet St-Étienne-de-Tinée im Vallée de la Tinée mit Barcelonnette im Vallée de l'Ubaye.

**Col des Champs** (2095 m; D2/D72 von Osten nach Westen) Verbindet St-Martin-d'Entraunes im Vallée du Haut Var mit Colmars-les-Alpes im Vallée d'Allos.

wohl erst mal niemand. Auf 1200 bis 1700 m Höhe wurden hier alpine Baum- bzw. Pflanzenarten an Steilhängen angesiedelt. Dazwischen verteilen sich Skulpturen von Künstlern aus Nizza. Mit sehr viel Glück sieht man eventuell sogar einen Adler oder Geier über den örtlichen Terrassen kreisen.

## Schlafen & Essen

**Ma Vieille École** B&B €

(☎ 04 93 03 43 05; www.mavieilleecole.com; D61, Roya; B inkl. Frühstück 25 €, Halbpension pro Erw./Kind 45/35 €; ⏲ Mai–Sept.) Die familiengeführte *auberge* in versteckter Lage hoch droben in den Bergen ist super für ein Mittagessen mit traditionellen Köstlichkeiten (z. B. üppigen Käse- oder Wursttellern). Zudem vermietet sie *gîte*-Zimmer für müde Wanderer. Der Ort Roya liegt 6 km westlich der D2205. Um von dieser aus hierher zu kommen, entweder 5 km südlich von St-Etienne-la-Tinée oder 9 km nördlich von Isola abbiegen.

**Auberge Le Robur** FEINSCHMECKER €€€

(☎ 04 93 02 03 57; www.aubergelerobur.fr; Roure; DZ 76 €, DZ inkl. Frühstück & Abendessen 166–186 €) Das Dorfrestaurant auf 1100 m Höhe ist ein Ziel für sich – sowohl wegen der Aussicht als auch wegen des Essens. Der junge Küchenchef Christophe Billau hat in Frankreich und Übersee gearbeitet. So verpasst er seinen verspielten Spitzengerichten einen internationalen Touch. Die sieben blitzsauberen Obergeschosszimmer mit Talblick eignen bei Trips ab Nizza (Entfernung 2 Fahrtstd.) ideal für Einzelübernachtungen.

## Praktische Informationen

**Büro des Nationalparks Mercantour** (☎ 04 93 02 42 27; Quartier de l'Ardon, St-Étienne-de-Tinée; ⏲ Juli & Aug.)

# Vallée de la Vésubie

Schroffe Gipfel flankieren das Vallée de la Vésubie mit seinen verstreuten Bergdörfern. Das Tal gilt zu Recht als schönstes der Haute-Provence und wird aus gutem Grund auch La Suisse Niçoise (Nizzaer Schweiz) genannt. Es war einst ein privates Jagdreservat des italienischen Königs Viktor Emanuel II. und steht heute im Zeichen aller möglichen Outdoor-Aktivitäten (z. B. Wandern, Radfahren, Gleitschirmfliegen, Tierbeobachtungen, Kraxeln auf Klettersteigen).

Als größte Ortschaft ist **St-Martin-Vésubie** (1000 m) die beste Ausgangsbasis für längere Trips durch den Nationalpark Mercantour: Hier findet man viele Hotels, Restaurants und Aktiv-Anbieter. Das attraktive Bergstädtchen liegt etwa auf halber Strecke in der Talmitte und hat sich viel von seinem mittelalterlichen Charakter bewahrt – bis heute sieht man hier Überreste der alten Stadtmauern sowie eines der originalen Stadttore. Letzteres steht an der sehr steilen Hauptstraße, die mitten durch das Herz der Altstadt führt. Im späten 19. und frühen 20. Jh. boomte der Eisenbahntourismus in der Provence, was St-Martin damals zu einem beliebten Übernachtungsziel machte. Ein paar prachtvolle alte Hotelfassaden aus dieser Zeit sind bis heute noch erhalten. Die Stadt ist außerdem ein Wanderzentrum: Hinauf in die umliegenden Berge führen insgesamt 13 Pfade mit Anschluss an vier GR-Routen *(Grande Randonnée)*.

Parallel lohnen sich Abstecher zu den Bergdörfern **Belvédère** (820 m; 2 km südl. von St-Martin) und **La Colmiane** (1795 m; 7 km westl. von St-Martin), die jeweils mit tollen Panoramablicken aufs Gebirge punkten können.

## Sehenswertes

★ **Alpha, Le Parc des Loups** TIERRESERVAT

(☎ 04 93 02 33 69; www.alpha-loup.com; Le Boréon; Erw./Kind 12/10 €; ⏲ April–Okt. 10–17 od. 18 Uhr; 👪) Bis zum Jahr 1930 waren Frankreichs Wölfe praktisch ganz durch Jäger ausgerottet worden. 1992 tauchten jedoch bei Utelle zwei „seltsam aussehende Hunde" auf, die vermutlich über die italienische Grenze herübergekommen waren. Seitdem sind Wölfe in den französischen Alpen wieder auf dem Vormarsch, lassen sich aber in freier Natur nur sehr schwer erspähen. Ganz gute Sichtungschancen bestehen jedoch in diesem faszinierenden Tierreservat, das drei halbwilde Rudel beheimatet: Mehrere Pfade schlängeln sich hier zu speziellen Beobachtungshütten.

Die Lage auf einem Berggipfel bei Le Boréon ist bereits Grund genug für einen Besuch. Wer möchte, kann zudem vor Ort in *gîtes* (Sommer 350–600 €) oder Baumhäusern (150 €/Nacht) schlafen.

**La Madone de Fenestres** KIRCHE

Wo diese Kirche in eindrucksvoller Gipfellage (1904 m) steht, soll die Jungfrau Maria einst einem einheimischen Dorfbewohner erschienen sein. Jedes Jahr (15. Aug. & 8. Sept.) erinnern feierliche Prozessionen an das Ereignis. Die Marienstatue im Inneren wurde angeblich im 14. Jh. aus libanesischem Zedernholz geschnitzt.

An der Kirche beginnen zudem mehrere Wanderpfade, von denen einige nach Italien hinüberführen.

## Aktivitäten

**Bureau des Guides du Mercantour** WANDERN & TREKKEN

(☎04 93 03 31 32; www.guidescapade.com; Place du Marché, St-Martin-Vésubie; ⊙Juli & Aug.) Die erfahrenen Wanderführer leiten neben Wander-, Kletter- und Canyoning-Touren auch Expeditionen ins Vallée des Merveilles.

**Horse&Ventures** REITEN

(☎06 22 29 58 86; www.horseandventures.com; Le Boréon; Ausritt 2 Std./ganzer Tag 30/60 €) Denis Longfellow spricht Englisch und organisiert Ausritte ab Le Boréon. Parallel bietet er längere Reitkurse an.

## Schlafen & Essen

**Le Boréon** HOTEL €

(☎04 93 03 20 35; www.hotel-boreon.com; DZ/3BZ/4BZ ab 75/105/135 €, HP 64 €/Pers., Menü ab 35 €; ⊙Nov.–März geschl.; WLAN) Den Gästen dieses abgeschiedenen Hotels im Stil eines großen Schweizer Chalets 8 km nördlich von St-Martin-Vésubie bietet sich ein zauberhafter Blick auf die umliegenden Berge. Am teuersten sind die Zimmer im Erdgeschoss; sie haben mit Kiefernholz verkleidete Wände und eine Gemeinschaftsterrasse. Im Restaurant werden Spezialitäten der Alpenregion serviert.

★ **Moonlight Chalet** BOUTIQUEHOTEL €€

(☎06 89 25 36 74; www.moonlightchalet.com; 8 rue Rumplemeyer, St-Martin-Vésubie; Zi. inkl. Frühstück 110–130 €; ) Dies ist vielleicht das perfekte Bergrefugium: Hier stehen drei zauberhafte Lodges und zwei kleinere Hütten mit Doppelapartments direkt an einem murmelnden Bach. Drum herum erstrecken sich stille Berge und dichter Wald. Die Quartiere für zwei bis vier Personen sind von der Natur inspiriert. So gibt's darin z. B. Badewannen aus Flussgestein oder Mobiliar aus Baumstämmen. Eine der Behausungen ist sogar rund um eine Tanne gebaut.

Die Lodges haben eigene Küchen, während sich die kleineren Hütten jeweils Gemeinschaftsküchen teilen. Der Strom kommt aus Solarzellen. Fernsehen oder WLAN sind jedoch nicht vorhanden – mit voller Absicht, damit Gäste die ländliche Idylle möglichst intensiv genießen können. Der Preis beinhaltet auch ein tolles Bio-Frühstück.

**La Bonne Auberge** HOTEL €€

(☎04 93 03 20 49; www.labonneauberge06.fr; 98 allée du Verdun, St-Martin-Vésubie; EZ/DZ/FZ ab 46/59/78 €; ⊙Feb.–Mitte Dez.; WLAN) Das altmodische Hotel im klassisch-französischen Stil wird seit 1946 von derselben Familie betrieben. Die Zimmer sind mit Kiefernholz getäfelt. Für noch mehr Alpen-Atmosphäre sorgt das traditionelle Restaurant (Menüs 25–31 €) mit allerlei gebirgsmäßigem Nippes (Wildschweinköpfe, Schneeschuhe, Jagdhörner). In der Bar steht St-Martins allererster Fernseher aus dem Jahr 1960. Von den besten Quartieren schaut man auf den Platz, auf dem die Dorfbewohner *pétanque* (eine Boule-Variante) spielen.

## Praktische Informationen

**Touristeninformation St-Martin-Vésubie** (☎04 93 03 21 28; www.saintmartinvesubie.fr; Pl Félix Faure, St-Martin-Vésubie; ⊙Juli & Aug. tgl. 8.30–12.30 & 14–19 Uhr, Sept.–Juni Mo–Sa 9–12 & 14–19 Uhr; WLAN) Effizientes Büro, das geführte Wanderungen organisiert und Verzeichnisse mit örtlichen Aktiv-Anbietern führt.

**Maison du Parc National du Mercantour** (Besucherzentrum; ☎04 93 03 23 15; www.mercantour.eu; Rue Serrurier, St-Martin-Vésubie; ⊙nur Mitte Juni–Mitte Sept. 9–12 & 14–18 Uhr) Mit Park-Rangern besetzt.

## An- & Weiterreise

Busse von **Conseil Général des Alpes-Maritimes** (www.cg06.fr; 1 €) verbinden Nizza mit St-Martin-Vésubie (1 Std.) und La Colmiane (1¼ Std.).

# Vallée de la Roya

Das Vallée de la Roya war während des Zweiten Weltkriegs von Italien besetzt und gehört erst seit 1947 zu Frankreich. Direkt entlang der italienischen Grenze erstreckt es sich von der Küste bis nach Tende, wo ein Tunnel (erb. 1892) unter den Bergen hinweg ins Nachbarland führt. Das Tal ist ein tolles Tagesziel ab Nizza – entweder mit einem eigenen Vehikel oder mit dem passend benannten Train des Merveilles (S. 288).

St-Dalmas-de-Tende und das nahe gelegene Casterino fungieren als Hauptzugänge zum Vallée des Merveilles. Ab St-Dalmas-de-Tende schlängelt sich die D91 über 10 km westwärts zum Lac des Mesches (1390 m). Von dort aus führen Wanderpfade in das Tal

ABSEITS DER ÜBLICHEN PFADE

## VALLÉE DES MERVEILLES

Das entlegene „Tal der Wunder" erstreckt sich zwischen dem Vésubie- und Roya-Tal. Die schmale Schlucht ist für mehr als 36 000 wunderbare Felsbilder aus der Bronzezeit berühmt. Die prähistorischen Darstellungen von Figuren, Symbolen und Tieren (entstanden ca. 1800–1500 v. Chr.) wurden vermutlich von Angehörigen einer ligurischen Kultgemeinschaft in den Stein geritzt.

Der Großteil davon ist nur zu Fuß erreichbar. Die örtlichen Pfade sind bis ins späte Frühjahr hinein verschneit (beste Besuchszeit Juni–Okt.) und ohne Führer nur begrenzt zugänglich. Entsprechende Guides vermitteln die Besucherzentren des Nationalparks Mercantour und das Bureau des Guides du Mercantour in St-Martin-Vésubie.

Zum Tal geht's entweder von Süden her über die D171 (ab dem Vallée de la Vésubie) oder aus Richtung Westen über die D91 (ab dem Vallée de la Roya via Casterino).

hinein (hin & zurück ca. 8 Std.). Lauffaule chartern einen Geländewagen.

## Sehenswertes

**Monastère de Saorge** KLOSTER
(☎04 93 04 55 55; http://saorge.monuments-nationaux.fr/en; ⊙Mi–Mo 10–12 & 14–17 Uhr) Rund 9 km nördlich von Breil-sur-Roya führen die spektakulären Gorges de Saorge zum Wehrdorf Saorge (520 m). Auf steilen Felsen klebt hier ein Gewirr aus verwinkelten Straßen mit vielen alten Häusern (erb. 15.–17. Jh.). Hinzu kommt dieses Franziskanerkloster, dessen bemerkenswerte Barockkirche von Fresken geziert wird, die den hl. Franziskus zeigen.

**Notre Dame des Fontaines** KIRCHE
(Eintritt 2 €; ⊙Mai–Okt. 10–12.30 & 14–17.30 Uhr) Die „Sixtinische Kapelle der südlichen Alpen" steht 4 km nördlich von La Brigue. Sie ist berühmt für ihre großen Fresken, die im 15. Jh. von den Piemonteser Malern Jean Canavesio und Jean Baleison angefertigt worden sind.

**Musée des Merveilles** MUSEUM
(☎04 93 04 32 50; Av du 16 Septembre 1947, Tende; ⊙Mai–Mitte Okt. 10–18.30 Uhr, Mitte Okt.–April 10–17 Uhr, Sept.–Juni Di geschl.) GRATIS Beleuchtet die archäologische und historische Bedeutung des Tales.

**Maison du Miel et de l'Abeille** MUSEUM
(☎04 93 04 76 22; Place Lieutenant Kalck, Tende; ⊙Mi–Fr 14–17 Uhr, Juli & Aug. auch Sa & So 9.30–12.30 & 13–17 Uhr) Kleines Museum, das die regionale Imkerei feiert und Besucher selbstverständlich auch viele Honigprodukte probieren lässt – schließlich ist das hier ja Frankreich!

## Aktivitäten

**Train des Merveilles** ZUGFAHRT
(hin & zurück ab Nizza Erw./Kind 15/7,50 €; ⊙Mai–Okt.) Diese malerische Zugfahrt ist für Eisenbahnfans ein absolutes Muss. Ab Nizza führt sie nordwärts direkt durch das Vallée de la Roya – vorbei an Bergdörfern, spektakulären Schluchten und Stellen mit toller Aussicht aufs Gebirge. Der Schaffner liefert sogar einen kostenlosen Bordkommentar auf Französisch.

Von Juni bis September startet der Zug täglich um 9.23 Uhr in Nizza und erreicht Tende um 11.24 Uhr (Mai & Okt. nur am Wochenende). Unterwegs hält er in Sospel, Breil-sur-Roya und St-Dalmas-de-Tende. Tickets können online oder am Nizzaer Hauptbahnhof gekauft werden.

**Roya Évasion** RADFAHREN, CANYONING
(☎04 93 04 91 46; www.royaevasion.com; 1 rue Pasteur, Breil-sur-Roya) Breil-sur-Roya ist das Wassersportzentrum des Tals. Diese erfahrene Firma organisiert Kajaktrips, Canyoning und Rafting auf dem Fluss Roya. Parallel gibt's Wandertouren, MTB-Trips und Ausflüge zu den Felsbildern im Vallée des Merveilles.

**4x4 Merveilles** ABENTEUERSPORT
(www.4x4merveilles.com; Erw./Kind 85/50 €; ⊙regelm.) Von Einheimischen geleitete Jeeptouren zu den Felsbildern im Vallée des Merveilles. Buchung über die Touristeninformation in Tende.

**Bike Park Sospel** RADFAHREN
(www.espace-vtt-sospel.com) Gleich außerhalb von Sospel haben einheimische Bikefans ein 150 km langes MTB-Trailnetz angelegt. Die meisten dieser Routen eignen sich jedoch nur für erfahrene Mountainbiker. Details liefert die **Touristeninformation Sospel** (☎04 93 04 15 80; www.sospel-tourisme.com; 19 av Jean Medecin; ⊙Mo–Sa 10–14.30 & 13.30–17.30, So 10–13.30 Uhr).

## Schlafen & Essen

**Le Prieuré** HOTEL €
(☎ 04 93 04 75 70; www.leprieure.org; Rue Jean Medecin, St-Dalmas-de-Tende; EZ 50,50–68 €, DZ 58,50–78 €, 3BZ 69–93,50 €) Mit sakraler Architektur und recht spartanischer Einrichtung verbreitet diese frühere Priorei immer noch eine gewisse Klosteratmosphäre. Wer eines der Zimmer mit Flussblick ergattert, wird jedoch vollkommen selig sein. Das gleichermaßen tolle Hausrestaurant (Hauptgerichte 10,50–14 €) serviert Reizvolles wie Maronen-Gnocchi und *soupe de pierres* („Mönchssuppe"; Eintopf mit Fleisch und Gemüse).

**Chamois d'Or** HOTEL €€
(☎ 04 93 04 66 66; www.hotelchamoisdor.net; Hameau de Casterino; EZ 75–90 €, DZ 90–135 €) Mit ihren Holzschindeln, Berghütten-Balkonen und bunten Klappfensterläden könnte die „Goldene Bergziege" direkt aus der Schweiz stammen. Die Einrichtung der schlichten Zimmer beschränkt sich größtenteils auf Holzfußböden und Kleiderschränke. Dafür wirkt das Hausrestaurant umso großzügiger – vor allem bei Berggerichten wie Raclette oder Spießbraten.

## Praktische Informationen

**Touristeninformation Tende & Büro des Nationalparks Mercantour** (☎ 04 93 04 73 71; www.tendemerveilles.com; Av du 16 Septembre 1947; ⌚ Mo–Sa 9–12 & 14–17, So 9–12 Uhr) Details zu geführten archäologischen Wanderungen und Jeeptouren zum Mont Bégo oder Vallée des Merveilles.

## An- & Weiterreise

### AUTO & MOTORRAD

Die anspruchsvollen Bergstraßen rund um Sospel sind malerisch, aber nichts für Angsthasen (vor allem die Route ab dem Vallée de la Vésubie). Am schnellsten ab Nizza hierher geht's über die Autobahn, die hinüber nach Ventimiglia (Italien) und dann nordwärts zurück nach Frankreich führt (in Richtung Col de Tende, ital. Colle di Tenda).

### ZUG

Ab Nizza rollt der Train des Merveilles durch das Tal nach Tende.

# Die Provence & die Côte d'Azur verstehen

# Provence & Côte d'Azur aktuell

**Wer davon träumt, sich in der Provence und an der Côte d'Azur sein eigenes Stück vom Paradies zu sichern, steht damit wahrlich nicht allein da. Diese viel gerühmte Küste ist die beliebteste Wohnregion Frankreichs, was angesichts dessen, was alles für sie spricht, niemanden verwundern wird: Schließlich findet man hier eine hinreißende Landschaft, eine beispiellos hohe Lebensqualität und jede Menge *fêtes* (Feste) vor. Und in politischer Hinsicht? Nun, nirgendwo ist alles perfekt…**

### Top-Filme

**Über den Dächern von Nizza** (1956) Der Hitchcock-Film mit Cary Grant und Grace Kelly spielt an der Küste.

**Und immer lockt das Weib** (1956) Ein Klassiker der Nouvelle Vague mit Brigitte Bardot im Bikini.

**Der Gendarm von Saint-Tropez** (1964) Sehenswerte Slapstick-Komödie mit Schauplätzen in Saint-Tropez.

**Jean de Florette** & **Manons Rache** (1986) Anrührende Filme in sonnenverwöhnter prächtiger Landschaft.

**Ein gutes Jahr** (2006) Hollywood-Verfilmung des in der Provence spielenden Romans von Peter Mayle.

### Top-Bücher

**Der Graf von Monte Cristo** (Alexandre Dumas) Das prächtige Romanabenteuer des Autors von *Die drei Musketiere* spielt in Marseille.

**Der Ruhm meines Vaters** (Marcel Pagnol) Der erste Teil der Autobiografie des beliebtesten Autors der Provence schildert das ländliche Leben.

**Mein Jahr in der Provence** (Peter Mayle) Führte viele Expats auf der Suche nach gutem Leben in die Region.

**Das Parfum** (Patrick Süskind) Die rabenschwarze Geschichte über Düfte spielt teilweise in Grasse.

**Zärtlich ist die Nacht** (F. Scott Fitzgerald) Spielt an der Riviera in den 1920ern.

## Der Wirtschaftsmotor im Süden

Die Provence und die Côte d'Azur mögen für lange Mittagspausen und einen entspannten Lebensstil bekannt sein, sind aber schon seit Langem wirtschaftliche Kraftzentren Frankreichs. Der Bevölkerungszahl nach ist die Region (mit rund 5 Mio. Ew., das entspricht 7,8%) die drittgrößte des Landes mit drei der größten städtischen Ballungsgebiete (Aix-Marseille, Nizza & Toulon), und nach dem Bruttoinlandsprodukt ist die Region auch die drittreichste Frankreichs.

Der Tourismus bleibt der bei Weitem größte Wirtschaftszweig in der Region: Mehr als 35 Mio. Besucher kommen jedes Jahr hierher und spülen rund 5 Mrd. Euro in die Kassen; man schätzt, dass zwischen einem Viertel und einem Drittel aller Arbeitsplätze in irgendeiner Weise von den Tourismuseinnahmen abhängen. Davon abgesehen sind aber auch die Landwirtschaft, die pharmazeutische Industrie, die IT-Branche sowie die Luft- und Raumfahrtindustrie stark in der Region vertreten, sodass sie insgesamt fast 8% des Jahreseinkommens der Nation erzielt.

Nimmt man die eindrucksvolle Kultur – für die Aix und die Europäischen Kulturhauptstädte Marseille (2013) und Avignon (1999) stehen – hinzu, so erkennt man, dass diese Region in fast jedem Bereich mehr leistet, als ihre Größe vermuten ließe.

## Die Lebenshaltungskosten

Unglücklicherweise hat der wirtschaftliche Erfolg auch seine Schattenseiten. Da die Region als Lebens- und Arbeitsort so beliebt ist, gehören die Grundstückspreise hier zu den höchsten in ganz Frankreich. Im Jahr 2013 lag der Durchschnittspreis für ein Haus an der Côte d'Azur fast doppelt so hoch wie im Landesdurchschnitt (320 000 € im Département Var, 430 000 € im Département Alpes Maritimes). Im Jahr 2014 war die Villa La

Leopolda in Villefranche-sur-Mer offiziell der drittteuerste Wohnsitz weltweit: Sie hat einen aktuellen Wert von 750 Mio. € und gehört der in Monaco ansässigen Milliardärin Lily Safra.

Die Frage der Grundstückspreise wird noch durch eine rapide alternde Bevölkerung (mehr als ein Viertel der hiesigen Einwohner sind heute Senioren) und die starke Zunahme des Anteils von Ferienwohnungen verschärft. Obwohl die Verantwortlichen versuchen, dem Problem mit innovativen Erschließungsprojekten wie dem gewaltigen Eco Vallée de la Plaine du Var (www.ecovallee-cotedazur.com) entgegenzusteuern, ist es eine Tatsache, dass der Traum vom Eigenheim irgendwo in der Nähe der Côte d'Azur für die Bezieher von Durchschnittseinkommen inzwischen immer weniger erreichbar wird.

## Mitten im Paradies

In den letzten 30 Jahren ist die Region zu einer der Hochburgen der Rechtsextremen geworden. Hier feierte Jean-Marie Le Pens Front National in den frühen 1990er-Jahren die ersten größeren Siege, und die – heute von seiner Tochter Marine Le Pen geführte – Partei behauptet bei Wahlen eine starke Position. Im Dezember 2015 errang die Partei im ersten Wahlgang der Regionalwahlen in der Region Provence-Alpes-Côte d'Azur rund 41% der Stimmen; für ganz Frankreich ergaben sich knapp 28%. Im zweiten Wahlgang unterlag der Front National dann aber.

Der Front National entsendet heute gewählte Vertreter in viele Stadt- und Départementräte des Südens, besonders viele im Département Vaucluse. Was dies für die französischen Präsidentschaftswahlen von 2017 bedeuten mag, bleibt abzuwarten, doch angesichts von Themen wie Einwanderung, Terrorismus, Multikulturalismus, niedrige Löhne und steigende Grundstückspreise, die in der Provence und an der Côte d'Azur eine große Rolle spielen, dürfte die Befürchtung nicht unbegründet sein, dass Marine Le Pen und ihre Partei im Süden auf absehbare Zukunft weiterhin eine starke Stellung behaupten werden.

BEVÖLKERUNG: **4,9 MIO.**

FLÄCHE: **31400 KM²**

DURCHSCHNITTSEINKOMMEN: **17892 €**

ARBEITSLOSIGKEIT: **11%**

KÜSTENLÄNGE: **115 KM**

SONNENSCHEIN: **300 TAGE/JAHR**

### Gäbe es nur 100 Provenzalen, wären ...

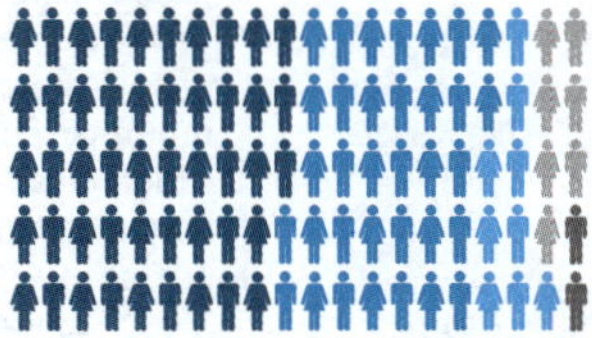

48 im Dienstleistungsbereich beschäftigt
34 im öffentlichen Dienst beschäftigt
9 in der Industrie beschäftigt
7 im Baugewerbe beschäftigt
2 in der Landwirtschaft beschäftigt

### Stadt vs. Land

(% der Bevölkerung)

### Einwohner pro km²

# Geschichte

**Prähistorische Top-Attraktionen**

- *Grottes de l'Observatoire, Monaco*
- *Vallée des Merveilles*
- *Musée de la Préhistoire des Gorges du Verdon*
- *Village des Bories, in der Nähe von Gordes*
- *Réserve Géologique de Haute-Provence*

## Der prähistorische Mensch

Die Provence war schon sehr früh bewohnt: Nahe Roquebrune-Cap-Martin wurden primitive Steinwerkzeuge gefunden, die über 1 Mio. Jahre alt sind. Die Neandertaler jagten von etwa 90 000 bis 40 000 v. Chr. an der Mittelmeerküste und lebten in Höhlen wie den Grottes de l'Observatoire in Monaco. Der moderne Mensch mit kreativem Anspruch erschien 30 000 v. Chr. auf der Bildfläche. Die kunstvollen Wandmalereien in der Grotte Cosquer bei Marseille entstanden etwa 20 000 v. Chr., und die Sammlung von 30 000 Felszeichnungen, die den Mont Bégo im Vallée des Merveilles schmücken, lassen sich auf 1800 bis 1500 v. Chr. datieren.

Archäologen fanden heraus, dass die Menschen, die vor etwa 6000 bis 4500 Jahren in der Gegend von Châteauneuf-les-Martigues, nordwestlich von Marseille lebten, einige der ersten waren, die Schafe domestizierten; damit legten sie das Nomadendasein ab und wurden sesshaft.

## Von den Griechen bis zu den Römern

Massalia (Marseille) wurde ungefähr 600 v. Chr. durch Griechen aus Phocaea in Kleinasien besiedelt; ab dem 4. Jh. v. Chr. errichteten diese weitere Handelsposten entlang der Küste in Antipolis (Antibes), Olbia (Hyères), Athenopolis (St-Tropez), Nikaia (Nizza), Monoïkos (Monaco) und Glanum (bei St-Rémy-de-Provence). Sie brachten Oliven und Trauben mit.

Während sich die hellenische Zivilisation an der Küste entwickelte, drangen die Kelten in die nördliche Provence vor. Sie vermischten sich mit den Ur-Ligurern und schufen bei Entremont eine keltisch-ligurische Hochburg; ihr Einfluss erstreckte sich nach Süden bis Draguignan.

125 v. Chr. halfen die Römer den Griechen dabei, Massalia gegen die eindringenden Kelto-Ligurer zu verteidigen. Ihr Sieg markierte den Beginn der gallorömischen Ära und der Provincia Gallia Transalpina, der ersten römischen *provincia*, von der die Provence ihren Namen hat.

**ZEITLEISTE**

**ca. 90 000 v. Chr.**

Die Neandertaler breiten sich an der Mittelmeerküste aus; etwa ab 30 000 v. Chr. beginnen die Cro-Magnon-Menschen, ihre Höhlen zu verzieren.

**600 v. Chr.**

Die Griechen besiedeln Massalia (das heutige Marseille), errichten Handelsposten entlang der Küste und führen Olivenbäume und Weintrauben ein.

**126–125 v. Chr.**

Die Römer gründen die Provincia Gallia Transalpina, was der Provence ihren Namen beschert; sie wird Teil des römischen Reiches.

## Die Gallo-Romanen

Die Provincia Gallia Transalpina (später Provincia Narbonensis) umfasste den ganzen Süden Frankreichs von den Alpen bis zum Mittelmeer und zu den Pyrenäen. 122 v. Chr. zerstörten die Römer die ligurische Hauptstadt Entremont und errichteten gleich daneben die Bastion Aquae Sextiae Salluviorum (Aix-en-Provence). Um 188 v. Chr. begannen sie mit dem Bau der ersten römischen Straße in Gallien: der Via Domitia, die sich ab den Alpen über das Durance-Tal, Apt, Arles und Nîmes bis nach Narbonne erstreckte. Dort traf sie auf die Via Aquitania in Richtung Atlantikküste.

Der Nachschub- und Truppentransport auf der Via Domitia trug zur weiteren Eroberung Galliens bei. Komplett besetzt war die Region aber erst nach Julius Caesars letztem siegreichem Feldzug (58–51 v. Chr.). Massalia war nach Einrichtung der Provinz unabhängig geblieben, wurde aber 49 v. Chr. von Caesar eingegliedert. 14 v. Chr. besiegte Kaiser Augustus die immer noch rebellischen Ligurier und feierte dies 6 v. Chr. mit der Errichtung eines Monuments bei La Turbie. Arelate (Arles) wurde Regionalhauptstadt.

Unter Kaiser Augustus wurden riesige Amphitheater in Arelate, Nemausus (Nîmes), Forum Julii (Fréjus) und Vasio Vocontiorum (Vaison-la-Romaine) gebaut. Triumphbogen entstanden in Arausio (Orange), Cabelio (Cavaillon), Carpentorate (Carpentras) und Glanum, außerdem diverse Aquädukte. Der 275 m lange Pont du Gard war Teil eines 50 km langen Kanalsystems, das Agrippa, der Stellvertreter Augustus', um 19 v. Chr. bauen ließ, um Wasser von Uzès nach Nîmes zu transportieren.

In den folgenden Jahrhunderten drang das Christentum – der Legende zufolge von Maria Magdalena, Maria Jakobus und Maria Salome mitgebracht, als sie 40 n. Chr. nach Stes-Maries-de-la-Mer kamen – vor, wurde von den Römern angenommen und verbreitete sich unaufhaltsam.

In *The French Riviera: A Cultural History* (2010) beschreibt Julian Hale mit Elan und (Champagner-) kübelweise Anekdoten die dynamische Vergangenheit der heutigen Côte d'Azur.



**Römische Top-Stätten**

*Pont du Gard and Les Arènes (Nîmes)*

*Théatre Antique (Orange)*

*Les Arènes und Théatre Antique (Arles)*

*Glanum (St-Rémy-de-Provence)*

*Puymin und La Villasse (Vaison-la-Romaine)*

## Die Provence im Mittelalter

Nach dem Zusammenbruch des römischen Reiches wanderten verschiedene germanische Stämme in die Provence ein. Im frühen 9. Jh. tauchten die Sarazenen (ein lokaler Sammelbegriff für muslimische Invasoren wie Türken, Mauren und Araber) als ernst zu nehmende Kriegsmacht auf. Angriffe an der maurischen Küste, im Hinterland von Nizza und in den Alpen zwangen die Dorfbewohner, in den Hügeln Schutz zu suchen. Viele der Bergdörfer stammen aus dieser chaotischen Zeit. 974 n. Chr. wurde die sarazenische Festung von La Garde Freinet durch Wilhelm I. (Guillaume Le Libérateur) bezwungen, den Grafen von Arles, der seinen Machtbereich über die gesamte Region beständig ausdehnte. Damit kehrten Frieden und Geschlossenheit in die Provence zurück, die eine Markgrafschaft wurde. 1032 trat sie dem Heiligen Römischen Reich bei.

**400–900**

Das römische Reich geht unter, germanische Stämme fallen ein. Die Franken (daher „Frankreich") drängen die Dorfbewohner, sich vor den Angriffen der Sarazenen bergauf in Sicherheit zu bringen.

**974–1032**

Wilhelm I., genannt der Befreier, dehnt seinen Wirkungsbereich über die Provence aus und wird dort Markgraf; die Provence wird Teil des Heiligen Römischen Reiches.

**1309–1377**

Papst Clemens V. verlegt den Heiligen Stuhl nach Avignon; bis 1377 lenken neun Pontifizes von hier – aus dem Palais des Papes – die Geschicke der römisch-katholischen Kirche.

**1481**

Karl V. von Maine, König von Neapel, Neffe und Nachfolger des Guten Königs René (René I. d'Anjou), stirbt kinderlos. Die Provence fällt an den französischen König Ludwig XI.

Die Mark Provence wurde später zweigeteilt: Der Norden fiel 1125 an die Grafen von Toulouse, und die katalanischen Grafen von Barcelona erlangten die Kontrolle über den Süden (der von der Rhône bis zum Fluss Durance reichte und von den Alpen bis zum Meer). Dieser Teil wurde die Grafschaft Provence (Comté de Provence). Raymond Bérenger V. (1209–1245) war der erste katalanische Graf, der ständig in Aix residierte, der Hauptstadt seit 1186. 1229 eroberte er Nizza und gründete 1232 Barcelonnette. Nach Bérengers Tod übernahm das Haus von Anjou die Grafschaft, unter dessen Herrschaft sie zu großem Wohlstand kam.

*Ladder of Shadows: Reflecting on Medieval Vestiges in Provence & Languedoc* (2009) von Gustaf Sobin ist ein wunderbarer, lyrischer Bericht über römische und frühchristliche Relikte in Südfrankreich.

## Die Päpste

1274 wurde das Comtat Venaissin (Carpentras und das Hinterland im Vaucluse) an Papst Gregor X. abgetreten. 1309 verlegte der in Frankreich geborene Clémens V. (Papst 1305–1314) die päpstliche Residenz aus dem zerrütteten Rom nach Avignon. Der Palast beweist, wie gut es der Stadt zwischen 1309 und 1376 ging, als sie neun Pontifizes Heimat bot.

Der Tod von Papst Gregor XI. führte zum Abendländischen Schisma (1378–1417): Rivalisierende Päpste residierten in Rom und Avignon und richteten die meiste Energie darauf, sich gegenseitig zu beschuldigen und zu exkommunizieren. Als das Schisma beigelegt war und der Papst wieder in Rom saß, blieb das Comtat Venaissin bis 1792 unter päpstlicher Aufsicht.

Unter den Päpsten blühten die Geisteswissenschaften in der Provence auf. 1303 wurde in Avignon eine Universität gegründet, 100 Jahre später auch in Aix. 1327 begegnete der Dichter Petrarch (1304–1374) in Fontaine-de-Vaucluse seiner Muse Laura. Während der Regentschaft Renés, des Königs von Neapel (1434–1480), wurde Französisch zur Sprache des Adels.

### Religiöse Top-Architektur

- *Palais des Papes, Avignon*
- *Chartreuse du Val de Bénédiction, Villeneuve-lès-Avignon*
- *Abbaye Notre-Dame de Sénanque, Gordes*
- *Monastère de la Verne, Collobrières*
- *Abbaye de Thoronet, Lorgues*

## Die französische Provence

Im Jahr 1481 starb Renés Nachfolger, sein Neffe Karl III., kinderlos; die Provence fiel an Ludwig XI. von Frankreich. 1486 wurde in Aix die Vereinigung der Provence mit Frankreich ratifiziert, und die Autonomie der Region schrumpfte drastisch. Das Parlament der Provence, ein oberster Gerichtshof des französischen Königs, wurde 1501 in Aix eingerichtet.

Es folgte eine Periode der Instabilität, wie ein Besuch der Synagoge in Carpentras beweist: Juden, die in der Provence lebten, flohen in Ghettos in Carpentras, Pernes-les-Fontaines, L'Isle-sur-la-Sorgue, Cavaillon oder Avignon. Diese Orte waren alle Teil der päpstlichen Enklave des Comtat Venaissin, wo der päpstliche Schutz bis 1570 gewährleistet blieb.

Ein frühes Opfer der Reformation, die in den 1530er-Jahren durch Europa fegte, und der Hugenottenkriege (1562–1598) war der Luberon. Im April 1545 wurden die Einwohner von elf Dörfern der Waldenser

**1530er-Jahre**
Die Reformation fegt durch Frankreich und stellt die Grundfeste des Katholizismus infrage.

**1539**
Französisch (und nicht das Provenzalische) wird Amtssprache in der Provence.

**1545**
Die Bewohner von elf Dörfern des Luberon werden gemäß dem Arrêt de Mérindol niedergemetzelt, einem Gesetz, das alle Glaubensanhänger der Waldenser zum Tode verurteilt.

**1560**
Der in Nîmes geborene Jean Nicot (1530–1600) importiert als Erster Tabak aus Portugal nach Frankreich – daher auch das Wort „Nikotin".

(Vaudois) im Luberon ermordet. Es folgten zahllose Zusammenstöße zwischen dem streng katholischen Comtat Venaissin und seinen hugenottischen (protestantischen) Nachbarn im Norden um Orange herum.

1580 legte die Pest die Region lahm, wie viele Teile Europas – ein Problem, das auch in den kommenden Jahrzehnten auftauchte.

Das Edikt von Nantes von 1598 (das die protestantische Kontrolle bestimmter Gebiete einschließlich Lourmarin im Luberon anerkannte) brachte der Region einen unsicheren Frieden – bis Ludwig XIV. es 1685 widerrief. Die intensive Verfolgung der Protestanten ging weiter.

1720 wurde Marseille von einem verheerenden Ausbruch der Pest getroffen. Die Krankheit breitete sich von einem Handelsschiff aus, nachdem der oberste Richter der Stadt als Eigentümer der Fracht Quarantänemaßnahmen ignoriert hatte, um sicherzustellen, dass seine Waren den städtischen Markt erreichten. Die Hälfte der Stadtbewohner starb.

Das Ende des Jahrhunderts war von der Französischen Revolution (1789) geprägt: Als die Nationalgarde von Marseille nach Norden marschierte, um die Revolution zu verteidigen, hatte sie ein Lied auf den Lippen, das einige Monate zuvor in Straßburg für den Krieg gegen Preußen komponiert worden war – *Chant de Guerre de l'Armée du Rhin*. Die mitreißende Nationalhymne Frankreichs, *La Marseillaise*, war geboren.

## Von Frankreich nach Italien & zurück

Die Provence wurde 1790 in drei *départements* (Verwaltungseinheiten) geteilt: Var, Bouches du Rhône und Basse-Alpes. Zwei Jahre später annektierte Frankreich das päpstliche Avignon und das Comtat Venaissin, was den Weg für die Schaffung des Vaucluse freimachte.

1793 marschierte die Armée du Midi in Nizza ein und erklärte die Stadt zu französischem Territorium. Frankreich annektierte auch Monaco, bislang ein unabhängiger Staat, der von der Familie Grimaldi regiert wurde. Als Toulon von den Engländern belagert wurde, war es den Mühen eines korsischen Generals namens Napoléon Bonaparte (Napoléon I.) zu verdanken, dass Frankreich die Stadt zurückgewinnen konnte.

Während der Terrorherrschaft zwischen September 1793 und Juli 1794 wurden religiöse Freiheiten widerrufen, Kirchen geschändet und Kathedralen in „Tempel der Vernunft" verwandelt. Heimlich bastelten die Menschen daumennagelgroße biblische Figürchen – das ist die eher traurige Entstehungsgeschichte des *santon*.

1814 verlor Frankreich die 1793 eroberten Gebiete. Die Grafschaft Nizza wurde an den König von Sardinien, Victor Emmanuel I. abgetreten. Sie blieb bis 1860 sardisches Protektorat, als eine Übereinkunft zwischen Napoléon III. und dem Hause Savoyen dabei half, die Österreicher aus Norditalien zu vertreiben, was Frankreich wieder in den Besitz von Savoyen und der Gegend um Nizza brachte. In Monaco erhielt die Familie Grimaldi

### Top-Geschichtsmuseen

*Musée des Civilisations de l'Europe et de la Méditerranée (Marseille)*

*Musée d'Archéologie Méditerranée (Marseille)*

*Musée Archéologique (Fréjus)*

*Musée Départemental Arles Antique (Arles)*

Bei seinem Comeback im Jahr 1815 zog Napoléon von Golfe-Juan nach Grenoble. Als legendäre Route Napoléon ist diese Strecke heute vor allem bei Zweiradfahrern beliebt. Unterwegs folgt sie größtenteils der kurvigen und malerischen N85 (Komplettbeschreibung unter www.route-napoleon.com).



**1562–1598**

Während der Hugenottenkriege kommt es zu zahlreichen blutigen Zusammenstößen zwischen französischen Katholiken und Protestanten (Hugenotten).

**1598**

Der Bourbonenkönig Heinrich IV. gewährt den französischen Protestanten im Edikt von Nantes Gewissensfreiheit – zum Entsetzen des katholischen Paris und der römisch-katholischen Hochburg Avignon.

**1720**

Die Pest von Marseille bringt letztendlich mehr als der Hälfte der Stadtbewohner den Tod und führt zum Bau der Mur de la Peste (Pestmauer).

**1789–1794**

Revolutionäre stürmen die Bastille, was Ludwig XVI. und Marie-Antoinette unter die Guillotine und dem Land den Großen Terror bringt, durch den die religiösen Freiheiten wieder schwinden.

**DIE HIMMELBLAUE KÜSTE**

Die Côte d'Azur („azurblaue Küste") erhielt ihren Namen 1887 im ersten Reiseführer über die Region. *La Côte d'Azur* war die Arbeit von Stéphane Liégeard (1830–1925), einem Juristen und Dichter aus Burgund, der in Cannes lebte. Das Buch beschrieb die Küste von Menton bis Hyères und war ein Erfolg. Sein Titel, eine Anspielung auf den wolkenlosen blauen Himmel, wurde zur heißesten lokalen Redewendung und blieb erhalten. Die Côte d'Azur ist im deutschsprachigen Raum auch als Französische Riviera bekannt.

durch den Vertrag von Paris ihre Rechte zurück; von 1817 bis 1860 stand das Fürstentum ebenfalls unter dem Schutz des sardischen Königs.

In der Zwischenzeit wurde die Wiedereinsetzung des Hauses Bourbon auf den französischen Thron durch den Wiener Kongress (1814–1815), der nach der Abdankung Napoléons I. und seinem Rückzug ins Exil auf Elba stattfand, rüde unterbrochen, weil der Kaiser zurückkehrte. Nach seiner Flucht von Elba 1815 landete Napoléon am 1. März mit einer 1200 Mann starken Armee in Golfe-Juan. Er marschierte nordwärts und passierte bis zu seiner triumphalen Rückkehr nach Paris am 20. Mai Cannes, Grasse, Castellane, Digne-les-Bains und Sisteron. Napoléons glorreiche 100 Tage an der Macht endeten mit der Schlacht von Waterloo und seiner Rückkehr ins Exil. Er starb 1821.

**Top-Architektur der Belle Époque**

- *Casino de Monte Carlo*
- *Hôtel Negresco (Nizza)*
- *Musée Masséna (Nizza)*
- *Excelsior-Regina (Nizza)*
- *Carlton Intercontinental (Cannes)*

## Die Belle Époque

Das Zweite Kaiserreich (1852–1870) brachte eine Neubelebung alles Provenzalischen mit sich, eine Bewegung, die von dem in Maillane geborenen Dichter Frédéric Mistral angeführt wurde. Auch das Wirtschaftswachstum war ein Zeichen dieser Zeit: Nizza, seit 1860 Teil Frankreichs, wurde dank des Tourismus zur am schnellsten wachsenden Stadt Europas. Es war vor allem beim englischen Adel beliebt, der dem Beispiel der Königin folgte und an der Riviera überwinterte. Weitere europäische Königshäuser folgten bald darauf. Die Bahngleise erreichten Toulon 1856 und Nizza 1864. Im gleichen Jahr begann der Bau der Küstenstraße von Nizza nach Monaco.

Im benachbarten Monaco gab die Familie Grimaldi 1861 ihren Anspruch auf ihre früheren Territorien Menton und Roquebrune auf; Frankreich erkannte im Gegenzug Monaco als unabhängiges Fürstentum an. Vier Jahre später eröffnete die Spielbank Monte Carlo, und Monaco wurde vom ärmsten Staat Europas zu einem seiner reichsten.

Die Dritte Französische Republik leitete mit Jugendstilarchitektur, lauter künstlerischen „ismen" und Fortschritten in Wissenschaft und Technik die glitzernde Belle Époque ein. Reiche französische, englische, amerikanische und russische Touristen und Lungenkranke (deren einzi-

**1790–1792**

Die Provence wird in drei *départements* aufgeteilt (die es heute noch gibt); das päpstliche Avignon und die Grafschaft (Comtat) Venaissin werden von Frankreich annektiert, Vaucluse wird neu geschaffen.

**1815**

Napoléon Bonaparte entflieht seinem Exil auf Elba und reist heimlich über die Berge bei Digne-les-Bains und Gap, um seine Herrschaft zurückzufordern – sie wird nur 100 Tage dauern.

**1848**

1848 nehmen die französischen Revolutionäre die Trikolore in Rot, Weiß und Blau von Martigues nahe Marseille als ihre eigene an. *Voilà* – die französische Nationalflagge!

**1860**

Die Grafschaft Nizza wird (erneut) Teil der französischen Provence. Inzwischen überwintern die europäischen Königsfamilien in Nizza, Europas am schnellsten wachsender Stadt.

ge Medizin Sonnenlicht und Meerbrise waren) entdeckten die Küste. Die Intensität und Klarheit von Farben und Licht sprachen viele Maler an.

## Der Erste Weltkrieg & die wilden Zwanziger

Auf südfranzösischem Boden wurde während des Ersten Weltkriegs kein Blut vergossen. Doch auch aus dieser Region wurden Soldaten eingezogen, und jeder fünfte Franzose zwischen 20 und 45 starb. Mithilfe des Tourismus erholte sich die Côte d'Azur schneller von der Finanzkrise nach dem Krieg als der industriegeprägte Norden Frankreichs.

Die Côte d'Azur glänzte in den 1920er- und 1930er-Jahren als Zentrum der Avantgarde, die Künstler drängten in die neuen Felder des Kubismus und Surrealismus, Le Corbusier schrieb Architekturgeschichte, und ausländische Schriftsteller drängten an die liberale Küste.

Das Nachtleben an der Küste stand in dem Ruf, bei allen Verlockungen von Jazzclubs bis Striptease ganz vorn mit dabei zu sein. Bahn- und Straßenverbindungen in den Süden verbesserten sich: Die Bahnstrecke von Digne-les-Bains nach Nizza wurde fertiggestellt, und 1922 fuhr der luxuriöse *Train Bleu* erstmals von Calais über Paris an die Küste. Der Zug hatte nur Erste-Klasse-Abteile und wurde schnell zum „Zug ins Paradies".

In den „wilden Zwanzigern" wurde der Beginn der Sommersaison an der Côte d'Azur begrüßt. Freibäder wurden gebaut, die Sandstrände vom Seetang befreit und das Sonnenbad wurde Mode, nachdem eine gebräunte Coco Chanel 1923 am Arm des Herzogs von Westminster an der Küste aufgetaucht war. Frankreich hob das Glücksspielverbot auf, woraufhin 1927 das erste Kasino der Küste im Palais de la Méditerranée (heute ein Hotel) auf der Promenade des Anglais in Nizza eröffnete. Als 1936 für alle französischen Arbeitnehmer der bezahlte Urlaub eingeführt wurde, kamen noch mehr Touristen. Der *Train Bleu* erhielt Zweite- und Dritte-Klasse-Abteile.

## Der Zweite Weltkrieg

Mit Kriegsbeginn waren die glorreichen Zeiten der Côte d'Azur passé. Am 3. September 1939 erklärten Frankreich und Großbritannien Deutschland den Krieg. Nach dem Waffenstillstandsabkommen mit Hitler vom 22. Juni 1940 gehörte der französische Süden zur „unbesetzten" Zone von Vichy-Frankreich, auch wenn Menton und das Vallée de La Roya von Italien besetzt wurden. Die Côte d'Azur – vor allem Nizza – galt als sicherer Hafen für das besetzte Frankreich; bis 1942 waren ca. 43 000 Juden zur Küste geströmt. Monaco blieb während des Krieges neutral.

Am 11. November 1942 überfiel Nazi-Deutschland Vichy-Frankreich. Die Provence befand sich im Krieg. Vor Toulon wurden 73 Schiffe, Kreu-

Die Reblausplage in den 1880er-Jahren schädigte die Weinberge stark. Diese wurden zwar neu bepflanzt, doch die Winzer hatten trotzdem zu kämpfen: Frankreich produzierte zu viel, und die Soldaten im Ersten Weltkrieg zogen Rotwein dem Rosé vor. Erst mit der Einführung der AOC-Labels in den 1930er-Jahren wendete sich das Blatt für die Weine der Provence.

*Villa Air-Bel: WWII, Escape & a House in Marseille* (2007) von Rosemary Sullivan ist ein fesselndes Buch nach der wahren Geschichte der amerikanischen Erbin Varian Fry, die eine Villa in Marseille in einen Zufluchtsort für von den Nazis verfolgte Künstler und Intellektuelle verwandelte.



**1904**

Der Dichter und Linguist Frédéric Mistral erhält zusammen mit José Echegaray den Nobelpreis für Literatur. In der Begründung heißt es u. a., Mistral habe sich als provenzalischer Philologe hervorgetan.

**1914–1918**

Die Verluste während des Ersten Weltkriegs sind immens: Von den 8 Mio. Franzosen, die zu den Waffen gerufen wurden, werden 1,3 Mio. getötet und fast 1 Mio. verkrüppelt.

**1920er-Jahre**

Die Côte d'Azur wird zum Avantgarde-Zentrum Europas, und der luxuriöse *Train Bleu* (Blauer Zug) absolviert seine erste Fahrt von Calais zur Mittelmeerküste.

**1921**

Coco Chanel lanciert ihren Duft *Chanel No. 5*. Der Schöpfer ist Ernest Beaux, der zu jener Zeit in der Canner Niederlassung des Parfümherstellers Chiris angestellt ist.

zer, Zerstörer und U-Boote – der größte Teil der französischen Flotte – von den eigenen Mannschaften versenkt, damit sie den Deutschen nicht in die Hände fielen. Toulon wurde fast sofort von den Deutschen eingenommen, Nizza von Italien besetzt. Im Januar 1943 wurde der Marseiller Stadtteil Le Panier geschleift, seine 40 000 Einwohner hatten weniger als einen Tag Zeit, die Wohnungen zu verlassen. Wer es nicht tat, landete im Konzentrationslager. Die Résistance, die französische Widerstandsbewegung, war in der Provence besonders stark und in der Region als *maquis* bekannt, nach dem Buschwald, in dem sich die Menschen versteckten.

Zwei Monate nach der Landung der Alliierten in der Normandie, am 15. August 1944, erreichten alliierte Streitkräfte die Südküste an Stränden wie Le Dramont nahe St-Raphaël, Cavalaire, Pampelonne und auf der Halbinsel von St-Tropez. St-Tropez und das Hinterland der Provence konnten fast sofort befreit werden, aber Marseille fiel erst nach fünf Tagen harter Kämpfe am 28. August wieder in die Hände der Alliierten (drei Tage nach der Befreiung von Paris). Toulon wurde am 26. August befreit, eine Woche nachdem französische Truppen den Hafen angegriffen hatten.

Die von Italien besetzten Gebiete im Vallée de La Roya wurden erst 1947 an Frankreich zurückgegeben.

## Les 30 Glorieuses: Frankreichs goldene Jahrzehnte

Nach dem Zweiten Weltkrieg herrschten in Frankreich etwa 30 Jahre lang beispielloses Wachstum, Kreativität und Optimismus, auch in der Provence und an der Côte d'Azur. Nach einem Fehlstart kündigte das Internationale Filmfestival in Cannes 1946 die Rückkehr zum Partywahnsinn an. Die 1950er- und 1960er-Jahre waren eine Abfolge gesellschaftlicher Großereignisse: der Märchenhochzeit des Fürsten von Monaco mit Hollywoods Filmlegende Grace Kelly 1956, Vadims Verfilmung von *Et*

### DIE ENTSTEHUNG DES BIKINIS

Fast hätte er *atome* (franz. für „Atom") geheißen statt Bikini – wegen seiner geringen Größe. Die spärliche zweiteilige Badebekleidung wurde 1946 von dem Modedesigner Jacques Heim aus Cannes und dem Fahrzeugingenieur Louis Réard kreiert. Schwimmanzüge mit einem Ober- und einem Unterteil hatte es schon seit Jahrhunderten gegeben, aber das französische Duo gab ihm seinen Namen – nach dem Atoll der Marshall-Inseln, das die USA 1946 als Testgelände für ihre Atombomben ausgewählt hatten.

Nachdem er an der Plage de Pampelonne von St-Tropez die Kurven des Sexsymbols der 1950er-Jahre, Brigitte Bardot, „verhüllt" hatte, gab es kein Halten mehr. Voilà: der Bikini!

**1929**

Anthony Noghès, der Generalkommisar des Automobilclubs von Monaco, initiiert das erste Autorennen in Monaco. Ab 1955 ist der Große Preis von Monaco Bestandteil der Formel-1-WM.

**1939–1945**

Die Nationalsozialisten besetzen Frankreich und schaffen in Vichy einen Marionettenstaat unter General Pétain; die Provence wird zwei Monate nach der Landung der Alliierten in der Normandie befreit.

**1946**

Das erste Internationale Filmfestival wird im alten Casino von Cannes abgehalten und ist ein überwältigender Erfolg, der an der Küste zur Bewältigung des Krieges beiträgt.

**1947**

Das Vallée de La Roya in der östlichen Provence, das während des Zweiten Weltkriegs von Italien besetzt worden war, wird an Frankreich zurückgegeben.

### DER VERTRAG VON NIZZA

Kein gesamteuropäisches Abkommen hat Europa stärker beeinflusst als der Vertrag von Nizza, jene bahnbrechende Vereinbarung, welche die zu dieser Zeit 15 Mitgliedsstaaten der EU im Dezember 2000 erzielten. Er trat im Februar 2003 in Kraft und war die Grundlage für die Erweiterung der EU ab 2004. Er legte die Institutionen fest, die für ein gutes Funktionieren notwendig waren sowie – nicht ohne Kontroversen – eine neue Stimmverteilung für den Europäischen Rat, der ab 1. November 2004 25 Mitgliedsländer umfasste.

*Dieu… créa la femme* (*Und immer lockt das Weib*) mit der rassigen Brigitte Bardot in St-Tropez im gleichen Jahr, die Einführung des Bikini, der Beginn des Oben-ohne-Sonnens (und als Folge das Bedecken der Brustwarzen mit Flaschendeckeln, um nicht wegen unsittlicher Entblößung verhaftet zu werden) und das Auftauchen von Miles Davis, Ella Fitzgerald und Ray Charles beim Juan-les-Pins Jazzfestival 1961.

Bezeichnend für die 1960er-Jahre war die schnelle Industrialisierung. Fünf Wasserkraftwerke entstanden am Ufer der Durance, und 1964 grub die Électricité de France (EDF) einen Kanal von Manosque zum Étang de Berre. Im Jahr darauf begann der Bau eines 100 km² großen Petrochemieindustriegebiets und eines Industriehafens – des wichtigsten in Südeuropa – in Fos-sur-Mer. Die erste Metrolinie in Marseille nahm 1977 den Betrieb auf, und der Hochgeschwindigkeitszug TGV erreichte die Stadt 1981.

In den 1970er-Jahren kam der Massentourismus ins ländliche Herz der Provence. Betonklötze schossen entlang der Küste und in den Skigebieten aus dem Boden. Das Rinnsal ausländischer Besucher, das Ende der 1970er-Jahre in die kleinen Nester der Provence gesickert war, um alte *mas* (provenzalische Bauernhäuser) zu kaufen, schwoll in den 1980er-Jahren zu einer unkontrollierbaren Flut an. Zur Jahrtausendwende hieß die Region jedes Jahr 9 Mio. Touristen willkommen.

In seinem Büchlein *Ich klage an* (1982) prangerte Graham Greene die traditionelle Duldung der regionalen Mafia durch Nizzas Obrigkeit an. Das Werk wurde in Frankreich verboten; Jacques Médecin (Nizzas Bürgermeister) verklagte Greene wegen Verleumdung.

## Korruption, die Mafia & der Front National

Der Schriftsteller Somerset Maugham hat Monaco als „sonnigen Ort für lichtscheue Gestalten" beschrieben, aber im Lauf der 1980er- und 1990er-Jahre hatte man das Gefühl, dieser Spruch gälte für die gesamte Region. Es war bekannt, dass die italienische, die russische und die korsische Mafia an der Küste operierten, aber das Ausmaß wurde erst nach einer Serie von Korruptionsskandalen offenbar. Dramatisch war 1994 die Ermordung der *député* (Abgeordneten) Yann Piat: Sie wurde in ihrem Wahlkreis Hyères erschossen, nachdem sie öffentlich die Riviera-Mafia angegriffen hatte.

**1956**

Rainier Louis Henri Maxence Bertrand Grimaldi, Graf von Polignac, auch bekannt als Fürst Rainier III. von Monaco, heiratet seine Märchenprinzessin, die Hollywood-Filmlegende Grace Kelly.

**1981**

Mit einem neuen Geschwindigkeitsrekord (zwei statt sechs Stunden Gesamtreisezeit) unternimmt der superschnelle TGV seine erste kommerzielle Fahrt von Paris nach Lyon.

**2002**

Der Französische Franc (Erstprägung 1360) landet auf dem Schrottplatz der Geschichte, als das Land den Euro als offizielle Währung übernimmt.

**2004**

Ein einheimischer Taucher findet das Wrack des Flugzeugs, mit dem Antoine de Saint-Exupéry (Autor des Kleinen Prinzen) 1944 über dem Mittelmeer abstürzte und dabei den Tod fand.

Im selben Jahr wurde der frühere Bürgermeister von Nizza, Jacques Médecin, der die Stadt von 1966 bis 1990 geführt hatte, wegen Steuerhinterziehung und Veruntreuung verurteilt, nachdem er nach Uruguay geflohen und von dort ausgeliefert worden war. 1995 wurde Bernard Tapie, Eigentümer des Fußballclubs Olympique de Marseille, schuldig gesprochen, Spiele manipuliert zu haben und zu zwei Jahren Gefängnis verurteilt.

Viele glauben inzwischen, dass diese prominenten Korruptionsfälle in Verbindung mit wirtschaftlicher Rezession und steigender Arbeitslosigkeit zum Aufstieg des rechtsextremen Front National (FN) geführt haben. Angeführt vom Unruhestifter Jean-Marie Le Pen, berüchtigt für seine Aussage, der Holocaust sei „nur ein Detail in der Geschichte" gewesen, gewann der FN 1995 die Kommunalwahlen in Toulon, Orange und Marignane und 1997 in Vitrolles. Die Partei holte auch bei den Regionalwahlen 1998 15,5% der Stimmen, 2004 waren es 14,7%.

Der FN war zu jener Zeit zwar noch nicht erfolgreich darin, sich den Vorsitz in der Region Provence-Alpes-Côte-d'Azur zu sichern, doch Le Pens Erfolg in der ersten Runde der Präsidentschaftswahlen 2002 – er errang 16,8% der Stimmen (die größte Unterstützung bekam er im Süden Frankreichs) – schockierte viele Menschen. Er verlor schließlich in der zweiten Runde durch die extrem hohe Wahlbeteiligung von 80%, die seinem Gegner Jacques Chirac 82% der Stimmen einbrachte.

Der rechtsextreme FN hat in der regionalen Politik weiterhin einen starken Einfluss: Mittlerweile unter der Führung von Marine Le Pen (Jean-Maries Tochter) bekam die Partei viele Stimmen bei wichtigen Wahlen – vor allem 2014, als sie beinahe die Macht in Avignon übernahm. Im ersten Wahlgang der Regionalwahlen im Dezember 2015 fuhr der FN sogar noch mehr Stimmen ein, nicht zuletzt wahrscheinlich infolge der Terroranschläge in Paris. Mit der jungen Marion Maréchal-Le Pen, die insbesondere in der Region Provence-Alpes-Côte d'Azur Erfolge feierte, rückte so die dritte Generation der Le Pens ins Rampenlicht. Im zweiten Wahlgang unterlag der Front National jedoch.

### Ungewöhnliche Top-Museen

- *Musée Oceanographique de Monaco*
- *Musée Jean Cocteau Collection Séverin Wunderman (Menton)*
- *Musée International de la Parfumerie (Grasse)*
- *Musée de Tire-Bouchon (Ménerbes)*
- *Musée de la Boulangerie (Bonnieux)*

**2005**

Nach dem Ende einer dreimonatigen Trauerzeit für seinen Vater wird Fürst Albert II. von Monaco zum Monarchen des zweitkleinsten Landes der Erde gekrönt.

**2013**

Marseille und Aix feiern ihre gemeinsame Ernennung zur Kulturhauptstadt Europas u. a. mit der Eröffnung bedeutender Museen.

**2014**

Nizzas Stadtverwaltung gibt bekannt, dass für die Promenade des Anglais ein Antrag auf Aufnahme ins Weltkulturerbe gestellt wurde.

**2015**

Nach den Terroranschlägen durch den IS in Paris wählt Frankreich stärker rechts: Der Front National gewinnt an Einfluss, besonders in der Region Provence-Alpes-Côte d'Azur.

# Maler in der Provence & an der Côte d'Azur

**Egal ob auf der Suche nach einem Zufluchtsort, dem Licht oder dem milderen Wetter – es scheint, als ob die Maler, die sich in der Region niederließen, kamen, um etwas Bestimmtes zu finden. Und sie fanden viel mehr, als sie sich erhofft hatten.**

## Die Impressionisten

### Van Gogh

Vincent van Gogh (1853–90) kam 1888 von Paris nach Arles und wollte dem Trubel der Großstadt entkommen. Er fand seine Inspiration inmitten der Landschaft der Region, den Bräuchen und vor allem in den intensiven Lichtverhältnissen. Als er Arles ein Jahr später wieder verließ, hatte er über 200 Ölgemälde fertiggestellt, darunter Meisterwerke wie *Das Schlafzimmer in Arles* (1888) und *Stillleben: Zwölf Sonnenblumen in einer Vase* (1888).

Sein ganzes Leben lang wurde van Gogh von Selbstzweifeln und Depressionen geplagt, was auch auf seinen mangelnden kommerziellen Erfolg zurückzuführen war. Interessanterweise hat er während seiner gesamten Karriere nur ein einziges Bild verkauft und es nie zu ernsthaftem Ruhm gebracht. Er litt immer wieder unter Schüben von manischer Depression – dazu zählt auch der bekannte Vorfall, als er sich im Dezember 1888 nach einem Streit mit Paul Gauguin einen Teil seines linken Ohrs abschnitt.

Im Mai 1889 wies er sich selbst in eine Anstalt in St-Rémy-de-Provence ein, und trotz seiner Krankheit arbeitete er weiterhin mit atemberaubender Geschwindigkeit an seinen Werken. Dabei entstanden mehrere berühmte Bilder wie *Sternennacht* (1889) und viele eindringliche Selbstportraits. Van Gogh verließ St-Rémy im Mai 1890 und zog zu seinem Bruder Theo in Auvers-sur-Oise; zwei Monate später, im Alter von nur 37 Jahren, erschoss er sich.

Mittlerweile gilt Van Gogh als einer der größten Maler des 20. Jhs. Die meisten seiner Werke hängen jetzt in internationalen Museen, aber ein paar blieben auch in der Provence – insbesondere im Musée Angladon (S. 213) in Avignon und im Musée Granet (S. 183) in Aix-en-Provence.

### Cézanne

Paul Cézanne (1839–1906) ist unter allen Impressionisten vermutlich derjenige, der am meisten von der Provence beeinflusst wurde. Seine Arbeit wird gemeinhin als Übergang von der „traditionellen" Kunst des 19. Jhs. zu den grundlegend neuen Kunstformen des 20. Jhs., insbesondere dem Kubismus, bezeichnet.

Cézanne wurde in Aix-en-Provence geboren und verbrachte den Großteil seines Lebens in der Region. Lediglich zehn Jahre lebte er in Paris und zehn weitere Jahre lang pendelte er zwischen der Hauptstadt und der Provence hin und her. In der Schule in Aix lernte er den Schriftsteller Émile Zola kennen, und die beiden blieben viele Jahre lang befreundet,

**Sehenswertes zu Cézanne**

- *Atelier Cézanne, Aix-en-Provence*
- *Le Jas de Bouffan, Aix-en-Provence*
- *Carrières de Bibemus, Aix-en-Provence*
- *L'Estaque*

bis Zola Cézanne eines Tages als Vorlage für seinen Charakter Claude Lantet, einen gescheiterten Maler, in seinem Roman *L'Oeuvre* (*Das Werk,* 1886) heranzog.

Die wichtigste Quelle der Inspiration war für Cézanne die Provence: Das Küstenstädtchen L'Estaque, die Steinbrüche Bibémus in der Nähe von Aix (deren geometrischer Charakter ihn angeblich zu seinen ersten kubistischen Versuchen inspirierte) und das Familienhaus Jas de Bouffan in Aix tauchen in Dutzenden Gemälden auf. Am meisten fesselte ihn jedoch die Montagne Ste-Victoire mit ihrer Ausstrahlung, ihrer Form und ihren Farben. Sie ist in nicht weniger als 30 Ölgemälden und 45 Aquarellen in unterschiedlichen Stilen abgebildet.

Leider beruhte Cézannes Bewunderung für die Provence nicht auf Gegenseitigkeit: Nur wenige Mitglieder der konservativen Bourgeoisie in Aix wussten die Abkehr des Malers vom Credo der klassischen Malerei zu schätzen. Es wurden sogar Stimmen laut, die verlangten, er solle die Stadt verlassen.

Im Jahr 1902 zog Cézanne in das eigens errichtete Atelier Cézanne um, wo er bis zu seinem Tod 1906 den Großteil seiner Gemälde anfertigte. Das Atelier wurde bis heute nicht verändert und gewährt einen ergreifenden Einblick in seine Kunst.

### Renoir

Pierre-Auguste Renoir (1841–1919) litt ab 1892 an Gelenkrheumatismus. Sein Zustand verschlechterte sich zusehends, und 1907 verordneten ihm die Ärzte in einem Versuch, endlich sein Leiden zu lindern, den Umzug in die sonnigeren und klimatisch güntigeren Gefilde rund um Cagnes-sur-Mer.

1909 kaufte Renoir den Bauernhof namens Les Colettes in Cagnes-sur-Mer, auf dem er den Rest seines Lebens verbrachte. Das Anwesen war aber alles andere als ein Ruhesitz. Frankreichs Süden hatte Renoir neue Kraft verliehen und er verbrachte seinen Lebensabend damit, voller Leidenschaft zu malen. Obwohl er seine Maltechnik anpassen musste – er war an den Rollstuhl gefesselt und litt an einer Gelenkversteifung der Schulter –, erkennen viele Kritiker auch in seinen späten Werken dieselbe Freude und Ausstrahlung, die schon das Markenzeichen seiner frühen (und auch berühmtesten) Arbeiten waren.

Renoirs Haus Les Colettes beherbergt heute das Musée Renoir (S. 105), in dem Renoirs Studio, sein wunderschöner Garten und einige seiner Werke zu sehen sind. Das Museum wurde nach einer Renovierung im Jahr 2013 wiedereröffnet.

**Sehenswertes zu Matisse**

- *Musée Matisse, Nizza*
- *Chapelle du Rosaire, Vence*
- *Friedhof des Monastère de Cimiez, Nizza*

## Matisse

Henri Matisse (1869–1954), der ursprünglich aus dem hohen Norden Frankreichs stammende führende Vertreter des Fauvimus, verbrachte die kreativsten Jahre seiner Schaffenszeit in und um Nizza und genoss dort die Sonne und die Lebensfreude der Küstenregion.

Matisse reiste mehrfach nach Südfrankreich. Einmal besuchte er den Impressionisten Paul Signac in St-Tropez, was eines seiner berühmtesten Werke *Luxe, Calme et Volupté* (*Luxus, Stille und Wollust,* 1904) inspirierte. Aber erst eine Reise nach Nizza im Jahr 1917 sorgte dafür, dass er dem Süden voll und ganz verfiel. Er war gekommen, um eine Bronchitis auszukurieren, wollte von dort an aber nie wieder zurück.

Matisse ließ sich in Cimiez, in den Hügeln nördlich von Nizzas Stadtzentrum, nieder. Hier begann er nach einer Operation in den 1940er-Jahren auch damit, mit *gouaches découpées* (Collagen aus bemalten Scherenschnitten) herumzuexperimentieren. Die heute berühmte *Blauer Akt*-Serie und *Die Schnecke* sind Sinnbilder dieser Schaffensperiode des Künstlers.

**KLASSISCHE MALEREI**

Die Provence und die Côte d'Azur mögen vor allem für ihr relativ modernes künstlerisches Erbe bekannt sein, doch die Region ist schon seit Jahrhunderten als Zufluchtsstätte für Künstler bekannt.

Im 14. Jh. waren französische, spanische und aus Siena stammende Künstler am päpstlichen Hof von Avignon sehr gefragt und sie entwickelten für die Wandgemälde, mit denen der Palast geschmückt wurde, stilprägende Gestaltungsformen.

Der Renaissancemaler Louis (Ludovico) Bréa (1450–1523), oft auch „Fra Angelico Provençal" genannt, ist vor allem für die von ihm benutzte charakteristische weinrote Farbe bekannt, die auch heute noch als *rouge bréa* bezeichnet wird.

Zwei Jahrhunderte später erfreute sich der in Grasse geborene Künstler Jean-Honoré Fragonard (1732–1806) dank seiner vom Rokokostil beeinflussten Landschaftsbilder und der spielerischen und oft unzüchtigen Szenen, die seine Gemälde darstellten, großer Beliebtheit unter den Aristokraten Frankreichs.

Sein schlechter Gesundheitszustand spielte auch bei der Schaffung seines Meisterwerks, der Chapelle du Rosaire in Vence, eine Schlüsselrolle. Während seiner Genesung wurde der Künstler von einer Nonne betreut, und die Kapelle war sein Zeichen des Dankes. Matisse entwarf alles, von den Buntglasfenstern über den Altar bis hin zum Bauwerk selbst und den Gewändern der Priester. Die Kapelle wurde 1951 nach vierjähriger Bauzeit fertiggestellt.

Matisse starb 1954 in Nizza. Er ist auf dem Friedhof in Cimiez bestattet.

**Sehenswertes zu Picasso**

*Musée Picasso, Antibes*

*Musée Picasso La Guerre et La Paix, Vallauris*

*Château de Vauvenargues*

*Musée de la Photographie André Villers, Mougins*

## Picasso

Obwohl Pablo Picasso (1881–1973) erst recht spät in seinem Leben die Côte d'Azur als Wohnort wählte (der spanische Künstler war schon über 60, als er 1946 mit seiner Geliebten Françoise Gilot nach Golfe-Juan zog), war sein Einfluss auf die Region erheblich – und das gilt auch umgekehrt.

### Antibes & Vallauris

Auf ein Angebot des Kurators des Château Grimaldi (des heutigen Musée Picasso, S. 97) in Antibes hin richtete sich Picasso ein Atelier im 3. Stock des historischen Gebäudes ein. Seine Arbeiten aus jener Schaffensperiode zeichnen sich durch eine außergewöhnliche, nachkriegszeitliche *joie de vivre* und eine mediterrane Mythologie aus.

Im selben Jahr besuchte Picasso das ganz in der Nähe gelegene Töpferdorf Vallauris und entdeckte die Keramik für sich. Picasso liebte den dreidimensionalen Aspekt dieser Kunst und experimentierte mit Begeisterung. Seine Methode war dabei etwas unkonventionell: Er brachte Ton zum Schmelzen und versah verschiedene Gegenstände mit Reliefmotiven aus unglasierter Töpferware. Außerdem verzichtete er zugunsten der Abbildung seiner Lieblingstiere der Mythologie auf die traditionellen Verzierungen mit Blumenmotiven.

Picasso ließ sich 1948 in Vallauris nieder, und obwohl er 1955 wieder fort ging, arbeitete er bis zu seinem Tod weiterhin mit Keramiken. Seine Zeit in Vallauris verbrachte er jedoch nicht ausschließlich damit: Er bekam hier auch seine „eigene Kapelle" (Erzrivale Matisse hatte seine 1951 fertiggestellt), nämlich die Kapelle des örtlichen Schlosses. Dort schuf er das Wandgemälde *Krieg und Frieden* (1952) – nach *Guernica* (1937) und *Massaker in Korea* (1951) das letzte seiner monumentalen dem Frieden gewidmeten Werke.

### Vauvenargues & Mougins

Picasso kaufte 1959 das Château de Vauvenargues in der Nähe von Aix-en-Provence. Das Schloss lag friedlich am Fuß der Montagne Ste-

### ZEITGENÖSSISCHE KUNST

Schon ein Blick auf das Portfolio der in Marseille ansässigen Vereinigung **Documents d'Artistes** (www.documentsdartistes.org), die die Arbeit von zeitgenössischen Künstlern der Region katalogisiert und weltweit verbreitet, zeigt, dass die Kunst in der Provence heute lebendiger ist denn je – ob es nun darum geht, eine Linie rund um die Erde zu zeichnen, Klanginstallationen zu erstellen oder aufblasbare oder mechanische Kunst zu schaffen: All dies passiert hier.

Es gibt zahlreiche Galerien, in denen zeitgenössische Werke ausgestellt sind. In Marseille ist die erste Adresse der Ausstellungsraum La Friche La Belle de Mai (S. 163), in Arles lohnt ein Besuch der Fondation Vincent van Gogh (S. 196), und in St-Paul de Vence und Mougins wird man beim Spaziergang durch die von Galerien gesäumten Straßen fündig.

Victoire, die Cézanne, den Picasso sehr verehrte, so oft abgebildet hatte. Es waren Cézannes frühe Studien über den Kubismus, die Picasso und seinesgleichen dazu bewogen, die kubistische Bewegung ins Leben zu rufen (deren Ziel es war, den Gegenstand in ein System aus sich überschneidenden Ebenen zu unterteilen und verschiede Aspekte davon zeitgleich zu präsentieren). Picasso war außerdem ein begeisterter Sammler von Cézannes Werken.

Im Jahr 1961 zog er mit seiner zweiten Frau Jacqueline Roque nach Mougins. Er hatte in der Region viele Freunde, darunter war auch der Fotograf André Villers, dem Picasso seine erste Kamera schenke. Als Gegenleistung nahm dieser zahlreiche Porträts des Künstlers auf.

Pablo Picasso starb am 8. April 1973 in Mougins und wurde im Château de Vauvenargues bestattet, das sich weiterhin im Besitz seiner Familie befindet.

Der Ungar Victor Vasarely (1908–1997), der vor allem für seine plakativen geometrischen Formen und Perspektivenwechsel bekannt ist, hatte ab 1948 ein Sommerhaus in Gordes. Im Jahr 1970 eröffnete er hier ein erstes Museum (das 1996 schloss). Das zweite, die Fondation Vasarely, befindet sich seit 1976 in Aix-en-Provence und kann noch immer besucht werden.

## Moderne Kunst

### Chagall

Der weißrussische Maler Marc Chagall (1887–1985) zog 1922 von Russland nach Paris. Er war bekannt für seine überwältigende Farbpalette und die biblischen Botschaften in seinen späteren Werken (inspiriert durch seine jüdische Erziehung in Russland und seine Reisen nach Palästina). Chagall schaffte es, im Zweiten Weltkrieg in die USA zu fliehen, und kam erst Anfang der 1950er-Jahre wieder nach Frankreich, um sich in St-Paul de Vence an der Côte d'Azur niederzulassen. Sowohl Matisse als auch Picasso lebten zu jener Zeit in der Gegend, und es kamen regelmäßig andere Künstler zu Besuch. Es war diese „Künstlerkolonie", die Chagall anzog.

Obwohl die Provence und die Côte d'Azur nie explizit Gegenstand seiner Werke waren, war Chagall sichtlich vom Licht und den Farben der Region fasziniert – das wird deutlich, wenn man die leuchtenden Gemälde, die im Musée National Marc Chagall (S. 52) in Nizza ausgestellt sind, betrachtet. Chagall liegt in St-Paul de Vence begraben.

### Nouveau Réalisme

Aus der Region Provence und Côte d'Azur ging eine ganze Flut von Künstlern hervor, die Mitte des 20. Jhs. die Vorhut der Modernen Kunst bildeten. Der Bekannteste unter ihnen war wohl der aus Nizza stammende Yves Klein (1928–1962), der durch eine Serie gewagter monochromer Bilder, durch das charakteristische Blau, das er in vielen seiner Werke verwendete (angeblich von den Farben des Mittelmeerraumes inspiriert), und seine Experimente in Farbapplikationstechniken auffiel. In seiner Serie *Anthropométrie* wurde die Farbe von Frauen „aufgetragen", die von oben bis unten mit Farbe bedeckt waren und sich nackt auf der Leinwand wanden.

Für Furore in Kreisen der Vertreter der Modernen Kunst sorgten auch der aus Nizza stammende Künstler Niçois Arman (1928–2005), der durch seine Mülleimer-Bilder berühmt wurde, für die er in Mülleimern gefundenen Abfall einrahmte, sowie der 1936 in Golfe-Juan geborene Martial Raysse, der wegen seiner Vorreiterrolle in der Verwendung von Neonlicht in seinen Werken zu Ansehen gelangte: Sein Porträt *Nissa Bella (Schönes Nizza)* von 1964 – ein blinkendes blaues Herz in einem menschlichen Gesicht – ist typisch für seine Arbeit.

Klein, Arman und Raysse gehörten zu jener Gruppe aus neun Personen, die den Nouvelle Réalisme 1960 ins Leben riefen. Die Bewegung war nur eine von mehreren avantgardistischen Strömungen jener Zeit und wurde oft als die französische Interpretation der amerikanischen Pop-Art wahrgenommen. Im Jahr 1961 trat mit dem aus Marseille stammenden César Baldaccini (1921–1998), der für seine zusammengepressten Autos und seine Arbeit mit Altmetall bekannt war, ein weiterer prominenter provenzalischer Künstler der Bewegung bei. Dasselbe gilt auch für Niki de Saint Phalle (1930–2002), die man aufgrund ihrer riesigen bunten Pappmaché-Skulpturen kennt.

Nizzas Musée d'Art Moderne et d'Art Contemporain stellt die beste Sammlung von Werken der Künstler des Nouveau Réalisme aus, und schon das Gebäude selbst ist ein Kunstwerk.

Das Lieblingsblau von Yves Klein wurde nicht nur sein Markenzeichen: Es wurde sogar patentiert. In Kunstkreisen ist es als International Klein Blue (oder IKB) bekannt und kommt dem tiefen, leuchtenden Farbton des Ultramarinblaus sehr nahe.

# Kino & Kunst

**Das Tempo in Sachen Kunst war in dieser Ecke Südfrankreichs schon immer rasant und wurde von der ständigen Flut von Neuankömmlingen noch angeheizt, die neue Ideen, Traditionen und künstlerisches Know-how mitbrachten. Von den Romanen F. Scott Fitzgeralds bis zu den Filmen der Nouvelle Vague – in dieser Region gehen Kreativität und Inspiration Hand in Hand.**

## Kino

Die Provence und das Kino verbindet schon seit über einem Jahrhundert eine besondere Beziehung: Einer der ersten Filme der Welt von den Brüdern Lumière wurde im privaten Kreis im September 1895 in La Ciotat (zwischen Marseille und Toulon) uraufgeführt. Gezeigt wurde *L'Arrivée d'un Train en Gare de La Ciotat* (Die Ankunft eines Zuges auf dem Bahnhof in La Ciotat). Als der Zug in den Bahnhof hineinschoss, sprang das Publikum angeblich vor Schreck aus seinen Sitzen auf.

### Die Anfänge

In den 1920er-Jahren boomte der französische Film, als Nizza dank des Hollywood-Regisseurs Rex Ingram mit einem Schlag Ruhm erlangte. Ingram kaufte 1925 die Victorine-Filmstudios in Nizza und verwandelte sie über Nacht in den Dreh- und Angelpunkt der Filmproduktion in Europa.

Zu den ganz Großen gehörte der in den 1930er- und 1940er-Jahren in der Aubagne geborene Schriftsteller und Filmemacher Marcel Pagnol (1895–1974), dessen Karriere 1931 mit *Marius*, dem ersten Teil seiner *Fanny*-Triologie, in der er ein Bild des Marseille der Vorkriegszeit zeichnet, begann. Pagnols Arbeit war bekannt für ihre liebevolle Darstellung der Provenzalen, und er ist auch heute noch ein Idol der Region.

Kinofans sollten sich die App CinePaca runterladen. Sie listet etwa 50 Filme auf, die an Schauplätzen in der Provence und an der Côte d'Azur gedreht wurden und umfasst Interviews mit den Schauspielern.

### Cannes & St-Tropez

Als nach dem Zweiten Weltkrieg das Filmfestival von Cannes ins Leben gerufen wurde, begann das französische Kino, sich immer vielfältiger zu entwickeln. Jean Cocteau (1889–1963) vermied in zwei Meisterwerken des Kinos jeden Realismus: *Es war einmal* (1945) und *Orpheus* (1950). Das Musée Jean Cocteau Collection Séverin Wunderman in Menton erkundet das Leben und Werk des Regisseurs.

Die Regisseure der *Nouvelle Vague* (Neue Welle) drehten Filme ohne große Budgets, extravagante Kulissen oder namhafte Stars. Mit seinem Film *Und immer lockt das Weib* (1956) mit Brigitte Bardot machte Roger Vadim St-Tropez zum angesagten Hotspot. Jacques Démys *Die blonde Sünderin* (1962) spielt in Nizza, während François Truffaut Teile von *Die amerikanische Nacht* (1972) in den Victorine-Filmstudios, im Hinterland von Nizza und im Vallée de la Vésubie drehte.

### Zeitgenössisches Kino

Die Provence und die Côte d'Azur dienen nach wie vor als Inspiration und Schauplatz Hunderter Filme. Eine fast unschlagbare klassische Vision der sonnigen Provence bildet Claude Berris verträumter Zweiteiler

### MUSIK

Die traditionelle provenzalische Musik besteht aus mehrstimmigen Gesängen. Als Musikform ist sie zwar aus der Mode gekommen, jedoch ist sie auch in heutiger Zeit noch wesentlicher Bestandteil traditioneller Feierlichkeiten, besonders an Weihnachten und an Ostern.

Im Bereich des Rap, Jazz und bei der Weltmusik hat die Provence ihren eigenen Beitrag zur zeitgenössischen französischen Musikszene geleistet, denn der multikulturelle Hintergrund Marseilles dient vielen Künstlern als Inspiration.

Seither hat sich die Musikszene der Stadt auch außerhalb des Genres Rap weiterentwickelt. Die bekannteste Rap-Band Frankreichs ist die aus Marseille stammende IAM. Sie gilt als Rap-Legende. Durch die genialen Songtexte ihres 1991 erschienenen, sensationellen Hip-Hop-Albums *de la Planète Mars* („vom Planeten Mars", wobei Mars eine Kurzform für Marseille ist) wurde Rap urplötzlich Teil der etablierten Musikszene, und IAM sind seither zahlreiche Kollaborationen mit Künstlern wie Beyoncé oder dem Filmregisseur Luc Besson eingegangen.

Cheb Khaled, Cheb Aïssa und Cheb Mami – allesamt aus Marseille – haben viel zur Entwicklung des algerischen Raï beigetragen und damit andere talentierte Weltmusikkünstler, beispielsweise den iranischen *tombak*-Schlagzeuger Bijan Chemiranito (*tombak* ist eine persische Beckentrommel), ermutigt und ihnen zu Erfolg verholfen.

Die Riviera hat im Lauf der Jahre außerdem eine besondere Beziehung zur Jazz-Musik gepflegt. Nizza richtete 1948 sein erstes Jazz-Festival aus, Antibes-Juan-les-Pins folgte diesem Beispiel 1960, nachdem sich der legendäre Saxophonist Sidney Bechet in den 1950er-Jahren dort niedergelassen hatte. Seither haben hier schon zahlreiche Jazzgrößen der Welt gespielt – z. B. Ella Fitzgerald, Miles Davis, Ray Charles sowie aktuelle Künstler wie Jamie Cullum.

bestehend aus den beiden Filmen *Jean de Florette* und *Manons Rache* ab, eine Adaption der Romanklassiker von Marcel Pagnol.

Actionreichere Streifen wie *The Transporter* mit Jason Statham und die Filmtrilogie *Taxi* (von Luc Besson, inklusive eines eigenen Rap-Soundtracks) spielen an der Riviera bzw. in Marseille, und James Bond schaut in *James Bond 007 – Goldeneye* in Monaco vorbei. Die Kultkomödie *Willkommen bei den Sch'tis* erzählt die Geschichte eines Angestellten im öffentlichen Dienst aus der Provence, der - sehr zu seinem Entsetzen - nach Nordfrankreich strafversetzt wird, und war (nicht nur) in Frankreich ein Riesenhit.

Das jährliche Highlight der Filmbranche ist das berühmte Filmfestival von Cannes, bei dem die ganz großen Stars in die Stadt kommen, um *la septième art* („die siebente Kunst", wie die Franzosen das Kino nennen) zu feiern. Der beste Film des Jahres wird mit der Goldenen Palme ausgezeichnet.

**Römische Pracht**

- *Pont du Gard*
- *Théâtre Antique, Orange*
- *Les Arènes, Nîmes*
- *Trophée des Alpes, La Turbie*
- *Les Arènes, Arles*

## Architektur

### Antike

Obwohl es zahlreiche Hinweise darauf gibt, dass die Region schon vor mehreren Tausend Jahren besiedelt wurde, haben die frühen Bewohner nur wenige architektonische Zeugnisse hinterlassen. Erst die Einwohner Massilias (die Griechen) begannen nach 600 v. Chr. in der ganzen Provence Bauwerke zu errichten. Ganz neue Maßstäbe setzten dann die Römer, deren gigantisches architektonisches Erbe mit Amphitheatern, Aquädukten, Torbögen, Tempeln und Bädern beeindruckt.

Ein markantes Element, auf das man in der ländlichen Provence achten sollte, sind *bories*, kleine kuppelförmige Steinhäuser, die meistens als Lager, manchmal aber auch als Behausungen dienten. Ihre Bauform geht auf die Urgeschichte zurück, doch die im Wesentlichen gleiche

### LE CORBUSIER

Erst gegen Ende seines Lebens wandte sich der Schweizer Charles-Édouard Jeanneret (1887–1965), alias Le Corbusier, Frankreichs Süden zu. Sein erster Besuch in den 1930er-Jahren galt seinen Freunden Eileen Gray, einer irischen Designerin, und dem in Rumänien geborenen Architekten Jean Badovici. Gray und Badovici besaßen eine sehr moderne Villa am Meer, die E-1027 am Cap-Martin, in der Le Corbusier häufig zu Gast war.

Nach einer Auseinandersetzung mit Gray im Jahr 1938 baute Le Corbusier allerdings sein eigenes Urlaubsdomizil, Le Cabanon. Bis zu seinem Tod 1965 (er starb beim Schwimmen an einem Herzinfarkt) diente es ihm als Sommerhaus.

Die Tatsache, dass Le Corbusier es für seine eigenen Zwecke erbaute, macht Le Cabanon einzigartig. Das revolutionärste Design allerdings ist zweifellos in Marseille zu finden: der aus Beton erbaute Apartmentblock L'Unité d'Habitation (die Wohnmaschine). Das zwischen 1947 und 1952 erbaute Projekt für preiswerten Wohnraum umfasst 337 Apartments, die sich im Innern eines von Stelzen getragenen, lang gezogenen Betonblocks befinden. Das Gebäude wurde von Architekten weltweit als Meisterwerk (und von den Einwohnern Marseilles als ästhetischer Frevel) angesehen. Die Fassade, Flure und die Dachterrasse des Wohnblocks stehen seit 1986 unter Denkmalschutz.

Le Corbusier ist gemeinsam mit seiner Frau im Abschnitt J des Friedhofs von Roquebrune-Cap-Martin bestattet.

Form wurde von örtlichen Bauern noch zu Beginn des 20. Jhs. verwendet. In der Nähe von Gordes in the Luberon kann man sich ein kleines Dorf aus restaurierten *bories* anschauen.

## Romanik bis Renaissance

Die Wiederbelebung des Glaubens im 11. Jh. leitete die Phase der romanischen Architektur ein, die ihren Namen der Tatsache zu verdanken hat, dass sie zahlreiche Elemente aus der gallorömischen Architektur übernahm. Rundbögen, schwere Mauern, wenige Fenster und das Fehlen jeglicher Verzierungen waren charakteristisch für diesen Stil. Die berühmtesten Beispiele der Provence sind die aus dem 12. Jh. stammenden Abteien in Sénanque und Le Thoronet.

Die städtische Architektur des 20. Jhs. steht im Fokus des Patrimoine XXe, eines Labels, das 34 städtebauliche Wahrzeichen in der Region Provence-Alpes-Côte d'Azur schützt. Die vollständige Liste der Bauwerke findet man unter www.paca.culture.gouv.fr/dossiers/xxeme/menu.html.

Die gotische Architektur ersetzte dann die Rundheit und Einfachheit durch Kreuzrippengewölbe, Spitzbögen, feine Vertikalen, Kapellen entlang des Kirchenschiffs und der Kanzel, raffinierte Verzierungen und große Buntglasfenster. Die bedeutendsten Beispiele dieser Architekturperiode in der Provence sind der Palais des Papes in Avignon und die Chartreuse du Val de Bénédiction in Villeneuve-lès-Avignon.

Der französische Renaissancestil hatte kaum Einfluss auf die Region – ganz im Gegensatz zum berühmten Architekten von Befestigungsanlagen Sébastien Le Prestre de Vauban (1633–1707), der vor allem dem sternförmigen Fort Carré von Antibes und dem Fort Royal auf der Île Ste-Marguerite seinen Stempel aufdrückte.

## Klassik bis Moderne

Die klassische Architektur verschmolz zwischen Ende des 16. Jhs. und dem späten 18. Jh. mit der Malerei und Bildhauerei, wodurch atemberaubende Barockbauten von großer Subtilität, Raffinesse und Eleganz im Innern entstanden: Die Chapelle de la Miséricorde in Nizza und das Centre de la Vieille Charité in Marseille sind klassische Beispiele für diese Entwicklung.

Unter Napoleon III. erreichte der Neoklassizismus seinen Höhepunkt. Der Palais de Justice und der Palais Masséna in Nizza spiegeln das wieder aufkeimende Interesse an den klassischen Formen wieder, für die der Neoklassizismus steht. Das wahre Vorzeigeobjekt dieser Ära ist jedoch die 1878 erbaute Spielbank Monte Carlo, die vom französischen Architekten Charles Garnier (1825–1898) stammt. Die eleganten Brunnen und *hôtels particuliers* (Herrenhäuser in Privatbesitz) in Aix-en-Provence stammen, ebenso wie die raffinierten schmiedeeisernen Glockentürme, ebenfalls aus dieser Zeit.

Die Belle Époque war Vorbote eines Überschwangs von dekorativen Stuckfriesen, Trompe-l'œil-Gemälden, schillernden Wandmosaiken, bunten maurischen Minaretten und türkischen Türmen. Einfach alles war erlaubt.

Die drei Jahrzehnte nach dem Zweiten Weltkrieg waren, wie in weiten Teilen Europas, vom Vormarsch der modernistischen Architektur beherrscht. Die Betonblöcke und Hochhaustürme waren teilweise auch eine Antwort auf den großen Bedarf an Wohnraum. Die berüchtigten Vororte von Marseille, Monacos Wald aus Wolkenkratzern sowie die emblematische pyramidenförmige Marina Baie des Anges in Villeneuve-Loubet gehen alle auf diese Zeit zurück. Heute klagen viele über die Bauwelle, die in den Nachkriegsjahren hereinbrach: Es wurde schnell und günstig gebaut – Ästhetik spielte keine Rolle.

### Zeitgenössische Architektur

Die Provence und die Côte d'Azur haben, ebenso wie jede andere Kunstform, auch die Architektur ständig neu erfunden. Der lindgrüne Espace de l'Art Concret von Mouans-Sartoux – das wohl bislang gewagteste Beispiel zeitgenössischer Architektur – stammt von 2004 und wurde von den in der Schweiz lebenden Architekten Annette Gigon und Mike Guyer als Ergänzung zu dem hier stehenden Schloss aus dem 16. Jh. entworfen.

Zu den jüngsten Werken gehört Rudy Ricciottis neues Musée Jean Cocteau in Menton (er entwarf auch den Pavillon Noir in Aix-en-Provence). Das Gebäude mit Kuhfellmuster direkt am Meer und die italienisch inspirierte Architektur der Altstadt könnten unterschiedlicher kaum sein. Das Museum ist eine Ode an Cocteaus ganz eigenen surrealistischen Stil. Ein weiterer berühmter zeitgenössischer Architekt, der seine Spuren in der Region Provence-Côte d'Azur hinterlassen hat, ist der britische Meister Sir Norman Foster, der das aus Stahl und Glas erbaute Carré d'Art in Nîmes, das Musée de la Préhistoire des Gorges du Verdon in Quinson und das neue fünfstöckige Gebäude für den Monaco Yacht Club konzipiert hat.

Frédéric Mistral ist bis heute der einzige in einer Regionalsprache schreibende Schriftsteller, der den Nobelpreis für Literatur erhielt (1904) – für seine Werke als provenzalischer Philologe und als Anerkennung für sein poetisches Talent.

## Literatur

### Minne bis Prophezeiungen

Gefühlvolle Minnegedichte, von Troubadouren ausschließlich in okzitanischer Sprache verfasst, beherrschten die provenzalische Literatur des Mittelalters.

Das provenzalische Leben taucht auch in den Werken des italienischen Dichters Francesco Petrarca (1304–1374) auf, der 1327 ins Exil nach Avignon verbannt wurde. Dort traf er Laura, der er sein Lebenswerk widmete. Petrarca lebte zwischen 1337 und 1353 in Fontaine-de-Vaucluse, wo er Gedichte und Briefe über die einheimischen Schäfer, die Fischer, die er am Ufer der Sorgue traf, und seine bahnbrechende Besteigung des Mont Ventoux schrieb.

Ein Philosoph und Verfasser von visionären Schriften aus St-Rémy de Provence, Nostradamus (1503–1566), veröffentlichte 1555 seine prophetischen *Centuries* (auf Latein) in Salon-de-Provence, wo er bis zu seinem Tod – durch die Gicht, wie er vorhergesagt hatte – lebte.

### Von Mistral bis Mayle

Im 19. Jh. erlebte die provenzalische Literatur dank des Dichters Frédéric Mistral (1830–1914) eine neue Blütezeit. Mistral rief gemeinsam mit

Die kraftvolle, von Schlagzeug begleitete mehrstimmige Musik des Lo Còr de la Plana (www.myspace.com/locordelaplana), eines Männerchors, der in Marseille ins Leben gerufen wurde, beruht auf traditionellen provenzalischen Gesängen. Das Album der Gruppe, *Tant deman* (2007), muss man sich einfach einmal angehört haben.

sechs anderen jungen provenzalischen Dichtern die Literaturbewegung Le Félibrige ins Leben mit der Absicht, den provenzalischen Dialekt wieder aufleben zu lassen und ihm eine feste Rechtschreibung zuzuweisen. Das Ergebnis dieser Arbeit war das Provenzalisch-Wörterbuch *Lou Trésor dou Félibrige.*

Im 20. Jh. ließen sich zahllose Schriftsteller in der Provence nieder oder bereisten sie zumindest. Colette (1873–1954) lebte zwischen 1927 und 1938 in St-Tropez; ihr Roman *Die Freuden des Lebens* beschwört ein unverdorbenes Bild der Stadt herauf. F. Scott Fitzgerald hielt sich in den Jahren zwischen den beiden Weltkriegen mehrmals hier auf. Der Bühnenautor Samuel Beckett suchte während des Zweiten Weltkriegs in Roussillon Zuflucht. Lawrence Durrell (1912–1990) ließ sich in Somières in der Nähe von Nîmes nieder. Und Graham Greene lebte viele Jahre lang in Antibes und verfasste dort in den 1980er-Jahren sogar ein aufrührerisches Flugblatt über politische Korruption.

Am berühmtesten ist wohl jedoch Peter Mayle, dessen Romane über das Leben als Engländer in der Provence einen großen Teil zur Beliebtheit der Region bei ausländischen Besuchern beigetragen haben.

# Provenzalische Gerichte & Weine

**Wenn man von einer Frankreichreise etwas mit nach Hause nimmt, so sind es Erinnerungen an das Essen – egal ob man sich an einer Bouillabaisse in Marseille gütlich getan, eine *pissaladière* (Nizza-Pizza) in Nizza genossen, Olivenöl in St-Rémy-de-Provence verkostet, *calissons* (Süßigkeiten aus Marzipan) in Aix schnabuliert oder einfach an einem Pastis genippt hat, während man bei einem *pétanque*-Spiel (ähnlich wie Boule) auf einem Dorfplatz zuschaute.**

## Unter der Sonne des Südens

### Olivenöl

Olivenöl ist der Grundpfeiler der mediterranen Küche. Mit ihm werden Salate befeuchtet, Croutons und Käse getränkt, Fisch und Zwiebeln frittiert, und es findet generell auf irgendeine Art seinen Weg in jedes Gericht.

Es gibt Dutzende Sorten, viele davon sind durch das Label *Appellation d'Origine Protégée* (AOP) geschützt, das regionale Produkte kennzeichnet. Es gibt sieben AOPs für Oliven und Olivenöl in der Provence und an der Côte d'Azur: Nyons, Baux-de-Provence, Nizza, Aix-en-Provence, Nîmes, Haute-Provence und Provence.

Jedes Öl hat eine bestimmte Farbe, sein eigenes Aroma und eine spezielle Konsistenz, was ebenso von der Olivensorte abhängt wie von den verwendeten Presstechniken und den Reifeprozessen.

Oliven werden von November bis Februar geerntet. Zuerst werden die Früchte gepflückt, die im Ganzen auf den Tisch kommen; Oliven, die gepresst werden sollen, sind die letzten. Es werden schwarze und grüne Oliven verwendet; durchschnittlich werden 5 kg Oliven benötigt, um 1 l Öl zu erhalten.

#### Top-Orte, um Olivenöl zu kosten

*Moulin à Huile du Calanquet, St-Rémy-de-Provence*

*Moulin à Huile Jullien, St-Saturnin-lès-Apt*

*Écomusée d'Olivier, Volx*

*Moulin à Huile d'Olive Alziari, Nice*

### Brot & Käse

Wie überall in Frankreich nehmen Brot und Käse auch auf dem Speiseplan in den Mittelmeerregionen den ersten Platz ein.

Lokale Käsesorten sind überwiegend *chèvre* (Ziegenkäse), die entweder *frais* (frisch, mit mildem, cremigem Geschmack), *demi-sec* (halbtrocken) oder *sec* (trocken) gegessen werden. Je gereifter der Käse, desto würziger und strenger schmeckt er. Weithin bekannt als Spezialität des Luberon ist Fromage de Banon, eingewickelt in Esskastanienblätter.

Das typische Brot der Region (sehr beliebt bei Picknicks) ist das *fougasse*, ein flacher Laib gefüllt mit Oliven, Pancetta oder Sardellen.

### Meeresfrüchte

Meeresfrüchte sind ein Highlight der provenzalischen Küche. Das ist wenig überraschend angesichts der Tatsache, dass die Region den Großteil der französischen Mittelmeerküste umfasst.

Das Hauptgericht der Region ist die Bouillabaisse, ein üppiger Fischeintopf, der in der Regel in Portionen für zwei Personen serviert wird.

Viele Restaurants bieten das Gericht an, wer aber das Original kosten möchte, sollte eines der berühmten Meeresfrüchterestaurants in Marseille oder Nizza aufsuchen. Hier muss eine Bouillabaisse in der Regel einen Tag im Voraus bestellt werden, damit der Koch Zeit hat, das Gericht vorzubereiten.

**Top-Adressen für Seafood**

*Le Mazet du Vaccarès, Camargue*

*Chez Camille, Ramatuelle*

*La Mère Germaine, Villefranche-sur-Mer*

*La Cabane aux Coquillages, Stes-Maries de la Mer*

*Le Rhul, Marseille*

Eine weitere Fischspezialität ist die *soupe de poisons*, eine reichhaltige Fischsuppe, die oft mit kräftiger *rouille* (Safran-Knoblauch-Sauce), geriebenem Greyerzer-Käse und knusprigen Croutons serviert wird.

Weitere typische Fische, nach denen man auf der Karte Ausschau halten sollte, sind *St-Pierre* (Petersfisch), *daurade* (Goldbrasse), *rascasse* (Skorpionfisch), *turbot* (Steinbutt), *galinette* (Roter Knurrhahn), *merlan* (Weißfisch), und vor allem *loup* (Seebrasse, auch bekannt als *bar* oder *loup de mer*). Die lokale Spezialität ist es, Fisch *en croûte de sel* (in einer Salzkruste) zuzubereiten – das Ergebnis ist erstaunlich unversalzen.

Auch Meeresfrüchte sind eine Köstlichkeit: *Crevettes* (Garnelen) und *gambas* (Riesengarnelen) gibt es reichlich, ebenso wie Austern, Muscheln, *oursin* (Seeigel; eine Delikatesse) und *coquilles St-Jacques* (Jakobsmuscheln). Sie werden häufig in Form von großartig angerichteten *plateaux de fruits de mer* (Meeresfrüchtetellern) serviert, die zusammen mit einer Flasche spritzigen Weißweins eine wahrlich sündhaft gute Mahlzeit ergeben.

## Fleisch

Das Fleischangebot in der Provence und an der Côte d'Azur ist so vielfältig wie das Meeresfrüchteangebot: Rind, Schwein und Lamm gehören zu den Grundnahrungsmitteln; Hase ist in Eintöpfen sehr beliebt, und Wild (vor allem Wildschwein und Fasan) wird im Winter gern gegessen.

Die Zubereitung richtet sich nach der Jahreszeit: Eintöpfe gibt es im Winter, *grillades* (Grillgerichte) im Sommer. Zu den Lieblingsgerichten der Franzosen zählen *sauté de lapin aux olives* (Hase in Tomatensauce mit Oliven) und *daube* (Rindereintopf aus Nizza).

Ein beliebter, wenn auch umstrittener Bestandteil der provenzalischen Küche ist *foie gras*, eine Pastete, die aus der Fettleber von Gänsen oder Enten hergestellt wird. In den meisten Fällen umfasst die Herstellung von *foie gras* die Zwangsfütterung von Tieren mittels einer Futterröhre – mit Mengen, die das, was die Tiere normalerweise freiwillig fressen würden, weit übersteigen. Tierschutzgruppen bezeichnen den Vorgang als grausam und unmenschlich, und die Herstellung und der Import von *foie gras* sind in vielen Ländern auf der Welt verboten.

## Obst & Gemüse

Gemüse bildet das Rückgrat der provenzalischen Küche. Grundnahrungsmittel wie Zwiebeln, Tomaten, Auberginen und Zucchini oder Kürbis werden mit grünen Paprikaschoten, Knoblauch und verschie-

### SCHWARZE DIAMANTEN

Der von Köchen und Kennern gleichermaßen gepriesene *truffe noir* (schwarze Trüffel, *Tuber melanosporum*) ist die erhabenste Zutat der provenzalischen Küche. Dieser Pilz wächst wild auf den Wurzeln von Eichen. Traditionell wurden Trüffeln von Schweinen erschnüffelt, aber heute werden für die Suche vorwiegend Hunde eingesetzt. Trüffelsuche ist durchaus ein lukratives Geschäft: Je nach Qualität werden für Trüffeln bis zu 1000 € pro Kilo bezahlt – es ist also kein Wunder, dass der Trüffel in Frankreich oft als *la diamant noir* (schwarzer Diamant) bezeichnet wird.

Die Trüffelsaison erstreckt sich von November bis März. Trüffeln wachsen auch im Sommer (wenn sie als *truffes d'été* bekannt sind). Dann werden allerdings niedrigere Preise erzielt, da den Sommertrüffeln der feine Geschmack der Wintertrüffeln fehlt.

## DIE 13 WEIHNACHTSDESSERTS

Im Dezember sieht man in der Provence nach der Messe am Weihnachtsabend die Familien nach Hause eilen, um ihr *Caleno vo Careno* zu genießen, das traditionelle Festessen aus 13 Desserts – sie symbolisieren Jesus und die zwölf Apostel. Mindestens ein Bissen von jedem muss sein, um Pech im kommenden Jahr zu vermeiden. Unter den kulinarischen Köstlichkeiten befinden sich *pompe à huile* (in Olivenöl gebackener Hefekuchen, mit Orangenblüten aromatisiert), süßer schwarzer und weißer Nougat (aus Honig und Mandeln), getrocknete Feigen, Mandeln, Walnüsse, Rosinen, Birnen, Äpfel, Orangen oder Mandarinen, Datteln, Quittenmarmelade oder -mus und *calissons d'Aix* (marzipanähnliche Süßigkeiten).

denen aromatischen Kräutern geschmort, bis daraus Ratatouille wird, der ganzjährig beliebte typische Eintopf der Provence. Weitere saisonale Köstlichkeiten sind Spargel und Artischocken (im Frühling) sowie Zucchiniblüten (im Sommer).

Im Sommer dreht sich alles um die Tomate. In der Provence und an der Côte d'Azur sind mehr als 2500 Sorten bekannt, die es in allen Formen, Größen und Farben gibt. Sie sind unschlagbar im Salat (mit Ziegenkäsestückchen und Basilikumblättern, alles mit Olivenöl beträufelt) oder *farcies* (gefüllt).

In der Provence gedeiht auch wundervolles Obst: Sonnengereifte Erdbeeren, Cantaloupe-Melonen, Aprikosen, Pfirsiche und Nektarinen, Pflaumen und Kirschen wachsen hier im Überfluss und sorgen für eine wahre Aromenexplosion (ganz zu schweigen von der Farborgie auf den Marktständen ...).

### Für Vegetarier & Veganer

In einem Land, in dem *viande* (Fleisch) einst gleichbedeutend war mit „Essen", dürfte es nicht überraschen, dass für Vegetarier und Veganer nicht besonders gut gesorgt ist.

Hier sind ein paar Tipps um das Beste aus der provenzalischen Küche herauszuholen:

- Da Vorspeisen häufig vegetarisch sind, könnten Veggies zwei oder drei davon bestellen statt einer Vorspeise mit Hauptgang.
- Pasta, Pizza und Salate sind Gerichte, die leicht an Kundenwünsche angepasst werden können, und sie sind problemlos in der gesamten Provence und überall an der Côte d'Azur erhältlich.
- Kleine Restaurants, die nur ein paar wenige Tagesgerichte anbieten, tun sich schwerer mit irgendwelchen Sonderwünschen, deshalb sollte man eher nach größeren Lokalen Ausschau halten.
- Man sollte beachten, dass die meisten Käsesorten in Frankreich mit *lactosérum* (Lab) hergestellt werden, einem Enzym aus dem Magen eines Kalbs oder einer jungen Ziege.

Echte *herbes de Provence*-Mischungen (die Bezeichnung ist geschützt) enthalten 26 % Rosmarin, 26 % Bohnenkraut, 26 % Oregano, 19 % Thymian und 3 % Basilikum. In der provenzalischen Küche werden sie normalerweise zum Würzen von Grillfleisch oder -fisch verwendet.

### Gewürze & Saucen

Knoblauch verleiht der provenzalischen Küche das gewisse Etwas. Er ist ein Hauptbestandteil vieler Dips und Gewürze der Region.

- *Anchoïade* ist eine kräftige Sardellenpaste, gewürzt mit Knoblauch und Olivenöl; köstlich schmeckt dazu eine *bagna cauda* (rohe Gemüsemischung).
- *Tapenade* ist ein scharfer Dip auf der Grundlage von schwarzen Oliven, gewürzt mit Knoblauch, Kapern, Sardellen und Olivenöl.
- *Aïoli*, Knoblauchmayonnaise, ist ein Grundbestandteil von *aïoli Provençal* – einem Berg aus Gemüse, gekochten Kartoffeln, einem gekochten Ei und *coquillages* (kleine Muscheln). Alles zusammen wird in den Topf mit *aïoli* getunkt.

➡ *Rouille*, feuriges, rosafarbenes, mit Safran aromatisiertes *aïoli*, wird mit *soupe de poisson* (Fischsuppe) serviert, dazu gibt's Toaststückchen – und eine Knoblauchzehe. Der Knoblauch wird über den Toast gerieben, die *rouille* darauf geträufelt – und dann Feuer frei!

### Süßigkeiten & Leckereien

Süßschnäbel kommen in der Provence und an der Côte d'Azur voll auf ihre Kosten: Anis und Orangenblüten verleihen *navettes* (kanuförmige Kekse aus Marseille) und *fougassettes* (süßes Brot) ihr besonderes Aroma. Aus Mandeln bestehen die *gâteaux secs aux amandes* (Mandelküchlein) in der Gegend von Nîmes und der schwarze Honignougat, den es überall gibt.

Nizza und Apt übertrumpfen sich gegenseitig in Sachen *fruits confits* (kandierten oder karamellisierten Früchten). Noch etwas dekadenter ist die *tarte tropézienne* aus St-Tropez, ein mit Vanillecreme gefüllter Kuchen, den Brigitte Bardot einst taufte. Ein beliebtes Dessert im Vaucluse ist Cantaloupe-Melone, die mit Muscat de Beaumes de Venise, einem heimischen Dessertwein, getränkt wird.

**Top-Delikatessengeschäfte**

*Au Baiser du Mitron, Menton*

*Fromagerie Ceneri, Cannes*

*Joël Durand, St-Rémy-de-Provence*

*Brindille Melchio, Banon*

## Getränke

### Pastis – die Milch der Provence

Als Gast in der Provence sollte man sich wie ein Provenzale verhalten und Pastis trinken. Dieser 45 %ige Anisschnaps wurde 1932 in Marseille von dem Industriellen Paul Ricard (1909–1997) erfunden.

Die in der Flasche bernsteinfarbene Flüssigkeit wird milchig, wenn sie mit Wasser gemischt wird. Pastis ist ein klassischer Aperitif, kann aber zu jeder Tageszeit getrunken werden. Bars und Cafés servieren ihn pur und lassen den Gast das Wasser hinzufügen (fünf Teile Wasser auf einen Teil Pastis).

### PROVENZALISCHE WEINE

Mit Ausnahme des Châteauneuf-du-Pape und des Muscat haben provenzalische Weine vielleicht nicht den weltbekannten Ruf einiger anderer französischer Weinregionen, aber die lokalen Weinberge produzieren eine fantastische Auswahl: in Rot, Weiß und Rosé.

| BEZEICHNUNG | BESTE WEINE | EIGENSCHAFTEN |
|---|---|---|
| Côtes de Provence | Rosé, Rotwein | Roséweine werden jung getrunken, Rotweine können jung oder gereift serviert werden. Correns-Weine gehören mittlerweile zu den führenden Bioweinen. |
| Coteaux d'Aix-en-Provence | Rosé, Rotwein | Die Roséweine sind trocken, die Rotweine aromatisch. |
| Coteaux-Varois-en-Provence | Rosé, Rot-, Weißwein | Rotweine müssen reif getrunken werden, Rosé- und Weißweine passen hervorragend zu Sommergerichten. |
| Côtes du Ventoux & Côtes du Luberon | Rotwein | Leicht und fruchtig. |
| Gigondas | Rotwein | Kräftiges Früchte- und Gewürzaroma, wird am besten reif getrunken (sieben Jahre oder älter), daher der relativ hohe Preis. |
| Bandol | Rotwein, Rosé | Hergestellt aus der seltenen *Mourvèdre*-Traube; intensive Rotweine, ausgewogene Roséweine. |
| Cassis | Weißwein | Frisch, ideal zu Meeresfrüchten. |
| Beaumes de Venise | Weißwein | Ein süßer Muskatwein, der als Aperitif oder zum Dessert getrunken wird. |
| Châteauneuf-du-Pape | Rot-, Weißwein | Stark (Mindestalkoholgehalt 12,5 %), voller Körper, altert wunderbar, mineralische Note, kann jung und reif getrunken werden. |

Ein Spritzer *sirop de menthe* (mit Wasser verdünnter Pfefferminzsirup) verwandelt einen normalen Pastis in einen *perroquet* (wörtlich „Papagei"). Ein *tomate* (Tomate) wird mit einem Teil *grenadine* (Granatapfelsirup) gemixt, und der süße *Mauresque* kommt mit *orgeat* (einem süßen Orangen-Mandel-Sirup) daher.

Führende Pastismarken sind Pastis 51 und Ricard, beide gehören zum Ricard-Imperium. Probieren kann man sie im La Maison du Pastis in Marseille (S. 176).

Grundlegende Pastis-Etikette:

- Niemals „einen Pastis" an der Bar bestellen – man fragt nach der Marke wie Ricard, Janot oder Casanis!
- Wenn er zu stark ist, Zucker hinzugeben!
- Bars in Marseille servieren Pastis in vier Gläsergrößen – in einer *momie* oder *mominette* (winziges Schnapsglas), einem *bock* (doppeltes Schnapsglas), einem *tube* (großes, schmales Saftglas) oder einem *ballon* (wie ein Cognacschwenker).

### Top-Weinläden

- *Cave de la Tour, Nizza*
- *La Part des Anges, Marseille*
- *Cave du Félibrige, Aix-en-Provence*
- *Les Sens, Antibes*

## Aperitifs & Digestifs

Die Region ist Heimat einer breiten Palette von Spirituosen und Likören, die traditionell vor oder nach dem Abendessen getrunken werden. Aperitifs werden in der Regel auf Eis serviert, *digestifs* in Schnapsgläsern.

**Liqueur de Châtaignes** Ein Kastanienlikör, der in einem Wein zum *kir* wird.
**RinQuinQuin** Ein *aperitif* mit Pfirsichgeschmack.
**Vin d'oranges amères** Ein *aperitif* mit Bitterorangengeschmack.
**Vin de noix** Ein *aperitif* mit Walnussgeschmack.
**Farigoule** Ein *digestif* mit Thymiangeschmack.
**Verveine** Ein *digestif* mit Eisenkrautgeschmack.
**Amandine** Ein *digestif* mit Mandelgeschmack.



| WO KAUFEN/VERKOSTEN? | ANBAUGEBIET |
|---|---|
| Maison des Vins Côtes de Provence, Les Arcs-sur-Argens; Vignerons de Correns, Correns; Château Ste-Roseline, Les Arcs-sur-Argens | Haut-Var |
| Domaine de la Brillane, Aix-en-Provence | Aix-en-Provence |
| La Maison des Vins des Coteaux Varois en Provence, La Celle; Château de Miraval, Correns | Haut-Var |
| Maison de la Truffe et du Vin, Ménerbes; Cave de Bonnieux, Bonnieux; Domaine Faverot, Maubec | Luberon |
| Caveau de Gigondas, Gigondas | Dentelles de Montmirail |
| Maison des Vins, Bandol; Domaine de Terrebrune, Ollioules | Bandol |
| Le Chai Cassidain, Cassis | Cassis |
| Balma Venitia, Beaumes-de-Venise | Dentelles de Montmirail |
| Caves du Verger des Papes, Châteauneuf-du-Pape; Domaine de la Solitude, Châteauneuf-du-Pape | Châteauneuf-du-Pape |

# Praktische Informationen

# Allgemeine Informationen

## Botschaften & Konsulate

Alle ausländischen Botschaften befinden sich in Paris. Zusätzlich unterhalten manche Nationen auch Konsulate in Marseille bzw. Nizza (eine gute Infoquelle ist die Website des eigenen Außenministeriums).

**Deutschland** (Generalkonsulat Marseille; ☎04 91 16 75 20; www.marseille.diplo.de; 338 av du Prado, Marseille)

**Österreich** (Honorargeneralkonsulat Marseille; ☎04 91 53 02 08; www.bmeia.gv.at/botschaften-konsulate/suche-nach-oesterreichischen-vertretungen/#location-Marseille; 27 cours Pierre Puget, Marseille)

**Schweiz** (Generalkonsulat Marseille; ☎04 96 10 14 10; www.eda.admin.ch/marseille; 7 rue d'Arcole, Cedex 6, Marseille)

**RESTAURANT-PREISE**

Die folgenden Angaben gelten jeweils für ein zweigängiges *menu* (Menü; Vorspeise und Hauptgericht oder Hauptgericht und Nachtisch).

**€** unter 20 €

**€€** 20–40 €

**€€€** über 40 €

## Ermäßigungen

Viele Museen und Sehenswürdigkeiten verkaufen *billets jumelés* (Kombitickets). In manchen Städten gibt's Museumspässe. Senioren ab 60 oder 65 Jahren haben einen Rabattanspruch in öffentlichen Verkehrsmitteln, Museen und Kinos. Auch Zugtickets sind vergünstigt erhältlich.

**French Riviera Pass** (www.frenchrivierapass.com; 1-/2-/3-Tages-Pass 26/38/56 €) Umfasst alle eintrittpflichtigen Attraktionen in Nizza und viele in dessen Umgebung.

**Snowball Pass** (www.snowballpass.com) Rabatte für Skifahrer.

## Essen

Für kulinarische Infos zur Provence und zur Côte d'Azur s. S. 32 oder S. 313.

## Feiertage & Ferien

### Frankreich

*Jours fériés* (öffentliche Feiertage) in Frankreich:

**Neujahr** (*Jour de l'An*) 1. Januar

**Ostersonntag & -montag** (*Pâques & lundi de Pâques*) Ende März/April

**Tag der Arbeit** (*Fête du Travail*) 1. Mai

**Victoire 1945** 8. Mai; feiert das Ende des Zweiten Weltkriegs

**Christi Himmelfahrt** (*L'Ascension*) Mai; 40 Tage nach Ostern

**Pfingstsonntag & -montag** (*Pentecôte & lundi de Pentecôte*) Zwischen Mitte Mai und Mitte Juni (7. So nach Ostern)

**Nationalfeiertag** (Fête Nationale) 14. Juli; erinnert an den Sturm auf die Bastille

**Mariä Himmelfahrt** (*L'Assomption*) 15. August

**Allerheiligen** (*La Toussaint*) 1. November

**Gedenktag zum Ende des Ersten Weltkriegs** (*L'onze Novembre*) 11. November

**Weihnachten** (*Noël*) 25. Dezember

### Monaco

Man begeht dieselben Feiertage (außer 8. Mai, 14. Juli & 11. Nov.). Außerdem:

**Fest der hl. Devota (Ste-Dévote)** 27. Januar; ehrt Monacos Schutzheilige

**Fronleichnam** Juni; drei Wochen nach Christi Himmelfahrt

**Nationalfeiertag** (Fête Nationale) 19. November

**Tag der Unbefleckten Empfängnis Marias** 8. Dezember

## Gefahren & Ärgernisse

Frankreich ist ein sicheres Reiseziel, hat aber ein Problem mit Einbrüchen und Bagatelldiebstal. Gewaltverbrechen kommen nur selten vor.

Während der Jagdsaison (Sept.–Feb.) hängen Warnschilder mit der Aufschrift *chasseurs* (Jäger) oder *chasse gardée* (Jagdgebiet) an Bäumen und Zäunen. Dann beim Wandern unbedingt farblich auffällige Kleidung tragen!

## Diebstahl

Vor allem entlang der Côte d'Azur nehmen Diebe häufig Gepäck, Hosentaschen, Autos, Züge und Waschsalons ins Visier.

➡ Da unbeaufsichtigte Fahrzeuge oft aufgebrochen werden, ist es höchst ratsam, nichts im Inneren zurückzulassen.

➡ Besonders auf Märkten, an Bahn- oder Busbahnhöfen, in Freiluftcafés, an Stränden und in Nachtzügen (Abteiltür abschließen!) sollte man stets gut auf seine Sachen achten.

➡ Zugpassagiere verstauen Laptops, Tablets oder Smartphones am besten stets sicher und unsichtbar, bevor sie z. B. zur Toilette gehen oder eine Runde schlafen. In Bahnhöfen sollte man nicht dauernd auf sein Handy starren und das Gerät bei Nichtbenutzung sorgsam verwahren.

➡ Im Zimmer- bzw. Hotelsafe lagern Dokumente und Wertsachen am sichersten. Zudem empfehlen sich Fotokopien von allen wichtigen Dokumenten (z. B. Reisepass, Führerschein, Versicherungspolicen) – bei Diebstahl oder Verlust lassen sich die Originale dann leichter ersetzen.

➡ Um sich auszuweisen, reicht zumeist jeweils eine Fotokopie des Reisepasses bzw. Führerscheins (Originale immer nur der Polizei zeigen!).

➡ Auch beim Schwimmen sollten Wertsachen stets aufmerksam im Auge behalten werden (ggf. beim Bewachen abwechseln). An den Prado-Stränden von Marseille empfehlen sich die bewachten Gratisschließfächer.

➡ In Marseille, Nizza und anderen Großstädten kommt es mitunter zu Raubüberfällen an roten Ampeln. Wartende Autofahrer sollten daher die Türen verriegeln und alle Fenster geschlossen halten.

➡ In belebten Touristenzonen besteht Gefahr durch Taschendiebe. Diese „finden" z. B. einen Goldring vor den Füßen des Opfers, legen eine Zeitung auf den Restauranttisch oder fragen, ob man Englisch bzw. Deutsch spricht – alles gebräuchliche Maschen, um möglichst nahe heranzukommen. Auch Kinder mit Klemmbrettern sollte man ignorieren (vor allem solche, die eine Hörbehinderung vortäuschen).

## Strände & Flüsse

An Stränden besteht die Gefahr, von hellrosa Quallen der „nachtleuchtenden" Gattung *Pelagia noctiluca* genesselt zu werden.

Die Pegel großer Flüsse können blitzartig ansteigen, wenn Wasserkraftwerke ihre Staudämme öffnen *(l'ouverture des barrages)*; das passiert im Sommer oft. Touristeninformationen liefern Details.

An Stauseen mit unsicheren Ufern herrscht Schwimmverbot. Dies gilt z. B. für den Lac de Ste-Croix (südwestl. der Verdonschlucht bzw. Gorges du Verdon), den Lac de Castillon und den Lac de Chaudanne (nordöstl. der Verdonschlucht). Segeln, Windsurfen und Kanufahren sind auf markierte Bereiche beschränkt.

## Unwetter

Im August und September sind z. T. heftige, gefährliche Unwetter keine Seltenheit. Wanderer sollten vor dem Start immer den Wetterbericht *(la météo)* verfolgen. Auch zusammenfaltbare Regensachen und Zusatzbekleidung gegen Unterkühlung mitzunehmen, ist sehr sinnvoll. Starke Mistralwinde können das ganze Jahr über auftreten.

## Waldbrände

Die Feuerwehr lässt sich unter ☎18 alarmieren. Die häufigen Waldbrände im Juli und August breiten sich rasend schnell aus. Von Juli bis Mitte September sind besonders brandgefährdete Gebiete für Wanderer gesperrt und auch grundsätzlich zu meiden.

Die vielen Zufahrtspisten bzw. Feuerschneisen der DFCI (Défense de la Forêt Contre l'Incendie; spezielle Waldbrandfeuerwehr) sind für Motorfahrzeuge gesperrt, für Wanderer jedoch offen.

Offenes Lagerfeuer ist ganzjährig verboten; von Juli bis August darf vielerorts auch nicht gegrillt werden.

### PRAKTISCH & KONKRET

**Fernsehen** Dank Zweikanalton lassen sich französische Fernsehsendungen z. T. in der jeweiligen Originalsprache verfolgen – einfach mit der Fernbedienung herumprobieren!

**Radio** Das Riviera Radio (www.rivieraradio.mc) mit Sitz in Monaco sendet Regionalnachrichten und Talkshows.

**Strom** Die Stecker haben zwei runde Anschlussstifte; aus der Dose kommt Wechselstrom (220 V/50 Hz).

**Zeitungen & Zeitschriften** Auf Französisch erscheinen die Regionalzeitungen *Nice Matin* (www.nicematin.fr) und *La Provence* (www.laprovence.com). Der *Riviera Reporter* (www.riviera-reporter.com) und die *Riviera Times* (www.rivieratimes.com) sind englischsprachig.

# Geld

Auch in Frankreich und Monaco ist der Euro (€) die offizielle Währung. Schweizer Franken lassen sich bei regionalen Wechselstuben, Banken und manchen Hotels oder Postämtern umtauschen (aktuelle Kurse z. B. unter www.oanda.com).

## Geldautomaten

Bares kann man sich am einfachsten an Geldautomaten (*distributeurs automatiques de billets* oder *points d'argent)* besorgen. Von ausländischen Kunden verlangen die Betreiberbanken pro Abhebung eine Transaktionsgebühr (meist 2–3 %) und eine Benutzungsgebühr. Details hierzu liefert die eigene Bank in der Heimat. Die Netzwerke Cirrus und Maestro sind in Frankreich am weiteten verbreitet.

## Kredit- & Lastschriftkarten

Kredit- und Lastschriftkarten werden in Frankreich weithin akzeptiert. Dennoch kann man bei manchen Restaurants oder B&Bs nur bar bezahlen.

➡ Praktisch überall sind Karten mit integriertem Chip und PIN-Eingabe erforderlich. Achtung: Versionen mit Magnetstreifen funktionieren eventuell nicht an bestimmten Autobahnraststätten oder Tankautomaten! Zudem sollte vor dem Start unbedingt die eigene Bank bzw. Kreditkartengesellschaft über die Reise informiert werden, um eine Sperrung wegen ungewöhnlicher Auslandstransaktionen zu vermeiden.

➡ Visa (hier Carte Bleue; CB) und MasterCard (Access oder Eurocard) sind in Frankreich weit verbreitet. American Express ist weniger stark vertreten; Amex-Filialen helfen bei Problemen und lösen bei Bedarf auch Reiseschecks ein.

➡ Kreditkarten bieten im Allgemeinen bessere Konditionen als Lastschriftkarten. Die Gebühr für Auslandstransaktionen (zumeist etwa 2,5 %) entfällt bei manchen Unternehmen. Alle konkret anfallenden Zusatzbeträge hängen jedoch immer individuell von der ausstellenden Bank bzw. Kartengesellschaft ab.

➡ Eine sinnvolle Alternative sind Prepaid-Karten, die vor dem Start mit einem entsprechenden Guthaben aufgeladen werden. So spart man sich eventuelle Transaktionsgebühren. Zudem lässt sich eine solche Karte bei Verlust oder Diebstahl recht stressfrei sperren und ersetzen, während das Guthaben erhalten bleibt.

## Reiseschecks

Reiseschecks sind sicher und gebührenfrei, werden aber nicht überall akzeptiert. Man muss sie bei einer Wechselstube zum nicht immer vorteilhaften Kurs einlösen.

## Wechselstuben

➡ Falls französische Bankfilialen überhaupt ausländische Währungen (z. B. Schweizer Franken) umtauschen, verlangen sie dafür heftige Gebühren (3–5 €/Wechselvorgang).

➡ *Bureaux de change* (Wechselstuben) arbeiten vergleichsweise flotter und stressfreier. Zudem haben sie länger geöffnet und normalerweise etwas bessere Konditionen.

➡ Auch manche Postfilialen tauschen Schweizer Franken um und lösen Reiseschecks ein. Pro Barauszahlung werden dabei aber 5 € Bearbeitungsgebühr fällig.

### TRINKGELD

Per Gesetz enthalten französische Café- und Restaurantrechnungen bereits eine Servicegebühr *(service compris)* von 15 %. Somit ist Trinkgeld *(pourboire)* nicht obligatorisch. Zufriedene Gäste spendieren üblicherweise trotzdem ein paar Euro.

**Bars** Auf den nächsten vollen Eurobetrag aufrunden

**Gepäckträger** 1–1,50 €/Gepäckstück

**Restaurants** Allgemein 2–5 % (10 % bei besonders gutem Service)

**Taxifahrer** 10–15 %

**Toilettenpersonal** 0,20–0,50 €

**Tourführer** 1–2 €/Pers.

**Zimmerpersonal in Hotels** 1–1,50 €/Tag

# Gesundheit

## Bevor es losgeht

➡ Medikamente sollten stets in eindeutig gekennzeichneten Originalverpackungen mitgeführt werden und gehören bei Flugreisen ins Handgepäck.

➡ Trotz guter zahnmedizinischer Versorgung in Frankreich empfiehlt sich vor dem Start in den Urlaub noch ein Check beim Zahnarzt.

➡ Reisen nach Frankreich erfordern keine speziellen Impfungen. Die Weltgesundheitsorganisation (World Health Organization; WHO) empfiehlt jedoch unabhängig vom Reiseziel immer eine Immunisierung gegen Diphtherie, Tetanus, Masern, Mumps, Röteln und Kinderlähmung.

➡ Französisches Leitungswasser ist problemlos trinkbar. Brunnen mit dem Warnhinweis *eau non potable*

(Kein Trinkwasser) enthalten ungenießbares Wasser.

### Medizinische Versorgung & Kosten

➡ Bei Notfällen sind Rettungsdienst (SAMU) und Notarzt unter ☎15 erreichbar. Alternativ sollte man schleunigst das nächste *hôpital* (Krankenhaus) mit *salle des urgences* (Notaufnahme) aufsuchen. *Cabinets médicals* sind Arztpraxen.

➡ Bei kleinen Wehwehchen helfen Apotheken (mit neongrünen Kreuzen gekennzeichnet). Dort bekommt man neben Medikamenten auch Gesundheitstipps.

➡ Ein Arztbesuch kostet ca. 25 €.

➡ „Die Pille danach" gibt's auf Rezept, Kondome *(préservatifs)* überall.

## Internetzugang

➡ Viele Hotels und Cafés bieten WLAN (Wi-Fi; örtl. Aussprache: wih-fih) an – ebenso manche Touristeninformationen. Wer das entsprechende Passwort für den Zugang braucht, fragt nach *le code*.

➡ Eine Übersicht über Frankreichs viele öffentliche WLAN-Hotspots gibt's unter www.journaldunet.com/wifi.

➡ 3G-Handys funktionieren in Ballungsräumen überall. Vor dem Benutzen aber unbedingt eventuelle Roaming-Gebühren beim eigenen Provider ermitteln!

➡ Internetcafés (lokal 4–6 €/Std.) werden auch in Frankreich zunehmend seltener.

## Karten & Stadtpläne

Karten und Stadtpläne sowie Wanderkarten bekommt man normalerweise bei *maisons de la presse* (Zeitschriftenhändlern), *papeteries* (Schreibwarenhändlern), Touristeninformationen oder Buchläden sowie Tankstellen. Hochwertige Varianten kosten ca. 7 oder 8 €. Unter http://fr.mappy.com gibt's Onlinekarten nebst Routenplanern (inkl. Maut- und Spritkostenberechnung).

Bei den Gratis-*plans* (Karten) der Touristeninformationen ist von hervorragend bis unbrauchbar alles dabei.

**FFRP** (www.ffrandonnee.fr) Topografische Wanderkarten.

**Institut Géographique National** (IGN; www.ign.fr) Detailliertestes und umfangreichstes Kartenmaterial.

**Michelin** (www.michelin-boutique.com) Super Straßenatlanten und -karten.

## Klima

### Nizza

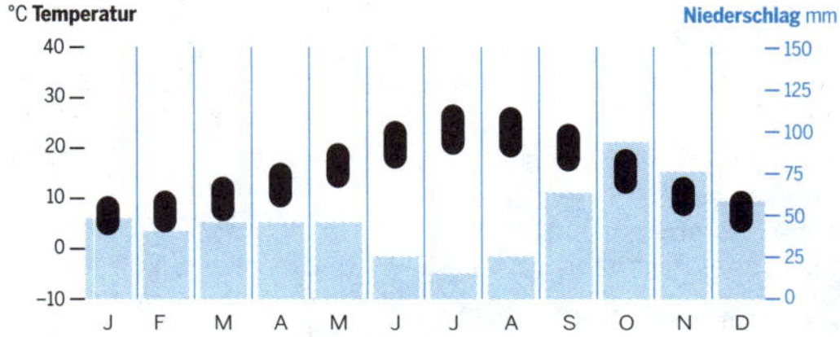


## Öffnungszeiten

Frankreichs Öffnungs- und Geschäftszeiten unterliegen diversen gesetzlichen Bestimmungen (u. a. der 35-Stunden-Woche). Die Angaben in diesem Buch gelten allgemein für die Hauptsaison.

➡ Die meisten Geschäfte bzw. Dienstleister legen eine Mittagspause ein (12–14 Uhr).

➡ Per Gesetz ist sonntags fast überall geschlossen. Hiervon ausgenommen sind nur Lebensmittelläden, *boulangeries* (Bäckereien), Blumenläden und touristische Einrichtungen.

➡ Restaurants haben normalerweise mindestens einen bis zwei Ruhetage pro Woche.

➡ Die meisten Museen können montags oder dienstags nicht besucht werden.

➡ Geschäfte in der ländlichen Provence empfangen Kunden größtenteils nur von *Pâques à la Toussaint* (Ostern bis Allerheiligen am 1. November).

## Rechtsfragen

➡ Die französische Polizei hat umfangreiche Durchsuchungs- und Festnahmebe-

### ALLGEMEINE ÖFFNUNGSZEITEN

**Banken** Mo–Fr od. Di–Sa 9–12 & 14–17 Uhr

**Bars** Mo–Sa 19–1 Uhr

**Cafés** Mo–Sa 7 od. 8–22 od. 23 Uhr

**Läden & Geschäfte** Mo od. Di–Sa 9 od. 10–18.30 od. 19 Uhr

**Nachtclubs** Do–Sa 22–3, 4 od. 5 Uhr

**Postfilialen** Mo–Fr 8.30 od. 9–17 od. 18, Sa 8–12 Uhr

**Restaurants** 12–14.30 & 19–23 Uhr

**Supermärkte** Mo–Sa 8.30–19, So 8.30–12.30 Uhr

fugnisse. So kann sie sich jederzeit den Ausweis zeigen lassen, auch ohne hinreichenden Verdacht.

➡ Ausländer müssen ihre Aufenthaltsberechtigung belegen können (z. B. per Pass oder Personalausweis).

➡ Verbale oder körperliche Angriffe auf Polizisten ziehen hohe Geldstrafen und eventuell sogar Haft nach sich.

➡ Aussageprotokolle müssen nicht unterschrieben werden; zudem kann man eine Kopie verlangen.

➡ Trotz geltender Unschuldsvermutung bleiben Verhaftete bis zur Gerichtsverhandlung hinter Gittern (Details unter www.service-public.fr).

➡ Bei der Sicherheit kennt die Polizei kein Pardon. Nie Gepäck unbeaufsichtigt an Flughäfen oder Bahnhöfen stehen lassen: Verdächtige Objekte werden zerstört!

➡ Das französische Gesetz unterscheidet nicht zwischen „harten" und „weichen" Drogen.

➡ Der Konsum von *stupéfiants* (Drogen inkl. Cannabis) kann ein Jahr Haft plus 3750 € Geldstrafe bedeuten. Bestenfalls kommt man mit einer strengen Ermahnung oder einer Pflicht-Reha davon.

➡ Die Geldbuße für Trunkenheit in der Öffentlichkeit *(iyresse)* liegt bei 150 €. Die Promillegrenze im Straßenverkehr (0,5 ‰) wird bei Polizeikontrollen per Atemtest überprüft.

➡ In geschlossenen öffentlichen Räumen (inkl. Bars & Restaurants) herrscht Rauchverbot.

## Reisen mit Behinderung

Frankreich erweitert langsam seine Einrichtungen für Reisende mit Handicap (*visiteurs handicapés*). Dennoch gibt's hier immer noch Probleme mit der Barrierefreiheit (z. B. durch schmale Straßen, Kopfsteinpflaster, nicht abgesenkte Bordsteine, alte Hotels ohne Aufzüge).

➡ Man sollte rechtzeitig in Erfahrung bringen, ob das gewählte Hotel bzw. B&B einen Aufzug hat und komplett barrierefrei ist – am häufigsten sind Schwierigkeiten mit Treppen und kleinen Bädern.

➡ Auf den meisten öffentlichen Parkflächen gibt's Behindertenparkplätze (eigene Berechtigungsplakette mitbringen und gut sichtbar hinter der Windschutzscheibe platzieren!).

➡ Die rollstuhlgerechten Strände von Cannes, Marseille, Nizza, Hyères, Ste-Maxime und Monaco sind auf Stadtplänen als *handiplages* gekennzeichnet.

➡ Die Organisation **Gîtes de France** (www.gites-de-france-paca.com) und der *Guide Rouge* von Michelin weisen in ihren Verzeichnissen auf Barrierefreiheit hin.

➡ Die meisten SNCF-Züge sind rollstuhlgerecht. An großen Bahnhöfen hilft das Personal beim Einsteigen. Details liefert die SNCF-Website für Passagiere mit Handicap (SNCF Accessibilité; www.accessibilite.sncf.com).

➡ Gute allgemeine Infos zum Reisen mit Behinderung gibt's u. a. bei **Mobility International Schweiz** (☎062 212 67 40; www.mis-ch.ch), **MyHandicap Deutschland** (www.myhandicap.de), **MyHandicap Schweiz** (www.myhandicap.ch) oder der **Nationalen Koordinierungsstelle Tourismus für Alle e. V.** (Natko; www.natko.de).

## Schwule & Lesben

Frankreich begegnet LGBTIQ-Themen liberal. Wie überall sind ländliche Gegenden jedoch auch in der Provence konservativer geprägt als die Großstädte. Schwulenbars gibt's u. a. in Aix-en-Provence, Nizza und Cannes. Marseille hat die größte schwul-lesbische Gemeinde der Region und veranstaltet Ende Juni die **Lesbian & Gay Parade** (www.lgpmarseille.fr).

**Centre Évolutif Lilith** (CEL; ☎06 99 55 06 02; http://celmrs.free.fr; 93 La Canebière) Engagiert sich für Lesben u. a. mit Kontaktmöglichkeiten.

**Gay Provence** (☎04 91 84 08 96; www.gay-provence.org) Hotelverzeichnisse.

**Gay Map Marseille** (www.gaymapmarseille.com) Unterhaltung in Aix and Marseille.

## Sprachkurse

Verzeichnisse mit Sprachschulen liefern beispielsweise das Deutsch-Französische Sprachenportal (www.fplusd.org/) oder Sprachkurse Weltweit (www.sprachkurse-weltweit.de/franzoesisch/franz.htm).

Das **Centre Méditerranéen d'Études Françaises** (☎04 93 78 21 59; www.centremed.monte-carlo.mc; Chemin des Oliviers, Cap d'Ail) ist eine 1952 gegründete Sprachschule, die an der Côte d'Azur liegt.

## Strom

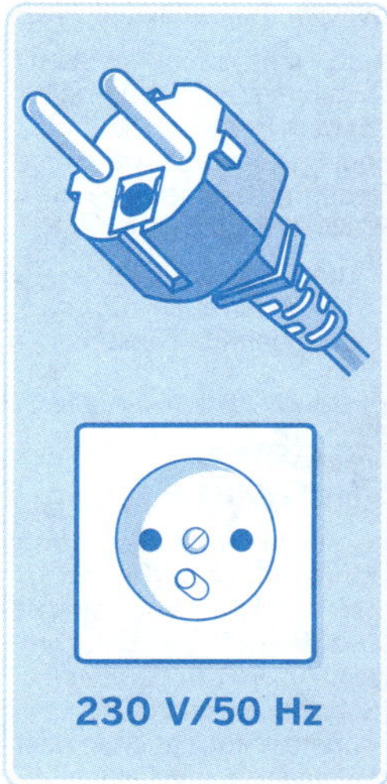

# Telefon

## Handys

- Französische Handynummern beginnen mit ☎06 oder ☎07.
- Vor Ort funktionieren Mobiltelefone mit dem in Europa üblichen GSM-Standard (900/1800).
- Die die größten Mobilfunkanbieter Frankreichs sind **Bouygues** (www.bouyguestelecom.fr), **Orange** (www.orange.fr) und **SFR** (www.sfr.com).
- Dank entsprechender EU-Regelungen bezahlen europäische Touristen nun weniger fürs Roaming. Dennoch sind die Tarife dann meist immer noch höher als zu Hause. Entsprechende Details gibt's normalerweise automatisch per SMS, sobald das Gerät erstmals vor Ort eingeschaltet wird.
- Manche Provider bieten jedoch spezielle Gesprächs- und Datenpakete für Reisen in andere europäische Länder an – am besten rechtzeitig vor dem Start nachfragen!
- Alternativ ist SMS-Kommunikation immer günstiger als richtige Telefonate. Bei Bedarf kann man sich auch eine französische SIM-Karte oder gleich ein ganzes günstiges Prepaid-Set zulegen.

## Nützliche Telefonnummern & Vorwahlen

**Notrufnummern** Diese Nummern sind von allen Telefonzellen aus gebührenfrei.

**Internationaler Zugangscode** ☎00

**Ländercode Frankreich** ☎33

**Ländercode Monaco** ☎377

**Telefonauskunft national** ☎12 od. ☎11 87 12 (Grundgebühr 1 €, zzgl. 0,23 €/Min.); das Personal spricht in der Regel kein Deutsch und auch nicht in jedem Fall Englisch. Englischsprachige Hilfe leistet Orange unter ☎09 69 36 39 00 und http://www.orange.com/en/home.

**Telefonauskunft international** ☎11 87 00

## Telefonkarten & öffentliche Telefone

Bei Druck auf die Taste mit den beiden eingravierten Flaggen zeigen öffentliche Telefonzellen eine kurze Bedienungsanleitung an.

Die Geräte akzeptieren zweierlei *télécartes* (Telefonkarten): *cartes à la puce* (mit Magnetchip; Guthaben 8 od. 15 €) von Orange und *cartes à code* (mit gebührenfreier Zugangsnummer und Prepaid-Code zum Freirubbeln). Beide Varianten gibt's bei Postfilialen, Zeitschriftenhändlern und *tabacs* (Tabakläden).

Bei Karten mit Code sind die Tarife niedriger als bei Orange.

## Vorwahlen

- **Auslandsgespräche nach Frankreich oder Monaco** Den internationalen Zugangscode des Ausgangslands wählen, dann 33 für Frankreich oder 377 für Monaco und zum Schluss die zehnstellige Anschlussnummer ohne Anfangsnull.
- **Auslandsgespräche ab Frankreich** Nacheinander den internationalen Zugangscode 00, den jeweiligen Ländercode (Deutschland 49, Österreich 43, Schweiz 41), Ortsvorwahl und Anschlussnummer wählen; dabei alle Anfangsnullen weglassen.
- **Telefonate vom Hotelzimmer** Stark variierende, sehr hohe Preise (Ortsgespräche meist 0,30 €/Min.)

# Toiletten

- Öffentliche Toiletten sind als *toilettes* oder *WC* gekennzeichnet. Man findet sie meist in der Nähe von Rathäusern, Häfen, öffentlichen Plätzen oder Parkplätzen.
- Toiletten mit Tür- und Reinigungsautomatik können gratis oder gegen 0,20 € in Münzen benutzt werden. Nach 15 Minuten öffnen ihre Türen automatisch. Eine grüne Anzeige bedeutet *libre* (frei), eine rote *occupé* (besetzt). Achtung: Wer direkt nach dem vorherigen Benutzer hineingeht, wird von der Automatik mit Desinfektionsmittel eingesprüht!
- Ein paar ältere Cafés und Tankstellen haben immer noch Hocktoiletten. Diese sind hygienisch, wenn man seine vier Buchstaben ausreichend weit vom Boden weghält. Insbesondere beim Spülen sollte man auf jeden Fall genügend Abstand einhalten!
- In Frankreich ist es vielerorts normal, dass Frauen und Männer dieselben Toiletten benutzen.

# Touristeninformation

Fast alle Dörfer, Groß- und Kleinstädte haben eine Touristeninformation (*office de tourisme*, mancherorts auch heute noch *syndicat d'initiative* genannt). Solche Büros sind normalerweise gut organisiert und liefern viele Infos zu Unterkünften, Aktivitäten oder Sehenswürdigkeiten. In größeren Ortschaften bzw. Städten spricht das Personal meist Englisch.

# Unterkunft

Für Unterkunftsinfos zur Provence und Côte d'Azur s. S. 29.

**ÜBERNACHTUNGSPREISE**

Die folgenden Angaben gelten jeweils für ein normales Doppelzimmer mit eigenem Bad (aber ohne Frühstück).

**€** unter 90 €

**€€** 90–190 €

**€€€** über 190 €

**UNTERKÜNFTE ONLINE BUCHEN**

Unter hotels.lonelyplanet.com/france/ gibt's weitere Unterkunftsbewertungen und unabhängig recherchierte Infos von Lonely Planet Autoren – inklusive Empfehlungen zu den besten Adressen. Obendrein kann online gebucht werden.

## Versicherung

### Krankenversicherung

Die Europäische Krankenversicherungskarte (European Health Insurance Card; EHIC) für EU-Bürger und Schweizer deckt zwar Notfälle, aber keine normalen Behandlungen und auch nicht den Krankenrücktransport in die Heimat ab. Zudem gilt sie nur für staatliche Gesundheitseinrichtungen *(conventionnés)* und nicht für Privatkliniken. Jedes Familienmitglied braucht eine eigene Karte. Näheres zur EHIC lässt sich bei der eigenen Krankenkasse in Erfahrung bringen.

Falls eine vorhandene Krankenversicherung keine medizinischen Kosten im Ausland abdeckt (inkl. Rettungsflüge in die Heimat), empfiehlt sich eine entsprechende Zusatzversicherung. Diesbezüglich sollte vorab ermittelt werden, ob der jeweilige Versicherer direkt mit den ausländischen Behandlungseinrichtungen abrechnet. Falls nicht, muss man bei späterer Rückerstattung in Vorleistung gehen. Auf jeden Fall alle Dokumente immer sorgfältig aufbewahren!

### Reiseversicherung

Eine gute Reiseversicherung mit Schutz bei Diebstahl, Verlust und Gesundheitsproblemen ist höchst ratsam. Achtung: Manche Policen decken gefährliche Aktivitäten wie Tauchen, Motorradfahren oder Bergsteigen ausdrücklich nicht ab. Daher das Kleingedruckte immer sorgfältig durchlesen!

Die weltweit gültige Reiseversicherung unter www.lonelyplanet.com/travel-insurance lässt sich jederzeit online abschließen, erweitern und in Anspruch nehmen – sogar, wenn man schon unterwegs ist.

Wer Flugtickets per Kreditkarte kauft, genießt manchmal einen *begrenzten* Unfallversicherungsschutz auf Reisen. Über Details informiert das Personal des jeweiligen Kreditkartenunternehmens.

## Visa

- Dank dem Schengener Abkommen brauchen EU-Bürger und Schweizer zur Einreise nach Frankreich (auch zum Arbeiten) kein Visum, sondern nur ihren Reisepass bzw. Personalausweis. Derzeit ist aufgrund der Terroranschläge mit erhöhten Sicherheitsmaßnahmen zu rechnen.

## Zoll

Innerhalb der EU im- oder exportierte Waren unterliegen keinerlei Zusatzsteuern bzw. -zöllen – vorausgesetzt, sie sind für den persönlichen Gebrauch bestimmt und bereits irgendwo in der EU verzollt worden. Zollfreies Einkaufen ist nur bei Ausreise aus der EU möglich (Details unter www.douane.gouv.fr).

Bei Einreise aus Nicht-EU-Ländern gelten für Erwachsene folgende Zollfreimengen:

- 200 Zigaretten
- 50 Zigarren
- 1 l Spirituosen
- 2 l Wein
- 50 ml Parfüm
- 250 ml Eau de Toilette

# Verkehrsmittel & -wege

## AN- & WEITER-REISE

### Einreise

Außer bei Einreise von Großbritannien, den Kanalinseln und aus Andorra gibt es zwischen den europäischen Ländern nur wenige Grenzkontrollen. Wer aus einem Nicht-EU-Land einreist, muss einen gültigen Pass (und falls nötig ein gültiges Visum) vorweisen und Zollangelegenheiten klären.

Flüge, Touren und Zugfahrkarten können online unter lonelyplanet.com/booking gebucht werden.

### Flugzeug

#### Flughäfen & Fluglinien

**Air France** (www.airfrance.com) ist die größte Fluglinie und hat die meisten Inlandsflüge. Allerdings ist die Fahrt mit dem TGV (Zug) oft billiger und geht schneller. Billigfluglinien (wie easyJet, Cityjet und Ryanair) bedienen verschiedene europäische Ziele.

In der Provence gibt es zwei große Flughäfen: Marseille-Provence und Nizza-Côte d'Azur. Die kleineren regionalen Flughäfen in Avignon, Nîmes und Toulon werden nur saisonal genutzt.

**Avignon-Provence** (AVN; ☎04 90 81 51 51; www.avignon.aeroport.fr; Caumont) Der Flughafen befindet sich 8 km südöstlich von Avignon und wird derzeit nicht von deutschsprachigem Gebiet aus bedient – für die Weiterreise ist er aber gut.

**Marseille-Provence** (MRS; ☎04 42 14 14 14; www.marseille.aeroport.fr) Von dem

**REISEN & KLIMAWANDEL**

Der Klimawandel stellt eine ernste Bedrohung für unsere Ökosysteme dar. Zu diesem Problem tragen Flugreisen immer stärker bei. Lonely Planet sieht im Reisen grundsätzlich einen Gewinn, ist sich aber der Tatsache bewusst, dass jeder seinen Teil dazu beitragen muss, die globale Erwärmung zu verringern.

Fast jede Art der motorisierten Fortbewegung erzeugt $CO_2$ (die Hauptursache für die globale Erwärmung), doch Flugzeuge sind mit Abstand die schlimmsten Klimakiller – nicht nur wegen der großen Entfernungen und der entsprechend großen $CO_2$-Mengen, sondern auch, weil sie diese Treibhausgase direkt in hohen Schichten der Atmosphäre freisetzen. Die Zahlen sind erschreckend: Zwei Personen, die von Europa in die USA und wieder zurück fliegen, erhöhen den Treibhauseffekt in demselben Maße wie ein durchschnittlicher Haushalt in einem ganzen Jahr.

Die englische Website www.climatecare.org und die deutsche Internetseite www.atmosfair.de bieten sogenannte $CO_2$-Rechner. Damit kann jeder ermitteln, wie viele Treibhausgase seine Reise produziert. Das Programm errechnet den zum Ausgleich erforderlichen Betrag, mit dem der Reisende nachhaltige Projekte zur Reduzierung der globalen Erwärmung unterstützen kann, beispielsweise Projekte in Indien, Honduras, Kasachstan und Uganda.

Lonely Planet unterstützt gemeinsam mit Rough Guides und anderen Partnern aus der Reisebranche das $CO_2$-Ausgleichs-Programm von climatecare.org. Alle Reisen von Mitarbeitern und Autoren von Lonely Planet werden ausgeglichen. Weitere Informationen gibt's auf www.lonelyplanet.com.

25 km nordöstlich von Marseille gelegenen Flughafen gibt's das ganze Jahr über Inlandsflüge sowie Flüge ins europäische Ausland, nach Nordafrika, in den Nahen Osten und nach Kanada.

**Nizza-Côte d'Azur** (☎08 20 42 33 33; www.nice.aeroport.fr; 📶) Der 6 km westlich von Nizza gelegene Flughafen bietet ganzjährig Flüge zu den meisten europäischen Städten sowie nach Nordafrika, in den Nahen Osten, nach New York und nach Quebec.

**Nîmes** (FNI; ☎04 66 70 49 49; www.nimes-aeroport.fr) Der 15 km südlich von Nîmes gelegene Flughafen wird von Ryanair derzeit mit Flügen nach London Luton, Liverpool, Brüssel und Fez (Marokko) bedient – gut zum Weiterreisen.

**Toulon-Hyères** (TLN; ☎08 25 01 83 87; www.toulon-hyeres.aeroport.fr; 📶) Von dem 25 km östlich von Toulon gelegenen Flughafen gibt's täglich Flüge nach Paris sowie saisonale Flüge nach Rotterdam, Bournemouth, Brüssel und London.

## Auf dem Landweg

### Auto & Motorrad

Aus Paris kommend, fährt man am besten mit dem Hochgeschwindigkeitszug TGV nach Avignon oder Marseille und nimmt sich erst dort einen Leihwagen. So spart man vier Stunden Autofahrt auf dem Weg in die Provence und einiges an Mautgebühren.

Wer mit dem eigenen Auto fahren will, braucht die Fahrzeugpapiere, den Nachweis einer Haftpflichtversicherung und einen gültigen Führerschein. Alle nach Frankreich einreisenden Fahrzeuge müssen gut sichtbar einen Aufkleber mit der Kennzeichnung ihres Herkunftslands haben.

Zwischen Großbritannien und Frankreich pendeln mit Hochgeschwindigkeit Autozüge von **Eurotunnel** (☎Frankreich 08 10 63 03 04, Großbritannien 08 443 35 35 35; www.eurotunnel.com) durch den Kanaltunnel zwischen Folkestone und Coquelles (35 Min., bis zu 4-mal/Std., 24 Std.), 5 km südwestlich von Calais. Achtung: Tanks mit Gas (LPG oder Erdgas) sind nicht gestattet, und auch Wohnmobile und Wohnwagen müssen die Fähre nehmen.

Auf S. 331 sind alle Verkehrsregeln zu finden.

### Bus

**Eurolines** (☎08 92 89 90 91; www.eurolines.com) betreibt das größte internationale Busnetz Europas und hat Busverbindungen zwischen vielen Großstädten wie Nizza, Marseille und Avignon und anderen europäischen Städten.

Im Sommer fahren die Busse täglich, im Winter mehrmals in der Woche. Fahrkarten müssen vorab gekauft werden. Mit dem **Eurolines Pass** (www.eurolines.com/en/eurolines-pass; 15/30 Tage HS Erw. 375/490 €, Erw. bis 26 Jahre 315/405 €) kann man unbegrenzt zwischen 51 Städten hin- und her fahren.

Aus dem Inland Frankreichs – und aus Ländern wie Spanien und Italien – ist die Provence am einfachsten per Zug zu erreichen.

### Fahrrad

**European Bike Express** (☎in Großbritannien 01430-422 111; www.bike-express.co.uk) Befördert Radfahrer und Räder aus Großbritannien zu Zielen in ganz Frankreich.

### Zug

**Rail Europe** (☎in Kanada 1 800 361 7245, in Großbritannien 0844 848 5848, in den USA 1 800 622 8600; www.raileurope.com) bietet Online-Buchungen und allgemeine Hinweise zu Zugreisen in Europa.

Eine weitere gute Infoquelle ist **Man in Seat 61** (www.seat61.com).

#### AUS ANDEREN TEILEN FRANKREICHS

Frankreichs ganzer Stolz ist die staatliche **SNCF** (Société Nationale des Chemins de Fer Français; www.voyages-sncf.com), die für das gesamte Bahnnetz des Landes zuständig ist.

Das Flaggschiff der SNCF ist der erschreckend pünktliche Hochgeschwindigkeitszug **TGV** (Train à Grande Vitesse; www.tgv.com), der einen in weniger als vier Stunden von Paris an die Côte d'Azur bringt. Die Strecke führt von der Pariser Gare du Nord über verschiedene Ziele wie Orange, Avignon und Aix-en-Provence nach Marseille (leider wurde der Bau einer geplanten zweiten Strecke, die nach Nizza führen sollte, aufgeschoben). Achtung: Die TGV-Bahnhöfe sind mehrere Kilometer vom Stadtzentrum entfernt, werden aber von Regionalzügen oder Shuttle-Bussen bedient.

➡ Man hat die Wahl zwischen 1. und 2. Klasse; die 1. Klasse hat größere Sitze, besseres Essen und Gratis-WLAN.

➡ Bucht man vorab online, ist es immer günstiger, als wenn man seine Fahrkarte erst am Tag der Fahrt kauft – das gilt vor allem für Intercity-Verbindungen. Bei Fahrten außerhalb der Stoßzeiten gibt's erhebliche Ermäßigungen.

➡ Zugfahrkarten erhält man auch direkt an den Hauptbahnhöfen oder in den SNCF-Ticketzentren *(boutiques)*.

➡ Die einfache Fahrt in der 2. Klasse von Paris nach Marseille kostet ab 89,50 € und dauert nicht mal dreieinhalb Stunden.

➡ Die Fahrkartenautomaten der SNCF haben oft Schwierigkeiten, ausländische Kreditkarten wiederzuerkennen, sodass man seine Fahrkarte vermutlich am Kartenschalter abholen muss (einfach Reservierungsbestätigung oder Reservierungsnummer vorzeigen!).

#### AUTOMITNAHME

Dank der **Autozüge** von SNCF müssen Autofahrer, z. B. aus dem Norden Deutschlands, nicht mehr selbst durch Frankreich gondeln, um an ihr Ziel zu kommen. Stattdessen liefert man sein Auto am Autozugbahnhof in Paris Bercy ab und lässt den Zugfahrer die ganze Arbeit übernehmen. Die Autos werden eine Stunde vor Abfahrt verladen und 30 Minuten nach Ankunft am gewünschten Zielbahnhof (Avignon, Marseille, Nizza, Fréjus oder Toulon) entladen. Zum Zeitpunkt unserer Recherchen wurden Reservierungen nur telefonisch angenommen. Achtung: Die eigene Zugfahrt muss man separat organisieren!

#### FAHRRADMITNAHME

In manchen Zügen (auf den Fahrplänen mit einem Fahrradsymbol gekennzeichnet) können Fahrräder unverpackt im Gepäckwagen mitgeführt werden. Normalerweise muss man dafür keinen zusätzlichen Platz reservieren. Trotzdem sollte man bei der Buchung noch mal nachfragen, denn in Zügen zu Spitzenzeiten ist die Fahrradmitnahme nicht immer verfügbar. In TGVs muss der Platz fürs Fahrrad vorab reserviert werden. Die mehrsprachige SNCF-Broschüre *Guide Train & Vélo* (gratis) erhält man an den Bahnhöfen und unter www.velo.sncf.com.

Mit dem nützlichen Gepäcklieferservice **Bagages à domicile** (☎00 33 892 35 35 35; http://bagages.voyages-sncf.com/) kann man sich sein Fahrrad für 80 € innerhalb von Frankreich von Tür zu Tür liefern lassen. Das geht innerhalb von 48 Stunden, außer samstagnachmittags, sonntags und an Feiertagen.

#### AUS ITALIEN & SPANIEN

Nizza hat den größten Bahnhof an der stark genutzten Strecke Barcelona–Rom. Wer aus dem Süden Europas kommt und noch einen Abstecher in die Provence bzw. an die Côte d'Azur machen will, hat diese Optionen:

➡ **Nizza–Rom** rund 85 €, 9 Std.

➡ **Nizza–Barcelona** rund 130 €, 10 Std.

➡ **Nizza–Mailand** rund 72 €, 5 Std.

## Übers Meer

Fähren setzen von Nizza, Marseille und Toulon nach Korsika (Frankreich), Sardinien (Italien) und Nordafrika über. Reservierung ist erforderlich, Fahrzeuge werden auf Wunsch befördert.

### Aus anderen Teilen Frankreichs

Fähren von Korsika zu provenzalischen Häfen bieten folgende Unternehmen an:

**Corsica Ferries** (☎04 95 32 95 95; www.corsicaferries.com) Ganzjährig verkehren Fähren von Nizza und Toulon nach Ajaccio, Bastia, Calvi und L'Île Rousse.

**La Méridionale** (☎08 10 20 13 20; www.lameridionale.fr) Die Tochter von SNCM fährt zwischen Marseille und Ajaccio, Bastia und Propriano.

**SNCM** (☎08 91 70 18 01; www.sncm.fr; 61 blvd des Dames; Joliette) Reguläre Fähren von Nizza und Marseilles nach Korsika und Sardinien, außerdem Langstreckenfähren nach Algerien und Tunesien.

### Aus Italien

SNCM betreibt wöchentlich mehrere Autofähren von Marseille nach Sardinien. Die Fahrtzeit beträgt 17 Stunden. In der Hauptsaison kostet die einfache Passage mit Steuern rund 100/120 € für einen Deckstuhl/Kojenplatz. Passagiere unter 25 und über 60 Jahren erhalten Rabatt. Der Transport eines Autos kostet zusätzlich 110 €.

Tickets und Infos erhält man in den SNCM-Büros.

# UNTERWEGS VOR ORT

## Auto & Motorrad

Ein eigenes Fahrzeug ist unverzichtbar, wenn man die kleineren Orte der Provence besuchen will, von denen viele mit öffentlichen Verkehrsmitteln nicht zu erreichen sind.

Vom Herbst bis ins Frühjahr kann man prima an der Côte d'Azur entlangfahren, nicht aber im Juli und August: Dann verstopft starker Verkehr alle Straßen, und man braucht Stunden für ein paar Kilometer. Englischsprachige Verkehrsmeldungen werden auf 107,7 MHz FM gesendet und im Sommer jede halbe Stunde aktualisiert.

Es gibt vier Typen von Straßen, die Städte verbinden; sie sind jeweils mit einem Buchstaben und einer Zahl gekennzeichnet:

**Autoroutes** (z. B. A8) Autobahn, meist mit *péages* (Maut)

**Routes Nationales** (N, RN) Nationalstraßen; entsprechen den deutschen Bundesstraßen

**Routes Départementales** (D) Departementstraßen; entsprechen den deutschen Kreisstraßen

**Routes Communales** (C, V) Gemeindestraßen

*Autoroutes* sind immer die schnellste Verbindung (außer vielleicht im Sommerreiseverkehr), aber ihre Nutzung ist teuer: Die Fahrt von Marseille nach Nizza kostet 13,20 € Maut, die Fahrt von Paris nach Nizza 75 €.

An den Mautstellen genau hinschauen: „CB" *(Carte Bleue)* bezeichnet Spuren zur Kreditkartenzahlung, gelbe Pfeile gelten nur für Fahrer mit Prepaid-Karte und grüne Pfeile für Barzahler! Wer sich falsch eingeordnet hat, muss sich wieder hinten anstellen – was im Sommer fast unmöglich ist.

Verkehrsinfos s. www.autoroutes.fr

Zur Berechnung der Maut- und Benzinkosten sind www.viamichelin.com und www.mappy.fr für Traveller hilfreich.

### Benzin & Ersatzteile

*Essence* (Benzin), auch *carburant* (Treibstoff) genannt,

kostet rund 1,65 € pro Liter, Diesel rund 1,40 €. Die Tankstellen an den *autoroutes (aires)* sind am teuersten, aber rund um die Uhr geöffnet, die von Großmärkten sind am billigsten.

- Zapfsäulen mit unverbleitem *(sans plomb)* Benzin sind üblicherweise grün, solche mit Diesel (*diesel, gazoil* oder *gazole*) gelb oder schwarz.
- Viele Tankstellen sind von Samstagnachmittag bis einschließlich Sonntag geschlossen; die Betreiber von Tankstellen in kleinen Ortschaften machen Mittagspause.
- An einigen Zapfsäulen kann auch nach Geschäftsschluss noch getankt werden, aber ausschließlich mit Kreditkarten mit Chip und Geheimzahl.
- Kreditkarten mit Magnetstreifen statt Mikrochip können an diesen Zapfsäulen nicht eingesetzt werden. In diesem Fall bleibt nachts zum Tanken nur der Weg zu den Tankstellen der *autoroutes*.
- Wenn man im Gebirge unterwegs ist, sollte man immer auf ausreichende Tankfüllung achten.
- Bei einer Panne braucht man eine Werkstatt für Autos der jeweiligen Marke. Peugeot-, Renault- und Citroën-Werkstätten sind weit verbreitet, aber in abgelegenen Gegenden kann man Schwierigkeiten haben, eine Werkstatt für Autos anderer Marken zu finden.

## Mietwagen

Alle großen Autovermietungen (wie Hertz, Avis, Europcar, Budget und Sixt) sind an den Flughäfen, TGV-Bahnhöfen und in den Zentren größerer Städte vertreten. Kleinere französische Anbieter wie ADA und DLM haben manchmal günstigere Preise.

Bei den meisten Unternehmen müssen Autofahrer mindestens 21 Jahre alt sein, seit mindestens einem Jahr einen Führerschein haben und mit international gültiger Kreditkarte zahlen. Fahrer unter 25 Jahren zahlen in der Regel einen Aufpreis.

Online-Anbieter wie **Auto Europe** (☎in den USA 1 888 223 5555, in Frankreich 800 223 55555; www.autoeurope.com), **Holiday Autos** (☎0871 472 5229; www.holidayautos.co.uk) und **Moneymaxim** (www.moneymaxim.co.uk) locken mit guten Ermäßigungen, vor allem für längere Mietzeiträume. Allerdings sollte man genau prüfen, was im Angebot inbegriffen ist – Versicherung, Pannenhilfe, Steuern, begrenzte oder unbegrenzte Kilometerzahl (*kilométrage limité* oder *illimité*) und, was am wichtigsten ist, den Eigenanteil.

Weitere wichtige Punkte:

- Autos mit Automatikschaltung sind selten – rechtzeitig im Voraus reservieren!
- Alle in Frankreich registrierten Mietwagen haben besondere Nummernschilder und sind damit ein begehrtes Ziel von Dieben. Deshalb niemals Wertsachen im Fahrzeug lassen!
- Nicht vergessen zu prüfen, ob das Auto mit Diesel *(gazole)* oder bleifreiem Benzin *(sans-plomb)* fährt und mit vollem oder leerem Tank übergeben wird.
- Mietwagen werden mit den Fahrzeugpapieren (normalerweise im Handschuhfach) übergeben – vor der Abfahrt unbedingt noch mal überprüfen, ob alles vollständig ist!

### PRIORITÉ À DROITE

Die wichtigste Vorfahrtsregel, bei der ausländische Fahrer in Frankreich oft Probleme haben, lautet: *priorité à droite* (rechts vor links). Das bedeutet, dass im Normalfall an Kreuzungen das von rechts kommende Auto die Vorfahrt hat. Man sollte sich Kreuzungen deshalb immer vorsichtig nähern, weil plötzlich ein Auto von rechts auf die Straße schießen könnte.

Manchmal sind Kreuzungen mit *vous n'avez pas la priorité* (keine Vorfahrt) oder *cédez le passage* (Vorfahrt gewähren) gekennzeichnet – die Regeln sollte man peinlich genau befolgen.

An Hauptstraßen (erkennbar an dem Schild eines auf die Spitze gestellten gelben Quadrats mit weißer Umrandung) gilt die Rechts-vor-Links-Regel *(priorité à droite)* nicht; das Ende der Vorfahrtsstraße ist erkennbar durch das schwarz durchgestrichene Hauptstraßenschild.

### DIE WICHTIGSTEN MIETWAGENFIRMEN

**ADA** (☎08 25 16 91 69; www.ada.fr)

**Avis** (☎08 20 05 05 05; www.avis.com)

**Budget** (☎08 25 00 35 64; www.budget.com)

**Easycar** (☎in Frankreich 08 26 10 73 23; www.easycar.com)

**Europcar** (☎08 25 35 83 58; www.europcar.com)

**Hertz** (☎08 25 09 13 13; www.hertz.com)

**Enterprise Rent-a-Car** (☎08 25 16 12 12; www.enterprise.fr)

## Parken

Die uralten Dörfer und Städte der Provence können mit ihren engen Gassen, verwirrenden Einbahnstraßen und begrenzten Parkplätzen für Autofahrer grässlich sein. Viele Hotels haben keine Parkhäuser oder -plätze, daher sollte man das Gepäck ausladen und dann beim Hotelpersonal eine Anwohnerparkerlaubnis (falls verfügbar) verlangen.

Dann kann man sich einen Parkplatz oder ein Parkhaus suchen. Beim Reservieren gleich nachfragen, ob Parkplätze vorhanden sind!

In den Stadtzentren sollte man nach „P"-Schildern Ausschau halten, die den Weg zu den (oft unterirdischen) Parkhäusern weisen; der Preis beträgt um die 2,50/20 € pro Stunde/Tag.

## Verkehrsregeln

Die Durchsetzung der französischen Straßenverkehrsvorschriften (s. www.securite-routiere.gouv.fr) hat sich erheblich verschärft. Blitzer sind weit verbreitet und schwer erkennbar (sie verstecken sich in den kleinen grauen Kästen, die man am Straßenrand sieht). Manchmal – aber nicht immer – gibt es Hinweisschilder (mit der Aufschrift *Contrôles Radar Fréquents*).

Mobile Radarfallen, nicht gekennzeichnete Polizeifahrzeuge und Drogenkontrollen stehen ebenfalls auf der Tagesordnung. Sieht man plötzlich einen Blitz, wurde man vermutlich gerade erwischt. Wer einen Mietwagen fährt, erhält normalerweise kein Knöllchen; stattdessen wird die Strafgebühr von der Kreditkarte abgezogen – oft mit einer deftigen Bearbeitungsgebühr. Ist man mit dem eigenen Auto unterwegs, bekommt man per Post einen Strafzettel – bei geringeren Vergehen aber vielleicht auch nicht. Allerdings gibt es da keine festen Regeln.

Bei vielen Vergehen bekommt man an Ort und Stelle einen Strafzettel. Bei schweren Vergehen können Führerschein und Fahrzeug beschlagnahmt werden. Bei Unfällen werden Drogentests gemacht.

Wichtige Punkte:

- Der maximal zulässige Blutalkoholwert liegt bei 0,5‰. Das entspricht in etwa zwei Gläsern Wein bei einem Erwachsenen von 75 kg. Um sicherzugehen, sollte man sich mit einem Glas begnügen.
- Alle Fahrzeuginsassen müssen jederzeit angeschnallt sein.
- Kinder bis zu 10 kg müssen in einem rückwärts ausgerichteten Kindersitz festgeschnallt sein, Kinder bis zu 36 kg in einem Kindersitz auf der Rückbank.
- Handytelefonate sind nur über die Freisprechanlage gestattet – das Handy in der Hand zu halten und Simsen sind verboten.
- Alle Fahrzeuge in Frankreich müssen eine Warnweste (im Fahrzeuginnenraum, nicht im Kofferraum) und ein lichtreflektierendes Warndreieck mitführen. Das neue Gesetz, das Autofahrer verpflichtet, einen Einmal-Alkoholtest mitzuführen, wurde erst einmal gekippt – theoretisch muss man noch immer einen solchen bei sich haben, kann aber nicht belangt werden, wenn das nicht der Fall ist.
- Wer mit einem motorisierten Zweirad (mit Ausnahme von E-Bikes) unterwegs ist, muss einen Sturzhelm tragen. Für Motorräder unter 50 $cm^3$ braucht man keine besondere Fahrerlaubnis.
- In der Haute-Provence sind im Winter auf manchen Straßen Schneeketten vorgeschrieben.
- In bewaldeten Gebieten sind die Feuerschneisen, die mit DFCI (Défense de la Forêt Contre l'Incendie) gekennzeichnet sind, für Privatfahrzeuge absolut tabu.

### ZULÄSSIGE HÖCHSTGESCHWINDIGKEIT

**Ortschaften** 50 km/h

**National- und Departementstraßen ohne Mittelstreifen** 90 km/h (80 km/h bei Regen)

**Nationalstraßen mit Mittelstreifen** 110 km/h (100 km/h bei Regen)

**Autoroutes** 130 km/h (110 km/h bei Regen, innerhalb von Städten 60 km/h)

## Versicherung

Im Mietpreis eines Autos ist die gesetzlich vorgeschriebene Haftpflichtversicherung enthalten. Andere wichtige Versicherungen kosten extra. Dazu gehören auch Kaskoversicherungen *(assurance tous risques)*, die die Kosten bei Diebstahl oder die Schäden am Fahrzeug bei Unfällen abdecken.

In den meisten Automietverträgen ist eine hohe Selbstbeteiligung (*franchise* oder *déductible*) von 750 bis 1500 € je nach Größe des Fahrzeugs festgeschrieben. Dabei handelt es sich um den Maximalbetrag, den man im Falle eines Unfalls oder der Beschädigung des Fahrzeugs zahlen muss.

Bei allen Autovermietungen lässt sich der Eigenanteil reduzieren oder manchmal auch auf null setzen, doch fast immer ist dies sehr teuer – oft kommen 5 bis 20 € pro Tag auf den Mietpreis oben drauf. Letztlich muss jeder selbst entscheiden, ob er das Angebot annimmt oder nicht. Dabei sollte man jedoch bedenken, dass selbst ein kleiner Kratzer eine hohe Rechnung nach sich ziehen kann.

Eine Alternative ist der Abschluss einer separaten Selbstbeteiligungsversicherung: Wenn man einen Schaden am Mietwagen verursacht und bei der Ablieferung den vereinbarten Selbstanteil zahlt, erhält man später diese Summe von seiner eigenen Versicherung wieder zurück (Fotos machen und alle relevanten Unterlagen wie Unfallbericht,

Schadensbericht usw. bereithalten!). Das ist kompliziert, bringt aber viel und ist billiger als bei den Mietwagenfirmen. Manche Kreditkartenbetreiber bieten auch einen Kaskoschutz, wenn man mit dieser Kreditkarte zahlt – vor der Reise die Geschäftsbedingungen überprüfen.

Wer einen Mietvertrag mit Selbstbeteiligung abschließt, muss bei den meisten Verleihern eine Kaution in Höhe des Selbstanteils hinterlegen, die von der Kreditkarte abgebucht wird. Man sollte sicherstellen, dass ein ausreichendes Guthaben auf dem Konto ist.

## Bus

Auf dem Land gibt es nur ein sehr eingeschränktes Busnetz; oft kutschieren die Busse hier ausschließlich Schüler durch die Gegend. Busfahrten sind nur nützlich, wenn man über kein eigenes Auto verfügt und kein Zug zum gewünschten Ziel fährt. Busreisenden kann es passieren, dass sie irgendwo über Nacht hängenbleiben. Touristeninformationen haben immer die Fahrpläne.

### FAHRPLÄNE LESEN

In Fahrplänen werden Abkürzungen verwendet; hier die gebräuchlichsten:

**tlj (tous les jours)** täglich

**sauf** außer

**lun** Montag

**mar** Dienstag

**mer** Mittwoch

**jeu** Donnerstag

**ven** Freitag

**sam** Samstag

**dim** Sonntag

**jours fériés (jf)** Feiertage

*Autocars* (Regionalbusse) werden von vielen Firmen betrieben; sie haben Büros in den *gares routières* (Busbahnhöfen) größerer Orte.

## Fahrrad

Die Provence – insbesondere der Luberon – ist wegen der ruhigen Nebenstraßen und der vielen ausgewiesenen Radwege ideal für Radler. Allerdings sollte man bei der Planung eines Ausflugs die sommerliche Hitze berücksichtigen.

Laut Gesetz müssen Fahrräder über zwei funktionstüchtige Bremsen, eine Klingel, ein rotes Rücklicht und gelbe Reflektoren an den Pedalen verfügen. Nach Sonnenuntergang oder bei schlechter Sicht muss das Rad vorn mit einem weißen Scheinwerfer und hinten mit einem roten Rücklicht beleuchtet sein. Radfahrer müssen hintereinander fahren, wenn sie von Autos oder anderen Radlern überholt werden. Das Radfahren außerhalb der Wege ist in Nationalparks verboten.

Nützliche Infos erhält man bei der **Fédération Française de Cyclisme** (☎01 49 35 69 00; www.ffc.fr).

In den meisten Ortschaften gibt's einen Fahrradverleih (18–25 €/Tag).

## Schiff/Fähre

Fähren verbinden das Festland mit den Inseln vor der Küste, vor allem in den wärmeren Monaten (meist April–Okt.). Abgelegt wird z. B. in Saint-Tropez und Saint-Raphaël sowie Port Grimaud und Sainte-Maxime.

Mit einem Boot die Kanäle entlangzufahren, ist ein beliebter Zeitvertreib in Frankreich. Der Canal du Midi – Frankreichs beliebtester Kanal – erstreckt sich von Toulouse 240 km nach Osten Richtung Camargue und Canal du Rhône. Westlich von Toulouse ist der Canal du Midi mit der Garonne verbunden, die in den Atlantik mündet. Jeder, der mindestens 18 Jahre alt ist, darf ein Hausboot oder einen Kahn steuern; Neulinge müssen allerdings eine kurze Einführung mitmachen, um eine zeitweise Genehmigung zum Führen eines Freizeitkahns *(carte de plaisance)* zu erhalten. Die zulässige Höchstgeschwindigkeit auf Kanälen beträgt 6 km/h, auf Flüssen 10 km/h.

Die Preise liegen bei 450 € bis mehr als 3000 € pro Woche. Im Folgenden ein paar Online-Bootsvermieter:

➡ **Canal Boat Holidays** (www.canalboatholidays.com)

➡ **H2olidays** (Barging in France; www.barginginfrance.com)

➡ **Le Boat** (☎in Frankreich 04 68 94 42 80; www.leboat.net)

➡ **Rive de France** (☎04 67 37 14 60; www.rive-de-france.tm.fr)

## Taxi

Taxistände gibt's an Bahnhöfen und Busbahnhöfen; ansonsten kann man sich telefonisch Taxis bestellen. Die Preise werden nach dem Stand des Taxameters berechnet. Der Grundpreis beträgt 6 €; pro Kilometer zahlt man bei einfachen Fahrten rund 1,60 €.

## Zug

Das regionale Bahnnetz der SNCF wird mit TER-Zügen (Trains Express Régionales) bedient. Für Buchungen und Fahrpläne ist die SNCF zuständig. Eine beliebte Strecke ist die Schmalspurbahn **Train des Pignes** (Pinienzapfenbahn; www.trainprovence.com; einfache Strecke Nizza–Digne 23,30 €) zwischen Nizza und Digne-les-Bains.

Für die meisten Regionalzüge sind Reservierungen nicht erforderlich, im Sommer empfiehlt sich jedoch ein Vorabkauf.

## SNCF-Preise

Zugpreise unterscheiden sich je nach Nachfrage, Uhrzeit und Datum der Zugfahrt sehr stark voneinander. Prinzipiell gilt: Je früher man bucht, desto günstiger ist der Preis.

Der neue Anbieter **Ouigo** (www.ouigo.com) lockt mit Billigpreisen bei manchen TGVs (darunter einige nach Aix-en-Provence und Avignon). Die Fahrkarten müssen drei Wochen bis vier Stunden vor Abfahrt gekauft werden. Sie werden per E-Mail versandt und müssen ausgedruckt oder mit der Ouigo-App (gibt's für Android und iPhone) heruntergeladen werden. Man darf ein Gepäckstück, ein Stück Handgepäck und einen Kinderwagen mitführen. Zusätzliche Gepäckstücke kosten vorab 5 € und am Reisetag heftige 20 €.

- Beim Buchen über die Website der **SNCF** (www.voyages-sncf.com) lassen sich Preise am leichtesten vergleichen. Die Fahrt in der 1. Klasse kostet 20 bis 30 % mehr als in der 2. Klasse.
- Am billigsten sind Prem-Tickets – keine Änderungen, keine Erstattung. Flexible Tickets kosten immer mehr.
- Kinder bis zu vier Jahren fahren kostenlos oder, falls sie einen Sitzplatz brauchen, für 9 € mit. Fahrkarten für Kinder von vier bis elf Jahren kosten den halben Preis.
- Ermäßigungen gibt's für Fahrgäste von 12 bis 25 Jahren und ab 60 Jahren.
- *Bons plans* sind Last-Minute-Angebote, die man auf der Website der SNCF (http://www.voyages-sncf.com/bons-plans/derniere-minute) findet.

### ENTWERTEN!

Die Fahrkarte muss in einem *composteur* (Entwerter; freistehende gelbe Kästen am Bahnsteigzugang) unmittelbar vor Fahrtantritt mit einem Zeitstempel versehen werden, sonst wird eine deftige Geldstrafe fällig. Das gilt nicht für elektronische Fahrscheine auf Smartphones.

## Bahnkarten & Ermäßigungen

Garantierte Ermäßigungen von 25 % (Last-Minute-Buchung) bis 60 % (Vorabbuchung für weniger frequentierte „blaue Perioden") sind mit folgenden Bahnkarten möglich:

**Carte Jeune** (50 €) Für Reisende von 12 bis 27 Jahren.

**Carte Enfant+** (75 €) Gültig für einen bis vier Erwachsene in Begleitung eines Kindes im Alter von vier bis elf Jahren.

**Carte Week-end** (75 €) Für Reisende von 26 bis 59 Jahren, die eine Hin- und Rückfahrt von mindestens 200 km mit Fahrt an einem Wochenende oder Rückfahrt in der folgenden Samstagnacht buchen.

**Carte Sénior+** (56 €) Für Traveller über 60 Jahren.

Es gibt zwei regionale Bahnkarten, die von Juli bis September gültig sind.

**Pass Bermuda** (https://www.ter.sncf.com/paca/offres/cartes-et-abonnements/pass-bermuda; 1 Erw. 6 €, 2 Erw. 10 €) Die Tageskarte für einen Wochenend- oder Feiertag berechtigt zur unbegrenzten Zugfahrt in der 2. Klasse zwischen Marseille und Miramas. Die Karte ist in TGVs nicht gültig.

**Pass Isabelle** (https://www.ter.sncf.com/paca/offres/cartes-et-abonnements/pass-isabelle-famille; Fam. 4 Pers. 35 €) Die Familien-Tageskarte gilt für zwei Erwachsene und zwei Kinder bis zu 16 Jahren und berechtigt zur unbegrenzten Zugfahrt an der Küste zwischen Fréjus und Ventimiglia, im Landesinneren zwischen Nizza und Tende sowie Cannes und Grasse.

# Sprache

Überall in Frankreich wird Standardfranzösisch gelehrt und gesprochen. Der starke Dialekt im Süden ist ein wichtiges Identitätsmerkmal der Provence. Mit Standardfranzösisch, das auch hier verwendet wird, kann man sich aber eigentlich überall verständigen.

Fast alle Laute des Französischen sind auch im Deutschen zu finden. Eine Ausnahme sind die Nasalvokale (in unserer Aussprachehilfe sind diese durch ah, oh oder uh transkribiert).

## KONVERSATION & NÜTZLICHES

Wie im Deutschen wird zwischen „du" und „Sie" unterschieden.

Das Französische kennt nur zwei grammatische Geschlechter, Maskulinum und Femininum, sodass lediglich zwischen den Artikeln *le/la* (der/die) und *un/une* (einer/eine) und den Possessivbegleitern *mon/ma* (meiner/meine), *ton/ta* (deiner/deine) und *son/sa* (seiner/seine) unterschieden werden muss. In diesem Kapitel sind, wo nötig, die maskulinen und femininen Formen durch „m./f." kenntlich gemacht.

| | | |
|---|---|---|
| **Hallo.** | *Bonjour.* | boh·schur |
| **Auf Wiedersehen.** | *Au revoir.* | o·rewoar |
| **Entschuldigen Sie.** | *Excusez-moi.* | exküseh·moa |
| **Entschuldigung.** | *Pardon.* | par·doh |

### MEHR INFOS?

Noch besser kommt man mit dem *Reise-Sprachführer Französisch* von Lonely Planet durchs Land. Man bekommt ihn im Buchhandel und unter **http://shop.lonelyplanet.de**.

| | | |
|---|---|---|
| **Ja.** | *Oui.* | ui |
| **Nein.** | *Non.* | noh |
| **Bitte.** | *S'il vous plaît.* | sil wuh plä |
| **Danke.** | *Merci.* | mär ßi |
| **Gern geschehen.** | *De rien.* | dö ria |

**Wie geht's?**
*Comment allez-vous?* ko moh taleh wu

**Gut, und Ihnen?**
*Bien, merci. Et vous?* bjah mär ßi e wu

**Ich heiße ...**
*Je m'appelle ...* schö ma·päl ...

**Wie heißen Sie?**
*Comment vous appelez-vous?* ko·moh wu·sapöleh wu

**Sprechen Sie Deutsch?**
*Parlez-vous allemand?* par·leh·wu sallmoh

**Ich verstehe nicht.**
*Je ne comprends pas.* schö nö kom·proh pa

## ESSEN & TRINKEN

**Was empfehlen Sie?**
*Qu'est-ce que vous conseillez?* käß kö wu kon sei jeh

**Welche Zutaten sind darin enthalten?**
*Quels sont les ingrédients?* käl so leh sah greh diah

**Ich bin Vegetarier/in.**
*Je suis végétarien/végétarienne.* schö sui we sche ta ri oh/we sche ta ri enn (m./f.)

**Ich esse kein ...**
*Je ne mange pas ...* schö nö mohsch pa ...

**Prost!**
*Santé!* soh teh

**Es war sehr gut.**
*C'était délicieux!* ße tä de li ßiö

**Die Rechnung, bitte.**
*Apportez-moi l'addition, s'il vous plaît.* a·por·teh mua la·di ßio sil wu plä

## PROVENZALISCH

Trotz der zweisprachigen Schilder an den meisten Ortseingängen ist die Sprache der Region – das Provenzalische – nicht sehr verbreitet. Nur eine Handvoll Älterer auf dem Land (Prouvènço) bewahren die lyrische Tradition und poetische Sprache ihrer Vorfahren.

Das Provenzalische *(prouvençau)* ist ein Dialekt der *langue d'oc* (Okzitanisch), der traditionellen Sprache in Südfrankreich. Seine Grammatik ist dem in Spanien gesprochenen Katalanischen näher als der des Französischen. Zur Zeit der höfischen Minnekunst (12.–14. Jh.) war das Provenzalische die Literatursprache Frankreichs und Nordspaniens und wurde sogar in Italien gesprochen. Durch die Melodien und Gedichte der Troubadoure und Dichter des Mittelalters verbreitete es sich weiter.

Es erlebte im 19. Jh. eine neue Blüte, nachdem es von der *langue d'oïl*, der Sprache Nordfrankreichs, abgelöst worden war. Diese entstand aus dem von den Galloromanen gesprochenen lateinischen Dialekt, aus dem sich wiederum das moderne Französisch (provenz. *francés*) entwickelte. Die Wiederbelebung des Provenzalischen wurde durch Frédéric Mistral (1830–1914) eingeleitet, einen Dichter aus dem Vaucluse, dessen in provenzalischem Dialekt verfassten Werke ihm 1904 den Literaturnobelpreis einbrachten.

| | | |
|---|---|---|
| **Ich würde gerne einen Tisch für … reservieren.** | *Je voudrais réserver une table pour …* | schö wu·drä re ßer we ün ta·blö pur … |
| **(acht) Uhr** | *(vingt) heures* | (wahnt) öhr |
| **(zwei) Personen** | *(deux) personnes* | (dö) per sonn |

## Wichtige Begriffe

| | | |
|---|---|---|
| **Abendessen** | *dîner* | die neh |
| **Delikatessen** | *traiteur* | trä tör |
| **Essen** | *nourriture* | nu ri tür |
| **Flasche** | *bouteille* | bu teij |
| **Frühstück** | *petit déjeuner* | pö ti dö·schö·ne |
| **Gabel** | *fourchette* | fur schätt |
| **Gericht** | *plat* | pla |
| **Glas** | *verre* | währ |
| **Hauptgericht** | *plat principal* | pla prahn·si·pal |
| **heiß** | *chaud* | schoh |
| **Hochstuhl** | *chaise haute* | schäß ot |
| **kalt** | *froid* | froa |
| **Kindermenü** | *menu pour enfants* | menü pur oh foh |
| **Lebensmittelgeschäft** | *épicerie* | eh pi ße ri |
| **Löffel** | *cuillère* | kui jär |
| **lokale Spezialität** | *spécialité locale* | spe ßia li teh lo kall |
| **Markt** | *marché* | mar·sche |
| **Messer** | *couteau* | ku·toh |
| **mit/ohne** | *avec/sans* | a·wek/sah |
| **Mittagessen** | *déjeuner* | deh schö·neh |
| **Speisekarte (auf Deutsch)** | *carte (en allemand)* | kart (ohn all moh) |
| **Teller** | *assiette* | a·siett |
| **Vorspeise** | *entrée* | oh trei |
| **Weinkarte** | *carte des vins* | kart deh wah |

## Fleisch & Fisch

| | | |
|---|---|---|
| **Auster** | *huître* | uit tre |
| **Hähnchen** | *poulet* | pu leh |
| **Kalb** | *veau* | wo |
| **Krabbe** | *crabe* | krab |
| **Lamm** | *agneau* | an jo |
| **Rind** | *bœuf* | böf |
| **Schnecke** | *escargot* | es·kar·goh |
| **Schwein** | *porc* | por |
| **Tintenfisch** | *calmar* | kal·mar |
| **Truthahn** | *dinde* | dahnd |

## Obst & Gemüse

| | | |
|---|---|---|
| **Ananas** | *ananas* | a·na·nas |
| **Apfel** | *pomme* | pomm |
| **Aprikose** | *abricot* | ap ri ko |
| **Bohnen** | *haricots* | a·ri ko |
| **Erbsen** | *petit pois* | pö ti poa |
| **Erdbeere** | *fraise* | fräs |
| **Gemüse** | *légume* | le güm |
| **Gurke** | *concombre* | koh koh brö |
| **Kartoffel** | *pomme de terre* | pomm dö tär |
| **Kirsche** | *cerise* | ßer i s |
| **Kohl** | *chou* | schuh |
| **Kopfsalat** | *laitue* | lä tü |
| **Kürbis** | *citrouille* | ßi tru ji |
| **Mais** | *maïs* | ma iß |

| | | |
|---|---|---|
| **(roter/grüner) Pfeffer** | *poivron (rouge/vert)* | poa wroh (rusch/wer) |
| **Pfirsich** | *pêche* | päsch |
| **Pflaume** | *prune* | prün |
| **Pilz** | *champignon* | schom pi njoh |
| **Rote Bete** | *betterave* | bät raw |
| **Schalotte** | *échalote* | eh·scha·lott |
| **Spargel** | *asperge* | as pärsch |
| **Spinat** | *épinards* | eh·pi nar |
| **Tomate** | *tomate* | to·matt |
| **Traube** | *raisin* | rä sah |
| **Zitrone** | *citron* | ßi·troh |
| **Zwetschge** | *pruneau* | prü·no |

## Weitere Lebensmittel

| | | |
|---|---|---|
| **Brot** | *pain* | pah |
| **Butter** | *beurre* | bör |
| **Ei** | *œuf* | öff |
| **Essig** | *vinaigre* | wi nä grö |
| **Honig** | *miel* | mjiel |
| **Käse** | *fromage* | fro masch |
| **Linsen** | *lentilles* | lohn tije |
| **Marmelade** | *confiture* | koh fi tür |
| **Pasta/Nudeln** | *pâtes* | pat |
| **Pfeffer** | *poivre* | poa·vrö |
| **Reis** | *riz* | ri |
| **Salz** | *sel* | säl |
| **Zucker** | *sucre* | sü·krö |

## Getränke

| | | |
|---|---|---|
| **Bier** | *bière* | biär |
| **Kaffee** | *café* | ka·feh |
| **Milch** | *lait* | lä |
| **(Orangen-) Saft** | *jus (d'orange)* | schü (do·rohsch) |
| **Tee** | *thé* | teh |

### Schilder

| | |
|---|---|
| **Entrée** | Eingang |
| **Femmes** | Damen |
| **Fermé** | Geschlossen |
| **Hommes** | Herren |
| **Interdit** | Verboten |
| **Ouvert** | Geöffnet |
| **Renseignements** | Information |
| **Sortie** | Ausgang |
| **Toilettes/WC** | Toiletten |

| | | |
|---|---|---|
| **(Mineral-) Wasser** | *eau (minérale)* | oh (mineral) |
| **(Rot-) Wein** | *vin (rouge)* | vah (ruhsch) |
| **(Weiß-) Wein** | *vin (blanc)* | vah (blohsch) |

## NOTFALL

**Hilfe!**
*Au secours!* — o sökur

**Ich habe mich verlaufen.**
*Je suis perdu/perdue.* — Schö sui pär·dü (m./f.)

**Lassen Sie mich in Ruhe!**
*Fichez-moi la paix!* — fi scheh moa la pä

**Es gab einen Unfall.**
*Il y a eu un accident.* — il ia ü öhn ak ßi doh

**Rufen Sie einen Arzt.**
*Appelez un médecin.* — a·pöleh öh med ßah

**Rufen Sie die Polizei.**
*Appelez la police.* — a pöleh la po ließ

**Ich bin krank.**
*Je suis malade.* — schö sui ma lad

**Hier tut es weh.**
*J'ai une douleur ici.* — schä ün du lör ißi

**Ich bin allergisch auf ...**
*Je suis allergique ...* — schö sui a lär schik ...

## SHOPPEN & SERVICE

**Ich möchte ... kaufen.**
*Je voudrais acheter ...* — schö wuh·drä asch teh ...

**Kann ich das mal sehen?**
*Est-ce que je peux le voir?* — äß kö schö pö lö uoar

**Ich sehe mich nur um.**
*Je regarde.* — schö rö gard

**Das gefällt mir nicht.**
*Cela ne me plaît pas.* — ßa nö mö plä pa

**Wie viel kostet das?**
*C'est combien?* — ße kom biah

**Das ist zu teuer.**
*C'est trop cher.* — ße tro schär

**Können Sie am Preis was machen?**
*Vous pouvez baisser le prix?* — wu pu weh bä ße lö pri

**In der Rechnung ist ein Fehler.**
*Il y a une erreur dans la note.* — il ia ün e rör doh la not

| | | |
|---|---|---|
| **Geldautomat** | *guichet automatique de banque* | gi sche o·to·ma·tik dö bohnk |
| **Internetcafé** | *cybercafé* | ßi bär ka fe |
| **Kreditkarte** | *carte de crédit* | kart dö kre di |
| **Post** | *bureau de poste* | bü·ro dö post |
| **Touristen-information** | *office de tourisme* | o·fis dö tu ris mö |

**Fragewörter**

| | | |
|---|---|---|
| **Wann?** | *Quand?* | koh |
| **Warum?** | *Pourquoi?* | pur kua |
| **Was?** | *Quoi?* | kua |
| **Wer?** | *Qui?* | ki |
| **Wie?** | *Comment?* | ko·moh |
| **Wo?** | *Où?* | u |

## UHRZEIT & DATUM

**Wie spät ist es?**
*Quelle heure est-il?* käl ör e til

**Es ist (acht) Uhr.**
*Il est (huit) heures.* il e (uit) ör

**Es ist halb (11).**
*Il est (dix) heures et demie* il e (diß) ör e dö mi

| | | |
|---|---|---|
| **Morgen** | *matin* | ma·tah |
| **Nachmittag** | *après-midi* | a·prä mi di |
| **Abend** | *soir* | soar |
| **gestern** | *hier* | i är |
| **heute** | *aujourd'hui* | o schur dui |
| **morgen** | *demain* | dö mah |

| | | |
|---|---|---|
| **Montag** | *lundi* | lahn di |
| **Dienstag** | *mardi* | mar·di |
| **Mittwoch** | *mercredi* | mär krö di |
| **Donnerstag** | *jeudi* | schö·di |
| **Freitag** | *vendredi* | voh drö di |
| **Samstag** | *samedi* | ßam·di |
| **Sonntag** | *dimanche* | di mohsch |

| | | |
|---|---|---|
| **Januar** | *janvier* | schoh vi eh |
| **Februar** | *février* | fev ri eh |
| **März** | *mars* | mars |
| **April** | *avril* | av riel |
| **Mai** | *mai* | mä |
| **Juni** | *juin* | schü ah |
| **Juli** | *juillet* | schü ij e |
| **August** | *août* | ut |
| **September** | *septembre* | ßep·tohm brö |
| **Oktober** | *octobre* | ok·to·brö |
| **November** | *novembre* | no·vohm brö |
| **Dezember** | *décembre* | deh ßohm brö |

## UNTERKUNFT

**Haben Sie Zimmer frei?**
*Est-ce que vous avez des chambres libres?* äß·kö wu saveh deh schombre libre

**Was kostet es pro Nacht/Person?**
*Quel est le prix par nuit/personne?* käl eh lö pri par nui/per ßonn

**Ist Frühstück dabei?**
*Est-ce que le petit déjeuner est inclus?* äß·kö lö pöti dö schö neh eh oh klü

| | | |
|---|---|---|
| **Camping** | *camping* | kom ping |
| **Schlafsaal** | *dortoir* | dor·tuar |
| **Pension** | *pension* | po·sioh |
| **Hotel** | *hôtel* | o·tel |
| **Jugend-herberge** | *auberge de jeunesse* | o·bärsch dö schö·näß |

| | | |
|---|---|---|
| **ein ... Zimmer** | *une chambre ...* | ün shhom·bre ... |
| **Einzel-** | *à un lit* | a öh li |
| **Doppel-** | *avec un grand lit* | a·vek öh groh li |
| **Zweibett-** | *avec des lits jumeaux* | a·vek deh li schü·mo |

| | | |
|---|---|---|
| **mit ...** | *avec ...* | a·vek ... |
| **Klimaanlage** | *climatiseur* | kli ma ti sör |
| **Bad** | *une salle de bains* | ün sal dö bah |
| **Fenster** | *fenêtre* | fö nä trö |

## VERKEHRSMITTEL & -WEGE

### Öffentliche Verkehrsmittel

| | | |
|---|---|---|
| **Bus** | *bus* | büs |
| **Flugzeug** | *avion* | a·vioh |
| **Schiff** | *bateau* | ba·to |
| **Zug** | *train* | trah |

**Ich möchte nach ... fahren.**
*Je voudrais aller à ...* schö wuh·drä a le a ...

**Hält er in (Amboise)?**
*Est-ce qu'il s'arrête à (Amboise)?* äß·kil sa·rät a (om·buas)

**Um wie viel Uhr kommt er an/fährt er ab?**
*À quelle heure est-ce qu'il part/arrive?* a käl ör äß kil par/a·riev

**Können Sie mir sagen, wann wir in ... ankommen?**
*Pouvez-vous me dire quand nous arrivons à ...?* pu weh wu mö dir koh nu ßa ri voh a ...

**Ich möchte hier aussteigen.**
*Je veux descendre ici.* schö vö de ßohn drö ißi

## Zahlen

| | | |
|---|---|---|
| 1 | *un* | öh |
| 2 | *deux* | dö |
| 3 | *trois* | troa |
| 4 | *quatre* | ka·trö |
| 5 | *cinq* | ßahnk |
| 6 | *six* | ßiß |
| 7 | *sept* | ßät |
| 8 | *huit* | uit |
| 9 | *neuf* | nöf |
| 10 | *dix* | diß |
| 20 | *vingt* | voh |
| 30 | *trente* | trohnt |
| 40 | *quarante* | ka·rohnt |
| 50 | *cinquante* | ßahng kohnt |
| 60 | *soixante* | ßua sohnt |
| 70 | *soixante-dix* | ßua sohnt diß |
| 80 | *quatre-vingts* | ka·trö voh |
| 90 | *quatre-vingt-dix* | ka·trö·voh diß |
| 100 | *cent* | ßoh |
| 1000 | *mille* | mill |

| | | |
|---|---|---|
| **erste/r** | *premier* | prö mi eh |
| **letzte/r** | *dernier* | där ni jeh |
| **nächste/r** | *prochain* | pro·schah |
| **ein Ticket …** | *un billet …* | öh bi je … |
| **1. Klasse** | *de première classe* | dö pre mije klass |
| **2. Klasse** | *de deuxième classe* | dö dö ßijem klass |
| **einfache Fahrt** | *simple* | sahm plö |
| **hin und zurück** | *aller et retour* | a·leh e rö tur |

| | | |
|---|---|---|
| **Bahnhof** | *gare* | gar |
| **Fahrkarten-schalter** | *guichet* | gi sche |
| **Fahrplan** | *horaire* | o·rär |
| **Fensterplatz** | *côté fenêtre* | ko·te fö nä trö |
| **Gangplatz** | *côté couloir* | ko te ku luar |
| **gestrichen** | *annulé* | a·nü·leh |
| **Gleis** | *quai* | kä |
| **verspätet** | *en retard* | oh rö tar |

## Auto- & Radfahren

| | | |
|---|---|---|
| **Ich möchte … mieten.** | *Je voudrais louer …* | schö wu·drä lu e … |
| **einen Jeep** | *un quatre quatre* | öh kat kat |
| **ein Auto** | *une voiture* | ün ua tür |
| **ein Fahrrad** | *un vélo* | öh ve lo |
| **ein Motorrad** | *une moto* | ün mo·to |
| **Benzin** | *essence* | e ßohß |
| **Diesel** | *diesel* | di eß el |
| **Helm** | *casque* | kask |
| **Kindersitz** | *siège-enfant* | ßiäsch oh foh |
| **Mechaniker** | *mécanicien* | me ka ni ßiah |
| **Tankstelle** | *station-service* | sta ßioh ßer viß |

**Ist das die Straße nach …?**
*C'est la route pour …?* ße la rutt pur …

**(Wie lange) Kann ich hier parken?**
*(Combien de temps) Est-ce que je peux stationner ici?* (kom biah dö toh) äß kö schö pö sta·ßio neh ißi

**Das Auto/Motorrad ist (in …) liegen geblieben.**
*La voiture/moto est tombée en panne (à …).* la ua tür/mo to eh tom beh oh pan (a …)

**Ich habe einen Platten.**
*Mon pneu est à plat.* mo pnö eta pla

**Ich habe kein Benzin mehr.**
*Je suis en panne d'essence.* schö sui soh pan dessohß

**Ich habe die Schlüssel verloren.**
*J'ai perdu les clés de ma voiture.* schä pärdü leh kleh dö ma ua tür

# WEGBESCHREIBUNGEN

**Wo ist …?**
*Où est …?* u e …

**Wie lautet die Adresse?**
*Quelle est l'adresse?* käl e la dres

**Könnten Sie die Adresse bitte aufschreiben?**
*Est-ce que vous pourriez écrire l'adresse, s'il vous plaît?* äß·kö wu pu rieh e krir la dres sil wu plä

**Können Sie mir das (auf der Karte) zeigen?**
*Pouvez-vous m'indiquer (sur la carte)?* pu veh wu·mahn di keh (sür la kart)

| | | |
|---|---|---|
| **an der Ecke** | *au coin* | o kwoa |
| **an der Ampel** | *aux feux* | o fö |
| **hinter** | *derrière* | däriär |
| **vor** | *devant* | dö voh |
| **weit (von)** | *loin (de)* | loa (dö) |
| **links** | *gauche* | gohsch |
| **nahe (von)** | *près (de)* | prä (dö) |
| **neben** | *à côté de* | a koteh dö |
| **gegenüber** | *en face de* | o faß dö |
| **rechts** | *droite* | droat |
| **geradeaus** | *tout droit* | tu droat |

# GLOSSAR



Das Genus ist durch (m.) für männlich bzw. (f.) für weiblich gekennzeichnet; (pl.) steht für Plural.

**abbaye** (f.) – Abtei

**AOP** – Appellation d'Origine Protégée (früher Appellation d'Origine Contrôlée, AOC, in Frankreich auch weiterhin häufig verwendet); Weine und Olivenöle, welche die strikten Vorschriften der Regierung bezüglich der Anbauart und der Anbaubedingungen der Trauben oder Oliven bzw. bezüglich der Produktion und Abfüllung der Weine und Olivenöle erfüllen

**arrondissement** (m.) – einer von mehreren Verwaltungsbezirken, in die Großstädte wie Marseille aufgeteilt sind

**atelier** (m.) – Werkstatt eines Künstlers

**auberge** (f.) – Gasthof

**autoroute** (f.) – Autobahn

**baie** (f.) – Bucht

**bastide** (f.) – Landhaus

**billetterie** (f.) – Buchungsbüro oder Ticketschalter

**borie** (f.) – einfache, einem Bienenstock ähnelnde Behausung; etwa um 3500 v. Chr. aus trockenem Kalkstein erbaut

**boulangerie** (f.) – Bäckerei

**calanque** (f.) – von Felsen umgebener Meeresarm

**carnet** (m.) – ein Heftchen mit fünf oder zehn Tickets zu ermäßigtem Preis für Bus, U- oder Straßenbahn

**cave** (f.) – Wein- oder Käsekeller

**centre (de) hospitalier** (m.) – Krankenhaus

**chambre d'hôte** (f.) – Unterkunft mit Frühstück, meist in einem Privathaus

**charcuterie** (f.) – Metzgerei und Delikatessengeschäft

**château** (m.) – Schloss oder herrschaftliches Anwesen

**chèvre** (m.) – Ziege; auch Ziegenkäse

**col** (m.) – Bergpass

**conseil général** (m.) – Generalrat

**corniche** (f.) – Küsten- oder Klippenstraße

**corrida** (f.) – Stierkampf

**cour** (f.) – Hof

**course Camarguaise** (f.) – Stierkampf auf Camargue-Art

**dégustation** (f.) – Verkostung von Wein, Käse, Olivenöl oder Meeresfrüchten

**département** (m.) – Verwaltungsgebiet

**DFCI** – Défense de la Forêt Contre l'Incendie; Feuerschneise (Zufahrt für Unbefugte verboten)

**digue** (f.) – Deich

**domaine** (m.) – Anwesen mit Weinproduktion

**église** (f.) – Kirche

**épicerie** (f.) – Lebensmittelgeschäft

**étang** (m.) – Lagune, Teich oder See

**faïence** (f.) – Töpferware

**féria** (f.) – Stierkampf-Festival

**ferme auberge** (f.) – familiengeführter, an einen Bauernhof oder an ein *château* angeschlossener Gasthof; Landgasthof

**fête** (f.) – Party oder Festival

**formule** (f.) – festgelegtes Hauptgericht mit Vorspeise oder Dessert

**fromagerie** (f.) – Käseladen

**galets** (m.) – große, glatte Kieselsteine, die die Weinberge von Châteauneuf du Pape bedecken

**gardian** (m.) – Reiter oder berittener Viehhirte aus der Camargue

**gare** (f.) – Bahnhof

**gare maritime** (m.) – Fährhafen

**gare routière** (m.) – Busbahnhof

**garrigue** (f.) – Bodenvegetation aus wohlriechenden Sträuchern; siehe auch *maquis*

**gitan** (m.) – Roma, Zigeuner

**golfe** (m.) – Golf

**grotte** (f.) – Höhle

**halles** (f., pl.) – Markthalle; zentraler Lebensmittelmarkt

**hôtel de ville** (m.) – Rathaus

**hôtel particulier** (m.) –Herrenhaus in privatem Besitz

**jardin (botanique)** (m.) – (botanischer) Garten

**mairie** (f.) – Rathaus

**manade** (f.) – Stierfarm

**maquis** (m.) – wohlriechende Sträucher in der Provence; Name der französischen Widerstandsbewegung; siehe auch *garrigue*

**marché** (m.) – Markt

**mas** (m.) – Bauernhaus in der Provence

**menu** (m.) – Gericht zum Festpreis mit zwei oder mehreren Gängen

**Mistral** (m.) – beständig wehender Nordwind

**monastère** (m.) – Kloster

**Monégasque** – Monegasse

**moulin à huile** (m.) – Ölmühle

**musée** (m.) – Museum

**navette** (f.) – Shuttle-Bus, -Zug oder -Boot

**Niçois** – Bewohner von Nizza

**office du tourisme, office de tourisme** (m.) – Touristeninformation (von der Kommunalverwaltung geführt)

**ONF** – Office National des Forêts; Nationale Forstbehörde

**parc national** (m.) – Nationalpark

**parc naturel régional** (m.) – regionaler Naturpark

**pétanque** (f.) – ein provenzalisches Boule-Spiel, ähnlich dem italienischen Boccia

**pic** (m.) – Berggipfel

**place** (f.) – Platz

**plage** (f.) – Strand

**plan** (m.) – Stadtplan

**plat du jour** (m.) – Tagesessen

**pont** (m.) – Brücke

**porte** (f.) – Tor oder Tür; Tor in die Altstädte

**préfecture** (f.) – Hauptstadt eines *Département*

**presqu'île** (f.) – Halbinsel

**prieuré** (m.) – Priorei

**quai** (m.) – Kai oder Bahnsteig

**quartier** (m.) – Stadtteil, Bezirk

**rade** (f.) – Golf oder Hafen

**région** (m.) – Verwaltungsregion

**rond-point** (m.) – Kreisverkehr

**salin** (m.) – Salzmarsch

**santon** (m.) – traditionelle provenzalische Figuren

**sentier** (m.) – Pfad, Fußweg

**sentier littoral** (m.) – Küstenwanderweg

**SNCF** – Société Nationale des Chemins de Fer Français; staatliche Bahngesellschaft

**SNCM** – Société Nationale Maritime Corse-Méditerranée; staatliche Fährgesellschaft

**stade** (m.) – Stadion

**tabac** (m.) – Tabakwarenhändler (verkauft auch Zeitungen, Busfahrkarten usw.)

**TGV** – Train à Grande Vitesse; Hochgeschwindigkeitszug

**théâtre antique** (m.) – römisches Theater

**vendange** (f.) – Weinlese

**vieille ville** (f.) – Altstadt

**vieux port** (m.) – alter Hafen

**vigneron** (m.) – Winzer

# Hinter den Kulissen

## WIR FREUEN UNS ÜBER EIN FEEDBACK

Post von Travellern zu bekommen, ist für uns ungemein hilfreich – Kritik und Anregungen halten uns auf dem Laufenden und helfen, unsere Bücher zu verbessern. Unser reiseerfahrenes Team liest alle Zuschriften ganz genau, um zu erfahren, was an unseren Reiseführern gut und was schlecht ist. Wir können solche Post zwar nicht individuell beantworten, aber jedes Feedback wird garantiert schnurstracks an die jeweiligen Autoren weitergeleitet, rechtzeitig vor der nächsten Nachauflage.

Wer Ideen, Erfahrungen und Korrekturhinweise zum Reiseführer mitteilen möchte, hat die Möglichkeit dazu auf **www.lonelyplanet.com/contact/guidebook_feedback/new**. Anmerkungen speziell zur deutschen Ausgabe erreichen uns über **www.lonelyplanet.de/kontakt**.

Hinweis: Da wir Beiträge möglicherweise in Lonely Planet Produkten (Reiseführer, Websites, digitale Medien) veröffentlichen, ggf. auch in gekürzter Form, bitten wir um Mitteilung, falls ein Kommentar nicht veröffentlicht oder ein Name nicht genannt werden soll. Wer Näheres über unsere Datenschutzpolitik wissen will, erfährt das unter www.lonelyplanet.com/privacy.


## DANK VON LONELY PLANET

**Vielen Dank den Reisenden, die uns nach der letzten Auflage des Reiseführers hilfreiche Hinweise, nützliche Ratschläge und interessante Anekdoten schickten:** Isabelle Anderson, Reiter Angela, Dominique Boin, Urshla & Nelson Duarte, Veronica Graham, Jean Luc Le Formal, Keith Lofstrom, Cary Marie-Laurence, David Nicol, Chantal Palmer, Andy Wilson.

## DANK DER AUTOREN

### Alexis Averbuck

Tausend Dank an Amy, Rod, Lola und Romy, die Marseille immer zu einer Heimat für mich machen. Das Leben auf der Straße wäre nicht annähernd so schön ohne die Freundlichkeit der Fremden, die man dabei trifft. Mein Dank gilt also auch den unzähligen Personen, die mir das Reisen leichter gemacht und mir mit ihren Tipps weitergeholfen haben. Außerdem danke ich meinem treuen Kopiloten Ryan Ver Berkmoes: welch wunderbares Vergnügen, den Frühling in der Provence zu verbringen. Und schließlich möchte ich noch Kate, Nicola und Olly dafür danken, dass sie so ein super Team sind.

### Oliver Berry

Ich danke allen Menschen, die mir besonders geholfen haben, während ich auf den Straßen unterwegs war: Jean-Marie und Yvette Duchamp, Gabriel Boucher, Marcel Allard, Alexandre Berri, Theo Girard und Susie und Gracie Berry. Mein größter Dank gilt wie immer meinen Koautoren Nicola Williams und Alexis Averbuck für ihre Hilfe, Unterstützung und klugen Ratschläge. Außerdem danke ich der Redakteurin Kate Morgan, dass sie mir die Möglichkeit gegeben hat, eine meiner Lieblingsecken Frankreichs noch einmal zu besuchen.

### Nicola Williams

Nachdem ich 1998 die erste Auflage dieses Bandes geschrieben habe, war es mir eine große Freude, für diese achte Auflage meinen Fußspuren von damals zu folgen – diesmal mit drei unerschrockenen Kindern im Schlepptau. Un grand merci an Niko, Mischa et Kaya (und Christa!). Außerdem danke ich Eva Fournial (Mougins), Alain Corroyer (Nizza), Richard Auray (Courmes) und Clare Bouvier (Antibes) für ihre Insidertipps und Empfehlungen. Mein Dank nach Hause gilt meinem Ehemann Matthias Lüfkens für seine Lebensfreude, die Liebe zum Reisen und seine unendliche Toleranz für eine temperamentvolle Ehefrau, die ständig am Arbeiten ist.

# QUELLENNACHWEIS

Die Klimakarten stammen von Peel MC, Finlayson BL & McMahon TA (2007) *Updated World Map of the Köppen-Geiger Climate Classification*, erschienen in der Zeitschrift *Hydrology and Earth System Sciences*, Ausgabe 11, 1633–1644, und wurden angepasst.

Die Illustrationen auf S. 70–71 und S. 157-158 erstellte Javier Zarracina.

Titelfoto: Dorf in der Provence, Konstanttin/Shutterstock.


## ÜBER DIESES BUCH

Dies ist die 2. deutsche Auflage von *Provence · Côte d'Azur*, basierend auf der mittlerweile 8. englischsprachigen Auflage von *Provence & the Côte d'Azur*, sorgfältig recherchiert und geschrieben von Alexis Averbuck, Oliver Berry und Nicola Williams. Die vorherige englischsprachige Auflage wurde von Emilie Filou, Alexis Averbuck und John A Vlahides erstellt.

Dieser Reiseführer wurde vom Lonely Planet Büro in London in Auftrag gegeben und von folgenden Personen betreut:

**Projektredakteurin** Kate Morgan

**Produktredakteurinnen** Briohny Hooper, Kathryn Rowan

**Kartografie** Valentina Kremenchutskaya

**Layoutdesign** Jessica Rose

**Redaktionsassistenz** Sarah Bailey, Elizabeth Jones, Charlotte Orr, Simon Williamson

**Kartografieassistenz** Mark Griffiths, Corey Hutchison, Alison Lyall

**Umschlagrecherche** Campbell McKenzie

**Dank an** Sasha Baskett, Claire Murphy, Karyn Noble, Martine Power, Samantha Russell-Tulip, James Smart, Lauren Wellicome, Maureen Wheeler

# Register



Verweise auf Karten **000**
Verweise auf Fotos **000**

Verweise auf Karten **000**
Verweise auf Fotos **000**

## N



## O



## P



Verweise auf Karten **000**
Verweise auf Fotos **000**

Verweise auf Karten **000**
Verweise auf Fotos **000**

# Kartenlegende

## Sehenswertes

- Strand
- Vogelschutzgebiet
- buddhistisch
- Schloss/Palast
- christlich
- konfuzianisch
- hinduistisch
- islamisch
- jainistisch
- jüdisch
- Denkmal
- Museum/Galerie/historisches Gebäude
- Ruine
- Sento-Bad/Onsen
- schintoistisch
- sikhistisch
- taoistisch
- Weingut/Weinberg
- Zoo/Tierschutzgebiet
- andere Sehenswürdigkeit

## Aktivitäten, Kurse & Touren

- bodysurfen
- tauchen
- Kanu/Kajak fahren
- Kurs/Tour
- Ski fahren
- schnorcheln
- surfen
- Schwimmbecken
- wandern
- windsurfen
- andere Aktivität

## Schlafen

- Unterkunft
- Camping

## Essen

- Lokal

## Ausgehen & Nachtleben

- Bar/Kneipe
- Café

## Unterhaltung

- Unterhaltung

## Shoppen

- Shoppen

## Praktisches

- Bank
- Botschaft/Konsulat
- Krankenhaus/Arzt
- Internetzugang
- Polizei
- Post
- Telefon
- Toilette
- Touristeninformation
- andere Einrichtung

## Geografisches

- Strand
- Hütte/Unterstand
- Leuchtturm
- Aussichtspunkt
- Berg/Vulkan
- Oase
- Park
- Pass
- Picknickplatz
- Wasserfall

## Städte

- Hauptstadt (Staat)
- Hauptstadt (Bundesland/Provinz)
- Großstadt
- Kleinstadt/Ort

## Verkehrsmittel

- Flughafen
- BART-Station
- Grenzübergang
- T-Station (Boston)
- Bus
- Seilbahn/Gondelbahn
- Fahrrad
- Fähre
- Metro/Muni-Station
- Einschienenbahn
- Parkplatz
- Tankstelle
- U-Bahn/SkyTrain-Station
- Taxi
- Bahnhof/Zug
- Straßenbahn
- U-Bahnhof
- anderes Verkehrsmittel

*Achtung: Nicht alle der abgebildeten Symbole werden auf den Karten im Buch verwendet*

## Verkehrswege

- Mautstraße
- Autobahn
- Hauptstraße
- Landstraße
- Verbindungsstraße
- sonstige Straße
- unbefestigte Straße
- Straße im Bau
- Platz/Promenade
- Treppe
- Tunnel
- Fußgänger-Überführung
- Stadtspaziergang
- Abstecher (Stadtspaziergang)
- Pfad/Wanderweg

## Grenzen

- Internationale Grenze
- Bundesstaat/Provinz
- umstrittene Grenze
- Region/Vorort
- Meerespark
- Klippen
- Mauer

## Gewässer

- Fluss/Bach
- periodischer Fluss
- Kanal
- Wasser
- Trocken-/Salz-/periodischer See
- Riff

## Gebietsformen

- Flughafen/Startbahn
- Strand/Wüste
- Friedhof (christlich)
- Friedhof
- Gletscher
- Watt
- Park/Wald
- Sehenswürdigkeit (Gebäude)
- Sportgelände
- Sumpf/Mangrove

# DIE AUTOREN

**Alexis Averbuck**

Von St-Tropez nach Toulon; Von Marseille nach Aix-en-Provence; Arles & die Camargue; Avignon & Umgebung Alexis Averbuck besuchte die Provence erstmals als Vierjährige und schaut heute bei jeder Gelegenheit vorbei. Ob Bergdörfer in Haut-Var, Kunst und Antiquitäten in Arles oder die Märkte der Dordogne: Alexis liebt alles Französische (und schreibt daher übrigens auch für den Lonley Planet Band *Frankreich*). Während ihrer 20-jährigen Tätigkeit als Reiseautorin hat sie bereits ein Jahr in der Antarktis gelebt und den Pazifik per Segelboot überquert; zudem betätigt sie sich als Malerin. Mehr zu Alexis gibt's unter www.alexisaverbuck.com.

Mehr zu Alexis gibt's hier: https://auth.lonelyplanet.com/profiles/alexisaverbuck

**Oliver Berry**

Reiseplanung; Bergdörfer des Luberon; Haute-Provence & südliche Alpen; Die Provence & die Côte d'Azur verstehen; Praktische Informationen Oliver Berry lebt als Reiseautor und Fotograf in Cornwall. Im Lauf der Jahre hat er bereits an vielen Lonely Planet Bänden mitgearbeitet (u. a. an mehreren Ausgaben unseres Bestsellers *Frankreich*). Seit er die Provence erstmals als Zweijähriger im Rahmen eines Familienurlaubs besucht hat, kehrt er bei jeder Gelegenheit hierher zurück. Für dieses Buch erkundete er die Bergdörfer des Luberon und die Berge der Haute-Provence. Während seines 3582 km langen Trips verirrte er sich insgesamt sechsmal und vertilgte jede Menge Oliven plus kandiertes Früchte. Einen Überblick über seine aktuelle Arbeit gibt's unter www.oliverberry.com.

Mehr zu Oliver gibt's hier: https://auth.lonelyplanet.com/profiles/oliverberry

**Nicola Williams**

Cannes & Umgebung; Nizza, Monaco & Menton Die britische Autorin Nicola Williams hat über zehn Jahre lang in Frankreich gelebt und über dieses Land geschrieben. Von ihrem heutigen Haus am hügeligen Südufer des Genfer Sees ist es nicht weit bis zum heißen Süden Frankreichs, wo sie jahrelang in der außergewöhnlichen Kunst, Architektur, Küche und Landschaft geschwelgt hat. 1998 schrieb sie die Erstausgabe von *Provence & Côte d'Azur* und war seitdem an mehreren Folgebänden beteiligt. Aktuell reist Nicola oft zusammen mit ihren drei dreisprachig aufgewachsenen Kindern und ist unter @Tripalong bei Twitter vertreten.

Mehr zu Nicola gibt's hier: https://auth.lonelyplanet.com/profiles/NicolaWilliams

# DIE LONELY PLANET STORY

Ein ziemlich mitgenommenes, altes Auto, ein paar Dollar in der Tasche und eine Vorliebe für Abenteuer – 1972 war das alles, was Tony und Maureen Wheeler für die Reise ihres Lebens brauchten, die sie durch Europa und Asien bis nach Australien führte. Die Tour dauerte einige Monate, und am Ende saßen die beiden – pleite, aber voller Inspiration – an ihrem Küchentisch und schrieben ihren ersten Reiseführer *Across Asia on the Cheap*. Innerhalb einer Woche hatten sie 1500 Exemplare verkauft. Lonely Planet war geboren.

Heute hat der Verlag Büros in Melbourne, London und Oakland und mehr als 600 Mitarbeiter und Autoren. Und alle teilen Tonys Überzeugung: „Ein guter Reiseführer sollte drei Dinge tun: informieren, bilden und unterhalten."

**Lonely Planet Publications,**

Locked Bag 1, Footscray,
Melbourne, Victoria 3011,
Australia

**Verlag der deutschen Ausgabe:**
MAIRDUMONT, Marco-Polo-Str. 1, 73760 Ostfildern,
www.lonelyplanet.de, www.mairdumont.com
info@lonelyplanet.de

Chefredakteurin deutsche Ausgabe: Birgit Borowski

Übersetzung: Berna Ercan, Tobias Ewert, Stefanie Gross, Christina Kagerer, Britt Maaß, Dr. Christian Rochow

An früheren Auflagen haben außerdem mitgewirkt: Marion Gref-Timm, Laura Leibold, Marion Matthäus, Ute Perchtold, Claudia Riefert

Redaktion: Annegret Gellweiler, Frank J. Müller, Olaf Rappold, Julia Wilhelm (red.sign, Stuttgart)

Redaktionsassistenz: Adriana Popescu, Sylvia Scheider-Schopf

Satz: Sylvia Scheider-Schopf (red.sign, Stuttgart)

**Provence & Côte d'Azur**

2. deutsche Auflage Mai 2016, übersetzt von *Provence & the Côte d'Azur, 8th edition*, Januar 2016, Lonely Planet Publications Pty



Printed in Poland